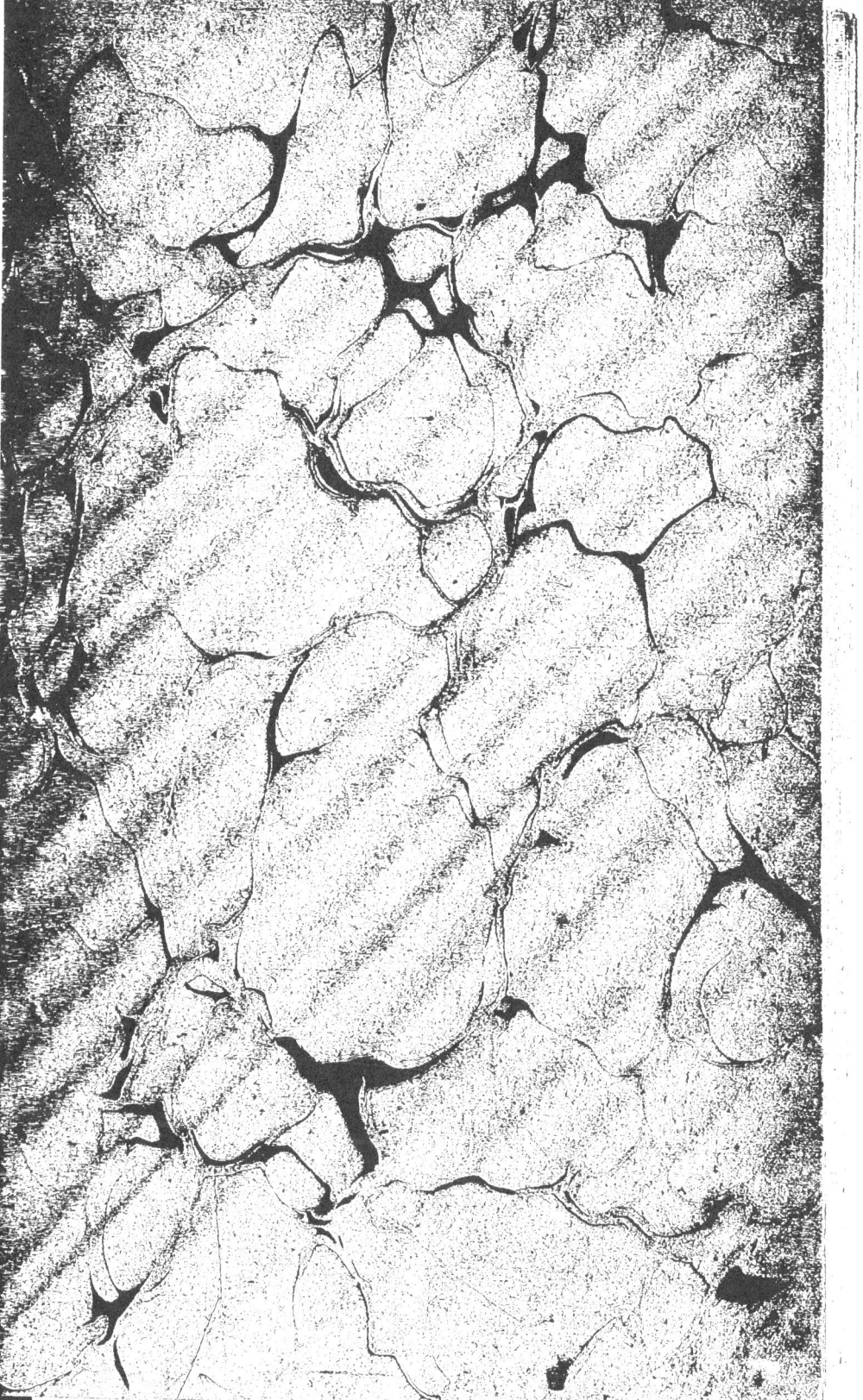

FRANÇOIS
DE
CHASTILLON
COMTE DE COLIGNY

PAR

LE Cte JULES DELABORDE

PARIS
LIBRAIRIE FISCHBACHER
SOCIÉTÉ ANONYME
33, RUE DE SEINE, 33

1886

FRANÇOIS
DE CHASTILLON

COMTE DE COLIGNY

OUVRAGES DU MÊME AUTEUR

LIBERTÉ RELIGIEUSE. — Mémoires et plaidoyers. 1 vol. in-8º, 1854. . . . 3 fr. »

MADAME L'AMIRALE DE COLIGNY, APRÈS LA SAINT-BARTHÉLEMY. Brochure in-8º, 1867. . . . . 1 fr. 50

LES PROTESTANTS A LA COUR DE SAINT-GERMAIN LORS DU COLLOQUE DE POISSY. Gr. in-8º, 1874. 3 fr. »

ÉLÉONORE DE ROYE, PRINCESSE DE CONDÉ. 1 vol. gr. in-8º avec portrait, 1876. . . . . 7 fr. 50

GASPARD DE COLIGNY, AMIRAL DE FRANCE. 3 vol. gr. in-8º, 1879. . . . 45 fr. »

Il reste encore quelques exemplaires d'un tirage spécial sur papier de Hollande au prix de 90 francs.

Paris. — Imp. Vve P. LAROUSSE et Cie, rue Montparnasse, 19.

FRANÇOIS
DE
CHASTILLON

COMTE DE COLIGNY

PAR

LE Cte JULES DELABORDE

PARIS
LIBRAIRIE FISCHBACHER
SOCIÉTÉ ANONYME
33, RUE DE SEINE, 33

1886

Tous droits réservés.

FRANÇOIS DE CHASTILLON

COMTE DE COLIGNY

CHAPITRE PREMIER

Coligny et Charlotte de Laval en 1557. — Naissance de leur fils François. — Son éducation. — Mort de Charlotte de Laval en 1568. — Séjour de Coligny et de ses enfants à Châtillon-sur-Loing, à Tanlay et à Noyers. — Il se réfugie avec eux à La Rochelle, que bientôt il quitte, à raison de la reprise des hostilités. — Mort de d'Andelot. — Lettre de Coligny à ses enfants et à ceux de son frère. — Les jeunes princes de Navarre et de Condé font, sous la direction de l'amiral, leurs premières armes. — Dispositions prises par Coligny, à l'égard de ses enfants, dans un testament rédigé en 1569. — Seconde lettre de lui à ses enfants et à ceux de d'Andelot. — Il se retire au milieu d'eux, à La Rochelle, après la paix de 1570. — Intimité des enfants de l'amiral avec leur cousin le prince de Condé, et avec la fille et le fils de Jeanne d'Albret. — L'amiral épouse, en secondes noces, Jacqueline d'Entremonts, à La Rochelle. — Mariage de Louise de Coligny avec Téligny, dans cette même ville. — L'amiral se rend auprès du roi, à Blois, où il est rejoint par madame l'amirale. — Tous deux se retirent de Blois à Châtillon-sur-Loing, où ils restent avec leurs enfants pendant l'hiver et le printemps de 1572. — Jeanne d'Albret, assistée par Coligny à ses derniers moments, meurt à Paris. — Dernier séjour de l'amiral à Châtillon. — Son retour dans la capitale. — Attentat commis sur sa personne par Maurevel. — Meurtre de l'amiral à la Saint-Barthélemy.

Deux nobles existences, celles de Gaspard de Coligny, amiral de France, et de Charlotte de Laval, sa digne compagne, se reflètent dans la courte mais belle vie de leur fils François. En lui, comme en eux, la foi chrétienne engendra la grandeur de caractère. De tout deux il tint une générosité de sentiments, une énergie morale, une supériorité intellectuelle, qui jamais ne se démentirent. Il déploya, dans la carrière des armes, une indomptable valeur ; dans le maniement des affaires publiques, une droiture et une sagacité qui firent de lui le légitime héritier de l'héroïsme et des patriotiques vertus de son père.

La vie de François de Chastillon, dans sa brièveté, fut bien remplie. Elle demeure, après celle du grand homme dont il soutint glorieusement le nom, féconde en hauts enseignements que l'histoire a pour mission de recueillir.

Du mariage de l'amiral avec Charlotte de Laval étaient issus déjà trois fils et une fille, lorsque naquit, le 28 avril 1557, François, leur quatrième fils [1].

Un intérêt particulier s'attache à quelques-unes des circonstances qui précédèrent ou suivirent immédiatement la naissance de cet enfant.

Alors qu'en 1557 une guerre entre la France et l'Espagne était imminente, l'amiral s'efforçait d'atténuer, dans la vaste étendue de son gouvernement de la Picardie, les désastreux effets de l'incurie du roi et du connétable à l'égard de cette province, la plus délaissée et cependant la plus exposée de toutes aux attaques de l'ennemi.

Fortement préoccupé de la santé de sa femme, que, depuis plusieurs mois, il avait dû laisser au château de Châtillon-sur-Loing, et qui, en avril, touchait au terme d'une grossesse pénible, il souffrait de ne pouvoir l'entourer de ses soins et avisait aux moyens de recevoir, aussi promptement que possible, les dépêches qui lui apporte-

---

1. Louise de Montmorency (Mme la maréchale de Châtillon), mère de l'amiral, mentionnait sur un livre d'heures qui existe encore aujourd'hui (voir *Bulletin de la Soc. de l'hist. du prot. fr.*, t. II, p. 4, 5, 6), les événements de famille au souvenir desquels elle attachait une haute importance. L'amiral, devenu, à la mort de sa mère, possesseur du livre d'heures de celle-ci, y consigna, à son tour, diverses mentions relatives aux membres de sa famille. Celles qui concernent les naissances de ses trois premiers fils portent les dates, pour l'aîné, du 4 juillet 1549; pour le second, Henry, du 10 avril 1551; pour le troisième, Gaspard, du 28 septembre 1554. Quant à la naissance de la première fille, Louise, elle est mentionnée à la date du 28 septembre 1555.

raient de ses nouvelles, pendant une tournée d'inspection qu'il allait entreprendre.

Ses inquiétudes furent allégées par la présence de Mme de La Rochepot auprès de Charlotte de Laval. Une lettre de cette tante vénérée, sur l'affection de laquelle il comptait plus que jamais, lui causa un soulagement de cœur qui se traduisit dans la réponse suivante, où le dévouement et les délicates prévenances du neveu s'alliaient à la sollicitude du mari[1] :

« Madame, j'ay receu la lettre qu'il vous a pleu m'es-
» cripre par le retour de mon laquais, et croy que vous ne
» doubtés point du plaisir que j'ay quand j'entends de vos
» nouvelles et du lieu où vous estes (Châtillon), et mesme-
» ment de sçavoir la bonne résolution que ma femme a
» prise d'attendre en bonne patience l'heure qu'il plaira à
» nostre bon Dieu la délivrer. Je fais mon compte de partir
» après-demain d'icy pour m'en aller visiter l'autre bout de
» ma frontière; je ne lerré pas pour cela à vous mander
» souvent de mes nouvelles. Je regarderé à ce que je pourré
» commodément loger dedans Ancre, et vous asseure,
» madame, que j'aurai tel soing pour voz terres, soit de
» bois ou d'aultres choses, que je n'en aurais pas davan-
» tage, s'ils estoient à moy... je sçay combien ceste guerre
» vous couste, etc. D'Abbeville, ce 21 d'avril 1557. Vostre
» obéissant nepveu et bien parfait amy, Chastillon. »

Quatre jours plus tard, Coligny, s'adressant de nouveau à sa tante, lui écrivait de Péronne[2] : « Je m'en vais visitant
» cette frontière, de place en place, espérant que pourré
» avoir achevé à la fin de ce moys; puis je m'en iré passer
» par la court, où le roy m'a mandé de l'aller trouver, mais
» ce ne sera pas pour y faire long séjour... j'attends de vos

1. Bibl. nat., mss. f. fr., vol. 20,507, f° 85.
2. Bibl. nat., mss. f. fr., vol. 3,122, f° 58.

» nouvelles en grande dévotion, que je prie à nostre Sei-
» gneur estre telles que vous les desirés[1], car je me con-
» tenterais bien de cela. »

Le 27 avril, d'Andelot adressait, de Paris, à Mme de La Rochepot ces lignes[2] : « Madame ma tante, présente-
» ment j'ay receu un paquet de monsieur l'amiral, mon
» frère, lequel je vous envoye; et, pour ce que aurez ice-
» luy, il m'escript que je vous face entendre que les dé-
» pesches que luy ferez cy-après, estant ma sœur si preste
» d'accoucher que elle est, aussy que ceulx que lui pou-
» vrez adresser ne connoissant pas aisément le lieu pour le
» trouver, parceque estant party pour aller visiter un cousté
» de sa frontière, où il ne fait que aller tantost en sà, tantost
» en là, vous les me ferez tenir pour leur donner le lieu où
» il sera, au certain. Je n'espère pas partir de cette ville
» d'huict jours, et, encores que j'en parte, si est-ce que je
» laisserai homme icy qui fera le semblable. »

On le voit : toutes les mesures étaient prises pour assurer la transmission des nouvelles que l'amiral tenait tant à recevoir.

Le lendemain du jour où d'Andelot avait écrit à Mme de La Rochepot, Charlotte de Laval mit au monde un fils (François), dont la naissance fut un sujet de joie pour Coligny.

Une lettre de lui à de Humières, gouverneur de Péronne[3], contient, à la suite de diverses communications pour affaires de service, cet épanchement d'un cœur affectueux : « Avant que faire fin, je vous ferai encores partici-
» pant, monsieur de Humières, de la bonne nouvelle qu'il

---

1. Allusion à la tendre sollicitude de la tante pour sa nièce et aux vœux formés pour l'heureuse délivrance de celle-ci.
2. Bibl. nat., mss. f. fr., vol. 3,122, f° 66.
3. 1er mai 1557. Bibl. nat., mss. f. fr., vol. 3,144, f° 81.

» a pleu à Dieu m'envoyer de ma femme, qui m'a faict en-
» cores ung fils depuis mercredy dernier matin, m'asseu-
» rant que vous estes tant de mes amys, que serez tousjours
» bien aise de vous resjouir avec moy de ma bonne fortune,
» ainsy que je feray, toute ma vie, de la vostre, en vous
» disant à Dieu, auquel je prie, monsieur de Humières,
» qu'il vous doint sa grâce, et me recommande de bien bon
» cœur à la vostre. »

Non moins attaché que d'Andelot à sa belle-sœur, le cardinal de Châtillon, qui se trouvait momentanément avec Coligny auprès du roi, à Villers-Cotterets, écrivit[1], de cette ville, à Charlotte de Laval, le 6 mai : « Ma sœur, j'ay esté
» très-ayse d'entendre, au retour de mon lacquetz que
» j'avoys envoyé vers vous, le bon portement tant de vous
» que de voz enfans, et que vous passez vos couches en si
» bonne disposition, dont je loue Dieu, estant bien la meil-
» leure nouvelle qu'on m'eust sceu mander. Au demeurant,
» ma sœur, vous entendrez par le sieur de Fenquières,
» présent porteur, comment il a pleu à monseigneur
» le Dauphin[2] le désigner et envoyer d'entre nous, pour
» tenir, en son lieu, sur les fonds de baptesme le fils que
» Dieu vous a donné, sur lequel me remettant à vous dire
» de nos nouvelles qui sont toujours très-bonnes, je ne
» m'estendray à vous faire la présente plus longue, si n'est
» pour me recommander bien fort à vostre bonne grâce,
» priant le créateur vous donner, ma sœur, ce que plus
» desirez. — Je vous advise que monsieur l'amiral s'en va,
» dans deux jours, en Picardie, et se porte fort bien. »

En quittant Villers-Cotterets, Coligny reprend, en Picardie, le cours de son inspection. Sa correspondance nous le montre successivement, les 15 et 16 mai à Abbeville,

1. Bibl. nat., mss. f. fr., vol. 3,033, f° 32.
2. Ce prince régna plus tard sous le nom de François II.

les 20 et 24 à Doullens, le 26 à Abbeville, le 1er juin à Boulogne, le 4 à Montreuil, les 5, 7, 16, 19, 21 à Abbeville, les 22 et 23 à Amiens et à Doullens, les 7, 14, 17 juillet à Abbeville, le 21 à Doullens, les 23 et 24 à Saint-Quentin. Sur tous ces points, il continue à organiser la défense, en luttant avec ardeur contre l'insuffisance des ressources en hommes, en armes, en munitions, en numéraire, dont il lui est permis de disposer ; partout il se multiplie ; sa vaste intelligence, les inspirations de son noble cœur, son dévouement, sont à la hauteur du péril qu'il s'agit de conjurer. De Saint-Quentin il se porte ailleurs, et arrivé à Pierrepont, il en part, le 2 août, s'acheminant en toute hâte, par La Fère et Ham, vers cette même ville de Saint-Quentin qui tout à coup se trouve gravement menacée, résolu qu'il est à s'y enfermer, à y tenir tête aux colossales forces de l'ennemi et à y sacrifier sa vie, s'il le faut, pour le salut de la France.

Jusque-là, pas un jour, pas un instant ne lui a été accordé pour aller à Châtillon revoir sa fidèle compagne et bénir, avec elle, le dernier fils qu'elle lui a donné ; l'époux, le père, a dû refouler au fond de son cœur ses plus chers désirs et se consacrer sans réserve à ses devoirs d'homme de guerre.

Ce n'est pas tout encore : au terme de son héroïque défense de Saint-Quentin, à laquelle la France doit son salut, Coligny est fait prisonnier par les Espagnols et conduit dans les Pays-Bas, où il subit une rude captivité de dix-sept mois.

La paix lui permet enfin de reprendre le chemin de sa patrie. Il y rentre tête levée, l'honneur intact et le cœur ému, à la pensée de serrer dans ses bras sa femme et ses enfants ; et bientôt vient le jour où le château de Châtillon est témoin des touchantes scènes du revoir, après une longue et douloureuse séparation.

Des quatre enfants dont les naissances précédèrent celle de François, deux avaient cessé de vivre, longtemps avant le retour de l'amiral dans ses foyers, en 1559[1].

Charlotte de Laval donna le jour, le 24 décembre 1560, à un fils (Odet) et, le 7 mars 1562, à une fille (Renée); mais à la joie qu'avaient ressentie, de ces deux naissances, l'amiral et sa femme succéda, pour eux, le 14 juillet de cette même année 1562, au milieu des désastres causés par la guerre civile, un deuil poignant : la mort ravit à leur affection Gaspard, qui, à l'âge de neuf ans, faisait leur bonheur par le riche développement de son intelligence et de son cœur.

Survivre à un enfant bien-aimé, quelle inexprimable douleur, quelle croix pesante à porter! Sous cette douleur, sous cette croix se courbèrent un père et une mère désolés, ce Coligny, cette Charlotte de Laval, si forts d'habitude, et désormais presque anéantis. Ils eussent succombé à leur détresse si Dieu ne se fût tenu près de leurs cœurs pour les soutenir et les relever. De là ces paroles de résignation et de suprême confiance, qui trouvèrent leur écho dans l'âme d'une mère brisée par une indicible émotion[2] : « Encores » que tu ayes raison de supporter avec douleur la perte de » notre fils bien-aimé, si pourtant suis-je obligé de te remé- » morer qu'il estoit plus à Dieu qu'à nous; et, puisqu'il a » voulu le retirer à soi, c'est à toi et à moi à obéir à sa » sainte volonté. Il est vrai qu'il estoit déjà amateur de » bien, et que nous pouvions espérer grande satisfaction » d'un fils tant bien né; mais remémore-toi, ma bien-aimée, » qu'on ne peut vivre sans offenser Dieu, et qu'il est bien

---

1. Ces enfants n'avaient vécu, le premier, que quelques heures, et le second, Henri, que quinze mois.
2. Lettre écrite par Coligny à sa femme, alors qu'il était au camp, sous sa tente, en face de l'ennemi.

» heureux d'estre mort dans un âge où il estoit exempt de
» crime. Enfin, Dieu l'a voulu : je lui offre encores les
» autres, si c'est son vouloir; fais-en de même, si tu veux
» qu'il te bénisse, car c'est en lui que nous devons mettre
» tout notre espoir. Adieu, ma bien-aimée; j'espère te voir
» dans peu, qui sera toute ma joie. »

La profonde douleur de Coligny et de sa compagne fut peu à peu tempérée par la part touchante qu'y prirent, quoique bien jeunes encore, les deux aînés des enfants qui leur restaient, Louise et François, doués, l'un et l'autre, d'un cœur aimant et sympathique.

La naissance d'un fils (Charles), en décembre 1564, adoucit encore, dans une certaine mesure, l'amertume des souffrances et des regrets que portaient au cœur, depuis 1562, l'amiral et sa femme. Tous deux, en se reprenant à la vie, comme s'y reprennent des chrétiens au sortir d'une solennelle épreuve, se préoccupèrent, avec un redoublement de sollicitude, d'une sainte mission à remplir vis-à-vis des êtres chéris qui leur étaient laissés, en d'autres termes, du devoir de les élever selon Dieu et de les former à son service : devoir dont le consciencieux accomplissement fut couronné de succès, car la piété vivante et les nobles sentiments d'un père tel que Coligny, d'une mère telle que Charlotte de Laval, favorisèrent à un haut degré, par leur salutaire influence, le développement moral et intellectuel des enfants sur lesquels se concentraient leurs plus chères affections.

A ne parler ici que de François, devenu désormais l'aîné des fils, et, à ce titre, particulièrement appelé à soutenir l'honneur du nom paternel, la forte éducation qu'il reçut le prépara efficacement à la carrière tout à la fois religieuse, militaire et politique qu'il aborda, dès son extrême jeunesse, avec de réels succès, et que, comme homme, il accomplit avec un incomparable éclat, grâce à une énergie et à une dignité d'âme qui ont laissé dans l'histoire leur ineffaçable empreinte.

L'éducation de François fut, avant tout, l'œuvre de son père et de sa mère. Son instruction proprement dite fut aussi, en grande partie, leur œuvre; le concours d'autrui ne fit que la compléter. Ce concours fut celui d'un homme de bien, au nom duquel se rattache le souvenir non seulement d'un dévoué serviteur, mais encore et surtout d'un fidèle ami de la famille de Coligny. Un tel homme mérite ici une mention spéciale.

Ayant joui, jusqu'à son adolescence, sous la direction éclairée et vigilante de Nicolas Berauld, son précepteur, du bienfait d'une excellente instruction, l'amiral voulut que ses fils reçussent à leur tour une instruction semblable. Du vivant de Gaspard, leur aîné, son choix s'était porté sur un précepteur que recommandaient à ses yeux ainsi qu'à ceux de Charlotte de Laval une réelle piété, une parfaite délicatesse de sentiments, un solide savoir et un esprit à la fois droit et élevé, en un mot sur Legresle. Dans l'exercice d'un ministère dont il s'acquittait avec bonheur, cet homme vénérable ne vit que trop tôt venir le jour où, lui aussi, eut à pleurer la mort de Gaspard. Étendant alors aux frères de ce disciple chéri l'affection que celui-ci lui avait inspirée, il continua, à l'égard de François, d'Odet et de Charles, l'œuvre qu'il avait si bien accomplie auprès de leur aîné, et déploya constamment, dans ses fonctions de précepteur, un zèle à l'efficacité duquel l'amiral rendit maintes fois hommage.

Pendant quatre années consécutives, de 1563 à 1567, François vécut à Châtillon sous les yeux de ses parents, en partageant avec ses frères les soins de Legresle.

Vers la fin de la dernière de ces quatre années, une seconde guerre civile éclata, et, séparant brusquement

Coligny de sa femme et de ses enfants, l'appela sur le théâtre des hostilités.

Lorsqu'après la bataille de Saint-Denis l'amiral et Louis de Bourbon se furent repliés sur Montereau, ils virent venir à leur rencontre Charlotte de Laval et la princesse de Condé, dont ils assurèrent aussitôt l'acheminement vers Orléans où elles pouvaient, ainsi que leurs enfants, demeurer en sûreté sous la protection de de Lanoue, qui s'était récemment rendu maître de cette ville, et dont le dévouement était à toute épreuve.

A quelque temps de là, le prince et son oncle se dirigèrent sur Chartres, qu'ils investirent rapidement. Tandis que Coligny était retenu sous les murs de cette ville par les opérations d'un siège à diriger, son héroïque compagne, à Orléans, tout en veillant avec tendresse sur ses enfants, déployait le vivant exemple d'une admirable charité. Chaque jour, en effet, elle consacrait de longues heures à soulager les pauvres, à soigner les malades, et particulièrement les blessés militaires, à consoler les affligés et les mourants, à visiter les familles en deuil.

En présence du typhus qui commençait à sévir parmi les blessés amenés à Orléans, le dévouement déjà si grand de Charlotte de Laval sembla s'accroître encore; mais bientôt ses forces s'épuisèrent, elle ressentit les atteintes de la contagion, s'alita, et, voyant que sa fin approchait[1], elle traça d'une main défaillante quelques lignes qu'elle adressa à son

---

1. « Madame l'amirale avoit toujours esté fort adonnée à la religion, et d'une
» souveraine constance à supporter les afflictions de son mari et les siennes; ayant,
» comme plusieurs asseurent, religieusement observé la promesse qu'elle avoit faite
» à son mary de faire profession de la religion. Entre les autres vertus et dons de
» l'esprit qui la rendoient recommandable, le soin qu'elle prenoit des pauvres et
» des malades, et ses aumônes luy donnoient une singulière louange : et les mé-
» decins eurent opinion que son mal luy vint, en grande partie, de l'infection des
» soldats malades et blessez qui estoient dans Orléans et que sans cesse elle
» visitoit. » (Hotman, *Vie de Coligny*, trad. de 1665, p. 77.)

mari. Elle lui disait[1] : « qu'elle s'estimait bien malheureuse
» de mourir sans l'avoir revu, lui qu'elle avait toujours aimé
» plus qu'elle-même, et qui eût pu l'aider à franchir le der-
» nier passage ; que néanmoins elle se consolait, sachant ce
» qui le retenait loin d'elle ; qu'elle le conjurait pour elle-
» même, qu'il avait toujours aimée, et au nom de leurs
» enfants, qu'elle lui laissait comme gage de son affection,
» de combattre jusqu'à la dernière extrémité pour le service
» de Dieu et pour l'avancement de la religion, d'élever ses
» enfants dans la pureté de la religion afin que, lui venant
» à manquer, ils pussent un jour remplir sa place ; que,
» comme il leur était nécessaire, elle le priait de ne s'ex-
» poser qu'autant que les circonstances l'exigeraient. »

A la réception de ces lignes, « l'amiral, rapporte un con-
» temporain[2], partit soudain du camp et amena tous les
» médecins qu'il put. Il vint rendre à sa femme toute
» l'assistance d'un affectionné et fidèle mari ; mais voyant
» que tous les remèdes et l'art de la médecine cédaient à la
» force du mal, il se retira en sa chambre, où plusieurs de
» ses amis le suivirent pour le consoler. Alors il se prit à
» dire avec larmes et soupirs, comme la plupart s'en peu-
» vent souvenir : Mon Dieu, que t'ai-je fait ? quel péché ai-je
» commis pour être si rudement châtié et accablé de tant
» de maux ? A la mienne volonté, que je pusse vivre plus
» saintement et donner un meilleur exemple de piété ! Père
» très saint, regarde-moi, s'il te plaît, en tes miséricordes,
» et allège mes peines ! Puis, s'étant relevé par les chré-
» tiennes exhortations de ses amis, il se fit amener ses
» enfants et leur représenta qu'une si grande perte que
» celle de leur mère leur devait enseigner qu'il ne leur res-
» tait plus d'appui en ce monde ; que toutes choses humaines

---

1. *Vie de Coligny*, Cologne, 1686, p. 342.
2. Hotman, *Vie de Coligny*, trad. de 1665, p. 75 à 77.

» étaient périssables et caduques, hors la miséricorde de
» Dieu seul, à laquelle se remettant et rejetant toute
» autre aide humaine, ils ne devaient point douter de l'y
» trouver. »

Quelles ne furent pas les angoisses de ces pauvres enfants, à la pensée qu'ils ne reverraient plus cette mère qui les aimait tant! Navré de leurs pleurs, Coligny eût voulu pouvoir rester auprès d'eux pour tenter de les consoler ; mais un impérieux devoir l'appelait immédiatement ailleurs : or, tout devoir à accomplir, même au prix du plus grand sacrifice, le trouvait constamment prêt. Jamais homme, peut-être, ne porta en son cœur, plus loin que lui, la secrète vertu de l'immolation volontaire sous le regard de Dieu.

Le lendemain du jour où Charlotte de Laval avait rendu le dernier soupir (3 mars 1568), l'amiral, s'entretenant avec Legresle, lui annonça qu'il devait de toute nécessité rejoindre l'armée; et, ignorant le sort qui lui était réservé, il le pria de continuer à élever ses enfants dans la vraie piété et dans l'habitude du travail. Laissant alors François, ses sœurs et ses frères à la garde du fidèle précepteur et sous l'égide de de Lanoue, Coligny quitta cette ville d'Orléans dans laquelle, à la perte déjà si grande d'un fils, en 1562, venait de s'ajouter pour lui la perte plus poignante encore d'une pieuse et incomparable compagne.

Le deuil fut grand, au camp près de Chartres, et les témoignages de sympathie y affluèrent, quand le chef vénéré, devant la douleur duquel tous s'inclinaient, revint, ferme et digne comme toujours, reprendre son commandement.

Des négociations étaient alors ouvertes à Longjumeau, pour arrêter les bases d'un traité de paix. Ce traité fut signé le 23 mars 1568 ; et, le 12 avril suivant, l'amiral put se retrouver, à Châtillon, au milieu de ses enfants.

La dépouille mortelle de Charlotte de Laval y fut pieusement ramenée, et Coligny voulut que le tombeau destiné à la recevoir fût aussi celui dans lequel lui-même serait inhumé, quand il plairait à Dieu de le rappeler à lui.

Au moment de son retour, il avait écrit à la duchesse de Ferrare[1]. La sympathie de Renée de France pour l'amiral, dans un deuil dont elle mesurait l'étendue, fut à la hauteur de l'affection qu'elle avait vouée à Charlotte de Laval, ainsi qu'à lui-même, et du tendre intérêt qu'elle portait à leurs enfants.

Les plus chers amis de Coligny s'associèrent, de cœur et de pensée, à ses sentiments, en présence de l'austère dispensation sous laquelle il s'inclinait. Touché de leur sollicitude, il les laissa lire dans son âme, et se montra, aux yeux de tous, pénétré de cette conviction, qu'en l'affligeant, « le » Seigneur l'advertissoit de se desdier du tout à luy mieux » que jamais[2]. »

Cependant les infractions journellement commises au traité du 23 mars 1568, vainement décoré du nom de paix, menaçaient la France de nouveaux désastres, contre le retour desquels l'amiral, du fond de sa retraite, s'efforçait de lutter par ses réclamations et par ses conseils.

Surveillé de près par ses ennemis, il restait, à Châtillon, dans un isolement aux périls duquel sa famille et ses amis le pressaient de se soustraire; mais il voulait ne quitter sa demeure que lorsqu'une circonstance décisive lui en imposerait l'obligation. Le séjour de Châtillon étant devenu trop périlleux pour lui, il se rendit, avec ses enfants, au château de d'Andelot, puis à Noyers, auprès de Condé, lorsque d'Andelot dut quitter Tanlay pour aller en Bretagne.

---

1. Bibl. nat., mss. f. fr., vol. 3,133, f°s 49 et 54.
2. Paroles de l'amiral, que Théodore de Bèze lui rappelait dans une lettre du 27 juin 1568. (Bibl. de Genève, vol. 17, corresp.)

Informés que Catherine de Médicis avait organisé un coup de main sur Noyers, Coligny et Condé réussirent à s'y soustraire en quittant cette résidence, le 23 août 1568, dans l'espoir de trouver un refuge à La Rochelle. Avec eux et sous leur protection partirent la princesse de Condé, alors enceinte, Mme d'Andelot, les enfants du prince, ainsi que ceux de l'amiral et de son frère. Plusieurs de ces enfants étaient encore en bas âge [1].

La petite troupe fugitive put atteindre La Rochelle, où elle reçut un favorable accueil.

Bientôt se réfugièrent aussi dans cette ville Jeanne d'Albret, sa fille et son fils.

Une nouvelle lutte, provoquée par Catherine de Médicis et ses affidés, s'engagea. L'amiral, reprenant les armes à la fin du mois de septembre, entama avec d'Andelot, qui l'avait rejoint, une série d'actives opérations. En quittant ses enfants, il les avait confiés à la garde de sa belle-sœur, Mme d'Andelot, et à celle de Legresle.

Plusieurs mois s'étaient écoulés depuis le départ de l'amiral et de Condé, lorsque parvint à La Rochelle, en mars 1569, la sinistre nouvelle de la mort de ce prince, lâchement assassiné à Jarnac.

L'attentat qui venait de briser l'existence de Condé fut bientôt suivi d'un nouveau crime, commis à Saintes, sur la personne du héros « que les armées avaient surnommé le chevalier sans peur [2] », et qui, maintes fois, avait dans les combats échappé aux plus grands périls : d'Andelot succomba aux atteintes du poison que lui avait secrètement administré un misérable agent de la cour, dont Catherine

---

1. « Le prince part de Noyers avec la princesse, enceinte, six enfants au maillot » et au berceau, appartenant au prince et à l'admiral. La dame d'Andelot y en » apporta de deux ans. Plusieurs dames et damoiselles se joignirent au pareil » équipage. » (D'Aubigné, *Hist. univ.*, t. I, liv. V, chap. IX.

2. D'Aubigné, *Hist. univ.*, t. I, liv. V, chap. IX.

de Médicis, dans l'ivresse d'une haine assouvie, osa glorifier le forfait, en s'écriant : « La nouvelle de la mort de d'Ande- » lot nous a fort resjouys... j'espère que Dieu fera aux » autres, à la fin, recevoir le traitement qu'ils méritent[1] ! »

Au milieu de leurs études et de leurs occupations quotidiennes, les enfants de l'amiral, toujours avides d'informations relatives à leur père, dont l'absence leur pesait singulièrement, ne tardèrent pas à apprendre qu'il avait recueilli le dernier soupir de leur oncle d'Andelot, et qu'il voulait que sa dépouille mortelle fût transportée à La Rochelle, où les honneurs suprêmes lui seraient rendus. La jeune famille tressaillit alors d'émotion et demeura dans une respectueuse attente de la solennité qui se préparait.

Coligny ne pouvant quitter Saintes, à raison des divers devoirs qui l'y retenaient, Jeanne d'Albret eut à cœur de le remplacer; aussi, lorsque le convoi funèbre arriva à La Rochelle, vit-on cette femme éminente prendre, au double titre de reine et d'amie, la tête du cortège qui s'y forma, et accompagner le cercueil du héros jusqu'au lieu de sa sépulture[2].

L'amiral devenait, par la mort de son frère, le second père des enfants de celui-ci, et l'appui d'Anne de Salm, sa veuve.

Ce ne fut pas assez pour lui que de confondre son immense douleur avec celle de cette sœur si digne de sympathie, dans son veuvage, à laquelle l'attachaient les liens d'une étroite affection et d'une confiance sans bornes; il voulut, en outre, dès les premiers jours qui suivirent la mort de d'Andelot, épancher son cœur dans celui de ses fils et des enfants que ce bien-aimé frère lui avait laissés; aussi,

---

1. Lettre du 19 mai 1569 à Forquevaux, ambassadeur de France en Espagne. (Bibl. nat., mss. f. fr., vol. 10,752, f° 232.)
2. Arcère, *Hist. de La Rochelle*, t. I, p. 378.

leur écrivit-il, de Saintes, le 18 mai [1], sans oublier d'ailleurs ni Louise, ni Renée, dans les effusions de sa tendresse paternelle :

« Encore que je ne doubte point que la mort de mon
» frère d'Andelot ne vous ayt apporté beaucoup d'afflictions,
» j'ay pensé toutefois de vous advertir que vous estes heu-
» reux d'estre fils ou nepveux d'un si grand personnage,
» que j'ose asseurer avoir esté très-fidèle serviteur de Dieu
» et très-excellent et renommé capitaine ; qui sont vertus
» dont la mémoire et l'exemple vous doibvent estre tou-
» jours devant les yeux, pour les imiter autant qu'il vous
» sera possible ; et puis dire avec vérité que personne, en
» France, ne l'a surpassé en la profession des armes ; ne
» doubtant point que les estrangers ne luy rendent ce
» mesme témoignage, surtout ceux qui ont autrefois éprouvé
» sa valeur. Or, il ne s'estoit pas acquis une si haute répu-
» tation par fainéantise ou par oisiveté, mais par de très-
» grands travaux qu'il avait soufferts pour sa patrie. Et cer-
» tes je n'ai point connu d'homme ny plus équitable, ny
» plus amateur de piété envers Dieu. Je n'ignore pas aussi
» qu'il ne me sera pas bienséant de publier ses louanges
» aux étrangers ; mais je vous les présente plus librement,
» pour vous inciter et aiguillonner à l'imitation de si grandes
» vertus, que je me propose moy-mesme pour exemple ;
» suppliant très-humblement Dieu et Nostre-Seigneur, que
» je puisse partir de cette vie aussi pieusement et heureuse-
» ment que je l'ay veu mourir. Et d'autant que je le
» regrette, dans un extrême ressentiment, je vous demande,
» pour tempérament à ma douleur, que je puisse voir reluire
» et revivre en vous ses vertus, et, pour cet effet, de vous
» adonner de tout votre cœur à la piété et à la religion, et

---

[1]. Hotman, *Vie de Coligny*, trad. de 1665, p. 92, 93.

» d'employer, pendant que vous estes en âge, vostre temps
» en l'estude des bonnes lettres, qui vous mettent dans le
» chemin de la vertu. Et, combien que je ne sois pas con-
» traire aux heures que vostre précepteur donne pour vous
» esbattre et absenter de vos livres, prenez garde toutefois
» de ne rien faire ou dire, dans vos esbattements, qui
» puisse offenser Dieu. Sur toutes choses, honorez vostre
» maistre et luy obéissez comme à moy-mesme; m'asseurant
» qu'il ne vous enseignera ny conseillera rien que pour
» vostre honneur et profit. Au reste, si vous m'aymez, ou
» plustost vous-mesmes, prenez peine que je reçoive tou-
» jours d'agréables nouvelles de vous, et de croistre autant
» en piété et vertu, que d'âge et de corps. Dieu vous
» bénisse et vous tienne en sa garde, et par son esprit vous
» conserve éternellement. »

Durant les cinq mois qui suivirent la date de cette lettre, Coligny ne cessa d'être retenu au loin par la nécessité de diriger de nombreuses opérations militaires.

Il avait alors à ses côtés deux jeunes gens, âgés l'un de seize ans, l'autre de dix-sept, qu'il formait aux rudes labeurs de la guerre : Henri, prince de Navarre, fils de Jeanne d'Albret et d'Antoine de Bourbon, et Henri, prince de Condé, fils d'Éléonore de Roye et de Louis de Bourbon. Aux yeux de l'amiral, son grand-oncle, le jeune prince de Condé, orphelin, s'annonçait comme d'autant plus digne de soutenir le nom paternel, que les directions éclairées de sa mère avaient assuré le développement de son âme dans les voies de la piété, de la vertu et du dévouement à la patrie. Henri « suivait fidèlement les brisées que cette excellente
» mère avait posées, au chemin de vertu ». Coligny reportait sur son petit-neveu l'affection qu'il avait éprouvée pour sa nièce Éléonore; il aimait surtout en lui le compagnon d'enfance du fils qu'il avait perdu à Orléans; aussi, depuis

la mort de Louis de Bourbon, comptait-il Henri au nombre de ses enfants d'adoption; titre cher à ce jeune prince, qui s'en montra toujours digne.

En étendant sur les deux princes un paternel patronage, Coligny n'en suivait pas moins constamment, de cœur et de pensée, les enfants et les neveux qu'il avait dû laisser au loin. On en trouve la preuve dans un testament qu'il rédigea, à Archiac, le 5 juin 1569[1].

Tout est à la fois grand et simple dans cet acte mémorable, où, d'abord, le chrétien consigne l'expression de la foi qui l'anime, où ensuite le défenseur de la liberté religieuse, le chef des réformés français, tient un langage digne de la sainte cause à laquelle il a consacré sa vie, et où enfin la sollicitude du père de famille se révèle par un ensemble de dispositions dont il suffira de reproduire ici celles qui concernent François et ses frères. Les voici :

« Pour laisser la paix entre mes enffans, et qu'il la fault
» premièrement chercher avec Dieu qu'ailleurs, je prie et
» ordonne qu'ils soient toujours nourris et entretenus en
» l'amour et crainte de Dieu, le plus qu'il sera possible. Et
» d'aultant que j'ay grand contentement du soing et bon
» debvoir que Legresle, leur précepteur, a toujours fait
» auprès d'eulx, je luy prie qu'il veuille continuer jusques à
» ce qu'ils soient plus grands et qu'ils ayent atteint l'aage
» de quinze ans, car lors il leur faudra bailler quelques
» gentilshommes pour les accompagner, ce que je remets à
» la discrétion de ceulx qui seront leurs tuteurs et que je
» declareré ci-après.

» J'ay dict que je veulx qu'ils continuent leurs estudes
» jusques à quinze ans, sans interruption, pour ce que j'es-
» time ce temps-là estre mieulx employé que de les mettre

---

[1]. *Bulletin de la Soc. de l'hist. du prot. fr.*, t. I, p. 263.

» à la court ny à la suitte d'aulcun seigneur. Surtout je
» prie et ordonne à celuy ou ceulx qui en auront la charge,
» de ne leur laisser jamais hanter maulvaise ny vicieuse
» compagnie, car nous sommes trop enclins de nostre
» nature mesme au mal; et veulx que cest article leur soit
» souvent ramentu, pour leur déclarer que telle est mon
» intention, comme je la leur ay par plusieurs foys déclaré
» moi-mesme, et que j'ay bien intention de continuer, tant
» que Dieu m'en donnera le moïen.

» Je desire bien aussy que mes nepveux et eulx soient
» nourris et eslevés ensemble, suyvant la charge que feu
» monsieur d'Andelot, mon frère, m'en a laissé par son tes-
» tament et qu'ils preignent exemple, les uns et les aultres.
» à la bonne et fraternelle amitié et intelligence qu'il y a
» toujours eu entre mondit frère et moy. »

»... Je veulx que mon fils aisné (François) porte le nom
» de *Chastillon*, Gaspard[1], mon second fils, *d'Andelot*, et
» Charles, le troisième, *de la Bretesche*. »

Après avoir parlé de ses filles, dont il s'attache à assurer
l'avenir par des conseils empreints d'une exquise délicatesse, et qu'il confie aux tendres soins de Mme d'Andelot,
sa belle-sœur, le testateur ajoute :

« Pour accomplir les choses susdites, je supplie mon-
» sieur le cardinal de Chastillon, mon frère, monsieur de
» La Rochefoucault, mon nepveu, messieurs de Lanoue et
» de Sarragosse, estre exécuteurs de ceste mienne dernière
» volonté. Surtout je les prie d'avoir en singulière recom-
» mandation l'instruction et nourriture de mes enffans,
» lesquels je dédie et consacre à Dieu, luy suppliant les
» vouloir toujours guider et conduire par son saint Esperit,
» et faire qu'ils employent, durant leurs vies, toutes leurs

---

1. Ainsi s'appelait Odet depuis la mort de son frère Gaspard.

» actions à l'avancement de sa gloire, au bien et repos de
» ce royaulme. Je luy supplie aussy qu'il veuille avoir pour
» aggréable la bénédiction que je leur donne pour passer,
» en luy servant, heureusement leurs jours ; et, quant à
» moy, que luy offrant le mérite de Jésus-Christ pour satis-
» faction et abolition de mes péchés, il veuille recepvoir
» mon âme pour la faire participante de la vie bienheureuse
» et éternelle qu'il a promise à tous ses esleus et enffans,
» attendant la dernière résurrection, que les corps et âmes
» seront réunis en incorruption et immortalité.

» Pour conclusion, je supplie aux susdits sieurs cardinal,
» de La Rochefoucault, de Lanoue et de Sarragosse, estre
» tuteurs et curateurs de mesdits enffans. »

Plusieurs mois s'étaient écoulés durant lesquels Coligny, depuis son séjour à Archiac, avait traversé maintes circonstances ardues et dangereuses. En dernier lieu, alors que l'armée ennemie s'arrêtait à entreprendre le siège de Saint-Jean-d'Angely, il se préparait à exécuter un vaste dessein, qu'avait pu seul concevoir, dans la fécondité de ses ressources, un grand esprit tel que le sien, auquel s'alliaient toujours les inspirations d'un noble cœur. Il s'agissait pour lui, après avoir mis La Rochelle en état de défier toutes les menaces et assuré la défense d'Angoulême par l'établissement d'une forte garnison dans ses murs, de sortir de la Saintonge, de se rendre en Guyenne, en Gascogne, en Languedoc, d'y rallier les forces disséminées dans ces provinces, d'en faire surgir de nouvelles, de se rabattre, à la tête d'une armée sérieusement reconstituée, sur le centre de la France, de vaincre l'armée catholique, de marcher sur Paris, et de dicter à l'ennemi les conditions d'une paix favorable aux réformés.

L'amiral ne voulait pas quitter le voisinage de La Rochelle, où se trouvaient toujours, sous la protection de Mme d'Andelot et de Legresle, ses enfants et ceux de son frère, sans faire parvenir aux uns et aux autres un nouveau témoignage de sa sollicitude. Il leur écrivit donc, de Saintes, le 16 octobre 1569 [1] :

« J'eusse bien désiré de vous dire ces choses, en présence
» et de vous voir ; mais, puisque la commodité m'en est
» maintenant ostée, j'ay pensé de vous exhorter d'avoir la
» piété et crainte de Dieu toujours devant les yeux ; veu
» principalement que l'usage et l'expérience vous ont
» desjà pû apprendre qu'il ne faut pas nous asseurer sur ce
» qu'on appelle biens, mais plustost mettre nostre espé-
» rance ailleurs qu'en la terre, et acquérir d'autres moyens
» que ceux qui se voyent des yeux et se touchent des
» mains ; ce qui n'estant pas en nostre pouvoir, il faut
» humblement supplier Dieu qu'il luy plaise de nous con-
» duire jusqu'au bout dans le bon et seur chemin, lequel
» ne faut pas espérer doux et plaisant, ny accompagné de
» toutes prospérités temporelles ; il nous faut suivre Jésus-
» Christ, nostre chef, qui a marché devant nous. Les
» hommes nous ont ravi ce qu'ils pouvoient, et, si telle est
» toujours la volonté de Dieu, nous serons heureux, et nos-
» tre condition bonne, veu que cette perte ne nous est
» arrivée par aucune injure que nous eussions faite à ceux
» qui nous l'ont apportée, mais par la seule haine qu'on me
» veut de ce qu'il a pleu à Dieu de se servir de moy pour
» assister son Église. Et pourtant, si pour ce sujet nous
» souffrons des pertes et incommoditez, nous sommes
» bienheureux et recevrons un salaire sur lequel les hommes
» n'auront point de pouvoir. J'aurois plusieurs autres
» choses à vous escrire, si le loisir me le permettoit. Pour le
» présent, il me suffira de vous admonester et conjurer, au

1. Hotman, *Vie de Coligny*, trad. de 1665, p. 105 à 108.

» nom de Dieu, de persévérer courageusement en l'estude de
» la vertu, et de témoigner par vos actions et paroles, et
» en toute vostre vie, combien vous avez en horreur toutes
» sortes de vices. Obéissez à vostre maistre et à vos supé-
» rieurs, afin que, si je jouy plus rarement de vostre
» présence et de vostre veue, j'entende pour le moins,
» souventes fois, que vous estes de bonnes et honnestes
» mœurs. Pour la fin, si c'est la volonté de Dieu que nous
» endurions, ou en nos personnes, ou en nos biens quelque
» dommage pour la religion de laquelle il veut estre servy,
» nous devons nous en réputer bien heureux. Et certes je
» le supplie qu'il luy plaise vous estre en ayde et tenir en
» sa protection, et de vous conserver en vos jeunes ans.
» Adieu. »

En moins de dix mois, Coligny, dominant à force d'énergie et d'habileté une situation des plus difficiles, atteignit le but qu'il s'était proposé et amena ses adversaires à signer, en août 1570, un traité de paix, dont l'une des clauses mettait à la disposition des réformés quatre places de sûreté, La Rochelle, Montauban, Cognac, et La Charité.

Ayant confié au marquis de Renel le soin de conduire les reistres à la frontière, l'amiral se rendit à Châtillon-sur-Loing.

Quelque désir qu'il eût, après une longue séparation, de rejoindre ses enfants à La Rochelle, il dut, pour leur assurer la conservation du château qui les avait vu naître, s'arrêter, pendant plusieurs jours, dans cette demeure dévastée[1], afin d'y prendre, en père de famille vigilant, les mesures que lui imposaient les circonstances, à la suite des

---

1. Une lettre adressée d'Escars, le 16 juin 1569, par un ami de Coligny à « Mlle de Villemongis, au logis de Mme d'Andelot, à La Rochelle, » contient divers détails sur le pillage du château de Châtillon, et énonce « qu'il n'est rien demeuré, » audit chasteau, qu'une retraite pour les chahuans. » (Bibl. nat., mss. f. fr., vol. 15,549, f° 288.) — Voir aussi Hotman, *Vie de Coligny*, trad. de 1665, p. 104.

ravages subis par ses propriétés du Gâtinais, et surtout par la plus importante d'entre elles.

Le fidèle ministre Malot, que, six semaines auparavant, il avait chargé de visiter Renée de France, à Montargis[1], revint alors de cette ville à Châtillon. Il était porteur d'une lettre de la duchesse, à laquelle l'amiral répondit, le 20 septembre, avec l'effusion de la vraie gratitude : il se montrait extrêmement sensible à la sympathie dont Renée de France l'entourait, dans son isolement[2].

Son intention, quand il quitta Châtillon pour se rendre à La Rochelle, où il se proposait de résider, plus ou moins longtemps, avec les principaux représentants du parti réformé, était « de laisser rasseoir les émotions des catho-
» liques, de subvenir à ce qui seroit requis et nécessaire
» pour pourvoir aux quatre villes baillées en garde par le
» roy, et d'aviser en commun (avec ses amis) aux choses
» dont il faudroit donner avertissement pour l'entretenement
» de l'édit de pacification[3]. »

Retardé dans sa marche par diverses mesures à prendre pour répondre soit aux besoins généraux de la cause des réformés, soit aux besoins particuliers de quelques-unes des contrées qu'il traversait, il ne parvint que le 25 octobre au terme de son voyage, en compagnie des princes de Navarre et de Condé, de Téligny, qui, aimé de lui comme un fils, l'avait suivi partout, et du comte Ludovic de Nassau.

Il eut enfin la joie de serrer dans ses bras, après une longue séparation, ses enfants bien-aimés, et de revoir à ses côtés leur maternelle protectrice, sa belle-sœur, les

---

1. Bibl. nat., mss. f. fr., vol. 3,133, f° 48. — Voir également une lettre écrite de Neufvy à Renée de France par l'amiral, le 4 août 1570. (Bibl. nat., mss. f. fr., vol. 3,133, f° 55.)
2. Bibl. nat., mss. f. fr., vol. 3,133, f° 30.
3. Mém. de l'estat de France soubs Charles IX, t. I, p. 24.

enfants de d'Andelot, Jeanne d'Albret, de La Rochefoucault, de Lanoue, et deux hommes associés depuis plusieurs années à sa vie de famille, Legresle et le ministre Merlin.

Coligny était résolu à ne pas quitter La Rochelle tant qu'il n'aurait pas obtenu, en faveur de ses coreligionnaires, une sérieuse exécution de l'édit de pacification promulgué en août 1570. De là, de sa part, l'exercice d'une vigilance, qui se traduisait souvent par d'énergiques représentations adressées au roi et à ses agents.

Du reste, chez l'amiral, les préoccupations de l'homme d'État et de l'homme de guerre n'empiétaient jamais sur la vigilance du père de famille. Aussi, dès son retour à La Rochelle, au milieu de ses enfants, avait-il repris la direction de leur éducation, et s'était-il attaché à les prémunir par ses conseils, que fortifiaient les pieuses habitudes maintenues dans sa maison, contre les agitations et les périls de la vie sociale, dont ils devaient prochainement affronter le contact.

Pour lui, rien de plus doux alors à contempler que le développement précoce, à tous égards, de Louise et de François, ces deux aînés des enfants qui lui restaient. Mieux encore que les plus jeunes, ils accomplissaient avec tendresse auprès de lui l'office de consolateurs, en le voyant douloureusement frappé dans ses affections intimes par la mort de sa fille Renée, qui, récemment, à La Rochelle, avait succombé aux atteintes d'une grave maladie[1]. Louise était alors, au sortir de l'adolescence, une jeune fille d'une

---

1. Du Bouchet (*Hist. de la maison de Coligny*, p. 577) mentionne la mort de Renée, à La Rochelle, sans en indiquer d'ailleurs la date. Il y a lieu de considérer comme erronée, quant à la mort de cette jeune fille, la date de 1568 qu'on a prétendu tirer d'une pièce non signée, ni datée, qui, sous le titre d'*Avvisi*, se trouve annexée à une dépêche de l'ambassadeur toscan, Petrucci, du 8 novembre 1568. (Archiv. di Firenze, *Lettere degli ambasciatori*, vol. 4.597, f° 231, 232.) L'inexactitude de la date de 1568 ressort de ce fait décisif que, dans son testament du 5 juin 1569, l'amiral parle de sa fille Renée comme existant encore à ce moment.

complète distinction morale et intellectuelle. Moins âgé que sa sœur, François, sans pouvoir encore, il est vrai, l'égaler, se rapprochait cependant d'elle par la pureté de ses sentiments, la vivacité de son intelligence et l'aménité de son caractère. Tous deux connaissaient l'étendue de l'amour paternel dont ils étaient l'objet, et se sentaient heureux.

A leurs précieuses et douces relations avec leur père s'ajoutaient des relations d'une autre nature, dont ils jouissaient également. En effet, une étroite amitié unissait les uns aux autres les enfants de l'amiral et ceux de d'Andelot. De plus, tous étaient, à des degrés divers, en raison de la disparité des âges, attachés de cœur au jeune prince de Condé qui, dans ses rapports journaliers, se mettait avec une grâce charmante au niveau de chacun d'eux. Aussi modeste que bon et que brave, il revêtait à leurs yeux une sorte de prestige, car il portait l'épée, et déjà il avait affronté la mort sur les champs de bataille.

Le fils et la fille de Jeanne d'Albret étaient aussi les bienvenus au milieu des enfants de l'amiral et de ceux de d'Andelot. Empreinte, dès son origine, d'une confiante familiarité, l'affection particulière de François et de Louise de Coligny pour Henri et Catherine de Navarre s'affermit, de jour en jour, pendant la durée de leur résidence commune à La Rochelle[1]. Elle inspira, plus tard, au frère et à la sœur, pour la cause de Henri devenu roi, et pour les intérêts, plus d'une fois méconnus, de Catherine, une sympathie et un dévouement dont l'un et l'autre reçurent des témoignages multipliés.

Cependant le séjour à La Rochelle se prolongeait; la

---

1. Le témoignage de Henri de Navarre sur ce point est précis. Il écrivait au comte de Nassau, le 26 avril 1589 : « La fille de feu M. l'amiral de Chastillon a « esté, dans le commencement de son âge, nourrie avec la feue royne, ma mère, « aussi chèrement que ma sœur et moy, qui estions tous ensemble. » (*Lettres missives de Henri IV*, t. IX, p. 660.)

tournure des affaires publiques semblait devoir accorder une sorte de relâche à l'amiral, dans le cours de ses nombreux soucis ; ce fut alors que se produisirent pour lui deux événements de famille destinés à raviver son foyer domestique, qu'un grand deuil laissait, depuis trois ans, dépourvu d'animation.

Frappé au cœur par la mort de Charlotte de Laval, en 1568, Coligny n'avait jamais songé à se créer un nouvel intérieur. L'idée de conclure une seconde union lui fut occasionnellement suggérée par d'intimes amis, sans la pressante intervention desquels il eût persisté dans son veuvage. Nous avons exposé ailleurs[1] les circonstances exceptionnelles qui le déterminèrent à en sortir. Il est certain qu'il ne se décida à épouser Jacqueline d'Entremonts qu'après avoir acquis la conviction que ses enfants trouveraient en elle une seconde mère : titre que, depuis lors, elle justifia si bien.

Le mariage de Louise avec Téligny, qu'avait bienveillamment préparé l'amiral, suivit de près la seconde union de celui-ci.

A quelque temps de là, Coligny, vivement pressé par le roi de venir le trouver, jugea qu'il ne pouvait se dispenser de répondre à l'appel de son souverain. Toutefois, dans sa juste sollicitude pour madame l'amirale, il ne voulut pas qu'elle vînt à la cour, tant qu'il ne serait pas fixé, par l'accueil qu'il y aurait reçu, sur celui qu'elle y trouverait elle-même. Il prit donc le sage parti de la laisser provisoirement à La Rochelle avec ses enfants ; et il confia le soin de veiller sur elle et sur eux à son petit neveu, Condé, dont l'affectueux dévouement offrait, au point de vue de leur sûreté personnelle, la plus efficace des garanties.

---

1. Voir *Gaspard de Coligny, amiral de France*, t. III, p. 289 et suiv.

Ce jeune prince, sérieux de cœur et de pensée, alliait déjà à une piété fervente une maturité d'esprit et une fermeté de caractère telles, que l'amiral n'hésita pas à le constituer, en même temps, son propre représentant quant au maniement d'intérêts religieux et politiques dans les régions de l'Ouest, spécialement à La Rochelle; mission à l'accomplissement de laquelle Condé s'attacha avec une ardeur et une ponctualité, dont on saisit la trace dans la correspondance qu'il entretint, à cette époque, avec son grand-oncle.

En se séparant de sa femme, de ses enfants et de toute une population dont la vénération et la reconnaissance lui étaient acquises, l'amiral, accompagné de Téligny, s'était dirigé vers Blois. Dans le cours de son voyage, qui dura plusieurs jours, il expédia à La Rochelle diverses lettres qui y furent accueillies avec une vive émotion par sa femme, par ses enfants et par Condé. Leur anxiété était d'ailleurs toujours la même qu'au moment de son départ, à la pensée des dangers auxquels il allait être exposé à la cour; car ils savaient que nombre de ses ennemis s'y trouvaient encore, et que tout était à redouter de leur part.

Fidèle à la mission qui lui avait été confiée, Condé adressa, le 8 septembre 1571 [1], à son père adoptif ces lignes empreintes d'une touchante affection :

« Mon oncle, j'ay esté bien aise de cognoistre par voz
» lettres que vous n'avez aucune chose qui vous ayt pû
» retarder vostre voïage de la cour. Je prie à Dieu, qu'il
» sçayt que je le desire... Je vous supplie prendre garde à
» vous. Je sçay bien que vous avez beaucoup d'amis et ser-
» viteurs pardelà : pour cela, mon oncle, vous ne délais-
» serez à pourveoir, comme vous sçaurez bien faire, aux

---

1. Bibl. de Berne, *Epistolarum collectio olim Bongartii*, vol. 141.

» advertissemens que vous en recevrez ; car il ne se peult
» nullement doubter que vous ayés encore là un grand
» nombre d'ennemys. Quant à moy, je ne fauldray de vous
» advertir tousjours, sitost que j'entendray que l'on en
» veult tant à vous que à d'aultres, et mesme quand il sera
» question de la cause générale, je vous rendré certain de
» tout... Au demeurant, j'entretiens ma bonne tante paisi-
» blement, ma cousine et mes petits cousins, et n'est
» guères de soirs que nous ne facions une belle vie, à vostre
» gré, en nous esbatant tous ensemble joieusement pour
» tascher à passer nos mélancoliques heures. Je vous prie,
» tout ainsi que je vous escrys de mes nouvelles, comme je
» vous promctz que je feray à toutes les occasions, escripvez-
» moi aussy des vostres, car assurez-vous que je prends à
» grand plaisir en entendre. »

Vers le 15 octobre, Coligny, que sa femme avait, peu auparavant, rejoint à Blois, quitta avec elle la cour et, arrivant à Châtillon où François et les autres enfants l'avaient précédé, y reprit avec bonheur la vie de famille.

Téligny et Louise ne tardèrent pas à y venir. Merlin et Legresle s'y trouvaient, continuant leur pieux ministère.

Le retour de l'amiral dans sa demeure fut salué avec joie par les habitants de Châtillon, par ceux de ses amis qui résidaient dans le voisinage, et surtout par Renée de France, étendant désormais à Jacqueline d'Entremonts l'affection qu'elle portait, de longue date, à son mari, et dont se ressentaient, pour leur propre part, les enfants de ce dernier.

Deux d'entre eux venaient de recevoir de la vénérable duchesse une lettre dans laquelle elle leur exprimait tout l'intérêt qu'elle prenait à leur développement moral et intellectuel, et les encourageait avec une bonté maternelle à s'affermir dans la voie du bien et dans l'habitude du travail. A cette lettre, François et Odet, âgés alors l'un de quatorze ans, l'autre de onze, répondirent dans les termes suivants, qui prouvent sous quelle direction salutaire ils étaient élevés :

« Madame, écrivait l'aîné de ces jeunes garçons [1], la lettre » de laquelle il vous a pleu nous honorer est un gage très- » seur de la souvenance et du soin qu'il vous plaist avoir » de nous, bien que nous n'ayons encores moyen quelconque » de vous faire le service lequel nous vous devons et desi- » rons faire. Vray est que, pour l'affection qu'il vous plaist » nous témoigner, du bien lequel nous souhaités, j'estime » que ce vous sera assez, pour le présent, si nous mettons » peine et diligence à bien cognoistre Dieu, l'aimer et l'ho- » norer, par le moyen de l'avancement que pourrons faire » aux bonnes lettres et sciences, comme de vostre grâce » et bonté singulière il vous plaist nous y exhorter : à » quoy nous espérons faire si bon devoir que, à l'avenir, » cognoistrés vostre exhortation n'avoir esté vaine, moyen- » nant l'assistance de nostre Dieu, lequel nous supplions » vous donner, madame, en toute félicité, très-longue vie, » pour l'avancement du règne de son fils. De Chastillon, ce » 21ᵉ d'octobre 1571, vostre très-humble et très-obéissant » serviteur, François de Coligny. »

« Madame, disait de son côté le plus jeune des deux » frères [2], ce qu'il a pleu à Vostre Excellence et Grandeur » s'abaisser de tant que de nous honorer de vos lettres plei- » nes d'une très-ample démonstration de la bonne volonté, » laquelle avés de vostre grâce et bonté toujours continué à » nostre famille, nous redouble et augmente si fort le cou- » rage à vostre service, que pouvés vous asseurer, madame, » qu'avec l'aage nous ferons paroistre combien nous nous » sentons obligés à vostre service, aidant Dieu, lequel nous

1. Bibl. nat., mss. f. fr., vol 3,133, fº 33.
2. Bibl. nat., mss. f. fr., vol. 3,133, fº 32.

» supplions vous conserver, madame, en toute prospérité,
» très-longue et très-heureuse vie, pour l'avancement de sa
» gloire. De Chastillon, ce 21e d'octobre 1571, vostre très-
» humble et très-obéissant serviteur, Oddet de Coligny. »

Quant à Jacqueline d'Entremonts, son attachement pour l'excellente duchesse était si vif, qu'elle comptait comme heures fortunées celles qu'elle pouvait passer dans sa société. Aussi, lorsque quelque sérieux obstacle, tel, par exemple, qu'un état momentané de souffrance ne lui permettait pas de se rendre du château de Châtillon à celui de Montargis, adressait-elle à Renée de France des lignes dans le genre de celles-ci[1] : « Madame, aïant seulement seu aujourd'huy
» vostre retour à Montargis, je n'ay voulu fallir tout soudain
» de dépescher ce porteur pour sçavoir de vostre santé, et si
» cette chaleur vous avoit ennuyée par les chemins, infini-
» ment marrie que je suis de n'avoir set honneur de vous
» aller offrir moi-mesme le très-humble et très-obéissant ser-
» visse que je vous ay dédié autant et plus que servante que
» vous aurés jamais. Il me semble, madame, que se m'est
» une peine insupportable me sentir si près du lieu là où
» vous estes, et estre privée du moïen de vous bezer les
» mains; mais s'il plaist à Nostre-Seigneur me donner
» quelque jour la commodité, assurés-vous, madame, que
» je vous irai offrir à faire tant de servisse que vous aurés
» occasion de me tenir pour la plus affectionnée et obéis-
» sante servante que vous aiés. »

L'hiver et le printemps de 1572 s'étaient écoulés sans que Coligny eût quitté Châtillon, si ce n'est pour quelques jours, et seulement sur l'invitation du souverain; l'éducation de ses fils s'était, par cela même, heureusement ressentie de sa présence auprès d'eux; alliée aux efforts de Legresle, sa

---

1. Bibl. nat., mss. f. fr., vol 3,397, f° 29.

direction supérieure avait largement concouru à leurs progrès, dont il jouissait avec actions de grâces envers Dieu ; il espérait voir se prolonger pendant quelque temps encore, pour lui, le calme de la retraite, et, pour ceux qu'il aimait, les douces joies d'un intérieur dont il était l'âme, lorsqu'une alarmante nouvelle parvint inopinément au château de Châtillon : on apprit que la reine de Navarre, accablée de fatigues, après un séjour de trois semaines dans la capitale, y avait été prise, le 4 juin, d'une violente fièvre qui mettait ses jours en danger.

L'amiral accourut aussitôt à Paris, vit la reine et eut avec elle de touchants et pieux entretiens. Plus confiante que jamais dans une amitié et un dévouement dont il lui avait donné de constantes preuves, elle lui recommanda ses enfants et reçut de lui l'assurance qu'il veillerait sur eux en ami, sous le regard de Dieu. Le cœur de Jeanne d'Albret, dont les épanchements étaient accueillis par l'amiral avec une sainte émotion, s'absorbait, à l'heure suprême, dans la foi aux promesses divines et dans les sollicitudes de l'amour maternel. Le 9 juin 1572, mourut à l'âge de quarante-quatre ans, « cette reine n'ayant de femme que
» le sexe, l'âme entière aux choses viriles, l'esprit puis-
» sant aux grandes affaires, le cœur invincible aux adver-
» sités[1]. »

L'amiral revint faire un court séjour à Châtillon. Tout ce qu'il dit de ses entretiens avec Jeanne d'Albret dans les derniers moments, et des soins paternels dont il voulait entourer Catherine de Bourbon[2] et le prince son

---

[1]. D'Aubigné, *Hist. univ.*, t. II, liv. I, chap. XI.

[2]. A Catherine de Bourbon furent adressées, quelques jours après la mort de sa mère, ces paroles que la jeune princesse méritait d'entendre : « Comme vous
» succédez, en une bonne partie, à la dextérité et magnanimité de son esprit, qui
» desjà reluit en vous, en ce bas âge, ainsi ferez-vous à sa constance, piété et autres
» rares vertus, moïennant la grâce de ce grand Dieu, lequel je supplie vous main-

frère[1], émut au plus haut degré Jacqueline d'Entremonts, Louise, François et les jeunes enfants qui se groupaient autour du chef de la famille. L'affection de Louise et de François pour les deux orphelins s'en augmenta.

Coligny fut promptement de retour à Paris. Son séjour à la cour devint pour lui, cette fois, extrêmement fatigant ; il tomba malade. Sa femme et ses enfants s'affligèrent de voir son rétablissement retardé par les préoccupations qui l'absorbaient. Leurs impressions à cet égard ressortent de ces lignes adressées par madame l'amirale à sa vénérable amie, la duchesse de Ferrare, alors que tout sujet d'inquiétude, quant à la santé de Coligny, venait de disparaître[2] : « Grâces » à Nostre-Seigneur, monsieur l'amiral est guéri, et pense » qu'il eust esté plus tost, sans une infinité de rompements » de teste que, tous les jours, il a pour les afaires de la reli- » gion et du roïaume. »

Quelque graves que fussent les conjonctures, Charles IX ne sacrifiait que trop souvent les affaires publiques au besoin qu'il éprouvait de se distraire. Catherine de Médicis

» tenir en sa sainte protection pour servir à sa gloire. » (*Dédicace du brief discours sur la mort de la royne de Navarre*, par A. 1. J. 1 vol. in-12, 1572. — *Bulletin de la Soc. de l'hist. du prot. fr.*, ann. 1882, p. 13 et suiv.)

1. Saint-Simon a caractérisé en termes élevés le patronage qu'exerça Coligny sur le jeune fils de Jeanne d'Albret : « Henri, dit-il, eut pour maistre le plus sage » et le plus honneste homme de son temps, le plus grand capitaine, le plus adroit » à tirer parti des événemens les plus fâcheux et à relever son parti de ses chutes » et de ses plus grandes pertes, le plus habile à le tenir uni et à parer à tout ce qui » pouvait le diviser ; enfin le plus désintéressé, le plus prudent, le plus aimé et le » plus estimé d'un parti dont il fut toujours l'âme et le soutien le plus autorisé » chez les étrangers, dont il savait s'appuyer pour des secours et des négociations, » le plus considéré du parti contraire, le plus généralement respecté et admiré » pour ses vertus. Tel fut l'amiral de Coligny, si peu heureux et si digne de l'être, » et d'un meilleur parti ; qui fut le conducteur des premières années d'Henri et dans » les armes et dans la politique... Heureux (ce prince) d'avoir été sous la discipline » du plus avisé capitaine, du plus sage et du plus honneste homme de son temps ; » mais qu'il eut le malheur de perdre, presque en même temps que la reine sa » mère, c'est-à-dire à la Saint-Barthélemy, où ce grand homme fut si indignement » massacré pour l'ouverture de cette abominable tragédie ; et Henri IV n'avait pas » dix-neuf ans. » (*Écrits inédits de Saint-Simon*, t. 1.)

2. Bibl. nat., mss. f. fr., vol. 3,397, f° 29.

s'absentant pour quelques jours, il quitta la capitale, afin d'aller chasser en Brie, et autorisa Coligny à se rendre à Châtillon, où il savait que, comme d'habitude, son séjour au foyer domestique ne le distrairait point de l'accomplissement de ses devoirs d'homme d'État.

A peine l'amiral goûtait-il, sans pressentir que ce fût pour la dernière fois, le bonheur de se retrouver au sein de sa famille, que se firent entendre au loin, dans les régions de la cour, et se répercutèrent jusqu'à Châtillon les premiers grondements d'un orage qui allait l'arracher à sa retraite.

En effet, avertie par ses affidés des mâles conseils que Coligny donnait au roi et des préparatifs de guerre qui en avaient été la conséquence, Catherine était accourue pour circonvenir son fils, lui faire un crime de sa condescendance envers l'amiral, dénigrer ce dernier, l'accuser et sommer le débile monarque de couper court à l'exécution de projets belliqueux, qu'elle qualifiait de coupables et d'insensés ; sommation à laquelle, dans le premier moment, il avait été obtempéré.

Il suffit à l'amiral d'être informé de cette seule circonstance, que Catherine, quittant précipitamment la duchesse de Lorraine, sa fille, à la rencontre de laquelle elle s'était avancée en province, est venue trouver le roi, pour qu'il s'alarme. Il ne veut pas laisser le jeune souverain exposé, sans défense, à des obsessions redoutables, et il se décide à partir immédiatement de Châtillon. Ni les nombreux avis qu'il a reçus de divers côtés sur les dangers auxquels l'exposera son retour dans la capitale, ni les conseils des amis qui l'entourent, ni l'anxiété des êtres chéris, femme et enfants, dont, sans s'en douter, il va se séparer pour toujours, n'ébranlent sa résolution.

Jacqueline d'Entremonts à qui, dans son état de grossesse,

il désire épargner les fatigues d'un voyage, et qu'il veut surtout tenir éloignée d'un foyer d'agitations et de troubles, se résigne, sur ses vives instances, à rester au château avec les enfants. Louise seule, dont les ardentes supplications trouvent un écho dans le cœur de Téligny qui va partir avec l'amiral, obtient de son père et de son mari l'assurance de pouvoir prochainement se rendre à Paris, auprès d'eux.

Au moment des adieux, alors que Coligny va monter à cheval, une simple paysanne, accourant en toute hâte, « se
» jette à ses pieds, et lui embrassant les genoux par grande
» affection, s'écrie : « Ah ! nostre bon maistre, où vous allez-
» vous perdre ? Je ne vous reverrai jamais, si vous allez à
» Paris, car vous y mourrez, vous et tous ceux qui iront
» avec vous. Au moins, ajoute-t-elle en pleurant, si vous
» n'avez pitié de vous, ayez pitié de madame, de vos
» enfans et de tant de gens de bien qui y périront, à vostre
» occasion ! » Et comme l'amiral, la reprenant, lui dit qu'elle
» n'est pas bien sage, cette pauvre femme va se jetter aux
» pieds de madame l'amirale et la prie de vouloir garder
» son mary d'y aller, parcequ'elle est bien assurée que, s'il
» va une fois à Paris, il n'en reviendra jamais, et si sera la
» cause de la mort de plus de dix mille hommes après
» lui[1]. »

Alors quel surcroît d'angoisses ! que de larmes versées par Jacqueline d'Entremonts, par les enfants, par tout leur entourage ! Rien toutefois ne saurait arrêter Coligny quand le devoir l'appelle ; il part, non sans envisager les difficultés du présent et les sombres perspectives de l'avenir, mais ne désespérant pas du succès final de la cause au service de laquelle il est prêt à tout sacrifier, même sa vie.

---

[1]. P. de L'Estoile, en consignant ce récit dans son journal, sur l'année 1572, l'accompagne de cette mention, qui ne laisse aucun doute sur son authenticité : « Entendu de la bouche d'un qui l'a vû et ouy. »

Ici s'ouvre l'une des plus tragiques séries de faits qu'ait enregistrés l'histoire.

Qui ne sait quelles amères déceptions suivirent les dernières espérances de l'amiral, et quels furent ses généreux efforts dans une lutte suprême, où il apparut plus grand que jamais? Qui ne sait aussi l'effroyable perversité d'une Catherine de Médicis, d'un d'Anjou et de leurs suppôts, stipendiant un vil assassin pour attenter aux jours de Coligny; la consommation du crime, les mémorables paroles prononcées par le héros chrétien sur son lit de souffrances, la hideuse ardeur des conjurés de la cour à faire d'un roi leur complice, la frénésie de celui-ci, éclatant sous leurs perfides excitations, sa transformation subite en bourreau de ses sujets, et enfin l'épouvantable massacre de la Saint-Barthélemy, dont l'illustre amiral fut la première et la plus grande victime?

Sans revenir ici sur ces lamentables faits, que nous avons retracés ailleurs [1], attachons-nous immédiatement à exposer ce que devinrent, depuis le 24 août 1572, d'une part, Louise de Coligny, qui se trouvait à Paris, et, de l'autre, ses frères et sa belle-mère, qui étaient restés à Châtillon.

---

1. Voir *Gaspard de Coligny, amiral de France*, t. III.

CHAPITRE II

Meurtre de Téligny. — Dangers que court sa jeune femme et auxquels elle échappe. — Deux des fils de Coligny sont soustraits, par Jacqueline d'Entremonts, aux recherches des archers envoyés à Châtillon pour les arrêter, et prennent le chemin de la Suisse. — Actes et langage de Charles IX et de Catherine de Médicis immédiatement après la Saint-Barthélemy. — Le maréchal de Montmorency assure, dans son château de Chantilly, une sépulture au cadavre mutilé de Coligny. — Procès criminel intenté à Briquemault, à Cavagnes et à Coligny. — Arrivée des fils de Coligny et de leur cousin de Laval à Genève. — Exposé de l'état des esprits, en Suisse, à ce moment. — Attitude des cantons catholiques, des cantons protestants et des agents diplomatiques français. — Court séjour des fils et du neveu de Coligny, à Genève et à Berne. — Ils rejoignent Mme d'Andelot à Bâle, où ils sont chaleureusement accueillis par les autorités de cette ville. — Arrêts rendus contre Briquemault, Cavagnes et Coligny. — Exécution de ces arrêts. — Jacqueline d'Entremonts quitte la France en novembre 1572, et arrive en Savoie avec Mme de Téligny.

Le meurtre de Téligny[1] suivit de près celui de son beau-père. Toutes les personnes surprises dans la maison qu'il habitait à Paris furent impitoyablement massacrées[2] ; une seule, sa jeune femme, échappa au massacre : comment ? on l'ignore ; car, jusqu'à présent du moins, nulle donnée historique ne met sur la trace d'une explication quelconque de ce fait, qui paraît tenir du prodige.

A dater de la néfaste journée du 24 août 1572, Louise de

---

1. Voir sur ce meurtre : 1° *De furoribus gallicis*, édit. de 1644, p. 196 ; — 2° Hotman, *Vie de Coligny*, trad. de 1665, p. 165 ; — 3° D'Aubigné, *Hist. univ.*, t. II, liv. I, chap. IV ; — 4° *Mém. de l'estat de France soubs Charles IX*, t. I, p. 396 ; — 5° *Le Réveille-matin des Français et de leurs voisins*, part. I, p. 59, 60 ; — 6° *Hist. des martyrs*, édit. de 1608, p. 704, 706 ; — 7° Note secrète expédiée de Paris en Angleterre, lors de la Saint-Barthélemy. (*Record Office*. — De Laferrière, *Le seizième siècle et les Valois*, p. 708.)

2. « Au *Lyon noir*, rue Saint-Honoré, logis du sieur de Thelligny, tous ceux » dudit logis furent tuez. » (*Mém. de l'estat de France soubs Charles IX*, t. I, p. 412. — *Hist. des martyrs*, p. 708.)

Coligny, orpheline et veuve, à dix-sept ans, violemment séparée des parents et des amis qui lui restaient, semblait vouée, sans défense dans son isolement, aux outrages et aux coups des meurtriers de l'amiral et de Téligny ; car, de quelque côté qu'elle tournât ses regards, nulle perspective de délivrance par la main des hommes ne s'offrait à elle.

Non seulement elle ne pouvait plus invoquer l'appui d'un père, d'un mari ; mais, en outre, après eux, venaient de succomber son cousin le comte de La Rochefoucauld et les plus chers compagnons de Coligny, notamment de Piles, de Guerchy, de Monneins, le marquis de Renel, à la mort desquels allait s'ajouter bientôt celle de Briquemault et de Cavagnes.

Des parents qui constituaient, pour elle, l'unique débris de sa famille décimée, et dont d'ailleurs elle ignorait le sort, en ce moment, nul ne pouvait lui tendre une main secourable.

Menacés comme elle, et, en tous cas, trop jeunes pour être capables de la protéger, ses frères et son cousin de Laval n'allaient quitter Châtillon-sur-Loing qu'à la condition d'éviter Paris, en cherchant à gagner la frontière. Sa belle-mère devait, à Châtillon même, d'où elle ne pouvait sortir, subir la présence d'émissaires armés. Sa tante, Mme d'Andelot, réduite à l'impossibilité de communiquer avec elle, du fond de la province, cherchait à trouver en pays étranger un asile pour elle et ses enfants. Rien à attendre non plus de son cousin le prince de Condé, sur lequel s'appesantissait, au Louvre, en même temps que sur Henri et Catherine de Bourbon, la violence d'un tyran ; ni de ses cousins de Montmorency, dont les uns étaient prisonniers à Paris, tandis qu'un autre, le maréchal, retranché dans son château de Chantilly, tenait de là, par la fermeté de son attitude, la cour en respect[1]. Enfin, le beau-frère de Louise, le généreux et sage de Lanoue[2], était renfermé dans Mons, sans communication possible avec la France.

Quant à ceux des amis de l'amiral qui avaient échappé au massacre et réussi à sortir de Paris, ils n'avaient pu, avant leur fuite, tenter de soustraire Louise de Coligny aux dangers qui l'entouraient dans la cité sanguinaire. La duchesse de Ferrare, elle-même, si étroitement attachée à l'amiral et à sa femme, si bienveillante pour ses enfants, si sympathique aux affligés, n'avait pu étendre à la fille de Coligny le moyen d'évasion qu'elle avait assuré au ministre Merlin et à sa famille[3].

Quelle navrante détresse que celle de cette jeune femme dépourvue, en apparence, de tout appui humain, au milieu d'un effroyable carnage! mais aussi, quelle énergie morale que la sienne! quelle foi, quelles ardentes prières, quelle résignation!

Dieu lui réservait une délivrance inespérée.

Tandis que, sous la toute-puissante et miséricordieuse direction de ce protecteur suprême, se préparaient, par des voies ignorées de l'histoire, les moyens destinés à opérer cette délivrance, quels événements, relatifs à la famille de Coligny, se produisaient, à Paris et au dehors, à des dates plus ou moins rapprochées du 24 août 1572, alors qu'on

---

[1]. « Si le maréchal de Montmorency n'avait été absent, il lui serait arrivé comme » aux autres, parce qu'il est, comme on le sait, détesté par tous les Parisiens et » les Guises; et les frères du maréchal, qui se trouvaient à Paris durant le mas-» sacre, étaient en prison et gardés, uniquement parce que leur frère n'était pas » à Paris. » (Note secrète tirée du *Record Office*. — De Laferrière, *Le seizième siècle et les Valois*, p. 323.)

[2]. *Le Réveille-matin des Français et de leurs voisins*, part. I, p. 69.

[3]. « Madame la duchesse de Ferrare nous ayant tous fait mettre dans un coche, » nous amena avec soy à Montargis, où nous arrivasmes le dernier jour d'aoust » (1572), ayant esté conduits par une escorte de gens de cheval qu'avait baillé » M. de Guise, petit-fils de madite dame. » (*Diaire ou Journal du ministre Merlin*. Genève, 1855, p. 69.)

perd, dans les documents contemporains, la trace de la veuve de Téligny, pour ne la ressaisir qu'après un certain laps de temps?

Voici l'indication sommaire de ces événements :

« Le lundi 25 août, au matin, le roy envoya quelques capi-
» taines et soldats de sa garde à Châtillon-sur-Loing, pour
» lui amener les enfants de l'amiral et de son frère d'Ande-
» lot, de gré ou de force[1]. ».

Jacqueline d'Entremonts attendait alors, au château de Châtillon, le prochain retour de son mari. Tout entière aux douces émotions qu'avait fait naître en son cœur une lettre récente, dans laquelle il lui exprimait avec tendresse son vif désir de se retrouver auprès d'elle[2], elle se sentait heureuse, à la pensée de le revoir, dès qu'il se serait acquitté, en faveur des églises réformées, du devoir sacré qui le retenait encore à Paris. François, Odet et Charles, leur jeune cousin de Laval[3] et le fidèle Legresle, partageaient sa joie. Tout à coup, l'horrible nouvelle du meurtre de l'amiral se répand parmi les habitants de Châtillon et pénètre au château. Comment peindre la stupeur de la population pleurant son bienfaiteur et son père? Comment surtout parler de l'immense douleur de la noble femme dont de lâches assassins, couronnés ou non, viennent de transpercer le cœur, en immolant son époux? Tenter de décrire une telle douleur, serait manquer au respect qu'elle commande. On ne peut que s'incliner devant elle, comme sur le bord d'un de ces abîmes d'angoisses morales dont il n'appartient qu'à Dieu de sonder la profondeur. Mais, en même temps, quel privilège, que celui de pouvoir contempler, dans son ineffable puissance,

---

1. Le *Réveille-matin des Français et de leurs voisins*, part. I, p. 69.
2. *Bulletin de la Soc. de l'hist. du prot. fr.*, t. I, p. 369.
3. D'Andelot avait eu de Claude de Rieux, sa première femme, Guy de Coligny, comte de Laval, François de Rieux et Marguerite de Coligny. De sa seconde femme, Anne de Salm, il avait eu François, puis Benjamin de Coligny et Anne de Coligny.

la miséricorde divine soutenant l'épouse et la mère chrétienne, courbée sous le poids d'une épreuve déchirante, la relevant peu à peu, ravivant son âme au contact des promesses éternelles, et lui inspirant enfin l'énergie nécessaire pour arracher ses enfants d'adoption aux dangers qui les menacent !

C'est ici qu'il nous est donné d'assister à une scène exceptionnellement pathétique, qu'a dépeinte, en traits saisissants, l'un de ces mêmes enfants, devenu homme. Voici, en effet, ce que, dans l'élan de la reconnaissance envers sa seconde mère, a écrit le fils aîné de la grande victime, François de Chastillon [1] :

« Madame l'admirale estant advertie de ceste tant inique
» perfidie, accompagnée d'une crainte telle qu'on peut juger,
» comme elle estoit vertueuse et craignant Dieu, après s'estre
» fortifiée en ceste affliction extrême et s'estre résolue qu'il
» se fallait conformer à sa volonté, nous fit appeler devant
» elle, nous autres petits enfans, qui lors n'avions pas le
» jugement pour considérer la perte que nous avions faite,
» ni la main de Dieu appesantie sur nous, toutesfois esmus
» plustost d'une affection naturelle, que Dieu a donnée (à
» toutes créatures), principalement en chose si nouvelle et si
» inopinée, que de grande considération de l'estat auquel
» nous laissoit un tel père si craignant Dieu, et qui nous
» aimoit uniquement comme la prunelle de son œil.

» Nous vinsmes nous présenter à elle tout fondus en
» pleurs, larmes et gémissemens, qui sont les vrais tes-
» moins de la fascherie, regret et desplaisir que les humains
» ont, et lesquels nous redoublions encore davantage, la
» voyant elle-mesme pleurer et lamenter, où nous fusmes

[1]. « Extraict d'un livre contenant plusieurs discours sur divers sujets, escrits » de la main de M. de Chastillon (François, premier du nom, comte de Coligny.) » Ap. Du Bouchet, *Hist. de la maison de Coligny*, p. 624 à 628.

» un espace de temps à nous faire pitié et compassion les
» uns aux autres, sans que jamais elle peust avoir le cœur
» de nous rien dire. Et comme le ressouvenir plus grand
» nous venoit de nostre père, aussi jettions-nous plus grande
» quantité de larmes et de cris; toutesfois un peu retenus,
» pour ne donner quelque occasion à une si bonne mère de
» se tourmenter davantage, la regardant attentivement pour
» recevoir consolation d'elle et attendre ce qu'il lui plairoit
» nous commander, cessâmes un peu; puis elle, toute pleine
» de deuil, pour avoir perdu une chose qui lui estoit si
» chère, commença son propos de ceste façon, première-
» ment avec une voix basse et lente, souvent interrompue de
» plusieurs grands soupirs :

« Hélas! mes enfans, j'ay fait une perte si grande, et
» vous aussy, que je ne vous la sçaurois dire, comme nous la
» sentirons cy-après, puisqu'il plaist à Dieu nous laisser sur-
» vivant à celuy que j'ay tant honoré durant sa vie, comme
» je fais encore et feray tant que vivra sa mémoire. Mais
» vous ne sentez point à peu près le mal que vous avez,
» comme je fais, moy maintenant; car je suis toute dépas-
» sionnée d'une chose si récente; et encore en ai-je une
» autre qui m'afflige beaucoup. Il se faut résoudre de ce
» qui est passé, puisque c'est la volonté de Dieu; mais
» hélas! si j'ay perdu mon mary, faut-il que je perde mes
» enfans? Et encore, le remède qu'il y a m'afflige et me
» tourmente davantage, pour ce qu'il faut que je vous mette
» en un extrême danger de mort; mais le mesme Dieu qui
» vous a gardé jusques à cette heure, vous conservera, s'il
» luy plaist. J'ay envoyé ici près, à Montargis, sçavoir si là
» vous pourriez avoir seure retraite; mais je croy bien que
» non[1], et qu'il faudra bien s'en aller loin pour éviter la

1. Renée de France, duchesse de Ferrare, était alors absente de son château de Montargis. Elle n'y fut de retour que le 31 août 1572. (Voir le *Diaire de Merlin*, p. 14.)

» fureur insatiable de vos ennemis : car je ne pense point
» que la France, qui n'a peu estre en asseurance à vostre
» père, vous puisse sauver. Il faut, je le crois, bien regar-
» der vers les pays estrangers, et, pour y aller, il vous peut
» advenir beaucoup d'inconvéniens. Vous estes petits ; oultre
» le danger où vous vous mettez de vostre vie, il vous peut
» advenir beaucoup d'accidens auxquels vous estes sujets,
» ou à cause de vostre jeunesse, ou pour n'avoir encore
» accoustumé la peine et le travail que les voyages ainsi
» lointains apportent ordinairement, mesme à ceux qui sont
» plus robustes. Et si, en voyant cela, je ne sçay qui vous
» y mènera, ni quel chemin vous tiendrez, je vous dis cecy,
» mes enfans, afin que vous voyiez que j'ai soin de vous,
» comme si je vous avois portés dans mon ventre, et que
» vous-mesmes songiez à ce qu'il vous faut faire, car vous
» avez tantost assez de jugement. Je sçay bien que la cruauté
» insatiable de nos ennemis ne nous donnera pas guères de
» loisir d'y penser. Toutesfois, c'est une affaire de telle con-
» séquence, qu'il y faut bien penser et reguarder. »

» S'adressant à nostre précepteur nommé Legresle, homme
» bien docte et recommandable pour sa vertu, elle dit qu'il
» y regardast, de son costé ; et ainsi acheva son propos
» comme elle l'avait commencé, avec soupirs et larmes, et
» nous embrassa tous, l'un après l'autre, qui aussi rendions
» tous tesmoignage de la peine que nous endurions. Et
» ainsy nostre pauvre mère avoit soin de nous et se con-
» tristoit davantage de nous voir là, pauvres innocens, ex-
» posés à la cruauté barbare de nos ennemis, n'attendant
» que l'heure, comme la brebis qu'on mène à la boucherie,
» d'avoir la gorge coupée, et que nostre sang fust espandu
» pour assouvir la soif de ceux qui desjà avoient massacré
» nostre père ; qui véritablement eûssions fait pitié, je pense.
» à tous ceux qui nous eûssent veus.

» Vous pouvez penser quelles afflictions, quels tourmens,
» quelles fascheries un chacun, de son costé, avoit. Mais,
» comme nous n'avions qu'un seul remède, aussi le cher-
» chions-nous, et madame l'admirale levant les yeux : « Mon
» Dieu, dit-elle, je te supplie, puisqu'il te plaist que je vive
» après celui que j'aimois tant, me faire la grâce que je voye
» ces pauvres petits enfans sauvés et que tu les réserves pour
» les employer à punir la rage de ceux qui ont tué leur
» père. Tu es juste juge ; tu ne laisseras point un tel acte
» impuny; et à moy, bon Dieu, qu'il te plaise me donner
» bonne patience pour endurer l'affliction qu'il te plaist
» m'envoyer. »

» Tous faisoient silence, et chacun en son cœur prioit
» Dieu et cherchoit en lui sa consolation. Toutesfois vous
» eûssiez veu ceste chambre, en entrant dedans, pleine d'un
» silence lamentable et piteux ; mais, comme Dieu n'aban-
» donne jamais les siens, il nous suscita, sans que personne
» y pensast, un nommé Pontchartrin, lequel se tenoit là
» auprès de Chastillon, et ayant ouï ces tristes nouvelles
» estoit venu. Nostre précepteur, avant qu'il se présentast
» à madame l'admirale, l'entretint longtemps et luy conta
» tout ce qui s'estoit passé et comme on vouloit pourveoir à
» nostre seureté, luy demandant s'il ne sçavoit point le
» chemin d'Allemagne, et s'il pensoit qu'on y peust aller
» seurement. Il respondit incontinent qu'il y avoit esté, et
» qu'il nous y mèneroit seurement, à son opinion, avec
» l'aide de Dieu.

» Tout soudain qu'il eut ouï cela, il (Legresle) s'en vint
» dans la chambre et dit : « Madame, le temps nous contraint
» de pourveoir promptement à vos enfans, car vous sçavez
» qu'il n'y a pas loin d'icy à Paris, et qu'on sera bientost icy, si
» on veut les attraper. Voicy un gentilhomme qui se promet
» de les passer en Allemagne, comme vous disiez tantost.

» — Est-il vray, mon fils? » dit-elle, toute transportée de joie ;
» en quoy elle rendist tesmoignage de l'amitié qu'elle nous
» portoit, plus estroite que n'ont accoustumé les belles-
» mères. Et sur cela, ayant discouru des moyens, elle se
» résolut à nous y envoyer ; et promptement on nous bailla
» de vieux habillemens pour nous déguiser mieux, afin qu'on
» ne nous connust.

» De ceste façon luy vinsmes baiser les mains, pour nous
» mettre en la guarde de Dieu et prendre nostre chemin. Et
» après nous avoir admonestez de nostre devoir, elle nous
» mit, mon cousin, mon frère Dandelot [1] et moy entre les
» mains de ce gentilhomme et de nostre précepteur, aus-
» quels elle nous recommanda. Ainsi, avec beaucoup de
» larmes, nous laissons cette bonne mère et quittons nostre
» maison. »

On ne saurait inférer du silence gardé, dans cet émou-
vant récit, par François de Chastillon sur son frère Charles,
que cet enfant, « âgé de sept ans et huit mois, fort joly, et
» tout le plaisir du père [2] », ne fût point alors au château de
Châtillon : il y était, en effet, ainsi qu'un tout jeune neveu
de l'amiral et de sa femme [3]. Si ces deux enfants ne prirent pas, comme leurs aînés, le chemin de l'Allemagne, ce
fut, sans doute, parce que leur bas âge ne leur eût permis
de supporter ni les fatigues ni les perplexités d'un long et
périlleux trajet. Peut-être, d'ailleurs, madame l'amirale espé-
rait-elle les soustraire aux recherches de leurs persécuteurs,
ou, en cas qu'ils fussent découverts, obtenir de les garder
auprès d'elle. Toujours est-il que la présence de ces deux

1. Conformément à la volonté de l'amiral. Odet de Coligny portait, depuis quelque temps, le nom de d'Andelot.
2. Hotman, *Vie de Coligny*, trad. de 1665, p. 165.
3. C'est ce qui ressort d'une lettre de Jacqueline d'Entremonts à Charles IX, du 22 octobre 1572. (Bibl. nat., mss. collect. Dupuy, vol. 194, f° 41), qui sera ci-après reproduite, et dans laquelle elle parle de l'envoi qu'elle a dû faire de son fils et de son neveu au roi.

pauvres enfants au château tourna contre eux, et qu'en exécution des ordres du roi ils furent enlevés à leur maternelle protectrice.

Seule désormais au foyer domestique, Jacqueline d'Entremonts aspirait, dans sa détresse, à faire respecter la demeure de son mari et à rester, fût-ce même au péril de sa vie, là où l'honneur et la fidélité conjugale lui faisaient un devoir de se maintenir résolument.

Tandis que la noble veuve se montrait pleine de dignité et d'énergie dans l'accomplissement de ce grand devoir, et que François, Odet et Guy de Laval, sous la conduite de Legresle et de Pontchartrin, traversaient la France en fugitifs, Charles IX, Catherine de Médicis et leur vil entourage étendaient à la plupart des provinces de France les abominables ravages exercés par eux dans la capitale, en alliant la calomnie, le mensonge et le cynisme aux derniers excès de la cruauté ; en voici la preuve.

Le mardi 26 août, au milieu de la furie des massacres déchaînée dans Paris, depuis l'avant-veille, « le roy, accom-
» pagné de ses frères et des plus grands de sa cour, s'en alla
» au palais, jadis la cour des pairs de France et le lit de
» justice du roy. Là, séant en plein sénat, toutes les cham-
» bres assemblées, il déclara tout haut, que ce qui estoit
» avenu dans Paris avoit été faict non-seulement par son
» consentement, ains par son commandement et de son
» propre mouvement. Alors le premier président, au nom de
» tout le sénat, en louant l'acte comme digne d'un si grand
» roy, lui respondit que c'estoit bien faict, et qu'il l'avoit
» justement peu faire ; que qui ne sçait bien dissimuler, ne
» sçait pas régner¹ ».

---

1. « Auditâ regis oratione, Christophorus Thuanus, primus illius parlamenti
» prætor, homo levitate simul et crudelitate insignis, amplissimis verbis regi gra-
» tulatus est, quod inimicos suos, quos bello atque armis vincere non potuerat,

Quelle bassesse, que celle d'un tel corps de magistrature, abdiquant ainsi, aux pieds d'un monarque en démence, couvert du sang de ses sujets, tout sentiment d'honneur, toute notion de justice, alors que s'imposait aux membres de la cour souveraine le devoir d'exercer avec une inébranlable fermeté le droit de remontrance dont ils étaient investis par la loi ! Et à quel degré d'avilissement descendit, en cette circonstance, le chef de la cour, le premier président Christophle de Thou ! Plus que tout autre, il eût dû protester contre le meurtre de Coligny et de ses coreligionnaires, lui qui, le 12 janvier 1553, avait eu, comme avocat, l'honneur d'assister de son ministère, devant le parlement de Paris, l'amiral de France, à l'occasion de sa prestation de serment, et qui s'était fait un devoir de mettre en relief, dans une solennelle harangue, le grand caractère et les éminents services de son noble client[1]. Jamais homme, peut-être, ne se montra plus infidèle que Christophle de Thou à son propre passé et à ses intimes convictions ; car il savait parfaitement que l'amiral était demeuré, jusqu'à son dernier soupir, dévoué à sa patrie et au roi. Il n'est pas de déchéance morale plus grande que celle que subit le cœur humain quand, désertant la haute sphère du devoir, il s'affaisse sous la triple pression de la servilité, de la peur, de l'injustice, et se rend, par une approbation dégradante, complice d'un forfait dont il encense l'auteur.

L'accueil que le parlement venait de faire à Charles IX était pour celui-ci un encouragement à persévérer dans la double voie des mensonges officiels et du meurtre. Aussi,

---

» dolo atque fallaciâ superasset : verissimumque vetus illud Ludovici Galliarum » regis, atavi sui, verbum esse docuisset, qui hanc unam se latinam sententiam » scire dictitabat : qui nescit dissimulare, nescit regnare. » (*De furoribus gallicis*, édit. de 1641. p. 401. 402. — *Le Réveille-matin des Français et de leurs voisins*, part. I, p. 70. — *Mém. de l'estat de France soubs Charles IX*, t. I, p. 421.

1. Voir *Gaspard de Coligny, amiral de France*, t. I, p. 118, 119.

le mercredi 27 août, « continua-t-il d'envoyer lettres en
» quelques endroits, faisant massacrer tous ceux que l'on
» pourroit attraper[1] ».

« Le jeudi 28, fut célébré dans Paris un jubilé extraordi-
» naire, avec la procession générale à laquelle le roy assista,
» ayant premièrement sollicité, mais en vain, le roy de
» Navarre par douces paroles, et le prince de Condé par me-
» naces, de s'y trouver. — Le mesme jour, furent publiées
» des lettres patentes du roy, par lesquelles ouvertement il
» déclaroit qu'il ne vouloit plus user de paroles couvertes ny
» de dissimulation; que la tuerie des huguenots avoit esté
» faite par son commandement, à cause d'une maudite con-
» spiration faite par l'amiral contre luy, sa mère, ses frères,
» et autres princes et grands seigneurs de la cour[2]. »

Bientôt, à la fureur qui avait décrété et propagé l'effusion
du sang, puis cherché dans la calomnie et le mensonge une
justification impossible, s'ajouta un hideux cynisme, dont
Catherine de Médicis donna l'exemple.

Il ne suffisait pas à cette femme dépravée d'avoir, en
présence de son fils, favorablement accueilli, au Louvre, le
misérable sicaire qui y avait apporté la tête de l'amiral, et,
après s'être saisie d'un tel trophée, de l'avoir, de concert
avec le roi, envoyé à Rome[3]; il lui fallait plus encore : elle

---

1. *Mém. de l'estat de France soubs Charles IX*, t. I, p. 423. — La nouvelle des massacres de la Saint-Barthélemy fut accueillie à Rome avec une joie impie. (Voir, pour les détails, de Thou, *Hist. univ.*, t. IV, p. 632, 633.) — La joie de Philippe II ne fut pas moindre; elle éclata dans une lettre, qu'à titre de digne gendre de Catherine de Médicis, en fait de haine vouée à l'amiral, il écrivit, le 17 septembre 1572, à sa belle-mère. (Voir à l'Appendice, n° 1, le texte de cette lettre.)
2. Le *Réveille-matin des François et de leurs voisins*, part. I, p. 73.
3. « Un Italien de la garde du duc de Nevers coupa la teste à l'amiral, qui fut
» portée au roy et à la royne mère, puis embaumée et envoyée à Rome, au pape
» et au cardinal de Lorraine. » (*Mém. de l'estat de France soubs Charles IX*, t. I, p. 392.) — *De furoribus gallicis*, édit. de 1641, p. 395. — *Mém. de Tavannes*, chap. XXVII. — D'Aubigné, *Hist. univ.*, t. II, liv. I, chap. IV. — De Thou, *Hist. univ.*, t. IV, p. 585. — Relation de J. Studer, capitaine d'une compagnie de Saint-Gallois au service du roi de France (Bibl. de Zurich, mss.). — On n'était pas sans inquiétude, à la

aspirait à la sinistre satisfaction d'insulter, du regard et du geste, le cadavre mutilé de Coligny ; aussi osa-t-elle, en mère indigne de ce nom, entraîner ses enfants à Montfaucon, et là, au pied d'un gibet, les rendre témoins des excès de sa haine implacable [1].

Indigné des horribles scènes dont Montfaucon était, depuis quelques jours, le théâtre, le maréchal de Montmorency résolut de mettre un terme aux outrages subis par la dépouille mortelle du grand homme qui était son parent et son ami. Il réussit à la faire enlever du gibet, pendant la nuit, et conduire à Chantilly, où une sépulture lui fut assurée dans son château [2]. Le maréchal y avait à sa disposition des forces suffisantes pour repousser toute agression qui eût tendu à lui ravir le dépôt sacré dont il venait de se constituer le gardien.

Si l'on n'osait pas aller attaquer François de Montmo-

cour de France, sur le sort de l'envoi fait à celle de Rome, car, le 5 septembre 1572, le gouverneur Mandelot écrivait de Lyon à Charles IX : « J'ay receu la lettre qu'il » a pleu à Vostre Majesté m'escrire, par laquelle elle me mande avoir esté advertie » qu'il y a ung homme qui est party de pardelà avec la teste qu'il auroit prinse » dudit admiral, après avoir esté tué, pour la porter à Rome, et de prendre garde » quand ledit homme arrivera en ceste ville, de le faire arrester et luy oster ladite » teste. A quoy j'ay incontinent donné si bon ordre, que, s'il se présente, le com- » mandement qu'il plaist à Vostre dite Majesté m'en faire sera ensuivi. Et n'est » passé, ces jours icy, par ceste ville aultre personne, pour s'en aller du costé de » Rome, qu'un escuyer de M. de Guise, nommé Pinel, lequel estoit party quatre » heures auparavant du jour mesme que je receus ladite lettre de Vostre Majesté. » (Bibl. nat., mss. f. fr., vol. 2.701, f° 333.)

1. « Les catholiques alloient en pèlerinage au gibet de Montfaucon visiter le » corps de l'admiral. La royne mère, voulant aussy saouler sa vue d'un tel spec- » tacle, y alla et y amena le roy et ses autres fils. » (Mém. de l'estat de France soubs Charles IX, t. I, p. 309.) — « La royne mère, pour repaître ses yeux, fut voir le » corps mort de l'admiral pendant au gibet de Montfaucon, et y mena ses fils. » (Journal de P. de l'Estoile, ann. 1572.) — Brantôme, édit. L. Lal., t. V, p. 257. 258. — Papyrius Masso, ap. Le Laboureur, Addit. aux Mém. de Castelnau, t. III. p. 22.)

2. « Quelques jours après, un valet du duc de Montmorency, nommé Anthoine, » alla de nuit à Montfaucon, seul, avec tenailles et marteaux, pour rompre les » chaînes desquelles ce corps (celui de l'amiral) estoit attaché : il le despendit, » l'apporta à Chantilli, et là le fit consumer dans de la chaux. » (D'Aubigné, Hist. univ., t. II, liv. 1, ch. IV. — De Thou, Hist. univ., t. IV, p. 586.)

rency dans sa demeure, on espérait du moins pouvoir tirer contre lui quelque grief de sa correspondance avec Téligny, au sujet de l'amiral; mais l'espoir fut déçu, car l'examen de cette correspondance prouva uniquement que le maréchal ne doutait pas, au 22 août, de la sincérité des intentions du roi, quant à la répression du crime commis ce jour-là. Voici, en effet, ce qui est rapporté sur ce point[1].

« Le roy assembla son conseil, auquel furent montrées, par
» le duc d'Anjou, certaines lettres du maréchal de Mont-
» morency à Téligny, du vendredy, 22 d'aoust, après la
» blessure de l'amiral, en réponse de celles que Téligny luy
» avoit escrites ; et furent lesdites lettres trouvées dans les
» coffres et entre les papiers de Téligny mort. Par icelles le
» maréchal de Montmorency monstroit ouvertement le des-
» plaisir qu'il avoit receu, entendant la blessure de l'amiral,
» son cousin; qu'il ne vouloit pas en poursuivre moins la
» vengeance, que si l'outrage eust été fait à sa propre per-
» sonne, n'estant pas pour laisser en arrière chose qui peust
» servir à cest effet, sachant combien un tel acte estoit des-
» plaisant au roy. »

On fut également déçu dans l'espoir de découvrir parmi les papiers de l'amiral un fragment quelconque à l'aide duquel on pût tenter d'incriminer sa mémoire. On n'y trouva au contraire que des preuves manifestes de sa haute intelligence et de sa constante loyauté.

Catherine de Médicis, alors qu'elle se disposait à immoler Coligny, avait avisé au moyen de s'approprier les papiers qu'il laisserait après lui : aussi, que se passa-t-il dans l'hôtel de la rue de Béthisy immédiatement après le meurtre de l'amiral? « Le soldat se mit à piller, cassa les coffres, prit
» l'argent et tout ce qui se rencontra de plus précieux, mais

---

1. *Mém. de l'estat de France soubs Charles IX*, t. I, p. 419.

» sans toucher aux lettres ni aux papiers, parceque la royne
» l'avoit défendu [1]. »

Cette même reine, après examen des papiers de l'amiral, se concerta avec l'évêque d'Orléans, devenu garde des sceaux, pour qu'il en fût détruit une notable partie [2]. « On » confia à la prudence de Jean de Morvilliers le secret de » tous les mémoires et papiers de l'amiral de Chastillon, » après sa mort, dont il fit inventaire et en supprima plu- » sieurs qui, servant à sa justification, auraient nui au roi et » à la reine. Il estoit ennemi des conseils violens, mais il » estoit fécond en moyens d'en réparer les mauvais succès; » c'est-à-dire, pour employer le langage de d'Aubigné [3], que « le vieil conseiller d'Estat Morvillers faisoit prudence de » crainte. » L'histoire ne se ressent que trop de l'atteinte portée à ses droits par cette prétendue prudence, qui équivalait à un scandaleux déni de justice.

Une double leçon fut au surplus nettement donnée à Catherine de Médicis, à propos des papiers dont il s'agit.

« Entre ceux qui furent trouvés dans les coffres de l'a- » miral estoit (un escrit) que la royne mère fit lire en pré- » sence de quelques-uns de ses plus familiers. Il y avoit un » article par lequel l'amiral donnoit conseil au roy de n'ac- » corder trop grand apanage, ne puissance à ses frères. Sur » ce, la royne mère s'adressant au duc d'Alençon, frère du » roy : « Voilà, dit-elle, vostre bon amy l'amiral que vous » aimiez et respectiez tant ! » Le duc d'Alençon respond : « Je » ne sçay pas combien il m'estoit amy ; mais, pour vray, il » a monstré combien il aimoit le roy. »

» L'ambassadeur d'Angleterre fit presque une mesme » responce, quand la royne mère disoit que l'amiral avoit

---

1. De Thou, *Hist. univ.*, t. IV, p. 586.
2. Le Laboureur, *Addit. aux Mém. de Castelnau*, t. I, p. 501.
3. *Hist. univ.*, t. II, liv. I, ch. XI.

» conseillé au roy d'avoir tousjours pour suspecte la puis-
» sance des Anglois[1]. »

Écoutons, sur ce point, Walsingham lui-même. Voici ce qu'il écrivait, de Paris, le 14 septembre 1572, à Smith, premier secrétaire de la reine d'Angleterre[2] :

« Madame, dis-je à la reine mère, je crains que les princes
» protestans ne regardent la sévérité avec laquelle on vient
» de traiter ici les gens de leur communion comme une
» déclaration de guerre faite à tout le parti, et qu'il ne s'en
» suive une guerre aussi sanglante qu'il y ait jamais eu et
» dont le Turc tirera le principal avantage. Sur cela, elle
» prit occasion d'invectiver contre l'amiral avec véhémence,
» disant que l'affaire de Bayonne étoit une invention de sa
» façon pour faire à cette couronne autant d'ennemis qu'elle
» avoit d'amis et d'alliez. « En effet, dit-elle, l'affaire de
» Bayonne ne tendoit qu'à faire bonne mine, et, sur ce pied-
» là, vous voyez combien peu votre maîtresse lui avoit d'o-
» bligation. Voyez, ajouta-t-elle, le discours qui s'est trouvé
» avec le testament qu'il fit lorsqu'il étoit malade à La Ro-
» chelle, et dans lequel, entr'autres avis qu'il donna au roi,
» mon fils, il lui recommanda surtout d'abaisser, autant
» qu'il pourroit, la reine, votre maîtresse, et le roi d'Espa-
» gne, comme étant un moyen qui pourroit beaucoup con-
» tribuer à la sûreté et au maintien de sa couronne. » Je ré-
» pliquai que, quelles que pûssent être en cela ses intentions
» pour la reine ma maîtresse, il paraissoit néanmoins par là
» qu'il étoit un sujet très-fidèle à la couronne de France, et
» que la reine ma maîtresse en faisoit d'autant plus de cas
» qu'elle n'avoit jamais connu en lui que de très-bonnes
» intentions pour son souverain. »

Catherine et Charles IX, qui, dans maints discours et

---

1. *Mém. de l'estat de France soubs Charles IX*, t. I, p. 449.
2. *Correspondance de Walsingham*. Amst., 1717, t. III, p. 116, 117.

écrits officiels, s'étaient efforcés de justifier, aux yeux de la France et de l'étranger, le massacre de l'amiral et de ses coreligionnaires, en alléguant l'existence d'un complot ourdi par lui et par eux contre la famille royale [1], imaginèrent, pour fortifier leurs allégations, de faire entamer un procès, tant contre deux prétendus coupables, Briquemault [2] et Cavagnes [3], ayant échappé au massacre, que contre l'amiral lui-même, qui en avait été le premiere victime. Quant à cette noble victime, peu importait que sa mort eût devancé toute recherche et toute déclaration de sa culpabilité imaginaire ; un parlement servile n'y regardait pas de si près : à l'assassin d'abord, son œuvre ; aux juges ensuite, le révoltant simulacre de la leur : telle était la volonté de la mère et du fils.

Pendant qu'on procédait à l'instruction dérisoire du monstrueux procès intenté à Coligny massacré, ses fils, François et Odet [4], et leur cousin de Laval, quittaient le sol de la France, traversaient celui de l'Alsace et pénétraient en Suisse avec Legresle. « Nous quittons, raconte François [5],
» notre maison pour nous exposer aux misères et calamités
» qu'il plairoit à Dieu nous envoyer, et lesquelles depuis
» nous avons endurées. Avec un valet seul nous prenons
» notre chemin, qui nous fut si heureux, qu'au bout de peu de

---

1. Voir dans de Thou (*Hist. univ.*, t. IV, p. 626) les fortes considérations sur lesquelles s'appuyaient les esprits judicieux de l'époque pour repousser toute idée de culpabilité chez l'amiral et ses amis.

2. Briquemault « fut arraché de l'hôtel de l'ambassadeur d'Angleterre, où il était
» caché. » (Relation de l'ambassadeur vénitien Giovanni Michiel, de 1572. Trad. de M. W. Martin, p. 22.)

3. « Le roi ayant appris que deux de ses capitaines avaient, pour vingt mille
» francs, caché Cavagnes, leur ordonna de le lui amener sans retard ; autrement,
» dit-il en présence de beaucoup de gens, vous en répondrez sur votre tête ; de
» sorte qu'il fut amené immédiatement. » (Relation précitée de Giovanni Michiel, p. 43.)

4. François et Odet de Coligny ne figureront plus, dans la suite du présent récit, que sous les noms de *Chastillon* et de *d'Andelot*.

5. Du Bouchet, *loc. cit.*, p. 627.

» jours nous arrivons en Suisse à une ville appelée Milhouse,
» qui n'est distante de Basle que de trois lieues, accompa-
» gnez de ces deux seulement que j'ay dit (Legresle et Pon-
» chartrain) et des sieurs de Brassi et de Chanferu frères,
» que nous avions pris près de leur maison, en passant. Et
» delà, par Basle et Berne, nous arrivons à Coupet, un petit
» village au long du lac Léman, près de Genève, déguisez
» en petits escoliers, traittez tout de mesme, où nous demeu-
» rasmes deux jours, puis entrasmes dans la susdite ville
» où y avoit desjà beaucoup de noblesse françoise retirée,
» qui là se tenoient pour leur sûreté. »

Quel était, à ce moment, l'état des esprits en Suisse, et que disaient, que faisaient dans ce pays les agents diplomatiques français qui y étaient accrédités?

Les nouvelles venues de France dans les derniers jours du mois d'août y avaient fait naître une vive agitation. Une complète divergence d'impressions et de vues sépara aussitôt les cantons protestants des cantons catholiques. Entre les premiers et les seconds s'accentua une méfiance, menaçant d'autant plus d'enfanter de sérieux troubles, qu'elle était attisée par les procédés occultes ou patents des agents de Charles IX. Ces agents, loin de demeurer vis-à-vis de la généralité des cantons dans les limites d'une sage neutralité, inclinaient vers les uns, dont ils exploitaient les sympathies catholiques, et se montraient altiers, malveillants même, envers les autres, qu'ils supposaient être hostiles à la cour de France, par cela seul qu'ils étaient protestants, et dont ils envisageaient d'ailleurs avec inquiétude l'indignation. Tenter, tout en maudissant cette indignation si légitime, de la comprimer par de vaines paroles, par l'astucieux étalage de protestations réitérées, par de mensongers rapports sur les affaires de France et spécialement sur les agissements de la royauté et de la cour : telle fut la tâche primordiale qu'assumèrent, vis-à-vis des cantons protestants, les représentants du monarque français. De là à incriminer brutalement l'hospitalité accordée par ces cantons à leurs coreligionnaires réfugiés, il n'y avait pas loin, et l'on verra bientôt jusqu'où s'avancèrent dans la voie des reproches et des accusations, à cet égard, les âpres serviteurs d'une royauté haineuse et persécutrice.

Dès les premières semaines qui suivirent la Saint-Barthélemy, l'attitude de ces serviteurs, en Suisse, révéla leur malveillance envers celle des deux parties de la population qui se différenciait de l'autre par le sérieux de son indépendance aussi bien que par la générosité de ses sentiments et de ses actions.

Ainsi, par exemple, de Grantrye, dans une dépêche adressée d'Haldestein à Catherine de Médicis, le 12 septembre[1], qualifiait d'impostures les nouvelles relatives aux récents événements de France, qu'accueillaient avec indignation les villes de Genève, de Bâle, de Zurich, de Schaffouse, de Berne, et « dont les Grisons, disait-il, osaient » venir le combattre avec tout le scandale du monde; » il s'attachait à entraver, dans leur manifestation, les doléances que voulaient faire parvenir au roi divers marchands de Saint-Gall et de Bâle, injustement incarcérés à Lyon, et il incriminait le projet formé par quelques villes des cantons protestants d'envoyer des délégués à Aarau, pour y tenir une conférence dans laquelle se discuterait l'adoption de mesures propres à sauvegarder les intérêts communs.

Ainsi encore, de leur côté, Delafontaine-Gaudart et Grangier, écrivant de Soleure à Charles IX le 17 septembre[2], le dissuadaient de pratiquer une levée de troupes en Suisse, attendu qu'ils y redoutaient l'éclat d'une guerre civile;

---

1. Voir à l'*Appendice*, n° 2, § 1.
2. Voir à l'*Appendice*, n° 2, § 2.

ajoutant qu'ils se heurtaient à l'incrédulité des cantons protestants, quant aux explications justificatives fournies sur la Saint-Barthélemy. Ces prétendues explications dégénéraient parfois en impudents mensonges, comme par exemple dans ces lignes que Delafontaine-Gaudart adressa le 18 septembre 1572, au conseil de Bâle[1] : « La conspiration (de
» l'amiral et de ses complices) est tellement vérifiée, chacun
» jour, que les sujets de Sa Majesté qui sont de la nouvelle
» religion, en estant bien esclairciz, confessent qu'il n'est
» advenu chose à ceulx qui ont esté tuez à Paris qu'ils
» n'eussent bien mérité, déclairant de vouloir vivre et mou-
» rir soubs les édictz et ordonnances de Sa Majesté, laquelle,
» de son costé, a donné bon ordre qu'ils y soyent con-
» servez. »

En outre, dans une seconde dépêche expédiée le 19 septembre à Catherine de Médicis[2], de Grantrye insistait sur la nécessité de dissiper, par la publication d'une apologie, les préventions et les faux bruits, surtout le bruit qui avait cours « dans tous les cantons protestants, d'une vespertine
» donnée à tous les huguenots par tout le royaume; »
il se répandait ensuite en grossières invectives contre l'amiral, et mêlait, en parlant de sa mort, la profanation à la haine, car il osait dire : « que Dieu, par sa sainte grâce,
» avoit délivré Leurs Majestez et le royaume d'une grande
» ordure et peste, dont tout bon chétien devoit faire prières
» et rendre grâces à Dieu. » Il finissait en signalant « l'ar-
» rivée à Basle et à Strasbourg d'une infinité de François
» qui y publioient des impostures. »

Ces spécimens de la correspondance de Delafontaine-Gaudard, de Grangier et de Grantrye, quelque significatifs qu'ils soient en eux-mêmes, ne constituent cependant encore que

1. Archives de Bâle, *Zeitungen*, ann. 1570 *bis*, 1579, f° 275.
2. Voir à l'*Appendice*, n° 2, § 3.

l'indice d'une lutte engagée contre les cantons protestants sur un seul point, savoir : sur les conséquences éventuelles de l'indignation qu'ont fait naître en eux les attentats récemment commis en France. Mais la lutte ne tardera pas à prendre de plus larges proportions lorsque Bellièvre entrera en scène. A son retour en Suisse, où déjà il a été employé, ce coryphée des agents de la cour de France tendra une main intéressée et partiale aux cantons catholiques, toujours « disposés à croire ce bon apostre plus que nul de leur » calendrier[1]; » il élargira le cercle de l'action, à l'encontre des cantons protestants, sans réussir d'ailleurs à les dominer; puis il se posera en antagoniste, si ce n'est même parfois en persécuteur des réfugiés français, et principalement des enfants de Coligny, qu'il ne pourra cependant pas arracher à la retraite dans laquelle une généreuse hospitalité les maintiendra sur le sol helvétique à l'abri des atteintes de la violence.

En regard de l'attitude des agents français en Suisse, et de celle des cantons catholiques, dans le cours des mois de septembre et d'octobre 1572, se placent, à la même époque, trois faits qui impliquent, de la part de quelques villes en qui se personnifie, jusqu'à un certain point, l'ensemble des cantons protestants, une remarquable fermeté de décision, en présence soit des périls de l'intérieur, soit de ceux du dehors.

Le premier de ces faits est tout à l'honneur des membres du conseil de Genève qui, le 13 septembre 1572, firent preuve de dignité et de courage, vis-à-vis de Charles IX, à propos d'une demande d'extradition concernant un réformé français, Cavagnes, prétendu complice des crimes imputés à Coligny[2].

---

1. *Le Réveille-matin des Français et de leurs voisins*, 2º partie, p. 73.
2. Lettre de Charles IX du 1ᵉʳ septembre 1572 (Archiv. de Genève, portef. histor., nº 1,714) : « A noz très-chers et grands amys les scindicz et conseil de Genefve. —

Ils ne se bornèrent pas à répondre, qu'en fait, Cavagnes n'était point à Genève; ils déclarèrent, de plus, en droit, qu'eux-mêmes jugeaient les individus recherchés du dehors pour crimes ou délits, et ne les livraient pas à une autorité étrangère; noble et hardie déclaration, sous l'égide de laquelle, dans ces temps troublés, s'abritèrent de nombreux Français[1].

Le second fait est celui que de Grantrye pressentait et déplorait d'avance, dans sa dépêche du 12 septembre, en d'autres termes, l'assemblée d'Aarau. Ce fut là que, le 22 du même mois, divers délégués des villes de Zurich, de Berne, de Schaffouse et de Bâle tinrent une conférence[2] dans laquelle ils se concertèrent sur une défense à opposer à des agressions éventuelles, et sur la nécessité de rechercher l'appui, non seulement d'autres villes de Suisse que celles qu'ils représentaient, mais même de quelques villes des pays étrangers, attachées à la religion évangélique.

Le troisième fait est l'exemple donné par Berne, et bien-

» Très-chers et grands amys, nous avons esté advertys que Cavaignes, l'un des
» principaulx de la conspiration meschante et malheureuse que avoit faicte le feu
» admiral de Chastillon contre ma personne et de la royne, madame ma mère, de
» mes frères, du roy de Navarre, et d'autres princes et seigneurs estant près de
» moy, s'est réfugié en vostre ville pour éviter le chastiment qu'il a mérité. Et pour
» ce qu'il appartient à tous princes, estatz et républiques, amateurs de la conser-
» vation des royaulmes et pays de leurs voysins de ne recepter telles personnes
» coulpables de si malheureux actes; à ceste cause, nous avons voulu vous escripre
» la présente, par laquelle nous vous prions, au nom de l'amitié et bienveillance
» que nous vous portons, que vous ayez à faire arrester prisonnier ledit Cavaignes
» et l'envoyer soubs bonne et seure garde en nostre ville de Lyon, au sieur de
» Mandelot, qui y est nostre lieutenant-général; qui sera acte digne de vostre vertu,
» et ce que nous avons occasion d'espérer de vostre affection et bonne volonté,
» comme nous vouldrions aussy, de nostre costé, vous gratiffier en ce que nous
» pourrions. Et sur ce, nous supplions le Créateur, très-chers et grands amys, qu'il
» vous ayt en sa sainte garde. Escript à Paris le premier jour de septembre 1572.
» — Charles. — Brulart. »

1. Archives de Genève, Registres des délibérations du conseil, à la date du 13 septembre 1572. — *La France protestante*, 2ᵉ édit., vº Cavagnes, colon. 923, 924.

2. *Conferenz der IV Evangelische Stadte*. Aarau, 22 september 1572. (*Amtliche Sammlung der ältern Eidgenossischen abschiede*, Band 4, abtheilung 2. Berne, 1861, in-4º, p. 499, 500, nº 402.)

tôt suivi par les autres cantons protestants[1], du refus de toute participation aux levées de troupes que, dans des intentions suspectes, le roi de France voulait faire en Suisse. Le 2 octobre, les représentants de neuf cantons catholiques étaient réunis à Soleure ; les agents français sollicitaient d'eux une levée de six mille hommes, dont leur souverain, prétendaient-ils, avait besoin, non pour entamer des hostilités contre qui que ce fût, mais uniquement pour garder sa frontière. L'avoyer de Mulinen et le banneret Hagenberg se présentèrent à l'assemblée, au nom de Berne, et déclarèrent que, si la délibération qui allait s'ouvrir avait pour résultat d'accorder la levée demandée, il devait du moins demeurer bien entendu qu'aucun Bernois ne serait compris dans cette levée[2]. Berne repoussait ainsi, de prime abord, toute solidarité avec une politique de concessions à laquelle le parti catholique se laisserait entraîner, au grand détriment de la cause protestante. L'assemblée n'osa pas résister à la juste exigence formulée par de Mulinen et Hagenberg, interprètes d'un gouvernement cantonal à la vigueur et aux résolutions duquel d'autres gouvernements cantonaux ne manqueraient pas d'associer les leurs[3].

Les trois faits qui viennent d'être exposés suffisent à démontrer que si, dès le début de la crise qui venait d'éclater en Suisse, les cantons protestants sauvegardaient, au dehors non moins qu'au dedans, leur propre dignité et leurs droits, ils sauvegardaient en même temps les droits de l'humanité souffrante, en se créant une indépendance de situation et d'action, de laquelle dériverait pour eux le moyen de proté-

---

1. Voir, sur ce point, notamment, une lettre de Delafontaine-Gaudard au conseil de Bâle, du 29 septembre 1572. (Archives de Bâle, *Zeitungen*, 1570 bis, 1579, f° 101.)
2. Voir à l'*Appendice*, n° 3.
3. *Tagsazung der mit Frankreich verbundeten IX Orte*. Solothurn, 2 october 1572. (*Amtliche Sammlung der altern Eidgenossischen abschiede*, Band 4. abtheilung 2. p. 502. n° 403.)

ger efficacement les infortunés qui, chassés de leur patrie, chercheraient sur le territoire suisse un asile.

Ceci posé, voyons quel fut celui que trouvèrent à Genève, à Bâle et à Berne les enfants de Coligny et d'autres membres de sa famille.

Entrés en Suisse dans le courant du mois de septembre 1572, Chastillon, d'Andelot et Guy de Laval séjournaient, au début d'octobre, à Genève, où le meilleur accueil leur était fait. Un grave incident mit obstacle à la prolongation de leur résidence dans cette cité hospitalière. En effet, peu de jours après leur arrivée, le conseil, alors que commençait à courir le bruit que Charles IX et sa mère cherchaient à faire appréhender les trois jeunes fugitifs, décida, non sans regret assurément, « de pourchasser qu'ils partissent au plus » tost qu'il serait possible, afin qu'on n'en fût en peine[1]. » Legresle considéra cette décision du conseil comme une mesure de prudence prise tant dans l'intérêt de ses disciples, que dans celui de la ville de Genève, qui voulait éviter d'attirer sur elle l'inimitié de la cour de France; aussi, le 9 octobre, se présenta-t-il à l'un des syndics pour prendre congé, « au nom d'iceux (fils et neveu de l'amiral) qui pré- » tendoient aller en Allemagne, protestant qu'ils auroient » toujours souvenance du bien qu'ils avoient receu de la » seigneurie[2]. »

Rien n'indique quelle était la partie de l'Allemagne dans laquelle, en ce moment, ils avaient, d'accord avec Legresle, l'intention de se rendre. Peut-être se proposaient-ils de demander asile à l'électeur palatin, Frédéric III, qui avait soutenu avec leur père et oncle d'étroites relations, basées

---

1. Archives de Genève, Registres des délibérations du conseil. Séance du 9 octobre 1572, f° 163.
2. Archives de Genève, Registres des délibérations du conseil. Séance du 10 octobre 1572, f° 163.

sur une estime et une affection réciproques. Ce prince, toujours sympathique aux protestants français, dont il avait chaleureusement embrassé la cause, abritait, depuis quelque temps, sous sa protection, à Heidelberg, l'existence d'une jeune et pieuse princesse française [1], coreligionnaire de l'amiral, dont, ainsi que l'électeur [2], elle déplorait la mort. Le touchant langage que Charlotte de Bourbon ne tarda pas à tenir, dans une lettre adressée à Chastillon et à son frère [3], laisse clairement pressentir la nature de l'accueil qu'eux et leur cousin eussent reçu de la noble protégée de Frédéric III, s'ils fussent venus à Heidelberg.

Quoi qu'il en soit des motifs qui détournèrent Legresle et ses disciples du projet de se rendre en Allemagne, à leur sortie de Genève, un fait demeure certain : c'est qu'ils prirent le chemin de Berne, et que, dans cette ville comme

[1]. Charlotte de Bourbon, fille du duc de Montpensier. « Ce duc lors emplissoit » la cour de plaintes pour sa fille, l'abbesse de Jouarre, qui ayant longtemps en- » seigné ses religieuses en la religion (réformée) aprise de sa mère, et se voyant » menacée, s'enfuit à Heidelberg. Il y eut force dépesches vers le comte palatin » pour la r'avoir ; mais luy ne voulant la renvoyer qu'avec bonnes cautions pour » la liberté de la dame en sa vie et en sa religion, le père aima mieux ne l'avoir » jamais. C'est elle qui épousa, quelque temps après, le prince d'Orange. » (D'Aubigné, *Hist. univ.*, t. II, liv. I, chap. II.)

[2]. Henri, duc d'Anjou, en allant prendre possession du trône de Pologne, n'avait pu se dispenser de passer par Heidelberg et d'y visiter l'électeur palatin, Frédéric III. Ce prince, parcourant avec lui une galerie de son château ornée de divers portraits, s'arrêta devant celui de Coligny, et le montrant à Henri, lui dit : « De » tous les seigneurs français que j'ai connus, voici celui que j'ai trouvé le plus » homme de bien, le plus zélé pour la gloire du nom françois ; et je ne crains » point d'assurer que le roi et toute la France ont fait en lui une perte qu'on ne » saura jamais réparer. » (De Thou, *Hist. univ.*, t. V, p. 22. — *Journal de P. de l'Estoile*, ann. 1572.) — La Huguerye (*Mém.*, t. I, p. 196), qui était à Heidelberg lorsque Frédéric III y reçut la visite du roi de Pologne, dit : « Une chose me feist » esmerveiller, à Heidelberg, que le roy ayant veu et salué Mlle de Bour- » bon, depuis princesse d'Orange, comme les autres, quand ce fut au partir, » il ne luy feist jamais aucun présent, comme il feist à toutes les aultres, bien qu'il » veist l'affection dudit sieur électeur envers elle, dont il luy recommanda les » affaires ; et s'il se contraignit en aultre chose, il se pouvoit bien accommoder à » la gratifier de quelque peu, pour le respect dudit sieur électeur, qui en fut fort » marry, et dist depuys que, s'il eust creu cela, il se feust éloigné de Heidelberg » à son passage. »

[3]. Cette lettre, en date du 12 mars 1573, sera reproduite ci-après.

dans celle qu'ils venaient de quitter, ils furent très bienveillamment accueillis [1].

Ils restaient encore sans nouvelles précises de madame l'amirale et de Mme de Téligny. Ce qu'ils savaient seulement, c'était que Mme d'Andelot venait, avec ses enfants, de trouver un refuge à Bâle [2]. Ils avaient à cœur de la revoir. Les sachant à Berne, Mme d'Andelot, qui n'était pas moins avide qu'eux des intimes joies d'une prompte réunion, les appela à Bâle où, disait-elle, de pressants intérêts de famille exigeaient d'ailleurs qu'ils se tinssent auprès d'elle.

Ils répondirent aussitôt à son appel, en s'acheminant avec Legresle, de Berne vers Bâle, sous la protection de MM. de Bonstetten et d'Erlach [3].

Au terme de leur voyage, ils s'empressèrent d'adresser à l'avoyer et au conseil de Berne, le 31 octobre, les lignes suivantes [4] :

« Messieurs, le premier et principal devoir bien nay nous

1. Dès qu'ils arrivèrent à Berne, l'avoyer et le conseil de cette ville prirent, à titre provisoire, le 22 octobre 1572, l'arrêté suivant : « Le conseil décide que les » fils de l'amiral et de M. d'Andelot, avec leur précepteur et leurs domestiques, » seront logés gratuitement à l'hôtellerie, et que le trésorier du conseil paiera » pour eux. » (Archives de Berne, *Raths manual der Stadt Bern.*, n° 383, f° 192.)

2. Arrivée à Bâle dans les premiers jours d'octobre 1572, Mme d'Andelot y fut accueillie avec de grands égards. Le bourgmestre et le conseil se conformèrent, vis-à-vis d'elle, à un usage adopté à l'égard des personnes de distinction qui se proposaient de résider dans cette ville : on leur offrait, à titre de bienvenue, du vin ou du poisson. Or les comptes de la ville de Bâle du troisième trimestre de l'année 1572, déposés aux archives municipales portent, à la date du 11 octobre 1572, la mention suivante : « 2 livres 18 sols à M. Luke Gebhart, pour quatre mesures » de vin de Malvoisie offertes à la comtesse de Salm. » (Anne de Salm, veuve de d'Andelot.)

3. L'amiral de Coligny avait paternellement accueilli et longtemps maintenu sous son toit un membre de l'une des premières familles de la Suisse, le jeune d'Erlach, au sujet duquel il écrivait « aux magnifiques seigneurs les syndics et advoyer de Berne », le 15 avril 1563 : « Je l'ay nourry longtemps, et il donne espé-» rance de faire, quelque jour, quelque bon fruit, à vostre contentement et de ceux » à qui il appartient. » (Archives de Berne, *Frankreich*, vol. 1.) — On aime à voir un d'Erlach entourer de ses soins, en 1572, les fils de l'amiral, en souvenir du bienveillant patronage que celui-ci avait étendu jusqu'en 1563 sur le jeune Bernois dont il s'agit.

4. Archives de Berne, *Frankreich*, vol. 3.

» commande vous remercier bien humblement du très-bon
» accueil et honeste traitement que nous avons de vostre
» grâce receu en vostre ville, avec très-certaine démonstra-
» tion d'une rare bienveillance qui a esté suivie de pareille
» libéralité non-seulement de vous, messieurs, mais aussy
» de plusieurs bons sujets de vos terres et seigneuries,
» comme pourrés en estre mieux informés, s'il vous plaist
» vous en enquérir par le récit de MM. de Bonstetten et
» d'Erlac, fort honestes et sages gentilshommes, lesquels,
» selon vostre commandement, nous ont avec un merveil-
» leux soin et diligence fort heureusement conduits, par la
» grâce de Dieu, jusques en ceste ville de Basle. Estant
» donc asseurés que n'avés commencé de nous aimer, favo-
» riser et prendre nostre cause en main, par un temps si
» calamiteux, pour ne continuer jusques au bout, nous
» vous supplions bien humblement croire qu'à jamais la
» mémoire de vos grands bienfaits demeurera imprimée en
» nos cœurs pour la recognoistre autant que le devoir nous
» y oblige et que Dieu nous en donnera les moyens. »

Le même jour, Mme d'Andelot écrivit aux autorités bernoises[1] :

« Messieurs, ayant entendu par le rapport, tant de MM. de
» Chastillon et de Laval, mes nepveux et fils, que de leur
» précepteur, l'honneste réception qu'il vous a pleu leur
» faire en vostre ville, accompagnée d'une très-bonne
» volonté et libéralité singulière envers eux, je n'ay voulu
» faillir de vous en remercier bien humblement et vous tes-
» moigner par la présente l'obligation que par ce moyen
» avez acquise non seulement sur eulx, mais aussy sur moy
» et tous ceux qui leur appartiennent. Et quant à leur dé-
» partement de vostre dite ville, je vous prie humblement

1. Archives de Berne, *Frankreich*, vol. 3.

» croire que, si les affaires que nous avons à négocier
» ensemble, ne m'eussent contrainte les approcher de moy,
» je n'eusse voulu leur faire ce tort de les retirer d'un lieu
» auquel ils estoient tant bien voulus et tant soigneusement
» maintenus; mais je m'asseure réellement de vostre huma-
» nité, que ny la distance des lieux, ny la longueur du
» temps n'empescheront jamais le cours continuel de vostre
» bonne affection pour les recevoir, favoriser et défendre, à
» toutes occasions, comme, de ma part, je vous supplie bien
» humblement le vouloir faire et tenir pour certain qu'à
» jamais ils auront souvenance de vos grands bienfaits pour
» les recognoistre, avec le temps, par tous les moyens qu'il
» plaira à Dieu leur donner. »

Au même moment, Legresle unissait l'expression de sa gratitude à celle de ses disciples et de Mme d'Andelot, dans une lettre qu'il importe d'autant plus de faire connaître, qu'elle est peut-être la seule de cet homme excellent qui subsiste, et qu'elle témoigne à la fois de l'élévation de ses sentiments et de sa modestie [1].

Le lendemain du jour où les trois lettres ci-dessus avaient été écrites, les fils et le neveu de l'amiral s'adressèrent au conseil de Bâle, en ces termes [2] : « Nous comparaissons
» devant vos seigneuries, avec prière de nous permettre de
» séjourner ici, veu que nous y sommes venus, sur la de-
» mande de notre tante et mère, Mme d'Andelot, pour pouvoir
» nous entretenir avec elle de nos affaires qui, comme vous
» le savez bien, se trouvent dans une triste situation, et
» pour avoir ses bons conseils. »

L'autorisation ainsi demandée, de séjourner à Bâle, fut accordée sans difficulté.

La gratitude des deux frères et de leur cousin envers les

---

[1]. Voir à l'*Appendice*, n° 4, le texte de cette lettre.
[2]. Requête du 1er novembre 1572. (Archives de Bâle, registre L. 139, n° 8, p. 109).

villes de Genève, de Berne et de Bâle ressort de ce passage du récit, déjà cité, de Chastillon [1] : « C'est une chose admi-
» rable et vrayment miraculeuse comme nous, pauvres
» estrangers, fusmes receus parmy cette nation qui est
» estimée fort rustique et grossière ; mesme là où il n'y a
» point de noblesse..... Ces gens nous plaignoient plus que
« nous-mesmes, et eussiez dit que proprement nous estions
» là pour exciter tout le monde à lamenter nostre condition
» misérable, à laquelle Dieu nous avoit réduits, au lieu d'une
» très-belle et très-grande où nous estions. »

Le jeune chrétien ajoutait, dans l'élan de la foi et dans le sentiment de la reconnaissance envers Dieu : « Ce sont
» ces changement si subits qui sont ordinairement les plus
» près de ceux qui sont le plus à leur aise. C'est pourquoi
» il faut apprendre, quand on est en prospérité, à considérer
» que l'on peut tomber en ces grandes calamitez dont bien
» souvent l'on ne se peut relever ; et quand on est en afflic-
» tion, qu'on peut aussi en sortir. Et cela fera que nous
» serons en tout temps contenus en la crainte de Dieu, de
« qui dépendent toutes les aventures humaines, et en une
» modestie qui est la première vertu, et sans laquelle nous ne
» pouvons rien avoir en nous de recommandable, car toute
» vertu consiste en ce que nous puissions éviter le trop et
» le trop peu. Selon l'apparence humaine, il ne nous restoit
» aucune espérance de mieux ; mais le Créateur, qui conduit
» tout par sa providence, donne toujours à ses enfans
» espoir, mesme en leurs plus grandes nécessitez, de façon
» que cette espérance, qui est la seule consolation des
» affligez nous nourrissoit toujours. »

Chastillon et, avec lui, son frère et son cousin apprenaient ainsi, sous le regard de Dieu, « à espérer contre toute

---

1. Du Bouchet, *Hist. de la maison de Coligny*, p. 627.

espérance » ; ils se formaient, sans murmure et sans défaillance, à l'austère école de l'adversité. On le vit bien à la résignation et à la fermeté qu'ils montrèrent, en apprenant que, le 27 octobre, le parlement de Paris avait rendu deux arrêts [1], dont l'un contre leur père qui les atteignait eux-mêmes en certains points, et l'autre contre Briquemault et Cavagnes.

Le premier de ces arrêts déclarait Gaspard de Coligny coupable du crime de lèse-majesté, damnait sa mémoire, supprimait son nom à perpétuité, ordonnait que son cadavre serait traîné sur la claie et pendu, que ses armoiries seraient brisées, que ses biens demeureraient confisqués au profit du roi, que son château de Châtillon serait rasé, et qu'enfin ses enfants seraient tenus pour ignobles, vilains, roturiers, intestables, indignes et incapables de posséder états, offices, dignités, ni biens en France.

Le second arrêt condamnait à mort Briquemault et Cavagnes, comme complices de Coligny.

L'exécution de ces arrêts insensés et sanguinaires fut digne de leur impudent libellé ; rien n'y manqua, du moins dans les limites du possible, pas même la présence de Catherine et de son fils, qui se donnèrent la satisfaction de voir pendre, en même temps que Briquemault et Cavagnes, « un homme de foin ayant la figure de l'amiral [2]. »

A l'ouïe d'une telle turpitude, alliée de la sorte à un double supplice, le cœur des trois jeunes réfugiés se souleva d'indignation et de dégoût. Ils savaient, du reste, qu'on ne se joue pas impunément de Dieu et de sa souveraine justice ; et qu'il est, pour les orphelins, un père qui, du haut de son ciel, les protège sur cette terre. La conviction

---

1. Voir à l'*Appendice*, n° 5, le texte de ces arrêts.
2. Voir à l'*Appendice*, n° 6, ce qui est dit de l'exécution des deux arrêts du 27 octobre 1572.

de n'être jamais abandonnés par lui les soutint puissamment.

Sous l'impression des scènes hideuses qui, dans Paris, venaient d'insulter, une fois de plus, à la mémoire de l'amiral, les pensées de Mᵐᵉ d'Andelot et de son jeune entourage se reportèrent, avec un redoublement d'anxiété sur Jacqueline d'Entremonts, qu'ils savaient vaguement être encore confinée dans le château de Châtillon.

Or, comment les mois de septembre et d'octobre s'étaient-ils écoulés pour elle, et qu'allait-elle devenir?

L'œuvre d'iniquité avait suivi son cours à l'égard de la noble veuve.

Le grand nom qu'elle portait, sa dignité personnelle, son attachement à la cause réformée, dont elle pouvait contribuer à rallier les défenseurs, pesaient comme autant de sujets d'effroi sur les pensées de Catherine, de Charles IX et de leurs complices. Sa présence au château de Châtillon protestait, à elle seule, contre la saisie imminente des biens de son mari et contre la spoliation définitive qui la suivrait. Il devenait donc opportun d'expulser de sa demeure une telle femme, et de la reléguer, au delà des frontières, dans quelque région lointaine où, plus efficacement, peut-être, qu'en France, un régime de compression pèserait sur elle. Ordre lui fut donné par le roi de se rendre, non pas en Allemagne ou en Suisse, contrées qui, grâces aux nombreux amis qu'elle y comptait, eussent été réellement hospitalières, mais en Savoie, son pays d'origine, où on lui fit croire qu'elle trouverait un asile assuré. Or, Catherine et Charles IX, connaissant Philibert-Emmanuel comme appartenant, sous plusieurs rapports, à la même école politique qu'eux, savaient d'avance quel déplorable accueil il réservait, dans ses États, à la trop confiante Jacqueline d'Entremonts.

L'infortunée veuve, dans une lettre qu'elle adressa, le

15 septembre 1572, à ce prince [1], invoqua sa protection ; en réponse à cette lettre, elle reçut du gouvernement de Savoie « l'asseurance d'un bon et gracieux traitement [2]. » Déférant à une impitoyable injonction, partie du Louvre, elle se résignait à quitter sa demeure, quand des circonstances de force majeure lui firent différer son départ.

Ici, il faut l'entendre elle-même signalant au roi ces circonstances, dans une lettre du 22 octobre [3], remarquable à un triple titre, savoir : par un inébranlable amour pour la France, par l'extrême modération avec laquelle elle parle du fils et du neveu qu'elle a été contrainte de livrer au roi, par la déférence dont est empreint son langage, vis-à-vis d'un meurtrier dans lequel elle consent à ne voir momentanément qu'un souverain.

« Sire, dit-elle, j'espère, suivant le commandement de
» Vostre Majesté, me retirer le plus tost que je pourrai chez
» Mme Dantremont, ma mère, et n'eusse tant attendu, si
» j'eusse esté certaine que vostre volonté eust esté telle. Je
» ne vous nierai, Sire, que j'ai différé le plus qu'il m'a esté
» possible, estant d'affection si entièrement françoise, que
» je ne peux estimer autre païs estre ma patrie, ni autre roi
» ou prince estre mon souverain seigneur ; combien que je
» n'aie rien sous l'obéissance de Vostre Majesté que mon en-
» tière et parfaite affection de très-humble servitude. Aussi,
» Sire, que j'ai attendu d'assister à l'inventaire, afin que
» l'on n'estimât que je veuille emporter quelques meubles
» de cette maison [4], qu'au contraire, depuis la mort de feu
» monsieur l'amiral, il m'a fallu emprunter de l'argent pour

1. Voir à l'*Appendice*, n° 7.
2. Lettre de Jacqueline d'Entremonts à la duchesse de Savoie, du 19 avril 1574. (Archivio generale del regno. Torino.)
3. Bibl. nat., mss., collect. Dupuy, vol. 194, f° 41.
4. En ce qui concerne le mobilier du château de Châtillon-sur-Loing, de Thou (*Hist. univ.*, t. IV, p. 597) nous révèle un détail qui peint la rapacité de la cour et

» la nourriture de ceste maison, des soudars qui y sont, et
» pour envoier mon fils et neveu à Vostre Majesté, lequel
» avant mon partement il faut que j'envoie quérir en Savoye
» pour paier, et aussi pour acheter mon équipage et faire
» mon voïage; mais ce sera avec toute diligence, et m'as-
» sure dans trois semaines estre preste à partir. Toute la
» difficulté que je fes c'est celle qu'il y aura de porter de
» l'argent de Savoye, estant, à ceste heure, les chemins fort
» mal seurs, que aussi de faict de pardeçà, depuis ma vi-
» duité, nul n'a voulu païer, que aussi la pluspart des biens
» sont assencés, n'estant le paiement jusques à Noël. Sire,
» Vostre Majesté ne trouvera mauvais ce que j'en ai faict,
» et me tiendra, si il luy plaist, en quelque lieu que j'aille
» achever le reste de ma vie, pour très-humble et très-
» obéissante servante. Et je prierai Dieu donner à Vostre
» Majesté, Sire, en toute perfection de grandeur et conten-
» tement, très-heureuse santé et très-longue vie. »

A la dignité, disons plus, à la générosité chrétienne de ce langage répondirent, au nom de Charles IX et de sa mère, instigateurs des méfaits du parlement, l'arrêt rendu, le 27 octobre, et les saturnales de son exécution.

C'en était trop pour le cœur déjà si profondément ulcéré de la femme et de la mère : aussi, Jacqueline d'Entremonts précipita-t-elle son départ.

Quel douloureux adieu que celui qu'il lui fallut dire pour toujours à ce château dans lequel elle avait vécu si heureuse avec Coligny! Le jour où elle le quitta fut un jour de deuil pour les habitants de Châtillon, dont les pleurs, les regrets et les bénédictions l'émurent profondément.

D'autres émotions, mais, cette fois, douces et bienfai-

de ses agents en 1572; il dit qu'en amenant à Paris les deux enfants qui étaient restés au château, on y amena aussi les meubles les plus précieux qui garnissaient cette demeure favorite de l'amiral.

santes, lui étaient réservées : son cœur tressaillit de joie, lorsque, dans le cours du long et fatigant trajet de Châtillon aux montagnes de la Savoie, elle se vit inopinément rejointe par sa fille chérie, M*me* de Téligny, qui ne pouvait lui donner une plus grande preuve de tendre dévouement, qu'en se montrant résolue à l'accompagner et à partager, aussi longtemps que les circonstances le permettraient, son sort, au sein des Alpes.

Soutenue par l'affection et le courage de sa jeune compagne, madame l'amirale l'était également par l'espoir de retrouver en Savoie un cœur qui s'associerait aussi à toutes les souffrances du sien. Elle arriva enfin à Saint-André-de-Briord, et ce fut un moment d'inexprimable soulagement que celui où, préoccupée moins d'elle-même que de l'enfant auquel elle devait prochainement donner le jour [1], elle se jeta dans les bras de sa mère.

Les délicats ménagements, les douces consolations dont l'entourèrent la tendresse maternelle et la sollicitude filiale répandirent sur les plaies de son cœur un baume salutaire. Elle se reprit à la vie, en retrempant son énergie aux sources saintes de la foi et du dévouement. Elle était pénétrée de l'étendue des devoirs qu'elle avait à remplir envers la mémoire de son mari, envers sa mère, envers cet enfant qui bientôt allait naître, sans que son entrée dans la vie pût être accueillie par le sourire d'un père, enfin envers ces autres enfants, les frères de M*me* de Téligny, qu'elle aimait d'un amour vraiment maternel, et dont elle se désolait d'ignorer le sort, depuis qu'elle était séparée d'eux.

Les anxiétés de Louise de Coligny, à leur égard, n'étaient pas moindres que celles de sa belle-mère.

---

1. « Le 24 d'aoust 1572 a esté mis à mort monseigneur et mary, Gaspard de » Chastillon, admiral de France, avec beaucoup de noblesse françoise et de peuple, » ayant laissé sa désolée veuve grosse de cinq mois. » (Mention inscrite par Jacqueline d'Entremonts sur le livre d'heures de Louise de Montmorency, *loc. cit.*)

Cette dernière ne pouvait se faire à l'idée que ses enfants, car tels étaient bien pour elle ceux de l'amiral, dépourvus de ressources personnelles, reçussent d'autrui, en Suisse, où elle apprit enfin qu'ils étaient arrivés, une assistance et des soins qu'elle eût voulu être la première à leur prodiguer. Elle aspirait à assurer le plus promptement possible, au point de vue matériel, l'indépendance de leur existence sur la terre de refuge, et à les mettre en position de reconnaître dignement la généreuse hospitalité que les villes de Genève, de Berne et de Bâle leur avaient accordée. Elle comptait affecter, dans une large mesure, à cette destination ce qui lui serait restitué sur les biens considérables dont elle était propriétaire en Savoie, et que Philibert-Emmanuel avait arbitrairement séquestrés depuis plus d'un an. Elle espérait que ce prince consentirait désormais à la levée du sequestre, dans la pensée où elle était, que si, pour le moment, il ne troublait pas sa résidence à Saint-André-de-Briord, c'était parce qu'il respectait son infortune : comment ne pas présumer, dès lors, qu'un jour viendrait, où, vis-à-vis d'elle, il allierait la justice à la compassion ?

Ses prévisions, à cet égard, devaient, en peu de mois, être cruellement déçues.

CHAPITRE III

Pomponne de Bellièvre reprend, en Suisse, ses fonctions d'ambassadeur ordinaire. — Instructions dont il est porteur. — Conférence des délégués des cantons catholiques, du 11 novembre 1572. — Harangue de Bellièvre à l'assemblée générale des cantons, du 7 décembre. — Correspondance entre lui et Catherine de Médicis, au sujet des enfants de Coligny. — Mémoire adressé à Bellièvre par les réfugiés français. — Les cantons protestants résistent aux plaintes de Bellièvre. — Mme d'Andelot, ses enfants et ceux de l'amiral à Bâle. — Origine de l'église réformée française de Bâle. — Lettre de Charlotte de Bourbon à Chastillon et à d'Andelot. — Réponse des deux frères. — Le duc de Savoie fait arbitrairement arrêter et incarcérer madame l'amirale. — Indignation générale que soulève, en Europe, cet attentat. — Réclamations adressées, de diverses parts, à Philibert-Emmanuel. Toutes tendent à la mise en liberté immédiate de madame l'amirale. — Mme de Téligny, violemment séparée de sa belle-mère, et ne pouvant plus rester en Savoie, se rend à Genève, où elle est favorablement accueillie, surtout par Th. de Bèze, avec qui elle se concerte pour arracher Jacqueline d'Entremonts à sa captivité. — Démarches actives de Th. de Bèze. — Résistance du duc de Savoie. — Mme de Téligny se rend de Genève à Berne, où elle est entourée d'égards. — Arrivée à Bâle, elle écrit à l'avoyer et au conseil de Berne. — Intervention des autorités bernoises auprès de la cour de France, dans l'intérêt des enfants de Coligny. — Les ambassadeurs polonais, venus en France à l'occasion de l'élévation du duc d'Anjou au trône dans leur patrie, font entendre à Charles IX d'énergiques paroles en faveur de la généralité des protestants français, et spécialement en faveur de la veuve et des enfants de l'amiral.

Vers l'époque à laquelle madame l'amirale arrivait en Savoie, Pomponne de Bellièvre, conseiller au conseil privé du roi, venait reprendre, en Suisse, le poste d'ambassadeur ordinaire, qu'il y avait occupé de 1556 à janvier 1571. Il devait, comme précédemment, résider à Soleure.

Son frère, Bellièvre d'Hautefort, président au parlement de Dauphiné, chargé alors d'une mission judiciaire auprès de Damville, gouverneur du Languedoc, ne tarda pas à recevoir du roi l'ordre de quitter immédiatement cette province pour remplacer, en Suisse, Delafontaine-Gaudard, dont les fonctions expiraient [1].

Charles IX attachait une telle importance à ce que les deux frères combinassent, sans retard, leurs efforts dans l'accomplissement d'une mission commune, en quelque sorte, que le 11 novembre 1572, il expédia à Damville la dépêche suivante [2] : « Mon cousin, j'escris au sieur président Bellièvre, » qui est à présent près de vous, de disposer promptement » ses affaires, pour partir et se rendre incontinent en Suisse, » ainsi que le sieur de Bellièvre, conseiller en mon conseil » privé, son frère, que j'y envoye pour certaines occasions » qui se présentent pour le bien de mon service, ayant aussi » advisé de vous faire cette lettre pour vous prier de le laisser partir, toutes excuses cessans ; et, en sa place, vous » prendrez avec vous un des maistres des requestes de mon » hostel, ou l'un des conseillers de ma court de parlement » de Toulouse, ou autre bon justicier et homme de bien » que vous adviserez, pour vacquer au fait et administration » de la justice, à vostre suite. »

Quelque pressante que fût la missive royale, Damville répondit qu'il ne pouvait, pour le moment, se priver de la coopération du président de Bellièvre ; et celui-ci fut, en conséquence, autorisé par le roi à rester, jusqu'à nouvel ordre, en Languedoc [3].

---

1. « Pour ce que le sieur Delafontaine-Gaudard, à présent son ambassadeur en » Suysse, y a esté le temps que les ambassadeurs ont accoustumé d'y demeurer, » Sa Majesté a ordonné que le sieur président de Bellièvre ira en son lieu. » (Décis. royale de novembre 1572. Bibl. nat., mss., V° Colbert, vol. 427, f° 156.) — « Der Französische ambassador herr de Lafontaine meldet : der Konig habe ihn in Be- » ruksichtigung seines hohen Alters (62 Jahre) den prasidenten des parlaments zu » Grenoble, des herrn von Bellièvre Bruder, herrn von Hautefort ernannt. » (Amtliche Sammlung der altern Eidgenossischen Abscheide, Band 4. abtheilung 2, p. 504 à 506. Gemein Eidgenossischen Tagsazung. Baden 1572, 7 december.)

2. Bibl. nat., mss. f. fr., vol. 3,183, f° 55. — Une lettre tendant aux mêmes fins que la dépêche du roi du 11 novembre 1572 fut adressée, ce même jour, à Damville par le duc d'Anjou. (Bibl. nat., mss. f. fr., vol. 3,249, f° 44.)

3. Voir à l'Appendice, n° 8.

Quant à Pomponne de Bellièvre, plein de confiance en lui-même, il était homme à savoir parfaitement se passer du concours de son frère.

On lit dans les instructions dont il était porteur, et qu'il est intéressant de connaître[1], ce qui suit :

« Le roy, considérant que par les choses advenues en son
» roïaume depuis quelques mois en çà, et que pour plu-
» sieurs faux rapports et calomnies qui ont esté semées
» parmi les nations étrangères, ses bons amis, les sieurs
» des Ligues, n'ont jusqu'à présent eu telle certitude de ses
» actions et intentions...., a advisé d'envoyer le sieur de
» Bellièvre, conseiller en son conseil privé, comme person-
» nage bien affectionné au bien, union et grandeur des sus-
» dits confédérez, et lequel, depuis la paix dernière, a tou-
» jours esté présent en cette court, et veu à l'œil, jusques à
» cette heure, les déportements des subjects de Sa Majesté
» de la nouvelle opinion, ce qui a été traicté et négocié avec
» eux, et qui depuis a esté résolu en leurs affaires.

» Il fera entendre particulièrement auxdits sieurs des
» Ligues la vérité de ce qui a esté en l'exécution qui fut
» faite le jour de la Saint-Barthélemy dernier, les justes
» raisons qui à ce ont dû mouvoir Sa Majesté, l'ordre qui
» depuis a esté donné pour adoulcir l'aigreur du peuple
» esmeu d'une ancienne indignation et inimitié, à quoy n'a
» esté possible de sitost obvier selon le saint désir de Sa
» Majesté, qui ne cesse de penser aux moyens d'assoupir
» les désordres advenus en son roïaume et avec la bonne
» ayde de Dieu ne cessera jusques à ce que l'on y veoye
» toutes choses remises en leur ancienne splendeur, repos,
» seureté et tranquillité.

» Priera lesdits sieurs des Ligues de continuer leurs

---

1. Bibl. nat., mss. Ve Colbert, vol. 427, f°s 133, 136.

» bonnes volontez à l'endroict de Sa Majesté et conservation
» de son roïaume.

» Les asseurera tous, en général et particulier, qu'ils trou-
» veront toujours Sa Majesté, sans aucune exception, le
» plus affectionné prince de tous leurs voisins à leur gran-
» deur et conservation.

» Et d'autant que Sadite Majesté a esté advertie que aucuns
» ennemis de sa couronne, sous prétexte de l'exécution faite
» contre le feu admiral de Chastillon et ses complices ont
» prins occasion de vouloir persuader aux princes et répu-
» bliques de l'Allemagne, et spécialement aux cantons pro-
» testans desdites Ligues, que Sadite Majesté a contracté
» secrètes intelligences avec nostre saint-père le pape et le
» roy catholique des Espagnols, pour l'exécution du concile [1],
» fera entendre à ses bons amis les sieurs des cantons pro-
» testans, et semblablement aux sieurs des cantons catho-
» liques, qu'il n'en est du tout rien et que Sa Majesté n'a eu
» d'autre but ni intention que de se préserver, la royne sa
» mère, messieurs ses frères, et ses loyaux et bons sujets,
» réprimer et entrayer ces trahisons et rebellions desdits
» feu admiral et ses complices, n'entendant en aucune sorte
» de se mêler du gouvernement et police des États de ses
» voisins, sinon alors que, pour leur bien et conservation,
» il en sera par eux requis.

» Visitera les cantons particulièrement, tant catholiques
» que protestans, d'autant que Sa Majesté a esté advertie
» qu'ils ne sont hors de danger d'entrer en guerre et com-

---

1. « Messieurs de Berne, quant à ce qui s'est passé en France, l'ont trouvé fort
» estrange, et ne veulent aucunement croire que le feu admiral et ses complices
» aient voulu entreprendre sur la personne du roy et royne, de messeigneurs ses
» frères et du roy de Navarre; que ce n'est que une fausse imputation pour donner
» main à la faction qui a esté proposée, longtemps y a, pour mettre en entière
» exécution le concile de Trente, aiant opinion que le roy l'aye soubsigné. » (Note
sur les affaires de Suisse. Bibl. nat., mss. f. fr., vol. 16.011, fº 31.)

» bustion entre eux, attendu les préparatifs qui se voyent et
» se font journellement de part et d'autre.

» Fera toute offre de les contenir en bonne paix, union
« et intelligence...

» Advisera, estant pardelà, d'admonester les sujets de Sa
» Majesté de se retirer en France, et leur donnera asseurance
» que, recognoissant ce qu'ils doivent envers Sadite Ma-
» jesté, ils rencontreront en elle toute douceur et bon traite-
» ment.

» *Sçaura ce qui se pratique par lesdits François, et spé-*
» *cialement pour les enfans du feu admiral de Chastillon, et*
» *pour le fils du feu sieur Dandelot.*

» *Quant au fils dudit Dandelot*, le retirera près de soy, si
» tant est qu'il le veuille faire, et l'asseurera qu'il trouvera
» grâce et faveur près de Sa Majesté, si tant sera que, de
» son côté, il fait ce que doibt ung bon et loyal subject.

» *Pour le regard des enfans dudit admiral*, avant que
» de leur rien promettre, donnera amplement advis à Sa
» Majesté de leur depportemens.

» Il y a un nommé B..., qui fait une histoire latine sur
» les mémoires dudit feu admiral : advisera de retirer ladite
» histoire et mémoires, en promettant argent pour une fois,
» ou pension audit B..., ainsi qu'il verra estre à faire.

» S'enquerra diligemment des négociations des princes
» d'Allemaigne, mesmes des pratiques qu'ils feront avec les
» cantons protestans, qu'il advisera d'empescher par tous
» moyens, et en donnera advis à Sa Majesté.

» En somme, fera en tout ce qui pourra appartenir au
» bien et advancement du service de Sadite Majesté, selon
» l'entière confiance que l'on a de sa suffisance et de sa
» fidélité, etc. »

Bellièvre inaugura par une activité tour à tour occulte ou bruyante la reprise de ses fonctions en Suisse.

Il commença par pousser en secret les cantons catholiques à une démonstration hostile aux réfugiés français.

Ses instigations portèrent leurs fruits. En effet, le 11 novembre 1572, des délégués des cantons catholiques de Lucerne, Uri, Schwytz, Zug, Unterwalden, Fribourg et Soleure, réunis en conférence à Lucerne, décidèrent, entre autres choses, qu'il fallait aviser à l'expulsion des réfugiés français, et principalement à celle des enfants de l'amiral et de d'Andelot.

Leur décision sur ce point était catégorique : il importe d'en faire connaître la teneur. Or, si elle est à peine indiquée dans le compte rendu sommaire de la conférence du 11 novembre 1572 que renferme une collection officielle, publiée en Suisse [1], elle se trouve, du moins, intégralement reproduite dans un document que possède la France [2], par suite de la transmission que Bellièvre lui-même en aura très probablement faite à son gouvernement.

Ce document est intitulé : « Résolution de la journé tenue » à Lucerne par les sept cantons catholiques, le onzième jour » de novembre 1572. »

La conférence, à la suite de développements dans lesquels elle était entrée sur divers points, faisait entendre ces paroles que, sans doute, Bellièvre n'avait pas manqué de lui suggérer :

« Il seroit fort bon aussy que l'ambassadeur du roy tînt » la main et mène Sa Majesté, afin qu'elle escrivît une lettre » générale à tous les cantons, comme en vertu du traicté de » paix qu'il a avec nous, l'on advisast de chasser ses subjects » qui se seroient retirés sur leurs terres, principalement les » enfans des deffunctz admiral et d'Andelot, qui ne servent de

---

[1]. *Amtliche Sammlung der altern Eidgenossischen Abscheide*, Band 4, abtheilung 2, p. 503, n° 405. Bern, in-4°, 1861. — *Conferenz der VII Katholischen Orte*. Lucern, 1572, 11 november,

[2]. Bibl. nat., mss. f. fr., vol. 16,011, f° 28 et suiv.

» rien en ce païs, que de allumer le feu et le regret de la
» mort de leur père (que) aucungs d'aultres passionnez en
» portent, lequel feu yroit peu à peu estaint, si leur pré-
» sence ne le renouveloit. Et quand il plairoit au roy de le
» faire, ce ne seroit que le bien de son service et le repos de
» ce païs; mesmes que, par ce moyen, les cantons catholi-
» ques pourroient aussi dire leur opinion. »

« Leur opinion »! Mais n'est-elle pas ici assez clairement exprimée? Les cantons catholiques tenaient-ils donc en réserve des projets d'arbitraire et de rigueur qui ajoutassent encore aux âpres et honteux sentiments qu'ils venaient d'exprimer? Ne leur suffisait-il pas de s'être montrés égoïstes, pusillanimes et sans pitié pour des infortunés, pour des innocents? Prétendaient-ils pousser jusqu'à ses dernières limites, par la brutalité de leurs actes à venir, l'inhumanité que déjà leur langage n'attestait que trop? De quel soif de déshonneur, dans l'aveuglement de leur haine, étaient-ils donc travaillés?

Nul doute, au surplus, que leur allié Bellièvre ne se soit prévalu de l'avis émis par eux pour obtenir du roi, aux fins désirées, l'envoi « d'une lettre générale à tous les cantons ».

Mais, en attendant cet envoi, que faire vis-à-vis des cantons protestants, ou tout au moins vis-à-vis des autorités de la ville de Bâle, dans les murs de laquelle se trouvaient, à cette époque, les enfants de l'amiral et ceux de d'Andelot, ainsi que leur mère? Bellièvre, de son propre aveu, comme on le verra bientôt, éprouvait de sérieux embarras, car il redoutait une vive résistance, s'il tentait de provoquer ouvertement l'expulsion de ces réfugiés. Il crut donc devoir, en ce qui les concernait, se borner provisoirement, vis-à-vis des Bâlois, à quelques doléances, accompagnées d'insinuations malveillantes; mais les unes et les autres demeurèrent sans effet.

Repoussé d'un côté, il se tourna d'un autre, en homme à qui toute obliquité de procédés était familière. N'osant pas attaquer de front les enfants et les autres membres de la famille de Coligny, il espéra, du moins, réussir à compromettre leur position et à les discréditer, en faisant rejaillir sur eux le mépris qu'il afficherait officiellement, au nom de son gouvernement, pour l'amiral, et les outrages qu'il déverserait sur sa mémoire, dans une circonstance solennelle qui s'offrirait à lui.

Le 7 décembre, il se présenta au sein d'une assemblée générale que tenaient, à Baden en Argovie, les délégués des cantons catholiques et des cantons protestants; et là, s'érigeant en panégyriste de son souverain, en juge de l'amiral, et même en défenseur bénévole de l'assassin Maurevel, il prononça une longue harangue, qui n'était qu'un tissu d'assertions perfides, de mensonges, d'outrages et d'impudence [1].

Il faut lire, jusque dans ses moindres parties, cette lourde et honteuse harangue, pour mesurer, dans toute leur étendue, les excès de servilité, d'injustice et de haine auxquels se laissa entraîner un homme qui se parait du titre d'ambassadeur de Charles IX. Tel maître, tel serviteur!

Les frais oratoires de Bellièvre, qui, peut-être, trouvèrent

---

1. Voir à l'*Appendice*, n° 9, § 1, divers extraits de cette harangue, dont de Thou (*Hist. univ.*, t. IV, p. 642) ne présente qu'une analyse fort succincte. — Voir aussi, n° 9, § 2, *ibid.*, l'indication d'un écrit contenant la réfutation de cette harangue. — Un panégyriste de la Saint-Barthélemy, tel que Bellièvre, ne pouvait manquer de couvrir, en Suisse, de sa protection intéressée un homme dont les misérables déclamations concordaient avec les siennes. Il est certain, en effet, que « Pierre » Charpentier, jurisconsulte protestant, réfugié à Genève, vendit sa plume aux » meurtriers de ses frères, et que s'étant fait connaître à Bellièvre, que le roy avait » envoyé en Suisse pour justifier son action, il reçut de lui de l'argent, la per- » mission de retourner en France et des promesses d'une grande récompense pour » déclamer contre la mémoire des morts. Il le fit par une lettre sanglante, etc. » (Élie Benoist, *Hist. de l'édit de Nantes*, t. I, p. 41.) — Voir aussi 1° les *Mém. de l'estat de France soubs Charles IX*, t. I, p. 600 à 690; — 2° la *France protestante*, 2e édit., v° Charpentier, t. IV, col. 65 à 68.

quelque écho chez certains délégués des cantons catholiques, au sein de la conférence, n'émurent pas plus, en dehors de celle-ci, les habitants de Bâle[1], que ceux de Berne, de Zurich, de Schaffouse, de Genève et d'autres villes encore, qui ne dissimulaient nullement leurs sympathies pour les membres de la famille de Coligny.

A ne parler que de l'impression produite, à cet égard, sur Bellièvre par les Bâlois, voici ce qu'il écrivait de Fribourg, le 30 décembre, à Catherine, pour qui il n'avait pas de secret, dans une lettre[2] où il ne se montrait pas moins soigneux de ses intérêts que de ceux de la couronne, à l'étranger, tels qu'il les comprenait :

« Madame, j'ay telle confiance en vostre bonté et huma-
» nité accoustumée en mon endroict, qu'elle aura prins en
» la bonne part ce peu de service que j'ai eu moïen de faire
» au roy depuis mon retour en *ces Ligues*. Je mettray peine
» de parachever ce qui reste, et ne tiendra à diligence et
» fidélité que ne soyez en brief satisfaictz de tout ce qu'il vous
» a pleu me commander.

» Les Françoys qui sont de nouveau retirez à Genefve,
» pays des Bernoys et ville de Basle, ne passent pas de beau-
» coup le nombre de deux cens. Il y a bien fort peu de gen-
» tilshommes.

» J'ay esté en peine de me résouldre des enfans du
» feu admiral de Chastillon et de M. de Laval, qui sont
» à Basle. Ce canton-là a toujours été difficile et fâcheux èz

---

[1]. Il est digne de remarque que, le jour même (7 décembre 1572) où Bellièvre se constituait, à Baden, panégyriste de Charles IX, ainsi que de la Saint-Barthélemy, et accusateur de l'amiral, un pasteur français, Toussaint, réfugié à Bâle, prononçait, au sein d'une assemblée composée de l'élite de la société bâloise et de divers grands personnages étrangers, un discours dans lequel il flétrissait la Saint-Barthélemy et ses auteurs, vengeait d'odieuses et stupides accusations la mémoire de Coligny, et remerciait en termes chaleureux les Bâlois du généreux accueil par eux fait aux enfants du héros chrétien et aux autres réfugiés français. (Voir à l'*Appendice*, n° 10.)

[2]. Bibl. nat., mss. Ve Colbert, vol. 427, f° 170.

» affaires qui se présentent maintenant. Et combien que je
» peusse obtenir d'en faire sortir les enfans dudit admiral, je
» ne veoy qu'il en advînt grand advantage au service du
» roy. Ce seroit les contraindre de se retirer vers le palatin
» ou aultres princes de l'Allemagne près lesquels ils se pour-
» roient mieux dresser aux armes et aux affaires. Estant à
» Basle, je ne veoy pas bonnement en quoy ilz pourroient
» nuire, ne qu'ilz y puissent prendre aultre institution que
» celle que gens de peu d'entendement et qui n'ont aulcun
» manyement d'affaires leur peuvent donner[1]. Si adviserai-je,
» avant mon partement de *ces Ligues*, à tout ce qui concerne
» le service du roy et m'y employeray loyaument, selon le
» peu de capacité que Dieu m'a donné.

» Madame, j'ay aussi receu vostre lettre au sieur de Vau-
» cluse, et veu ce que me commandez de m'ayder de luy,
» afin de pouvoir tant mieux contenir les affaires, tant au
» canton de Berne que ailleurs où il a de bons parens et
» amys ; ce qu'est vray, madame, et cognois le bon vouloir
» dudit sieur de Vaucluse, lequel, à son arrivée de France,
» fait fort bon debvoir en son canton, et eut plusieurs grosses
» querelles pour le service du roy. Il est maintenant en Bour-
» gogne. Je voudrois qu'il fût icy pour m'ayder.

» Mais, madame, j'ay trop plus besoin de la bonne ayde
» de Vostre Majesté, à ce que, après un si long et si labo-
» rieux service ès plus importans et hazardeux affaires qui
» ayent esté depuis dix ans hors le royaume, je ne demeure
» tousjours le plus pauvre et le plus misérable de tous vos
» serviteurs. Madame, si j'avois mal servy, Vostre Majesté

---

1. Il faut noter ici que ces mêmes Bâlois, si dédaigneusement qualifiés par Bellièvre « de gens de peu d'entendement et n'ayant aucun manyement d'affaires », devenaient, de sa part, dès qu'il avait besoin d'eux dans l'exercice de ses fonctions, l'objet de mensongères protestations d'amitié et de dévouement. Voir à cet égard, notamment une lettre de lui au bourgmestre et au conseil de Bâle, du 23 décembre 1573. (Archives de Bâle.)

» me debvroit haïr plus que nul autre, aïant esté par son
» jugement employé au service du roy. Mais, madame, si
» j'ay soutenu les affaires de la couronne autant et plus
» peult-estre que tous ceux qui, depuis la guerre dernière,
» ont servi dehors, je supplie très-humblement vostre bonté
» qu'il luy plaise avoir égard à mes fidèles services, à la longue
» actente et à ma nécessité. »

Le 10 janvier 1573, Catherine répondit à Bellièvre[1] :

« ... Tenez en suspens la levée des six mille Suisses ; ce
» qui sera fort à propos pour le bien du service du roy,
» monsieur mon fils, auquel je ne voy pas que peut beau-
» coup servir l'instance que vous pourrez faire de faire
» sortir les enfans de l'admiral et d'Andelot hors de Basle,
» d'aultant que ce seroit les contraindre de se retirer ès
» terres du comte palatin, où ils pourroient prendre plus
» mauvaise nourriture que là où ils sont à ceste heure. De
» quoy, toutefois, je vous prie d'user ainsi qu'estant sur le
» lieu, vous sçaurez saigement juger estre à faire pour le
» mieux et pour servir à l'intention du roy mondit sieur et
» fils qui vous est assez congneue. Au surplus, monsieur de
» Bellièvre, je sçay quels sont vos mérites et les grands et
» dignes services que vous avez faicts au roy mondit sieur et
» fils et à ceste couronne, et vous pouvez asseurer que je
» seray tousjours celle qui aydera le plus volontiers à vous
» en faire récompense. »

Abandonné ainsi à lui-même, quant à un parti à prendre à l'égard des enfants de Coligny et de d'Andelot, Bellièvre se résigna à ne pas provoquer une expulsion dont les conséquences éventuelles étaient envisagées comme dangereuses par Catherine elle-même, aussi bien que par lui.

Essaya-t-il, du moins, conformément aux instructions

---

1. Bibliothèque de l'Institut de France, collection Godefroy, portef. 258, f° 78.

dont il était porteur, d'attirer à lui le fils de d'Andelot et de le capter par « des promesses de grâces et de faveurs » ? Rien ne le prouve.

Rien non plus ne prouve, qu'après avoir rendu compte au roi et à la reine mère de ce que devenaient à Bâle les enfants de l'amiral, il ait eu le moindre rapport direct avec eux.

Force lui fut, d'ailleurs, si ce n'est d'abandonner son système d'obsessions tendant à obtenir des réfugiés français qu'ils se décidassent à rentrer dans leur patrie [1], du moins de se renfermer, vis-à-vis d'eux, dans un rôle de surveillance que, maintes fois, au surplus, il saurait rendre tracassière et fatigante pour ceux qui en seraient l'objet.

Bientôt, en outre, vint le jour où, sans sortir des bornes d'une sage modération, des réfugiés français élevèrent la voix pour demander, en leur nom et en celui de leurs compagnons d'infortune, que Bellièvre et son souverain les laissassent en paix, dans la position qu'ils occupaient en Suisse, et dont ils démontraient la complète légitimité. Leur demande se formula dans un bref et substantiel mémoire qu'ils adressèrent à l'ambassadeur. Ils y disaient [2] :

« Le nombre des seigneurs et gentilshommes et autres
» qui se sont retirés ès pays de Suisse et confédérés est si
» petit, et la plupart d'entr'eux tellement chargez de debtes,
» que Sa Majesté ne peut faire grand estat du revenu ou
» valeur de leurs biens, outre les substitutions, conventions

---

1. « Les réfugiés françois trouvèrent, en Suisse, Bellièvre plein de remonstrances, » de promesses et de menaces pour les faire retourner en leurs maisons, à l'abri » des derniers édits du roy, plein encore de ses mêmes harangues envers les Suisses, » lesquels ne purent renvoyer au meurtre ces misérables et leur refuser le couvert. » (D'Aubigné, *Hist. univ.*, t. II, liv. I, ch. IX.)

2. Bibl. nat., mss. f. fr., vol. 16,011, f° 50. — Il faut rapprocher de ce Mémoire la requête que les réfugiés français adressèrent, vers la même époque, aux cantons protestants pour réclamer leur intervention auprès du roi de France. (Voir à l'Appendice, n° 11, le texte de l'un des originaux de cette requête qui fut adressée au conseil de Bâle.

» matrimoniales et autres droits que leurs parens de la reli-
» gion romaine peuvent prétendre sur lesdits biens.

» Ceux qui sont ès dits païs ne s'y sont retirés pour au-
» cuns crimes dont ils puissent estre justement accusez ou
» poursuivis, mais pour la seureté seulement de leurs vies,
» et pour éviter les dangers et périls dont ils estoient me-
» nacez par les violences qui se sont commises par le peu-
» ple, en tous les endroits du roïaume, et pour tant leur
» retraite et fuite estant fondées sur une juste crainte, et
» aïant esté le seul moïen et remède de la conservation de
» leurs personnes, il serait par trop déraisonnable qu'elle
» leur fût imputée à crime, d'aultant mesme que pour cela
» ils ne se sont point eslonguez ny distraits de la fidélité,
» obéissance et affection qu'ils doibvent à leur roy, en la-
» quelle comme ils y sont nés, aussi desirent-ils vivre et
» mourir.

» Moins encore leur peut-il estre imputé à quelque dés-
» obéissance ou faulte de bonne volonté, s'ils ne sont retour-
» nés et s'ils n'osent encore retourner, estant bien à croire
» qu'il n'y en a aulcung qui ne désirast beaucoup plus l'air
» et doulceur de sa maison et demeure naturelle, pour y vivre
» avec sa famille, que d'estre en païs estrangers et destitués
» de toutes leurs commoditez, s'ils n'estoient encore retenuz
» par une juste crainte, pour estre la playe encore trop récente,
» l'aigreur et animosité du peuple contre ceulx de la religion
» bien peu adoucie; joinct que l'on procède sur leurs biens
» comme contre ceulx qui tiennent les armes dans les villes,
» combien que par l'édict dernier, du 7 décembre, ne soit
» fait commandement auxdits de retourner, ne moins de
» procéder contre leursdits biens.

» Et quand ce ne seroit que pour l'exemple de tous ceulx
» qui sont retournez, ils ne peuvent espérer sinon d'être
» forcez en leurs consciences et contraints d'abjurer leur

» religion, qu'est la chose qu'ils ont la plus chère en ce
» monde, en laquelle ils ont esté instruits depuis douze ans,
» soubz l'authorité des édicts de Sa Majesté. Ils laissent à
» juger à tous ceulx qui ont quelque conscience et qui sen-
» tent que c'est de religion, si ce leur est pas une très-
» juste occasion de crainte à retourner.

» Estant donc leur retraite et fuyte exemptes par ce moïen
» de toute mauvaise et sinistre suspicion, ilz ne font doubte
» que, s'il plaist à monseigneur de Bellièvre de favoriser
» leur requeste envers Sa Majesté, qu'ilz ne puissent aisé-
» ment impétrer et obtenir d'elle la jouissance de tous leurs
» biens pendant qu'ils demeureront és dits païs de Suysse
» et confédérés.

» En quoy ils le supplient très-humblement se vouloir
» emploïer, et considérer, s'il luy playst, que par ce moïen
» Sa Majesté maintiendra tousjours les cœurs et volontez de
» ses subjectz qui sont és dits païs en l'affection et fidélité
» naturelle qu'ilz luy doibvent, lesquels se contenteront d'y
» vivre paisiblement en l'exercice de leur religion, sans
» entreprendre ny attenter chose qui soit contre l'Estat,
» bien et service de Sa Majesté. »

Ainsi, des sujets du roi de France, demeurés fidèles à lui comme à leur patrie, mais ne pouvant rentrer dans leurs foyers, sur le territoire de celle-ci, sans y exposer à de redoutables atteintes leur vie et leur conscience chrétienne. revendiquaient le droit de sauvegarder l'une et l'autre, en demeurant dans l'asile que leur avait ouvert un peuple ami de la France : quoi de plus légitime? Incontestablement fondés dans la revendication d'un tel droit, ils ne l'étaient pas moins dans celle de la propriété et de la jouissance de leurs biens injustement appréhendés par des spoliateurs, en tête desquels figuraient les agents du monarque.

Mais, qu'importait à Charles IX et à Bellièvre la légitimité de cette double revendication? Ils n'en persistèrent pas moins à se plaindre aux cantons protestants du refuge que ceux-ci accordaient aux réfugiés français.

Ces cantons s'honorèrent par le rejet persévérant de toutes les plaintes dont le roi et Bellièvre les assaillirent au sujet de ces réfugiés. L'impartial de Thou a rendu un juste hommage aux sentiments élevés qui les animaient, dans leur ferme résistance à d'indignes obsessions, quand il a dit[1] : « Comme il y auroit eu de l'inhumanité à refuser asile à des » malheureux qui cherchoient à mettre leur vie à couvert » par la fuite, la pitié eut plus de force sur le cœur des » Suisses que n'en eurent les demandes du roi de France » et les plaintes de son ambassadeur. »

Cette force prépondérante de la pitié se manifesta, au sein des cantons, partout où, dans les campagnes comme dans les villes, l'Évangile était en honneur; aussi, faut-il appliquer indistinctement aux uns et aux autres ces paroles que les églises réformées du midi de la France adressèrent, un jour, au bourgmestre et au petit conseil de Zurich[2] : « Non-seulement les fidèles françois ont été humainement » et seurement recueillis en voz terres, mais aussi, par » vostre charité et libéralité entretenuz, voire mesme ceulx » qui estoient hors de vos pays, et cela en tel temps et si à » propoz, qu'il semble qu'ilz ont maintenu leur vie par Vos » Excellences. »

Telle étant la protection accordée par les cantons protestants aux réfugiés français, Bellièvre, contraint de renoncer désormais à toute idée d'expulsion des membres de la famille de Coligny, dut, ainsi que son frère Hautefort, quand il vint en Suisse occuper le poste d'ambassadeur, se borner à surveiller ce qu'ils faisaient à Bâle.

1. *Hist. univ.*, t. IV, p. 662.
2. Archives de Zurich. Lettre du 20 décembre 1576.

Ils n'y donnaient assurément aucune prise à la critique ; loin de là : dans leurs rapports, soit avec les autorités de la ville, soit avec ses habitants, ils se conciliaient par la simplicité, toujours digne, de leur mode d'existence, par la noblesse de leurs sentiments, par l'affabilité de leurs manières et de leur langage, une estime et une sympathie générales.

Au foyer domestique, Mme d'Andelot répandait autour d'elle, par sa bonté, ce charme et ce bien-être dont une mère chrétienne, plus que toute autre, a le secret. Entourée de ses enfants et de ses neveux, chérie de tous, elle affermissait leurs jeunes cœurs par l'exemple et la douce autorité du sien, maintenait entre eux une affection mutuelle, qui s'accrut avec les années, et veillait, en un mot, dans sa nouvelle retraite, sur tous ces êtres bien-aimés, comme déjà, à une autre époque d'isolement, elle avait veillé sur eux, à la Rochelle.

Vainement, alors que s'exerçait ainsi la ferme et tendre vigilance de Mme d'Andelot, Charles IX conçut-il le projet de séparer le jeune comte de Laval de sa mère. S'appuyant sur on ne sait quels prétendus indices, qu'il interprétait à sa manière, le crédule monarque écrivit, le 9 mai 1573, à Hautefort[1] :

« Quant au regard du sieur de Laval, ayant sceu par-
» ticulièrement la bonne volonté qu'il a de s'en revenir,
» j'ay donné ordre que le sieur Dasserac, qui a charge de
» sa tutelle, s'acheminera, dans quelque temps, pour l'aller
» quérir. Il est vray que c'est chose que je desire que vous
» teniez secrète, et n'en parlez à personne du monde, mes-
» mement à Argenlieu, de peur que ceulx qui seroient plus-
» tost bien ayses qu'il demourast dehors que dedans mon

---

1. Bibliothèque de l'Institut de France, fonds Godefroy, vol 258.

» royaume, sçachant cela, n'essayassent à le détourner de
» sa bonne volonté. »

Dasserac vint-il, en effet, en Suisse, pour tenter d'en faire sortir son pupille? On ne sait. Ce qui est certain, c'est que Laval avait si peu l'intention de quitter sa mère, ses frères et sœur et ses cousins, que non seulement il resta avec eux tous à Bâle, mais qu'avec plusieurs d'entre eux il alla, plus tard, se fixer définitivement à Berne.

Quelque ardues et diversifiées que fussent les circonstances qui pesaient sur sa situation et sur celle de sa jeune famille, Mme d'Andelot, fidèle aux volontés de son mari et de l'amiral, tenait à ce que ses fils et ses neveux, formés en France à l'habitude du travail, y persévérassent sur la terre étrangère, et que leur instruction avançât, sous la direction de Legresle. Elle avança, en effet, et le zélé précepteur, au terme de sa mission, trouva dans le succès de leurs études, et surtout dans l'heureux développement de leur caractère, la juste récompense de ses soins éclairés et de son dévouement.

Fortement attachée à ses convictions religieuses, Mme d'Andelot désirait ajouter, pour elle et pour sa famille, les ressources du culte public à celles du culte privé. Elle entretint ses enfants, ses neveux et Legresle d'un projet qu'elle avait conçu à cet égard. Ce projet obtint naturellement leur adhésion, et fut bientôt suivi d'un résultat pratique, le jour où elle et eux s'unirent à divers réfugiés français, leurs coreligionnaires, pour organiser à Bâle, dans un local déterminé, la célébration publique du culte réformé. Ils réussirent dans leurs démarches, en rencontrant chez les autorités baloises un esprit de support, qui rompait avec les préjugés et les prohibitions d'une intolérance récente.

Telle fut l'humble origine de l'église réformée française de Bâle, qui, depuis le xvie siècle, s'est si bien consolidée dans cette ville, qu'elle y signale aujourd'hui, sous la direction de pasteurs dévoués, le maintien de son existence par le bienfait d'une influence évangélique légitimement acquise [1].

C'était déjà beaucoup, sans doute, pour les membres de la famille de Coligny réunis à Bâle que d'y goûter le calme d'une vie en commun; toutefois il leur fallait plus encore : ils aspiraient à atténuer, autant que possible, la distance qui les séparait de chers absents. On comprend aisément le besoin qu'ils éprouvaient de correspondre avec les parents et les amis qui leur restaient; mais comment y satisfaire? Toute communication avec la Savoie leur étant originairement fermée, ils voyaient le temps s'écouler, sans rien apprendre du sort de madame l'amirale, ni de celui de Mme de Téligny. A peine les amis qu'ils comptaient encore en France pouvaient-ils recevoir d'eux, çà et là, une lettre, ou leur faire parvenir quelques lignes à Bâle : tant les communications épistolaires étaient alors difficiles de Suisse en France, ou réciproquement.

Elles l'étaient moins avec quelques-uns des pays étrangers, notamment avec le Palatinat. Aussi, Chastillon et son frère d'Andelot profitèrent-ils de cette circonstance pour écrire à l'électeur palatin et à Charlotte de Bourbon, qu'ils savaient être à Heidelberg. Ils connaissaient la chrétienne sympathie de Charlotte pour les affligés, et la vénération qu'elle avait constamment professée pour leur père. Aussitôt leur parvinrent ces lignes tracées par la pieuse princesse [2], le 12 mars 1573 :

---

1. Voir, sur l'origine de l'église réformée française de Bâle, les faits cités au n° 12 de l'*Appendice*.
2. La lettre écrite à Chastillon et à d'Andelot par Charlotte de Bourbon, le 12 mars 1573, est ici intégralement reproduite d'après l'original que M. le duc de La Trémouille possède dans ses riches archives, et qu'il a bien voulu me communiquer.

« Messieurs, pour estre affligée par la mesme cause qui a
» reduit vos affaires en telle extrémité comme elles sont,
» vous ne pouviez pas à qui mieux vous adresser qu'à moy
» pour ressentir vostre peine et vous y plaindre infiniment,
» n'en faisant point seullement comparaison à la mienne,
» mais l'estimant selon qu'à la vérité l'on peult juger ne
» vous en pouvoir advenir de plus grande ; mais j'espère que
» les moyens qui vous sont cachez à cest' heure pour en
» pouvoir sortir ce bon Dieu vous les descouvrira lors qu'il luy
» plaira vous en retirer. De ma part, si je puis quelque chose
» pour cest effect, je my emploiray de bien grande affection,
» tant pour le mérite du faict que pour celle que j'ay
» toujours portée à feu monsieur l'admiral vostre père, dont
» le zèle et piété qu'un chacun a recongneu en luy me fait
» honnorer la mémoire. Incontinent donc que j'ay receu vos
» lettres et celles que vous escriviez à monsieur l'Électeur,
» j'ai esté les luy présenter, lequel a fait congnoistre les
» avoir bien agréables et vouloir Son Exelence embrasser
» l'affaire dont luy faictes requeste avec une singulière affec-
» tion, ce que vous pourra dire le gentilhomme qui l'est
» venu trouver de vostre part, à qui il a parlé de façon que je
» vous puis assurer Son Exelence estre résolue à faire bien
» tost la depesche tant pour madame l'admirale que pour
» vostre regard telle que vous la pouvez desirer, ce que je
» ne fauldray de luy ramentevoir si je congnois qu'il en soit
» besoin, comme aussy madame l'Électrice m'a fait enten-
» dre estre en pareille volonté, en sorte que vous ne pouviez
» pas choisir un meilleur et plus favorable recours que celuy
» de Leur Exelence qui sçavent peser les causes selon la
» droiture et équité, et ont tousjours les mains ouvertes pour
» donner ayde aux affligez. Je prie Dieu, messieurs, de vous
» oster de ce nombre et bien tost vous remettre en tel heur,
» bien et félicité que vous vouldroit veoir celle de qui vous

» recevrez les affectionnées recommandations à vos bonnes
» grâces et la tiendrez pour

» Vostre affectionnée et meilleure amye,

» Charlotte DE BOURBON.

» A Heydelberg, ce 12 mars. »

L'excellente et judicieuse princesse avait découvert promptement ce à quoi « elle pouvait s'employer, de bien grande
» affection ». Elle réussit à concilier à ses jeunes correspondants la protection de Frédéric III et celle de l'électrice.

La réponse des deux frères à Charlotte de Bourbon fut celle de cœurs émus de reconnaissance. On y saisit aisément, comme plus accentuée en 1573 qu'en 1571, la touche délicate qui déjà s'était révélée dans deux lettres adressées à Renée de France [1].

« Madamoiselle, disaient-ils [2], la prompte et briefve expé-
» dition de nos affaires en la cour de monseigneur l'Électeur
» nous est assés suffisant tesmoignage de la grande sollici-
» tude et bonne vigilance qu'il vous a plû prendre d'icelles ;
» mais surtout les lettres qu'il vous a plû nous escrire ren-
» dent la preuve si certaine de vostre charitable affection
» envers nous, que nostre ingratitude seroit la plus extrême
» qui fust oncq, si nous ne sentions à bon escient combien
» nous sommes obligés à reconnoistre par tous très-hum-
» bles services, quand Dieu nous en donnera les moyens, le
» très-grand bien et faveur que recevons de vous, madamoi-
» selle, qui estes esmeue et incitée à nous bien faire, par la
» seule inclination naturelle d'une grande et vertueuse prin-

---

1. Les lettres adressées, le 21 octobre 1571, par François et Odet de Coligny à Renée de France, duchesse de Ferrare, ont été ci-dessus reproduites. (Voir ch. I.)
2. Archives de M. le duc de La Trémouille.

» cesse, de laquelle vous estes partout merveilleusement re-
» commandée. A cette cause, madamoiselle, après vous avoir
» très-humblement remercié du très-grand bien et plaisi
» qu'avons promptement receu par vostre moyen, des sainctes
» consolations et vertueux enseignemens qu'il vous a pleu
» nous adresser par vos lettres, avec les offres tant honnestes
» et amyables, accompagnées d'une vifve démonstration de
» la charité chrestienne que pouvons espérer et attendre de
» vous, nous vous supplions très-humblement, madamoi-
» selle, nous faire cest honneur de croire que mettrons si
» bonne peine et diligence, avec la grâce de Dieu, à suivre
» le droit chemin de vertu et vraye piété, que toutes les con-
» trariétés et grandes difficultés qui se présentent à nous,
» en ce bas âge, ne pourront nous en fermer le passage.
» Que si nostre bon Dieu, prenant compassion de nostre
» calamité, comme avons bonne espérance qu'avec le
» temps il fera, nous relève de ceste oppression très-dure et
» et qu'ayons moyen de vous faire très-humble service, nous
» osons bien vous promettre, madamoiselle, que jamais
» n'aurés serviteurs plus humbles, ni plus affectionnés pour
» recevoir et obéir à tous vos commandements, quand il
» vous plaira les nous faire entendre, et sur ceste asseurance
» d'avoir cest honneur que serons creus de vous, madamoi-
» selle, nous supplions l'Éternel nostre bon Dieu qu'il luy
» plaise vous maintenir très-longuement, madamoiselle,
» en très-bonne santé et heureuse vie pour servir à sa
» gloire et à la consolation et soulagement des pauvres
» affligés.

» Vos très-humbles et obéissans serviteurs,

» CHASTILLON, ANDELOT.

» De Basle, ce 1er juin 1573.

Alors que la Suisse, en dépit des menées hostiles mais impuissantes, soit de Bellièvre, soit de son frère Hautefort, ne cessait d'être, pour les enfants, la belle-sœur et les neveux de l'amiral, une terre hospitalière, la Savoie, qui d'abord avait paru telle à Jacqueline d'Entremonts et à Louise de Coligny, allait se montrer à elles sous un tout autre aspect que celui de l'hospitalité, dès la première partie de l'année 1573.

Avant cette époque, la famille réfugiée à Bâle avait pu échanger enfin quelques communications avec les deux veuves et obtenir d'elles, sur leur séjour en Savoie, de décembre 1572 à février 1573, divers détails d'un haut intérêt, qui peuvent se résumer ici dans les énonciations suivantes :

Le 21 décembre 1572, madame l'amirale était accouchée, à Saint-André-de-Briord, d'une fille à laquelle elle avait donné le nom de Béatrix, que portait sa mère, la comtesse Pacheco d'Entremonts[1]. Dès qu'elle avait, après la naissance de son enfant, recouvré assez de forces pour prendre la plume, elle s'était fait un devoir d'adresser, le 1er janvier 1573, de Saint-André-de-Briord, au duc de Savoie ces lignes touchantes[2] : « Monseigneur, envoiant ma mère, M. de Martel, » vers Vostre Altesse, j'ay pris la hardiesse de vous escrire « ceste, pour vous remercier très-humblement m'avoir per- » mis me retirer avec Mme la comtesse d'Entremonts, ma- » dite mère, vous suppliant, en toute humilité, avoir pitié de » moi et de ma petite fille orpheline, et ne trouver mauvais » que j'aie amené avec moi Mme de Téligny, pour estre vostre » très-humble sujette et destituée de tous moïens, suppliant

---

[1]. « Le 21 décembre 1572 fut née Béatrix de Coligny, ma fille, à dix heures du » matin, à Saint-André-de-Briord, en Savoie. » (Livre d'heures de Louise de Montmorency, *loc. cit.*)

[2]. Archivio generale del regno. Torino.

» le Seigneur donner à Vostre Altesse, monseigneur, très-
» heureuse santé et très-longue vie. »

Le 15 janvier 1573[1], elle avait écrit au célèbre jurisconsulte et publiciste Hotman, sur l'amitié et le talent duquel elle était en droit de compter, le conjurant d'achever une œuvre qu'il avait entreprise, à sa demande, et qui devait assurer à la veuve et aux enfants de Coligny le plus précieux des patrimoines, l'hérédité de l'honneur. Nul trésor ne pouvait équivaloir, pour elle et pour eux, à la possession d'un récit authentique de la glorieuse vie de l'amiral. « Ne trou-
» vez estrange, je vous supplie, disait-elle à Hotman, si j'ay
» essayé de réveiller vostre plume, pour laisser à la postérité
» autant de témoignages de la vertu de feu monseigneur et
» mary, que nos ennemis la veulent (dénigrer)..... quand
» j'aurois moyen de vous donner cent fois plus de biens que
» je n'en ai, ce seroit moins que rien auprès de ce que vous
» faites pour mes enfans et moi, estimant, après le salut de
» l'âme, l'honneur plus que les biens. »

Jacqueline d'Entremonts avait, en même temps, écrit au roi de France[2] en faveur des enfants de l'amiral, et, dans son indignation maternelle, avait énergiquement protesté contre la spoliation de patrimoine qu'ils subissaient.

En acquérant la connaissance de ces faits, les membres de la famille réfugiés à Bâle espéraient que le duc de Savoie ne troublerait ni madame l'amirale, ni sa jeune compagne dans leur retraite; vain espoir, promptement suivi d'une amère déception. Qu'advint-il, en effet?

A l'arrivée de Jacqueline d'Entremonts en Savoie, Philibert-Emmanuel s'était proposé d'agir contre elle, non en prince impartial et compatissant, mais en persécuteur. Pré-

---

1. Bibl. nat., mss. Ve Colbert, vol. 16, f° 100.
2. C'est ce qui ressort d'une lettre écrite, le 9 mars 1573, par Chastillon et d'Andelot à l'avoyer et au conseil de Berne. (Archives de Berne.)

tendant la régenter comme le dernier de ses sujets, il ne lui avait jamais pardonné, non seulement d'avoir fait profession ouverte de protestantisme, mais encore et surtout d'avoir osé, au mépris de ses défenses réitérées, épouser ce Gaspard de Coligny, en qui il ne voyait que le pire des hérétiques. La présence de la veuve de l'amiral en Savoie offrait au duc l'occasion de se venger, sur elle et sur sa grande fortune, de la désobéissance, cependant fort pardonnable, qu'elle avait commise.

Quand, épiant, d'un œil inquiet, tout ce qui se passait à Saint-André-de-Briord, il sut que Mme de Coligny demeurait fidèle à ses convictions religieuses, qu'elle les inculquerait à sa fille, et qu'elle voulait consacrer, dans de larges proportions, au soutien de sa famille et de ses coreligionnaires, le revenu des biens dont elle espérait obtenir la restitution, il frémit de colère, et bientôt s'attaqua à une femme sans défense et à un enfant au berceau.

Apprenant, dans le courant de février 1573, que madame l'amirale venait, sans qu'on pût d'ailleurs déterminer pour quel motif, de sortir de Saint-André-de-Briord avec sa fille, et de se diriger, sous l'escorte de quelques gentilshommes, vers le mont Cenis, il la fit brutalement arrêter, ainsi que ces gentilshommes, s'empara de son enfant, et la fit enfermer dans une tour du château de Nice.

Sans être encore assouvies, la haine et la cupidité du duc obtenaient du moins par là une première satisfaction, puisqu'il demeurait maître de la personne de sa prisonnière, de ses biens toujours sequestrés, et du sort de son enfant.

Cet odieux attentat eut, dans l'Europe protestante, un immense retentissement, et y souleva l'indignation générale. De toutes parts surgirent d'instantes réclamations adressées à Philibert-Emmanuel en faveur de madame l'amirale. Elles furent provoquées avec une irrésistible ardeur par la famille et les amis de la noble captive, qui conjurèrent les représentants des principaux cantons protestants de la Suisse, l'électeur palatin, l'électeur de Saxe, le landgrave de Hesse et autres personnages considérables, de solliciter du duc de Savoie la mise en liberté immédiate de Mme de Coligny.

A Bâle, où ils continuaient à résider, Chastillon et d'Andelot recoururent aux autorités locales, qui intervinrent immédiatement auprès du duc[1].

Une intervention semblable à la leur eut lieu de la part de l'avoyer et du conseil de Berne, sur la demande formulée par les fils de l'amiral, dans une lettre du 9 mars 1573, dont la partie finale portait[2] : « Messieurs, nous avons eu
» certain advertissement de la nouvelle affliction de madame
» l'admiralle, laquelle nous aimons et révérons comme notre
» propre mère, selon les occasions qu'elle nous en a tous-
» jours données par sa grande débonnaireté et affection
» maternelle envers nous, oultre l'obéissance et singulière
» amitié qu'elle a tousjours portée à feu monsieur l'amiral,
» nostre père, duquel aussi l'intention et commandement
» exprès a esté de la tenir et respecter comme nostre vraye
» et naturelle mère. Ceste affliction, messeigneurs, nous
» touche si vivement, qu'avons prié M. Legresle, nostre
» précepteur, se transporter pardevers Vos Excellences,
» pour les supplier très-humblement, avec la présente, au
» nom de Dieu et par la commune charité chrétienne, de
» laquelle votre république est sur toutes aultres recom-
» mandée, qu'il leur plaise, le plus tost que faire se pourra,
» dépescher quelqu'un des vostres à Son Altesse, pour la
» délivrance de ceste pauvre dame, nostre mère, laquelle ne

---

1. Voir une lettre du duc de Savoie aux seigneurs de Bâle du 1er mai 1573. (*Bulletin de la Soc. d'hist. du prot. fr.*, t. IV, p. 467.)
2. *Bulletin de la Soc. d'hist. du prot. fr.*, t. I, p. 370.

» peut estre molestée ne recherchée aucunement que pour
» le seul fait de la religion, laquelle elle a si estroitement
» embrassée, que nous attendons d'elle une souffrance de
» tous tourmens, voire d'une mort cruelle et ignominieuse,
» plustost qu'une abjuration et renoncement. »

L'avoyer et les membres du conseil de Berne qui, en hommes de cœur, ne séparaient pas, dans leur sympathie, les enfants de la mère, alors surtout que, par la connaissance, personnellement acquise, du généreux caractère de ces enfants, ils savaient quelle foi on devait attacher à la réalité de leur piété filiale, non moins qu'à la loyauté de leur langage, et combien il importait de les soulager eux-mêmes, dans leur propre détresse, s'adressèrent aussitôt au duc de Savoie [1] :

« La grande compassion lui écrivaient-ils, que nous avons
» du calamiteux estat auquel, comme on nous le fait enten-
» dre, sont réduites les affaires de madame l'admirale, de
» Mme de Téligny, sa belle-fille, et de MM. de Chastillon,
» frères de celle-ci, qui donnent si grande espérance de
» leur vertu future, qu'il n'y a celuy, en son particulier, qui
» ne déplore leur calamité et ne desire leur bien et prospe-
» rité, nous a esmeus à prendre à cœur leurs affaires; car,
» considérées les grandes pertes de leurs père et mary et de
» leurs plus chers amis, leur affliction nous semble de tant
» plus griefve et extrême d'estre finalement aussy dénuez de
» de tous leurs biens, tant en France qu'en autres lieux où
» ils en pourroient avoir, que ce seroit à nous grande inhu-
» manité de n'embrasser leur faict pour les favoriser d'une
» affection singulière, comme nous sçavons que Dieu le

---

[1]. *Welsches Missiven-Buch der Statt Bern.* E, p. 372. — Voir *ibid.*, p. 373, 374. une lettre écrite le 23 mai 1573 à la duchesse de Savoie par l'avoyer et le conseil de Berne. — Voir aussi les instructions données par les autorités bernoises à Jacob de Bonstetten le 6 avril 1573. (*Instructions-Buch der Statt Bern*, I, p. 284-287.)

» commande et le devoir mutuel nous y oblige, voire parti-
» culièrement en leur endroit, pour la générosité et modestie
» qui est en eulx. A ceste cause, très-illustre, haut et puis-
» sant prince, sachant et cognoissantz la débonnaireté et
» clémence qui réside en vous et l'asseurance que Vostre
» Altesse nous donne de n'estre refusez en une cause tant
» saincte et pitoyable et à laquelle nous sommes singulière-
» ment affectionnez, nous n'avons faict difficulté de nous
» constituer intercesseurs envers Vostredite Altesse pour les-
» dites vefves et orphelins, et vous faire requeste, en premier
» lieu, pour ladite dame admirale, qu'il vous plaise, en
» faveur de nous, voz bons amys, alliez et confédérez, et
» qui tiendront ce bien comme receu par nous-mesmes,
» l'ayant remise en sa pleine et entière liberté, avecq pai-
» sible jouissance de tous ses biens en laquelle est inquiétée
» par voz officiers, que permission luy soit donnée, ensemble
» à ladite dame de Téligny, de vivre en liberté de leur con-
» science et exercice de leur religion, rière voz baillages
» renduz, estantz bien asseurez qu'elles ne feront jamais
» chose contrevenante à vos édicts, statuts et ordonnances.
» Et pour le regard de MM. de Chastillon, d'aultant que vos
» officiers ont faict saisir quelque peu de bien qu'ilz ont en
» vos pays....., qu'il plaise à Votre Altesse, en leur donnant
» main-levée, les remettre en pleine jouissance de leursdits
» biens [1], etc., etc. »

Au moment où les Bernois intervenaient ainsi en faveur de madame l'amirale et de ses enfants, Louise de Coligny, sans qu'ils le sussent, était déjà violemment séparée de sa belle-mère et d'une sœur à peine âgée de quelques semaines, à laquelle il ne lui était même pas permis de donner ses soins.

---

[1]. Voir à l'*Appendice*, n° 13, une lettre de l'avoyer et du conseil de Berne, annonçant aux fils de l'amiral le résultat des démarches faites, en Savoie, par l'envoyé de Berne et par celui de l'électeur palatin.

Sa propre position était critique; car, d'un moment à l'autre, elle pouvait à son tour devenir l'objet direct de l'animosité d'un prince aux yeux duquel la seule qualité de fille de l'amiral de France était un stigmate de réprobation. La lâcheté, comme toute dégradation de l'âme humaine, a ses tentations : celle de se porter à des sévices sur une jeune femme innocente et sans défense était grande pour Philibert-Emmanuel; il n'osa cependant pas ajouter un second attentat à un premier. Grâce, probablement à l'intercession d'une princesse d'origine française, la duchesse de Savoie, mieux écoutée de son mari, cette fois, que lorsqu'il s'était agi de madame l'amirale, Louise de Coligny put sortir des États du duc, où elle se sentait inutile à Jacqueline d'Entremonts, et se rendre en toute hâte à Genève, où elle pressentait qu'elle pourrait agir efficacement dans l'intérêt de l'infortunée captive.

Forte de cette force indomptable que donne toujours le sentiment d'un devoir sacré à accomplir, sous le regard et avec l'aide de Dieu, elle s'avança à travers les Alpes, pleine de confiance en la réalisation prochaine, à son égard, de cette belle parole : « Le véritable ami aime en tout temps, » et il naîtra comme un frère au jour de la détresse[1]; » car elle comptait, pour être secondée dans ses efforts et ses démarches, sur le ferme appui d'un homme dévoué, de longue date, à l'amiral et à sa famille. Cet homme était Théodore de Bèze[2].

Quelle ne fut pas son émotion en voyant se présenter à lui, orpheline et veuve désormais, cette Louise de Coligny qu'il avait naguère laissée si heureuse à La Rochelle ! Et

---

1. *Prov.*, ch. XVII, 17.

2. « Nous tous qui sommes restés des serviteurs de toute ceste tant désolée » maison. » (Lettre de Th. de Bèze au comte Ludovic de Nassau, du 25 mai 1573, ap. Groen van Prinsterer, *Corresp. de la maison d'Orange-Nassau*, 1ʳᵉ série, t. IV, p. 125.)

avec quel touchant abandon la jeune fugitive n'épanchat-elle pas son cœur dans celui du vénérable ami de son père! « Monsieur de Bèze, avait dit un jour l'amiral à cet
» ami[1], je vous puis dire en vérité et devant Dieu, que,
» depuis le temps que je vous ay practiqué et cogneu, je
» n'ay jamais eu autre opinion de vous, sinon celle que l'on
» peult avoir d'un homme qui chemine nettement en sa
» charge et vocation. » De Bèze ne pouvait mieux se tenir
à la hauteur de sa sainte vocation, ni justifier plus directement l'estime et la confiance de Coligny, au moment où Louise souffrait, comme fille et comme femme, tout ce que peut souffrir une âme profondément aimante, qu'en s'attachant à la soutenir dans sa déchirante épreuve, avec une pieuse sympathie et à affermir en elle le besoin de rechercher les suprêmes consolations dont Dieu est l'unique dispensateur.

Le fidèle ministre de l'Évangile s'acquitta de ce grand devoir avec une sollicitude paternelle, en relevant l'âme angoissée de la jeune femme par des conseils et des encouragements semblables à ceux que, dans une circonstance mémorable, il avait adressés à l'amiral lui-même en ces termes[2] : « Je sçai que, grâces au Seigneur, il serait malaisé
» de vous enseigner remèdes que Dieu ne vous aye desjà
» appris, tellement qu'il ne reste que ce seul point, d'at-
» tendre en patience qu'en les appliquant vous en sentiez la
» vertu, comme il est certain qu'à la fin vous l'apercevrez,
» suyvant que le Véritable a promis, à savoir, qu'il ne
» permettra que l'épreuve surmonte la force qu'il nous
» donne; l'infirmité que vous sentez, non-seulement ne
» vous doibt effrayer, mais au contraire vous doibt asseurer
» de la victoire, d'autant que c'est le vray et ordinaire

---

1. *Mémoire sur les églises de France.* (Bibl. de Genève, vol. 197.)
2. Lettre du 27 juin 1568. (Bibl. de Genève, vol. 17.)

» moyen duquel Dieu se sert pour consommer la vertu qu'il
» donne aux siens, afin que nous ayant fait sentir qui nous
» sommes en nous, nous soyons d'autant plus ardens de
» chercher notre force en Celui qui la donne, et finalement
» qu'après avoir vaincu nous en donnions l'honneur entier à
» Celui auquel il appartient. »

L'un des premiers soins de Théodore de Bèze, lors de l'arrivée de Mᵐᵉ de Téligny, fut de faciliter son séjour à Genève en lui conciliant, d'accord avec un homme recommandable, Bernard [1], la protection et les bons offices des autorités de cette ville. On lit à cet égard dans le *Recueil des procès-verbaux des séances du conseil de Genève* : « Séance
» du 24 mars 1573. — Dame de Téligny. — M. de Bèze,
» avec le secrétaire Bernard, au nom de ladite dame, ayant
» adverti de son arrivée en ceste ville, ont prié luy permettre
» habitation en icelle jusques à ce qu'elle ayt proveu à ses
» affaires, offrant plaisir et service à messieurs, et priant
» estre excusée si elle ne se présente pas à messieurs, attendu
» son sexe. — A esté arresté qu'on luy accorde sa requeste,
» luy offrant toute assistance et plaisir possible, et qu'elle y
» demeure tant qu'il luy plaira [2]. »

Les termes de cette décision, dans leur cordiale simplicité, sont une preuve de plus des généreux sentiments dont se montrèrent animés, au xvɪᵉ siècle, les cantons protestants de la Suisse envers les réfugiés français. C'est le cas de rappeler ici l'hommage rendu par l'un de ces derniers à l'attitude de Genève, de Bâle, de Berne, de Zurich et d'autres villes vis-à-vis des victimes de la persécution. « Les can-
» tons de la religion, disait-il, ont montré, et tous leurs

---

1. Jean-François Bernard, qu'on voit ici en même temps que Th. de Bèze, avec qui il était lié, prêter son appui à Mᵐᵉ de Téligny, avait rempli, en 1560 et 1561, les fonctions de secrétaire d'État ; il fut plus tard appelé à celles de syndic.

2. Archives de Genève, Registre des délibérations du conseil, à la date du 24 mars 1573.

» sujets aussi, avoir un extrême déplaisir et compassion de
» nostre fait; m'asseurant, en témoignage de leur bonne
» volonté, que tous les François huguenots foruscis seront
» les très-bien venus et seurement conservez en leurs terres,
» et qu'ils n'oublieront rien du devoir de charité envers
» eux... Dieu soit loué de ce que leur charité se monstre
» en cela qu'ils recueillent libéralement nos frères François.
» Ils ne sçauroient mieux condamner toutes les actions du
» tyran, ses proscriptions et cruautez, qu'en usant d'hospi-
» talité envers les povres oppressez, qu'ils justifient en les
» hébergeant[1]. »

La compatissante fille de l'amiral, en s'entretenant avec de Bèze des tentatives à faire pour arracher Jacqueline d'Entremonts à l'oppression qui pesait sur elle, avait eu la satisfaction de le trouver fermement résolu à accomplir sans retard une double démarche auprès du comte Ludovic de Nassau et de Marguerite de France, duchesse de Savoie. De Bèze, en effet, s'empressa d'écrire, le 25 mai 1573, au comte, dont il connaissait les affectueuses relations avec l'amiral et sa famille, et d'adresser, vers la même époque, à la duchesse un pressant appel[2]. L'appui de Ludovic de Nassau ne fut pas invoqué en vain : sollicité par lui, l'électeur de Saxe agit auprès de Philibert-Emmanuel. Il en fut de même de l'électeur de Hesse.

Quand vint pour Louise de Coligny le moment du départ, elle ne voulut pas se séparer des magistrats de Genève sans leur exprimer sa gratitude, à raison de l'accueil hospitalier qu'elle avait reçu dans cette ville. Aussi, les registres du conseil contiennent-ils la mention suivante[3] : « Séance du
» 28 mai. — Dame de Téligny. — Secrétaire Bernard. —

---

1. *Le Réveille-matin des François et de leurs voisins*, 2e partie, p. 96.
2. Voir à l'*Appendice*, n° 14, les lettres adressées à ces deux personnages.
3. Archives de Genève, *loc. cit.*

» Ladite dame a icy envoyé ledit secrétaire, lequel, à son
» nom, a remercié messieurs de l'honneur et bon accueil
» qu'ils lui ont faict, la recevant à la ville, offrant con-
» tinuer envers cette ville la bonne affection et volonté
» que son feu père luy portoit¹, priant messieurs faire le
» semblable envers ladite dame et ses frères, qu'elle va
« trouver à Basle, et ledict secrétaire avec elle pour l'ac-
» compagner, offrant aussi de sa part faire tousjours service
» à messieurs. — Il a été arrêté qu'on la remercie de sa
» bonne volonté, luy offrant la pareille du costé de mes-
» sieurs. »

De Genève, Mme de Téligny se rendit à Berne où l'avoyer et les membres du conseil lui témoignèrent le vif intérêt qu'ils prenaient à sa situation personnelle, de même qu'à celle de ses frères.

Ceux-ci, en l'absence de leur sœur, avaient réclamé pour elle, comme pour eux, l'appui des autorités bernoises auprès de Charles IX, à l'effet d'obtenir main-levée de la saisie pratiquée, en exécution de l'arrêt du 27 octobre 1572, sur les biens qu'avaient laissés à leur mort Charlotte de Laval, l'amiral et Téligny². La lettre par laquelle, le 9 mars 1573,

---

1. On trouve la preuve de « cette bonne affection et volonté » dans la correspondance de Coligny avec le conseil de Genève, notamment dans les lignes suivantes : « Nous avons apperçeu et cogneu par expérience plus que jamais combien
» la gloire de Dieu et l'augmentation des églises de ce royaume (de France) vous
» sont chères et précieuses ; celuy auquel vous avez eu le principal esgard, en ce
» faisant, vous en sera libéral rémunérateur, et, de ma part, messieurs, je vous
» prie vous asseurer que j'en auray telle souvenance, que me trouverez tousjours
» amy en toutes sortes que je pourray m'employer pour vostre bien et conser-
» vation, d'aussi bon cœur que je me recommande à vos bonnes prières. » (Lettres des 28 et 30 mars 1563. Archives de Genève, portef. histor., n°s 1.712, 1.715.) — Les syndics et le conseil de Genève avaient une telle confiance dans les sentiments de l'amiral à leur égard que, le 7 juillet 1572, ils constataient, dans une délibération officielle, « l'opportunité d'user de la bonne affection que ledit sieur admiral
» portoit à leur ville, laquelle, si luy estoit défailly, estoit perdue. » (Archives de Genève, Registre des délibérations du conseil, année 1572, f°s 109, 110.)

2. Les fils de Coligny avaient, en outre, demandé directement à Philibert-Emmanuel de les remettre en possession des biens, sis en Savoie, qui avaient appar-

Chastillon et d'Andelot invoquaient l'appui des seigneurs de Berne, attestait à la fois les dispositions bienveillantes de ces derniers, et l'antériorité d'une demande adressée au roi de France, en faveur des enfants de l'amiral, par Jacqueline d'Entremonts. Cette lettre était ainsi conçue [1].

« Messeigneurs, nous avons receu la lettre qu'il a pleu
» à Vos Excellences nous escrire, et par icelle cogneu ce
» dont nous ne doubtions aucunement, touchant la compas-
» sion qu'elles ont de tous pauvres désolés et souffreteux,
» mais par espécial combien elles sont touchées du senti-
» ment de notre grande calamité, avec la promesse de
» nous faire tous les plaisirs qui seront en leur puissance ;
» chose de singulière consolation en notre adversité non
» pareille, et de quoy très-humblement nous les remercions,
» les supplians en oultre vouloir toujours avoir devant les
» yeux combien c'est chose louable et présente à Dieu, que
» les républiques chrestiennes, et mesmement la vostre,
» qui est entre toutes la plus florissante, renommée et puis-
» sante, embrassent à bon escient la cause des affligés et
» calamiteux, et encore plus estroictement celle des pauvres
» pupilles bannis de leur patrie, spoliés de tous leurs biens
» et oppressés de toutes misères, non pour faulte aulcune
» par eux commise, ains seulement pour estre enfans d'un
» père tel que Vos Excellences l'ont pu assez cognoistre,
» lequel, tant qu'il a vescu en ce monde, a esté autant et
» plus affectionné que nul autre au maintien des églises

---

tenu à leur père : « Pour l'honneur de Dieu, écrivaient-ils, et pour la justice de la
» cause de nous, povres orphelins, tant recommandés d'iceluy, qu'il plaise à
» Vostre Altesse nous remettre en la possession et jouissance de si peu de biens
» qui ont appartenu à feu monsieur l'amiral, nostre père, situés en vos terres et
» païs, et qui est tout le reste auquel Dieu nous avoit fait espérer de trouver moyen
» de vivre, ayant esté traités en la France et Bourgogne comme Vostre Altesse a
» pu entendre. » (Extrait d'une lettre du 20 mars 1573 au duc de Savoie. Archives
de Berne. — Archivio generale del regno. Torino.)

1. Archives de Berne.

» françoises et au bien de vostre Estat ; et soubs l'asseurance
» que telles considérations et aultres beaucoup meilleures
» et plus importantes sont continuellement en vos pensées,
» messeigneurs, nous confiant aussi de vostre charitable et
» chrestienne affection, de vostre naturelle bonté et libérale
» promesse, n'avons aucunement doubté que Vos Excel-
» lences ne nous accordent volontairement certaine requeste
» pour laquelle, en toute humilité et révérence, présenter
» à icelles, nous dépescherons homme exprès, au temps
» qu'elles se trouveront prestes d'y entendre, et lequel nous
» les supplions très-humblement nous vouloir assigner,
» afin que par vostre moyen et très-affectionnée recomman-
» dation, il plaise au roy nous laisser la jouissance libre de
» si peu de biens qui nous avoient esté délaissés par le décès
» de défunts nos père et mère, et à Mme de Thelligny, nostre
» sœur, ce qui luy peut appartenir par la mort de M. de
» Thelligny, son mari, sans que, pour cet effect, soyons
» aucunement contraints nous départir des terres et pays
» de vostre obéissance et aultres de messeigneurs vos confé-
» dérés ; à quoy nous supplions très-humblement Vos Excel-
» lences se laisser encore davantage esmouvoir et persuader,
» en considération de notre aage et innocence ; joint que,
» par cy-devant, il a pleu au roy, par une lettre qu'il a
» escrite à madame l'admiralle, nostre belle-mère, déclarer
» qu'il n'a eu aultre intention, en la saisie de nos biens,
» que pour la conservation de notre droict, ne voulant que
» portions et souffrions aucunement pour nostre père, et
» promettant se monstrer tousjours envers nous bon pro-
» tecteur, prince clément et débonnaire, vivans et nous
» contenans doucement, comme espérons faire, soubs la
» la naturelle obéyssance que lui debvons, ainsi que Vos-
» dites Excellences pourront voir, s'il leur plaist, par la
» copie de ladite lettre cy-enclose. En quoy, messeigneurs,

» Vos Excellences feront une œuvre vraiment digne de leur
» grandeur, et conserveront de pauvres pupilles qui seront,
» toute leur vie, dédiés à votre service, et prieront à jamais
» le Dieu tout-puissant, messeigneurs, pour le maintien et
» accroissement de votre Estat, à l'avancement de sa
» gloire et rétablissement de son service. »

L'avoyer et le conseil de Berne avaient, conformément au désir exprimé dans la lettre du 9 mars 1573, employé leurs bons offices en faveur des enfants de l'amiral, auprès de la cour de France; de plus, sans s'arrêter aux réponses évasives que leur avait faites Philibert-Emmanuel, ils venaient, en juin, d'insister avec une nouvelle force, auprès de ce prince et de la duchesse de Savoie, sur la légitimité de leurs précédentes réclamations en faveur de madame l'amirale et de ses enfants[1]; Louise de Coligny le savait, quand elle arriva à Berne, et s'en montra reconnaissante, quelque incertain d'ailleurs que fût encore le résultat des démarches officiellement tentées dans son intérêt et dans celui de ses frères et de sa belle-mère.

A Berne, de même qu'à Genève, elle fut entourée des plus grands égards; et, lorsqu'elle dut partir pour Bâle, les autorités bernoises, voulant lui assurer une protection efficace pendant le voyage qu'elle allait entreprendre, confièrent le soin de l'accompagner à celui des membres de la famille d'Erlach qui précédemment avait veillé sur Chastillon et sur d'Andelot, dans le trajet de Berne à Bâle.

Dès qu'elle eut atteint cette dernière ville[2], Louise de

---

1. Voir à l'*Appendice*, n° 15, le texte de deux lettres du 5 juin 1573.
2. Fidèles à leurs usages, en fait de réceptions, les autorités bâloises se montrèrent aussi courtoises envers la fille de l'amiral qu'elles l'avaient été envers Mme d'Andelot. On lit, en effet, dans les comptes de la ville de Bâle, sous la date du 13 juin 1573, la mention suivante : « Payé 2 livres 13 sols 4 deniers, pour » quatre mesures de vin de Malvoisie offertes à Mme la comtesse de Téligny. » Archives de Bâle.)

Coligny écrivit à l'avoyer et au conseil de Berne[1] : « Magni-
» fiques seigneurs, s'en retournant par devers vous, M. Der-
» lac, qui m'a fait cette faveur de m'accompagner, par
» vostre commandement, jusques en ce lieu, je n'ay voulu
» faillir de vous en remercier très-humblement, ayant une
» telle asseurance en vostre bonté et en l'affection qu'il
» vous plaist porter à mes frères et à moy, que vous consen-
» tirez, s'il vous plaist, sy pour tant d'obligations que nous
» recevons de vous, ne pouvons offrir maintenant qu'une
» bien bonne volonté, atendant que Dieu nous face la
» grâce d'en faire paroistre quelques effects et témoignages,
» comme nous espérons bien qu'il fera ; et cependant nous
» vous supplions de nous continuer tousjours ceste amytié,
» s'il vous plaist, laquelle nous tenons et tiendrons tousjours
» bien chère, comme nous ayant esté nostre principal re-
» fuge, en nostre affliction, après Dieu, lequel je prie, après
» m'estre très-humblement recommandée à vostre bonne
» grâce, multiplier tousjours de plus en plus en vous, ma-
» gnifiques seigneurs, ses grâces très-sainctes et vous main-
» tenir en sa saincte garde. »

Les autorités bernoises n'avaient pas seules insisté auprès de la cour de France pour faire obtenir aux enfants de
Coligny la restitution des biens dont ils étaient spoliés : le
landgrave de Hesse, de son côté, leur avait aussi prêté un
généreux appui. Lorsque Gaspard de Schomberg, envoyé
par Charles IX en Allemagne, sur la fin de février 1573,
était, peu de temps après, arrivé à Cassel, pour y faire au
landgrave d'importantes ouvertures en matière politique,
ce prince lui avait formellement déclaré que la plus grande
grâce qu'il demandât au roi de France, était que ce monarque, pour effacer les traces d'un passé récent, voulût

---

[1]. Lettre du 10 juin 1573. (Archives de Berne, *Frankreich*, vol. 3, 1,570 *bis*, 1,636.)

bien restituer aux enfants de l'amiral de Coligny les biens qui avaient appartenu à leur père, et tenter d'obtenir pour la veuve de celui-ci une restitution analogue de la part du duc de Savoie.

Il fut répondu sur ce double point, tant par Charles IX que par sa mère, qu'il n'y avait pas lieu d'agir vis-à-vis du duc de Savoie; qu'il n'y avait non plus aucun moyen de mettre les enfants de l'amiral en possession des biens paternels, par ce motif qu'il n'était pas au pouvoir du roi d'infirmer les effets légaux d'un arrêt rendu en justice réglée[1]. Charles IX et Catherine de Médicis démentaient impudemment, par ce prétendu respect pour l'arrêt néfaste du 27 octobre 1572[2], l'assurance qu'ils avaient antérieurement donnée à Jacqueline d'Entremonts, que la saisie pratiquée sur les biens héréditairement dévolus aux enfants de l'amiral n'avait d'autre but que la conservation de leurs droits[3].

Catherine et son fils préludaient ainsi par un acte de duplicité au déni de justice qui éclata dans une circonstance plus grave encore que celle de la simple conférence entre Schomberg et le landgrave de Hesse.

Peu de mois après l'entrevue du diplomate avec ce prince, les ambassadeurs polonais, venus en France à l'occasion de l'élévation du duc d'Anjou au trône, dans leur patrie,

---

1. De Thou, *Hist. univ.*, t. IV, p. 741. — Catherine de Médicis écrivait à Schomberg, le 11 avril 1573 (Bibl. nat., mss. collect. Dupuy, vol. 86, p. 221, 222) : « Quant » à ce qui touche les enfans dudit feu admiral, le roy, mondit sieur et fils, prie » mon cousin (le landgrave de Hesse) de considérer que les choses sont posées par » les lois de son royaume et par le jugement des princes juges et plus recom- » mandés en probité et intégrité, duquel jugement, en faict de telle conséquence, il » ne peut faire aucune grâce en faveur de quelque personne recommandée que ce » soit, ny empescher le cours de la justice, qu'il est nécessaire avoir lieu pour ce » regard. »

2. Cet arrêt est reproduit à l'*Appendice*, n° 5, § 1.

3. Voir la lettre ci-dessus rapportée des fils de Coligny aux autorités bernoises, du 9 mars 1573.

firent entendre à Charles IX d'énergiques paroles[1]. Après avoir réclamé en faveur des droits et des intérêts de la généralité des protestants français, ils dirent :

« Nous conjoignons aussi à ces causes les requestes de
» beaucoup de princes d'Allemagne et les larmes de tant de
» milliers de personnes qui, chassées de leur pays, sont en
» Allemagne, Suisse et aultres lieux, lesquelles, ayant
» estimé que nostre intercession vaudrait beaucoup, en ce
» temps, envers Vostre Majesté, n'ont cessé, en présence,
» quand elles nous ont rencontrés, et par lettres, de nous
» prier et supplier d'employer toute la faveur et crédit que
» Dieu, par sa puissance et grâce, nous donneroit, tant en-
» vers Vostre Majesté, que nostre sérénissime esleu, à ce
» qu'il y ait paix en France, et que les innocens et affligés
» soient soulagés. Parquoy..... la pitié et *les requestes de*
» *ceux auxquels nous n'avons peu ne deu refuser ce que*
» *nous pouvons en cet endroict* font que nous supplions
» Vostre Majesté que, selon sa royale clémence et bénignité
» envers les siens, il luy plaise pourvoir et remédier à une
» si longue et grande calamité d'armes civiles, par une
» équitable et très-ferme paix. »

Les ambassadeurs ajoutaient : « Supplions Vostre Majesté
» vouloir intercéder et faire instante requeste envers M. le
» duc de Savoie pour la délivrance de madame l'admi-
» rale, détenue prisonnière à Turin, avec permission de
» vivre en sa religion partout où bon luy semblera ; — et
» d'autant que l'admiral a esté massacré sans aucune con-
» noissance de cause et contre tout droit et équité ; qu'il a
» esté accusé après sa mort et condamné sur cela par des
» juges incompétens et récusez par lettres expresses de

---

1. *Mém. de l'estat de France soubs Charles IX*, t. III, p. 151. — Lapopelinière, *Hist.*, t. II, liv. 36, f⁰ˢ 196, 197, 198. — Du Bouchet, *Hist. de la maison de Coligny*, p. 569.

» Vostre Majesté accordées audit admiral, prétendu cri-
» minel de lèse-majesté ; que le tout a esté faict et exécuté,
» sans en faire sçavoir aucune chose à sa veufve ny à ses
» enfans ; ce qui fait penser que Vostredite Majesté a esté
» circonvenue en cest endroict : à ces causes, nous la prions
» très-instamment vouloir nommer les seigneurs des Ligues
» ou autres princes et grands seigneurs estrangers,
» alliez de la couronne, ou autres juges non suspects, pour
» revoir le procès dudit admiral et en prononcer la sentence
» selon la vérité ; — ordonner que Charles, fils puîné dudit
» admiral, détenu prisonnier par vostre commandement à
» Marseille, soit mis en liberté et rendu à ses parents ; — et
» de vouloir moyenner vers ledit sieur duc de Savoye, que
» les enfans dudit admiral puissent jouir des biens qu'ils ont
» dans ses Estats, attendu que leur père ny eux ne l'ont
» jamais offensé. »

Le généreux langage des ambassadeurs polonais se perdit dans le bruit des pompes et des fêtes par lesquelles seules la cour prétendait honorer leur présence ; aucun droit ne fut fait à leurs légitimes demandes ; et une grande iniquité de plus vint ainsi s'ajouter à tant d'autres déjà commises.

CHAPITRE IV

Démarches des enfants de Coligny dans l'intérêt de madame l'amirale. — Lettres de celle-ci. — Sa captivité se prolonge. — Les enfants de Coligny cherchent à assurer leur retour à Berne. — Bons offices des autorités bernoises à leur égard. — Ils reviennent à Berne, où ils se fixent définitivement. — Détails à ce sujet. — Arrivée du prince de Condé en Alsace. — Son retour à la religion réformée. — Il publie un manifeste. — L'assemblée de Milhau le nomme protecteur des églises réformées de France. — Vaines tentatives de Hautefort, frère de Bellièvre, pour circonvenir le comte de Laval. — Relations de Condé avec l'électeur palatin et avec les villes de Bâle, de Berne, de Lausanne et de Genève. — Il recherche l'appui de Th. de Bèze. — Conseils donnés par l'électeur palatin à Henri III. — Tournée de Condé en Suisse. — Il revoit à Berne les enfants de Coligny et de d'Andelot. — François de Chastillon aspire à se rendre en France pour y servir la cause de ses coreligionnaires. — Séjour prolongé de Condé à Bâle. — Ses efforts en faveur des églises réformées de France. — Union, en France, des réformés et *des catholiques paisibles* à laquelle Damville, gouverneur du Languedoc, déclare se rattacher. — Lettre qu'il adresse, sur ce point, à Catherine de Médicis.

Quelque douleur qu'éprouvassent Chastillon, d'Andelot et leur sœur, à la vue des déplorables fins de non-recevoir opposées par l'autorité souveraine, en France comme en Savoie, à tous ceux qui, de diverses parts, réclamaient que justice fût rendue à Coligny, à sa veuve et à ses enfants, cette douleur n'alla pourtant pas, chez ceux-ci, jusqu'au découragement : loin d'émousser la délicatesse de leurs sentiments, elle la mit, au contraire, de plus en plus en relief. Les saintes traditions de dévouement à la famille et de sympathie pour les chrétiens opprimés n'avaient pas péri avec l'amiral; ses enfants les avaient recueillies et y demeuraient fidèles, alors surtout qu'il s'agissait pour eux, tout jeunes qu'ils étaient, de travailler à la délivrance de leur seconde mère. Quoi de plus touchant que la persévérance de leurs instantes démarches pour concilier à la cause de la noble captive l'appui de personnages influents!

Chastillon et d'Andelot venaient, à cet égard, d'adresser, les 1ᵉʳ et 23 août 1573, de nouvelles lettres à l'avoyer et au conseil de Berne [1], quand Louise de Coligny écrivit de Bâle, le 25 dudit mois, à ces mêmes autorités [2] :

« Nobles, puissans et magnifiques seigneurs, d'autant
» que par la lettre que madame l'amiralle écrit à Vos Excel-
» lences, qu'elle a adressée à M. de Bonsteten pour la leur
» présenter, vous entendrez, s'il vous plaist, l'estat pitoïable
» auquel elle est et la très-humble requeste qu'elle leur
» faict, je n'en feray icy aucune redite ; mais seulement je
» vous supplie très-humblement, nobles, puissans et ma-
» gnifiques seigneurs, qu'en continuant vostre accoustumée
» bonté envers la mémoire de feu monsieur l'amiral, mon
» père, et ceux qui lui ont appartenu, vous vouliez, s'il vous
» plaist, inclinant à la requeste de madame l'amiralle, pren-
» dre une cause si pitoïable en main, et vous rendre inter-
» cesseurs de sa délivrance, selon la confiance et asseu-
» rance qu'elle et nous avons en Vos Excellences, qu'en
» cela feront une œuvre vraiment digne de princes chres-
» tiens, et pour une famille qui, de tout temps, a esté nour-
» rie en une affection singulière au bien et service de vostre
» Estat, et qui se tiendra à jamais obligée d'employer et leur
» vie et tous les moïens que Dieu leur donnera, pour la
» conservation, grandeur et accroissement d'iceux ; me
» recommandant en cet endroit, très-humblement à vos
» bonnes grâces, et priant le Créateur, nobles, puissans et
» magnifiques seigneurs, qu'il vous veuille longuement et
» heureusement conserver pour servir à sa gloire. »

A toutes les sollicitations qui lui furent adressées, le duc

---

1. Voir à l'*Appendice*, n° 16, le texte de ces lettres.
2. Archives de Berne. *Frankreich*, vol. 3.

de Savoie, dans le paroxysme de l'autocratie et de l'arrogance, répondit[1] : « Il est de l'intérêt commun de tous les
» princes et potentats de retenir soubz leur obéissance les
» vassaulx et subjects que Dieu leur a donnés à régir et
» gouverner ; et le debvoir des vassaulx et subjects est de
» se ranger à la due recognoissance de telle obligation. Que
» si ladite vefve du sieur de Chastillon et ses enfans font
» comme il convient, ils trouveront que non-seulement je ne
» leur deffandray de justice, ains que, pour l'amour de vous
» et de tous dignes respects, je leur useray de tout bon et
» favorable traictement. Dieu leur inspire à tousjours se
» recognoistre bien et s'acquitter de leur debvoir avec
» effect. »

Mais où était donc le devoir, aux yeux du duc de Savoie, constamment prêt à se retrancher, vis-à-vis des intercesseurs, derrière la raison d'État[2]? Il consistait, pour la veuve de l'amiral, à renier sa foi et le glorieux nom de son mari, à abdiquer ses droits de mère, et à abandonner ses biens à la merci du duc, qui les convoitait ; pour les enfants, à trahir la mémoire de leur père, à laisser, sans murmure, sacrifier madame l'amirale, et à subir docilement l'atteinte portée, en Savoie, à leurs droits héréditaires.

Quoi de plus légitime, dès lors que la résistance opposée par la veuve et par les enfants de la grande victime aux prétentions exorbitantes du duc et à ses persécutions !

Madame l'amirale, quelle que fût l'accumulation de ses souffrances, n'en témoignait pas moins une vive gratitude à

---

1. Voir notamment sa lettre du 1er mai 1573 aux seigneurs de Bâle. (*Bulletin de la Soc. d'hist. du prot. fr.*, t. IV, p. 467.)

2. « Je vous veulx dire franchement que si, nonobstant vos précédentes et autres
» intercessions faites, je procède ainsi, retenu au fait de la délivrance de ladite
» dame, *c'est pour matière d'Estat*, qui concerne le bien, repos et tranquillité d'iceluy
» et mon autorité et représentation. » (Lettre de Philibert-Emmanuel, du 13 octobre 1573, aux seigneurs de Bâle. *Bulletin de la Soc. d'hist. du prot. fr.*, t. IV, p. 469.)

tous ceux qui travaillaient à la cessation de ses épreuves et de celles de ses enfants. L'expression s'en rencontre, soit dans la correspondance qu'elle entretenait avec Mme de Téligny, et dont on osait, en Savoie, se faire un grief de plus contre elle [1], soit dans ces lignes que, le 14 octobre 1573, elle adressait aux seigneurs du canton de Bâle [2] : « Je vous
» remercie très-humblement de la faveur qu'il vous a pleu
» de me faire, à l'endroict de monseigneur mon prinsse,
» que combien que Nostre-Seigneur jusques à set heure ne
» luy ayt voulu amollir le cœur pour avoir compassion de
» mes trop extrêmes et longues afflictions, si me consolé-je
» extrêmement de sçavoir que ce n'est que pour estre chres-
» tienne que je souffre tant de mal, et aussi, très-haus et
» honorés prinsses, de l'honneur qu'il vous plaist de me
» faire et assistance que vous avez donnée à mes enfans [3] ;
» seule consolation qui me reste plus en ce misérable monde.
» Dieu leur fasse la grâce, un jour, vous pouvoir faire ser-
» vice pour eux et pour moy qui, ne pouvant autre en ma
» prison, prierai Nostre-Seigneur qu'il vous donne, très-haus
» et honorés prinsses, en toute perfection de grandeur,
» repos et contentement, la grâce que vous soyez tousjours
» vrais protecteurs des affligez et défenseurs des innocens. »

Dans la lutte engagée, rien ne put ébranler la fidélité de la veuve à la mémoire de son mari, ni l'énergie de la mère à revendiquer le droit de protéger sa fille.

Vint un moment où entraînée par le désir non de reconquérir sa liberté, non de recouvrer ses biens, mais d'obtenir la présence, à ses côtés, de l'enfant qu'on lui avait arraché,

---

1. Voir la lettre, ci-après citée, du 19 avril 1573 à la duchesse de Savoie. (Archivio generale del regno. Torino.)

2. *Bulletin de la Soc. d'hist. du prot. fr.*, t. IV, p. 467, 468.

3. Madame l'amirale parla aussi de sa sollicitude pour le sort de ses enfants dans une lettre qu'elle adressa, le 29 novembre 1573, à l'électeur palatin Frédéric III. (Voyez Kluchohn, *Briefe Friedrich des Frommen*, Kurfürster von der Pfalz, 1868, in-8°, t. II, p. 609, 610.)

elle céda à la pression du duc[1], et promit de se faire catholique; promesse que rien, du reste, ne prouve avoir été, à aucune époque, suivie d'effet, mais qui n'en constituait pas moins, de la part de l'infortunée captive, quelle que fût d'ailleurs, au fond de son âme, la persistance de ses convictions religieuses, une défaillance qu'elle ne tarda point à se reprocher sévèrement.

Les sentiments qui l'agitaient éclatent en douloureux et nobles accents, dans cette lettre qu'elle adressa, le 19 avril 1574, à la duchesse de Savoie[2] :

« Madame, je remettrai à Vostre Altesse devant ses yeux
» la mort violente d'un mari justement aimé de moi, si
» jamais femme du monde en a eu occasion ; depuis laquelle,
» par le commandement du gouverneur de Savoye et de ma
» mère, sous l'autorité de monseigneur et avec toute assu-
» rance de bon et gracieux traitement, je me suis venue
» jeter, avec ma petite fille, sous l'obéissance de Vos Altesses,
» et encore depuis en vos prisons, auxquelles je reçois, de
» jour à autre, pire traitement. Et comme je ne peux sçavoir
» que trois occasions, causes de mon travail : le mariage
» de feu monseigneur l'amiral, un nouveau auquel on me
» veut contraindre, et ma religion, je vous suplie très-
» humblement, madame, me pardonner si, en tous ces
» points, j'en écris particulièrement à Vostre Altesse.

» Pour le premier, me taisant du consentement de mon-
» seigneur, je dirai que j'en ai porté assez dure pénitence
» par la séparation de nos personnes, laquelle suffit pour
» me laisser, le reste de ma vie, sans joie ni plaisir parfait,
» que j'espère seulement avoir avec Dieu. Mais outre cela,
» j'en ai demandé et demande pardon à monseigneur.

---

1. Lettre du 4 juillet 1573 au duc de Savoie. (Archivio generale del regno. Torino.)
2. Archivio generale del regno. Torino.

» Je viendrai, à ceste heure, madame, à l'autre point,
» qui est pour me faire marier, que jamais, madame, quoique
» Vostre Altesse le m'ait commandé de la part de monsei-
» gneur, je ne croirai que Son Altesse, pour ceste occasion,
» me fasse tant recevoir de peine...

» Pour le dernier et principal, madame, qui est pour le
» fait de la religion, je peux dire qu'envers Dieu je suis
» entièrement coupable, mais envers mon prince, plus que
» excusée, m'estant offerte ici, à Nice et à Turin, d'aller à
» la messe et vivre comme Vos Altesses m'eussiez com-
» mandé; préférant vostre obéissance et bonne grâce à
» ce que je devois à Dieu, dont justement il m'en a punie.

» Mais, pour ce qui touche Vos Altesses, que pouvais-je
» faire plus que, pour vous obéir, vivre comme il leur eust
» pleu me commander, sans me vouloir contraindre d'abjurer
» et détester mon mari? Que, madame, faisant l'un ou l'autre,
» Vos Altesses me devriez estimer indigne de me monstrer
» jamais en vos présences et de vous faire jamais service.
» Quelle fiance pourroit avoir Vostre Grandeur en ma fidé-
» lité, détestant un mari que j'ay tant eu occasion d'aimer?
» L'on me pourroit véritablement estimer amie du temps
» et de la fortune. Si il est par exprès défendu de ne dire
» mal ou médire des absens ou morts, quoiqu'ils fussent nos
» mortels ennemis, que dois-je dire, madame, d'un mari que
» par toute loi divine et humaine je dois servir et aimer
» plus que moi-même?

» Ma condition se peut estimer plus misérable que d'autre
» qui ait jamais esté, car monseigneur ne me veut laisser ni
» vivre avec honneur, ni finir vertueusement, pour mettre
» fin à mes travaux, mais me laisser consumer à petit feu,
» languir perpétuellement et mourir, à toutes heures.

» Quelle est l'affliction que je n'aie sentie soudain, après
» la perte de mon père? Vostre Altesse sait quelle a esté la

» fin de mon mari, mort de mes amis, séparation de mes
» enfans, captivité de ma personne, ne me restant que le
» temps pour regretter ma perte passée, et me douloir pour
» ce qui m'est resté... Ma mère et une fille que j'ay, l'ab-
» sence desquelles et la faute que je fais à la seule petite
» créature que j'ay jamais eue et aurai, ne me font que
» augmenter ma peine ; au lieu que j'espérois me consoler
» en mon enfant et la bien nourrir pour, un jour, servir
» Vostre Altesse et soulager ma mère en ses vieux ans,
» il faut au contraire que je lui donne peine par la mienne
» et que je serve de reproche à ma fille estimant Vos
» Altesses ne me laisser tant et si longuement souffrir en
» prison, sans quelque mienne bien grande offense.

» Que comme je sais, madame, que l'on a donné à
» entendre à Vostre Altesse qu'en ma prison j'ay escrit
» à ma fille de Telligni, quand ainsy seroit, madame,
» quelle offense aurois-je faite ? Il ne m'a esté défendu
» d'escrire.

» L'on ne me tient sur ma foi, combien que je sois venue
» sous celle du gouvernement de Savoye, mais très-étroi-
» tement et avec sûres gardes, et d'une fasson que, si je
» faisois quelque faute, elle mériteroit excuse. Si est-ce que
» je n'en feray jamais contre Vostre Altesse, qui me trou-
» vera à perpétuité très-humble et obéissante sujette et
» servante.

» Je vous supplie très-humblement, madame, avoir
» quelque pitié de ma calamité, pour impétrer de monsei-
» gneur que je puisse baiser les mains de Vos Altesses,
» voir ma mère et ma fille, sans que ma conscience et mon
» honneur soient forcés, puisque desjà l'on ne m'a voulu
» recevoir sans abjurer ma foi et mon honneur, en détestant
» mon mari. »

Les rigueurs de l'incarcération continuèrent. Th. de

Bèze nous donne une idée de ce qu'elles étaient, en 1574[1], quand il dit au comte Ludovic de Nassau[2] : « Madame » l'amirale, la perle des dames de ce monde, à présent, » puisqu'il plaist à Dieu, emmurée en une tour, à Nice, » avec une seule petite damoiselle de chambre, et très-» cruellement traitée, mais plus constante et ferme que » jamais, ayant finalement trouvé moyen de me faire tenir » lettres de sa main, m'a chargé expressément de ses » recommandations à vos bonnes prières[3]. »

Cet hommage, formellement rendu à la constance et à la fermeté de madame l'amirale par un homme aussi bien informé et aussi judicieux dans ses appréciations que l'était Th. de Bèze, réduit à néant, comme autant d'impostures, certaines allégations insérées dans des instructions du 19 juin 1574, sur lesquelles devait s'appuyer un agent du duc de Savoie, pour tenter de justifier son maître aux yeux de l'électeur de Saxe[4]. Ces instructions, en imputant à madame l'amirale la pire des hypocrisies, mise au service d'un esprit d'insubordination, transformaient Philibert-Emmanuel en un prince respectueux des droits de la conscience chrétienne, désintéressé, bienveillant même, et n'imposant à sa prisonnière d'autre obligation que celle de respecter l'autorité qu'il disait avoir tout à la fois sur sa personne, sur ses biens

---

[1]. On en acquiert une idée plus complète à la lecture de diverses lettres qu'écrivit, à cette époque, Jacqueline d'Entremonts. (Voir à l'*Appendice*, n° 17, le texte de ces lettres.)

[2]. Lettre du 24 avril 1574. (Groen van Prinsterer, *Corresp. de la maison d'Orange-Nassau*, 1re série, t. IV, p. 372.)

[3]. Th. de Bèze écrivit à Bullinger, le 10 septembre 1574 : « Scripsi ad te sæpe » de præstantissimâ illâ heroinâ, amirallii viduâ, apud Nicæam in turriculâ ro-» tundâ miserrimè conclusâ, et tamen constantissimè Christum confitente, cui et » opes et cætera omnia postponit. Rogo te igitur, quantum à me fieri potest, ob » illam legato vestro ad regem profecturo de muliere notâ commendes, ut rex ipse » videlicet pro optimæ et innocentissimæ fæminæ liberatione ad Sabaudum quàm » diligentissimè scribat, cujus commendationis maximum pondus futurum intelligo. » (Archives de Zurich, B. 24, gest. VI, 166, p. 107.)

[4]. Voir à l'*Appendice*, n° 18, le texte de ces instructions.

et sur son enfant. Or, on ne sait que trop ce qu'étaient, au contraire, le prétendu respect du duc pour la conscience de sa prisonnière, son prétendu désintéressement et sa prétendue bienveillance.

La situation angoissante de madame l'amirale était pour Louise de Coligny, pour ses frères, ainsi que pour Mme d'Andelot et ses enfants, l'objet de préoccupations d'autant plus vives qu'elle contrastait plus fortement avec la protection dont ils jouissaient en Suisse, et avec le calme qui y était assuré à leur existence.

Quelque favorable que fut pour eux le séjour de Bâle, Chastillon, son frère et de Laval n'en avaient pas moins l'intention de retourner à Berne, où les attirait le souvenir de la bienveillance toute spéciale qu'on leur y avait témoignée, et où ils désiraient se fixer. Ayant, à cet effet, écrit à l'avoyer et au conseil de cette ville, ils avaient reçu de ce fonctionnaire et du conseil, en janvier 1573, la lettre suivante [1] :

« Nobles, généreulx, très-singuliers et grands amys, pour
» responce de voz lettres par lesquelles nous priez de vou-
» loir continuer nostre bonne volonté envers vous et de vous
» recepvoir de rechef en nostre protection et saulve-garde,
» vous advertissons, ores que ne vouldrions en rien dimi-
» nuer de la bonne affection que portons à tous souffreteux
» et désolez, singulièrement à vostre endroict, pour le regard
» de vostre grandeur et noble progéniture, si est-ce que,
» se présentanz quelques accidentz à raison desquels serions
» en doubte que, se représentanz voz personnes par deçà,
» nous pourroyent engendrer quelque difficulté et recule-
» ment au progrès de certaine affaire nostre d'importance,
» dont sçavons que vos seigneuries, cela advenant, seroient

---

1. Archives de Berne, *Weltsche missiven Buch*, vol. E, f° 359. — *Raths manual der Stadt Bern*, n° 384, f° 43, 23 janvier 1573. — *Chronique manuscrite de Stettler*, ann. 1573, f° 81. Archives de Berne.

» bien marries ; à ceste cause et aultres bons respects, vous
» prions bien affectueusement qu'il vous plaise différer
» vostredite venue et retour de par deçà jusques à millieure
» commodité, estantz au reste bien enclins et délibérez de
» vous faire tous plaisirs et services à nous possibles, d'aussi
» bon cœur comme prions le Créateur, nobles, de vous
» tenir en sa saincte et très-digne garde. »

Plusieurs mois s'étaient écoulés depuis l'envoi de cette réponse devant laquelle les fils et le neveu de l'amiral n'avaient pas manqué de s'incliner avec une discrète déférence, lorsque, se croyant désormais autorisés par les circonstances à renouveler l'expression de leur désir, ils s'adressèrent, le 6 septembre, à l'avoyer et au conseil, en ces termes [1] :

« Nobles, magnifiques et puissans seigneurs, nous avons
» une telle asseurance en la bonne volonté qu'il vous a pleu
» tousjours nous démonstrer, que vous nous ferés cette
» faveur, si vous plaist, de la conformer au desir que nous
» avons toujours eu de nous retirer en vostre ville, duquel
» vous peuvent rendre assez de témoignage les instantes et
» affectionnées prières que nous vous en avons faictes cy-
» devant, ausquelles nous savons que, pour quelques justes
» considérations, vous différastes lors de satisfaire, remec-
» tant l'effect de nostre prière jusques à quelque temps. Nous
» ne vous dirons point, magnifiques seigneurs, sur quoy est
» fondé nostre desir, pour ce que les occasions en sont assez
» manifestes, non-seulement à vous, mais à tous ceux qui
» sçavent les démonstrations que vous nous avez faictes de
» vostre amitié. Nous vous supplions donc, nos seigneurs,
» de vouloir favoriser ceste nostre affection particulière
» que nous avons toujours eue de faire élection de nostre
» demeure en vostre ville, et croyre que nous tiendrons et

---

1. Archives de Berne, *Frankreich*, vol. 3.

» réputerons cela à une faveur bien grande. Et d'aultant que
» nous sommes pressés par la saison d'y penser et pourveoir
» bientost, nous vous prions de nous vouloir, s'il vous
» plaist, faire entendre vostre volonté par ce gentilhomme,
» présent porteur, que nous vous avons dépesché exprès,
» et qui soit telle, si vous plaist, que nous avons toujours
» espérée et desirée. »

Cette volonté fut telle, en effet; et, forts de l'assentiment qui leur était enfin accordé, les trois jeunes gens s'occupèrent de trouver, à Berne, un logement convenable. L'insuccès de leurs recherches à cet égard ressort de la communication suivante, par eux adressée, le 5 octobre, à l'avoyer et au conseil [1] :

« Nobles, magnifiques et puissans seigneurs, vous
» verrez, si vous plaist, par la responce que nous fait M. de
» Watteville, qu'il ne faut que nous espérions d'avoir son
» logis; et, quant à monsieur le gouverneur de Neufchastel,
» nous sommes aussy hors d'espérance, ainsi que vous en-
» tendrez du sieur de Rezay, présent porteur, que nous vous
» avons dépesché exprès, afin d'adviser s'il se pourra
» trouver autre commodité, et pour vous supplier de vouloir
» en cela interposer vostre faveur et vostre authorité, en
» sorte que nous puissions estre satisfaits du désir que nous
» avons de nous approcher de vous, etc. »

L'avoyer et le conseil, étendant sur les signataires de cette communication une protection paternelle, prirent énergiquement fait et cause pour eux; ils s'adressèrent directement à Nicolas de Watteville, le pressèrent de louer sa maison à leurs protégés, et, sur le refus qu'il leur opposa, procédèrent vis-à-vis de lui, par voie d'injonction formelle, en lui écrivant, le 10 octobre [2] :

1. Archives de Berne, *Frankreich*, vol. 3.
2. Archives de Berne, *Weltsche missiven Buch*, vol. F, f° 33.

« Noble, cher et bien-aymé bourgeois, nous avons receu
» vostre responce sur nos lectres à vous escriptes du 16 de
» septembre, en faveur des nobles et généreulx seigneurs,
» MM. de Laval, Chastillon et Andelot, à ce qu'il vous
» pleust les accommoder de vostre maison icy, et ne fusmes
» oncques plus esbahis d'entendre que nous refusiés tel ser-
» vice, pour si peu et nulles raisons alléguez pour excuse,
» car oncques ne nous fusmes défiez que telle requeste nous
» eust esté par vous dénégnée. Et d'aultant que la nécessité
» desdits seigneurs requiert qu'ils soyent pourveus de logis,
» pour n'en trouver aulcung vacquant à eulx propre, nous
» leur avons, nonobstant voz raysons, estably et permis de-
» meure et habitation en vostredicte maison, et ordonné
» que les meubles y consistantz seront inventorisez, et à
» eulx enjoinct ne permectre à leur famille de iceulx ruyner
» ny perdre, à peine d'en satisfaire et rendre bon compte.
» Toutefoys, s'il y avoit aulcungs desdits meubles qui vous
» fussent si chiers qu'il ne vous pleust les laisser en manie-
» ment de tel mesnage, vous donnerés charge à qui vous
» plaira de les oster et enfermer en quelque chambre dans
» ladite maison, ou sy mieux aymés vous transporter icy, en
» personne propre, pour y donner tel ordre que bon vous
» semblera ; et ne vous doict la demeurance desdicts sei-
» gneurs empescher de vendre vostredicte maison, quand
» les moyens s'en présenteront, lesquelz seront aussy tenuz
» et obligez vous satisfaire la cense raisonnable, à rate du
» temps qu'ils s'en seront servis. Ce que bien vous avons
» voulu signifier, pour que sur ce vous sachiez conduyre. »

Nicolas de Watteville obtempéra à l'injonction qui lui
était ainsi faite, en laissant sa maison à la disposition des
fils et du neveu de Coligny.

Il fallait plus encore à ceux-ci. En effet, comme ils
avaient fait savoir à l'avoyer et au conseil, non seulement

que Mme de Téligny et la sœur du comte de Laval viendraient se fixer avec eux à Berne, mais qu'en outre ils seraient accompagnés de Legresle et de plusieurs réfugiés appartenant à la noblesse française, dont le sort était étroitement uni au leur et qui tenaient à ne pas se séparer d'eux, il s'agissait d'assurer des habitations à tous ces amis de la famille de Coligny. L'avoyer et le conseil, qui se rendaient parfaitement compte des légitimes exigences d'une telle situation, voulurent y pourvoir, et y pourvurent, en réalité, aisément, grâce à l'empressement avec lequel se prêtèrent à leurs intentions bienveillantes divers personnages haut placés à Berne, propriétaires de maisons qu'ils tinrent prêtes à recevoir les hôtes attendus de Bâle.

Recueillons, sur ce point et sur l'arrivée à Berne de ces hôtes si dignes d'intérêt, le touchant témoignage d'un chroniqueur bernois [1], dont nous nous attacherons à reproduire, dans une traduction purement littérale, le naïf langage. » Les faits et les actes, dit-il, prouvent clairement à quel
» point et avec quelle ardeur la ville de Berne se montra
» favorable aux enfans de feu l'amiral de Chastillon, ainsi
» qu'aux amis et serviteurs qui les accompagnoient. Tous
» vinrent établir leur demeure dans notre ville, comme
» parmi leurs meilleurs amis. Quand ils avoient demandé
» qu'on les autorisât à résider à Berne, on avoit aussitôt
» senti qu'il étoit impossible de repousser la requête de per-
» sonnes aussi bien nées, craignant Dieu, et expulsées de
» France à cause de la vraie religion ; en sorte qu'il leur
» fut tout naturellement répondu, qu'à quelque jour et à
» quelque heure qu'ils arrivassent, ils seroient les bien-

---

[1]. Archives de Berne. Manuscrit de la *Chronique de Stettler*, à l'année 1573, f° 81. — Voir aussi 1° l'abrégé imprimé de cette chronique, 2ᵉ partie, à l'année 1573, 1 vol. in f°. Bern, 1627 ; 2° Anton von Tillier, *Geschichte des Eidgenössischen Freistaates Bern*, in-8°, 1838, t. III, p. 436.

» venus, car de bons et chers amis les attendoient. En con-
» séquence, les enfans et le neveu de l'amiral vinrent, avec
» leurs compagnons et avec toute leur suite, en même
» temps que la sœur de M. de Laval, le 4 novembre, à
» Berne. On les logea dans la maison du gentilhomme
» Pierre-Rodolphe d'Erlach. On mit aussi à leur disposition,
» pour loger leurs amis et les gens de leur suite, les maisons
» du gentilhomme Nicolas de Watteville, de M. de Château-
» Villain, de M. de Brandis, du gentilhomme Henri
» d'Erlach, de Jacob Gratzen, et diverses maisons sises en
» une rue au-dessus, et surtout en une rue au-dessous de la
» fontaine de la justice, ainsi que quelques autres maisons
» dont la situation étoit à leur convenance. »

Du silence absolu que Stettler, si bien informé des choses de son temps, garde, dans son minutieux récit, sur Mme d'Andelot, il est permis d'inférer que cette noble et digne belle-sœur de l'amiral crut devoir rester à Bâle avec ses jeunes enfants, en obéissant à des motifs qui certainement furent bien impérieux, puisqu'ils lui imposèrent la pénible obligation de demeurer désormais éloignée de son beau-fils, de sa belle-fille, de sa nièce et de ses neveux.

Ajoutons que les fils de l'amiral et de d'Andelot n'avaient pas quitté Bâle, sans remercier le bourgmestre et le conseil de cette ville de leur protection, dans « une adresse du 28 octobre[1] », bientôt suivie d'une lettre du 3 novembre, ainsi conçue[2] : « Magnifiques seigneurs, nous ne sçaurions
» assez vous remercier de tant de faveurs, plaisirs et cour-
» toisies qu'avons reçus de vos seigneuries, tant en vostre

---

1. *Dankschreiben der Grafen von Coligny und Laval an der Rath von Basel*, oct. 1573. (Archives de Bâle, L. 159, n° 8. f°s 108, 109.) — *Histoire de l'église française réformée de Bâle*, par Pierre Roques, pasteur de ladite église. (*Bulletin de la Soc. de l'hist. du prot. fr.*, t. XII, p. 265.)

2. Archives de Bâle, E. 14, n° 24. — La date de cette lettre, écrite de *Berne* le 3 novembre, prouve qu'une légère erreur a été commise par Stettler quand il a fixé au 4 novembre la date de l'arrivée de la famille de Coligny en cette ville.

» ville de Basle, comme en nostre voyage, auquel il leur a
» pleu nous faire accompagner par deux honnorables et
» sages seigneurs, Lucas Gebhart et Marcs Russinger[1], qui
» se sont, en toutes choses, monstrez si affectionnez à nostre
» conduite, qu'à jamais en demeurerons redevables à vos-
» dites seigneuries, en général, et encore à eux, en particu-
» lier. Au surplus, magnifiques seigneurs, nous vous sup-
» plions qu'il vous plaise continuer la bonne volonté envers
» nous, de laquelle avons jà senti et expérimenté tant de
» bons et agréables effects, desquelz vous aurez une obliga-
» tion perpétuelle sur nous, de laquelle nous mettrons peine
» de nous acquitter, à toutes les commodités que Dieu nous
» en donnera, pour employer nos vies et biens à l'advance-
» ment et grandeur de vostre Estat, pour lequel prions Dieu,
» magnifiques seigneurs, qu'il luy plaise conserver en toute
» prospérité le corps entier et vostre sage conseil, auquel
» présentons nos très-humbles et très-affectionnées recom-
» mandations. »

Au foyer domestique, reconstitué par les enfants de Coligny et par deux des enfants de d'Andelot, dans leur nouvelle résidence, le fidèle Legresle continua à exercer une influence salutaire sur l'esprit et le cœur de ses disciples, en les entretenant soigneusement dans des habitudes de piété, non moins que de travail ; et Merlin, arrivé de France à Genève, en juin 1573, puis parti de cette ville, en décembre suivant[2], reprit auprès de Mme de Téligny et de

---

[1]. Ces deux personnages étaient membres du conseil de Bâle.

[2]. « Le 8 juin 1573, mon père arriva à Genève... Sur le commencement de
» décembre suyvant il m'emmena à Berne, où il alla trouver MM. de Laval et de
» Chastillon. » (*Diaire* ou *Journal du ministre Merlin*, p. 14, 15.) — Un autre fidèle ministre de l'Évangile, Malot, naguère attaché à la maison de l'amiral, comme Merlin père, était arrivé quelques mois avant celui-ci à Berne, où, à la suite d'un rapport présenté par les pasteurs et ministres de cette ville sur son caractère, sa piété et son savoir (*Raths manual der Stadt Bern*, n° 383, f°s 172 et 206), l'autorité supérieure l'avait investi des fonctions de prédicateur à Morges. On lit, en effet, dans la *Chronique manuscrite de Stettler*, à l'année 1573 : « Jehan Malot, der des

ses frères l'exercice du ministère évangélique dont il s'était naguère si dignement acquitté sous le toit de l'amiral. Pour la jeune veuve et pour son entourage, que d'intimes souvenirs à évoquer, que de pensées, que de sentiments à échanger avec des hommes tels que Legresle et Merlin, sous le poids de douloureuses circonstances traversées en commun !

Vivant à Berne, comme à Bâle, dans la retraite, la famille de Coligny vit venir à elle et l'entourer de soins et de prévenances diverses personnes avec lesquelles elle avait eu déjà quelques rapports. A ces personnes s'en ajoutèrent peu à peu plusieurs autres ; et ainsi se forma, pour cette intéressante famille, un cercle de relations, au premier rang desquelles elle aima toujours à compter les d'Erlach, les de Mulinen [1], les Graffenried, les Bonstetten, dont les noms recommandables méritent d'être particulièrement rappelés ici.

L'année 1573 se termina, et les premiers mois de l'année 1574 s'écoulèrent, à Berne, pour les enfants de Coligny et ceux de d'Andelot sans que leur séjour dans cette ville fût troublé soit par Bellièvre, avant son absence de Suisse pour se trouver en Pologne auprès du nouveau roi, Henry, soit par Hautefort, qui n'avait pas quitté la Suisse [2].

» admirals Coligny prediger gewesen hat uf die pfarr oder predicatur Morses mit
» zehn kronen an seinen Antritt. » —Jean de Léry, après sa délivrance du siège famélique de Sancerre, vint à Berne et y fut parfaitement accueilli par les enfants de l'amiral. (Voir la *Dédicace* de son ouvrage sur le Brésil, édit. de 1580.)

1. Voir à l'*Appendice*, n° 19.
2. Il est à remarquer que Hautefort ne soumit aucune question qui concernât la famille de Coligny aux diverses assemblées de cantons dans lesquelles il fut appelé à parler, de mai 1573 à mai 1574. (Voir les comptes rendus officiels de ces assemblées dans le recueil intitulé : *Amtliche Sammlung der ältern Eidgenössischen Abschiede*, Band 4, abtheilung 2. — 1° *Gemein Eidgenossische Jahrrechnungs-Tagsazung*. Baden, 31 mai 1573 ; — 2° *Gemein Eidgenossische Tagsazung*. Baden, 14 februar 1574 ; — 3° *Conferenz der V Katholischen Orte*. Lucern, 9 marz 1574 ; — 4° *Conferenz der V Katholischen Orte*. Lucern, 20 avril 1574 ; — 5° *Gemein Eidgenossische Tagsazung*. Baden, 9 mai 1574 ; — 6° *Conferenz der mit Frankreich verbündeten IX Orte*. Solothurn, 25 mai 1574.)

Cependant, dans le calme relatif dont elle jouissait, la famille de Coligny ne cessait de se préoccuper du sort de ceux de ses membres dont elle était séparée par la force des circonstances.

Elle souffrait de voir demeurer sans le moindre résultat efficace toutes les démarches accomplies en vue de faire cesser la captivité de madame l'amirale.

Elle se désolait de son impuissance à délivrer le jeune Charles du servage qui pesait sur lui, dans un couvent de Marseille, où le roi et Catherine de Médicis le tenaient enfermé [1], après l'avoir arraché, au château de Châtillon-sur-Loing, des mains de sa seconde mère, et lui avoir fait subir, pendant quelque temps, le funeste contact de leur cour. Nulle communication, même par écrit, n'était permise au pauvre enfant avec un membre quelconque de sa famille ; et, dans son isolement, il demeurait, par ordre supérieur, exposé sans défense aux obsessions de gardiens fanatiques, dressés à fausser ses idées et à étouffer dans son âme tout respect pour les enseignements sacrés qu'il avait reçus de son père.

Les anxiétés des enfants de l'amiral et de ceux de d'Andelot étaient grandes aussi, au sujet du jeune prince, leur cousin, sur lequel, depuis le jour néfaste de la Saint-Barthélemy, s'appesantissait, à la cour de France, une odieuse compression, alliée aux visées secrètes d'une astuce raffinée.

Mais il n'en était pas de Condé, à son âge et avec son caractère, comme d'un débile enfant tel que Charles de Coligny. Le fils de Louis de Bourbon et d'Éléonore de Roye avait fait preuve d'énergie en réponse à ces trois mots :

---

1. « Per quanto, si dice, sara dato l'abito della certosa à uno figliuolo dell' ammi-
» raglio morto, e à tre altri putti che vennero qui in sua compagnia ; e saranno
» tenuti sotto buona guardia, se bene, per essere piccoli, per qualché tempo si
» doverra dubitare poco di loro. » (Petrucci à François de Médicis, 22 octobre 1572.
Négoc. diplomat. de France et Toscane. t. III. p. 852.)

« Messe, mort ou Bastille », que Charles IX, dans un accès de fureur, lui avait jetés à la face ; et si, plus tard, par une défaillance regrettable, il s'était prêté, pour la forme, à conférer avec le ministre apostat Sureau des Roziers ; s'il avait même plié sous la main de ses oppresseurs jusqu'au point de déserter extérieurement sa foi, ce n'avait été qu'en se réservant, au fond du cœur, le droit de désavouer, un jour, avec éclat, une abjuration que la contrainte seule lui avait imposée. Sans doute, quelque formel que pût être à cet égard un désaveu ultérieur, il n'en devait pas moins laisser subsister la tache du coupable pacte de conscience qui l'avait précédé ; mais il est juste de reconnaître, à l'honneur de Condé, que, sans prétendre d'ailleurs effacer cette tache indélébile, il aspirait avec ardeur à se relever de sa chute, et comptait, pour y réussir, sur la miséricorde et les directions providentielles de Dieu.

Dans les premiers mois de l'année 1574, la famille de Coligny passa de l'anxiété à l'espérance, lorsqu'elle vit venir enfin, pour ce jeune prince, le jour d'un relèvement digne de lui et du nom qu'il portait.

Les faits, sur ce point, parlaient d'eux-mêmes.

En un an, de 1572 à 1573, les protestants français, qu'on croyait d'abord perdus sans retour, avaient relevé la tête ; La Rochelle, Nîmes, Montauban, Sancerre et d'autres villes encore avaient tenu en échec les troupes royales[1] ; la cour s'était résignée à certaines concessions inscrites dans le

---

1. « Après le meurtre de tant de généraux, la dispersion de tout ce qui restoit
» de noblesse parmi les protestans, l'effroi des peuples dans toutes les villes, il n'y
» avoit personne qui ne regardât ce parti comme absolument ruiné. Cependant,
» contre l'attente de tout le monde et contre l'opinion de ceux même qui avoient
» pris les armes plutôt malgré eux que de dessein prémédité, cette guerre, dont
» les commencemens parurent si foibles, rétablit, en moins d'un an, les affaires
» des protestans sans le secours d'aucun prince étranger et malgré la disette d'ar-
» gent où les avoit réduits le pillage de tous leurs biens. » (De Thou, *Hist. univ.*,
t. IV, p. 668.)

traité dit *de La Rochelle*[1]; concessions envisagées bientôt comme insuffisantes par les assemblées de Milhau[2], de Montauban[3] et de Nîmes[4], qui, en les répudiant, avaient élevé, dans une série d'articles que leurs députés présentèrent au roi[5], des revendications dont l'étendue et la hardiesse effrayèrent Catherine de Médicis elle-même[6].

Cette étendue et cette hardiesse étaient parfaitement justifiées par la gravité des circonstances.

L'une des revendications dont il s'agit intéressait directement les enfants de l'amiral, comme ayant profondément à cœur la réhabilitation de la mémoire de leur père.

Il avait fallu composer avec des adversaires comptant désormais non seulement sur leurs propres forces, mais en outre sur l'appui que leur prêtait le parti *des politiques*, ayant à sa tête les Montmorency et Cossé. La question d'une pacification avait été vainement agitée : la mauvaise foi et l'insatiable ambition de la reine mère avaient mis obstacle

---

1. Édit de juillet 1573, art. 4. « Et pour donner occasion à nos sujets, manans » et habitans de nosdites villes de La Rochelle, Montauban et Nismes, de vivre et » demeurer en repos, leur avons permis et permettons l'exercice libre de la reli- » gion prétendue réformée dans lesdites villes, pour iceluy faire faire en leurs » maisons et lieux à eux appartenant, hors toutefois des lieux et places publiques, » pour eux, leurs familles et autres qui s'y voudront trouver. » — Art. 5. « Et » quant à tous les autres de ladite religion prétendue réformée qui sont demeurés » en icelle religion jusques à présent, leur permettons se retirer en leurs maisons, » où ils pourront estre et demeurer, et par tous les autres endroits de nostre » royaume aller, venir et vivre en toute liberté de leur conscience. » (La Popelinière, *Hist.*, t. II, liv. V, f° 183. — *Mém. de l'estal de France soubs Charles IX*, t. II, p. 459 et suiv.)

2. La Popelinière, *Hist.*, t. II. liv. XXXV, f° 185. — *Mém. de l'estal de France soubs Charles IX*, t. II, p. 532.

3. 25 août 1573. La Popelinière, *Hist.*, t. II, liv. XXXVI, f°s 186 et suiv. — *Mém. de l'estal de France soubs Charles IX*, t. II, p. 534 et suiv.

4. *Mém. de l'estal de France soubs Charles IX*, t. II, p. 553, 554.

5. Voir à l'*Appendice*, n° 20.

6. « Cela fut reçu des uns avec admiration, des autres avec colère, de la roine » mère principalement, qui voyant le mauvois succès de ses conseils, déclamoit » d'estrange force, disant : Si le prince de Condé (Louis de Bourbon) estoit en vie, » qu'il eust pris Paris ou la moitié des villes du royaume, avec 20,000 chevaux et » 50.000 hommes de pied en la campagne, il ne voudroit pas avoir demandé la » moitié de ces articles insolens. » (D'Aubigné, *Hist. univ.*, t. II, liv. II, ch. 11.)

à sa solution et provoqué, de la part des mécontents, un mouvement dont ils espéraient que le duc d'Alençon, le roi de Navarre et Condé prendraient la direction. Les deux premiers de ces princes ayant échoué, en mars 1574, dans une tentative d'évasion, étaient retenus à la cour, en une sorte de captivité, tandis que les maréchaux de Montmorency et de Cossé demeuraient incarcérés à la Bastille [1]. La formation, en Normandie, en Poitou, en Dauphiné et en Languedoc, de divers corps d'armée destinés à agir contre les protestants et leurs alliés venait d'être ordonnée, et un nouveau conflit allait s'engager.

Ce fut alors que Condé, ayant, en avril, par une fuite que tout légitimait, recouvré sa liberté d'action, rompit avec la cour, et se posa résolument, vis-à-vis d'elle, en défenseur des opprimés.

De la Picardie, où il était en tournée comme gouverneur titulaire de cette province [2], il réussit à gagner Strasbourg, avec l'un des Montmorency, Thoré [3].

A son arrivée dans cette ville, il fit publiquement, « en » l'église des Français [4] », profession de son retour à la

[1]. Voir, sur leur incarcération, quatre lettres de Charles IX, dont trois du 4 mai 1574 à Matignon, à Mandelot, à Sarlaboz, et une du 7 mai 1574 au parlement de Paris. (Bibl. nat., mss. f. fr., vol. 3,256, f° 89; vol. 2,704, f° 96; vol. 3,201, f° 73; et *ibid.*, collect. Dupuy, vol. 590, f° 27.)

[2]. Voir une lettre, qu'en cette qualité Condé adressa, le 15 septembre 1573, à de Humières, gouverneur de Péronne. (Bibl. nat., mss. f. fr., vol. 3,209, f° 96.)

[3]. La Popelinière, *Hist.*, t. II, liv. XXXVIII, p. 227. — Charles IX écrivait, le 15 avril 1574 à Mandelot (Bibl. nat., mss. f. fr., vol. 2,704, f° 93) : « Je ne veux » oublier à vous dire que mon cousin le prince de Condé, ayant eu quelque » frayeur pour luy avoir esté donné à entendre que je tenois prisonniers mes » frères (le duc d'Alençon et le roi de Navarre), est sorti d'Amiens et s'est retiré du » costé des Ardennes, ainsi que je l'ai entendu. Mais j'ajoute que, comme son par- » tement a esté fondé sur un faulx donné à entendre, quand il sçaura la vérité » des choses, comme j'ay donné ordre à le luy faire sçavoir, il s'en retournera » audit Amyens pour continuer à pourvoir aux affaires de son gouvernement. »

[4]. « Condœus præsens nuper publicè professus est *in ecclesia gallica*, quæ est » argentorati, se gravissimè Deum in eo offendisse, quod, post illam parisiensem » stragem, metu mortis, ad sacra pontificia accesserit, et petiit à Deo et ab Ecclesiâ » ut id sibi ignosceretur. » (*Huberti Langueti epist.*, lib. 1, p. 49. 24 junii 1574.) —

religion réformée, jura d'en soutenir, à l'exemple de son père, les sectateurs contre leurs adversaires, et il informa aussitôt les églises du Languedoc et d'autres provinces de de l'engagement solennel qu'il venait de contracter.

Une lettre de lui à ces églises, en date, à Strasbourg, du 4 mai 1574, portait[1] : « ... D'autant que Dieu m'a fait ceste
» grâce de me conduire en ce lieu, pour servir à sa gloire, y
» recevant ordinairement tant d'offices d'amitié, qu'il sem-
» ble que Dieu ait réservé ceste occasion pour nous rendre
» certains et asseurez, qu'à ce coup, il veut délivrer son
» Église de tant de povretez et afflictions, je vous ay bien
» voulu escrire la présente pour vous prier de croire que
» ma résolution est d'embrasser tellement la protection
» des églises de France, en ensuivant les récentes vestiges
» de mon seigneur et père, que j'emploieray tout ce qui sera
» en ma puissance, voire ma vie propre, pour ne me dis-
» joindre d'avec vous, que nous n'aions une heureuse et
» asseurée paix. Pour à quoy parvenir, je tiendray la main
» que la levée qu'on vous avoit promise, voire plus grande,
» sera poursuivie par des plus grands d'Allemagne affec-
» tionnez à la gloire de Dieu, à nostre protection et délivrance
» des oppressez ; avec des moïens qu'ils ont de plus patiem-
» ment attendre leurs paiemens qui devront suivre le pre-
» mier, moiennant que vous donniez ordre de promptement
» faire tenir les deniers que vous aviez promis, et que tous
» vous esvertuiez à en faire lever le plus qu'il sera possible ;
» vous asseurant qu'il y sera usé de tels ménagemens, que
» vous aurez occasion de vous contenter. Et tant plus vous
» userez de diligence, et plustost vous congnoistrez que l'on
» s'efforcera de nous présenter la paix, laquelle, avec une

La Popelinière, *Hist.*, t. II, liv. XXXVIII, p. 227. — Mœder, *Notice historique sur la paroisse réformée de Strasbourg.* p 14.

1. La Popelinière, *Hist.*, loc. cit.

» belle et forte armée, asseurerons si bien, que nous serons,
» avec l'aide de Dieu, remis aux mêmes libertés que nous
» avons désiré d'estre en nostre patrie. »

Charles IX s'alarmait, à la pensée que Condé pourrait se concerter, en Suisse, avec les fils et le neveu de l'amiral, et de là pénétrer en Dauphiné et en Languedoc, pour y fomenter des hostilités; aussi, écrivit-il, le 15 mai, à Mandelot, gouverneur du Lyonnais[1] : « Parce que présentement
» j'ay eu advis que mon cousin le prince de Condé est parti
» de Strasbourg pour s'acheminer en Suisse, où il doit
» trouver le comte de Laval et les enfans du feu admiral,
» ayant pratiqué quelques troupes de soldats françoys
» ramassés qui sont maintenant vers Saverne, il est à
» craindre qu'il n'ayt faict quelque dessein pour passer
» avec lesdites troupes en quelque endroit de là, afin d'aller
» joindre celles de Dauphiné et Languedoc qui sont de son
» party, en quoy je vous prie avoir l'œil. »

Le roi était mal informé : car Condé, en ce moment, n'avait pas quitté Strasbourg pour se rendre en Suisse.

A quelques jours de là, une femme dévorée d'ambition, non une mère, Catherine de Médicis, en un mot, ne voyant qu'un instrument machinalement docile dans un roi moribond, et n'ayant, en présence des souffrances qui l'étreignaient, d'autre souci que celui de s'assurer une régence ardemment convoitée, contraignit Charles IX à signer, le 29 mai, sur son lit d'agonie, une lettre aux gouverneurs des provinces dans laquelle[2] elle lui faisait dire, d'accord avec des lettres patentes signées en même temps : « Vous avez
» cy-devant entendu mon indisposition, laquelle depuis un
» jour en çà est fort accrue. Je suis aujourd'huy en tel

---

1. Bibl. nat., mss. f. fr., vol. 2,704, f° 97. — Mandelot répondit au roi, le 23 mai, qu'il pouvait compter sur sa vigilance. (Bibl. nat., mss. f. fr., vol. 2,704, f° 358.)
2. Bibl. nat., mss. f. fr., vol. 3,256, f° 92.

» estat, que j'attends ce qu'il plaira à Dieu faire de moy,
» en la main duquel sont toutes choses humaines, estant
» tout prest de me conformer à sa sainte volonté; cepen-
» dant j'ay prié la royne, madame ma mère, que, suppléant
» au deffault de ma maladie, elle veuille avoir plus grand
» soin que jamais de mes affaires et de ceux de mon royaume,
» ainsy que très-dignement elle s'en est acquittée jusques
» icy, désirant qu'elle soyt obéye en tout ce qu'elle comman-
» dera, tant durant ma maladie, que là où il plaira à Dieu
» faire son saint commandement de moy, jusques à ce que
» le roy de Pologne, mon frère, qui est mon légitime suc-
» cesseur, soit arrivé de par deçà, etc. »

Le lendemain, 30 mai, Charles IX rendait le dernier soupir, et, quelques heures après, Catherine annonçait aux gouverneurs des provinces qu'elle venait de prendre possession de la régence. Son langage était celui de l'hypocrisie jouant la douleur [1].

A peine eut-elle tourné ses regards vers la Suisse, que, sans être mieux informée que ne l'avait été récemment Charles IX, elle conçut de vives inquiétudes, à la seule nouvelle que des partisans de Condé s'assemblaient dans les environs de Genève, de Morges, de Lausanne et de Neuchâtel [2].

Hautefort s'efforçait, du reste, de prouver à la cour de France qu'il s'attachait à sonder les intentions de Henri de Bourbon et à épier ses actes, en écrivant, le 3 juin [3] : « L'occasion pour laquelle j'ay envoyé Vallier devers le
» prince de Condé avec une lettre a esté principalement
» pour savoir qui est avec luy, et, s'il est possible, pour

---

1. Lettre du 31 mai 1574. (Bibl. nat., mss. f. fr., vol. 3,256, f° 94.)
2. Lettre de Catherine de Médicis à Mandelot du 24 juin 1574. (Bibl. nat., mss. f. fr., vol. 2,704, f° 103.)
3. Mémoire de Hautefort du 3 juin 1574. (Bibl. nat., mss. f. fr., vol. 16,011, f° 185 et suiv.)

» apprendre quelque chose de leurs desseings, aussy pour
» veoir s'il nous donneroit quelque argument d'entrer plus
» outre en propos, comme le sieur de Vésines y est allé,
» après m'en avoir donné advis. »

Tenter de nouveau de circonvenir le jeune comte de Laval était également l'un des principaux soins de Hautefort, car il ajoutait, dans sa communication confidentielle :

« En attendant que j'aye plus de loysir d'aller jusques à
» Berne, j'ai faict venir Lavallière, qui est auprès de M. le
» conte de Laval, pour sçavoir ce que c'estoit de ce qu'on
» avoit adverty le roy que le seigneur de Thoré estoit allé à
» Berne pour subourner ledit sieur conte, mesme pour le
» faire rendre caution de ce que M. le prince de Condé doibt
» promettre à certains reistres. — Ledit Lavallière m'a as-
» suré qu'il n'est du tout rien que ledit sieur de Thoré ayt
» esté à Berne, ne mesme qu'il ayt mandé audit conte ne
» homme, ne lettre qui soit. Qu'il est bien vray que ledit
» sieur de Laval a reçu une lettre dudit sieur prince, comme
» ont faict presque tous les gentilshommes françois retirez
» en ces quartiers, par lesquelles (lettres) ils sont incitez à
» l'aller trouver ; dont ledit sieur conte s'est excusé, m'as-
» seurant ledit Lavallière que l'intention dudit conte n'est
» point d'y aller, ains se contenir audit Berne, suyvant la
» permission de Sa Majesté ; qu'il ne luy a jamais esté parlé
» de se rendre pleige, ne d'obliger ses biens pour aucune
» levée de reistres, et moins est pour y entendre. — Je ne
» luy ay voulu pour encore parler du dernier point qui est
» contenu en la lettre que le roy m'a escrite par le capitaine
» Redig, à sçavoir de se retirer en France dans troys mois,
» pour le doubte que j'ay eu que cela l'effaroucheroit ; d'au-
» tant qu'il est à croire que, s'il en a faict deffault et refus,
» alors que toutes choses estoient en France plus douces et
» en meilleure espérance, que M. de Montmorency estoit

» délivré et M. le mareschal Damville en grâce, il en fera
» encore davantage maintenant, de sorte que, se trouvant
» avoir une fois désobéy sur le commandement qui luy aura
» esté faict de retourner, cela mesme le pourroit faire pas-
» ser oultre à se mectre aux champs. Que si néantmoins,
» après que Sa Majesté aura entendu le doubte que je y
» fais, elle persiste que je passe oultre, il y aura assez
» temps de le me commander, et à moy de le faire entendre
» audit sieur conte de Laval. — En somme, j'ay estimé qu'il
» y avoit du danger à se haster, et à attendre, il n'y en avoit
» point du tout ; ains les choses demeurant plus tost en leur
» entier. — Cependant, je n'ay point failly d'advertir ledit
» Lavallière, comme je feray encore ce jeune seigneur, du
» préjudice qu'il se feroit et du danger où il se mettroit en
» y contrevenant. »

Ce danger, Laval le brava : au langage comminatoire que lui tint Hautefort, il répondit par la déclaration formelle qu'il persistait dans son refus de quitter la Suisse pour retourner en France.

Il y eut plus : les représentants du canton de Berne approuvèrent si bien cette déclaration du jeune comte que, pour en assurer les effets et sauvegarder l'exercice de ses droits sur les biens importants qu'il avait en France, ils intervinrent en sa faveur auprès du roi et de la reine mère. Ils écrivirent à celle-ci [1] :

« Madame, s'estant M. le conte de Laval depuis ung an
» retiré en ceste nostre ville par les moyens et par les occa-
» sions que nous faisons entendre au roy très-chrestien, il a
» par sa vertu et louables mœurs, aussi pour la vraie affec-
» tion que nous avons remarqué qu'il avoit au service de
» Voz Majestez, tellement attiré à luy l'amitié et bienveil-

---

1. Lettre du 16 octobre 1574. (Bibl. nat., mss. f. fr., vol. 16,011, f° 237.)

» lance non-seulement des principaux de nostre république,
» mais de tous ceux qui ont entendu son bon renom, qu'il
» nous a semblé ne le devoir priver du tesmoignage de sa
» bonne volonté et modestes comportemens tel que le ren-
» dons au roy et à vous, madame, que nous supplions, tout
» ainsi que faisons Sa Majesté, qu'il vous plaise avoir agréa-
» ble sa demeure encore pour quelque temps en ceste nos-
» tre ville, ou aux terres de notre obéissance, pour y para-
» chever ce qu'il a si heureusement commencé pour se
» rendre à l'advenir digne du service de Voz Majestez, le
» faire, s'il vous plaist, conserver en la jouissance de ses
» biens et revenus [1], à ce qu'ils soient employez selon sa
» raisonnable intention, et, à ceste fin, qu'il vous plaise faire
» adresser la commission en vertu de laquelle a esté arrestée
» la somme de trente-cinq mille livres sur son revenu, pour
» le dommage qu'il en porteroit de plus grande conséquence
» que la mesme somme, ainsi qu'il nous a fait entendre et
» que nous le remonstrons à Sa Majesté, avec l'asseurance
» de l'affection et fidélité de M. le conte de Laval envers
» Voz Majestez; vous suppliant très-humblement, madame,
» que, pour ceste occasion, et pour l'amitié que luy portons
» soubz ce mesme subject, il vous plaise de faire que ne
» serons esconduits de ceste nostre humble requeste, et
» nous en demeurerons très-obligez à Voz Majestez, comme
» si c'estoit un bien faict à nous et à toute nostre répu-
» blique. »

Du reste, dans les relations personnelles qu'il avait trouvé moyen d'établir, en Suisse, avec quelques-uns des plus notables réfugiés français, Hautefort ne réussissait pas mieux vis-à-vis d'eux que vis-à-vis du comte de Laval, par ses

---

[1] Les biens, sis en France, des plus jeunes enfants de d'Andelot n'étaient pas moins compromis, encore en 1575, que ne l'étaient ceux de leur frère aîné, le comte de Laval. (Voir à l'*Appendice*, n° 21.)

arguties et ses promesses, à les convaincre de l'opportunité d'un retour en France [1], car tous savaient quels dangers les y attendaient.

Cependant Condé correspondait, en juin, avec de Lanoue et les Rochellais, pour obtenir leur concours [2], et il adressait de Strasbourg à l'avoyer et au conseil de Berne, le 7 juin 1574, ces lignes [3] expressives :

» Magnifiques seigneurs, l'asseurance que j'ay que vous
» avez entière cognoissance des affaires du pauvre royaume
» de France, et nommément des pratiques et menées de ceux
» qui, l'ayant mis en l'estat qu'il est, ne craignent rien plus
» que d'estre descouverts, et, pour ceste cause, taschent,
» de tout leur pouvoir, à empescher le restablissement
» d'iceluy, m'a fait vous adresser la présente pour vous
» prier, au nom de Dieu, que, suivant l'affection que, de
» tout temps, messieurs des Ligues ont portée à la couronne
» de France, vous employez tous les moyens possibles et que
» Dieu vous a donnés et mis en mains, pour nous secourir et
» aider à remédier à ces maux, tandis que l'occasion se pré-
» sente, et surtout pour ce que nous entendons que quelque
» levée se fait ou est desjà faicte pour courir sus à ceux
» qu'ils appelloient rebelles et qu'ils nomment maintenant
» conjurateurs, laquelle levée finalement se trouvera tendre
» tant s'en faut à la conservation, mais à parachever la
» destruction du royaulme, vous suppliant de bien considérer
» le tout et le remonstrer à qui il appartient. De ma part,
» non-seulement comme vray François, mais comme premier

---

1. Voir, à ce propos, une lettre remarquable adressée du château de Wufland, en Suisse, par Beauvoir-Lanocle à Hautefort le 29 avril 1574. (Bibl. de l'Institut de France, collect. Godefroy, vol. 256.) — La collection Godefroy, même volume, contient une lettre de Charles IX à Hautefort, du 23 mai 1574, fort honorable pour Beauvoir-Lanocle.
2. La Popelinière, *Hist.*, t. II, liv. XXXVIII, fo 239.
3. Archives de Berne, *Frankreich*, vol. D, fo 477.

» prince du sang aujourdhuy, n'y aïant point de roy présent
» en France, et estant ceulx qui me précèdent retenuz cap-
» tifs, je me suys résolu, avec tous vrais serviteurs de la
» couronne et amateurs du repos publicq, de mourir plus-
» tost cent fois, que de faillir à mon devoir ; et combien que
» j'aye aussi peu faulte de justes occasions de querelles
» particulières que prince de ma qualité qui soit au monde,
» sy vous puis-je asseurer et vous prier de croire ainsy,
» comme je le proteste devant Dieu, qu'il n'y a en ce faict
» aucune affection particulière qui me domine, mais que
» sincèrement et droitement je ne cherche que tous moyens
» justes et convenables d'appuyer ce pauvre et désolé
» royaume, aymant trop mieulx mourir, s'il plaist ainsi à
» Dieu, que d'estre plus oultre spectateur de sa destruction.
» Et, pour ce que ce porteur vous fera entendre jusques au
» fond mon intention, comme vous le pouvez assez co-
» gnoistre, et toutes gents de bien et de jugement, m'en
» estant remis à iceluy, je vous prieray, magnifiques sei-
» gneurs, de nous ayder de conseil, faveur, autorité, et de
» tous vos bons moyens, selon mesme que vous pourra
» plus amplement faire entendre cedit porteur, l'ayant
» chargé de ce faire, vous opposant cependant à tout ce
» que verrez estre contre le bien et repos de ce premier
» membre de la chrestienté, monstrant par effect, en ceste
» nécessité, l'affection que portez au sang de France et à
» tout ce royaulme, vous recommandant surtout, pour le
» présent, la délivrance de monseigneur le duc d'Alençon,
» frère du roy, du roi de Navarre, son beau-frère et pre-
» mier prince du sang après mondit seigneur, et des sei-
» gneurs mareschaux de Montmorency et Cossé, principaux
» officiers de la couronne, si ainsy est que la cruauté des
» mauvais conseillers du roy ne leur ayt encore osté la vie,
» pour avancer quant et quant la ruyne du royaulme, la-

» quelle je prie Nostre-Seigneur vouloir empescher, et vous
» tenir, après vous avoir présenté mes biens affectionnées
» recommandations et de bien bon cœur à vos bonnes
» grâces, magnifiques seigneurs, soubz sa saincte et digne
» garde, en heureuse prospérité et accroissement de vostre
» Estat. »

Condé se rendit alors auprès de l'électeur palatin, afin de réclamer son appui, et il écrivit d'Heidelberg, le 1ᵉʳ juillet, aux confédérés du Languedoc de lui envoyer les sommes promises, pour qu'il effectuât des levées de troupes [1].

Le 12 du même mois, il rédigea, à Happenheim, un manifeste [2] dans lequel il s'élevait contre les massacres commis en France, contre la séquestration du roi de Navarre et du duc d'Alençon, contre l'incarcération de notables personnages, et réclamait, avec une protection égale pour tous les cultes, diverses réformes administratives.

Le 22 juillet, il écrivit à Henri III [3] : « Sire, encore que
» les appresrs qui se font dedans et dehors le royaume, et
» les effets qui depuis quelque temps s'en sont ensuivis
» puissent donner occasion tant à moy qu'à tous ceux,
» lesquels, sans juste cause, Dieu merci, comme le temps
» vous fera paroistre, on appelle séditieux et rebelles, de
» préparer ce qui est requis à leur juste et nécessaire défense,
» ce néantmoins, m'arrestant plustost à ce qu'il a pleu à
» Vostre Majesté me mander par le seigneur de Neufwy,
» du désir qu'elle a de pacifier tous ces troubles par une
» bonne, équitable et asseurée paix, outre ce que Vostre
» Majesté aura pu apprendre, tant par la réponse que je
» luy en ay faite, que par mes déportemens, témoignant
» assez combien vostre commandement et l'amour que je

---

1. La Popelinière, *Hist.*, t. II, liv. XXXVIII, fº 230.
2. La Popelinière, *Hist.*, t. II, liv. XXXVIII, fᵒˢ 231, 232.
3. La Popelinière, *Hist.*, t. II, liv. XXXVIII, fº 234.

» porte à la patrie a plus de pouvoir sur moy que tout ce
» qui me sçauroit esmouvoir à prendre autre chemin, j'ay,
» tost après ma réponse, expédié un gentilhomme exprès
» vers Vostre Majesté, avec un brief escrit contenant véri-
» table et ample déclaration de toutes les doléances des-
» quelles ont procédé et découlent encore ces tempestes;
» espérant que par là, plustost que par les sinistres rap-
» ports d'ailleurs, Vostre Majesté se représentera ce qui
» est déduit, et considérera la puissance que ce grand
» Dieu luy a donnée d'y remédier comme en un instant,
» en fermant le chemin à la voie des armes et faisant
» ouverture à justice et équité, etc., etc. »

Condé fut encouragé dans ses généreux efforts par une assemblée générale des églises réformées de France, tenue à Milhau, en juillet 1574[1], laquelle, sur le vu de son manifeste, le nomma gouverneur général et protecteur desdites églises, sous certaines conditions qui lui furent communiquées à Strasbourg[2], et qu'il accepta.

Une nouvelle assemblée tenue à Milhau, en août, affermit la situation du prince, en même temps que celle des églises, ménagea les voies d'une alliance avec Damville et *les catholiques paisibles*, et prouva que les réformés étaient décidés à ne mettre bas les armes qu'après qu'il aurait été fait droit à leurs justes réclamations[3].

Intimidée par leur attitude résolue, la royauté parut se prêter à l'ouverture de négociations qui amenassent la paix.

Ce fut alors que Condé écrivit, de Strasbourg, au conseil de Genève, dans les premiers jours d'août[4] : « Magnifiques
» seigneurs, ayant reçu advertissement de plusieurs en-

---

1. Voir l'*Appendice*, n° 22.
2. De Thou, *Hist. univ.*, t. V, p. 68.
3. La Popelinière, *Hist.*, t. II, liv. XXXVIII, f°s 240, 241.
4. Archives de Genève, portef. histor., n° 1.932.

» droits comme il a pleu à Dieu toucher le cœur du roy
» mon seigneur, pour l'induire à pacifier les troubles qui
» sont en son royaume, et donner repos aux églises réfor-
» mées qui, comme vous sçavez, ont souffert si longues
» et dures afflictions, mesme ayant Sa Majesté escrit, pour
» cest effet à monsieur le comte palatin[1], électeur de l'empire,
» et autres princes de la Germanie, j'ai bien voulu vous faire
» part d'une si bonne et joyeuse nouvelle, comme à ceux
» que je sçay estre singulièrement affectionnez au bien de
» nostre France, et particulièrement au repos et tranquillité
» de nos pauvres églises ; et d'autant que, pour la négo-
» ciation d'une affaire de cette importance et qui touche
» l'assurance et stabilité de vostre Estat, j'ai besoing de
» conseil, j'ai bien voulu vous prier, magnifiques sei-
» gneurs, me prester pour peu de jours, M. de Besze,
» pasteur et ministre de vostre église, à ce que, par son
» bon advis et prudent conseil, joint avec celui des autres
» ministres qui se trouveront par deçà, et autres dignes
» personnages que j'ay mandés exprès pour l'accompagner,
» je puisse traiter d'une si saincte et louable entreprise. »

A peu près au même moment, Bellièvre, revenu de Pologne en France avec Henri III, et réapparaissant en Suisse, requérait des cantons catholiques la convocation de leurs délégués pour une conférence ; se présentait, le 20 août, à ceux-ci, réunis à Lucerne, sans son frère Hautefort, que ses occupations, disait-il, ne laissaient pas libre d'assister à leur assemblée ; leur communiquait une lettre que son souverain avait adressée, de Mantoue, à leurs commettants, et

---

1. On lit dans une lettre de Henri III à l'électeur palatin, datée de Cracovie, 15 juin 1574 : « Je me veulx bien promettre que, en attendant mon retour en mon » royaume de France, vous serez content, pour l'amour de moy, de rechercher les » moyens de pacifier les troubles que la malice des hommes y a voulu susciter, » comme je vous en prie de bon cœur, avec asseurance de recognoistre le plaisir » que, en cela, vous m'aurez fait bien à propos. » (Kluckhohn, *Briefe Friedrich des Frommen*, Kurfürster von der Pfalz, 1868, in-8°, t. II. p. 727.)

assurait les cantons catholiques des dispositions amicales de Henri III à leur égard, ainsi que de la satisfaction qu'il eût éprouvée à les visiter, si les troubles du Dauphiné n'eussent mis obstacle à son entrée en Suisse [1].

Cette démarche officielle de Bellièvre, par la partialité qu'elle affichait pour les cantons catholiques, ne pouvait qu'indisposer les cantons protestants, les réfugiés français et la généralité des églises réformées. Elle constituait, en effet, un prélude de fâcheux augure quant aux négociations annoncées, dans lesquelles s'agiteraient nécessairement, en fait d'exercice des deux cultes alors en présence, les grandes questions de liberté, d'égalité, et de protection communes.

De Bèze vint trouver Condé à Strasbourg [2], se rendit avec lui à Bâle, et retourna à Genève, porteur d'une lettre dans laquelle, le 11 septembre, le prince exprimait au conseil de cette ville [3] sa gratitude envers lui et envers de Bèze, dont « la présence et la peine prise par deçà avaient beaucoup » servi. » Une autre lettre du prince, adressée, le 22 septembre, au même conseil, portait [4] : « Messieurs, puisqu'il » vous a desjà plû me faire ceste faveur que de m'aider du » conseil de M. de Besze pour le bien et service des églises » de Dieu, et ne doubtant point que vous ne soiés bien » contens de me le prester encore pour quelques jours, je » vous en ay bien voulu faire la requeste et par la présente

---

[1]. *Conferenz der V Katholische Orte*. Lucern. 20 august 1574. (*Amtliche Sammlung der altern Eidgenossischen Abscheide*, Band 4, abtheilung 2, n° 446, p. 548.) — Henri III avait également écrit de Mantoue, aux autorités bâloises en particulier, le 3 août 1574, une lettre qu'il avait chargé Bellièvre de leur remettre. (Archives de Bâle, L. 117, n° 66.) Par une dépêche expédiée de Soleure le 23 août 1574, Bellièvre s'excusa de ne pouvoir se rendre auprès de ces mêmes autorités, et se borna à leur envoyer la lettre du roi. (Archives de Bâle, L. 117, n° 67.)

[2]. Lettre de Condé au conseil de Genève du 28 août 1574. (Archives de Genève, portef. histor., n° 1,952.)

[3]. Archives de Genève, portef. histor., n° 1,952.

[4]. Archives de Genève, portef. histor., n° 1,952.

» vous prier bien affectueusement luy vouloir permettre qu'il
» me vienne trouver à Lauzanne où j'espère arriver sabmedi
» au soir, moyennant la grâce de Dieu, m'asseurant doncq
» que vous ne m'en refuserés, attendu le besoin que j'en ai
» et l'utilité qu'apportera ce petit voïage. »

Le 6 octobre 1574, Condé était à Berne où il recevait un excellent accueil[1].

Tandis que le prince, durant son séjour, soit en Alsace, soit en Suisse, attachait ainsi un prix réel à la présence de Bèze et à ses conseils sur la marche à suivre, dans l'intérêt des églises réformées, en vue des négociations que la cour de France annonçait vouloir entamer, Henri III, depuis son retour de Pologne, s'adressait de nouveau à l'électeur palatin, moins pour lui demander encore avis, que pour tenter de faire prévaloir, à ses yeux, le parti pris de refuser aux réformés, dans les négociations qui s'ouvriraient avec eux, l'exercice de leur culte, et de les réduire à l'octroi dérisoire d'une simple liberté de conscience. « Je persévère, écri-
» vait-il à Frédéric III, le 26 octobre[2], dans le désir d'ap-
» paiser les troubles de mon royaume, si mes sujets qui,
» dedans et hors iceluy, me font la guerre veulent se reco-
» gnoistre et me rendre l'obéissance que doibvent bons et
» loyaux subjects à leur roy naturel et légitime sire, ayant
» offert tout ce que je puis pour la conservation et seureté
» de leurs vies, honneurs et biens. Quant au fait de la reli-
» gion, ils ne seront recerchez ni contraints en leurs con-
» sciences. Par là, mon cousin, vous pouvez cognoistre que,
» si mesdicts subjects ne sont meus à ce qu'ils font que
» du dangier, comme ils disent, de leurs vies et biens, et

---

1 *Cronik von Haller und Musselin*, in-f°, p. 132. Berne. — A propos de l'accueil fait par les Bernois à Condé et aux enfants de l'amiral, de Lanoue, tant en son nom qu'en celui des églises réformées de l'ouest de la France, écrivit une lettre qui mérite d'être reproduite. (Voir à l'*Appendice*, n° 23.)

2. Kluckhohn, *Briefe Friedrich des Frommen*, t. II, p. 727.

» pour n'estre forcez en leurs consciences, ils n'auront plus
» d'occasion d'avoir crainte de l'ung ny de l'autre. »

Telle n'était pas l'opinion de l'électeur palatin : il voulait, à juste titre, pour les réformés français, l'établissement d'un régime qui assurât à leurs personnes et à leurs biens une loyale protection, et à l'exercice public de leur culte une véritable liberté. Aussi, se prononça-t-il avec fermeté sur ce point capital, dans sa réponse au roi de France.

» Je vous dirai rondement, lui écrivit-il, le 27 novembre[1],
» qu'il vous peult souvenir de ce que nous avons traicté
» par ensemble, quand il vous pleust me faire l'honneur de
» me visiter, assavoir que non-seulement, sur mes cordiales
» remontrances, mais aussy esmeu par l'exemple que vous
» vistes icy en Alemaigne, en ce que, nonobstant la diver-
» sité de l'exercice de la religion, la paix publique et mu-
» tuelle bénévolence néantmoins sont guardées, voire que
» la permission asseurée de ladite diversité est le lien de
» ladicte paix, ainsi que vous aviez aussy accordé et promis
» de faire en Poloigne; vous, sur tout cecy, me promettiez
» de vous employer et intercéder envers le feu roi, mon très-
» honoré cousin, pour avancer aussi une bonne paix en
» France. En après, il vous a pleu m'escrire, de Cracovie,
» le 15 de juing, devant vostre retraicte de Poloigne, et me
» prier de voloir rechercher les moïens d'appaiser les
» troubles de vostre roïaulme de France.

» Lesquels et semblables vos propos et lettres tenuz et
» escrites à moy et aultres m'ont induitz et asseurez à croire
» fermement que vous, venant à la couronne de France,
» aiant la puissance en main d'establir une paix asseurée,
» vouldriez donner à vos subjectz le bénéfice de l'exercice de
» la religion, comme estant le vrai moïen et fondement

---

[1]. Kluckhohn, *Briefe Friedrich des Frommen*, t. II, p. 759 à 762.

» pour oster toutes défiances et venir à une paix honorable
» pour vous, nécessaire pour vostre roïaulme, et asseurée
» pour ceulx de la religion. Et en ceste confiance, pour
» vous monstrer en effect la continuation de ma sincère
» affection envers vous et vostre grandeur, ay envoyé
» devers vous et la royne vostre mère, ma bien bonne cou-
» sine, mon conseillier D. Weier, avec instruction ample,
» d'escrit et de bouche, pour entendre, vous offrir, traicter
» et résouldre de ma part et de mon très-cher filz, le duc
» Jehan-Casimir, tous bons, honnestes, possibles et né-
» cessaires moïens d'une asseurée pacification de vostre
» roïaulme, avec plein pouvoir de vous présenter et accor-
» der ainsi, de nostre part, pour vostre contentement et
» grandeur, tout ce que roy du monde peult ou doibt atten-
» dre de nous.

» Je n'ay nullement sceu comprendre, par vostre lettre
» escrite de Cracovie, ce que mondict conseiller m'a dict en
» avoir esté vostre intention; mais, voïant que non-seule-
» lement il ne vous a pleu entendre à aulcuns moïens par
» luy de nostre part proposés, ni à nosdictes offres, mais
» aussi que ne desirez accorder le susdict vray moïen de la
» pacification de vostre roïaulme, à sçavoir l'exercice de la
» religion, certes je me trouve à présent plus esloigné que
» jamais de l'espérance de quelque bonne paix. Car, quant
» à ce que m'avez mandé par mondict conseillier et asteur
» par le seigneur de Lyencourt, de la liberté des conscien-
» ces, laquelle voulez permettre à vos subjects, suivant l'ac-
» cessoire de vostre second édict en cela, sans vous dire
» plusieurs autres contrariétez et inconvéniens, vous ne
» leur accordez rien, comme n'en aïant aulcune puissance
» sur les âmes, laquelle est réservée à Dieu seul. Quant
» aussi à ce que vous leur permettez de se retirer en leurs
» maisons et jouir de leurs biens temporels, il n'y a nulle

» seureté, d'autant que, sans les actes et massacres passés,
» encores à présent les mesmes humeurs et desirs de vostre
» conseil, de vos gouverneurs et officiers, en chascune pro-
» vince, ville et place, tiennent vos subjectz en peur et def-
» fiance. Et quand bien ilz se pourroient retirer en leurs
» maisons seurement, comment est-il possible qu'ils vivent
» en liberté de conscience, sans exercice d'icelle, sans
» service de Dieu, sans mariage, sans baptesme, sans sa-
» crement, sans sépulture, sans discipline? C'est la vraie
» obéissance des subjectz et le debvoir de tous hommes,
» qu'ils donnent, devant tout, à Dieu ce qui luy appartient,
» sans vivre comme athéistes, et au magistrat l'obéissance
» et révérence en tout le reste.

» Je prie Dieu, de tout mon cœur, qu'il vous donne la
» grâce que vos subjectz se puissent fier en vous. Mais,
» encores que vostre intention soit de garder religieuse-
» ment vostre parole, si est-ce que par ce qui dict est, non-
» seulement ils voient le dangier qui leur est appresté par-
» tout de vos conseilliers et officiers pour leurs âmes, vies
» et biens, quand ils seront désarmés; mais aussi ha-on
» occasion, et dedans et dehors vostre roïaulme, de se des-
» fier plus de vous que des feuz rois vos frères, en ce que
» vos subjectz voient que vous ne leur voulez accorder tant,
» voire moins que n'ont faict vos frères, ni à vos naturels
» subjectz françois ce que vous avez promis et permis aux
» Polonois! Veu que plusieurs de vostre religion mesmes ne
» s'en peuvent aultrement asseurer ny trouver ou proposer
» aultre moïen de paix entre vos subjectz que la permission
» dudict exercice, à l'exemple de Poloigne et d'Allemagne,
» et suivant les édictz tant de fois réitérez et irrévoca-
» blement faicts en France, du temps que gouverniez le
» roïaulme pour vostre frère.

» Et pour ce, combien que vous et la roine vostre mère,

» ma bien bonne cousine, m'avez mandé que, comme j'ay
» un grand et beau Estat à gouverner, ainsi je vous debvois
» laisser gouverner et faire avec vos subjectz, comme aussy
» j'ay faict tousjours, sans m'en mesler, sinon sur vostre
» recerche : toutefois, puisqu'il vous a pleu me mander de-
» rechef par ledict seigneur de Liencourt de vos affaires, je,
» par mon affection enracinée et bonne amitié que je porte
» à la couronne de France, sans m'arrester aux autres pas-
» sions ou nouvelles, comme celles de papet et semblables,
» ne peux laisser de vous dire, encores un coup, ce que j'ay
» escript et mandé aux feuz rois vos frères, que, veu ces
» commencemens de vostre régime, je crains de veoir en-
» cores, quelque jour, vous et vostre Estat en extrêmes dan-
» giers et perplexitez, si continuez de regimber ainsy contre
» l'aiguillon, ne permettant à ceulx de la religion servir à
» Dieu selon leur conscience, qu'est le seul moïen de récu-
» pérer l'ancienne splendeur, félicité et seureté de vostre
» couronne.

» Voilà ce que je vous puis conseillier, en vous disant et
» conseillant en ceci chose que je ne volusse faire moy-
» mesme, et qu'on ne me conseillast, si j'estois en mesme
» estat. Je pense ceci estre le debvoir d'ancienne amitié qui
» nous oblige mutuellement, non point à persécuter les
» membres du corps de Jésus-Christ, ni à deschirer vostre
» roïaulme, en accablant une partie. »

Les francs et judicieux conseils de l'électeur palatin demeurèrent sans aucune prise sérieuse sur l'étroit et versatile esprit de Henri III : Condé et ses adhérents ne tardèrent pas à s'en convaincre.

La tournée de ce prince en Suisse, et particulièrement son double séjour à Berne et à Lausanne inquiétèrent vivement les cantons catholiques, parmi lesquels s'étaient répandus sur son compte certains bruits étranges, que révèlent les procès-verbaux de plusieurs assemblées tenues, en octobre, par les délégués de ces cantons [1].

En réalité, Condé se borna, en visitant les cantons protestants, à y nouer des relations avec quelques personnages influents et à se concilier leurs sympathies pour le soutien de la cause dont il venait de se constituer le défenseur. L'accueil qu'il reçut d'eux fut généralement favorable, sans aboutir d'ailleurs à lui fournir, pour le moment du moins, les ressources en argent et hommes qu'il tentait de se créer, afin de parer à des éventualités menaçantes.

Quant à l'accueil que lui firent, à Berne, Mme de Téligny et ses jeunes cousins, il fut des plus expansifs. On se fait aisément une idée de la joie qu'éprouvèrent les membres de la famille exilée à raviver avec Henri de Bourbon des relations dont l'intimité atténua, pour eux comme pour lui, les rigueurs de l'expatriation.

On peut, sans encourir le reproche de témérité, en matière d'inductions, faire remonter, en partie, aux entretiens que Condé eut alors avec son cousin Chastillon, les fortes impressions qui mirent celui-ci sur la voie d'une résolution à prendre, quant à l'adoption d'une carrière non moins honorable qu'ardue, dont les événements contemporains semblaient lui ouvrir l'accès. Quoi de plus naturel, en effet, pour Chastillon, à l'ouïe de ce que Condé avait fait déjà et de ce qu'il comptait faire encore, à titre de protecteur des églises réformées de France, que de sentir s'éveiller en lui le désir de prendre part directement à la défense de ces églises!

Ce digne fils de Coligny était alors dans sa dix-huitième

---

[1]. *Conferenz der VII Katholischen Orte*. Lucern, 5 october 1574. — *Conferenz der III Orte, Uri, Schweytz und Unterwalden*. Uri, 13 october 1574. — *Conferenz der VII Katholischen Orte*. Lucern, 26 october 1574. (*Amtliche Sammlung der altern Eidgenössischen Abscheide*, Band 4, abtheilung 2, p. 550, 552, 553, n°s 449, 450, 451.)

année. Doué d'un cœur chaleureux, dont une piété éclairée réglait les élans, d'une vive et pénétrante intelligence, qu'une forte instruction avait à la fois développée et pondérée dans son expansion, plein d'ardeur pour le bien et de sympathie pour les opprimés, irrésistiblement poussé par une force secrète vers la carrière des armes, dont les traditions paternelles, respectueusement recueillies, lui enseignaient la véritable grandeur, il aspirait à consacrer ses forces, son dévouement, sa vie même, au service de la sainte cause qu'avait si noblement soutenue le héros chrétien dont il portait le nom.

A ses aspirations il fallait une réponse : il la reçut. D'où lui vint-elle? Fut-ce des conseils de Condé? fut-ce de ceux de quelque autre ami? fut-ce d'un appel que lui adressèrent ses coreligionnaires? fut-ce enfin des seuls enseignements que lui donnèrent les circonstances au milieu desquelles il se trouvait placé? On ne sait.

Toujours est-il que, vers la fin de 1574, il se montra résolu à quitter la Suisse, pour se rendre dans le midi de la France, et que nul parmi les siens, à Berne, ne chercha à le dissuader de suivre la voie qu'il considérait comme lui étant tracée par la main même de Dieu.

Avant de parler de son retour dans sa patrie, jetons un rapide coup d'œil sur quelques faits qui le précédèrent.

Revenu à Bâle dans les derniers jours d'octobre[1], Condé songea à se fixer pour plusieurs mois dans cette ville[2] qui, mieux que toute autre, pouvait faciliter ses communications simultanées avec la France, la Suisse, l'Alsace et l'Allemagne. Il y loua une maison qui, aujourd'hui

---

1. Lettre de Condé au conseil de Genève, datée de Bâle, 22 octobre 1574. (Archives de Genève, portef. histor., n° 1,952.)
2. « Princeps Condœus conduxit ædes Basileæ, ubi videtur mansurus per hyemem. » (*Huberti Langueti Epist.*, lib. I, 22 novemb. 1574.)

encore, conserve quelques traces du séjour prolongé qu'il y fit[1].

Dès le début de ce séjour, il devint membre de l'église réformée française qui, ainsi qu'on l'a vu, s'était constituée à Bâle, avec la participation de Mme d'Andelot, de ses enfants et de ses neveux.

A Bâle vint le trouver, pour se concerter avec lui sur les affaires politiques et religieuses de l'époque, un homme investi de la confiance de l'électeur palatin, Pierre Beutrich, conseiller intime de ce prince et membre de la régence de Montbéliard[2].

De cette circonstance résulta pour Hautefort un surcroît d'alarme. Déjà il s'était plaint à l'avoyer de Mulinen de ce que Condé avait été accueilli à Berne, alors qu'on lui imputait « de rechercher les cantons protestans pour le vouloir » secourir de gens et d'argent[3]; » et il avait reproché à ces

---

1. La maison que Condé habita à Bâle existe encore. Elle porte le nom d'Engelhoff. Ses armoiries, peintes sur une des vitres de la chambre qu'il occupait habituellement, sont dans un parfait état de conservation. Une légende jointe à ses armoiries porte : *Pro Christo et patriâ dulce periculum*. Dans un cartouche sont inscrits ces mots : *Henricus Borbonius, Dei gratiâ princeps Condæus, dux Anghiennensis, par Franciarum, protector Ecclesiæ gallicæ*, 1575.
2. Voir, sur Beutrich, *La France protestante*, 2e édit., t. II, col. 498 à 504.
3. Instruction remise par Hautefort au secrétaire interprète Balthazar de Grissach le 1er novembre 1574. (Bibl. nat., mss. f. fr., vol. 16.011, f° 238.) — Réponse de l'avoyer de Berne. (*Ibid.*, vol. 16.011, f° 245.) — A propos de l'agent que Hautefort lui-même, dans un document officiel (Mém. du 3 juin 1574. Bibl. nat., mss. f. fr., vol. 16.011, f° 185), qualifiait ainsi : « Le seigneur Balthazar de Grissach, valet de » chambre du roy et truchement de Sa Majesté ès Ligues, » il importe d'emprunter à la correspondance de l'ambassadeur duquel il relevait un détail assez piquant sur l'extrême difficulté qu'éprouvait ce haut dignitaire, et qu'avaient éprouvée ses prédécesseurs à trouver, en Suisse, des hommes qui, appartenant aux cantons où ne se parlait que la langue allemande, consentissent à remplir l'office d'interprètes auprès du représentant accrédité par la cour de France. « Il sera » remonstré à Leurs Majestés, disait Hautefort dans son Mémoire précité du » 3 juin 1574, comme je n'ay pour truchement dont je me puisse ny doibve servir » aultre que luy (Balthazar de Grissach), pour avoir mes prédécesseurs esté con- » traints s'abstenir du service de tous les aultres, à cause qu'ils font tous pro- » fession de la nouvelle opinion, dont les catholiques s'offensoyent et s'offen- » seroyent encores; joinct que eux ont monstré jusqu'icy n'avoir agréable que on » les employe. Sur quoy il sera monstré les admonitions que je leur ay faictes

cantons de laisser leur territoire accessible « au prince, à
» Thoré et autres fugitifs de France [1] ; » mais que ne fut-ce
pas pour Hautefort, en fait d'alarmes, le jour où il supposa
que Condé avait l'intention de se rendre en Allemagne avec
Beutrich ? En agent familiarisé, dans l'exercice de ses fonctions, avec des expédients de toute nature, il ne trouva rien
de mieux à faire que de préparer dans l'ombre un coup de
main pour surprendre, en cas de départ, le prince et son
compagnon dans le cours de leur voyage, et pour se saisir
de leurs personnes [2].

Tout en informant en secret Catherine de Médicis de
ce projet d'attentat qui, du reste, ne put pas être mis
à exécution, il ne se fit nullement faute de dissimuler,
en même temps, sous des formes courtoises, l'hostilité de
ses desseins, en transmettant officiellement à Condé une
lettre par laquelle le roi invitait « ce prince, son cousin,
» à se trouver à Reims pour son sacre, afin d'y servir de sa
» dignité de pair [3] ; » invitation qui naturellement demeura
sans effet.

Au moment où Henri III et sa mère, dont il n'était tou-

» particulièrement, afin que pour le moins ils me tinssent adverty de ce qu'ils
» pourroient apprendre en leurs quartiers, sans qu'ils en ayent jamais voulu rien
» faire ; de sorte que je suis forcé me passer dudit sieur Balthazar de Grissach, et
» de me trouver en grand'peine si quelquefois il est contraint d'aller en quelque
» lieu. »

1. Instruction remise par Hautefort à Vallier, décembre 1574. (Bibl. nat., mss.
f. fr., vol. 16,011, f° 255.)

2. Dépêche de Hautefort à la reine mère du 1er décembre 1574. (Bibl. nat., mss.
f. fr., vol. 16,011, f° 243.)

3. Lettre de Henri III à Hautefort, du 19 novembre 1574. (Bibl. de l'Institut de
France, collect. Godefroy, vol. 259.) — « M. Vigier, secrétaire du roy aux Ligues,
» dira à M. de Bellièvre, mon frère, comme avant qu'aller à la journée de Bade je
» l'envoyay à Basle pour porter à M. le prince de Condé la lettre que le roy luy
» escrivit pour se trouver à son sacre ; et que, à l'occasion de ce, je luy donnay
» mémoires et instructions pour exhorter de ma part mondit sieur le prince à la
» pacification et à se guarder de faire chose qui pût altérer l'inclination et bonne
» volonté que Sa Majesté y avoit. » (Instruction remise par Hautefort à Vigier,
décembre 1574. Bibl. nat., mss. f. fr., vol. 16,011, f° 253.)

jours que trop permis de suspecter le langage, annonçaient de nouveau vouloir entamer « des pourparlers de paix », l'union des réformés et *des catholiques paisibles*, à laquelle Damville venait, par intérêt plus que par conviction, de se rattacher ostensiblement, se montrait résolue à passer des paroles à l'action. Elle se disposait, en conséquence, à tenir en Languedoc une assemblée générale dans laquelle se discuteraient et seraient définitivement arrêtées, tant au point de vue politique qu'au point de vue religieux, les mesures propres à assurer efficacement la protection des droits et des intérêts communs.

Cette ferme attitude des réformés et des catholiques unis se produisait comme un fait considérable, sur lequel Damville, d'accord avec Condé, dont il n'était que le subordonné, appela la sérieuse attention de Catherine de Médicis.

« Madame, lui écrivit-il de Nîmes, le 25 novembre 1574[1],
» comme je suis arrivé en ceste ville avec une partie de la
» noblesse et autres assignez à l'assemblée qui se doibt
» tenir, comme desjà j'avais mandé à Vostre Majesté, j'y ay
» trouvé le sieur de Belloy qui m'a rendu les lettres qu'il
» luy avoit pleu m'escrire par luy et faict entendre de parole
» la charge qu'il en avoit, louant Dieu de tout mon cœur
» de veoir que Vostredicte Majesté, madame, cognoisse
» que la paix est le seul moyen de parvenir à la restaura-
» tion du roy et de son royaulme, et qu'au contraire la
» continuation de la guerre cruelle ne luy peut apporter
» qu'une totale ruyne, et ne tiendra pas à moy que Vostre-
» dicte Majesté ne reçoive ce contentement, avec l'advis et
» délibération toutesfoys de ceste assemblée, sans laquelle
» je ne puys rien de moy-mesme, et n'oseroys entreprendre

1. Bibl. nat., mss. f. fr., vol. 3,179, f° 81.

» d'aller parler à elle, pour ne mectre en jalousie monsei-
» gneur le prince de Condé, nostre général, tous nos con-
» fédérez et tant de gens de bien unis à ceste cause, bien
» que, sur vostre parole, madame, je ne fasse nulle diffi-
» culté d'aller jusques au bout du monde ; mais où ma foy
» est engagée pour le service du roy et de sa couronne, je
» vous supplieray très-humblement m'excuser si je n'y vais
» comme elle désire ; et, attendu que nous nous assemblons
» pour traicter des choses qui généralement concernent le
» roy, sadite couronne et sadite conservation, s'il plaist à
» Vostre Majesté, madame, nous faire tant d'honneur d'en-
» voyer telz personnages non suspectz que bon luy semblera
» jusques en ceste ville, avec sommation des conditions par
» lesquelles elle veult parvenir à ladite paix, nous leur
» envoyons bonne asseurance, et serons très-enclins d'en
» entendre leurs raisons, de manière que Vostre Majesté
» n'aura argument de se plaindre de nous ny de penser que
» nous ayons les cœurs en autre part qu'à luy rendre la
» très-humble subjection et fidèle debvoir que luy avons
» (voué). De mon costé, ainsy que luy ay toujours asseuré,
» j'y feray tout ce qui sera à moy et qu'elle pourra espérer
» du plus obligé, fidèle subject et serviteur qu'elle ayt en ce
» monde. »

Ainsi s'exprimait Damville, non avec la fermeté de langage qui seule eût été digne d'un loyal allié des réformés
français, mais avec l'obséquiosité calculée d'un courtisan
préoccupé, dans son égoïsme, de se ménager, à tout événement, les bonnes grâces d'une femme telle que la reine
mère.

Il y avait loin de l'ambiguïté de son attitude à la netteté
et à la spontanéité de celle de son jeune cousin Chastillon,
qui, non moins résolu que sincère dans le parti qu'il avait
pris de rentrer en France pour y seconder ses coreligion-

naires, devait, au milieu des graves événements auxquels il allait être mêlé, faire preuve d'une constante droiture de langage et d'action, et d'un dévouement sans bornes à la cause qu'il venait d'embrasser.

Voyons maintenant à l'œuvre ce noble fils de Coligny.

CHAPITRE V

Arrivée de Chastillon en Languedoc. — Décision de l'assemblée générale de Nîmes en sa faveur. — Lettre de Damville au conseil de Genève. — Condé à Bâle. — Envoi de délégués porteurs d'une requête adressée au roi de France. — Réponse du roi. — Assemblée des confédérés à Montpellier. — Le duc d'Alençon s'unit à eux. — Condé, à la tête de ses troupes, entre en France. — Commandement confié à Chastillon en Lauraguais. — Paix *de Monsieur* en 1576. — Chastillon est rejoint par ses frères en Languedoc. — Violation de la paix par la cour et le parti catholique. — Défection de Damville et du duc d'Alençon. — Le roi de Navarre et Condé, seuls chefs désormais des confédérés. — Nouvelle prise d'armes. — Damville assiège Montpellier. — Chastillon le contraint à lever le siège de cette ville. — Chastillon se rend maître de diverses places. — Il concourt à la défense du château de Beaucaire. — Correspondance du roi et de la reine mère avec Damville à ce sujet. — Capitulation. — Traité de Nérac, du 28 février 1579. — Chastillon s'attache à en assurer l'exécution en Languedoc.

Nul obstacle ne fut mis au départ de Chastillon, soit par Hautefort qui en avait ignoré les secrets préparatifs, soit par toute autre personne.

Comment le jeune réfugié quitta-t-il Berne? Fut-ce seul ou accompagné par quelque ami? par où passa-t-il? fut-ce par Lausanne et Genève? traversa-t-il, non le Lyonnais, mais la Savoie et le Dauphiné, pour gagner de là le Languedoc? son voyage fut-il lent ou rapide, difficile ou facile? on ne sait.

Ce qui paraît certain, c'est qu'il arriva en Languedoc avant la tenue de l'assemblée de Nîmes, en janvier 1575[1].

Franc et désintéressé, comme toujours, il se présenta à Damville, non en solliciteur qui se fait un titre de sa parenté avec lui pour obtenir une faveur quelconque, mais uni-

---

1. Aubaïs, *Pièces fugitives*, etc., t. II, p. 47, note 8 : « *Chastillon étant passé* » *en Languedoc*, l'assemblée de Nîmes lui assigna, etc. »

quement en simple volontaire qui, dans quelque situation qu'on lui assignât, serait heureux de pouvoir servir son Dieu et sa patrie. Le maréchal parut le comprendre et rendre justice aux sentiments qui l'animaient.

Dans l'entourage de ce chef, comme dans les rangs des nombreux confédérés avec lesquels il se trouva immédiatement en rapport, Chastillon fut accueilli avec empressement. Tous, à le voir et à l'entendre, reconnaissaient en lui les principaux traits de la piété, du caractère et des éminentes qualités de son glorieux père. La confiance qu'il inspira fut générale, et il la justifia promptement par son active et judicieuse coopération à celles des affaires de chaque jour dans le maniement desquelles il fut fait appel à son zèle, en attendant sa nomination à un poste spécial et à des fonctions déterminées.

L'assemblée générale de Nîmes, qui, elle aussi, faisait reposer sur Chastillon de légitimes espérances, se montra favorable à son égard, en décidant, avec une louable spontanéité, que « le maréchal Damville lui feroit payer, » pour la pension qui lui estoit accordée, tant qu'il seroit » destitué de ses biens, la somme de cinq cents livres tour- » nois, chacun mois [1]. »

Il n'y a pas lieu d'entrer ici dans le détail des nombreuses décisions prises par l'assemblée dont il s'agit; il suffira de reproduire le préambule de ses délibérations, comme signalant les circonstances générales en présence desquelles se

---

[1]. « Mondit seigneur le prince (de Condé) fera payer, pour son plat, suyvant ce » qu'il luy a pleu demander, et des plus clairs deniers, par chacun mois, 3,000 livres » tournois, qui revient par an à la somme de 36,000 livres. Mondit seigneur le » mareschal (Damville) fera payer à M. de Chastillon, pour la pension qui luy a esté » accordée, tant qu'il sera destitué de ses biens, la somme de 500 livres tournois » chacun mois, et par an 6,000 livres. Mondit seigneur le mareschal se fera payer » pour son entretenement, et des plus clairs deniers, aiant esgard à la grande » despence qu'il luy convient faire, et qu'il est entièrement destitué de ses biens et » estats, et autres bonnes considérations, la somme de 6,000 livres tournois chacun » mois. » (La Popelinière, *Hist.*, t. II, liv. XXXIX, f° 203.)

trouvaient les confédérés auxquels Chastillon venait de s'unir. Ce préambule portait[1] :

« L'assemblée générale faite, le mois de janvier 1575, en
» la ville de Nismes, par convocation et mandement de mon-
» seigneur Damville, mareschal de France, gouverneur et
» lieutenant général pour le roi en Languedoc, tant du
» clergé et *catholiques paisibles*, que des églises réformées
» de ce royaume, tous unis et confédérés par leurs députés
» pour traiter de leur commune défense, biens et repos de
» ce royaume et des sujets d'iceluy, recognoissans mon-
» seigneur le prince de Condé pour leur protecteur général,
» et, en son absence, mondit seigneur le mareschal ; consi-
» dérant qu'ils sont frustrez de l'espérance qu'ils avoient de
» voir terminer ces cruelles guerres civiles et misérables,
» aïans de si long temps cours en ce royaume, par une bonne
» et ferme paix, qu'ils se promettoient de la clémence et dé-
» bonnaireté de Sa Majesté, à son nouvel avènement à la
» couronne, et voians qu'au lieu de les relever de l'oppres-
» sion, de leur tendre les mains de sa faveur et de les
» embrasser et recevoir en sa protection, Sadite Majesté,
» par les mauvais conseils d'aucuns estans près d'elle,
» ennemis de son Estat et de ses sujets, les veut poursuivre
» plus que jamais : après avoir traité de leur union et con-
» fédération, pour leur opposition, conservation et défense
» de leur religion, vies, biens et honneurs, contre l'injus-
» tice, violence et cruauté barbare de leurs ennemis, et pour
» la poursuite de l'exercice libre de leurs religions respec-
» tivement, restablissement de l'estat de ce roïaume en son
» ancienne splendeur et dignité, ont délibéré, conclud et
» arresté, pour le reiglement de la justice, police, finance
» et discipline militaire entr'eux, sous le bon plaisir de

---

1. La Popelinière, *Hist.*, t. II, liv. XXXIX, f° 262.

» monseigneur le prince ou de mondit seigneur le mares-
» chal ce qui s'en suit, etc., etc. »

Des délégués allaient partir pour communiquer à Condé les décisions de l'assemblée de Nîmes, et conférer avec lui sur l'emploi de moyens propres à amener la pacification des troubles auxquels la France était en proie ; ils devaient entrer en Suisse par Genève et s'y arrêter pour saluer le conseil de cette ville et s'entretenir avec lui : Chastillon le sut. Portant haut le sentiment de la reconnaissance, il avait, depuis son arrivée en Languedoc, parlé, maintes fois, à Damville, de la généreuse sympathie des Genevois pour les réfugiés français, et particulièrement pour lui, pour son frère et sa sœur, ainsi que pour de Laval ; aussi, est-on fondé à considérer comme écrite sous l'inspiration des sentiments dont était animé le jeune cousin du maréchal la lettre suivante, que ce dernier adressa, de Montpellier, le 13 février 1575, au conseil de Genève[1] :

« Messieurs, l'assemblée générale des églises réformées
» de France, catholiques unis, et moi, envoyons nos deppu-
» tés, présens porteurs, suyvant la volonté du roy et passe-
» ports par Sa Majesté octroyés, pour entendre de monsei-
» gneur le prince de Condé les moyens de parvenir à une
» bonne et seure paciffication des troubles de ce pauvre et
» désolé royaulme ; et, parcequ'avez tousjours monstré par
» effect l'affection qu'avés au bien et soulagement de tous
» vos frères en religion, ayant usé non-seulement envers
» eux, mais à l'endroict de tous ceux qui se sont trouvez
» affligez et exilez, de toute consolation, retraicte et ayde,
» j'ay bien voulu faire la présente pour vous tesmoigner de
» la charge que j'ay donnée auxdits depputés de vous veoir

[1]. Archives de Genève, portef. histor., n° 1,955. — Damville avait adressé, le 11 février, à l'avoyer et au conseil de Berne, une lettre insérée ici, à l'*Appendice*, n° 24.

» de ma part et vous offrir, en mon nom, comme je fais par
» la présente, tout service, tant en vostre général que par-
» ticulier, vous asseurant que m'y trouverés tousjours dis-
» posé, ainsi que les effets vous feront cognoistre, le temps
» m'en produisant l'occasion; estant de mon debvoir de
» recognoistre les faveurs que vous avés desparties aux
» miens; et pour la fin, je vous supliray, en tout ce que
» pourrés servir pour l'advancement d'un si sainct œuvre
» que celui que vont négotier lesdicts depputés, vous y em-
» ploier avec telle affection que avés tousjours monstré
» avoir au bien général de la France, etc., etc. Vostre plus
» affectionné et parfait amy, à vous faire service, DE MONT-
» MORENCY. »

Comptant sur l'appui qui lui prêteraient les décisions de l'assemblée de Nîmes, dont il attendait les délégués, Condé continua, avant qu'ils arrivassent, à s'entourer des conseils de Bèze [1] et de Beutrich [2]; et, en chef prudent, il conféra à divers personnages investis de sa confiance les pleins pouvoirs nécessaires pour opérer des levées de troupes [3].

Dès que les délégués attendus furent arrivés à Bâle, s'ouvrirent entre eux et Condé des conférences [4], à la suite desquelles ce prince les chargea, le 22 mars, de se rendre auprès du roi, pour lui présenter une requête tendant à la consécration de la liberté religieuse dans la plénitude de son exercice, à celle de l'égalité civile et politique des réformés et des catholiques, et à l'admission de divers autres

---

1. Lettres de Condé, du 27 décembre 1574, à de Bèze et au conseil de Genève (Archives de Genève, portef. histor., nos 1.950, 1.952); des 28 février, 6 mars, 30 mai, 22 juin 1575. (Ibid., no 1.952.)

2. Lettres de Beutrich au comte Jean de Nassau, des 19 décembre 1574 et 21 janvier 1575. (Groen van Prinsterer, Corresp. de la maison d'Orange-Nassau, 1re série, t. V, p. 107 et 120.)

3. Voir à l'Appendice, no 25.

4. Voir à l'Appendice, no 26, diverses lettres écrites de Bâle à l'avoyer et au conseil de Berne par Condé, au sujet de ces conférences.

chefs de demande, dont trois, donnant satisfaction aux vives instances de Chastillon et de sa famille, étaient ainsi formulés [1] :

« § 45. — Que messire Gaspard de Coligny, seigneur de
» Chastillon, admiral de France, soit déclaré innocent des
» cas et crimes à luy supposez; les arrests et jugemens
» contre luy donnez, cassez, rescindez, annulez, razez et
» biffez des registres de vostre cour de parlement; toutes
» marques, vestiges, monumens de ladite exécution ostez,
» abattus, brisez, rompus et lacérez; ensemble tous écrits
» diffamatoires, copies imprimées dudit arrest, soit à part
» ou ensuivis d'autres livres, et autres actes faits contre la
» personne dudit défunt; ses armoiries remises et redressées
» en tous lieux où elles auroient été rompues et effacées; et
» tant luy que sesdits enfans remis et réintégrez en leur
» bonne réputation et renommée, dignitez et capacitez; et
» lesdits enfans en jouissance entière et possession libre de
» tous et chacun leurs biens à eux propres, ou qui appar-
» tiennent audit défunt leur père, tant meubles qu'immeu-
» bles, quelque part qu'ils soient situés et assis; le tout,
» nonobstant la réunion desdits biens déclarez, ou par con-
» fiscation adjugez par lesdits arrests et jugemens; et que
» les pensions, charges et autres deniers qui estoient dues
» par le feu roy audit défunt jusques au jour de son décès
» soient paiez à ses enfans, ausquels aussi sera réparé le
» gast et dommage faicts ès biens dudit deffunt par ceux qui
» se trouveront l'avoir commis. »

« § 51. — Qu'il plaise à Vostre Majesté mettre en pleine
» liberté les enfans des feuz sieurs de Coligny, admiral, et
» Briquemaut, détenus prisonniers depuis le 24 aoust (1572).

» § 52. — Supplient très-humblement Vostre Majesté de

---

[1]. La Popelinière, *Hist.*, t. II, liv. XXXIX, fos 271, 272.

» faire instante requeste vers M. le duc de Savoye pour la
» délivrance entière des corps et biens de madame l'admi-
» rale, pareillement de tous ceux de ladite religion, détenus
» prisonniers aux galères dudit sieur duc, à cause de ladite
» religion, tant ses sujets que autres. »

Le roi ayant, le 5 avril, entendu les délégués porteurs de cette requête, déclara n'être disposé à accueillir que quelques-unes des demandes qu'elle contenait. Les délégués, sans mandat pour n'accepter qu'une admission partielle de leurs réclamations, se retirèrent afin d'en référer à leurs commettants. Ils avaient sollicité, à cet effet, et obtenu le délai qui leur était nécessaire.

Alors se tint à Montpellier une assemblée générale des représentants des confédérés, à la suite de laquelle furent dressées « par un conseil esleu » des instructions secrètes qui spécifiaient, d'une part, ceux des chefs de demande, antérieurement présentés, du maintien desquels on ne devait pas se départir, et, de l'autre, des chefs secondaires, à l'égard desquels quelques concessions pouvaient être faites [1].

Chastillon, dont la piété filiale et la situation personnelle commandaient partout l'estime et la sympathie, fut nécessairement consulté par les auteurs des instructions secrètes dont il vient d'être parlé, en ce qui concernait la réhabilitation de la mémoire de son père et lui-même; car on lit dans ces instructions : « La demande concernant le 45° ar-
» ticle (de la requête ci-dessus mentionnée) pourra être
» mise en surséance, *de l'advis de M. de Chastillon,* à la

---

[1] « Instructions secrètes dressées par le conseil esleu, suyvant l'advis, réquisition et délibération de l'assemblée générale dernièrement tenue en ceste ville
» de Montpellier, pour estre suivies, gardées et de point en point observées par
» tous les depputez de ce party, en tout ce qui concerne les négociations de la
» paix et ce qui reste à traicter avecques Sa Majesté pour la pacification des troubles,
» divisions et guerres civiles de ce royaulme..., 17 septembre 1575. » (Bibl. nat.,
mss. f. fr., vol. 3,250, f° 57 et suiv.)

» charge d'obtenir déclaration par laquelle son fait se puisse
» trouver entièrement compris sous le 44ᵉ article [1], avec
» provision par laquelle il lui soit permis *de faire revoir le*
» *procès et procédure de feu monsieur l'admiral, son père,*
» *si et quand et par telle des justices souveraines imparties*
» *qu'il advisera.* »

Les négociations ayant, par le mauvais vouloir du roi et de la reine mère, complètement échoué, Condé se vit contraint de recourir à la seule voie qui lui restât ouverte, à celle des armes ; et, pour mieux l'aborder, il quitta la Suisse, sous l'impulsion des graves événements qui venaient de se produire en France.

En effet, le duc d'Alençon, réussissant à s'évader de la cour et se déclarant, vis-à-vis d'elle, en état d'hostilité, s'était, dans un manifeste, érigé en protecteur des Français, sans distinction de culte. Condé, au sujet de l'évasion de ce prince, adressa de Strasbourg, le 21 septembre 1575, au conseil de Bâle la lettre suivante [2] :

« Magnifiques seigneurs, estant asseuré que vous vous
» esjouirez de tout cœur avec nous de la prospérité de nos
» affaires, je n'ay voulu perdre ceste occasion de vous ad-
» vertir comme monseigneur, frère du roy de France, s'est
» sauvé de Paris, le jeudi, quinzième de ce mois, en ung
» coche, s'estant retiré en la ville de Dreux, où, de ceste
» heure, il peut avoir environ deux mille chevaux, sans de
» grandes forces que luy amène M. le prince Dauphin, mon
» cousin, qui s'achemine pour l'aller trouver, dont nous
» espérons, avec l'ayde de nostre Dieu, que cela causera ung
» tel bien et advancement de nosdites affaires, que ce sera

---

1. L'article 44 avait trait à l'annulation des procédures suivies et des sentences rendues contre les réformés.
2. Archives de Bâle, *Zeitungen*, 1570 bis 1579, f° 773. — Une lettre écrite par Condé, le même jour, à l'avoyer et au conseil de Berne était conçue dans des termes identiques. (Archives de Berne, *Frankreich*, vol. D, f° 527.)

» là le moyen de rétablir toutes choses en nostre pauvre
» France et la faire revivre en sa première splendeur. Au
» reste, j'ay bien voulu aussy, par mesme moyen, vous mer-
» cier bien affectueusement de tant de faveurs et courtoisies
» que j'ay receues de vostre république, desquelles j'aurai à
» jamais mémoire pour, par quelques bons offices, le reco-
» gnoistre envers vous, en général et en particulier, les
» occasions s'offrant. »

Un traité d'alliance, conclu, le 27 septembre, avec Frédéric III par Condé[1], tant en son nom, qu'en celui des nombreux alliés et partisans qu'il comptait dans l'élite de la noblesse française, mit à la disposition de ce prince des troupes que devait lui amener et commander, sous ses ordres, le duc Jean-Casimir, fils de l'électeur palatin.

Bientôt Condé put compter, en outre, sur l'adjonction d'un corps d'autres troupes, à la levée desquelles[2], sous l'impulsion de La Graffinières et de Beutrich, contribuèrent puissamment, de leurs personnes et de leurs bourses, des hommes résolus et dévoués, appartenant aux premières familles de Berne, tels, entre autres, que d'Erlach, de Bonstetten, A. de Mulinen, de Graffenried, avec lesquels Chastillon, pendant son séjour en Suisse, avait soutenu d'intimes rapports. Aussi, du fond du Languedoc, ne manqua-t-il pas d'applaudir à leur zèle et à leur habileté[3].

1. Deux originaux de ce traité se conservent, l'un à Paris (Bibl. nat., mss. Ve Colbert, vol. 399), l'autre à Genève. (Archives. portef. histor., n° 1,968.) Le texte de cet important document, dont certaines clauses excessives ont soulevé de justes critiques, a été récemment publié par l'érudit secrétaire général de l'Institut national genevois, M. Henri Fazy, dans sa très recommandable publication sur *Genève, le parti huguenot et le traité de Soleure*. 1 vol. in-4°. Genève. 1883, p. 146 et suiv.

2. On trouvera d'intéressants détails sur les circonstances dans lesquelles s'effectua cette levée à l'*Appendice*, n° 27.

3. Voir. sur les tentatives infructueuses de l'ambassadeur Hautefort et des cantons catholiques pour contrecarrer la levée dont il s'agit, 1° une lettre de Hautefort au roi du 11 décembre 1575 (Bibl. nat., mss., Ve Colbert, vol. 427, f° 201);

Saisie d'effroi, à la pensée des dangers auxquels l'exposait l'union d'un frère du roi avec les confédérés, la cour s'empressa de mettre en liberté les maréchaux de Cossé et de Montmorency; et, par l'intermédiaire désintéressé de ce dernier, elle réussit à conclure, en novembre, avec le duc d'Alençon une trêve de six mois[1], mais ce n'était là qu'un piège tendu à la bonne foi des confédérés par leurs adversaires.

La violation de cette trêve par le roi et par sa mère décida Condé à agir.

Avant de quitter Strasbourg, où il résidait depuis trois mois, il écrivit, le 14 décembre, au conseil de Bâle[2] : « Magnifiques seigneurs, étant par la grâce et bonté de » Dieu, après bien longues poursuites, parvenu à faire que » je me trouve prêt de monter à cheval pour m'acheminer » en France, avec une belle et puissante armée, je n'ai voulu » partir sans vous faire ceste présente et par icelle vous prier » très-affectueusement de m'escuser si je n'ay eu la commo- » dité de vous aller visiter, pour vous faire mes (remercî- » ments), en réponse à votre bonne amitié, etc. »

Dans les premiers jours de janvier 1576, Condé, accompagné de Jean-Casimir, entra en France par la Lorraine, à la tête de dix-huit mille hommes, et rejoignit dans le Bourbonnais le duc d'Alençon, à qui il remit le commandement,

---

— 2° *Conferenz der VII Katholischen Orte.* Willisau, 3 december 1575; *Conferenz der VII Katholischen Orte Samml. Bern.* Bern, 7 december 1575; *Gemein Eidgenossischen Tagsazung.* Baden, 18 december 1575. (*Amtliche Sammlung der altern Eidgenossischen Abscheide*, Band 4, abtheilung 2, p. 583, 584, 585, 586, n°s 480, 481, 482.)

1. Au début du mois de novembre 1575, Chastillon se rendit à Nîmes, où il fit un court séjour. « Il avoit pris son logement dans la maison de P. Rozel, docteur » et avocat, qui lui fournit pour cela tout ce qui lui estoit nécessaire, ainsi qu'aux » gens de sa suite. La ville, voulant indemniser ce particulier, délibéra, le jeudi » 3 de ce mois, de lui donner 10 livres tournois. » (Menard, *Hist. de Nîmes*, édit. de 1875, t. V, p. 122.)

2. Archives de Bâle, Registre L, 159, n° 8, p. 143.

et qui, peu après, fut reconnu par les confédérés comme leur chef suprême.

Tandis que le prince et le duc s'acheminaient dans le Gâtinais, le roi de Navarre, qui, lui aussi, s'était échappé de la cour, le 3 février 1576[1], entama des hostilités dans l'Anjou et le Maine.

A ce moment, Chastillon, dont les capacités militaires et administratives avaient été, depuis son arrivée en Languedoc, hautement appréciées, venait d'être appelé à un commandement dans le Lauraguais[2] : mission de confiance dont, à tous les égards, il était digne, et dans laquelle il déploya une maturité d'esprit et une vigilance remarquables. Ce n'était encore là, pour lui, que le prélude d'une carrière dans laquelle il devait se signaler, sur un plus vaste théâtre, par une longue suite d'actions d'éclat et d'insignes services.

Les confédérés, par la supériorité de leurs forces, rendirent la lutte impossible pour leurs adversaires : aussi Catherine de Médicis et Henri III se résignèrent-ils à subir une paix qui leur fut imposée[3]. Prodigues d'engagements écrits, qu'ils

---

1. Charles IX écrivait à Mandelot, gouverneur du Lyonnais, le 5 février 1576 (Bibl. nat., mss. f. fr., vol. 2,704, f° 138) : « Le roy de Navarre, mon frère, estant
» party d'icy devant hier, 3 de ce mois, sur le prétexte d'aller à la chasse, au lieu
» de me venir trouver, comme il m'a mandé ce jourdhuy par le sieur de Saint-
» Martin qu'il avoit esté adverty que j'avois délibéré l'arrester prisonnier quand il
» seroit retourné, sur quoy je luy ay renvoyé ledit sieur de Saint-Martin avec le
» sieur de Souvray, maistre de ma garde-robe, pour le prier de n'adjouster foy à si
» malheureuse supposition, s'asseurant que c'estoit chose à laquelle je n'avois
» jamais pensé... » (Suit l'ordre donné à Mandelot, si le roi de Navarre veut traverser le Lyonnais, de s'opposer à son passage.)

2. « Le 3 février 1576, le fils de l'admiral de Chastillon arriva à Castres, d'où il
» fut à Puylaurens, ayant été établi général dans le Lauraguais. » (Aubaïs, *Pièces fugitives*, t. II, p. 11, ann. 1576.) — « Le 3 février, François de Coligny arriva à
» Castres suivi de cinquante maistres et cent arquebusiers à cheval, venant prendre
» possession du gouvernement de Lauraguais, qui ne dura guères par la conclusion
» de la paix qui empescha la conclusion de la capitulation de la Crousilhe, qu'il
» attaqua pendant son séjour, après laquelle il se retira près du maréchal. » (*Mém. de J. Gaches.* Bibl. nat., mss. f. fr., n° 7,879, f° 229.)

3. L'électeur palatin Frédéric III donna, à ce sujet, au roi de sages conseils. (Voir à l'*Appendice*, n° 28.)

étaient secrètement résolus à ne pas tenir, ils accordèrent nominalement aux confédérés, dans l'édit de paix de mai 1576, connu sous le nom de *paix de Monsieur*[1], des conditions beaucoup plus favorables que celles qui jusque-là avaient été consenties dans les précédents édits de pacification[2].

Parmi les clauses inscrites dans l'édit de mai 1576, figuraient celles : — du libre exercice de la religion *prétendue réformée*[3], en tous lieux du royaume, à l'exception de Paris et des résidences royales ; — de la tenue des synodes ; — de la liberté d'enseigner et d'écrire ; — de l'admissibilité à tous emplois, charges et dignités, sans distinction de culte ; de la création de chambres mi-parties ; — de la concession de places de sûreté ; de la convocation des états généraux, à Blois, dans le délai de six mois ; — de la réintégration du roi de Navarre, du prince de Condé et de leur adhérents dans leurs charges, offices et possessions ; — du désaveu formel des massacres et excès de tout genre commis dans la capitale et dans les provinces, à dater du 24 août 1572 ; — de la restitution des biens confisqués sur les victimes, à leurs veuves et à leurs enfants, avec exemption d'impôts pendant six années ; — de l'annulation des sentences rendues depuis le règne de Henry II contre les réformés, et spécialement contre Coligny, Montgommery, Montbrun, Briquemaut et Cavagnes.

En ce qui concerne l'amiral et ses enfants, l'édit (art. 34) portait : « D'autant qu'au moyen de nostre susdite déclaration » (consignée dans l'art. 33), tous arrests et jugemens donnez » contre le feu sieur de Chastillon, admiral de France et » exécution d'iceux sont nuls et de nul effest, comme

---

[1]. Ce nom figure dans divers écrits du temps. (Voir entre autres les *Mémoires de J. Gaches* sur l'année 1576, mss., f° 245.)

[2]. « Cette paix (de 1576), dit d'Aubigné, excédoit en avantages, pour les réformés, » les concessions précédentes. (*Hist. univ.*, t. II, liv. II, chap. XXVII.)

[3]. Telle fut la qualification donnée, pour la première fois, à la religion réformée.

» chose non faicte ny adveneue, nous, en conséquence
» d'icelle déclaration, voulons et ordonnons que tous lesdits
» arrests, jugemens, procédures et actes faits contre ledit
» sieur de Chastillon, soyent rayez, biffez et mis hors des
» registres des greffes, tant de nos cours de parlements que
» de toutes autres juridictions, et que tant la mémoire dudit
» admiral, que les enfans d'iceluy, demeurent entiers en
» leurs honneurs et biens pour ce regard, nonobstant lesdits
» arrests portant réunion et incorporation d'iceux biens au
» domaine de nostre couronne, dont nous ferons expédier
» auxdits enfants plus ample et spéciale déclaration, si bon
» leur semble. »

Ce traité de paix, qui, au triple point de vue du droit social, du droit public et du droit privé, donnait satisfaction à des revendications légitimes, était en lui-même impuissant à calmer l'exaltation des esprits, dans les rangs du parti catholique, à faire taire les animosités, à réfréner les artisans de troubles, et à rétablir l'ordre matériel; tâche arduc, à la hauteur de laquelle eût seul pu se tenir un chef d'État à la fois clairvoyant, impartial et énergique. Or, un tel chef ne se rencontrait pas en France, et la crise momentanément apaisée, en apparence, allait de nouveau sévir avec intensité.

Outrés des larges concessions nominalement faites aux réformés, et plus disposés que jamais à soulever contre eux et, au besoin, contre la royauté elle-même, les haines populaires, les agitateurs du parti catholique, Guise en tête, répondirent au traité de paix par l'organisation d'une ligue générale qui, dans les provinces comme à Paris, prit rapidement d'énormes proportions et exerça sur l'ensemble des affaires publiques et privées une pernicieuse influence.

Et d'abord, le traité de paix demeurant, sous la pression du mauvais vouloir de la cour et de ses agents, à l'état de lettre morte, les réformés ne furent mis en possession ni des droits, ni des garanties que ce traité leur reconnaissait.

Éliminés, au mépris de promesses formelles, des gouvernements de Guyenne et de Picardie, le roi de Navarre et Condé exprimèrent, dans de vives remontrances adressées à la cour, l'indignation que leur causait le scandale d'un tel affront; et le premier de ces princes en se retirant dans ses États y offrit à l'autre un asile. Tous deux pressentaient qu'approchait le moment où ils seraient contraints de reprendre les armes.

De son côté, Chastillon, qui avait profondément à cœur la réhabilitation de la mémoire de son père, échoua dans ses tentatives pour obtenir l'exécution du traité de paix sur ce point, sans se préoccuper d'ailleurs de l'insuccès réservé, peut-être pour longtemps, à toute demande, de sa part et de celle de ses cohéritiers, en restitution des biens paternels.

Retenu par les exigences de sa situation dans le midi de la France, il aspirait à s'y voir rejoint par ses frères. Le premier des deux qu'il eut la joie d'y accueillir, fut d'Andelot, qui, dans le courant du mois d'août 1576[1], était rentré en France avec Mme de Téligny[2] et qui ne tarda pas à se diriger vers le Languedoc, pour s'y associer à la carrière de son aîné.

Quant à Charles de Coligny, qui, au terme de sa captivité, avait été, vers le 31 mai 1576, remis aux mains du baron de Meuillon[3], gouverneur de Marseille, ce ne fut

---

1. *Chronique bernoise* de Haller et Musselin.
2. Voir, sur les derniers mois du séjour de Mme de Téligny à Berne, l'*Appendice*, n° 29.
3. « Charles, fils de Gaspard de Coligny, qui étoit resté prisonnier dans Notre-Dame-de-la-Garde, de Marseille, pendant trois ans, fut remis au baron de Meuillon vers le 31 mai 1576. » (Perussis, *Hist. des guerres du comtat venaissin, de Provence, de Languedoc*, etc., ap. Aubaïs, *Pièces fugitives*, t. I, p. 188, 332.) — Voir, sur Pierre Bon, originaire d'Avignon, baron de Meuillon, chevalier de l'ordre, capitaine de galères, gouverneur de Marseille. 1° Perussis, ap. Aubaïs, *loc. cit.*, t. I, p. 211; 2° Brantôme, édit. L. Lal., t. IV, p. 159.

qu'un peu plus tard qu'il put être réuni à ses deux frères.

Durant les premiers mois qui suivirent *la paix de Monsieur*, rien ne changea dans les rapports, du reste peu étroits, de Chastillon avec Damville, qui se maintinrent sur le pied d'une complète déférence du subordonné à l'égard de son chef. Le premier se trouva avec le second, ainsi qu'avec Thoré, en juin, à Montpellier[1], et en août, à Villeneuve[2]; puis il quitta le maréchal, pour accompagner en Provence Dumas de Castellane[3] et d'Oraison[4].

De retour, en novembre, auprès de Damville, Chastillon commença à démêler en ce chef, dont jusqu'alors il ne s'était point défié, les tendances et les allures d'un ambitieux courtisan, beaucoup moins occupé des intérêts des confédérés que de ses intérêts personnels. Il le vit enfin passer du refroidissement pour la cause de ceux dont il se disait naguère le protecteur à une hostilité réelle contre eux, dès qu'il eut, pour prix de sa servilité envers la cour, obtenu d'être confirmé dans le gouvernement du Languedoc, où il entendait agir en maître[5].

---

1. « Le 14 juin 1576, le maréchal de Damville étoit à Montpellier avec M. de Thoré, » son frère, et Chastillon, son cousin. » (Aubaïs, *Pièces fugitives*, t. 1, p. 189.)

2. « Au commencement d'août 1576, le baron de La Garde arriva à Avignon, et, » le 2 de ce mois, le maréchal de Damville à Villeneuve. Le 3, le cardinal Viller- » laire et un grand cortège furent voir le maréchal. Le même jour, la maréchale » dîna et soupa dans le palais avec le cardinal, Thoré, son beau-frère, Chastillon, » son cousin, Mme de Saint-Romain et autres. » (Perussis, ap. Aubaïs, *Pièces fugitives*, t. I, p. 190.)

3. Nicolas du Mas de Castellane, baron d'Allemagne, beau-frère de Lisle, qui signa les lettres adressées au parlement de Grenoble par les principaux capitaines protestants du Dauphiné, dans l'espoir de sauver Montbrun dont Henri III voulait la tête. (Haag, *France protestante*, 2e édit., v° Allemagne, col. 144.) La localité qui porte, en Provence, le nom d'*Allemagne* serait plus exactement désignée sous celui d'*Allemogne* (Alimonia).

4. « En novembre 1576, Chastillon revenant d'Allemagne accompagna, en Provence, » les barons d'Allemagne et d'Oraison, et alla joindre le maréchal Damville en » Languedoc. » (Perussis, ap. Aubaïs, *Pièces fugitives*, t. I, p. 194.)

5. Voir sur la défection de Damville les *Mémoires de J. Gaches*, mss., *loc. cit.*, f°s 245, 246, 247, 248, 249. — De son côté P. de l'Estoile dit : « En ce temps (1577),

Comme Damville, le duc d'Alençon s'éleva contre ses alliés de la veille; et ces deux contempteurs d'engagements solennellement contractés trouvèrent à la lâcheté de leur défection un point d'appui dans l'intolérance et les déclamations furibondes des états généraux assemblés à Blois.

Cette double défection ulcéra le loyal cœur de Chastillon; mais loin d'altérer un seul instant sa fidélité à la cause qu'il servait, elle ne fit que l'affermir. Inébranlable dans ses convictions et dans son dévouement, le fils de Coligny allait enseigner à un maréchal de France et à un prince du sang, déviant tous deux de la droite voie, ce que sont et ce que peuvent, dans leur stabilité, au milieu des plus terribles conflits, la foi chrétienne, l'honneur et le patriotisme.

Des deux parts, on eut recours aux armes : le Languedoc et la Guyenne furent en feu.

Le roi de Navarre et Condé, seuls chefs désormais des confédérés, mais chefs dignes de toute confiance, imposèrent à leurs adversaires par la fermeté de leur attitude.

Celle de Chastillon ne fut alors ni moins résolue, ni moins efficace. L'estime qu'avaient conçue pour lui les confédérés des deux religions était telle, que, le 17 mars 1577, il fut appelé à l'honneur de présider, avec Saint-Romain, à Montpellier, une assemblée ayant pour but de resserrer les liens de l'union entre les réformés et les *catholiques paisibles*[1].

A quelque temps de là, Chastillon reçut des confédérés une nouvelle marque d'estime, à laquelle il répondit par une série d'exploits qui révélèrent en lui, à un haut degré, les rares qualités d'un capitaine consommé, à savoir la

» messire Henry de Montmorency, mareschal de France, seigneur Dampville, tourna
» sa robe, et, se joignant pour le service du roy avec M. de Joïeuse, donna le gast
» au pays de Languedoc, aux environs des villes rebelles, en la faveur du roy,
» dont les communes du pays, tout estonnées, se mutinèrent. » (*Mém*., édit. de 1875,
t. I, p. 189.)

1. Ménard, *Hist. de Nîmes*, édit. de 1875, t. V, p. 138.

sûreté de coup d'œil, la promptitude de décision, l'indomptable courage, et l'irrésistible énergie dans l'action [1].

Voici dans quelles circonstances il se signala de la sorte :

Maîtres de Montpellier, d'Aigues-Mortes, de Lunel, de Sommières et de quelques autres places que Damville et Bellegarde cherchaient à ressaisir, les réformés du Languedoc « avoient élu pour général Thoré [2], quoique frère de
» leur principal ennemi et catholique passionné, tant pour
» ne rompre point avec les catholiques qui restoient en leur
» parti, comme aussi pour la grande jeunesse où estoit lors
» *Chastillon, duquel ils espéroient principalement* [3]. »

Or, jamais espoir ne fut mieux fondé que le leur, le jour où, pour assurer le salut de Montpellier menacé par Damville, ils confièrent à Chastillon la défense de cette ville, à laquelle il était et resta toujours particulièrement attaché.

« Les assiégés, dit Gaches (mss., f° 260) se résolurent à
» se bien deffendre contre un si cruel ennemy (Damville) qui
» les faisoit, tous les jours, assurer que, s'il pouvoit entrer,
» il les feroit tous mourir et mettroit la ville en cendres. —
» Et c'estoit une chose bien considérable, qu'en mesme
» temps que le mareschal ne respiroit que vengeance, feu et
» sang, ces pauvres assiégés prioient tous les jours le bon

---

1. Une note insérée au tome II, page 47 des *Pièces fugitives* d'Aubaïs contient la remarque suivante : « François de Coligny, seigneur de Chastillon, doit être mis au
» rang des grands capitaines. Le détail de ses actions militaires, fort négligées dans
» les deux articles où l'*Histoire des grands officiers* parle de lui, seroit très
» intéressant. »

2. Sur la foi du bruit, alors répandu à la cour, que Condé se disposait à prendre le commandement des réformés en Languedoc, Henri III écrivit, le 23 septembre 1577 à Damville : « Mon cousin, je viens d'estre adverty que mon cousin le prince de
» Condé, qui est allé à Agen avec mon frère le roi de Navarre, est délibéré de
» passer de là en Languedoc pour y commander et s'arrester avec ceux de son
» party; de quoy je vous ay bien voulu donner ce mot d'advis afin que vous
» preniez garde et vous efforciez, de tout vostre possible, à le prendre par les
» chemins, qui seroit bien le plus grand service que me sçauriez jamais faire... Je
» vous prie de donner tout le meilleur ordre que vous pourrez à ceste affaire. »
(Bibl. nat., mss. f. fr., vol. 3,333, f° 59.)

3. D'Aubigné, *Hist. univ.*, t. II, liv. III, ch. XX.

» Dieu de luy changer le cœur et le maintenir en sa garde.
» — Et firent sortir, à sa vue, des troupes de Montpelier
» conduites par M. de Chastillon, pour aller assister la ville
» de Nismes attaquée par le mareschal de Bellegarde, lequel
» fut chassé de la province par ledit sieur de Chastillon, qui
» lui deffit toute son infanterie et constreignit de repasser le
» Rosne et se retirer en Provence. — Ledit sieur de Chastil-
» lon s'en allant au secours de Nismes, se saisit de Mauguio
» et y laissa son jeune frère Odet de Coligny, comte d'Ande-
» lot, avec une grosse garnison. — Le mareschal irrité de
» cela, avec toute sa cavalerie fait faire le dégast et brusler
» les environs. Ce qui ayant esté rapporté au sieur de Chas-
» tillon, qui venoit de délivrer Nismes, le presse pour le
» secourir, et par son arrivée fait retirer le mareschal à son
» camp. »

Les troupes réunies par le maréchal sous les murs de Montpellier étaient considérables; la place était depuis longtemps serrée de si près que ses habitants finirent par se voir en proie aux horreurs de la faim. Ce fut alors que, pour les arracher à leur effroyable situation, Chastillon, dominant leur désespoir, accomplit un véritable prodige[1].

Écoutons, à cet égard, le récit animé d'un homme qui connut de près l'héroïque fils de Coligny[2] :

« La ville estant à la faim, les habitans et les soldats
»' mesmes se mirent à murmurer contre les chefs jusques à
» les vouloir haster à capitulation. Sur quoy Chastillon

---

1. Il avait déjà fait preuve d'une singulière énergie à Montpellier même, car voici ce que rapporte Gaches (*Mém.*, mss., f° 248) après avoir parlé de la défection de Damville : « M. de Chastillon ayant assemblé les principaux, ils résolurent de
» se saisir de la citadelle, bien que la mareschale fut dedans; et à l'instant elle fut
» prise et rasée. Madame la mareschale fut trouver le mareschal avec ses enfans
» et tout son train à Pézenas. »

2. D'Aubigné, *Hist. univ.*, t. II, liv. III, ch. xx. — Un autre récit que celui de d'Aubigné peut aussi être utilement consulté : c'est le récit que contiennent les *Mémoires de J. Gaches*. (Mss., loc. cit., f° 261, 262, 263, 264, 265.)

» s'offrit de sortir pour aller chercher du secours chez
» les voisins et alliez, promettant que, fort ou foible, il vien-
» droit au combat, ou pour lever le siège, ou pour leur
» venir donner les mains et les tirer de celles d'un ennemi
» sans pitié.

» Ayant donc laissé ses deux frères pour arrhes de ce
» qu'il avoit promis, et reçu des assiégez le serment de
» l'attendre, se deussent-ils entre-manger, Chastillon choi-
» sit, de nuit, un corps de garde des moins retranchez, le
» brise, renvoye son escorte, se jette dans les Cévennes,
» tourne en Rouergue, à Castres, à Montauban, de là fait
» une diligence jusques à Bergerac vers le roi de Navarre,
» obtient de luy des lettres vers ceux qu'il avoit déjà dis-
» posez, fit valoir ses rendez-vous, comme il put, si bien,
» qu'en dix-neuf jours, il se trouva de retour à Gigean, où
» il compta trois mil hommes de pied et trois cents che-
» vaux, tout cela commandé par le vicomte de Paulin, Boi-
» saisne, Déisme, Vaqueresse, Yollet et autres capitaines
» commandant des places, entre lesquels la plus grande dili-
» gence fut de Merle, qui amena, en si peu de temps, six
» cents hommes de Mende, en Gévaudan, laquelle il avoit
» prise quelque temps auparavant.

» Chastillon, sans donner un jour de rafraîchissement aux
» siens, bat aux champs, à la vue du maréchal et de son
» armée, se va jeter dans Mauguyot, à une lieue du Mas-
» Rouge et sur le bord de l'estang.

» Là se joignirent à lui, le lendemain, Thoré, Saint-Ro-
» main, gouverneur d'Aiguesmortes, Bouillargues, Lecques,
» Porquerez et Saint-Cosme qui commandoit les gens de pied ;
» tout ce monde faisant douze cents hommes, si bien que le
» tout montoit à quatre mil hommes de pied et près de cinq
» cents chevaux.

» A soleil levant, ce gros marche en forme de bataille

» vers le pont de Castelnau, devant et assez près duquel il
» y a une petite montagne de rochers rompus qu'on appelle
» le Crest. Le mareschal avoit logé là-dessus la fleur de son
» infanterie, et dans le vallon devers lui sa cavalerie legère
» pour les soutenir ; or, falloit-il forcer cela, qui vouloit pas-
» ser plus outre vers le pont.

» Pourtant Chastillon découple quelque infanterie pour
» taster ceux de la montagne, qui les reçurent d'abord gail-
» lardement, mais importunez du premier rafraîchissement,
» lâchèrent le pied, non pour longtemps, car ayant joint
» leur gros, ils tournent visage et font quitter aux réfor-
» més ce qu'ils avoient gagné. A ceste descente Chastillon
» y court, tue sa haquenée devant ses compagnons, leur
» demande s'ils venoient voir où il estoit, et, sur ceste honte,
» fut si bien soutenu, qu'il regagna le haut de la montagne ;
» et puis, estant couru à une escarmouche qui s'attaquoit
» vers le ruisseau, les catholiques regagnèrent encore le
» haut, et après le perdirent et regagnèrent encore deux
» fois.

» Ce combat ne fut pas sans grande perte, d'une part et
» d'autre, comme ayant duré quatre heures et plus ; mais,
» sur le soir, Chastillon y revint, appelant tout à soi, et y
» donna avec telle opiniastreté, que les catholiques lui quit-
» tèrent entièrement la montagne, et en se retirant, sans que
» les autres les desmêlassent, apportèrent l'effroi sur le pont
» de Castelnau, duquel les barricades faussées d'effroi, Chas-
» tillon perce dans la ville[1], et, sans se désarmer, fait atte-
» ler deux pièces qu'il mène au rais de la lune, battre le
» temple de Saint-Sey qu'il trouve déjà serré par les siens.

1. « Sept cents chevaux, trois mille arquebusiers et trois cents mulets chargés
» de deux sacs de farine, et quelques bœufs conduits par Thoré, Chastillon, Saint-
» Romain et le vicomte de Paulin entrèrent dans Montpellier le 1er octobre, et
» estant sortis sur-le-champ avec deux pièces de canon, battirent Saint-Sey, l'em-
» portèrent d'assaut. » (Aubais, *Pièces fugitives*, t. I, p. 207.)

» Il y avoit dedans pas moins de deux cents enfans de
» Gignac, qu'on y avoit choisit comme, dans le blocus, le
» plus incommodans les assiégez. Au premier pertuis fait,
» ceux de la ville mesmes s'y jettent en confusion, emportent
» et tuent tout ce qui estoit dedans.

» De cest effroi tous les corps de garde des assiégeans
» furent quittez, et le peuple, qui couroit aux barricades, y
» trouva tant de tonneaux et de cuves pleines de bled, au
» lieu de terre, que les habitans y firent leur récolte, voire
» avec telle abondance, que le pain, qui valoit un escu le
» jour d'auparavant, ne valoit qu'un sol le lendemain. N'es-
» timez pas fabuleuses ces barricades pleines de bled : c'est
» pour ce que les gens de guerre ayant eu tout le pillage du
» pays avoient empli ces vaisseaux des bleds qu'ils pen-
» soient vendre à leur bon point.

» Le jour venu, voilà les deux armées résolues à la ba-
» taille : les uns et les autres passent un couple d'heures à
» déjeuner et à leurs dévotions, cependant que les chefs
» partageoient leurs bataillons, lesquels ils eurent formés à
» neuf heures, Chastillon en dressant autant comme le ma-
» reschal en avoit déployé en la plaine du Mas-Rouge, sans
» autre artifice que de choquer troupe pour troupe et front
» pour front ; tous marchoient à vue les uns des autres, et
» les enfans perdus, avec quelque cry de joie, commen-
» çoient à accommoder le poulverin, quand un courrier arri-
» vant entre les deux armées fit donner deux mots de hu-
» chet à son postillon, afin qu'on ne le tirast pas ; c'estoit
» Lanoue qui arrivoit de la part du roi de Navarre vers
» Thoré, et de celle du duc de Montpensier vers Damville,
» apportant aux uns et aux autres la paix arrestée, signée
» et publiée à Bergerac, et cela, à la fin de septembre[1].

1. Quelques mois avant la conclusion de cette paix, et alors que seulement étaient entamés des pourparlers d'une nature peu rassurante pour les réformés,

« Les deux armées ayant fait halte, Lanoue arriva pre-
» mièrement vers Thoré et Chastillon. Ceux-ci répondirent
» qu'ils vouloient prendre leur pair sur le jeu du mareschal,
» vers lequel il fallut que le courrier se retirast.

» Là il fut très-bien reçu, tant pour la très-grande amitié
» que son vieil capitaine lui portoit, comme aussi pour ce
» que l'ambassade n'estoit point de mauvais goust : et le
» mareschal, qui sentoit de l'estonnement parmy les siens,
» bien que plus forts d'un tiers, fit, de bon cœur, publier la
» paix, le premier, pour s'en retourner vers Pezenas, et les
» autres se rafraischir vers Montpellier. »

Chastillon rentra dans cette ville avec le sentiment d'un grand devoir accompli : il venait de la sauver.

Où trouver, dans l'histoire, l'exemple d'une grande cité redevable de sa délivrance à un héros de vingt ans, triomphant d'obstacles aussi ardus que ceux qu'affronta Chastillon ?

Quel magnifique début que le sien dans la carrière des armes, et de quels nouveaux exploits ne fut-il pas le présage !

Mais il y a plus : le principal titre du fils de Coligny à l'estime et à la sympathie des gens de cœur, c'était sa valeur morale. Sans parler de ce qui en constituait l'essence, c'est-à-dire, de sa piété, dont nous le laisserons nous fournir lui-

---

Th. de Bèze avait écrit à de Lanoue : « J'ay grande crainte qu'on se serve de cette
» paix comme des autres ; joint que je ne puis voir comment, en bonne conscience,
» nous puissions consentir à limiter l'esprit de Dieu à certains lieux, surtout à le
» forclore des villes, qui ne meurent et ne changent point comme les cœurs et les
» maisons des princes et autres hommes, de quelque qualité qu'ils soient. Je voy
» aussi peu que nous ayons pû consentir à l'impunité entière des massacres, et nous
» fermer entièrement la porte pour en demander quelque jour justice, quand Dieu
» en aura fait ouverture. Et ne peut entrer en mon entendement que Dieu puisse
» ny veuille bénir tels accords ; de sorte que je conseillerois plustost de mettre la
» teste sur le bloc et souffrir toutes choses sans résistance, s'il en falloit venir là,
» qu'approuver telles conditions. » (Lettre du 18 mai 1577, ap. Amyrault, *Vie de Fr. de Lanoue*. Leyde, 1661, in-4°, p. 223.)

même, en un langage pénétrant, maintes preuves, dans la suite de ce récit, essayons de donner une idée des hautes facultés qui le distinguèrent, et même de l'aspect extérieur de sa personne, d'après une simple esquisse tracée par un contemporain, et que voici [1] :

« François de Chastillon estoit très-capable, fust en vail-
» lance, fust en conseil et conduite; car il estoit très-sage,
» tout jeune qu'il estoit, et tout vaillant et hasardeux, qu'on
» n'en eust sceu trouver d'autre qui le fust plus que luy. Il
» représentoit en tout le père par le visage fort, mais la
» mère (qui estoit petite, sortie de la maison de Laval et du
» Lude) en petitesse. Je laisse donc à penser comment l'ex-
» traction de ces braves races de Chastillon, Laval et
» Lude luy aidoient à le faire vaillant comme il estoit; et
» fort froid avec cela, comme le père, et point esmeu,
» sinon sur l'heure du combat. Au reste, qui est le bon,
» il estoit homme de bien et de claire vie, craignant
» Dieu. »

Tel étant Chastillon, on comprend aisément que le roi de Navarre, qui venait de rencontrer en lui un ferme soutien, tînt à ce que la garde de Montpellier lui fût confiée, à titre de gouverneur de cette *place de sûreté,* accordée ainsi qu'Aigues-Mortes, aux réformés, dans le Languedoc [2]. Damville, homme de cour, restant gouverneur de la province entière, qu'il entendait régenter à sa guise, nul n'était de force, comme Chastillon, à le surveiller de près, à résister à ses procédés autocratiques et à déjouer ses manœuvres contre les réformés. Le maréchal, qui avait trahi ceux-ci, ne pouvait manquer, après sa défection, de leur demeurer hostile. Voilà ce que savait le roi de Navarre. Aussi, sans laisser d'ailleurs entrevoir le fond de ses pensées au roi de

---

1. Brantôme, édit. L. Lal., t. VI, p. 202, 203.
2. Traité de septembre 1577, art. 59.

France, présenta-t-il Chastillon comme devant occuper le poste de gouverneur de Montpellier. La présentation fut agréée.

On lit, à ce sujet, dans des instructions adressées par le roi de France à Damville [1], le 29 novembre 1577 : « ... Pour
» le Languedoc, Sa Majesté ayant agréable que M. le mares-
» chal de Damville, gouverneur et son lieutenant général
» audit pays, y continue sa charge, pour la confiance
» qu'elle a de sa fidélité et dévotion au bien de son service,
» elle veut et lui ordonne qu'il face publier l'édit de pacifica-
» tion... Les villes de Montpellier et Aiguesmortes, avec la
» tour de Carbonnières, sont du nombre des huit que Sadite
» Majesté a, par son édict de pacification, délaissées en garde
» à ceux de la religion prétendue réformée pour leur seureté,
» ès quelles Sadite Majesté leur a accordé qu'ils pourront
» retenir pour la garde d'icelles, à savoir : en celle d'Aigues-
» mortes, cent cinquante hommes, sous la charge du sieur
» de Saint-Romain, et cent hommes, en celle de Mont-
» pellier, sous la charge du sieur de Chastillon, lesquels
» sieurs de Saint-Romain et de Chastillon ont esté présentés
» par le roy de Navarre à Sadite Majesté pour commander
» ès dites villes, dont elle leur a fait expédier ses lettres de
» commission pour ce nécessaires, qui sont présentement
» envoyées audit sieur mareschal pour les leur délivrer. Mais
» avant que de ce faire, il leur fera prêter serment de bien
» et fidèlement garder lesdites villes à Sadite Majesté, et
» au bout et terme de six ans, les luy rendre et restituer,
» ou à celuy qui sera par elle commis, au mesme estat
» qu'elles leur sont baillées, avec toutes les pièces d'ar-
» tillerie et munitions qui y sont, appartenant à Sadite

---

1. Bibl. nat., mss. f. fr., vol. 3,250, f° 84 et suiv. — Voir aussi une lettre de Henri III à Damville, également en date du 29 novembre 1577. (Bibl. nat., mss. f. fr., vol. 3,420, f° 17.)

» Majesté, dont à ceste fin sera fait bon et loyal inventaire,
» que ledit sieur mareschal retirera signé de leurs mains, et
» pareillement un acte, aussi signé de leurs mains et scellé
» du scel de leurs armes, de la prestation dudit serment,
» lequel se fera conformément au contenu de l'article de
» l'édict qui en fait mention, pour envoyer le tout à Sadite
» Majesté ; ayant esté accordé que là ou aucun desdits sieurs
» commis à la garde desdites villes se gouverneroit inso-
» lemment et malverseroit en sa charge, contrevenant audit
» édict, en ce cas le roy de Navarre sera tenu de l'en dépos-
» séder et d'en présenter à Sadite Majesté un autre pour
» estre mis en sa place. Au moyen de quoy ledit sieur
» mareschal se prendra garde de leur déportemens et en
» advertira Sadite Majesté. »

Le moment où Chastillon venait d'être nommé gouverneur de Montpellier fut précisément celui que choisit un fidèle ministre de l'Évangile, Jean de Léry, pour joindre aux félicitations qu'il lui adressait, à propos de sa nomination, l'expression d'une réelle gratitude en souvenir du généreux accueil que lui avait fait naguère, à Berne, le fils de l'amiral. On lit, en effet, dans la dédicace insérée par Jean de Léry en tête d'un ouvrage qu'il venait de terminer [1], et adressée, le 5 décembre 1577, « à l'illustre et puissant seigneur
» François, comte de Coligny, seigneur de Chastillon, »
ce passage : « Vostre constance et magnanimité en la
» défense des églises réformées de ce royaume faisant
» journellement remarquer combien heureusement vous
» suyvez les traces de celuy qui vous ayant substitué en
» son lieu, soustenant ceste mesme cause, y a espandu
» jusqu'à son propre sang, j'ay esté du tout induict de
» m'adresser droit à vous, ensemble pour reconnoistre

---

1. *Histoire d'un voyage fait en la terre du Brésil, autrement dite Amérique*, etc. La Rochelle, aut. Chuppin, 1578, in-8°.

» aucunement le bon et honneste accueil que vous me
» fistes en la ville de Berne, en laquelle, après ma déli-
» vrance du siège famélique de Sancerre [1], je vous fus
» trouver... M'asseurant sur vostre naturelle débonnaireté
» recevant ma bonne affection, je n'ay point faict difficulté
» d'offrir et dédier ce que j'ay peu, tant à la saincte mémoire
» du père que pour tesmoignage du très-humble service
» que je desire continuer aux enfans. Sur quoy, monsieur,
» je prieray l'Éternel qu'avec messieurs vos frères et Mme de
» Téligny, vostre sœur, plantes portans fruits dignes du
» tronc d'où elles sont issues, vous tenant en sa saincte pro-
» tection, il bénisse et fasse prospérer de plus en plus vos
» vertueuses et généreuses actions. »

Quelque peu partisan qu'il fût du traité de 1577, qui restreignait singulièrement la portée de celui de 1576, dont il déplorait l'abrogation, Chastillon se fût cependant soumis aux restrictions inscrites dans le plus récent de ces traités, s'il eût vu les adversaires des réformés en exécuter franchement les dispositions. Mais rien de tel n'eut lieu : Damville, tout le premier, parmi ces adversaires, commit diverses infractions au traité de 1577, et raviva par là les hostilités dans l'étendue de son gouvernement.

Chastillon, se considérant alors comme affranchi des liens de la subordination vis-à-vis du maréchal, qui de gouverneur se transformait en ennemi, n'écouta que son devoir de défenseur des réformés, et chercha aussitôt à fortifier leur situation dans le Midi en leur assurant la possession de plusieurs places.

Ce fut ainsi que, sans se laisser décourager par l'insuccès d'une tentative dirigée contre Lavérune, il parvint à se rendre maître de Pignan, de Cournon-le-Sec, de Cournon-

1. Voir *Récit du siège de Sancerre*, par Jean de Léry, 1574, in-8°.

Terral et de Sernhac, et qu'ayant dû évacuer cette dernière place, il emporta d'assaut Bezonce.

Avec le début de ces hardies opérations coïncidèrent, çà et là, divers soulèvements partiels provoqués par l'arbitraire âpreté de Damville, et contre lesquels, en chef timoré, il osa d'autant moins lutter, qu'il les croyait appuyés par Chastillon. « En Languedoc, dit d'Aubigné [1], où le maréchal
» Damville ne voulut permettre que les soldats de Béziers,
» Pézénas, Carcassonne, Castelnaudary et autres, qui
» avoient fait la guerre avec Chastillon, rentrassent en
» leurs maisons, quelque permission qu'ils en eussent par
» l'édict, cela fut cause que les uns se rangèrent avec le
» capitaine Fournier, à Braquerolles, les autres avec Baccon
» à Tezan, d'où ils faisoient la guerre, levoient contri-
» butions et prenoient prisonniers... On n'osoit les asssiéger,
» tant pour le respect de leur courage déterminé que
» pour le soupçon qu'on avoit qu'ils fussent favorisés par
» Chastillon. »

Là où il redoutait d'attaquer de front des adversaires, Damville ne se faisait pas faute de recourir contre eux à de ténébreuses manœuvres. Il n'était même sorte d'expédients, tout à la fois lâches et cruels [2], qu'il ne mît en jeu pour satisfaire son animosité contre ses alliés de la veille. On en jugera par le fait suivant qui se place en 1578 [3].

---

1. *Hist. univ.*, t. II, liv. IV, ch. II.
2. Voir, pour les détails, Ménard, *Hist. de Nîmes*, édit. de 1875, t. V, p. 152. — Déjà Damville avait fait preuve d'une lâche cruauté lorsqu'il assiégeait Montpellier, ainsi que le rapporte d'Aubigné. (*Hist. univ.*, t. II, liv. III, ch. XX.) « Il arriva, dit-il,
» qu'en l'une des sorties (des assiégés), Bernardin, avec une troupe d'Italiens, coupa
» chemin de retraite à Cornaton, autrefois enseigne de l'amiral, et le prit avec le
» capitaine Saint-Gla et trois autres hommes de marque. Ils furent menez au logis
» du mareschal, lequel commanda qu'on leur donnât bien à souper ; quoi faisant,
» son prévost les vint prendre à table, les mena dans l'écurie, et là, sans aucune
» façon de procès, les fit pendre tous cinq, contre les supplications et remontrances
» de la noblesse qui se trouva là. » — Voir aussi les faits signalés par Gaches. (*Mém.*, mss., *loc. cit.*, f°s 258, 259.)
3. Voir *La France protestante*, 2e édit., v° Baudéan, col. 972.

Il avait, en 1574, nommé gouverneur de Beaucaire Pierre de Baudéan, seigneur de Parabère, qui pouvait alors lui être utile parmi les réformés. Quatre ans plus tard, Parabère demeurant fidèle à ses convictions et à ses coreligionnaires, sans cesser d'ailleurs de remplir ponctuellement ses devoirs de gouverneur, il résolut de le perdre, en poussant secrètement les habitants de Beaucaire à se révolter contre lui. Ceux-ci servirent à souhait le maréchal, en immolant Parabère.

Toutefois, il fallait plus encore à Damville; il voulait s'emparer du château de Beaucaire, et il réunit sous ses murs des forces considérables. Mais une lutte formidable allait s'engager, car Baudonnet, le vaillant lieutenant de Parabère, s'était, avec des hommes résolus, enfermé dans le château, où, à son exemple, « ceux de dedans n'avoient
» point esté paresseux d'appeler Chastillon, et lui encores
» moins de mettre ensemble trois mille hommes de pied,
» avec lesquels il s'étoit jeté dans la place[1]. »

Voilà donc, une fois encore, Chastillon aux prises avec Damville. Celui-ci devait, malgré la supériorité numérique des forces dont il disposait, rencontrer une résistance prolongée, qu'atteste clairement une correspondance officielle, dont il importe d'autant plus de reproduire les principaux fragments, qu'ils montrent quels soucis incessants causaient au roi, à la reine mère et à Damville l'habileté et l'infatigable ardeur de Chastillon.

Catherine, qui venait d'arriver dans le Midi pour y intriguer, annonça d'Auch, le 7 octobre 1578, au maréchal « qu'elle informoit son fils le roy de Navarre de ce qu'elle
» avoit entendu du sieur de Chastillon, pour le fait de Beau-
» caire, et qu'elle prioit ledit roy de luy envoyer une lettre
» portant un désadveu de ce faict[2]. »

---

1. D'Aubigné, *Hist. univ.*, t. II, liv. IV, ch. II.
2. Bibl. nat., mss. f. fr., vol. 3,247, f° 17.

Le 11 du même mois, Catherine manda, de Port-Sainte-Marie, à Damville[1] : « Mon cousin, je m'estois resjouie
» d'avoir entendu par le sieur de ... et ma cousine, vostre
» femme, que le sieur de Chastillon se feust retiré de l'entre-
» prise de Beaucaire; mais, à ce que mondit fils le roy de
» Navarre m'a mandé de Nérac, où il s'en alla avant-hier
» pour deux ou trois jours, le sieur Dandelot, frère dudit
» sieur de Chastillon, s'est mis dans le chasteau dudit Beau-
» caire, qui ne peut estre qu'à très-mauvaise intention. Tou-
» tefois mon fils le roy de Navarre m'en ayant advertie par
» le sieur vicomte de Turenne, m'assure aussy que celuy
» qu'il a encore pardelà, comme je vous ay cy-dessus escript
» pour le faict dudict Beaucaire, en fera sortir ledit sieur
» Dandelot et remettra ledict chasteau suyvant l'intention
» du roy mon fils. »

Presque au même moment, Henri III, singulièrement alarmé, crut opportun de s'adresser directement à Chastillon, ainsi que nous l'apprennent ces lignes[2] qu'il expédia, le 12 octobre, à Damville : « Je vous ay envoyé une lettre que
» j'ay escripte au sieur de Chastillon, et quatre pour faire
» distribuer à telles villes que vous adviserez de celles qui
» tiennent le parti de la religion prétendue réformée, pour
» les exhorter de ne prester aucune assistance à Baudonnet,
» en sa désobeyssance. Toutefois ayant depuis reçu une lettre
» que le maréchal de Bellegarde m'a escripte du 21 du passé,
» avec la copie d'une d'iceluy sieur de Chastillon audit Bau-
» donnet par laquelle se veoit qu'ilz sont bien avant en pra-
» tique ensemble, j'ay voulu encores faire une recharge
» plus expresse tant auxdites villes que audit sieur de Chas-
» tillon, telle que verrez par les lettres que je vous envoie
» ouvertes avec la présente pour vous en ayder ainsy que

1. Bibl. nat., mss. f. fr., vol. 3.247, f° 63.
2. Bibl. nat., mss. f. fr., vol. 3,341, f° 10.

» cognoistrez estre à propos ; ce que je remets à vostre pru-
» dence et bon jugement, vous advisant que j'ay aussi incon-
» tinent envoyé la susdite copye à la royne, madame ma
» mère, et l'ay priée d'y procurer et moyenner de ce costé-
» là le plus prompt et meilleur remède que se pourra. »

Chastillon, après avoir largement concouru à la défense du château et organisé les moyens propres à en assurer la prolongation, sous le commandement de Baudonnet, avait dû en sortir pour prendre part, ainsi que Thoré, à une conférence qui s'ouvrit à Nîmes avec le cardinal d'Armagnac, un député du vice-légat, et quelques autres personnages, et dans laquelle fut conclu, le 8 novembre 1578, un traité ayant pour objet de garantir la liberté des réformés dans les États du pape sis en France [1].

Chastillon, du reste, s'occupait toujours activement de secourir le château de Beaucaire ; ce dont s'alarmait Henri III qui, le 24 novembre, écrivait à Damville [2] : « Je suis, à bon
» droict, très-mal content du secours et rafreschissement
» que donne le sieur de Chastillon aux détempteurs de mon
» chasteau de Beaucaire. C'est une si manifeste contraven-
» tion et désobéissance à mon édict de pacification et irré-
» vérence à mes commandemens, que je ne seray satisfait ny
» à mon ayse, qu'elle ne soit réparée comme il appartient,
» ainsy que j'ay escript à la royne, madame ma mère, qui

---

1. « Il fut convenu que, dans les terres de la dépendance du pape, personne ne
» serait inquiété au sujet de la religion ; que les protestants seraient rétablis dans
» tous les biens, emplois et dignités dont ils avaient été dépouillés à cette occasion ;
» que ceux de Cabrières et des vallées qui avaient été vexés, au sujet de la reli-
» gion, rentreraient dans les biens qu'on leur avait pris depuis 1540 ; que chacun
» aurait la liberté de vendre son bien ; que, si les religionnaires voulaient vendre
» le leur, les syndics des lieux seraient obligés de le leur acheter à un prix raison-
» nable ; que les affaires civiles et criminelles des protestants seraient portées en
» première instance au sénéchal de Nîmes, et par appel en la chambre mi-partie
» de Languedoc, dont les juges connaîtraient de ces causes, non comme juges
» royaux, mais comme délégués du pape, etc. » (Ménard, *Hist. de Nîmes*, édit.
de 1875, t. V, p. 156.)

2. Bibl. nat., mss. f. fr., vol. 3,345, f° 13.

» n'en est pas moins *desplaisante* que je suys ; à quoy j'es-
» père que mon frère le roy de Navarre et ceulx de la religion
» prétendue réformée pourvoiront, à cette conférence, puis-
» qu'ils se monstrent si désireux de l'establissement de la
» paix publique en mon royaume. » — Quant au *déplaisir*
de Catherine, il se traduisait par des accès de colère,
ainsi que le prouvent ces lignes que, le 21 décembre 1578,
elle adressa, de Nérac, à Damville[1] : « Je vous asseure que
» je feray tout ce que je pourray affin que mon filz le roy
» de Navarre pourvoye à ce que le sieur de Chastillon se
» déporte de l'entreprise qu'il fait pour l'advitaillement du
» chasteau dudit Beaucaire ; je luy en ay, encores ce matin,
» parlé *en colère*, et ne cesseray jusques à ce que je voye
» qu'il y ait donné ordre, etc. »

Le mois de janvier 1579 touchait à sa fin, et Baudonnet,
grâce à l'assistance que Chastillon lui prêtait, continuait à
tenir dans le château de Beaucaire, qu'il voulait, disait-on,
ne remettre à nul autre qu'à cet auxiliaire généreux. Henri III
crut alors devoir s'adresser directement à Baudonnet et lui
dire[2] : « Ayant sceu que vous aviez promis au sieur de Chas-
» tillon de luy remettre le chasteau de Beaucaire (pourvu)
» que je l'aye agréable et que je luy accorde, j'ay estimé vous
» faire advertir sur cela de mon intention qui est que je n'ay
» délibéré d'accorder en aucune sorte ledit chasteau audit
» de Chastillon, et ne permettrai jamais qu'il y demeure et
» en jouisse, tant que Dieu me donnera quelque moyen de
» m'en faire obéir. »

La résistance des assiégés ne faiblissait pas encore au
début du mois de février, et Catherine de Médicis, peu confiante dans les doléances qu'elle faisait entendre à Nérac,
pressait Damville d'en finir avec le plus ferme appui du châ-

---

1. Bibl. nat., mss. f. fr., vol. 3,203, f° 18.
2. Lettre du 28 janvier 1579. (Bibl. nat., mss. f. fr., vol. 3,315, f° 35.)

teau de Beaucaire, en d'autres termes avec Chastillon, si ce n'était par la voie des armes, du moins par des sommations menaçantes, et, au besoin, par des entraves matérielles qui, toutefois, ne compromissent pas les négociations déjà entamées par elle. « Mon cousin, disait-elle au maréchal[1], par
» les dépêches que vous m'avez faictes, des 16 et 23 du mois
» passé, j'ay veu, à mon très-grand regret, les mauvais
» déportemens du sieur de Chastillon, dont je suis infiniment
» marrie, ayant cejourd'hui, incontinent vostre dernière
» receue, écrit aux sieurs du conseil privé du roy, monsieur
» mon fils, que j'ay envoyé depuis deux jours à Nérac pour
» commencer nostre conférence, la substance de vostredite
» dernière lettre, pour en faire instance à mon fils le roy de
» Navarre, et aux députés qui sont audit Nérac, lesquels, je
» pense bien, ne s'en soucieront non plus qu'ils ont accous-
» tumé. Aussi, n'est-il que bon que vous soiez monté à che-
» val, et les seigneurs que vous m'escripvez qui vous accom-
» pagnent, pour empescher ledit Chastillon et ses pernicieux
» desseings ; car la première chose que je feray traiter en
» ladite conférence, ce sera de pourvoir à sesdits mauvais
» déportemens et aussi à ceux de Bacon, Fournier et autres.
» Voylà pourquoy, mon cousin, il est nécessaire, qu'en re-
» poulsant telles gens, que j'estime que mondit fils le roy
» de Navarre et ceulx de la religion prétendue réformée
» n'advoueront point, vous regardiez de faire en sorte que
» ce soit sans préjudice à l'édict de pacification, estant néces-
» saire de les faire premièrement interpeller de poser les
» les armes et observer ledit édict, encore que je pense bien
» que, pour cela, ils n'en fassent rien; mais au moins sera-ce
» mettre le droit de nostre costé, et occasion de faire faire
» justice exemplaire de ceux que l'on pourra après attraper…

---

[1]. Lettre du 1ᵉʳ février 1579. (Bibl. nat., mss. f. fr., vol. 3,203, f° 38.)

» Je vous prie derechef regarder à vous comporter tellement
» que, empeschant le secours du chasteau de Beaucaire et
» lesdites pernicieuses entreprises desdits Chastillon, Bacon,
» Fournier et autres, ce soit, sans que, pour cela, nous
» rentrions en la guerre. »

Vers le 15 février, les ressources du château de Beaucaire étaient à peu près épuisées; pour la première fois, Chastillon venait d'échouer dans une tentative ayant pour but de venir en aide aux assiégés ; la situation de ceux-ci s'aggravait de jour en jour, et Henri III, dans l'espoir de leur prochaine défaite, écrivait à Damville [1] : « J'ay reçu par le sieur
» de Lacroix la lettre que vous m'avez escrite du 10 du
» mois passé, par laquelle j'ay sceu l'effort que Chastillon se
» préparoit de faire pour seconder les occupateurs du chas-
» teau de Beaucaire, et vostre délibération de vous y oppo-
» ser, de tout vostre possible, afin de me faire le service
» que de remettre cette place-là d'importance sous ma puis-
» sance. Depuis l'arrivée de Lacroix, j'ay entendu par
» quelques-uns qui sont venus de ce costé-là, que vous
» avez si bien faict, que les autres ont esté contraints de se
» retirer, de sorte que ceux dudit chasteau avoient com-
» mencé à parlementer; de quoy j'ay receu très-grand
» plaisir... je serai attendant en bonne dévotion la nou-
» velle de la reddition de ce chasteau, laquelle ne sauroit
» tarder, etc., etc. »

Les assiégés, en effet, réduits à la dernière extrémité, furent bientôt contraints de capituler. De là, ces quelques mots du roi au maréchal [2] : « J'ay esté merveilleusement
» ayse d'avoir eu asseurance de la réduction de mon chas-
» teau de Beaucaire, par les lettres que vous m'avez escrip-
» tes... Et avez très-bien fait d'avoir encore, depuis ladite

---

1. Lettre du 15 février 1579. (Bibl. nat., mss. f. fr., vol. 3,305, f° 43.)
2. Lettre du 6 mars 1579. (Bibl. nat., mss. f. fr., vol. 3,345, f° 55.)

» réduction, contraint Chastillon de quitter les lieux dont il
» s'estoit emparé. »

La reddition du château de Beaucaire précéda de peu de jours la signature du traité de Nérac, qui eut lieu le 28 février 1579, et à la conclusion favorable duquel contribua, plus qu'on ne le croit peut-être, la vigueur d'action déployée par Chastillon en maintes rencontres.

Ce traité élargissait les bases des concessions faites aux réformés par celui de 1577[1]. Chastillon, pour sa propre part, s'attacha à en assurer l'exécution, en Languedoc, et à établir un apaisement momentané dans les parties de cette vaste province sur lesquelles il pouvait exercer une influence directe.

1. Le préambule du traité de Nérac portait : « Pour faciliter l'exécution de l'édit » dernier de pacification fait au mois de septembre 1577, et éclaircir et résoudre » les difficultés qui sont intervenues et qui pourroient encore retarder le bien et » effet d'iceluy édit : a été, sur la requête, supplications et articles présentés par » ceux de la religion prétendue réformée, résolu et arrêté ce qui s'en suit en la » conférence tenue à Nérac en ce présent mois de febvrier 1579, entre la roine, mère » du roy, assistée d'aucuns princes et seigneurs du conseil privé du roy, et le roy » de Navarre, aussi assisté des députés de Msr le prince de Condé, seigneurs et » gentilshommes, et des députés de ceux de la religion prétendue réformée. »

CHAPITRE VI

Chastillon, madame l'amirale et le conseil de Berne. — Le roi de Navarre charge Chastillon de mettre le bas Languedoc en état de défense. — Alarmes de Catherine de Médicis, ses lettres à Damville et à Chastillon. — Guerre dite *des amoureux*. — Courte captivité de Chastillon. Lettres du roi de Navarre en sa faveur. — Chastillon va au secours de Nîmes, et réussit. — Il préside une assemblée qui assure la protection due, en temps de guerre, aux laboureurs. — Il reçoit Condé à Nîmes. — Conférences de Fleix. Édit. — Mort de d'Andelot, frère de Chastillon. — Lettre du roi de Navarre à l'occasion de cette mort. — Chastillon songe à se marier. Assistance et conseils de sa sœur. — Il épouse Marguerite d'Ailly. — Il se rend à Genève et à Berne. Accueil favorable qu'il y reçoit. — Son retour en Languedoc. — Son dévouement aux intérêts des Genevois et des Bernois. — Lettres qu'il adresse aux uns et aux autres. — Lettre de Condé. — Mariage de Louise de Coligny avec Guillaume, prince d'Orange. — Naissance du premier enfant de Chastillon. — Naissance du fils de Louise et de Guillaume. — Mort de Mme d'Andelot. — Chastillon se rend en Béarn. — Il écrit à l'électeur de Cologne. — Il assiste à une assemblée des églises réformées qui se tient à Montauban. — Guillaume d'Orange est assassiné. — Lettre de Chastillon au comte Jean de Nassau au sujet du veuvage de Louise de Coligny. — Nouvelles infortunes de madame l'amirale. — Fermeté de Chastillon.

Retenu par d'impérieux devoirs en Languedoc, où il conservait auprès de lui ses deux frères, Chastillon ne pouvait, pas plus depuis la signature du traité de Nérac qu'auparavant, se rendre dans le centre et dans l'ouest de la France, pour y voir, soit Mme de Téligny, qui, depuis son retour, en 1576, s'était fixée à Lierville, en Beauce, soit Mme d'Andelot, qui habitait, avec ses plus jeunes enfants, le château de Tanlay, soit le comte de Laval, dont le château de Vitré, en Bretagne, était la principale résidence. Éloigné ainsi, pour un certain temps encore, de ces divers membres de sa famille, il entretenait du moins avec eux une correspondance dont il est malheureusement impossible de retrouver aujourd'hui les éléments. Il en est de même des lettres échangées entre lui et sa seconde mère, au sort de laquelle il ne cessait de porter le plus tendre intérêt. Celle-ci, du fond de la Savoie, suivait, de cœur et de pensée, le jeune héros dans les péripéties de sa valeureuse carrière.

La condition de cette noble femme, après trois années d'indicibles souffrances, s'était modifiée, en 1575. Le duc, sous le joug duquel elle languissait, ouvrant la voie à une sorte de réconciliation entre lui et sa prisonnière [1], s'était alors relâché, en ce qui la concernait, de ses exigences quant à la religion, en la laissant à peu près libre de suivre la croyance à laquelle elle demeurait attachée, et il avait consenti à sa sortie de prison, ainsi qu'à la restitution de ses biens, moyennant la promesse qu'il lui avait fait souscrire de ne prendre, si jamais elle songeait à se remarier, d'autre époux que celui qu'il agréerait pour elle. A cette promesse s'était ajoutée celle que, lorsque Béatrix, fille de Jacqueline d'Entremonts, serait en âge d'être mariée, sa mère l'unirait à un personnage que le duc lui destinait par anticipation.

Philibert-Emmanuel s'était assuré, de la sorte, le moyen de tenir, en tout temps, sous sa main les biens considérables de madame l'amirale. Il les y tenait, en effet, ainsi que leurs revenus, avec une telle âpreté que, en 1579, et plus tard encore, elle n'avait même pas à sa disposition la somme nécessaire pour aider, comme elle le désirait, Chastillon à désintéresser certains créanciers [2] auxquels il avait remis en gage des bijoux de famille, dont le retrait était pour lui

---

1. Voir, sur ce point, 1° articles arrêtés, le 1er mai 1575, entre le duc de Savoie et madame l'amirale; — 2° Conventions du 11 septembre 1575; — 3° Ratification du 23 septembre 1575; — 4° Lettre de madame l'amirale au duc de Savoie du 26 septembre 1575; — 5° Ratification du 11 octobre 1575. (Archivio generale del regno. Torino.)

2. Lettres de l'avoyer et du conseil de Berne du 12 avril 1578 à Chastillon, et des 5 février, 26 septembre 1579, 22 juin 1580, à madame l'amirale. (Archives de Berne, *Wellsche missiven Buch*, vol. G, fos 83, 118, 148, 167.)— Lettres de madame l'amirale à l'avoyer et au conseil de Berne des 11 juillet, 28 septembre 1579 et 15 janvier 1581. (Archives de Berne.)

d'une haute importance. De là, pour Chastillon, dans l'insuffisance prolongée de ses ressources personnelles à cette époque, le vif souci que lui causait l'impossibilité de se libérer immédiatement des emprunts qu'il avait été obligé de contracter, dans l'intérêt de ses frères aussi bien que dans son propre intérêt; souci dont plusieurs lettres de lui portent l'empreinte.

De ces lettres, les premières en date sont adressées au conseil de Genève; si, d'une part, Chastillon y réclame les bons offices de ce conseil, de l'autre, en homme de cœur, il fait preuve, vis-à-vis de lui, d'une profonde reconnaissance pour le passé, et d'un dévouement sans réserve pour le présent et pour l'avenir, dévouement qui se traduira bientôt par des actes éclatants.

« Messieurs, écrit-il de Montpellier [1], envoyant le sieur
» de Pâris, présent porteur, vers madame l'amyralle, ma
» mère, pour quelques affaires que j'ay avec M. l'avoyer de
» Melunen, je luy ay donné charge, en passant, de vous
» offrir, de ma part, tout ce qui est en ma puissance, et vous
» asseurer que ce que jamais il vous plaira de m'employer
» pour vostre secours, vous me trouverez autant disposé à
» vous obéir, qu'autre de ce monde à qui vous pouvrez
» commander, et vous supplier en prendre, s'il vous plaist,
» telle asseurance et croire que ne se présentera jamais
» occasion, que je ne vous le fasse paroistre. »

Quelques jours après, il ajoute [2] : « Je vous escrivis dernièrement par le sieur Pâris, vous suppliant favoriser les
» affaires pour lesquels je l'avois dépesché, qui est pour
» retirer les bagues que j'ay à Berne et Basle, et m'ayant
» ledit sieur Pâris escrit que ceste affaire n'avoit peu succéder selon que j'espérois et avoir bien besoing de vostre

---

1. Lettre du 7 mars 1579. (Archives de Genève, portef. histor., n° 2.004.)
2. Lettre du 16 avril 1579. (Archives de Genève, portef. histor., n° 2.004.)

» bon crédit et faveur, tant vers les seigneurs de Berne et
» Basle, que particuliers qui tiennent lesdites bagues en
» gaige, j'ay pensé que vous ne trouveriez point mauvais
» que je vous suppliasse, comme je fais très-humblement,
» vouloir adjouster aux grandes obligations que vous avez
» de longtemps sur moy ceste nouvelle, de me despartir de
» votre faveur en ceste affaire, selon que ledit sieur Pâris
» vous en pourra faire plus particulières supplications de
» ma part; et ce sera, messeigneurs, pour me tenir de plus
» en plus en affection de vous faire, toute ma vie, très-humble
» service, à quoy je m'employeray tousjours aussy volon-
» tiers et comme à chose qui m'est de plus particulière
» affection; vous suppliant en oultre ne vouloir donner,
» selon vos sagesse et prudence, aucune foy à quelques
» (bruits) que j'apprends avoir couru par delà à mon dés-
» advantage, pour ce qui s'est passé à l'entreprise de Beau-
» caire, mais prendre (soin) à en estre informez par ceux
» qui ont veu et cogneu les occasions et circonstances qui,
» je m'asseure, estant bien entendues, feront connoistre la
» fausseté des bruits que l'on a fait courir. »

Chastillon écrit aussi aux Bernois, au sujet de la mission qu'il a confiée à de Pâris, et dans l'accomplissement de laquelle « je vous supplie, dit-il, de vouloir croire ce qu'il
» vous dira aussy de la bonne affection que j'ay de pouvoir
» recongnoistre par quelques bons services les bons offices
» d'amytié que j'ay receus de vous [1]. »

De son côté, Jacqueline d'Entremonts, après avoir conféré, en Savoie, avec de Pâris, l'avait chargé de visiter, de sa part, les membres du conseil de Berne et de leur exposer une situation, à raison de laquelle elle écrivait [2] « qu'elle

---

[1]. Lettre du 26 juin 1579. (Archives de Berne. — *Bulletin de la Soc. d'hist. du prot. fr.*, t. XVII, p. 587.)

[2]. Lettre du 11 juillet 1579. (Archives de Berne. — *Bulletin de la Soc. d'hist. du prot. fr.*, t. XVII, p. 588.)

» les suppliait de ne s'ennuyer du long temps qui se passoit
» à satisfaire aux dettes de ses enfans. » Quelques mois
plus tard, elle insistait sur ce même point, en ces termes [1] :
« Sest à mon grand regret que MM. de Chastillon ne vous
» peuvent sitots contenter qu'ils doibvent et que je desire.
» Je vous supplie très-humblement de croire qu'il ne tient
» à eux ; et, pour mon regard, je ne cesse pas, une seule
» heure, d'en chercher tous moyens : nous sommes tous les
» jours après; vous suppliant très-humblement, messei-
» gneurs, ne vous en ennuyer; vous nous obligerez de plus
» en plus à vous faire très-humble service. »

Aux soucis financiers s'ajoutaient, pour Chastillon, des soucis bien autrement graves : il souffrait, ainsi que sa sœur, de voir frappés de stérilité leurs communs efforts pour obtenir la mise à exécution des dispositions des traités de 1576 et de 1577 qui contenaient la promesse formelle de réhabilitation de la mémoire de leur père.

Alors que ces graves préoccupations de famille pesaient sur l'esprit de Chastillon, sans que toutefois elles l'eussent détourné du devoir d'assister à une assemblée générale que les églises réformées tinrent à Montauban, dans les derniers jours de juillet, le roi de Navarre, à l'issue de cette assemblée, fit appel au zèle de son jeune et habile lieutenant. Plein de confiance dans sa capacité comme organisateur militaire et dans sa bravoure, il le pressa de mettre le bas Languedoc en état de défense, et de répondre par des actes de vigueur aux excès commis par un parti qui croyait pouvoir se jouer impunément des droits que consacrait le dernier traité de pacification, et des prohibitions qui y étaient inscrites.

Chastillon obéit aux ordres du roi de Navarre, et son

---

1. Lettre du 28 septembre 1579. (Archives de Berne. — *Bulletin de la Soc. d'hist. du pr. fr.*, t. XVII, p. 588.)

obéissance suscita aussitôt des plaintes dont Catherine de Médicis, dans sa correspondance avec Damville, se rendit l'écho, comme si elle n'eût pas été la première instigatrice des infractions commises à ce traité par le parti hostile aux réformés et à leur royal protecteur, Henri de Bourbon.

« Je vous dirai, écrivait Catherine au maréchal, le
» 20 août 1579[1], que le roy mon fils m'escrit avoir esté
» souvent adverti que le sieur de Chastillon s'est retiré à
» Millau, en Rouergue, où il assemble et reçoit gens de
» toutes parts, avec lesquels il ne se passe guère de jour
» qu'il ne fasse des courses ou entreprises sur quelque ville,
» ayant naguères failly à surprendre Saint-Flour et Murat.
» Et ont ceulx de Rodez escript au roy mondit sieur et filz
» qu'ils ont descouvert deux entreprises qu'ils avoient toutes
» prestes à exécuter sur lesdites villes, et qu'ils venoient, à
» cause dudit Chastillon, en plus grande crainte et difficulté
» qu'en temps de guerre. Et combien que le roy mondit
» sieur et fils me mande en avoir escrit à mon fils le roy de
» Navarre pour mander audit Chastillon cesser ses mau-
» vais déportemens, toutefois j'ay bien voulu vous faire
» ce mot de lettre et vous prier, ledit sieur de Chastillon
» devant parler à vous, que je pense qu'il fera, suivant ce
» que nous advisasmes, à vostre partement, de luy faire
» une si bonne remonstrance sur cela, qu'il s'en puisse
» déporter, ou sinon il se peut asseurer que l'on fera pro-
» céder à l'encontre de luy par la voye de justice; car il est
» tout certain que le roy mondit sieur et fils veut l'établis-
» sement de la paix, et qu'il ne soit souffert à qui que ce
» soit d'y prétexter, sur les peines portées par ledit édict de
» pacification et articles de nostre conférence de Nérac.
» Mais si ledit Chastillon se comporte comme il doibt, en

[1] Bibl. nat., mss. f. fr., vol. 3,330, f° 14.

» bon et loïal subject, en observation des loix et ordonnances,
» il se peut asseurer que le roy mondit sieur et fils le gra-
» tiffiera fort volontiers, ainsi que luy pouvez dire. »

Comptant plus encore sur elle-même que sur l'intermédiaire de Damville, Catherine prit le parti de s'adresser directement à Chastillon et de lui tenir, dans une lettre datée de Grenoble[1], ce langage : « Monsieur de Chastillon,
» mon cousin le duc de Montmorency[2] s'en retourne en son
» gouvernement de Languedoc avec charge et comman-
» dement très-exprès du roy, monsieur mon filz, de faire
» bien observer et garder son édict de pacification et les
» articles de nostre conférence. Vous y pouvez beaucoup
» envers ceux de vostre religion, et, pour ceste cause, je vous
» ay bien voulu faire ce mot de lettre et vous prier croire,
» suyvant ce que j'ay donné charge à mon cousin le duc de
» Montmorency vous faire entendre, que, si vous vous
» employez en cela comme vous devez, vous ferez chose
» très agréable au roy mon filz, lequel aura par ce moïen
» occasion de le recognoistre envers vous, ainsi que je suis
» asseurée qu'il fera si bien que vous aurez grande occasion
» de l'entendre; me délibérant bien de vous y assister pour
» vous faire gratiffier quand je seray près de luy, si vous
» vous comportez comme debvez et faictes ce que vous
» pourrez pour l'établissement de la paix et exécution dudit
» édict et articles de ladite conférence, me remettant de
» tout ce que dessus à mondit cousin le duc de Montmorency,
» je n'estendray ceste-cy davantaige que pour prier Dieu,
» M. de Chastillon, vous avoir en sa saincte et digne garde. »

1. 7 septembre 1579. Bibl. nat., mss. f. fr., vol. 3.203, f° 58.
2. Damville était devenu duc à la mort de son frère aîné, François de Montmorency, décédé sans enfants, le 6 mai 1579. (Voir sur la mort du maréchal François de Montmorency, 1° une lettre de Diane de France à la duchesse d'Uzès, du 11 mai 1579. Bibl. nat., mss. f. fr., vol. 3,287, f° 34; — 2° une lettre de Madeleine de Turenne à la comtesse du Bouchage, du 23 mai 1579. Bibl. nat., mss. f. fr., vol. 3,327, f° 18.)

Six semaines s'étaient écoulées depuis l'envoi de cet étrange amalgame d'admonestations et de captieuses promesses dont Chastillon n'avait, à bon droit, tenu aucun compte, et Damville n'avait même pas vu son jeune cousin, quand Catherine, de plus en plus alarmée, écrivit, de Lyon, au maréchal[3] : « Je vous prie que vous faites envers le sieur
» de Chastillon, suivant les instructions par escript que je
» vous ay baillées, faisant tout ce que vous pouvez pour le
» ramener et remettre au chemin de son debvoir ; l'asseu-
» rant de la part du roy mondit sieur et fils et de la mienne,
» que, se comportant comme il doibt, il se peult bien asseurer
» qu'oultre le bien que luy et ses frères en recepvront,
» il évitera le danger où il se met, par la haine qu'avec
» raison beaucoup de gens luy portent, pour estre luy seul
» cause d'empescher le bon œuvre de la paix. Il a cest
» honneur d'estre vostre parent : voilà pourquoi je vous
» prie trouver moyen de parler à luy, et luy remonstrez et
» dictes franchement, comme je suis bien asseurée que ferez,
» le tort qu'il se fait et aux siens, et le mal dont seroit
» cause, s'il ne se rendoit obéissant comme il doibt, non-
» seulement à l'édict de pacification et articles de la con-
» férence, mais aussi à tout ce qui est du debvoir de bon
» subject. »

Quoi que pensassent et que fissent Catherine et Damville, les résolutions prises, à peu de temps de là, au sein de diverses assemblées tenues par les réformés à Anduze, à Sommières et à Alais, n'en devinrent pas moins, pour Chastillon, un important point d'appui, dans la lutte qu'il soutenait.

Le 15 avril 1580, éclata la guerre dite *des amoureux*. A une époque voisine de son début, vint se placer, dans le

---

3. Lettre du 23 octobre 1579. (Bibl. nat., mss. f. fr., vol. 3,330, f° 44.)

cours des opérations que Chastillon dirigeait alors pour sa propre part[1], un fait à peu près ignoré jusqu'ici, et que, seules, nous révèlent trois lettres du roi de Navarre.

Le sieur de Nesmond ayant été fait prisonnier par des partisans de ce prince et mis à rançon, l'ennemi, à titre de représailles, avait réussi, on ne sait ni où, ni comment, à s'emparer de la personne de Chastillon. Le roi de Navarre en fut informé, et aussitôt, pour faire cesser la détention de son fidèle lieutenant, en même temps que celle du sieur de Nesmond, qu'il tenait d'ailleurs pour un homme inoffensif, il écrivit les trois lettres suivantes[2] :

1° « A mon cousin M. le comte de Larochefoucaut.

» Mon cousin, j'ay entendu la prinse qui a esté faite du
» sieur Nesmond, lieutenant d'Angoulême, par les sieurs de
» Menguetières, de Boutiers, de Montbrison et de La Va-
» renne, disant en avoir commandement de moy, et, comme
» il a esté contraint se mettre à rançon de deux mille écus ;
» j'ai sceu aussy comme le sieur de Chastillon a esté prins
» pour représailles, pour luy faire payer pareille et semblable
» somme. Sur quoy je vous diray que le jour de prendre les
» armes et de faire la guerre a esté donné, le 15 de ce mois,
» mais de commandement pour..... ledit lieutenant, je n'en
» ay donné aulcun. Partant, je desire, en considération mes-
» mement du sieur président Nesmond et du sieur de Beral,
» gentilhomme servant la reine, ses frères, qu'il soit tenu
» quicte et deschargé de ladite rançon, sans qu'il en puisse

---

1. Perussis. ap. Aubaïs, *Pièces fugitives*, t. I, p. 233.
2. Bibliothèque de l'Institut de France, collect. Godefroy, vol. 269. — Au bas de chacune de ces trois lettres se trouve la mention que voici : « La présente copie
» a esté vidimée et collationnée à son original par les notaires royaulx en Ango-
« goulême, souscriptz, en la ville d'Angoulême, le sixième jour du mois de may
» l'an mil cinq cent quatre-vingts, Mousnier, notaire royal, Bellami, notaire royal. »

» estre poursuivi ou recherché, pourveu aussi que le sieur de
» Ruffet fera le semblable dudit sieur de Chastillon, et qu'ils
» demeurent tous deux quictes et deschargés. Toutefois, s'il
» y a des armes et des chevaulx prins d'une part ou d'autre,
» le droit de la guerre veult qu'ils demeurent, et n'entendz
» qu'on les puisse répéter. Je vous prie, mon cousin, traicter
» cela qu'il sorte effect, au desir de l'ung et de l'autre, et
» m'asseurant que le ferez, priant Dieu, mon cousin, vous
» avoir en sa saincte et digne garde. Escrit à Chasteljaloux,
» le 29° jour d'apvril 1580.

» Vostre affectionné cousin et meilleur amy,

« HENRY. »

2° « A M. de Chastillon.

» Monsieur de Chastillon, je suis bien marry de cette
» disgrâce, que l'on vous ait prins pour en délivrer ung
» aultre, auquel, sans vostre détention, je n'eusse pas laissé
» de faire ce plaisir pour sa liberté. Mais, puisque vostre
» prise est conditionnée, il est raisonnable que sa délivrance
» le soit pour la vostre, desirant bien vous faire paroistre
» par tous bons effects le tesmoignage de ma bonne volonté,
» de laquelle vous pouvez faire estat. J'en escripts à mon
» cousin M. le comte de Larochefoucaut, qui, je m'asseure,
» exécutera ce que je luy ay commandé. Sur quoy me re-
» mectant, je ne vous feray ceste plus longue que pour prier
» Dieu, monsieur de Chastillon, vous avoir en sa saincte et
» digne garde. De Chasteljaloux, le 29° jour d'apvril 1580.

» Vostre bien bon et asseuré amy.

» HENRY. »

3° « A M. Nesmond.

» Monsieur le lieutenant, je suis bien marry que le mal
» soit tombé sur vous de vostre prinse, ayant entendu qu'es-
» tiez amateur de paix et qu'avez tousjours esté particuliè-
» rement affectionné à mon service. La guerre que refaisons
» est contre les infracteurs des édits et ceux qui en ont em-
» pesché ou différé l'exécution. J'escrips à mon cousin M. le
» comte de Larochefoucaut qu'il vous fasse quicte de la
» promesse qu'avez donnée de deux mille écus pour vostre
» rançon, pourveu aussi que le sieur de Chastillon soit mis
» en liberté, comme il est bien raisonnable, puisqu'il a esté
» prins pour vous. Je m'asseure que mondit cousin le fera.
» Mais, quant aux armes et aux chevaux, cela est du droit
» de la guerre. Sur ce, je prie Dieu, monsieur le lieutenant,
» vous avoir en sa saincte et digne garde. De Chasteljaloux,
» ce 29° jour d'apvril 1580.

» Vostre bien bon amy,

» Henry. »

Promptement remis en liberté et investi d'une mission de haute confiance par une assemblée tenue à Alais en mai 1580[1], Chastillon se porta, aussitôt, sur Uzès, dont les habitants appelèrent à leur aide contre lui Damville[2].

Les catholiques s'étant emparés de La Calmette, d'où ils menaçaient Nîmes, Chastillon vola au secours de cette grande cité et la délivra du danger qu'elle courait, en se rendant maître de La Calmette, vers la fin de juillet, après un siège de quelques jours.

A ce brillant fait d'armes en succéda bientôt un autre.

---
1. Voir à l'*Appendice*, n° 29 *bis*.
2. Perussis, ap. Aubaïs, *Pièces fugitives*, t. I, p. 234.

Repoussé de La Calmette et de Nîmes, Damville était allé assiéger Villemagne : « Averti de venir, Chastillon mit, en » quatre jours, 450 chevaux et 5,000 hommes de pied aux » champs[1] » et força le maréchal à lever le siège.

Peu après, Chastillon présida une assemblée, à propos de laquelle Ménard[2] rapporte ce qui suit :

« On jugea à propos de laisser la liberté et une parfaite as-
» surance aux laboureurs ; ce qui fut délibéré dans une assem-
» blée générale des religionnaires, tant de la noblesse que
» du tiers état du bas Languedoc, qui se tint à Nîmes, au
» commencement d'octobre 1580, et à laquelle présida Fran-
» çois de Chastillon, qui commandoit dans le pays, sous
» l'autorité du roi de Navarre. Les consuls et diocésains de
» Nîmes et d'Uzès exposèrent à l'assemblée qu'on leur avoit
» signifié une ordonnance du maréchal de Montmorenci,
» couchée à la marge d'un cahier de plaintes que lui avoient
» présenté les consuls de Beaucaire, par laquelle il étoit sta-
» tué, conformément aux ordonnances royales, que les labou-
» reurs et leur bétail seroient exceptés, durant les hostilités
» et courses de guerre, tant dans le diocèse de Nîmes que

[1]. D'Aubigné, *Hist. univ.*, t. II, liv. IV. — Ce fut également en mai 1580 que le roi de Navarre adressa au conseil de Berne et à celui de Bâle des lettres dans lesquelles il disait : « Cognoissant les artifices desquels ont accoustumé d'user les » ennemis du repos de la France, voulant desguiser leurs continuelles conspirations » et sanglantes exécutions desquelles ils usent contre l'église de Dieu et gens de » bien de ce royaulme, j'ay advisé de vous faire entendre les persécutions et injus- » tices desquelles on a usé contre les pauvres fidèles de ce pays de Guyenne et de » Languedoc, sans jamais en avoir pu obtenir justice, par les déguisements et con- » nivences, tant des mareschaux de Montmorenci (Damville) et de Biron, des cours » des parlements de Toulouse et de Bordeaulx, qu'aultres officiers et ministres du » roy, lesquels, abusant de sa bonté, ont converti le nom de paix en une mauvaise » guerre et très cruelle vengeance sur tous ceulx qui faisoient profession de la » religion, laquelle les a contraintz, et nous, à leurs très-justes prières et doléances, » de nous armer pour empescher le cours des cruelles exécutions, et esmouvoir le » roy à nous faire justice de tant de meurtres et contraventions à l'édit, etc. » (Archives de Berne, *Frankreich*, vol. D, f° 803. — Archives de Bâle, L, 117, n° 77.) — Voir aussi deux lettres de Condé aux autorités de Berne et de Bâle, du 4 juin 1580. (Archives de Berne, *Ibid.*, f° 803; et archives de Bâle, *ibid.*, n° 78.)

[2]. *Hist. de Nîmes*, édit. de 1875, t. V, p. 163.

» dans celui d'Uzès; que Saint-Jalle, à qui il avoit été donné
» ordre d'en faire la publication, avoit écrit sur cela aux
» consuls d'Uzès, et que les habitants de Beaucaire écri-
» voient aussi, pour le même objet, à ceux de Nîmes. Sur
» quoy il fut délibéré que ceux de leur parti observeroient la
» même chose, de leur côté, dans ces deux diocèses, et que
» le maréchal de Montmorenci seroit supplié d'en faire une
» ordonnance plus ample, portant que, durant cette guerre,
» les laboureurs et autres ouvriers employés au travail de la
» terre, tant de l'une que de l'autre religion, auroient une
» entière liberté de labourer et de cultiver les prés, les vignes
» et les jardins, de manière que les gens de guerre des deux
» partis ne pourroient ni les faire prisonniers, ni saisir leur
» bétail, sous quelque prétexte que ce fût. — Cette délibé-
» ration, que l'assemblée prit le 13 octobre, fut autorisée, le
» même jour, par Chastillon. »

Chastillon voulut, à Nîmes, assurer une honorable réception au prince de Condé, son cousin, qu'il savait s'avancer
vers cette ville, en compagnie de Beutrich. « Ayant, dit La
» Huguerye[1], passé la rivière à la Gorce, avec l'escorte de
» l'infanterie dudit pays, nous arrivasmes à Uzès et à Nismes,
» au commencement de novembre, audit an (1580), où M. de
» Chastillon, fils digne de son père, gouverneur du bas païs
» de Languedoc, reçut ledit sieur prince fort honorablement
» et ledit sieur Beutrich, envoyé de la part de son maître,
» pour faciliter les affaires, en ce qui dépendait de son auto-
» rité, pendant qu'il faisoit la levée. »

A quelques jours de là se tinrent, au château de Fleix, en
Périgord, des conférences, à la suite desquelles intervint,
vers la fin de novembre 1580, un édit confirmatif de celui
de 1577 et des articles arrêtés dans la conférence de Nérac.

1. *Mémoires*, t. II, p. 77.

Ce nouvel édit n'eut d'autre portée que d'établir, entre les partis qui étaient aux prises, une sorte de trève, sur la fragilité de laquelle Chastillon ne s'abusa nullement.

A cette occasion, le roi de Navarre lui écrivit de Coutras, le 4 décembre 1580[1] : « Vous entendrez par le sieur de Beau-
» champ comme la paix a esté faicte et accordée, les occa-
» sions qui m'ont meu et incité à y entendre, et les nécessitez
» qui m'ont comme forcé à l'accepter. Je l'en ay bien au
» long instruit, et m'en rapporteray à sa suffisance, estant
» asseuré qu'il les vous représentera fidèlement. Il ne reste
» plus que, puisque Dieu nous l'a donnée, nous la recevions
» tous et la mettions en exécution et la maintenions de tout
» nostre possible. Je m'asseure que vous ferez vostre deb-
» voir, sçaichant combien vous aimez la concorde ; mais je
» vous prie y vouloir disposer les cœurs de ceux de vostre
» province et les églises, à ce que, par nostre faulte, nous
» ne retombions aux inconvéniens passez. Quand il vous
» plaira, je serai toujours très-aise que vous me veniez voir,
» comme vous le mandez, et m'esforceray de vous ratifier de
» bouche et avec tout le meilleur recueil qu'il me sera pos-
» sible, que vous estes l'ung de tous mes parens et amys à
» qui je veulx faire paroistre autant d'amitié et bonne affec-
» tion. »

Henri de Navarre donnait une preuve de sa bonne affection pour Chastillon, en écrivant, vers la même époque, au frère du roi[2] : « Monsieur, encores qu'il vous ait pleu me
» donner plusieurs fois asseurance que vous vous rendrez
» intercesseur envers le roy pour les affaires de mon cousin
» M. de Chastillon, me confiant en vos très-véritables pro-
» messes, j'ay bien voulu rendre cet office à mondit cousin,
» par le sieur Constant, que je vous envoye exprès, pour

---

1. *Rec. des lettres missives de Henri IV*, t. I, p. 333.
2. Lettre du 13 janvier 1581. (*Rec. des lettres missives de Henri IV*, t. I, p. 348.)

» vous supplier très-humblement vous en ressouvenir et
» vouloir, par le premier gentilhomme qu'envoyerez à la
» cour, faire la dépesche expresse pour obtenir ce que nous
» advisasmes, à Coutras, ensemble. Ce luy sera moyen de
» continuer le très-humble service qu'il vous a voué ; et, luy
» donnant ce contentement, il aura plus d'occasion de s'em-
» ployer à l'establissement de la paix auquel il peut gran-
» dement servir, que s'il se voit tant méprisé que l'on ne
» veuille mettre en considération les remonstrances et les
» justes demandes qu'il fait..... En le contentant, on pour-
» roit tirer du fruict de beaucoup de belles parties qui sont
» en luy, etc., etc. »

L'année 1580 ne se termina pas, pour Chastillon, sans une profonde douleur, celle de voir enlevé à son affection celui de ses deux frères dont les sentiments se rapprochaient le plus de ses propres sentiments. En perdant d'Andelot, il perdit un autre lui-même. Le roi de Navarre le savait : aussi, ne put-il mieux s'associer à l'affliction et aux regrets de Chastillon, qu'en lui parlant de son jeune frère avec l'émotion d'un cœur vivement atteint lui-même par le fait poignant d'une mort prématurée qui, pour tous, était un sujet de deuil. « Mon cousin, lui écrivit-il [1], je vous
» puis asseurer que j'ay porté un extrême regret en la mort
» de feu M. d'Andelot, vostre frère, et tel que je ne pouvois
» perdre, en ce temps, aulcun de mes parens et amys de qui
» la perte me fust guères plus grande. Je le regrette pour
» le mérite qui estoit en luy et la belle espérance qu'il don-
» noit, pour sa vertu et valeur. Et la perte mienne est pour
» l'affection et fidélité que j'estois asseuré qu'il avoit en ce
» qui me touchoit et l'envie qu'il avoit de me le faire parois-
» tre en quelque belle occasion. Mais, puisque nous ne pou-

---

1. *Rec. des lettres missives de Henri IV*, t. I, p. 333.

» vous deffaire ce que Dieu a ordonné, je vous prie estre
» l'héritier de cette affection et fidélité qu'il me portoit, la
» conjoignant à celle que vous m'avez, comme de mesme je
» vous donne l'amitié que je luy avois, et la conjoins à celle
» que je vous porte, qui est telle que vous ne sçauriez desi-
» rer meilleure du plus affectionné et asseuré amy que vous
» aurés jamais. »

Ces lignes, à la fois si simples et si touchantes, demeureront dans l'histoire comme un titre d'honneur, non seulement pour les deux fils de Coligny, mais aussi pour le prince qui les traça, telles que son cœur les lui inspirait.

Les Nîmois devaient beaucoup à Chastillon : ils se montrèrent sympathiques à sa douleur, en assurant, dans l'enceinte de leur ville, une honorable sépulture au frère dont il pleurait la mort[1].

L'isolement pesait à Chastillon; l'incessante activité de son existence était loin de répondre aux intimes besoins de son cœur; il désirait ardemment se créer un foyer; mais où trouver la compagne qui viendrait animer de sa présence ce foyer et y apporter le bonheur? Élevé par une mère telle que Charlotte de Laval, au souvenir vénéré de laquelle il alliait celui de ses tantes, Madeleine de Mailly, Claude de Rieux, et de ses cousines Éléonore et Charlotte de Roye, il aspirait à découvrir et à se concilier pour toujours le cœur d'une jeune fille en laquelle se refléteraient, au moins en partie, la piété et les vertus de ces femmes éminentes, dont l'affection avait entouré son enfance. Possédant en sa sœur, Mme de Téligny, une amie qui, elle aussi, était à ses yeux l'un des plus touchants modèles de l'intimité conjugale, il lui confia ses secrètes aspirations. Cette sympathique confidente, dont le tact égalait la tendresse et le dévouement,

---

[1]. Perussis. ap. Aubaïs. *Pièces fugitives*. t. 1, p. 306, note : « D'Andelot mourut
» en 1580, et fut enterré à Nismes, dans l'hôtel de ville, sous un tombeau élevé. »

employa, une fois de plus, ces précieuses qualités dans ses conseils et dans ses recherches, unies à celles de son frère. Il fallait à celui-ci une compagne à la fois aimante et énergique, dont, avant tout, les convictions religieuses fussent identiques aux siennes, et qui, puisant sa force dans la fermeté de ces mêmes convictions, s'associât, sans réserve, à sa vie semée d'agitations, de périls et de sacrifices. Cette compagne, Chastillon eut le bonheur de la trouver en la personne de Marguerite d'Ailly, fille aînée de feu Charles d'Ailly, seigneur de Péquigny, en Picardie, vidame d'Amiens, capitaine de cinquante hommes d'armes des ordonnances du roi, et de Françoise de Warty, dame d'honneur de la reine de Navarre [1].

Les conventions civiles précédant le mariage de François de Chastillon avec Marguerite d'Ailly furent arrêtées et signées, au château de Warty, le 18 mai 1581 [2], en présence

1. Françoise de Warty était très aimée de Marguerite de France, duchesse de Savoie, qui, lors de la mort de Charles d'Ailly, avait écrit au chancelier de l'Hospital : « Si ainsi est que M. de Picquigny soit mort, je vous prie aider à la pauvre » Mme de Picquigny : vous savez combien chèrement je l'aime. » (Bibl. nat., mss., collect. Dupuy, vol. 211, f° 37.) — La vive affection de la duchesse avait été une égide pour son amie lors de la Saint-Barthélemy. En effet, le 26 août 1572, Charles IX avait écrit au duc de Longueville : « Mon cousin, pour ce que la dame » de Picquigny et ses enfans m'ont esté tousjours recommandez de Mme de Savoye, » ma tante, je leur veux conserver tout ce qui leur appartient. Je vous prie de » prendre garde qu'il ne soit touché à son chasteau de Péquigny, et qu'il n'y entre » autres soldats ou garde que celle que y mettra le sieur de Mailly, leur parent; et » vous ferez chose qui me sera bien agréable. » (Bibliothèque de l'Institut de France, fonds Godefroy, vol. 256.)

2. Voir à l'*Appendice*, n° 30, le texte de ces conventions. — Il y est mentionné que Chastillon réside, pour le moment, dans l'une de ses seigneuries, « au lieu de » la Thibaudaye, pays de Bretagne. » A ce propos il faut rappeler que Catherine de Médicis, toujours soupçonneuse, s'inquiétait des relations que Chastillon soutenait, ne fût-ce que par lettres, en Bretagne, avec des hommes qui jouissaient, dans cette province, d'une légitime considération. De ce nombre était M. de La Hunauldais. L'inquiétude de Catherine perce dans ces lignes que, le 21 février 1581, elle adressait au duc de Montpensier, gouverneur de Bretagne : « Mon cousin, j'ay » receu celle que m'avez escripte du 18 de ce mois, avec la lettre que le sieur de » Chastillon a escripte au sieur de La Hunauldais depuis qu'il s'est retiré à Belin » en Bretagne. Et encores que de gens qui se sont monstrez tant mal affectionnez » au service du roy, monsieur mon fils, l'on puisse avec raison craindre toutes

et avec l'assistance, pour François, de Mme Téligny, sa sœur, et, pour Marguerite, de sa mère, de son frère, Philibert-Emmanuel d'Ailly, de Madeleine de Suze, douairière de Warty et Sénarpont, et de Philippe de Warty, gentilhomme ordinaire de la chambre du roi.

La célébration du mariage suivit de près la signature de ces conventions.

Le séjour de Chastillon en Picardie ne fut pas de longue durée. Les affaires du Languedoc réclamaient sa présence : il y retourna.

On peut juger de la confiance dont le roi de Navarre l'avait investi par cette lettre qu'adressait Henri « à messieurs » des églises réformées du haut pays de Languedoc[1] » : — « Messieurs, m'en allant de ce païs de Guienne en Xain» tonge, j'ay advisé de pourveoir et donner ordre à ce qui » seroit nécessaire pour maintenir toutes choses en paix ; » ayant aussi donné pouvoir et auctorité à mon cousin » M. de Chastillon de faire le semblable, en tout le pays et » gouvernement de Languedoc, et de s'opposer à tous ceulx » qui vouldroient contrevenir à tout ce qu'il ordonnera de » ma part. Pourquoy, desirant que chascun obéisse et rende » le debvoir requis en l'exécution de l'édict et establissement » de la paix, je vous ai bien voulu escrire la présente pour » vous prier croire mondict cousin, et faire ce qu'il dira, » suivant les instructions qu'il en a ; car il importe grande» ment, pour le bien et repos public, d'effectuer le contenu » desdites intructions et de faire rendre à un chascun l'obéis» sance qu'il doibt, etc. »

» choses, néantmoings je crois que, la paix estant si freschement conclute, et sur » le point de rendre Montagu, il ne sera venu audit païs de Bretaigne pour y faire » aucun remuement ; ce que l'on ne luy peut denier ; et sera bon prendre garde » a ses déportemens. » (Bibl. nat., mss. f. fr., vol. 3.344, f° 34.)

1. Lettre du 22 janvier 1582 datée de Nérac. (*Rec. des lettres missives de Henri IV*, t. I, p. 437.)

La sphère d'activité de Chastillon s'étendant, de jour en jour, au delà des limites du Languedoc, il se vit appelé par le cours des événements à quitter momentanément la France, pour affermir à l'étranger, par ses démarches personnelles, l'appui que s'y était concilié la cause qu'il servait.

Toujours sympathique aux cantons protestants de la Suisse, dont il allait, de nouveau, parcourir le territoire, et reconnaissant de la généreuse hospitalité qu'il y avait naguère reçue, il eut à cœur, dès son arrivée à Genève, de déclarer au syndic et aux membres du conseil, qu'ils pouvaient compter sur son entier dévouement, pour l'aider à déjouer les menées de l'ennemi, et pour défendre, au besoin, la ville contre toute agression de la part du duc de Savoie. Il confirmait par là ce qu'il avait écrit, deux ans auparavant [1] : « Je vous supplie, messieurs, de faire estat » de mon service, toutes les fois que vous en aurez besoin ; » j'emploierai tousjours pour vostre service ma vie de » très-bon cœur et fort fidèlement, quand vous en aurez » besoing. »

Lorsque, le 26 septembre 1581, il fut reçu par le conseil de Berne, en séance officielle, il fit entendre des protestations de dévouement non moins énergiques que celles qu'il avait adressées aux représentants de Genève. Il savait que le duc de Savoie menaçait alors les Bernois, comme les Genevois ; et, aussi sincèrement attaché aux uns qu'aux autres, il affirma à l'avoyer et à ses collègues, afin de leur prouver l'étendue de sa gratitude, « qu'il était prêt à donner, » pour eux et leurs concitoyens, au premier appel, ses biens, » son sang et sa vie [2]. »

---

[1]. Archives de Genève, portef. histor., n° 2.004.

[2]. Telles sont les expressions que reproduit la *Chronique manuscrite* de Stettler sur l'année 1581. (Archives de Berne.) — Voir aussi l'abrégé *imprimé* de cette même chronique, 2ᵉ partie, p. 274. (Berne, 1627. 1 vol. in-f°.)

A Berne, de même qu'à Genève, les élans de son cœur, la loyauté et la virile fermeté de son langage émurent vivement ses auditeurs. Ils y répondirent par les chaleureuses démonstrations d'une affection et d'une confiance dont il était réellement digne.

Quoi de plus touchant que les nobles inspirations de la vraie reconnaissance, de ce sentiment qu'on a si bien appelé la mémoire du cœur [1] ? et de quelle émotion n'est-on pas saisi, à l'aspect de ce jeune héros, s'érigeant, au jour du danger, en ardent défenseur des hommes qui avaient étendu sur lui, dans son infortune, leur bienveillante protection !

Ce qu'il fut alors pour eux, il le fut toujours.

On ne peut mieux apprécier, au surplus, le dévouement de Chastillon aux amis qu'il comptait en Suisse, qu'en l'entendant lui-même leur parler, et qu'en le voyant unir constamment les actes aux paroles.

Le 1er juin 1582, il écrit, de Montpellier, au conseil de Genève [2] :

« Messieurs, estant de retour de mon voïage, le succès
» duquel vous entendrez par le capitaine Larivière, présent
» porteur, j'ay trouvé deux ou trois dépesches que vous
» avez faites en ce pays, par lesquelles vous faisiez entendre
» que les desseins de vos ennemiz, commencez dès mon
» arrivée en vostre ville, continuoient tousjours, et deman-

---

1. Cette mémoire, Chastillon la possédait à un haut degré. Aussi, disait-il aux Bernois : « Je vous supplie de tout mon cœur croire que, m'aiant fait tant de bien » et d'honneur de me recevoir, m'assister et aymer comme vostre filz, je me reco- » gnoys tant et si estroitement obligé à vous, qu'il ne passera jour de ma vie, auquel » je n'en aye souvenance, pour vous faire très-humble service en tous les lieux et » endroits où il vous plaira me commander. » Et encore : « Je n'ay rien plus à » contre-cœur que d'estre estimé ingrat des seigneurs qui m'ont recueilli si humai- » nement parmy eux, lorsque j'estois abandonné de tout secours, et couru à toute » force par les ennemys de Dieu et de nostre maison. » (Lettres de Chastillon au conseil de Berne des 11 juin et 10 septembre 1583. Archives de Berne, *Frankreich*, vol. 3.)

2. Archives de Genève, portef. histor., n° 2,049.

» diez le secours de voz amis. Je pense que vous trouverez
» un chacun disposé à s'employer pour vous ; mais parti-
» culièrement je me sens obligé à vous par la promesse que
» je vous ay faicte, oultre ce que naturellement je vous doy ;
» de façon que, voyant par vos dépesches l'estat de vos
» affaires assez incertain et mal asseuré, pour la peine
» que je souffre en la vostre, j'envoye exprès le capitaine
» Larivière pour aprendre de vostre estat et vous assurer
» et de ma volonté et de ma puissance pour vous faire très-
» fidèle service. Si vous avez besoin de luy, c'est un homme
» d'honneur, duquel vous pouvez tirer service, et digne de
» commander à une honneste troupe. Vous le pourrez
» retenir, si bon vous semble, ou me le renvoyer bien
» instruict de tout ce que voulez que je face. Il vous dira
» comme, pour ne manquer à vostre nécessité, j'envoye
» partout vers mes amys pour les faire tenir prests quand
» vous me manderez, estant résolu de n'estimer ny mon
» incommodité particulière, ny celle de mes amys, ny perte,
» ny danger, au respect de vostre service, croyant bien que,
» me donnant à vous, je me donne au meilleur maistre que
» je sçauray jamais recouvrer, duquel seul aussy j'attends
» tout l'honneur, l'avancement et la récompense que mon
» âme se peult imaginer. Je me remets sur le présent porteur,
» vous priant de le croyre comme moy-mesme, et prie
» Dieu qu'il vous veuille conserver contre les desseins de
» vos ennemys, et qu'il me face la grâce que vous puissiez
» autant vous contanter de mon service, que j'aurai agréa-
» ble de vous en faire en toutes sortes d'occasions qui se
» pourront présenter, etc. »

Une lettre adressée, au même moment, par Chastillon à de Bèze, porte l'empreinte d'une vive sollicitude et d'un dévouement à toute épreuve [1] :

---

1. Archives de Genève, portef. histor., n° 2,049.

Je soubssigné confesse avoir receu de Messieurs de
Berne par les mains de Mr. Kaufman secretaire de leur
conseill, La somme de six cens escus d'or sol queles
dits seigneurs m'ont ce iourd'huy prestés pour le
service du Roy de Navarre & ce pour employer
a la conduitte des gens de guerre que ie meine par son
commendement: laquelle somme de six cens escus sol
ie promets faire rendre a mes dits Seigneurs,
a leur volonté, par le Roy de Navarre & en
oultre m'en oblige en mon propre & privé nom
par hypoteque de touts & jung chascun mes biens
& revenus: en tesmoin dequoy i'ay escript &
signé le present escript de ma main: fait
A Berne ce 29 d'Aoust 1587

Chastillon.

« J'envoye exprès devers vous, lui dit-il, comme vous
» entendrez par ce présent porteur, et vous verrez par lettre
» que j'escris à messieurs, pour savoir quelle sera la fin des
» menaces que l'on vous a faictes jusques à cette heure.
» J'ay prié Dieu que ce ne soit rien, mais j'ay pensé que ce
» ne soit plus que vous ne pensez. J'ai dit ce que j'en
» pense à ce présent porteur, auquel je vous prie adjouster
» entière foy; cependant j'ay grand'peur, qu'en croyant trop
» aux paroles de vos ennemys, vous n'ostiez le moyen à voz
» amis de vous secourir; car il ne faut point douter que
» leurs desseins ne tendent plus avant qu'ils ne paroissent;
» qu'ayant faict de si grands frais et commencé une telle
» nouveauté, ce n'est point pour en demeurer là. Dieu veuille
» toutefois que je me puisse tromper; mais s'ils veulent
» continuer leur entreprise, il me semble que vous leur
» donnez de beaux moyens d'y donner un grand acheminé-
» ment, leur laissant prendre le temps à loisir pour assem-
» bler leurs forces, leur pouvoir, leurs moyens et leurs
» hommes contre vous, lesquels puys après empescheront,
» en vous fermant les passages, que ceux qui vous sont les
» plus fidèles et les plus solides amys ne se pourront, sans
» donner une bataille, rendre auprès de vous. Vous estes
» sur les lieux, vous pouvez juger vos dangers et voz néces-
» sitez mieux que ceux qui en sont eslongnez; aussi ne vous
» dis-je pas cecy par conseil, car je sçay bien, et que je suis
» trop jeune pour le vous donner, et que vous estes trop
» advisez pour le prendre d'ailleurs; mais c'est mon affec-
» tion qui me pousse à faire telz discours et avoir soing de
» vous. Choisissez le temps et mon service quand il vous
» plaira. Le danger et la difficulté ne m'empêcheront jamais
» de me jeter dans les feux et les piques de voz ennemys
» pour m'ouvrir un chemin au travers d'eulx, avec l'assis-
» tance de Dieu qui me guide au lieu où je puisse rendre

» tesmoignage de ma résolution et fidélité à vostre service,
» tout ensemble. Croyez, je vous prie, comme moy-mesme,
» la présent porteur, et particulièrement vous souvenez de
» l'amytié que vous m'avez promise, laquelle j'ose dire
» mériter, par le grand honneur que je porte à vostre piété.
» Je supplie Dieu qu'il vous conserve et fortifie contre les
» desseins de voz ennemis, et que, s'il luy plaist vous
» affliger d'un costé, il vous donne des moyens de résister
» de l'autre, et la résolution d'endurer passivement ce qu'il
» luy plaira de vous envoyer, etc., etc. »

Chastillon avait aussi, le 1er juin, chargé le capitaine Larivière de se présenter à l'avoyer et au conseil de Berne, et de leur remettre des lettres auxquelles ceux-ci répondirent, le 4 juillet suivant, en ces termes [1] :

» Noble, généreux et puissant seigneur; voz gratieuses
» lettres, pleines d'offres et déclarations de vostre parfaite
» volonté envers nous, et le service que nous présentez, tant
» de vostre personne, biens, moyens, que de voz amys,
» pour nous secourir, au besoing, comme plus à plein M. le
» capitaine de Larivière a déclaré vostre bonne intention,
» nous ont apporté un singulier contentement et gran-
» dement resjouys, de quoy ne sçaurions assez remercier
» Vostre Seigneurie à laquelle, oultre le ressouvenir perpé-
» tuel qu'aurons de sesdites présentations, nous serons à
» jamais obligez de recognoistre telz offres de bons services,
» lesquels mesmes acceptans de la mesme affection qu'ilz sont
» présentez, avec toutes deues remerciations, espérons d'en
» faire nostre profit quand la nécessité le requerra; car,
» encores que les préparatives et portemens de nostre adver-
» saire ne desseignent aultre qu'une entreprise hostile, si
» est-ce que la guerre ne nous a esté ny est encore ouver-

---

1. Archives de Berne. *Wellsche missiven Buch*, vol. C, fo 270.

» tement déclairée, ce qui nous a aussy jusques icy retenus
» d'inviter nos bons amys à nous secourir, en attendant
» qu'on nous donne plus fortes occasions qui nous pressent
» aux effects. Lors nous conviendra recourir à nos bons
» amys, au nombre desquelz Vostre Seigneurie tient le pre-
» mier rang, laquelle à ceste cause, prions bien affectueuse-
» ment de voloir continuer l'affection et l'envie dont elle
» s'est déclairée porter à nostre service, sans toutes foys
» cependant, jusques à ce que la nécessité soit plus pres-
» sive, vous mettre en plus grands despens. fors de nous
» asseurer et entretenir tousjours voz bons amys pour, avec
» eulx, nous venir seconder quand en serez priez de nostre
» part, ou advertys et asseurez nostre nécessité le requérir ;
» car, en tel besoing les amys feront preuve de leur bonne
» volonté et nous obligeront à le recognoistre en tout
» debvoir ; priant pour fin de ceste, nostre bon Dieu de voloir
» changer à noz adversaires la volonté de nous mal faire,
» et vous maintenir en prospérité de longue et très-heureuse
» vie, pour servir à sa gloire. »

Chastillon avait fait plus qu'écrire en Suisse ; il était allé trouver le roi de France ; et, à la suite de graves entretiens avec lui, il s'était rendu à Turin, y avait vu le duc de Savoie et l'avait pressé de renoncer à ses projets hostiles, tant contre Genève que contre Berne ; puis il était reparti pour Montpellier sans avoir obtenu du duc une réponse rassurante [1].

Cependant les Genevois, se considérant comme plus sérieusement menacés que les Bernois, avaient appelé à eux Chastillon, qui, prenant aussitôt à Montpellier [2] toutes

1. Voir, à cet égard, les importantes dépêches citées à l'*Appendice*, n° 39 *bis*.
2. Voici, parmi divers autres documents relatifs à la mise en mouvement du corps expéditionnaire dont il s'agit, un simple billet de Chastillon qui se rattache au fait spécial de la rapide concentration de ses troupes. Il est adressé « à M. de
» Serres, ministre de la parole de Dieu en l'église de Nismes, » avec qui Chastillon

les mesures nécessaires pour les secourir, s'était mis en marche à la tête d'un corps de troupes soigneusement organisé par lui. Il avait déjà traversé le midi de la France et il approchait de Genève, quand il reçut du conseil de cette ville l'invitation de se retirer avec ses troupes et de les licencier, attendu que le danger avait disparu. Mais la responsabilité de Chastillon était fortement engagée, et il devenait indispensable que, pour la dégager, avant tout, vis-à-vis du roi de France, les Genevois intervinssent et déclarassent à ce monarque que Chastillon n'avait agi que sur leur demande expresse et dans leur unique intérêt. Il était, en outre, de toute équité que Chastillon fût libéré des charges pécuniaires que l'expédition, dès son début, avait fait peser sur lui, et de celles qui ultérieurement s'y étaient ajoutées. De là, ces lignes du jeune chef dans lesquelles la dignité personnelle s'allie si bien aux épanchements d'une fidèle affection [1] :

« Messieurs, parceque je n'entens aucunes nouvelles de
» vous et que je voy qu'on commence à procéder contre
» nous comme criminels de lèse-majesté, j'ay esté contraint
» de vous dépescher M. de La Vacqueresse exprès pour vous
» faire entendre comme je me suis gouverné en ce que vous
» m'avez employé pour vostre service, afin que de là aussi il
» passe oultre vers Sa Majesté avec celuy que vous luy
» pouvrez donner pour obtenir nostre adveu ; cela fera, en
» attendant que je vous envoye l'estat de ce que j'ay reçu
» de vous, et comme je l'ay employé.

était en relations suivies. Ce billet porte : « Monsieur de Serres, je vous prie faire
» tenir seurement et en diligence les lettres que j'escry au sieur de Lagorce, aux
» gentilshommes et cappitaines des troupes qui ont leur rendez-vous près de luy,
» et au cappitaine Maureville, cy-incluses, afin que, par faulte des advys que je
» leur donne, les affaires que nous avons maintenant embrassées ne soient tant
» peu que ce soit retardées. Je me recommanderay bien affectueusement à vostre
» bonne grâce, priant Dieu, M. de Serres, qu'il vous ayt en sa saincte garde. De
» Montpellier, ce 10 aoû 1582. Vostre plus asseuré et parfait amy, Chastillon. »
(Archives de Genève, portef. histor., n° 2,049.)

1. Archives de Genève, portef. histor., n° 2,049. Lettre du 24 septembre 1582.)

» Vous me permettrés aussi, s'il vous plaist, de vous dire
» que vous m'avez mis en une extrême peine, pour ce que
» je n'ay jamais eu nouvelles de vous qui ne me pressassent,
» soit de marcher, comme j'ay fait, et tout soudain vous
» m'avés mandé que je me débandasse.

» Nous nous sommes tous mis en de très-grandes dépenses,
» pour vous monstrer l'envie que nous avions de vous bien
» servir, et avons méprisé toutes les offenses qu'on nous
» mettoit devant les yeux que nous aurions pu faire, et
» moy particulièrement, au roy et à M. de Savoye, pour
» employer nostre bien et nos vies pour vous faire service;
» et tout soudain, tant que nous pensions vous faire sentir
» le fruit de nostre peine et les effects de notre bonne volonté,
» vous nous avez mandé que nous nous retirassions, sans
» pourvoir, ni à nostre seureté, ni à mon honneur que
» j'avois engagé pour le contentement de ceux qui m'ont
» fait cest honneur de m'accompagner pour vostre service.

» Nonobstant cela je n'ay pas laissé de congédier mes
» troupes, qui estoient très-belles, comme vous pouvés
» avoir apris par le bruit qui en court de ceux qui les ont
» veues, pour vous monstrer que rien ne me peut fâcher de
» ce qui importe à vostre conservation; je m'asseure aussi
» que vous ne nous voulés point laisser en peine, puisque,
» sur vostre parole, sans entendre le commandement
» d'homme au monde, nous nous sommes embarqués.

» Je vous en suplie, et cependant au nom de Dieu, envoyés
» en toute diligence vers Sa Majesté, pour nous avoir son
» adveu bien complet, lequel soit émologué par les cours
» de parlement, afin que, estant recherchez, on ne nous
» contraigne pas au désespoir de faire chose qui ne pour-
» roit qu'altérer nostre repos, et dont vous et nous tous
» serions très-marris après. Vous nous avés fait prendre les
» armes pour vous lorsque nous estions en liberté en nostre

» païs : faites-les nous quitter, nous laissant la jouissance
» de ce que nous possédions auparavant.

« On m'a dit, messieurs, que l'on vous avoit rapporté que
» les troupes que j'avois assemblées pour vostre service ont
» fait un nombre infini de maux, et que là-dessus quelques-
» uns ont dit que, si elles eussent passé jusques à vous, cela
» eust fait confondre vostre ville, pour les meschancetés
» qu'elles faisoyent. S'il n'a esté dit de delà, ce que je ne
» puis croire, pour ce que ce seroit une pauvre récompense
» du service que nous vous avons fait, je sçay que quelques-
» uns, en ce pays, ont esté si mal advisez qu'ils l'ont dict,
» pour me rendre odieux à tout le monde. Mais, pour
» responce à cela, je ne veulx autre chose que mes
» actions, qui ont bien monstré que je desirois faire justice
» du mal, ce que j'ay faict ; et, quoy qu'on en veuille dire,
» ils seront tous contraints de me donner cette gloire, qu'il
» n'y a eu jamais troupe plus obéissante à son chef, depuis
» que je les ay joints, que celle-là, et qui se soit retirée
» comme elle s'estoit assemblée, et plus tost et plus
» sagement. Les capitaines ne peuvent pas jeter leurs
» soldats au moule ; il faut qu'ils les prennent comme ils
» sont ; mais ils monstrent ce qu'ils savent faire, en les
» rendant obéissans à la loi de Dieu et des armes. On ne
» m'en peut faire reproche ; Dieu merci, ma conscience en
» est nette devant luy ; et diray que, s'il vous eust continué
» ceste guerre, jamais vous n'eussiez trouvé troupe qui
» vous eust esté plus obéissante ny plus volontaire et utile
» à vostre service que ceste-là.

» Je remettray à vous faire entendre le surplus par ceux
» que je vous enverray après.

» Cependant je vous requiers d'une chose, c'est que,
» comme je vous ay rendu obéissance de fils, vous m'aimiez
» tousjours et me serviez de pères, et envers le roy et envers

» M. de Savoye, et tous autres, comme j'ay délibéré de
» vous honorer et vous obéir, tous les jours de ma vie, en
» quelque lieu que vous me vouliez employer, comme vostre
» fils.

» En ceste résolution, je me recommande à vos bonnes
» grâces, me remettant sur M. de La Vaqueresse de ce qu'il
» vous dira de ma part, lequel vous fera aussy entendre
» comme on a commencé par luy à nous attaquer, luy ayant
» pris une place qu'il tenoit, et luy ayant pillé et saccagé
» tout ce qui estoit dedans, jusques à la fortune de plus de
» trois mille escus, comme j'ay entendu. Je vous suplie
» vouloir charger vostre ambassadeur à en faire faire de
» mesme à messieurs de Berne, afin que ceste particularité
» soit réparée par le commandement exprès du roy; au-
» trement ce seroit un mescontentement si grand de tous
» nous aultres, que je ne sçay comme j'en pourrois sortir.

» Je prie Dieu, messieurs, qu'il vous veuille conserver et
» garder, et augmenter vostre estat autant qu'il connoistra
» vous estre nécessaire. »

Quatre jours après l'envoi de cette lettre, Condé, informé, à Montpellier, par Chastillon de l'issue favorable du conflit qui s'était élevé entre le duc de Savoie et les Genevois, écrivit à ceux-ci[1] pour les féliciter, et les prier de donner au roi de Navarre, aussi bien qu'à lui-même, des informations précises sur tout ce qui venait de se passer entre eux et le duc.

Chastillon était alors malade. A ses souffrances physiques s'ajoutaient de graves soucis provenant du silence que gardaient, vis-à-vis de lui, les Genevois sur les démarches que, pour décharger sa responsabilité, ils avaient été pressés de faire auprès du roi de France. Condé, d'autant plus ému

---

1. Lettre du 28 septembre 1582. (Archives de Genève, portef. histor., n° 1,932.)

des pénibles préoccupations de son cousin, qu'il lui était fortement attaché, se fit un devoir d'appeler la sérieuse attention du conseil de Genève sur la nécessité d'y mettre un terme. Aussi, dès qu'il sut que Chastillon, rétabli de sa maladie, se disposait à faire partir pour Genève son écuyer et son secrétaire, s'empressa-t-il de joindre une lettre à celle que leur chef les chargeait de remettre à ce conseil.

La lettre de Chastillon, en date du 17 octobre 1582, portait[1] :

« Messieurs, j'ay différé jusques à ceste heure de vous
» envoyer rendre conte de la charge que vous m'aviez
» donnée, de laquelle je me suis acquitté le mieux qu'il m'a
» esté possible. Je ne sçay encores si vous en estes con-
» tents; pour le moins, je le désire. Deux choses m'ont
» retardé tousjours : l'une, c'est qu'il me fâche de vous
» demander, l'autre, ma maladie. Vous aurez égard comme
» il vous semblera bon à ce que j'ay faict; et, comment
» que ce soit, il n'y a rien qui me puisse empescher de vous
» faire service, tenant le rang que vous faictes entre les
» serviteurs de Dieu. Je vous offre ma vie et mes moyens,
» qui eussent esté plus grands, si vous m'eussiez donné le
» temps. Je rends grâce au Seigneur de vostre estat pai-
» sible; je le prie, de tout mon cœur, qu'il le vous veuille
» conserver, car nostre mal nous fait juger vostre repos ;
» aussy parce que vous estes si sages, que vous n'en-
» treprendrés jamais rien, que lorsque, en paix, vous ne
» pourrés vivre sans injure; lors croyez que vous avez des
» soldats, car tous les enfans de Dieu s'y voueront d'eux-
» mesmes. Je me recommande à vos bonnes grâces, et vous
» supplie m'aimer, escouter ce que le sieur de Rouault, mon
» escuyer, duquel je me fie entièrement, et Granger, mon

---

1. Archives de Genève, portef. histor., n° 2,049.

» secrétaire, les présens porteurs, vous diront de ma part,
» y adjoustant entière foy, comme si moi-mesme vous
» parlois, et aviser ce que vous trouverez raisonnable pour
» ceux qui m'ont accompagné à vostre service. Nous pren-
» drons vostre volonté, laquelle nous sçavons estre tousjours
» balancée avec la justice et raison digne de vous, et les
» marques de l'autorité que Dieu vous a donnée, laquelle
» je le prie vouloir vous augmenter et vous continuer ses
» grâces, tous les jours de vostre vie. »

Quant à Condé, il écrivit au conseil de Genève [1] :

« Messieurs, sachant la dépesche que mon cousin M. de
» Chastillon vous faict présentement par le sieur de Rouault,
» je suys très-aise de me trouver icy (Montpellier), à propos
» pour vous en rendre par mes lettres l'effect aultant recom-
» mandable que je le luy désire et congnoy qu'il en a
» besoing, soit pour le regard de l'adveu, qu'il vous prie luy
» moyenner, sur la levée qu'il a faicte en vostre faveur, le
» deffault duquel sans doubte le pourroit mettre en beau-
» coup de peine, soit pour son remboursement très-rai-
» sonnable des grands frais et despenses nécessaires aux-
» quelles ladite levée l'a réduit. Je vous prierai donc, de
» toute mon affection, luy donner tel contentement sur l'une
» et l'autre de ses demandes, qu'estimant très-bien employée
» la dévotion qu'il a eue prompte de servir à la conservation
» de vostre Estat et repos, il puisse, avec plus de moyens et
» d'occasions, continuer au mesme désir, et les autres, en
» occurence semblable, dont je supplie Nostre-Seigneur vous
» préserver, se monstrer et rendre de pareille volonté; par
» ceste recongnoissance, en laquelle m'asseurant bien que
» vous entrerez, et pour ce que mondit cousin vous en
» requiert avec raison, et qu'en vostre endroict j'accom-

[1]. Lettre du 18 octobre 1582. (Archives de Genève, portef. histor., n° 2.049.)

» pagne sa prière et la mienne, je ne l'estendray davan-
» tage, afin de vous dire que les nouvelles certaines de
» l'accord de vostre différend avecq M. le duc de Savoye
» m'ont, comme à l'ung de vos meilleurs et plus cer-
» tains amys, esté très-agréables, et ne désire rien tant
» que d'en sçavoir la continuation par vous-mesmes ; de
» quoy, si vous prenez la peine de m'advertir, aux commo-
» dités qui s'en offriront, je ne seray moins songneux d'em-
» ployer celles que j'auray de vous escripre ; et cependant
» vous trouverés tousjours en moy la mesme disposition à
» tout ce qui regardera vostre aise, repos et contentement,
» de laquelle je vous ay cy-devant rendu tesmoignage, et de
» bouche, et par mes lettres, etc. »

Dans quelle mesure fut-il satisfait aux justes demandes que Chastillon avait formulées avec tant de modération, et que Condé avait si fortement appuyées ? C'est ce qu'en l'absence de documents précis il est impossible de déterminer avec exactitude. Toutefois, le maintien des bons rapports préexistant entre Chastillon et les Genevois, postérieurment aux demandes dont il s'agit, porte naturellement à croire que ceux-ci ne négligèrent rien de ce qu'ils avaient à faire pour prouver à leur généreux ami combien leur était cher le soin de son honneur.

Revenu de Suisse en Languedoc, où ses fonctions de gouverneur de Montpellier, et une série de devoirs militaires, administratifs et religieux à accomplir exigeaient la continuité de sa présence, Chastillon ne pouvait, de longtemps, s'absenter de cette province [1].

Vint un jour où il lui fut particulièrement pénible de s'y

1. Chastillon devait parfois quitter Montpellier pour se rendre dans telle ou telle ville du Midi, où des circonstances de diverses natures l'appelaient à séjourner. C'est ainsi, par exemple, à ne parler que d'une seule ville, qu'il arrivait, le 7 avril 1583, à Béziers pour y conférer avec Damville ; qu'il y revenait, le 2 juin suivant, accompagné de sa femme ; et qu'il y retournait encore le 1er octobre.

voir confiné : ce fut celui où allait s'accomplir, au loin, une solennité de famille à laquelle il serait privé de prendre part.

Sa sœur, Mme de Téligny, après un veuvage de onze années, consentait à unir désormais son sort à celui d'un prince que l'amiral de Coligny avait personnellement connu et toujours tenu en haute estime; elle allait quitter la France pour se rendre à Anvers, où devait se célébrer son union avec l'illustre Guillaume d'Orange. Chastillon, qui eût été si heureux de l'assister de sa présence et de son affection dans cette solennelle conjoncture, comme elle-même l'avait assisté, en sœur aimante, lors de son union avec Marguerite d'Ailly, dut se résigner à la laisser quitter, sans lui, le sol de la France. Libre de s'absenter, son cousin, le comte de Laval, put du moins le représenter auprès de Louise de Coligny et de Guillaume [1].

Peu de mois après le mariage de sa sœur, Chastillon connut, pour la première fois, les douces joies de la paternité [2]. Le fils dont Marguerite et lui accueillirent la naissance dans un sentiment de vive gratitude envers Dieu reçut, avec l'assentiment du roi de Navarre, le nom de Henri [3].

« Là, étant à la Croix-Blanche, il y fit prêcher un ministre. Les catholiques firent » faire un verbal qu'ils envoyèrent à Toulouse. » (Journal de Charbonneau, ap. Aubaïs, *Pièces fugitives* t. II. p. 2 et suiv.)

1. Leur mariage fut célébré à Anvers le 12 avril 1583. — Beau-frère de Téligny, de Lanoue, alors prisonnier des Espagnols dans les Pays-Bas, conservait une telle amitié pour Louise de Coligny, qu'il tint à lui en donner la preuve en se faisant représenter par sa femme à la solennité du 12 avril.

2. « Le 12 août 1583, Chastillon, qui étoit allé conférer avec le roi de Navarre » au sujet des villes d'otages, qu'on devoit rendre, retourna à Montpellier, où sa » femme étoit accouchée d'un garçon vers le 5 août 1583. » (Journal de Charbonneau, ap. Aubaïs, *Pièces fugitives*. t. II.)

3. « Le 28 octobre 1584 on baptisa, à Montpellier, le fils aisné de Chastillon, qui » avoit quinze mois, et qui avoit pour parrain le roi de Navarre, lequel le fit tenir » par Lesdiguières, général des protestans en Dauphiné... On fit grands honneurs » à Lesdiguières, et y eut de grandes réjouissances à Montpellier. » (Journal de Charbonneau, ap. Aubaïs, *Pièces fugitives*, t. II. p. 7.)

L'année 1583 se termina, pour Chastillon, par un deuil qui l'affecta profondément : sa tante, Mme d'Andelot, fut ravie à son affection. En elle il perdit l'un des plus sûrs appuis de son enfance et de sa jeunesse, la noble femme dont la sollicitude et la bonté s'étaient constamment étendues sur lui, comme sur ses frères et sœurs.

Au commencement de l'année 1584, Chastillon se rendit en Béarn, auprès du roi de Navarre, pour lui communiquer ce qu'il venait d'apprendre au sujet de diverses menées des cours d'Espagne et de Savoie, hostiles à la France et à son souverain. Henri III en fut promptement informé par Duplessis-Mornay, que Henri de Bourbon envoya vers lui à cet effet. La conduite de Chastillon en une si grave circonstance fut, ainsi que l'atteste Duplessis-Mornay lui-même [1], hautement approuvée par les deux souverains.

Alors qu'il était à Pau, Chastillon rencontra, à la cour du roi de Navarre, un envoyé de l'électeur de Cologne, et frappé de l'attitude spéciale que venait de prendre cet électeur en rompant avec son passé ecclésiastique, il crut devoir lui adresser la lettre suivante [2] :

« Monseigneur, je m'estime fort heureux et remercie Dieu
» de la grâce qu'il m'a faicte de m'estre trouvé icy tout à
» propos pour y voir M. Bunois, vostre ambassadeur, lequel
» a esté fort bien receu du roy de Navarre, avec tout ce que
» vous luy avez commandé de luy dire, comme j'espère que
» les effects de sa négociation vous feront croire certaine-

---

1. *Mémoires et corresp. de D.-Mornay*, édit. de 1824, t. II, p. 522 et suiv. — Voir aussi les *Mémoires de Mme Duplessis-Mornay*, édit. de 1868. On y lit (t. I, p. 147, 149) : « Le roy de Navarre eut avis des mouvemens du roy d'Hespagne et du duc » de Savoye... Il n'appela à sa délibération que M. de Chastillon et M. Duplessis... » Commença dès lors Sa Majesté (le roi de France) d'avoir M. de Chastillon en » quelque bonne odeur. »

2. Groen van Prinsterer, *Corresp. de la maison d'Orange-Nassau*, 1re série, Supplément, p. 228.

» ment. Tous les gens de bien ont grande occasion de louer
» Dieu de la grâce qu'il vous a faicte de vous mettre au
» chemin que vous estes ; il ne reste que de continuer aussi
» courageusement ce que vous avez très-bien commencé,
» et ne fault doubter que vous ne soyés secouru de Celuy à
» à qui vous servés et de tous ses serviteurs, au rang des-
» quels, puisque j'ay cest honneur d'estre, je ne craindray
» de asseurer Vostre Excellence de mon service très-humble,
» et vous puis témoigner avec vérité que jamais ma volonté
» ne donnera de repos à mon âme, que premier je ne vous
» aie faict ung bon service, dont pour m'en acquitter je ne
» laisseray une seule heure du jour passer, sans que je
» songe à disposer, selon mon petit pouvoir, les choses, en
» sorte que vous me voyés plus tost près de Vostre Excel-
» lence, pour y despendre les moyens que Dieu m'a donnés
» et la vie, que mes secondes lettres, affin de vous y rendre
» le service qu'y doibt vostre très-humble, très-obéissant et
» très-fidèle serviteur,

         » Chastillon.

» A Pau, le 11e de mars 1584. »

A quelque temps de là, Chastillon assista aux délibérations d'une assemblée des églises réformés de France qui se tint à Montauban, et dans laquelle fut rédigée une requête au roi de France, que signa, pour sa part, le roi de Navarre, le 7 septembre 1584 [1].

Pendant le séjour qu'à cette époque il fit à Montauban, Chastillon fut témoin du ridicule incident que souleva,

---

1. *Mémoires et corresp. de D. Mornay*, édit. de 1824, t. II, p. 605 à 665. — La requête dont il s'agit se termine ainsi : « Fait et arresté en l'assemblée desdictes
» églises reformées, convoquées par la permission du roy en la ville de Montauban,
» où estoient lesdicts seigneurs roy de Navarre, M. le prince de Condé, MM. de
» Laval, *de Chastillon*, de Turenne et aultres seigneurs et gentilshommes, et les
» députés desdictes églises, à sçavoir (suivent les noms), à la requeste desquels
» ledict seigneur roy de Navarre s'est ci soubs signé le septiesme septembre 1584.
» (Signé) Henry, et plus bas, Dufay. »

dans cette ville, le consistoire, au sujet de la coiffure de Mme Duplessis-Mornay, au moment où elle et le fils de Coligny se disposaient à présenter ensemble un enfant au baptême [1].

L'année 1584 s'était ouverte, pour la princesse d'Orange, par un événement heureux, la naissance d'un fils. Chastillon, en partageant le bonheur de sa sœur, venait, une fois encore, de goûter celui d'être père [2], quand tout à coup il apprit, en Languedoc, que le prince d'Orange, frappé à mort sous les yeux de sa femme par un lâche assassin, avait, après une courte agonie, rendu le dernier soupir.

Quelle navrante épreuve pour la fille de l'amiral de France, victime, ainsi que son gendre, des fureurs de la Saint-Barthélemy, que celle d'un veuvage ainsi imposé pour la seconde fois par des mains sanguinaires! Quelle infortune que celle de cette jeune femme, vouée à l'isolement sur la terre étrangère, avec un enfant au berceau! Ému à la pensée des amères souffrances de sa sœur, Chastillon voulait accourir auprès d'elle pour la soutenir dans sa détresse; mais, hélas! il ne le put. Quand il eut acquis la triste certitude de demeurer impuissant à surmonter les obstacles qui s'opposaient à la réalisation de ses désirs, en paralysant ses efforts et ses instances, il se fit un devoir d'appeler sur Louise de Coligny la sympathie et la protection du comte

---

[1] « Comme Mme Duplessis partoit de son logis, à l'heure du presche du matin, » pour aller tenir un enfant avec M. de Chastillon, M. Magnignon, avec un autre » ancien du consistoire de Montauban, la vinrent prendre, au sortir de la porte de » son logis, luy disant qu'il y avoit longtemps qu'ils l'attendoient, etc. » (Voir le mémoire rédigé par Mme Duplessis-Mornay sur l'incident dont il s'agit, dans ses *Mémoires*, édit. de 1869, t. II, p. 276 à 305.)

[2] « Gaspar, mon second fils, nasquit à Montpellier l'an MDLXXXIV, le XXVI juillet, » au jeudy, à la pointe du jour; et luy fut donnée, à sa naissance, une compagnie » d'infanterie entretenue dans la garnison de Montpellier... » (Extrait d'un livre manuscrit contenant les naissances de quelques enfants de M. de Chastillon et de Mme Marguerite d'Ailly, sa femme, ap. du Bouchet, *Hist. de la maison de Coligny*, p. 699.) — Cet enfant eut pour parrain son cousin le comte de Laval.

Jean de Nassau, considéré, depuis la mort de son frère Guillaume, comme chef de la maison d'Orange.

« Monsieur, lui écrivit-il [1], après la tristesse que vous ressentés de la perte que vous avez faicte, de laquelle je m'asseure que vous estes consolé avec Dieu, le meilleur tesmoignage que vous pouvés rendre de l'amitié fraternelle que vous portiés à feu Mgr le prince d'Orange, c'est d'avoir soing du bien de ce qui luy estoit plus cher en ce monde, qui est de sa femme et de ses enfans. Voilà pourquoy j'estime que ce sera plustost satisfaire à mon devoir de vous recommander ce qui me touche de sy près, que d'eschauffer vostre volonté à ce qui naturellement vous est si cher. Je vous suplie donc, monsieur, ne trouver point mauvais, ne pouvant estre sur les lieux, pour satisfaire à ce que je doy, sy je m'adresse à vous pour vous demander, avec toute l'affection qu'un frère peut apporter à une sienne sœur, et l'amitié qu'un oncle doibt à son nepveu, ce don, qu'il vous plaise prendre soin de Mme la princesse d'Orange, ma sœur, et de son fils, à ce que la nécessité de leurs petites affaires n'adjouste beaucoup à leur perte et à la grande affliction qu'ils souffrent par la volonté de Dieu. Vous ferés un œuvre méritoire devant luy et adjousterés à ce que vous devés à la mémoire de feu monseigneur le prince, vostre frère, l'obligation de beaucoup de gens de bien et seigneurs qualifiés de ce royaume, auxquels j'ay ce bien d'appartenir, oultre le service que, toute ma vie, je vous en rendray. »

Frappé dans ses affections les plus chères par l'immense infortune de sa sœur, Chastillon le fut encore, à peu de temps de là, par les persécutions et les souffrances que madame l'amirale eut à subir en Savoie.

---

[1]. Groen van Prinsterer, *Corresp. de la maison d'Orange-Nassau*, 1re série, t. VIII, p. 470. Lettre du 9 octobre 1584, datée de Montpellier.

Au duc Philibert-Emmanuel avait succédé Charles-Emmanuel, qui, ne tenant aucun compte des conditions expresses sous lesquelles s'était opéré, en 1575, un rapprochement entre son père et Jacqueline d'Entremonts, prenait à tâche de harceler cette dernière. Appréhender un jour, par l'intermédiaire d'un affidé qu'il aurait imposé, sous le titre de mari, à Béatrix de Coligny, les biens qui proviendraient à la jeune femme du chef de sa mère, tel était le honteux projet arrêté dans l'esprit du nouveau duc de Savoie. Vainement manœuvra-t-il pour en assurer le succès. Les déceptions réitérées de cet homme pervers ne pouvaient manquer de le pousser à un éclat. En effet, outré de l'inébranlable résistance que madame l'amirale opposait à la brutale injonction d'allier sa fille à un servile courtisan indigne d'elle, le duc arracha Béatrix, encore enfant, à sa mère, et fit impitoyablement jeter celle-ci en prison, sous le poids d'une accusation aussi odieuse qu'absurde. Peu importait à ce haineux et cupide autocrate d'accumuler sur sa victime des souffrances imméritées, pourvu que, tôt ou tard, il réussît à extorquer ses biens.

Quelles ne furent pas l'indignation et la douleur de Chastillon à l'ouïe des scandaleuses violences subies par la mère et par la fille! Que n'eût-il pas fait pour les soustraire au joug de leur tyran, s'il lui eût été possible d'arriver jusqu'à elles! Mais la gravité des circonstances qui, en Languedoc, l'enserraient alors, sans qu'il pût, un seul instant, se dégager de leur étreinte, le réduisait, sur ce point, à une impuissance qu'il déplorait. Pour un cœur ardent, généreux, sympathique, tel que le sien, le sentiment de cette impuissance équivalait à une véritable torture. Plus ses pensées se reportaient sur sa seconde mère et sur Béatrix, plus il s'affligeait de demeurer sans communications possibles avec l'une et l'autre; plus aussi il s'alarmait pour leur avenir. La suite des faits ne confirma que trop réellement ses alarmes, surtout quant à Jacqueline d'Entremonts ; car l'existence de la noble compagne de Gaspard de Coligny s'éteignit dans la captivité, après de longues années d'indicibles souffrances. Ainsi l'avait voulu un oppresseur, dont le nom demeure indissolublement uni au souvenir de l'un des plus lâches, des plus révoltants attentats qu'ait stigmatisé l'histoire.

Tout en s'identifiant de cœur et de pensée avec les inexprimables douleurs imposées à la princesse d'Orange et à madame l'amirale, Chastillon ne se laissa pas absorber par l'affliction qui ulcérait son cœur de frère et de fils : aussi, loin de faiblir dans l'accomplissement de la mission qui lui était assignée en Languedoc, y demeura-t-il fidèle. Le secret de sa fidélité résidait dans ce fait d'intime expérience, à savoir : que la foi, suprême ressort d'une incomparable énergie, donne au chrétien dont l'âme s'incline avec résignation, sous les dispensations les plus austères, une puissance de relèvement qui non seulement le soustrait aux défaillances de la torpeur morale, mais qui de plus affermit ses pas dans la voie du devoir.

Une éclatante manifestation de cette vérité se rencontre dans les phases les plus solennelles de la vie de Chastillon ; vie semée d'épreuves ardues dont aucune ne l'abattit, parce qu'en Dieu seul il puisait sa force. Ce qu'avait cru, ce qu'avait éprouvé, ce qu'avait accompli son pieux et héroïque père, il le crut, il l'éprouva, il l'accomplit à son tour ; tant fut grande sur un fils tel que lui la puissance de l'exemple, tant fut ardente son aspiration à recueillir, au soutien du grand nom qu'il portait, de toutes les hérédités la plus précieuse, la triple hérédité des saintes convictions, du dévouement et de l'honneur.

L'un des traits caractéristiques de cette précieuse hérédité fut, chez Chastillon, un respect de la liberté religieuse identique à celui qu'avait constamment professé et pratiqué l'amiral. Aussi importe-t-il de reproduire ici le sérieux hommage que rendirent, à cet égard, au jeune gouverneur de Montpellier, des hommes sur lesquels s'étendait sa protection et qui étaient particulièrement en position d'apprécier ses sentiments et ses actes.

« Sire, écrivaient, le 15 avril 1585, au roi de France,
» *ses gens des comptes en Languedoc establis à Montpellier*[1],
» ayant pleu à Vostre Majesté ordonner pour gouverneur en
» ceste vostre ville le seigneur de Chastillon, pour icelle
» tenir soubz vostre obéissance et faire vivre les habitants
» d'icelle, d'une et d'aultre religion, suivant vos édicts de
» paix, il s'y est très-bien employé et a faict que, Dieu
» grâces, il n'y a aucun catholique qui n'aye occasion de
» contentement et qui en effect ne s'en contente très-bien[2];
» car quelles esmotions et nouvelles eslévations d'armes
» qu'il y ait eu en ce pays depuis qu'il y commande, l'estat
» de la ville n'a esté altéré, et a esté et est l'exercice des deux
» religions libre à tous; et, bien que ce qui advint derniè-
» rement à vostre ville d'Alet (Alais), et ce qui est advenu,
» ces jours passez, en celle de Marseille, eust pû donner
» frayeur à vos subjects catholiques estant en ladite ville, il
» y pourvut si saigement et nous a tellement asseurez, que
» nous louons Dieu et luy rendons grâces et à vous, sire, de
» ce que nous avons un si sage seigneur pour gouverneur. »

1. Bibl. nat., mss. f. fr., vol. 15,569, f° 60.
2. Coligny avait dit, un jour, au sein d'une réunion composée de grands personnages de la cour : « Il n'y a lieu, en France, nulle si forte place, citadelle ou » chasteau, où les prestres demeurent et célèbrent leurs cérémonies, et mesmes avec » plus de repos et seureté qu'en ma ville de Chastillon. » (Voir *Gaspard de Coligny, amiral de France*, t. II, p. 369.)

CHAPITRE VII

Gravité des événements en 1585. — Damville se rapproche du roi de Navarre et de ses partisans. — Opinion émise à ce sujet par Duplessis-Mornay. — Manifestes des Ligueurs et de Henri III. — Réponse du roi de Navarre. — Il cherche à consolider sa position dans le midi de la France. — Il nomme Chastillon gouverneur du Rouergue. — Chastillon assiège Compeyre. — Lettres de lui à sa femme pendant le siège. — Chastillon s'afflige de la conduite répréhensible de son frère Charles. — Retour de Chastillon à Milhau. — Diverses opérations militaires. — Nouvelles lettres de Chastillon à sa femme. — Il revient à Montpellier. — Insurrection des habitants de Milhau. — Répression. — Le roi de Navarre annonce à Chastillon qu'il devra bientôt, à la tête d'un corps expéditionnaire, aller rejoindre au loin une armée de secours prête à pénétrer en France.

Avec l'année 1585 s'ouvrit une ère de commotions et de luttes formidables, au sein desquelles allait grandir, de jour en jour, le rôle déjà saillant de Chastillon. Homme de foi et de dévouement, chef militaire de premier ordre, organisateur fécond en ressources, il allait, redoublant d'énergie, au service de la cause qu'il avait embrassée, déployer désormais son activité et sa valeur sur un plus vaste théâtre que celui dans les limites duquel il était jusqu'alors demeuré circonscrit.

Henri III venait, par le néfaste traité de Nemours, de livrer à la merci des Guises et de la Ligue non seulement la royauté, mais encore la France, et de sacrifier les droits des réformés. Un impudent défi était porté à la conscience chrétienne par une poignée d'ambitieux sans frein, d'implacables fauteurs de désordres, et par des hordes de fanatiques poussant, dans le paroxysme de la haine et de l'intolérance, un fantôme de monarque, instrument dégradé de leurs effroyables passions, à interdire, sous peine de mort, l'exercice de toute religion autre que la religion catholique, apostolique et romaine.

Sous le double coup du défi et de l'outrage se redressèrent avec indignation Chastillon, ses coreligionnaires et leur chef. Groupés autour du roi de Navarre, ses fidèles lieutenants, le fils de Coligny en tête, se montrèrent prêts à affronter tous les périls d'une guerre acharnée, que suscitèrent des hommes de sang.

A ces lieutenants, sur le concours desquels il savait pouvoir compter, le roi de Navarre vit bientôt se joindre un homme dont les antécédents versatiles contrastaient avec la droiture et la fixité des leurs. Cet homme, dans sa répudiation d'un passé en partie regrettable, pouvait être sincère, et, cette fois, il le fut, en déclarant à Henri qu'il se ralliait à lui pour toujours. Quels motifs avaient décidé Damville, car c'est de lui qu'il s'agissait, à une démarche dont l'importance, pour le parti réformé, en même temps que pour lui-même, était capitale? D'Aubigné nous les fait connaître en ce peu de mots[1] : « Montmorency, repentant » de sa défection d'avec le roi de Navarre, d'une part, pour » désirer la bonne grâce de ce soleil levant, d'autre part, » voyant le triste coucher de celui qui régnoit, joint à cela » l'exaltation des ennemis de sa maison, tout cela le fit sou- » venir plusieurs fois des remontrances par articles qui lui » avoient été présentées à Pézenas. »

A peine le prince que, dans cette circonstance, d'Aubigné qualifiait, à si juste titre, de *soleil levant*, eut-il accueilli l'adhésion du puissant gouverneur auquel ses contemporains attribuaient la pompeuse qualification de *roi du Languedoc*[2], qu'un rapprochement sans arrière-pensée s'opéra

---

1. *Hist. univ.*, t. II, liv. V, ch. XVII.
2. « Le mareschal de Montmorency, gouverneur, ou, pour mieux dire, roy du Languedoc. » (P. de l'Estoile, *Mém.*, édit. de 1875, t. II, p. 127.)

entre Chastillon et ce roi d'un nouveau genre, contre lequel, on s'en souvient, il avait, sur le territoire même de son prétendu royaume, combattu deux fois avec succès, mais en la personne duquel il ne voulait plus voir, à l'avenir comme dans le présent, qu'un membre de sa famille renouant des relations d'amité qu'il eût dû ne jamais interrompre.

L'intime conseiller du roi de Navarre, Duplessis-Mornay, ne pouvait manquer d'applaudir, surtout au point de vue de la défense des droits et des intérêts des réformés français, à la réconciliation de son maître et de Chastillon avec Damville. Il était en correspondance avec le fils de Coligny[1], dont il connaissait le zèle pour la cause de ses coreligionnaires; aussi, à propos de la position nouvellement prise par le duc de Montmorency et de celle qu'occupait Chastillon, tant en Languedoc qu'au sein du conseil du roi de Navarre, écrivit-il[2] : « Au bas Languedoc les églises tiennent Nismes
» et Montpellier, et maintenant jouissent de l'amitié étroite
» de M. le maréchal de Montmorency, auquel la leur est
» nécessaire, se pouvant asseurer, hors deux ou trois places,
» de tout le Languedoc, qui est la plus riche et la plus
» importante province de France.... En icelle province M. de
» Chastillon, seigneur de grande espérance, fils de feu mon-
» sieur l'amiral, veille sur la conduite des affaires, accom-
» pagné du sieur d'Andelot, son frère, et assisté de plusieurs
» notables conseillers et capitaines..... Ledit sieur de Chas-
» tillon est gouverneur de Montpellier..... En toutes et cha-
» cune les provinces susdites, il y a conseils establis pour
» la direction des affaires de la religion, lesquels rapportent
» tout au conseil du roi de Navarre résidant près de sa per-

---

1. Voir, notamment, l'importante lettre qu'il adressa à Chastillon sur les affaires du Languedoc, le 14 novembre 1584. (*Mém. et corresp. de Mornay*, 1624, in-4°, t. I, p. 298.)

2. *Mém. et corresp. de Mornay*, 1624, in-4°, t. I, p. 147.

» sonne. En iceluy entrent M. de Rohan, M. de Chastillon,
» les sieurs de Clervant et Duplessis [1]. De ce conseil sont
» aussi M. de Laval, M. de Turenne, M. de Lanoue. »

Que de questions, les unes religieuses, les autres politiques ou militaires, agitées alors dans le conseil du roi de Navarre, et quelle vigueur déployée dans l'exécution des résolutions prises !

Aux manifestes des ligueurs et de Henri III, leur servile complice, répond une déclaration signée par le roi de Navarre, le prince de Condé, le duc de Montmorency, et aussitôt rendue publique en France et à l'étranger. Une bulle d'excommunication que le pape a fulminée contre ce même roi et ce même prince est tenue en échec, en attendant qu'elle tombe en discrédit, par un appel dont l'altier et viril libellé est placardé aux portes mêmes du Vatican et bientôt connu de l'Europe entière.

Des négociateurs sont envoyés en Angleterre, en Allemagne, en Suisse, pour y concilier aux réformés français un appui efficace.

Des écrits et des négociations le roi de Navarre passe à l'action. Les armes à la main, il s'affermit d'abord en Languedoc, contient une partie de la Guyenne, et s'étend rapidement sur divers points du Dauphiné, de la Saintonge et du Poitou.

Loin de chercher prématurément à transporter en d'autres parties de la France le théâtre de la lutte, il s'attache sur-

---

1. Vers cette époque, le judicieux de Lanoue écrivait à Duplessis-Mornay : « Je
» prends bien plaisir de ce qu'estes près de celuy qui a besoin d'un monsieur Du-
» plessis, afin qu'en ceste très-périlleuse navigation il luy monstre les écueils du
» monde pour les éviter. Servez-luy de Sénèque et de Burrhus tout ensemble, afin
» que nous voyons en luy la personne d'un Titus. Mais j'ai grand'peur qu'au-
» paravant il conviendra qu'il joue le personnage d'un César en quelques choses.
» Vous estes maintenant en de durs exercices, tant privez que publics, où je sçay
» bien qu'on fait ce qu'on peut et non ce qu'on veut, et que bien souvent les amis
» affligent autant que les ennemis tourmentent. Mais c'est là que les vertus s'ac-
» croissent et s'affinent. » (Mém. et corresp. de Ph. de Mornay, 1624, in-4°, t. I, p. 139.)

tout à consolider sa position dans les régions du Midi et à s'y rendre inexpugnable.

C'est alors que, pour tenir sous sa main, par la ferme intervention de l'un de ses meilleurs lieutenants, une contrée que les ligueurs menacent fortement, il appelle Chastillon au gouvernement du Rouergue.

Écoutons en quels termes [1] il l'investit de sa grave mission :

« Henry, par la grâce de Dieu, roy de Navarre, premier
» prince du sang et premier pair de France, gouverneur et
» lieutenant-général en Guyenne, à nostre très-cher et amé
» cousin le sieur de Chastillon, salut !

» Comme il soit très-requis et nécessaire de pourvoir à
» la conservation et seureté des provinces de nostre gouver-
» nement, et notamment au pays de Rouergue et des villes
» et places qui tiennent, en iceluy, pour le juste party que
» nous soustenons, et obvier aux désordres qui y pourroient
» advenir, à ce qu'elles ne puissent tomber en inconvénient
» et danger de surprises par ceux qui se sont eslevez en ce
» royaume contre la propre personne du roy mon seigneur,
» et qui retiennent encore leurs armes injustes, sous pré-
» texte de l'exécution des cruels édits qu'ils ont extorquez
» de Sa Majesté, tendant néantmoins à l'usurpation de cet
» Estat, à la ruine d'iceluy et des princes du sang, maison
» et couronne de France, et que, pour cet effet, il soit besoin
» de commettre et député personnage de vertu, mérite et
» qualité requise, qui puisse dignement et fidèlement s'ac-
» quitter de cette charge.

» Pour ces causes, et ne pouvant faire meilleur choix et
» élection, pour l'exercice d'icelle, que de vous, duquel les
» sens, suffisance, vertu, valeur et expérience au fait des

1. Lettre du 28 avril 1586, datée de Bergerac. (Du Bouchet. *Hist. de la maison de Coligny.* p. 635.)

» armes, sage conduite, vigilance et autres grandes et très-
» louables qualités, sont par beaucoup de preuves, connues
» et remarquées, comme aussi pour la parfaite confiance
» que nous avons de vostre fidélité et affection au bien de
» l'Estat et couronne de France, vous avons commis, ordonné
» et estably, et par ces présentes commettons, ordonnons
» et établissons gouverneur au pays de Rouergue, pour y
» commander généralement, sous nostre autorité et en
» nostre absence, et y représenter nostre personne, avec
» pouvoir d'assembler les conseils, jurats, capitaines et
» gens de guerre des villes dudit pays, quand bon vous
» semblera, leur ordonner ce que verrez estre à faire pour
» le service du général et aultre, les employer, selon les
» occasions et occurences, faire faire fortifications, répara-
» tions et démolitions de villes, ainsi que verrez estre besoin,
» icelles pourvoir, ensemble, les places et chasteaux de bons
» gouverneurs et capitaines, iceux changer, démettre et
» destituer, lever et assembler gens de guerre, tant de che-
» val que de pied, donner commissions pour cet effet, faire
» fonte d'artillerie, confection de poudres et salpestres,
» assiéger places, soutenir sièges, faire traitez et composi-
» tions, faire la guerre et combattre les ennemis de nostre-
» dit party, faire contraindre au payement des contributions
» ceux qui seront à contraindre, tenir la main au payement
» des deniers royaux et ecclésiastiques, faire nouvelles
» impositions, en cas de nécessité, pourvoir et donner ordre
» à la police, tenir la main à la justice, et assembler, pour
» cet effet, tous juges, officiers, maires, jurats et consuls ;
» et généralement faire tout ce que vous jugerez et con-
» noistrez estre expédient et nécessaire pour le bien dudit
» pays, défense et seureté des villes d'iceluy et advancement
» de nostredit party, tout ainsy que nous mesmes ferions
» et faire pourrions, si présens y estions. »

Dans les premiers jours de mai 1586, date voisine de celle de cette lettre, naquit, à Montpellier, le troisième fils de Chastillon, qui reçut le nom de Charles. Damville fut parrain de cet enfant [1], au berceau duquel se resserra ainsi l'amitié du jeune père et du maréchal.

Ce fut aussi, à l'occasion de la naissance d'un enfant, que, vers la même époque, Chastillon reçut de Duplessis-Mornay et de sa femme une preuve d'amitié que celle-ci rappelle dans ses *Mémoires* (édit. de 1868, p. 162), en ces termes : « Pendant notre séjour à Montauban, Dieu nous donna une » fille qui ne vescut que trois mois; nous avions prié M. de » Chastillon d'en estre parrain, mais estant retenu en » Rouergue pour s'opposer au feu duc de Joyeuse, il ne » pust venir, et la tint, en son nom, messire Antoine de » Chandieu, dit Sadeil, gentilhomme du Dauphiné, et très- » excellent ministre de la parole de Dieu, et pour marraine, » Suzanne de Pas, ma fille de mon premier mariage. »

Chastillon ne tarda pas à aller prendre possession du gouvernement qui venait de lui être confié, en se dirigeant le 29 juin, à la tête d'un corps de troupes, vers Milhau.

A peine eut-il, par sa seule présence, écarté de cette ville tout danger, qu'il se vit appelé à mettre, non loin de là, le siège devant Compeyre.

Alors lui parvint une lettre de sa femme, qu'il avait dû laisser à Montpellier avec ses enfants. Elle s'alarmait à la pensée des nouveaux périls auxquels il s'exposait. Devant elle se dressait la funèbre image des quatre fils de d'Andelot qui avaient récemment succombé, l'un, Tanlay, à Saint-Jean-d'Angely; deux autres, de Rieux et Sailly, blessés à mort sur le champ de bataille de Saintes, et le quatrième, de Laval, à l'issue de la lutte dans laquelle il avait accompli

---

1. *Journal de Charbonneau*, ap. Aubaïs. *Pièces fugitives*, t. II, p. 18.

des prodiges de valeur [1]. Frappé au cœur par la perte foudroyante de ses frères bien-aimés, de Laval n'avait pu leur survivre : une violente fièvre, éclatant sous le coup de ses déchirantes émotions, l'avait emporté en trois jours [2]. N'en pouvait-il pas être de Chastillon comme de ses quatre cousins? Pleurant maintenant avec lui leur mort, sa femme allait-elle être condamnée à pleurer aussi la sienne? Voilà ce qu'en secret se disait, avec effroi, Marguerite, sans oser le déclarer en termes exprès dans sa lettre, mais en y laissant cependant percer certaines appréhensions dont, de son propre aveu, elle ne pouvait se défendre.

Il n'en fallut pas davantage pour que Chastillon s'attachât immédiatement à la rassurer, en mari chrétien :

« Mon cœur, lui écrivit-il [3], il semble, par vostre lettre,
» que vous soyez en peine de moy ; ne sçavez-vous pas que

---

1. D'Aubigné (*Hist. univ.*, t. III, liv. I, ch. III), après avoir parlé du combat de Saintes, ajoute : « Ceux qui estimoient les choses plus à utile qu'à l'honnesteté,
» estimèrent à grand heur le dommage que les réformés reçurent en vainquant,
» surtout de ce que le comte de Laval ayant, quelques jours auparavant, perdu son
» frère Tanlai, vit encore finir les deux autres entre ses bras, et en mourut de
» desplaisir. Ces quatre frères étoient vrais enfans de Andelot, semblables de visage,
» mais plus encore en probité, prudence et valeur. »

2. Comment, en mentionnant la mort du comte de Laval, ne pas rappeler ici la touchante lettre que sa veuve, Anne d'Allègre, reçut de Philippe de Mornay ? « Madame, lui écrivit-il, le 24 mars 1586, la douleur est trop grande pour la penser
» assoupir : il est plus séant d'y condouloir. Vostre perte est commune avec tous
» les gens de bien du royaume. Le mal est que ce que chacun en souffre ne rabat
» rien de vostre mal particulier. De moy, madame, je puis dire avec vérité qu'il y
» a longtemps que je n'ay reçu une si sensible perte ; et si vous voulez connoistre
» combien j'honorois monsieur vostre mary, que j'aye cest honneur d'estre com-
» mandé de vous en chose qui vous puisse soulager ! J'estime, madame, que, pour
» le regard des amis et serviteurs, la plus humble façon de pleurer, c'est de servir
» de tout leur pouvoir à ce qui survit ceux qu'ils ont honorés vivans et à leur
» postérité. C'est le deuil, madame, que je veux prendre ; et pourtant faites entier
» estat de mon bien humble service, et disposez de moy comme de personne tout
» acquise à vostre maison et affectée à tout ce qui attouche feu monsieur vostre
» mary ; car je le veux honorer et servir en ce qui reste de luy et après luy ; et tel
» que le luy ay esté, tel vous veux-je demeurer toute ma vie. » (*Mém. et corresp.
de Duplessis-Mornay*, in-4°, 1624, t. I, p. 460.)

3. Lettre non datée, mais qui doit être de peu de jours antérieure au 20 juillet 1586. (Du Bouchet, *Hist. de la maison de Coligny*, p. 676, 677.)

» vous m'avez laissé en la garde de Dieu et estimez-vous,
» après cela, que rien de mal me puisse arriver? Nos jours
» sont comptés; nous ne pouvons allonger ni accourcir le
» cours de nostre vie; et ainsy vous ne devez rien craindre
» pour moy, car Dieu m'a gardé jusqu'ici, et me con-
» servera encore, s'il luy plaist, pour vous et pour nos
» enfans. »

Que de sérénité dans ces simples paroles, destinées à relever de son abattement une femme, une jeune mère tendrement aimée! et aussi quel soin d'arracher, par la diversion d'un récit, Marguerite aux pensées qui l'agitaient dans sa solitude! De là le rôle de narrateur subitement adopté par Chastillon dans sa lettre, à propos des premières opérations du siège :

« Le lendemain que je fus arrivé à Millau, à la prière de
» la ville, et de l'advis des genstilshommes et capitaines qui
» sont près de moy, je vins assiéger Compeirre.

» D'abord nous prismes fort heureusement, de trois fau-
» bourgs qu'il y a, les deux plus forts, où je suis logé, et
» sur un petit haut qui regarde la citadelle, j'ay mis nos
» pièces, d'où nous avons battu une tour fort haute que je
» pensois gagner, l'ayant ouverte; mais il y a une certaine
» casemate sous terre, que nous n'avions point reconnue, qui
» nous flancque le devant de la tour, si bien que nous ne pou-
» vons dresser nostre eschelle qu'ils ne tirent à plaisir à ceux
» qui monteront, et qu'ils ne les tuent ou blessent. J'ay fait
» une grande bresche de 30 ou 40 pas, où nous sommes
» logez dessus; mais d'entrer par là, il n'y a pas moyen en-
» core, pour ce qu'il y a un fort bon retranchement par
» derrière. Je suis après à tenter d'autres moyens. La place
» est plus forte beaucoup que Lunas, fort grande, et d'une
» assiette si bizarre qu'elle nous donne beaucoup de peine;
» mais j'espère, Dieu aydant, en venir à bout.

» Il y a de fort bons hommes dedans ; nous en avons tué
» des principaux, et blessé une partie de leurs gens de com-
» mandement. Ils m'en ont blessé à force et tué bien peu,
» entre autres M. de Saint-Laurans, qui fut blessé, au tra-
» vers d'une porte, en regardant la bresche ; M. de Saint-
» Auban[1] le tenoit par la main pour le retirer, et moy je me
» faschois de ce qu'il estoit là. Cela n'est rien, sa blessure
» est dans la cuisse, et j'espère que bientost il sera guéry,
» car il se porte très-bien. Le capitaine Olivier, l'aisné, est
» aussi blessé aux fesses, mais ce n'est qu'une mouche qui
» l'a piqué. Il ne m'a esté tué personne que vous connoissiez,
» que M. de Saint-Julien, le boiteux, qui menoist ceste
» compagnie que vous ne vouliez pas qui logeast à Perans ;
» il n'avoit pas bonne veue, il vouloit voir de près les mu-
» railles, et il fut tué. Je croy d'en avoir ma raison, si Dieu
» plaist, car aujourd'hui je change la batterie, pour les voir
» par le derrière de leur retranchement.

» M. de S... est auprès de moy, qui est très-hon-
» neste homme, M. de La Vacqueresse, M. de Leyssan,
» comme vous sçavez, M. de Seruvilles, M. de Beaufort,
» M. de La Tour, et plusieurs autres honnestes gens.
» M. du Lausse me presse fort d'aller en Lauraguez pour

---

1. Jacques Pape, seigneur de Saint-Auban, en Dauphiné, a écrit des mémoires intéressants, dont du Bouchet (*Hist. de la maison de Coligny*, p. 637 à 667) a donné des extraits. J. Pape nous apprend. « qu'ayant eu l'honneur d'avoir esté nourry » près de M. l'admiral de Chastillon, » il se trouvait à sa suite, lorsqu'en août 1572 il fut blessé par Maurevel ; qu'il fit, ainsi que d'autres gentilshommes, de vains efforts pour se saisir de cet assassin ; qu'enfermé à la Conciergerie avec Cavagnes et Briquemault, il dut son salut à un témoignage genereusement rendu par ceux-ci, et qu'à sa sortie de Paris il se retira en Dauphiné « J'y sejournai, dit-il, jusqu'à ce » que M. de Chastillon m'envoya quérir à Montpellier, sur le temps que le roy de » Navarre luy avoit envoyé ses commissions pour commander en Rouergue, qui » fust en l'an 1586. Il me fit l'honneur de m'offrir ou sa lieutenance au gouver-
» nement de Montpellier, ou celle de sa compagnie de gendarmes, de laquelle je
» fis plustost eslection que de m'arrester à Montpellier et y demeurer oisif, et me
» pressa en telle sorte que je n'eus moyen de luy faire une grande trompe, car je
» receus plusieurs réitérées despesches dudit seigneur pour l'aller trouver, comme
» je fis, et le trouvay desjà engagé au siege de Coupeyre. »

» leur secours, mais je suis retenu par la longueur de ce
» siège¹.

» Encore que ces affaires de guerre et ces particularités
» doivent estre escrites aux hommes, pour le peu de loisir
» que j'ai de faire plusieurs lettres, je le vous mande à
» vous. »

Félicitons-nous du peu de loisir qu'eut alors Chastillon d'adresser des lettres à d'autres personnes qu'à sa femme ; car, grâce aux prédilections de son cœur, en fait de correspondance, nous sommes initiés aux intimes sentiments du mari et du père chrétien qui, çà et là, débordent du cadre des narrations, d'ailleurs si animées et si intéressantes du guerrier.

A cet égard, quelle initiation plus pénétrante, par exemple que celle qui découle de la lettre suivante, rapidement écrite, le 20 juillet 1586, à l'issue d'un sérieux combat², et plus encore, de quelques autres lettres, de dates postérieures?

« Mon cœur, afin que vous ne soyez point en peine de moy,
» pour ce qu'hier, dix-neufviesme de ce mois, nous nous
» estrillasmes fort bien, et que le bruit incertain vous pour-
» roit mettre en doute de la vérité, j'ay pensé la vous devoir
» escrire.

---

1. « M. de Chastillon, dit J. Pape (loc. cit., p. 639), fut embarqué au siège de
« Coupeyre, cedant aux passions de ceux de Millau, qui avoient promis des mer-
» veilles. De fait ils portarent de grandes despences pour le secours des blessez,
« pour les vivres du camp ; mais, quant aux munitions, ils baillèrent leurs pièces,
« qui estoient un canon et une coleuvrine et une moyenne, et quelques soixante
» ou quatre-vings balles ; les restes des balles, il falloit attendre du jour à la
« journée que les fondeurs les eussent faictes, desquelles, pour toute diligence, ils
« n'en faisoient que quatre tous les soirs, et les portoit-on, comme cela, de quatre
« à quatre. De sorte que cette longueur donna moyen aux ennemis de donner à
« cette place tout le secours necessaire, et enhardit et asseura, tout ce qui se peut
« dire, les assiégez. Quelques cinq jours après mon arrivee audit siège, M. de Chas-
» tillon m'envoya à Millau pour remonstrer aux consuls ce qui estoit de leur
« debvoir. »

2. Du Bouchet, loc. cit., p. 677 a 680.

» Sans que nous eussions aucune nouvelle des ennemis
» assemblez, hier, après disner, comme je me reposois, Dieu,
» par la bouche d'un petit enfant qui n'avoit point huit ou
» neuf ans, nous en advertit. C'estoit un goujat qui étoit
» allé cueillir des pois, et, s'en retournant vint droit à mon
» logis me dire, mais le plus assurément du monde, qu'il
» avoit vu douze chevaux des ennemis qui se couloient le
» long de la montagne, au-dessous de nos sentinelles de
» cheval, et qu'ayant jeté sa veue plus loin, il avait veu une
» grande file d'arquebusiers et de gens à cheval.

» Soudain je dépeschay par tous les quartiers pour faire
» tenir prests nos gens de pied et nos gens de cheval, et
» envoyay le capitaine Charles avec douze ou quinze de
» mes arquebusiers, et lui commanday de prendre le petit
» garçon pour reconnoistre ce qu'il disoit avoir veu. Je prins
» mes armes vistement et le suivis avec environ trente ou
» quarante arquebusiers que je prins de mon quartier.

» Je ne fus pas là-haut, à la batterie où nous tenions nos
» pièces, que je voy mes sentinelles de cheval revenir à
» toute bride, en criant et nous faisant signe. Je comman-
» day au capitaine Augarrau de s'en aller avec quinze ou vingt
» arquebusiers qu'il avait, droit vers l'ennemy pour se join-
» dre au capitaine Charles : je fais sortir le jeune Olivier,
» avec sa compagnie, des tranchées et trente ou quarante
» arquebusiers de M. de Saint-Laurans pour aller après eux

» J'attends mes soldats qui venoient à la file : je prie
» M. de Saint-Auban de s'armer; j'envoye à M. de La Va-
» queresse dire qu'il s'en vienne, lequel estoit bien au bas
» de la montagne, de mesme à M. de Valcroze qu'il monte
» à cheval et me vienne trouver où j'estois[1].

1. Il est indispensable de rapprocher de cette partie du récit de Chastillon, à l'honneur de sa mémoire, l'hommage que J. Pape de Saint-Auban rend à sa rapidité de coup d'œil et d'action, ainsi qu'à sa haute valeur. — « Les ennemis, dit-il (loc.

« En mesme temps je vois paroistre, au lieu où je tenois
» mes sentinelles de cheval, les ennemis en gros, tant à
» pied qu'à cheval, et les nostres qui s'enfuyoient, estans
» chargez, à toute bride.

» Je pars de la main tout à pied avec quinze arquebu-
» siers seulement de Desmazel, et m'en vais droit à eux :
» je portois ma cuirasse et ma corsesque, et ayant gagné
» le chemin où estoient les nostres qui se retiroient, Dieu me
» fit la grâce de les arrester, ou par menaces, ou de paroles
» honnestes; si bien que j'arreste l'ennemi tout court.

» Les uns prennent autour de moy pour m'environner :
» je leur fais tirer des arquebusades, de vingt pas, où fut
» tué M. de Balzac; je garnis à droite et à gauche un petit
» fons qu'il y avoit, si bien que je les empesche de passer
» un assez long temps, jusques à ce que nostre cavalerie
» vint, M. de La Vacqueresse, M. de Saint-Auban, M. de

» *cit.*, p. 639), marchèrent droit à nous, qui n'eusmes advis de leur venue qu'environ
« peut-être *un demy-quart d'heure* avant que de les voir venir, et par un petit
» garçon bien malostru, qui, par cas fortuit, se trouva au quartier d'où ils venoient
» pour aller chercher des amandes fresches pour un pauvre soldat malade, duquel
» il estoit laquais. Ce petit espace de temps nous donna loisir de nous rendre, du
» logis de M. de Chastillon, où il estoit avec des principaux de ses troupes, au lieu
» où estoit placée nostre artillerie, où nous ne fusmes pas plustost arrivez, que
» nos sentinelles des costaux accoururent à nous : de sorte que tout ce que M. de
» Chastillon eust peu faire avec un très-grand loisir et toute la commodité du
» monde, il le fit en ce petit espace de temps *(qui est, ce me semble, une des belles
» preuves qu'on sçauroit désirer d'un capitaine)*, qui fust de commander soudai-
» nement certain nombre d'arquebusiers de chaque compagnie, selon qu'elles
» estoient ou fortes ou faibles, avec quelques capitaines pour les commander, aus-
» quels il ordonna de s'aller loger dans une vigne qu'il leur monstra bien close de
» muraille, qui leur pouvoit servir de parapet, où ils ne pouvoient estre forcez,
» d'autant qu'elle faisoit un carrefour du chemin d'où les ennemis venoient, et d'où
» les nostres leur pouvoient faire voir la salve de leurs harquebusades très à propos.
» Mais cette prévoyance, exécutée avec cette prompte resolution, ne servit rien à
» ce seigneur, par la lascheté des capitaines qu'il y avoit commandez, lesquels,
» quoiqu'ils fussent logez comme a esté dit, neantmoins voyant venir l'ennemy,
» n'en attendirent jamais la pointe; ains, sans tirer harquebusade, s'en revindrent
» honteusement à nous, les capitaines monstrans le chemin aux soldats de fuir,
» dont M. de Chastillon se trouva extrêmement perplexe, et print avec luy tout ce
» qu'il put ramener de ces fuyards, qui fut environ cent cinquante harquebusiers,
» auxquels il taschoit de remettre le cœur au ventre et les ramener au combat. »

» Valerose, et quelques quinze ou vingt chevaux seulement
» avec eux; on me baille mon cheval; je commence à crier
» pour aller à la charge : soudain ils reculèrent, et les
» ramenasmes environ cent pas en arrière.

» Pour ce que nos arquebusiers ne nous suyvoient point,
» je retourne pour les faire venir. En mesme temps, M. de
» Saint-Alban, qui fit très-bien, les voit branler : il va à la
» charge [1]; M. de La Vacqueresse, M. de Valrose, et ceux
» que je vous ay nommez, au travers des vignes se meslent
» parmy eux en descendant la montagne, et en bas, le long

[1]. Voici ce que rapporte de Saint-Auban (*loc. cit.*, p. 640) : « Cependant nos che-
» vaux arrivèrent, tantost l'un, tantost l'autre, lesquels je rangeay près de moy
» et nous mismes en queue de l'ennemy, qui fict entrer ses gens de pied fort pai-
» siblement; mais lorsqu'ils voulurent ressortir, je me trouvay entre deux, tou-
» tefois à quartier avec ma petite trouppe, qui n'estoit que de vingt-deux chevaux.
» M. de Chastillon, de l'autre costé, ralliott tout ce qu'il pouvoit d'harquebusiers,
» avec lesquels il vint aussi prendre place en teste des ennemys : de sorte que leur
» cavalerie craignit de se trouver renfermée dans un destroit de chemin qui estoit
» à trois cents pas de là sur leur retraite. Ce qui les confirma en ceste opinion fust
» aussy que, voyant qu'ils faisoient retirer leurs harquebusiers à cheval, je criai :
» Infanterie, gagne l'estroit! Sur ceste voix ils ne s'ébranlèrent seulement, mais le
» voulurent gagner eux-mesmes en toute diligence et en désordre. Sur ce désordre
» je fis une charge à leur queue, qui nous succéda comme sur des personnes
» fuyantes, qui ne nous monstrèrent le visage qu'après avoir gagné cet estroit;
» mais Dieu voulut que nous nous trouvasmes quatre en teste qui fismes si ferme,
» qu'ils ne purent passer outre. Ces quatre estoient MM. de La Vacqueresse, de
» Lussan l'aisné, capitaine Pagésy et moy. Ledit Pagésy me secourut merveilleu-
» sement bien contre quelques-uns qui m'avoient entrepris par leur costé droit, et
» me donna loisir de mettre mon pistolet hors du fourreau, le coup duquel porta
» si heureusement contre un qu'on nommoit le sieur de Montferrier, qu'il en fust
» atteint par la teste, dont il tomba si soudain, que tout le reste en reprint encore
» la fuite jusques près d'un lieu fort appelé Rivière, où quelques soixante chevaux
» tournèrent encore visage sur nous : j'en avois quelques huict ralliez près de moy
» et, regardant derrière, j'en vois venir encore une douzaine pour se joindre à
» moy; mais je ne sçay par quelque malheur ou meschanceté les huit et les douze
» des nostres estant joinctz à moy, et voyant que l'ennemy venoit à la charge
» avec beaucoup de consideration et de froideur, lorsque je fus avancé à huit ou
» dix pas des ennemys, et meslé parmy eux, ils me laissèrent seul, et prirent telle-
» ment la fuite à la veue des ennemys et à mon deceu, que ce fut un vray miracle
» de me voir ressortir du milieu d'eux : car Dieu sçait comme ils m'entreprindrent
» et enveloppèrent, mais aussi je leur lia les mains, et certes deploya les miennes
» à me faire faire place, et assista en telle sorte que j'en eschappay avec très-
» grand coup d'espée sur mon chapeau, cinq sur mon cheval, qui ne luy tirèrent
» une seule goutte de sang, et un petit sur la main gauche... M. de Chastillon, de
» son costé, avait enfin renfermé leur infanterie dans la place. »

» de la rivière du Tar, où ils gagnoient : si bien qu'ils en
» tuent quarante ou cinquante des principaux gentilshommes
» de ce pays, entre lesquels est M. de Vezin, M. le baron
» de Ruperon, M. de Balzac, M. de Roquelaure, le cadet de
» Lons, et plusieurs autres.

» Ils ne parloient que mille, deux mille escus, dix mille
» escus, qu'on leur sauvast la vie, M. de Saint-Auban cria
» à M. de Saint-Genet qu'il tuast Roquelaure, qu'il ne le fist
» point prisonnier ; il luy dit : « Tuez cet ennemy de Dieu, je
» ne vous en feray reproche ; » et l'autre, comme il luy bailloit
» l'estocade au travers de la teste, disoit : « Jeunesse, sauve-
» moy la vie, je te donneray dix mille escus. » La Borde se
» trouva auprès de M. de Vezin, duquel il eut le manteau,
» ainsi qu'il a esté reconnu par quelque prisonnier. Il
» crioit : « Sauve-moy la vie, je te bailleray vingt mille francs ; »
» mais nos gens monstrarent bien qu'ils aimoient mieux
» leur sang que leur argent, et bien à propos ; car, si on
» se feust amusé à les prendre prisonniers, nous estions
» perdus, ils estoient six contre un.

» Pendant que cela se faisoit, j'estois attaché avec leur
» infanterie qui estoit de trois à quatre cens arquebusiers.
» Nos gens firent mal ; il falloit que je les fisse aller à coups
» d'espée. Nous nous trouvasmes meslez parmy eux, pen-
» sant que ce fussent des nostres ; toutefois en estant incer-
» tain, j'envoyay un sergent les reconnoistre ; il alla parmy
» eux : ils luy demandèrent le mot ; il revint à moy : je dis
» que je n'en avois point donné ; mais il commença à crier
» *Chastillon ;* aussitost ils se mirent en route ; et mon
» cheval, comme je les chargeois, me pensa faire perdre,
» car il se cabra, comme je voulois tourner à main droite.
» Je les contraignis de se remettre dedans le fort, et en
» furent tuez beaucoup ; mais, si j'eusse eu cinq ou six
» hommes à cheval avec moy, tout cela estoit mort.

» Je croy, à ceste heure, qu'ils seront contraints de se
» rendre, car ils n'ont point de vivres ny de poudre; au
» moins nous en avons pris des valises pleines, qu'ils y por-
» toient. Plusieurs se jettèrent dans la rivière. J'ay la livrée
» de leur cornette, que nous avons prinse : un malheureux
» goujat a déchiré le taffetas; je le fais chercher partout.

» Somme, Dieu nous a fait une belle grâce.

» Je n'ay perdu que La Rue et le pauvre capitaine La Forge,
» qui est mort le plus chrestien que je vis, car il disoit : « O
» Roi des rois, prends mon âme; tu m'as assuré que ton
» sang est répandu pour nos péchez. »

» Il a un coffre à Montpellier, où il a quelque argent.
» Soudain allez-y vous-mesme, et faites prendre ce qu'il
» avoit, car il a un bastard qu'il faut entretenir, car c'estoit
» un très-brave homme. Il avoit de très-grandes blessures
» sur les mains, sur les bras, dans le corps, au deffaut, par
» les cuisses.

» Somme, la meslée a esté bien rude, et c'est un miracle
» de Dieu; car il n'y avoit pas un quart, ny de nos gens
» de pied, ny de nos gens cheval, et Dieu les a tuez, et
» non pas nous. Tous nos gens sont revenus, l'espée san-
» glante jusques aux gardes. Il n'y a pas un de nos gens
» de cheval qui n'ait divinement bien fait, et pas un de nos
» gens de pied qui n'ait très-mal fait, si ce n'est Montmiral
» qui a fait bravement à son cartier, et en a tué près de
» sa barricade d'armes et désarmé un bon nombre.

» Louez Dieu et le remerciez, car il nous a fait une belle
» grâce!

» Il n'y a que moy qui n'ay point ensanglanté mon espée,
» dont je suis désespéré, car il me semble que j'en devois
» tuer plus de cent; ce que j'eusse fait, si nos gens de pied
» m'eussent voulu croire. Je n'ay donné un seul coup
» d'espée qu'à ces poltrons, dont je suis enragé.

» Priez Dieu pour moi, et le remerciez, car il m'a bien
» monstré son assistance.

» Ils avoient juré de gagner nostre artillerie. Ils estoient
» deux cens bons chevaux et cinq cens arquebusiers à
» pied; mais j'espère que nous aurons le reste, avec l'aide
» du Seigneur, entre les mains duquel je mets toy et nos
» enfans, lesquels j'embrasse de bon cœur.

» C'est ton bon mary,

» CHASTILLON.

» Devant Compeirre, le 20 juillet 1586. »

Que de choses dans cette lettre! de quelle verve, de quelle lucidité est empreint le récit de ce combat dans lequel Chastillon déploya tant de résolution et de promptitude à déjouer une surprise tentée par l'ennemi! Quelle vigueur à soutenir la lutte, rendue inégale non seulement par l'infériorité numérique de ses troupes, mais encore par la lâcheté de son infanterie! Quels stigmates justement infligés à celle-ci par le chef, et quelle justice rendue à sa cavalerie! Avec quelle effusion de reconnaissance il attribue le succès à Dieu seul! Avec quel soin il unit à ses regrets sur la mort de l'un de ses capitaines l'hommage rendu à la piété de ce brave, à son caractère, et la sollicitude pour l'enfant qu'il laisse! Enfin, avec quelle confiance il remet entre les mains de Dieu sa femme et ses enfants!

A six jours de là, étant encore devant Compeyre, Chastillon adressa à Marguerite d'Ailly une troisième lettre[1], dont le début nous permet, jusqu'à un certain point, de pénétrer dans l'intimité de ses relations domestiques :

« Mon cœur, j'ay receu aujourd'hui une lettre de vous qui
» m'a fort resjouy, car, ne vous pouvant voir, le plus souvent

1. Du Bouchet, *loc. cit.*, p. 680, 681, 682.

» que vos lettres viennent à moy, il me semble que je
» vous regarde comme dans un miroir, jugeant vos escrits
» l'image de vous-mesme.

» Vous m'avez prié, par l'une de vos lettres, de vous es-
» crire au long : je m'estonne, puisque vous et moi ne som-
» mes qu'un, que vous n'ayez jugé que j'ay eu le mesme
» desir, comme vous m'avez prié de le faire, vous deviez
» penser que je vous priois de faire le semblable. Nos corps,
» nos desirs, nos volontez, nos passions estant jointes, nous
» avons en mesme temps mesme desir. Il falloit donc, pour
» me contenter, en me priant d'une chose, faire la mesme;
» c'est-à-dire, vous me deviez bien au long mander de nos
» enfans et de nos affaires publiques ou domestiques, tout
» ce qui s'en passe. Faites-le, à la première occasion, car
» cela me tesmoignera que vous ne m'escrivez point seule-
» ment pour dire que vous m'escrivez, mais que vous estes
» soigneuse de nos affaires, et curieuse de m'advertir de ce qui
» s'y passe. Ce seroit pour néant, qu'à mon départ, j'aurois
» pris mémoire de tout, si vous ne me mandiez comme les
» affaires ont réussi, puis mon départ. Croyez que mes trois
» enfans m'ont donné trois divers conseils : Henry, quand
» il est venu, m'a appris d'estre soigneux et prévoyant ; Gas-
» pard, à sa naissance, m'a adverty que je devois songer
» pour vous et pour lui ; Charles m'a fait résoudre d'estre
» du tout bon mesnager. Ainsi, croyez que j'y pense, et que
» je ne suis point père sans estre bon père, ny mary sans
» estre bon mary. Je songe à vous et au fruit que Dieu nous
» a donné : mais vous devez, de vostre côté, vous donner à
» vous-mesme la leçon pour former vostre esprit à tout ce
» qu'une femme doit avoir de parfait pour estre bonne mère
» de famille et sage gouvernante de sa maison. Vous sçavez
» que la femme la fait ou deffait. Ayez l'honneur de remet-
» tre par vostre industrie et par vostre piété, avec l'assistance

» de Dieu, les ruines qu'on nous a faites[1]. Le temps est
» mauvais; il faut plus de patience et de vertu qu'en un
» bon temps. Les ennemis sont puissans, il faut un bon
» cœur pour les vaincre; les envieux sont en grand nombre;
» ce sont les coureurs de la vertu. Tout semble mal aisé :
» c'est signe que la grâce de Dieu n'est pas loin de nous,
» car il se tient près des cœurs désolez ; et si ce bon maistre
» et seul bon conseiller prend nos affaires en main, qui s'op-
» posera à nostre bien? Craignons Dieu, et il nous chérira.

« Mon cœur, resjouy-toy ; il me semble que je sens Dieu
» s'approcher de moy, car les diables de Rouergue nous
» appellent anges, avec nos casaques blanches, et ont bien
» senti que nous les avions frapez d'un bras non point
» d'homme, car, tous les jours, nous avons nouvelles de
» nouveaux morts. Outre ceux que je vous avois mandé, il
» y en a beaucoup d'autres, et des plus mauvais garçons de
» Rouergue et d'Auvergne. Il y a M. de Montaligre, M. de
» La Borrezie, les deux de Montferrier, dont l'un portoit la
» cornette, M. de Vemac; je ne sçay si je vous ai mandé de
» Baucillac qui estoit enseigne de M. de Saint-Suplice,
» M. de..., M. de La Balmontie, M. de Vedrieu, le chevalier
» d'Aubrac, force capitaines et soldats, grand nombre de
» bien blessez. Il y en a vingt, tous gentilshommes, à Vezin
» seulement, et, par tous les villages des environs de Rodez,
» force : si bien que monsieur l'évesque a envoyé six chi-
» rurgiens, à ce qu'on nous a mandé, qui ne font qu'aller
» çà et là panser les malades : c'est un miracle, car depuis
» ce temps-là toutes ces forces s'en sont allées en fumée..

» Au reste, jamais, je pense, siège n'a esté plus beau que
» cettuy-ci; car a esté l'heure que je n'avois que cinq cens
» hommes, parce que tout estoit à Millau, ou escarté hors

1. Voyez *Appendice*, n° 31.

» du camp, que j'en tenois assiégés plus de huit cens hommes
» de guerre, entre lesquels il y avoit pour le moins cent gen-
» tilshommes ou capitaines mieux armez et équipez que nous.
» Louez Dieu car c'est un tesmoignage de son assistance.

» J'ay escrit partout ; j'attends des forces nouvelles ; mais,
» si je suis seulement rafraischy de trois cens arquebusiers
» que j'attends de M. de Boissezon ou d'autres de mes amis,
» avec l'aide de Dieu, j'auray la place, et battray bien tout
» ce qui peut nous venir, fussent-ils diables et tous les en-
» fans de Lucifer. J'ai fait retirer deux pièces, pour ce
» qu'elles ne me donnoient qu'empeschement, et en ay gardé
» seulement une.

» Tout aujourd'hui nous avons parlementé ; ils commencent
» à s'apprivoiser. Je fais faire la meilleure garde que je puis.
» Si je puis empescher qu'il n'y entre du pain, dans trois
» jours ils sont à nous. Au reste, c'est le plus beau séjour,
» pour estre lieu de montagne, que je vis jamais. Brignué
» fait rage de parler ; il est à les veiller toute la nuit pour
» les entretenir : il leur fait les plus estranges rodomonta-
» des que vous vistes jamais.

» Le premier du mois qui vient, j'ay mandé les états du
» pays : nous verrons ce que nous pourrons espérer pour l'en-
» tretenement de nos gens de guerre.

» Je vous ay envoyé un porteur de Millau pour vous por-
» ter de mes nouvelles et apprendre des vostres. Je l'atten-
» dois aujourd'huy ; j'en ay bien eu par un homme qui
» venoit avec Constantin.

» Mlle de Gigou m'a fait fort grand plaisir de m'escrire
» ainsi particulièrement comme vivent nos enfans.

» Je remercie M. de La Place et les consuls. Qu'ils excu-
» sent un homme qui est en action, si je ne leur escris pour
» ce coup : je l'avois deliberé, mais j'oy force arquebusades ;
» je m'en vay voir ce que c'est.

» Les capitaines ne m'ont point escrit : je me plains d'eux.

» Excusez-moy envers tous et toutes vos femmes, aux-
» quelles je recommande vostre service et nos enfans, à
» M{{lle}} de Fontaine et à M{{lle}} de Gigou. Je me recommande
» aussi à Gentil.

» Priez Dieu pour moy. Bonsoir, mon cœur : j'aimerois
» mieux (être) avec vous pour ce soir, qu'icy, croyez-moi.
» Embrassez Henry et le baisez pour moy et pour vous, et
» me mandez au long de vos nouvelles.

» Mon frère, s'il est encore là, se fait beaucoup de tort ;
» ceux du pays se plaignent fort de luy ; il a un très-grand
» tort.

» Je suis vostre bon mary,

» CHASTILLON.

» Devant Compeirre, ce 26 juillet 1586. »

Chastillon avait tout fait pour diriger et maintenir son frère Charles dans la ligne du devoir, dont il n'était que trop enclin à dévier, sous l'influence prolongée des pernicieuses suggestions qui, à Marseille, avaient perverti son enfance. Quels que fussent les actes motivant les plaintes qui, en 1586, s'élevaient contre lui, comment ne pas croire à la gravité de leur portée, puisqu'ils encouraient la désapprobation d'un frère tel que Chastillon ?

Au chagrin qu'ils causaient à ce frère qui portait si haut le sentiment du devoir et de l'honneur, s'ajouta bientôt une vive déception.

En effet, Chastillon, au moment où il espérait se rendre enfin maître de Compeyre, fut contraint, par la défection inattendue d'une partie de ses troupes, d'en lever le siège. A la réception d'un avis dont il ne pouvait soupçonner la fausseté, et qui signalait Joyeuse comme marchant, à la tête d'un corps d'armée, au secours de Compeyre, il s'était rapidement avancé à la rencontre de ce chef, en laissant à son infanterie l'ordre formel de l'attendre sous les murs de cette place où il viendrait la rejoindre. Mais, à peine était-il parti que cette infanterie indisciplinée, d'autant plus coupable qu'elle ne courait aucun danger, avait pris la fuite dans la direction de Milhau, et l'avait réduit ainsi à l'impuissance de continuer, avec chance de succès les opérations du siège, jusque-là heureuses [1].

Rentré à Milhau, Chastillon y sévit, comme il le devait contre les fuyards ; puis il tint, le 8 août, l'assemblée des états dont il avait peu auparavant annoncé la prochaine convocation à sa femme ; après quoi, il marcha au secours de Marvejols menacée par Joyeuse. Une nouvelle déception lui était réservée, car il eut le regret d'apprendre qu'une capitulation imprudemment signée, avant son arrivée, mettait à néant sa généreuse tentative de délivrance [2].

Dès le début du mois de septembre, Chastillon était à Meyrueis, d'où il écrivit, le 11, à Marguerite d'Ailly [3] :

« Mon cœur, je suis venu, sur les lettres que vous m'avez
» envoyées, tant de M. de Montmorency, que de messieurs

---

1. Voir, sur ce point, les détails donnés par Pape de Saint-Auban dans ses *Mémoires*. (*Loc. cit.*, p. 642.)

2. La capitulation souscrite par le capitaine Laroche, qui commandait à Marvejols, fut déplorable dans ses effets. Pape de Saint-Auban s'explique nettement à cet égard. (*Mém.*, *loc. cit.*, p. 642, 643, 644.) « Je pense, dit-il, que je fus celui qui
» en dit au capitaine Laroche les plus graves paroles, en la présence de M. de Chas-
» tillon, lequel, en particulier, réprouvoit infiniment sa procédure, mais en sa pré-
» sence, tant pour la bonne opinion qu'auparavant il avoit conçue de luy que
» pour son âge, qui surpassoit cinquante ans, il ne luy en dit jamais une parole de
» travers. » Le jeune chef, valeureux et d'une fermeté à toute épreuve dans les négociations, comme sur le champ de bataille en face du danger, s'honorait par des ménagements ainsi gardés vis-à-vis d'un vieil officier dont il déplorait, sans doute, l'insigne faiblesse, mais vis-à-vis duquel, en même temps, il ne pouvait se défendre d'une certaine commisération, au souvenir de ses favorables antécédents. L'alliance de la bonté à la justice était un des traits saillants du caractère de Chastillon, comme de celui de son père.

3. Du Bouchet, *loc. cit.*, p. 682.

» de Montpellier et Nismes, pour voir M. de Lègues, avec
» lequel je pense communiquer de toutes choses. Dieu nous
» veuille faire la grâce de faire quelque chose de bon, tous
» ensemble, pour réparer la faute de M... Il ne tiendra
» point à moy; car, encores que je sois en Rouergue, j'ay
» je ne sçay quelle inclination particulière aux églises de
» Languedoc, desquelles Dieu s'est servy, après les mas-
» sacres, pour notre deffense, que cela me fait laisser
» toute autre affaire pour ne rien espargner pour leur con-
» servation : nous verrons aujourdhuy ce qui se peut
» faire.

» J'ay laissé M. de Saint-Auban à Millau, avec quatre
» cens arquebusiers des miens, mon frère à Séverac avec
» cent arquebusiers, qui est la compagnie de M. de Saint-
» Laurens. J'ay prié M. de Lavat s'en aller à Castres pour
» avancer les troupes qui doivent venir de là; M. de La
» Vacqueresse au Vabres, avec deux compagnies nouvelles
» que je fais dresser, outre ce qui est du pays; plus
» une compagnie que j'ay logée à Cressel, qui est du
» capitaine Gay.

» Ainsi, ayant laissé toutes choses asseurées en Rouer-
» gue, le mieux que j'ay peu, avec quatorze ou quinze
» maistres de ma compagnie et cinquante arquebusiers à
» cheval, je suis icy pour faire ce qui sera trouvé bon. S'il
» faut s'employer deçà, je feray tout venir; s'il faut aller
» delà, tout viendra pour bien faire, si Dieu plaist.

» Je ne veux laisser à vous dire que je sens des peines
» cruelles pour commander à de jeunes capitaines; ils me
» pressent de choses si déraisonnables, et si effrontément,
» que si, à tout propos, je ne les tançois, à bon escient, ils
» me feroient haïr de Dieu et du monde. Je desire bien avoir
» le capitaine Carlincas, car il me servira beaucoup pour
» leur montrer un bon exemple. Il me faut prendre peine

» de les dresser comme de jeunes chevaux; c'est une pitié;
» mais Dieu les amandera et me fera la grâce de m'en ser-
» vir pour son église. C'est mon but; les fins que je me
» propose le montreront.

» Je suis fort estonné, sortant de l'école où mon père
» m'avait mis, de trouver parmy les hommes si peu de piété,
» si peu d'affection au public, tant de desir de faire les
» affaires privées, tant d'audace et d'effronterie à mal faire
» en tout temps, que cela me fascheroit du tout, sinon que
» j'espère voir encore revenir le bon temps, que les gens
» de bien, s'apuyant l'un l'autre, s'opposeront courageu-
» sement à tout ce mal.

» Dieu vous garde et mes enfans. Vous me faites plaisir
» me mander de leurs nouvelles particulièrement.

» Il me faut haster de partir. Je vous prie que cette lettre
» serve pour mes amis, entre lesquels je mets M. de Pujols,
» M. de La Place et M. Orteman, lequel j'accuse de paresse;
» je me souviens de luy; je recommande le soin des âmes
» à l'un et la disposition des corps à l'autre.

» Je garde le petit garçon, pour vous l'envoyer de Florac.

» Je trouve fort bon que vous envoyez quérir cette damoi-
» selle; elle est de bon lieu et ne peut faillir d'estre bien
» nourrie. Je suis marry que celle de qui m'avez escrit con-
» tinue à mal faire. C'est une peste dans une maison, et
» Dieu ne bénit ceux qui par tolérance endurent le mal.
» Craignons-le, et il nous tirera du labyrinte de nos afflic-
» tions.

» Vos lettres me contentent fort; continuez et de m'escrire
» et de vous conduire comme vous faites. Quand je seray
» près de vous, je vous témoigneray combien cela m'est
» agréable.

» Je me recommande à vos femmes.

» Mlle de Gigou m'a fait plaisir de me mander les par-

» ticularitez de la vie de mes enfans. Dieu me les veuille
» conserver et me faire la grâce de les voir grands pour
» les rendre instrumens propres pour servir son église.

» Vostre bon mary,

» CHASTILLON.

A Mernés, ce 11 de septembre 1586.

Ce vœu qu'exprimait le jeune père de famille ne fut point exaucé, car ses fils, lorsqu'ils le perdirent, n'étaient pas encore sortis de l'enfance. Mais n'anticipons pas sur le récit d'une mort qui ravit prématurément à l'Église chrétienne, à la France, à la famille, un homme de cœur dont le dévouement, le patriotisme et les intimes affections puisaient leur force dans les vivifiantes inspirations de la foi.

Après avoir accompli diverses opérations militaires, au nombre desquelles figurait celle qui avait assuré le salut de la population d'Ayssène, Chastillon revint à Milhau, dont il s'agissait de contenir la population turbulente, haineuse et prodigue de calomnies.

Avec sa vigueur habituelle, il eut promptement raison des fauteurs de désordres, et il s'attacha à désarmer, par la dignité de son attitude, la haine et les calomnies de ses détracteurs.

Que n'avait-il pas, en même temps, à souffrir comme frère! Charles venait, par un acte inqualifiable, d'accroître le chagrin qu'il lui avait déjà causé.

Ce fut sous le coup des impressions pénibles qui l'avaient assailli, lors de son retour à Milhau, que Chastillon adressa, de cette ville, à sa femme, le 14 novembre 1586, la lettre suivante[1] :

« Mon cœur, vous verrez, par la lettre que j'ay escrite à

1. Du Bouchet, *loc. cit.*, p. 683, 684. 685.

» M. de La Place, la vérité de ce qui s'est passé en cette
» ville. Vous verrez par là si ceux qui m'accusent le font
» légèrement ou malicieusement; et si ceux qui ont veu la
» peine en laquelle je me suis trouvé ne le tesmoignent, ils
» desrobent cela à mon honneur. Il est fort aisé de reprendre,
» mais il malaisé de faire mieux, sans moyen et sans auto-
» rité : ceux qui l'ont et ne le font pas sont à blasmer; mais
» ceux qui ne peuvent et qui veulent et le montrent, sont
» à louer.

» Je suis icy venu en tels termes que, sans une extrême
» rigueur, il n'y a moyen de jouir de nos soldats. J'entends
» que ceux qui vous ont parlé de désordre, ce sont eux-
» mêmes qui le font, et desquels on se plaint, à ceste heure
» qu'ils sont partis. Advisez comme j'en suis, ils font la
» chattemite, et sous main ne laissent rien à prendre. Mais
» j'ay juré un bon serment que je tueray tout roide ceux de
» qui on se plaindra, comme desjà j'ay commencé; et c'est
» ainsy qu'il le faut faire. Je suis résolu de n'épargner le
» velours; le premier qui me desrobera passera par là.

» Vous me faites un grand plaisir de m'en mander la
» vérité, car ce sont des pointes qui viennent bien à propos
» pour m'eschaufer davantage à mon devoir; continuez seu-
» lement. Un homme qui se propose le bien, aime estre
» repris, car nous ne sommes pas parfaits. Croyez que vous
» m'avez fait le plus grand plaisir du monde, car je ne
» serois pas à mon aise, si je sçavois qu'on m'eust blasmé
» de quelque chose, et que mes amis me l'eussent teu. Qui
» m'aime me découvrira le vérité; qui me la cachera, je le
» tiendray pour ennemy. Vous faites bien et faites mal, en
» ce que vous estes en doute si je le recevray bien. Dieu
» m'aidera; je le connois, car il faut que vous pensiez que
» j'ay si bien fait mon profit de cela que vous m'avez escrit,
» que, jour et nuit, je ne fais que songer comme je pourray

» me bien conduire pour estre diligent à rechercher le mal,
» à le chastier, et chasser ce blasme qu'on me donne, et
» faire changer de visage à ces calomnies; car j'ay appris
» de Sénèque, que celuy qui veut estre estimé homme de
» bien, il faut qu'il le soit premièrement.

» Au reste, vous sçavez bien que je ne sçay comme venir
» à bout de mon frère, car il veut faire tout à sa teste.
» Pour son impatience, il est cause que j'ay perdu Severac ;
» car, s'en étant allé, contre le gré de Mme d'Arpajon, qui
» est une vraye Proserpine, elle a donné moyen de sortir par
» une trahison les soldats qui estoient au chasteau : car,
» dimanche dernier, ceux de la ville venans au chasteau
» pour faire les prières, n'estans point soupçonnez des sol-
» dats, entrèrent aisément, jusques au nombre de trente ou
» quarante, qui furent armés des armes que ladite fille du
» Cerberus tenoit dans le chasteau, montèrent au corps de
» garde des soldats et se saisirent de leurs armes, et là
» sortirent du chasteau de ceste façon.

» Sçachant ceste nouvelle, j'y allai incontinent, avec une
» compagnie et mes arquebusiers à cheval, après avoir
» séjourné deux jours, s'entend, à la ville, où j'ay encore
» laissé la compagnie de M. de Saint-Laurens. Nous avons
» fait quelque appointement, signé, par lequel je pense
» avoir sauvé la place, qu'elle ne tombera point entre les
» mains des ennemys.

» Voilà comme on traite les gens en Rouergue, après s'en
» être servy.

» Je croy qu'on eust peu en faire de mesme en ceste ville,
» si je n'y eusse pris de fort près garde. Mais cela n'est
» rien : Dieu me fera la grâce, par quelque moyen, de
» recouvrer ceste perte.

» Je suis fort en peine de la peste, qu'on dit estre tout
» autour de Montpellier. Gardez-vous bien. J'escris aux

» consuls de faire bonne garde, à ce que le danger n'y
» entre point.

» Je mande à M. de Montmorency ce que vous m'avez
» escrit. J'envoye aujourd'huy mesme à Rodez et à Nant,
» pour avoir le commerce libre, afin de pouvoir faire
» apporter mon sel. Si je l'obtiens, comme je pense, outre
» le soulagement qui reviendra au pays, j'auray bientost
» débité tout autre avec profit.

» Il m'est impossible de vous envoyer la partie de Rat;
» il faut qu'il ait un peu de patience. J'ay envoyé partout au
» recouvrement des deniers. J'en auray bientost, si Dieu
» plaist. J'escris à M. de Montmorency pour mon estat.

» Mon cœur, sois la meilleure mesnagère que tu pourras,
» et te souvienne que la femme édifie ou ruine la maison.
» Songeons à nous acquiter; car, si la paix peut venir, il
» faut faire quelque chose que je pense, il y a longtemps.
» Prions Dieu, il nous aidera.

» J'ay beaucoup de discours à vous faire de la façon que
» tout le monde vit avec moy, mais le papier me man-
» queroit plustot que le sujet. A la première veue, cela se
» dira.

» Je vous recommande mes trois fils, et à Dieu vous et
» eux. C'est

» Vostre bon mary et meilleur amy,

» CHASTILLON.

» A Milhau, ce 14 de novembre 1586. »

Lorsque Joyeuse fut, avec son armée, sorti du Rouergue pour entrer en Gascogne, Chastillon, qu'il n'avait pas osé attaquer dans Milhau, licencia son infanterie, et ne retint, en cette ville, qu'une compagnie.

Bientôt, ainsi que les circonstances l'y autorisaient, il se rendit à Montpellier, où l'appelait le soin des affaires publiques, et où il eut, après une assez longue séparation, la joie de revoir sa femme et ses enfants.

Impatients du joug de toute autorité régulière, les habitants de Milhau profitèrent de l'absence de Chastillon pour s'insurger; mais la répression ne se fit pas attendre. Elle commença par un acte de vigueur de Saint-Auban pour les punir d'avoir tenté un coup de main dont, suivant le plan arrêté entre eux, il devait être la première victime. « Ce » peuple de Milhau, rapporte-t-il[1], se voyant sans danger » de siège, et saouls d'un gouverneur qui ne dépendist » d'eux, se résolurent, par une grande perfidie et marque » d'ingratitude, à me tuer dans le presche, et après, de » chasser la garnison; mais Dieu voulut que j'allay à Saint-» Roman, et, à mon retour, trouvay les portes de Milhau » fermées, ayant iceulx donné un coup de pétard à la porte » de Leyrolle où estoit l'artillerie, et forcé un caporal qui la » gardoit avec dix soldats. M. de Chastillon avoit donné » charge de ladite garde et de celle du chasteau au capi-» taine Saurin de Conisson, lequel fut prins au collet et » traité fort indignement; tellement qu'ils chassèrent ladite » garnison et retinrent partie de leur bagage et tout le » mien, pour récompense des bons services que je leur avois » rendus... Mondit seigneur de Chastillon estoit pour lors à » Montpellier, et Dieu sçait si ces messieurs de Milhau » eussent été bien drappez, si je n'eusse bien pourveu à la » porte : mais la hayne qu'ils conçurent contre moy fut » cause que je fis abattre leur faubourg qui estoit un très-» bon logis pour les ennemis, en cas de siège. »

Un écrit, d'autant plus intéressant à consulter qu'il y a tout lieu de le considérer comme rédigé par Chastillon lui-même, expose sous son véritable jour la longue série des

1. Voir ses *Mémoires*, loc. cit.

méfaits commis par la population de Milhau, depuis qu'il fut nommé gouverneur du Rouergue[1].

Tout en étant retenu en Languedoc par d'impérieux devoirs, Chastillon prit, en ce qui dépendait de lui, les mesures nécessaires pour obvier à toute reproduction de mouvements insurrectionnels dans la ville de Milhau.

De leur côté, les membres d'une assemblée des églises réformées du Languedoc tenue à Nîmes, en janvier 1587[2], « ayant entendu les désordres commis à Milhau, tant par
» le récit qu'en fit M. de Chastillon, que par le témoignage
» du sieur de Saint-Auban, lieutenant de sa compagnie, et
» d'aulcuns gentilshommes, capitaines et autres person-
» nages dignes de foi, qui se trouvèrent à Milhau, au temps
» de la sédition, furent tellement offensés et scandalisés,
» qu'ils députèrent les sieurs de Rudonnelle et Villette pour
» se transporter vers lesdits de Milhau, pour leur remons-
» trer combien l'assemblée avoit trouvé la faute qu'ils avoient
» commise injurieuse et de mauvaise conséquence; et leur
» escrivit l'assemblée des lettres par lesquelles les églises
» leur remonstroient qu'elles ne pouvoient interpréter autre-
» ment la fin des avertissemens que lesdits de Milhau leur
» avoient envoyés auparavant, qu'à ung dessein et propos
» jà délibéré de venir à la voye de fait dont ils avoient usé
» à l'encontre dudit sieur de Chastillon, les pryant de luy
» faire raison de ce qui luy estoit dû, luy rendre tout ce
» qu'ils luy avoient pris et retenu, et au surplus se confor-
» mer, pour le bien, aux sainctes exhortations et bons con-
» seils desdits sieurs Rudonnelle et Villette, députés[3]. »

---

1. Voir à l'*Appendice*, n° 32, l'écrit intitulé : « Discours véritable des actions et com-
» portemens de M. de Chastillon pendant le temps qu'il a esté à Millau, en Rouergue,
» et de la sédition que les consuls et habitans auroient esmeue à l'encontre de luy. »

2. Il existe des instructions données à Chastillon par le roi de Navarre, rela-
tivement à cette assemblée. (*Mém. de D.-Mornay*, édit. de 1824, t. III, p. 38 à 112.)

3. Voir la fin de l'écrit reproduit à l'*Appendice*, n° 32.

Chastillon continuait à développer son activité en Languedoc, lorsque le roi de Navarre l'informa qu'il lui ferait bientôt quitter cette province, pour prendre la direction d'une expédition à laquelle il attachait une haute importance, et dont il lui précisa la nature, en lui disant qu'il devrait, à la tête d'un corps de quelques milliers d'hommes, aller, au loin, renforcer une armée qui prochainement s'avancerait, d'Allemagne et de Suisse, au secours des réformés français.

Mais alors qu'en Languedoc, comme ailleurs, se faisaient sentir, sous tous rapports, les rigueurs d'une pénurie chaque jour croissante, où trouver les quelques milliers d'hommes dont devait se composer le corps expéditionnaire? Puis, comment assurer leur solde et leur entretien, durant le long et périlleux trajet qu'ils auraient à effectuer avant d'opérer leur jonction avec l'armée étrangère? Ces graves questions, pour la solution desquelles le roi se reposait sur la sagacité et l'ardeur de son fidèle lieutenant, n'arrêtèrent pas un seul instant Chastillon. Répondant, comme d'habitude, par une franche acceptation à l'appel du monarque, il déclara être prêt à tout tenter pour se trouver en état d'accomplir, dès que le moment serait venu, la difficile mission confiée à son dévouement et à son indomptable courage.

On ne tardera point à voir avec quelle rare distinction il s'en acquitta.

CHAPITRE VIII

Circonstances ayant motivé la formation de l'armée étrangère, dite *armée de secours*. — Organisation défectueuse de cette armée. — Elle pénètre en Lorraine. — Ravages qu'elle y exerce. — Chastillon quitte le Languedoc, traverse le Dauphiné, la Savoie, et arrive à Genève. — Accueil chaleureux qu'il reçoit dans cette ville et à Berne. — Ses entretiens avec Th. de Bèze et de Lanoue. — Lettre des Bernois. — A Genève, à Berne et ailleurs, on avance à Chastillon, pour la solde et l'entretien de ses troupes, lors de leur passage en Suisse, diverses sommes au remboursement desquelles il affecte toute sa fortune personnelle. — Lettre de Chastillon à sa femme, relative à son court séjour en Suisse. — Arrivé en Lorraine, il occupe le château de Grézilles d'où l'ennemi tente vainement de l'expulser. — Chastillon informe de son arrivée à Grézilles les chefs de l'*armée de secours*. — Délibérations, au sein du conseil de celle-ci, sur la question d'un envoi de troupes à Grézilles, pour assurer la jonction de Chastillon avec l'armée. — Cette jonction s'opère. — Déception de Chastillon, à la vue de l'état dans lequel il trouve l'armée.

Quelles circonstances avaient provoqué la formation de l'armée de secours dont il s'agit?

Le roi de Navarre, ayant constaté l'insuccès des ambassades envoyées de Suisse et d'Allemagne à l'effet d'obtenir de Henri III l'exécution de l'édit qui devait assurer aux réformés français, sinon le bienfait d'une réelle liberté religieuse, du moins la concession d'un régime de tolérance, s'était, vers le mois d'octobre 1586, affermi dans la conviction qu'il devait ne rien attendre désormais que de la vigueur avec laquelle, les armes à la main, il soutiendrait la lutte contre la Ligue et les forces militaires du souverain dont elle faisait l'instrument de ses desseins pernicieux, en attendant qu'elle fît de lui un esclave et qu'elle l'annihilât totalement. Aussitôt, il chargea des négociateurs, sur le zèle et l'habileté desquels il pouvait compter, de se rendre auprès des princes protestants d'Allemagne, et de réclamer d'eux, en sa faveur, un concours sérieux, dans le conflit qui, engagé depuis plus d'un an, prenait alors des proportions formidables.

Trois de ces négociateurs, régulièrement investis de pouvoirs étendus, Pardaillan, Clervant et Guitry, réussirent à assurer au prince, dont ils servaient activement les intérêts, le concours qu'il désirait obtenir, en signant, le 11 janvier 1587, à Fridelsheim, avec le duc Jean-Casimir, une convention aux termes de laquelle celui-ci, à qui 150,000 florins étaient promis, s'engageait à amener en France, au secours du roi de Navarre, une forte armée composée de reistres, de fantassins allemands et autres, à laquelle viendrait se joindre un corps de quatre mille arquebusiers français, commandés par François de Chastillon. La convention portait, en outre, que, de son côté, le roi de Navarre mettrait sur pied une armée de quinze mille fantassins et de deux mille cavaliers.

Plusieurs mois s'écoulèrent avant la mise à exécution de cette convention, qui ne commença qu'en mai 1587, alors que par un traité spécial, le baron de Dohna, délégué du duc Jean-Casimir, et divers colonels allemands, s'engagèrent, vis-à-vis d'un agent du roi de Navarre, à opérer des levées.

Vers la même époque, Clervant conclut avec les cantons protestants de la Suisse un accord pour la levée de plusieurs milliers d'hommes, dont l'effectif s'ajouterait à celui des troupes allemandes.

Celles-ci, dont la formation en masse ne s'était opérée que très lentement, furent enfin prêtes à se mettre en marche, à la fin de juillet, et passèrent le Rhin vers le 15 août, date à laquelle le duc de Bouillon se joignit à elles avec un petit corps composé à peu près uniquement de gentilshommes français réfugiés en pays étranger. Quelques jours plus tard, les Suisses, au nombre d'environ douze mille hommes, que commandait Clervant, à titre de colonel-général, opérèrent leur jonction avec les Allemands et le corps du duc de Bouillon.

L'effectif total des troupes ainsi agglomérées était à peu près de vingt-cinq mille hommes.

Composée d'éléments disparates et sans cohésion entre eux, cette armée, dite *de secours,* avait, pour répondre à sa destination, essentiellement besoin d'un chef expérimenté dont la main, munie de l'unité de commandement, rapprochât ces éléments les uns des autres, les contînt avec fermeté, les assouplît par d'habiles ménagements, appropriés à la différence des nationalités, et les dirigeât librement, dans la voie précise d'une action commune, vers le but à atteindre.

En présence de ce besoin impérieux, qu'advint-il? Le roi de Navarre, poussé, comme on le croit, par un sentiment de secrète jalousie [1], écarta du commandement en chef de l'armée de secours un prince tel que Condé, qui avait donné maintes preuves de capacité et de courage, pour en investir imprudemment le duc de Bouillon, jeune prince sans expérience et, par cela même, sans autorité.

Non seulement le duc de Bouillon était incapable d'exercer un grand commandement, mais, de plus, il avait à ses côtés des chefs de corps enclins à se prévaloir de son incapacité pour s'arroger une indépendance d'action. Le baron de Dohna, notamment, homme brave sans doute, mais d'une médiocre capacité militaire, invoquait sa qualité de représentant du duc Jean-Casimir, pour tenter de s'affranchir des liens de la subordination vis-à-vis du commandant en chef, qui n'était pour lui qu'un supérieur purement nominal.

---

1. *Mémoires de La Huguerye,* t. III, p. 24 et 129.

Quant aux troupes, à peine le duc de Bouillon avait-il quelque prise sur elles. Ses ordres n'étaient acceptés que par les seuls Français qu'il avait amenés à sa suite ; tandis que la masse de l'armée, divisée en deux grandes fractions composées, l'une, des Allemands, l'autre, des Suisses, ne voulait se conformer qu'aux ordres émanant directement, pour la première, du baron de Dohna, et pour la seconde, de Clervant.

Ce n'est pas tout encore. Sur l'armée entière planait, sans attributions clairement définies, sans vues d'ensemble sagement adoptées, sans plan primordial, et dans un état d'incessantes fluctuations, un conseil militaire[1] dont la création, loin d'exercer une salutaire influence, ne devait aboutir qu'à un résultat désastreux, en entretenant la division entre les chefs, en privant les troupes d'une direction utile, et en semant dans leurs rangs la confusion et le désordre.

Dans ces déplorables conditions d'une existence éphémère, l'armée était vouée d'avance au découragement, aux écarts d'une brutale indiscipline, à des privations, à des souffrances de tout genre, à une prompte décomposition, et finalement à une ruine totale.

Le début de cette armée ne laissa que trop manifestement pressentir son attitude ultérieure.

Dès le moment de sa concentration, elle signala sa présence en Alsace par un pillage effréné[2].

Lorsque, dans les derniers jours d'août, elle eut pénétré

1. Voici les noms des membres de ce conseil : le duc de Bouillon, le baron de Dohna, les sieurs de Beauvoir-Lanocle, de Vezins, de Montlouet, de Guitry, de Digoine, de Clervant, de Chamerolles, de La Lobbe, de La Huguerye et de Beaujeu.
2. Voir, sur ce point particulier, comme aussi sur l'ensemble des faits qui se rattachent aux opérations et au sort de l'armée allemande, en 1587, l'intéressant ouvrage de M. A. Tuétey intitulé : *Les Allemands en France et l'invasion du comté de Montbéliard par les Lorrains* (1587-1588). Paris, 1883, 2 vol. in-8º. — Voir aussi l'Introduction (pages x à xxIII) placée, par M. le baron A. de Ruble, en tête du troisième volume des *Mémoires de La Huguerye*, et les notes substantielles dont il a accompagné le texte que contient ce même volume.

en Lorraine [1], elle n'y attaqua aucune place importante, et s'attacha uniquement à saccager les localités qu'elle traversait, en évitant, autant que possible, de combattre les forces ennemies, alors même que, comme au passage de Pont-Saint-Vincent, le 7 septembre, s'offrit à elle l'occasion de les écraser.

L'inconcevable impéritie qui laissa échapper une telle occasion ne pouvait manquer d'attirer sur elle une juste censure. Aussi, un témoin, d'autant mieux informé que, marchant avec l'armée, il était sur les lieux au 7 septembre, dit-il [2] : « Lors, on commença à murmurer, en présence du
» sieur de Bouillon, contre le commandement défectueux
» en ceste belle armée, et dire tout hault que, si la jalousie
» du roy de Navarre eust laissé venir monsieur le prince
» (de Condé), son cousin, pour y commander, on eust alors
» veu une grande diligence et ung beau combat. Et ledit sieur
» de Bouillon ne disoit mot, et n'avoit soing que d'estre bien
» logé et trouver à manger pour sa maison et ses chevaux.
» Et ne cogneu jamais en luy, durant toute ceste armée, un
» seul bouillon de générosité..... La victoire qui nous estoit
» comme toute asseurée, s'en alla en fumée...... Lors fut
» conneu et confessé par beaucoup de François mesmes,
» voulans excuser la faulte, ce que j'ay dict, que nous avions
» eu grande raison de tant presser la venue desdits sieurs
» prince de Condé et comte de Coligny, sieur de Chastillon,
» lesquels n'eussent pas ainsi laissé refroidir une si bonne
» volonté des estrangers, et combien de mal avoient fait
» ceux qui l'avoient empesché ; que ledit sieur prince eust
» esté ung chef d'autorité, expérience et créance, qui n'eust

1. Voir sur les discussions qui précédèrent l'entrée en Lorraine, le f° 23 du *Recueil de ce qui s'est passé tant aux affaires générales de Suisse, Genève et Savoye, que autres lieux où Mgr de Sillery, ambassadeur du roy aux Ligues, a été employé de 1587 à 1593.* (Bibl. nat., mss. Ve Colbert, vol. 428.)
2. *Mémoires de La Huguerye*, t. III, p. 129, 139, 140.

» laissé passer une si belle occasion, et eust bien faict taire
» ceux qui y eussent voulu directement ou obliquement con-
» tredire. Et je leur respondy que c'estoit une grande honte
» de faire mettre le feu partout, vouloir noyer la Lorraine
» en rompant la chaussée de l'estang de Diouse et, quand
» on voit l'ennemy, auquel il se fault adresser, non aux
» maisons et à la terre, perdre le cueur. »

Quittant le Pont-Saint-Vincent, l'armée se mit en marche dans la direction de la Champagne, entra dans cette province, campa, le 15 septembre, à Joinville, et, le 16, apprit l'arrivée de Chastillon en Bourgogne; événement capital qu'avait précédé une marche rapidement effectuée à travers d'insignes périls, et dont la valeureuse hardiesse constitue, à l'honneur du glorieux fils de Coligny, l'un des plus mémorables hauts faits qui se soient accomplis au XVIe siècle.

Reportons-nous, par la pensée, aux derniers jours de juillet 1587.

Entravé dans ses efforts, pour la formation du corps expéditionnaire qu'il doit commander, Chastillon n'a pu lever, en Languedoc, les quatre mille arquebusiers que mentionnait la convention conclue à Fridelsheim, sans que d'ailleurs il y eût pris la moindre part; à peine réussit-il à emmener, en quittant, comme les circonstances lui en ont fait une loi, le siège de Remoulins, dix-sept cents hommes [1], avec lesquels il franchit le Rhône, et pénètre, au début du mois d'août, en Dauphiné.

Là, en compagnie de Lesdiguières, il côtoie, à proximité de l'ennemi, l'Isère, dont il se propose d'assurer le passage à quatre mille Suisses, s'acheminant vers le Languedoc.

---

[1]. « Chastillon ayant levé, en Languedoc, environ deux mille hommes à grande
» difficulté, pour les peines que le maréchal de Montmorency luy donnoit, assiégea
» Remoulins, qu'il ne put prendre... Ce fut de là qu'il tira dix-sept cents hommes
» auxquels il fit passer le Rhosne par batteaux rendus à une lieue au-dessous de
» Lyvron. » (D'Aubigné, *Hist. univ.*, t. III, liv. I, chap. XIX.)

La seule nouvelle, qu'après plusieurs jours d'expectative, il reçoive du sort de ces hommes dont on attendait impatiemment l'arrivée dans le midi de la France, est celle de leur massacre, sans qu'aucun avis préalable de la direction qu'ils suivaient en Dauphiné lui ait permis de les secourir [1].

Du Dauphiné, où des désertions ont affaibli le petit corps qu'il commande [2], il passe résolument en Savoie, où « il » sait la milice de ce pays, de sept à huit mille hommes, » estre à son front, comme (le chef qui a détruit les Suisses), » à ses côtés [3]; » l'attitude de ses soldats qui, selon ses propres expressions, « faisaient le diable en Dauphiné, » s'améliore immédiatement. Les habitants de la Savoie lui font un accueil favorable, tandis qu'à l'inverse, les autorités militaires, au nom du duc, leur souverain, se montrent hostiles, affectent de ne pas répondre à une demande de passage qu'il a présentée, et menacent même de l'arrêter, de vive force, dans sa marche. Prêt, les armes à la main, à faire justice de la menace, il continue à s'avancer, sans

1. « M. de Chastillon, après le secours de Remolins, me fit promettre de l'ac-
» compagner en son voyage de France, et n'eus loisir de séjourner chez moy, que
» mondit seigneur ne se trouvast, quasi à mesme temps avec ses troupes, par delà
» le Rhosne, joinctes à celles de M. de Lesdiguières qui lui avoit promis de l'as-
» sister au passage de l'Isère. Je partis donc et prins mon chemin droit au pont de
» Royans, où je trouvai mondit seigneur de Chastillon et ses troupes avec M. de
» Lesdiguières costoyans d'un costé la rivière de l'Isère, et M. de Lavalette et ses
» forces costoyans, de l'autre, avec une telle longueur, que nous séjournasmes à
» Sassenage ou à Vif près de quinze jours, durant lesquels nous n'eusmes jamais
» nouvelles des quatre mille Suisses que le sieur de Vezin conduisoit en Languedoc,
» ausquels nous devions faire escorte à passer la rivière devers nous, et estre favo-
» risez d'eux pour passer delà; mais la grande longueur que nous eusmes au long
» de cette rivière et le peu ou point d'advis qu'on avoit de ces Suisses, donna loisir
» à M. de Lavalette de les tailler en pièces à une lieue de nous, et sans en apprendre
» chose quelconque qu'après leur défaite. » (P. de Saint-Auban, *Mém.*, ap. du Bouchet, p. 645.)

2. « Les gens de Chastillon voyant que les Suisses estoyent défaits tant faci-
» lement, et que ceux qui avoient fait ceste besogne n'en demandoient qu'une
» autre, sur tel effroy, se desroberent quelques deux cents. » (D'Aubigné, *Hist. univ.*, t. III, liv. 1, chap. XIX.)

3. D'Aubigné, *Hist. univ.*, t. III, liv. I, chap. XIX.

qu'on ose l'attaquer, franchit bientôt la frontière de Savoie et arrive à Genève [1].

Sa présence et celle de ses troupes dans cette ville hospitalière causent une émotion générale. La sympathie pour le jeune chef, si bien connu et si sincèrement aimé des Genevois, éclate en manifestations touchantes. On l'admire ; mais, en même temps, on s'inquiète vivement des dangers au-devant desquels il se précipite ; et il n'est sorte de chaleureux conseils qu'on ne lui prodigue pour le détourner de son entreprise. Et de quels hommes graves, affectueux, expérimentés, ces conseils émanent-ils? Ce n'est pas seulement des membres du gouvernement et des notables de la ville ; c'est principalement de deux fidèles amis de son père, de deux fermes soutiens de la cause des réformés français, du vénérable de Bèze, du pieux et valeureux de Lanoue. L'un et l'autre, dès son enfance, se sont tendrement attachés à lui, et, de cœur non moins que de pensée, l'ont suivi

[1]. P. de Saint-Auban et Sarrazin, porteurs d'une lettre de Chastillon, qui demandait un libre passage au lieutenant du duc de Savoie, avaient non seulement essuyé un refus, mais de plus été faits prisonniers et conduits à un village nommé Crousilles. — « Là, raconte Saint-Auban, M. de Chastillon estoit attendu sur un pont.
» Mais, par bonheur, s'estant ledit seigneur, dès le grand matin, advancé et ayant
» laissé ses troupes, cuidant avoir son chemin libre pour aller, ce jour-là, à Genève,
» il se trouva, aussi matin que les ennemis, dessus ledit pont où il fut arraisonné
» par le sieur de Chonas, colonel de la cavalerie légère de Son Altesse, avec lequel
» fut arresté que M. de Chastillon ne passeroit outre de quatre heures, et jusqu'à
» ce que le comte de Martinengue, qui conduisoit les troupes espagnoles, fut arrivé.
» Ce terme donna loisir aux troupes de M. de Chastillon, qui estoient demeurées
» deux lieues derrière, d'arriver, et estant arrivées, le terme expira, parce que
» M. de Chastillon, résolu de passer sans autre plus longue attente, se mist à passer
» en bataille, et, après sa prière faite, commença à rompre des hayes, afin que ses
» gens fussent en estat de combat, fit ses enfans perdus et dit qu'il vouloit passer.
» Là dessus, après quelques petits discours, ledit sieur de Chonas luy accorda son
» dit passage, et par conséquent ma liberté (et celle de Sarrazin). Et arrivasmes, ce
» jour-là, au pont d'Arve et à Genève. » (*Mém. de P. de Saint-Auban*, ap. du Bouchet; p. 647). — D'Aubigné (*Hist. univ.*, t. III, liv. I, chap. XIX) résume, à sa manière, l'épisode dont il s'agit en ces quelques mots : « Force protestations du chef savoyard
» qu'on ne passoit point ainsi les terres de Son Altesse sans passeport. Et comme
» le gros parut, Chastillon, monstrant les compagnons, dit que c'estoit son pas-
» seport, et ainsi se fit faire place et passa. »

pas à pas dans le développement de sa noble carrière. Tout en rendant hommage à son abnégation, à son héroïsme, ils l'adjurent de ne pas courir à sa perte en tentant l'impossible, et de réserver, pour d'autres circonstances, dans un prochain avenir, l'emploi de sa valeur et de son dévouement.

Reçus avec une loyale déférence, les conseils, les adjurations n'ébranlent pourtant pas la résolution du jeune héros; et ses amis finissent par s'incliner devant une persistance qu'ils savent inspirée par le sentiment d'un grand devoir à remplir devant Dieu.

Nulle hésitation alors de leur part : ils ne songent plus qu'à seconder, de tous leurs moyens, Chastillon, dans l'accomplissement de ce devoir qui revêt à leurs yeux, comme aux siens, un caractère sacré. Aussi, rien de plus frappant que leur sollicitude pour lui procurer une partie, au moins, des ressources nécessaires à l'entretien et à la solde de ses troupes, jusqu'au jour de sa jonction avec l'armée de secours. Dons en nature ou en argent, prêts de sommes diverses, voilà ce qui lui est spontanément offert et ce qu'il accepte avec gratitude; mais toutefois en ne voulant recevoir le montant des prêts qu'après avoir contracté l'engagement personnel de le rembourser en affectant au remboursement tous ses biens. Tel est le généreux procédé par lequel il répond à l'incurie, disons plus, à la parcimonie égoïste des hommes de haut rang qui, abusant de son ardeur chevaleresque, de sa confiance et de son absolu désintéressement, l'ont fait sortir du Languedoc sans pourvoir, ne fût-ce même que du plus strict nécessaire, ses troupes et lui ; tellement que, de son propre aveu [1], « il est party sans un sol. »

1. Lettre de Chastillon à sa femme du 10 septembre 1587, qui sera ci-après reproduite.

Ah! qu'il est beau de voir l'héritier des grandes traditions paternelles, le digne fils de l'amiral de France, sacrifier ainsi au service de la cause qu'il a embrassée et que, mieux que tant d'autres, il soutient, toute sa fortune, sans hésitation, sans arrière-pensée, et cela alors surtout qu'il sait que les conséquences de son sacrifice pèseront immanquablement sur une femme bien-aimée et sur de chers enfants, qu'il a laissés à Montpellier dans une sorte de pénurie! Mais il connaît le cœur de Marguerite d'Ailly, et il est certain, en fait d'abnégation comme de tout autre exercice de la foi chrétienne, de n'être jamais démenti par elle. Quel privilège pour deux cœurs aimants et fortement trempés que de se tenir à la hauteur des mêmes sentiments, et que de pouvoir s'appuyer l'un sur l'autre dans les épreuves les plus austères de la vie !

Nous entendrons bientôt Chastillon lui-même parler, en termes émus, à sa femme, de l'accueil qu'il vient de recevoir en Suisse. Sans empiéter sur son récit, continuons à passer en revue les principaux faits qui se rattachent à cet accueil.

Ici se présente un document qui, à lui seul, donne la mesure des engagements contractés par Chastillon comme emprunteur, non dans son propre intérêt, mais dans celui du roi de Navarre. Les Bernois, en fait de bons offices, ont voulu ne pas demeurer en arrière des Genevois; Bonstetten, bailli de Morges, et Anspurger, bailli de Lausanne, interprètes des bienveillantes intentions de l'avoyer et du conseil, se sont rendus à Genève, lors de l'arrivée de Chastillon; ils lui annoncent qu'ils sont en mesure de lui avancer des fonds, et aussitôt est dressé, en forme authentique, un acte dont voici la teneur[1] :

---

1. Archives de Berne, *Frankreich*, vol. 3.

« L'an 1587, et le 23ᵉ jour du mois d'août, personnelle-
» ment establi messire François, comte de Coligny, seigneur
» de Chastillon, colonel-général de l'infanterie françoise en
» l'armée estrangère, sous l'autorité du roi de Navarre,
» lequel sçachant et bien advisé, pour luy et ledit sieur,
» confesse et recognoist par la présente debvoir et estre tenu
» légitimement payer aux magnifiques, puissans et très-
» honorés seigneurs, messeigneurs les advoyer et conseil
» de la ville et canton de Berne, absens, nobles, prudens
» et honorés seigneurs, Hans-Jacob de Bonstetten, baillif
» de Morges, Michaël Anspurger, baillif de Lausanne, pré-
» sens, pour eux stipulans, avec moy, notaire et secrétaire
» soubzsigné, à sçavoir la somme de six cens quernes de
» testons de roy, pour prest fait par lesdits seigneurs bail-
» lifs, au nom de leursdits seigneurs, *pour payer les pro-*
» *visions et munitions pour les troupes dudit seigneur de*
» *Chastillon*, qui doivent passer par les terres et pays des-
» dits magnifiques seigneurs de Berne, pour le service de
» la couronne de France et dudit sieur roy de Navarre,
» laquelle somme de six cens quernes testons de roy ledit
» sieur de Chastillon confesse avoir heue et receue desdits
» sieurs baillifs, et s'en tient pour bien content, et laquelle
» somme ledit sieur promet payer et rendre à mesdits très-
» honorés seigneurs, en ladite ville de Berne, dans six mois
» prochains, avec le profit et intérests, au denier quinze, à
» peine de tous despens, dommages et intérests qui, à faute
» de paiement, s'en pourroyent ensuyvre et supporter, *obli-*
» *geant, à ces fins, ledit seigneur, tous et un chacun ses*
» *biens meubles et immeubles, présens et advenir, quels*
» *qu'ils soyent, et spécialement sa terre et comté de Coli-*
» *gny,* en tant toutefois que cette spécialité ne déroge à la
» généralité ni au contraire, avec et soubz toutes autres
» promesses et renonciations et clauses en tel cas requises.

» — Fait et prononcé publiquement, à Genefve, au logis où
» pend pour enseigne l'escu de Genefve ; présens, nobles
» Paul Chevalier, syndique ; Michel Rozet, conseiller et an-
» cien syndique de cestedite ville ; noble Théophile Sarrazin,
» conseiller et secrétaire de Mgr le prince de Condé ; noble
» Jacques Pape, sieur de Saint-Auban, et H.-Jehan Tru-
» chet, hoste de l'Escu, bourgeois de Genefve, tesmoings à
» ce priez et requis. — Combien que ceste obligation soit
» escrite d'aultre main, je, Claude Gallatin, notaire juré et
» secrétaire d'Estat en la cité et seigneurie de Genefve, l'ay
» ainsi reçu et stipulé et fidèlement expédié au profit desdits ma-
» gnifiques, puissans et très-honorés seigneurs de Berne, etc.

» (Signé) : DE COLIGNY, GALLATIN. »

Peu après la signature de cet acte, Chastillon reçut une lettre de l'avoyer et du conseil de Berne, ainsi conçue [1] :

« Noble, généreux, puissant seigneur, vostre arrivée en
» ces quartiers, avec vos gens de guerre, nous donne ma-
» tière de louer Dieu de ce qu'il vous a préservé en cestes
» sy grandes difficultés qui se sont présentées en vostre
» chemyn, et nous donneroit plus grande joye si nous pou-
» vions voir et croyre que des plus grandes ne vous res-
» toyent à surmonter, voyre telles que, par jugement
» humain, sera impossible de soustenir ; ce qui nous met
» en grande perplexité, sçachantz que toute la noblesse
» du pays d'Aulxois et les..... de tous les habitants
» sont préparés et délibérés de résister par force à vous
» et aultres qui voudroient passer, à quoy seront tant
» plus enhardis, s'ils peuvent descouvrir le peu de forces
» qu'avez, et que vos gens n'ayent moyen de payer leurs

---

[1]. Lettre du 25 août 1587. (Archives de Berne, *Weltsche Missiven Buch*, vol. H, f°s 138, 139.)

» despences. Joint que les huit mille Suisses qui sont levez
» pour le service du roy s'acheminent maintenant et pren-
» nent le chemin de Neufchastel, où les pourrez rencontrer,
» dont plus difficilement pourrés trouver logis et vivres, au
» comté de Neufchastel. Et, outre ce, est à présumer que
» les Italiens et Espagnols qui sont en la Bourgogne ne
» vous donnent aussy quelque empeschement, estans ap-
» pellés par lesdits Aulxois, ou bien qu'ils ne vous couppent
» chemin, en quelcun des passages de la Lorraine; et le
» pis sera que trouverés les lieux qu'il vous convient passer,
» qui ne sont deffensables, vuydes de tous moyens de vous
» allimenter, et aussy voz gens estans (sans profit) de ceste
» moisson, en partie desjà (épuisée), et le reste retiré en
» lieux et places de deffenses. Sur quoy, nous avons bien à
» craindre que, si Dieu ne vous assiste miraculeusement,
» ne pourrés joindre l'armée qui est desjà entrée en Lor-
» raine et trop esloignée des lieux où vous pourra estre faict
» empeschement pour vous secourir sans grande perte et
» dommage, ce qui nous apporteroit un extrême desplaisir.
» — Toutefois, puisque Dieu vous a préservé jusques à pré-
» sent de tant de milliers de dangers qui vous ont esté
» préparez, nous ne doutons qu'il ne continue ses grâces
» envers vous et qu'il ne vous fasse prospérer, en despit de
» tous ses ennemis et des vostres; et ne manquerons de l'en
» supplier tant plus ardemment que nous voyons l'évidente
» nécessité requérir. — Au reste, nous advouons ce que les
» genz nos baillifs de Losanne et de Morges ont faict en
» vous fournissant les sommes requises pour le paiement de
» la dépense que voz genz feront sur noz terres, et avons
» mandé à nostre baillif d'Yverdun que, s'il peut avoir tant
» en mains, il vous le fournisse encore de 300 V., ce que
» vous prions de prendre à la bonne part; et ne doubtons
» que, selon la bonne affection que vous nous portez et à

» nos subjectz, donnerés si bon ordre en voz trouppes, que
» elles ne feront aucun dégast et dommaige [1]. Sur quoy,
» desirant la continuation de voz bonnes grâces, nous sup-
» plions le Tout-Puissant qu'il vous maintienne en sa saincte
» protection et vous face prospérer en toutes vos actions, à
» son honneur et gloire, et notamment surmonter heureu-
» sement les grandes difficultez qui vous menacent en vostre
» entreprise. »

La réception de cette lettre accroît le désir, déjà bien vif, qu'éprouvait Chastillon de revoir ses amis de Berne ; le temps presse ; il accourt, en toute hâte, dans cette ville, où sa présence est acclamée ; le conseil se réunit, en séance extraordinaire ; il y est accueilli « comme un fils » ; l'avoyer et ses collègues lui renouvelent les communications de renseignements, les protestations d'affectueux intérêt, les vœux que contenait leur lettre du 25 août ; et ils traduisent le redoublement de sympathie qu'il leur inspire, par la mise à sa disposition, en faveur de ses troupes, d'une somme de six cents écus d'or, dont il constate le versement entre ses mains par ces lignes, tracées sous les yeux de ses officieux prêteurs [2] :

« Je, soubsigné, confesse avoir reçu de messsieurs de
» Berne, par les mains de M. Kaufman, secrétaire de leur
» conseil, la somme de six cents escus d'or sol, que lesdits
» seigneurs m'ont aujourd'huy prêtés, *pour le service du roy*
» *de Navarre,* et ce, pour employer à la conduite des gens
» de guerre que je meine par son commandement, laquelle
» somme de six cents escus sol je promets faire rendre à

---

1. L'avoyer et le conseil de Berne avaient déjà exprimé à Chastillon la confiance qu'ils avaient en sa fermeté pour maintenir l'ordre parmi ses troupes, dans le trajet de la Suisse. (Voir *Appendice*, n° 33.)

2. Archives de Berne, *Frankreich*, vol. 3.

» mesdits seigneurs, à leur volonté, par le roy de Navarre,
» et, en outre, *m'en oblige en mon propre et privé nom,*
» *par hypothèque sur tous et pour chacun mes biens et reve-*
» *nus.* En tesmoing de quoy j'ay escript et signé le présent
» escript de ma main. Fait à Berne, ce 29 d'aoust 1587.

» Chastillon. »

Aux mutuels et virils témoignages d'affection succèdent des adieux touchants.

Ceux que, de retour à Genève, Chastillon adresse à de Bèze, à de Lanoue, à tous ses amis, ne le sont pas moins. Son cœur déborde d'émotions, car il sent, plus que jamais, combien ce sol helvétique, dont il va se séparer, peut-être pour toujours, a vraiment été pour lui, naguère, dans son infortune, celui d'une seconde patrie.

Se remettant en marche, il traverse le pays de Vaud, arrive à Neufchâtel, où quelques nouvelles ressources lui sont fournies pour ses troupes ; et, dès qu'à deux lieues de cette ville il a atteint Fontaine, il adresse, le 10 septembre, à sa femme une lettre, dans laquelle, d'un bout à l'autre, vibrent les nobles sentiments qui étreignent son âme :

« Mon cœur, lui dit-il [1], je vous ay escrit, de Genève, une
» lettre fascheuse, pour ce que les advis de tous estoient
» estranges, et me proposoit-on des dangers infinis, sans
» espérance de pouvoir joindre l'armée : mais Dieu me fait
» cette grâce de trouver les dangers moindres en m'en
» approchant, et croistre l'espérance d'y arriver avec son
» aide.

» S'il me fait cette grâce de m'y rendre, comme j'espère
» estre dans huit jours, au plus tard, je me pourray vanter

---

1. Du Bouchet, *loc. cit.*, p. 685, 686, 687.

» d'avoir fait un voyage aussi difficile et traversé qu'ait
» jamais fait homme du monde.

» Contre mon espérance, Dieu m'a bény jusques icy :
» contre l'espérance des autres, je croy fermement qu'il me
» mènera à nostre armée, pour servir à son église, et à
» establir le bien autant que je pourray; à quoy je me voue
» du tout, me despouillant de tout autre passion.

» Je me puis vanter de chose que François peut-estre ne
» peut dire, c'est d'emporter la réputation, par où je passe,
» de faire vivre mes soldats mieux que les Espagnols. J'ay logé
» parmy eux et en leurs estapes en Savoye, où ceux du pays
» les ont fait retirer pour me reloger moy. Ç'a esté une si
» estrange métamorphose de nos soldats, que je m'en estonne
» moy-même, car, partant de Daufiné où ils faisoient le
» le diable, entrant dans la Savoye, par un seul ban que je
» fis faire, une petite harangue, et les estrivières que je fis
» donner à un goujat qui s'estoit détourné du chemyn, tout
» le monde a été si discret, que, sans me donner peine de
» les chastier, je suis asseuré qu'ils n'ont fait mal quelconque
» dont, à mon départ, on se puisse plaindre : aussy nous
» payons partout comme des changeurs.

« Considérez, je vous prie, la faveur de Dieu sur moy. Je
» suis party sans un sol, et je paye tous les jours nos sol-
» dats; et si j'en ai de reste, c'est l'œuvre du Seigneur ;
» reconnoissez-le, comme je fais. Au partir de là, croyez-
» vous qu'il veuille perdre celuy qu'il entretient comme
» cela ?

» Il y a une autre chose à remarquer : c'est que les miens
» et ceux de ma patrie ont esté, au lieu de parens, ennemis;
» au lieu de compatriotes et charitables, comme barbares et
» gens sans Dieu et sans loy. Les estrangers, les Savoyards
» et les Suisses m'ont esté comme pères, comme voisins et
» gens craignant Dieu.

» Parmy la Savoye, j'ay esté reçeu des patriotes avec
» toutes les bonnes chères du monde, logé dans les villes
» fermées, dans les chasteaux, partout traité avec un vi-
» sage ouvert, comme si j'eusse esté à *Warti* ou à *Pé-*
» *quigny* [1].

» A Genève, chacun s'est employé pour moy : les uns
» m'ont presté, les autres m'ont donné de l'argent dont j'ay
» nourry mes soldats, et baillé à chacun demy-escu, aux
» capitaines cinq, et aux membres, à proportion.

» Sur les terres de Berne, les baillifs de Morge, de Lau-
» sanne et divers lieux, m'ont chacun presté trois cens
» escus, dont j'ay fort bien payé, sur leurs terres. J'ay esté
» à Berne, en poste. Ils m'ont fait chère, comme si j'eusse
» esté leur fils ; et, après le disné, contre leur coustume,
» ils ont assemblé leur conseil et m'ont baillé six cens escus
» d'or sol.

» Voilà comment je suis secouru de moyens.

» A Neufchastel, ils m'ont presté cinq cens escus, de quoy
» nos soldats sont payez pour deux jours que j'ay fait de
» chemyn sur leurs terres. Aussi nos soldats payent, et
» personne ne se plaint. On nous apporte force pommes,
» chacun fait ses affaires, le laboureur fait sa moisson, le
» bestail va aux champs, les poules courent par les rues, et
» personne ne crie. Voilà l'ordre que je voulois establir en
» Languedoc ; et combien qu'on m'aye empesché de l'ob-
» server sur le pays, j'ay bien montré qu'il se pouvoit. Seul
» j'ay pourveu à tous les désordres que la mauvaise volonté
» de ceux avec lesquels j'ay vescu a plustost entretenus
» que corrigez, au grand mal du pays, qui souffre quatre
» fois plus, voire dix, que si cela se fust fait. J'ay trouvé des
» empeschemens sans nombre, lesquels, à la fin, Dieu m'a

1. Ces simples mots témoignent, à eux seuls, de l'affection qu'avaient pour Chastillon les parents de sa femme.

» fait la grâce de surmonter ; et cela m'est un tesmoignage
» fidèle que j'ay tousjours voulu et pu establir l'ordre, mais
» que j'en estois empesché par ceux qui faisans semblant de
» le vouloir, montroient en effet en estre ennemis.

» Voilà comme nous vivons. Tous les soirs, je fais bailler
» à chaque soldat cinq sols, soixante et six sols à chaque
» capitaine, quarante sols pour cavalier, quinze sols pour
» arquebusier à cheval ; je garde qu'on ne me trompe, et
» ainsi je mesnage l'argent, et Dieu mercy, il ne nous manque
» point encore.

» Pour le danger des ennemis, au lieu où on ne nous vou-
» loit point faire de mal, j'ay craint ; où ils estoient pré-
» parez pour nous en faire, je ne l'ay point appréhendé, et
» jusques icy j'ay passé heureusement au travers d'Italiens,
» Espagnols, Piedmontois, gens de cheval et de pied, au
» travers des Suisses qui vont pour le service du roy, et pas
» un de mes soldats n'est mort de coup ennemy ; je les ay
» tous entiers, sinon ceux que la peur ou la meschanceté a
» fait retourner et abandonner poltronnement leur colonel,
» leurs capitaines et leurs enseignes, entre lesquels est
» Gambedur. S'il va à Montpelier, je vous le recommande.
» Si je le tenois, il seroit pendu, pour le trait qu'il m'a faict.
» Il s'en est allé beaucoup ; mais les uns reviennent, les
» autres sont arrestez à Genève ; pour ce qu'à Lyon on en a
» pendu ; qui est un grand coup pour moy, car cela m'en-
» tretient le reste, et, à ceste heure, viennent des soldats
» nouveaux qui se mettent en la place des autres, de sorte
» que les compagnies se refont belles, Dieu mercy : et pense
» arriver à l'armée bien accompagné.

» J'y seray dans six jours, d'aujourd'huy en huit, au plus
» tard. Elle est en Lorraine, où elle a pris trois ou quatre
» places dans lesquelles il y a garnison. Voilà qui rendra
» mon passage aisé, avec l'aide du Seigneur, sous la garde

» duquel je marche, asseuré que cent mille hommes de
» front ne me feront pas craindre, encore qu'ils l'entre-
» prennent et que, pour m'environner, de tous costez ils
» vinssent.

» Louez Dieu, ayez soin de nos enfans, et Dieu retirera
» ses verges de dessus nostre famille, et nous donnera, pour
» un coup, autant de biens que nous avons, depuis quinze
» ans, souffert du mal. Nous voyageons parmy le désert,
» pour arriver à la terre promise. Craignons Dieu, rien ne
» nous manquera, et ceux qui sont nos contraires nous hono-
» reront, en dépit de leurs dents.

» Je prie à Dieu qu'il pardonne à ceux qui ont retardé
» mon voyage ; mais ils ont fait plus de tort au public qu'à
» moy. Puissent-ils faire autant de bien aux autres qu'ils
» m'ont brassé de mal ; et je leur pardonne de bon cœur.

» Je m'asseure que celuy qui, à mon besoin, m'assiste,
» ne nous abandonnera point, et que vous trouverez des
» moyens, de vostre costé, pour forcer ces nécessités si
» extrêmes qui nous ont talonnés. Je suis marry que je ne
» puis vous aider de quelque chose ; mais j'espère, dans
» peu de jours, si Dieu me garde, vous faire tenir quelque
» commodité.

» Escrivez-moy de vostre santé et de mes enfans par la
» voie de Lyon, chez Suri ; vous pourrez me faire tenir les
» lettres, de là à Genève, par le chasse-marée ; elles iront
» chez Truchet, l'hoste de l'Escu, puis à Montbéliard ou à
» Basle, et de là à Strasbourg, puis à nostre armée, où
» je seray, si Dieu plaist, et verray Mme *de Péquigny*, qui ne
» sera pas sans parler de vous, comme vous pouvez penser.

» Huit mille Suisses sont passez aujourd'huy, à trois cens
» pas de moy : ils s'en vont contre nous, et nous, qui par-
» tons d'auprès d'eux, les rencontrerons au gros, où il nous
» faudra battre.

» Faites part de mes nouvelles à mon frère et à mes
» amis.

» Je m'en vay coucher demain en Bourgogne, si Dieu
» plaist, et après-demain à Montbéliard. Nos soldats com-
» mencent à se ragaillardir et à se résoudre, et nos capitaines
» aussi, qui m'ont bien donné de la peine, car ils sont jeunes;
» mais, à la fin, ils se feront et tout ira bien, avec l'aide du
» Seigneur, entre les mains de qui je recommande et vous
» et nos enfans. C'est

» Vostre bon mary,

» CHASTILLON.

» A Fontaine, deux lieues de Neufchastel, ce 10 de septembre, à nostre conte 1587. »

» J'ay beaucoup d'obligations à M. de Lanoue, à M. de
» Bèze, à messieurs de Genève, qui ont fait à nos soldats tant
» de bien et à moy, qu'à jamais je leur en auray obligation.

» Il s'est trouvé à Genève des gens de bien qui, d'eux-
» mesmes, prenoient les soldats passans par les rues, les
» faisoient entrer dans leurs maisons, après leur avoir fait
» bonne chère leur bailloient un teston, leur faisoient chan-
» ger de chemise, leur bailloient pourpoint, chausses :
» somme, qu'il y a autre charité qu'en Languedoc. Les
» femmes venoient chargées de force bagage, et comme les
» soldats passoient en bataille par les rues, si elles en
» voyoient quelqu'un mal vestu, elles leur bailloient quelque
» pourpoint, quelques chemises. De nos soldats se sont
» trouvez qui, achetans quelque chose et se trouvans en
» peine de le payer, trois ou quatre passans, voyant cela,
» leur bailloient ce qu'ils avoient à faire, et se cottisoient
» entr'eux pour le payer. Cela est ainsi. Voilà qui me fait
» revivre ; et cela ce sont les fruits de nostre foy. Encore y
» a-t-il des gens de bien au monde ; c'est signe que Dieu ne
» s'est pas retiré d'avec nous.

» J'avois oublié de vous dire que, sur les terres de mes-
» sieurs de Berne, nous avons logé dans toutes les villes où
» nostre chemyn s'est adressé, mesme, dans Iverdun,
» parmy les maisons des particuliers. Somme, on reconnoit
» qu'il y a parmy ces gens du zèle, de la foy et de l'amitié :
» cela n'est pas faire fermer les portes de Courontarail,
» crier après les soldats et accuser les capitaines, comme on
» fait de delà. Cela n'est pas faire comme à Millau, où ils se
» sont arrestez au mal, pour prendre sujet de nous en faire,
» et n'ont pas voulu prendre les remèdes. A telles choses
» sont sujets ceux qui ne se veulent laisser conduire.

» Somme, il me semble que le siècle d'or revient, car
» nous nous louons infiniment de ceux qui nous ont logés, et
» eux de nous. Par les chemins nous faisons des amitiés et
» marchons en pays loin de ces confusions, de ces cris, de
» ces tempestes.

» Loué soit Dieu, lequel me veuille garder pour servir à
» son Église ! »

Suivons maintenant la continuation de la marche de Chastillon, depuis son départ de Fontaine, d'après les indications que nous fournit son lieutenant P. de Saint-Auban [1].

« Nous ne fismes, dit cet exact narrateur, aucun logis au
» pays de l'évesque de Basle, à cause de mil escus qu'il fit
» donner à M. de Chastillon.

» De là, nous entrasmes dans un quartier de la Franche-
» Comté de Bourgogne où nous estions, et estimions avoir
» de la besogne plus que n'en eusmes pas, parce que, dès
» lors que nous abordasmes ladite Franche-Comté, à un
» chasteau nommé le chasteau de Lomoy, où tous nos gui-
» des perdoient la tramontane, près de la rivière du Doux,

---

[1]. *Mémoires*, ap. du Bouchet, *loc. cit.*, p. 648 et suiv.

» où y a un pont, ceux dudit chasteau nous saluèrent à
» coups de pièce ; M. de Chastillon m'avoit commandé pre-
» mier, et m'en allay près dudit chasteau scavoir ce qu'ils
» vouloient dire. Ils dirent que ce qu'ils en faisoient n'estoit
» que d'amitié. Là-dessus nous allasmes saisir ce pont.

» Cependant nous oyons, à la montagne, au delà dudit
» pont, diverses batteries de tambours, à la suisse, à l'es-
» pagnole et à l'italienne, avec grande rumeur de voix et
» d'arquebusiers qui tiroient quasi comme en salve, qui fut
» cause que j'envoyay chercher vers M. de Chastillon des
» arquebusiers, et en prins quelques cent cinquante, et
» vingt-cinq armez avec moy, pour faire voye à nos troupes,
» à un passage sur ladite montagne que je vis occupé des
» ennemis qui estoient en nombre de sept ou huit cents
» hommes, lesquels, sans se peiner d'entrer en aucun com-
» bat, avoient assez de couper deux ou trois arbres qui
» eussent esté suffisans, sans autre empeschement, de nous
» retarder deux jours. Mais Dieu voulut pour nous qu'ils ne
» firent ne l'un ne l'autre ; ains, nous voyant venir le petit
» pas à eux, nous firent place et se retirèrent à un autre
» costau, où nous eusmes le plaisir de les voir assemblés de
» loin. Quoy que nous nous fussions contentez de ce qu'ils
» nous laissèrent ledit passage libre, nons ne laissasmes pas,
» après avoir passé, de les faire pousser dans le bois, où
» furent pris deux ou trois prisonniers pour prendre langue,
» et autant de tuez.

» Ayant passé ce passage tant heureusement, et parce-
» que nous avions encore à repasser ladite rivière le lende-
» main, sur un pont nommé le pont de Vaffrey, fust résolu
» que M. de Chastillon avec l'infanterie, qui ne pouvoit
» faire cette traite, demeureroit derrière, quelques deux
» lieues, et qu'avec tous les harquebusiers à cheval j'yrois
» gagner et garder ledit pont ; ce qui fut fait sans difficulté,

» et entrasmes, dès cette journée, aux terres de M. le comte
» de Montbéliard, où nous passasmes trois jours, ou en
» logis, ou au séjour d'une journée.

» Après ledit pays de Montbéliard, nous entrasmes dans
» les terres de l'abbé de Lure, et de là rentrasmes derechef
» dans la Franche-Comté de Bourgogne où tout le pays se
» préparoit à nous courre sus. De fait, qu'auprès d'une ville
» appellée Luxuel, Dieu voulut pour nous que nous fusmes
» un peu matinières pour passer un pont nommé Chabottes,
» où les ennemis avoient fait leur rendez-vous pour nous
» donner dessus; mais, n'ayant pas bien mesuré leur temps,
» nous eusmes passé ce passage devant que leurs troupes y
» eussent abordé, desquelles les premières mesme n'y furent
» à temps que pour donner sur nostre queue, comme ilz
» firent, estant environ quatre ou cinq cens hommes de pied
» et quelques dix-huit ou vingt chevaux; desquels estant
» l'alarme venue à la teste où M. de Chastillon estoit venu
» rebrousser vers la queue, avec vingt ou vingt-cinq che-
» vaux que nous estions, tous fort mal montez, et ayant
» pourveu à nostre queue, voulusmes reprendre la teste;
» mais sans avoir loisir d'y arriver ne de prendre autres
» chevaux ne armes, nous fallut revenir à la queue, et don-
» nasmes sur cette canaille sans les recognoistre, qui se
» laissèrent mettre en pièces dès que fusmes à eux, sans
» tirer que quatre ou cinq harquebusades, et en furent tuez
» quelques cent cinquante.

» Cela fait, voulant reprendre nostre chemin, ayant fait
» sonner la retraite, laquelle M. de Chastillon me comman-
» doit de faire, il n'eust loisir d'estre à cent pas de nous, que
» vers ledit pont de Chabottes, derrière nous, vismes parois-
» tre encore quelques quatre ou cinq cens hommes à pied
» et quelques chevaux, qui ne sçavoient le bon accueil que
» nous avions fait aux autres, lesquels nous allasmes char-

» ger, mais non si soudainement que M. de Chastillon vou-
» loit, parcequ'à cause de ce pont je fis tant qu'il patienta
» contre son intention, jusques qu'eussions quelques cent
» harquebusiers des nostres pour les mettre en désordre ;
» mais nous n'eusmes bonnement loisir de les attendre à
» les charger, parceque nous les voyons desrober aux deux
» bois qu'ils avoient près d'eux, l'un à droite, l'autre à gau-
» che ; de sorte que n'en pusmes tuer qu'une cinquantaine.
» Je fus bien cause qu'il s'en sauva beaucoup, comme dit a
» esté, contre l'intention de M. de Chastillon qui y vouloit
» aller plus tost ; mais mon retardement enfin ne fust, à
» mon advis, qu'à propos et raisonnable, de peur de nous
» embarrasser sans harquebusiers en un mauvais passage
» d'un costé et de l'autre, parcequ'il me sembloit estre
» assez d'atterrer nos ennemis et estre maistres de la cam-
» pagne, au meilleur marché qui se pourroit, et faire chemin
» comme nous fismes ; car avec deux combats nous fismes
» encore nostre journée de quatre grandes lieues, et n'eus-
» mes aucun blessé, ne mort.

» Après cette journée, nous entrasmes dans la Lorraine, où
» ayans cheminé deux jours, sans avoir peu apprendre nou-
» velles de nostre armée, enfin nous résolusmes de prendre
» quelque pied en ce pays-là, et de donner advis à nostre
» armée, par messagers, de nostre venue, afin qu'elle nous
» envoyast quelque cavalerie pour escorte.

» De fait, nous saisismes le chasteau de Grezilles, lequel
» je surprins, et où M. de Chastillon se logea, et nous lo-
» geasmes au bourg, ouvert de tous costés, que nous fer-
» masmes de barricades, et y fusmes trois jours, sans peine,
» fors quelque legère alarme.

» Au quatriesme, nous y fusmes attaquez, sur le matin,
» à une heure du jour, par quatorze cens harquebusiers et
» huit cens chevaux, conduits par le marquis de Varambon ;

» mais Dieu voulut que, dès la minuit précédente, ayant eu
» advis, de nos sentinelles escartées, de la venue des enne-
» mis en gros, qu'une petite pluye avoit empesché de don-
» ner dès le soir, j'avois fait porter dans le chasteau tous
» nos drapeaux et, qui plus est, j'y voulois mettre nos ma-
» lades et bagages, mais je ne le peus obtenir de M. de
» Chastillon, à cause de la paresse d'un qu'il avoit commis
» à la garde du chasteau, qui, aimant le repos, voulut que
» cela fust remis au jour; d'ailleurs M. de Chastillon dit que
» cela se feroit sans désordre. Mais certes ce deffaut nous y
» cuida mettre à bon escient, parcequ'estans venus les
» ennemis, au point du jour, il fut question de ne s'opinias-
» trer à tenir le bourg, et néantmoins feindre de le vouloir
» faire pour retirer nos malades et bagages au chasteau, et
» préparer nostre retraite. Nous cuidasmes estre courts à
» l'un et à l'autre, parceque l'ennemi descouvrit dès aussi-
» tost, par-dessus les costaux, que nous retirions nos baga-
» ges audit chasteau, esloigné du bourg de quelques mille
» pas, et soudain leurs huit cens chevaux vindrent pour se
» mettre entre deux, et leur infanterie à nostre queue; de
» sorte qu'il y eust beaucoup d'affaire à nous retirer, et fust
» nostre file coupée par un cornette suivy de cinquante
» lances; mais Dieu voulut que celuy qui portoit le drap-
» peau fust abattu de quelques harquebusades, qui ralentit
» un peu de leur ardeur, et se passa ce combat en escar-
» mouches entre gens de pied, qui dura trois ou quatre heu-
» res. J'y fus, pour la plupart du temps, seul à cheval, et
» sans blessure, Dieu mercy, ayant fait mettre pied à terre
» aux autres qui avoient demeuré sur la queue, estant en
» nombre de quinze qui, par la grâce de Dieu, ne perdismes
» jamais nostre rang; et l'ennemy perdit, à ce combat, cent
» cinquante hommes, et nous cinquante bons, desquelz il y
» en avoit bien vingt de signalez.

» Le marquis de Varambon s'estant résolu, après cela, de » nous assiéger dans le chasteau, s'y campa et fit faire des » gabions pour loger ses canons, ce qui nous mettait en » grand accessoire, si Dieu n'y eust pourveu par une frayeur » qu'il luy envoya et à ses troupes, sans sujet, qui le fit » desloger sans trompette, à deux heures de nuit, à cause » de quatre coups de canon qui furent tirez à La Motte, des- » quels il fut alarmé. »

Cependant, que se passait-il là où l'arrivée de Chastillon était, disait-on, impatiemment attendue ? A l'armée, régnait l'incurie : on y demeurait inerte, dans une expectative voisine de l'indifférence ; car, alors qu'il eût fallu agir efficacement, on n'avait pas même pris la peine d'envoyer quelques éclaireurs dans diverses directions pour s'assurer de la présence du valeureux chef qui était accouru de si loin et pour le renseigner exactement sur la position qu'occupaient les forces concentrées, à la recherche desquelles il se livrait, de son côté. Ce fut uniquement à la persévérance de ses investigations qu'il dut de pouvoir enfin découvrir cette position.

Alors parvint au campement de l'armée une lettre qu'il adressait à Clervant, colonel-général des Suisses [1]. Il l'informait de son arrivée au château de Griselles [2], après avoir défait, en chemin, les forces du comté de Bourgogne qui s'étaient opposées à son passage ; il ajoutait que derrière ces forces s'étaient rencontrés des Italiens, au service du duc de Lorraine, « bien aisez à deffaire ; » qu'il avait vu les Suisses « allans au service du roy, qui estoient fort peu de » chose. » Il terminait en exprimant le double désir d'avoir promptement des nouvelles de l'armée, et de voir venir au-devant de lui quelques troupes détachées de celle-ci, pour seconder sa marche jusqu'au lieu où il se réunirait à elle.

1. La Huguerye, *Mémoires*, t. III, p. 164.
2. Griselles, près de Châtillon-sur-Seine (Côte-d'Or.)

A la réception de cette lettre, le conseil militaire, dont nous avons précédemment signalé l'existence et la composition, s'assembla pour délibérer sur son contenu. Il n'y avait assurément pas lieu d'hésiter sur le parti à prendre : il fallait, sans désemparer, décider, à l'unanimité des voix, l'envoi immédiat d'un corps de troupes à la rencontre de Chastillon ; et pourtant, au sein du conseil, s'éleva un contradicteur dont la résistance déplacée et opiniâtre ne fut que difficilement surmontée.

Voici ce que rapporte, sur ce point, l'un des membres du conseil dont il s'agit :

« Nous estans, dit-il [1], assemblez en conseil, fut exhibée
» la lettre du sieur de Chastillon, et proposé d'y satisfaire par
» le meilleur expédient qu'on pourroit adviser, sans le péril
» de l'armée.

» Je ne vey personne si osé d'y contredire que le sieur
» de Guitry, lequel, ne pouvant nyer qu'il ne fust néces-
» saire d'y pourvoir, s'il estoit à espérer d'y arriver à temps,
» commença sur la date de ladite lectre, à en engendrer si
» grande doubte ès espritz de tous ceux du conseil, qu'il
» deist asseurément qu'il en estoit faict ou failly, et que,
» lorsque nous en parlions, ou ledit sieur de Chastillon
» estoit en seureté, ou il estoit perdu, et qu'en tous cas il
» n'estoit besoing de travailler l'armée.

» Je prins la parole et répliquay que son discours n'estoit
» fondé que sur une conjecture, que je ne voulois nyer estre
» vraisemblable, mais qu'en ung affaire de telle consé-
» quence, il falloit avoir des conclusions certaines et esgard
» nommément à la qualité dudit sieur de Chastillon et à
» l'obligation si grande que toute ceste armée luy a d'avoir
» faict deux cens lieues de mauvais et dangereux chemins

---

1. La Huguerye, *Mémoires*, t. III, p. 168 et suiv.

» pour la venir joindre, avoir combattu et deffaict tout ce
» qu'il a rencontré ; qu'il ne méritoit, en la touchant du doigt,
» de le laisser au besoing ; qu'il ne falloit point discourir sur
» cela, mais suivre la substance de sa lectre, et satisfaire
» à son juste desir ; pourquoy j'avois charge de dire au con-
» seil, au nom des estrangers, qu'il nous sembloit néces-
» saire d'envoyer seulement au-devant dudit sieur de Chas-
» tillon une forte troupe de cavalerie, pour le retirer de
» Grezilles et le conduire en l'armée, avec résolution, si son
» péril estoit tel, qu'il convinst dresser la teste de l'armée
» vers lui pour le desgager, de le faire plustost que de le
» perdre ; offrant de la part des estrangers deux régimentz
» de reistres, faisans 2,000 chevaux, ausquelz ils pouvoient
» joindre 500 chevau-légers et arquebusiers à cheval,
» françois, avec une personne d'authorité et capacité re-
» quise, pour les conduire et commander, et des gentils-
» hommes du païs, pour les bien guider ; que, de nostre
» part, nous y envoyrions le régiment du sieur colonel Domp-
» martin qui cognoissoit le païs, avec ung aultre régiment.

» Chacun loua le conseil et résolution des estrangers,
» fors ledit sieur de Guitry, qui contesta encores que c'estoit
» temps et peine perdus, et qu'en tout cas, il conviendroit
» aller avec toute l'armée, plustost qu'en séparer une si
» notable partie, pendant l'absence de laquelle on nous
» pourroit beaucoup endommager.

» Je répliquay qu'à luy appartenoit de si bien loger le
» reste de l'armée, qui n'est pas petite, qu'elle feust aisée à
» assembler pour une défense générale, pendant que ceste
» troupe feroit son chemin, se rafraischissant en un bon et
» gras païs, et qu'il seroit assez temps d'y mener l'armée, si le
» besoing le requéroit, au premier advis que nous en donne-
» roit celuy qui auroit la conduite ceste cavalerie.

» Et après avoir beaucoup résisté, se voyant presque seul

» de son opinion, et fort suspect, pour son intérest parti-
» culier, il se laissa vaincre.

» Et fut résolu d'y envoyer, avec le régiment dudit sieur
» de Dompmartin, celuy de Frédéric von Varren, homme de
» bien, et qui eust charge de bien recognoistre si ledit Domp-
» martin feroit quelque tour de souplesse, en ce voyage,
» pour complaire audit sieur de Guitry, et avec eux les
» sieurs de Beaujeu, fort affectionné audit sieur de Chas-
» tillon, pour avoir esté honoré d'un membre de la compa-
» gnie de gendarmes dudit feu sieur admiral, son père,
» et baron de Langue, pour la cognoissance qu'ils avoient
» du païs, avec leurs cornettes de chevau-légers, et
» 200 arquebusiers à cheval.

» Et lorsqu'il fut question de résouldre de leur chef pour
» les commander, se présenta une autre difficulté, ledit
» sieur comte de Lamark s'estant laissé persuader de prendre
» ceste charge, en espérance d'obliger ledit sieur de Chas-
» tillon de luy laisser le commandement de l'avant-garde
» qui lui avoit esté accordé par provision seulement, attendant
» l'arrivée dudit sieur de Chastillon. Et nonobstant toutes
» les remonstrances qui luy furent faites de voyage qui
» estoit trop rude pour luy, en danger que l'excès du travail
» de jour et de nuict luy causast quelque maladie, joinct
» que la charge qu'il avoit en l'armée ne pouvoit pas souf-
» frir son absence, suffisant d'en donner la commission au-
» dit sieur de Beaujeu, vieil capitaine et affectionné serviteur
» dudit sieur de Chastillon, il demeura opiniastre en sa
» volonté, à la persuasion du baron de Conforgien. De quoy
» ne le pouvant divertir, veu que son frère propre n'y pre-
» noit pas beaucoup de peine, ne se souciant guère de le
» perdre, et ledit sieur de Guitry n'y contredisoit pas, en
» espérance de commander cependant à l'avant-garde, ayans
» pris nos cartiers, nous donnames ausdits colonels Fré-

» déric von Verren et Dompmartin logis advancé vers la
» main gauche et sur le chemin qu'ils avoient à faire, pour
» y aller bien repaistre eux et leurs chevaux, et partir au
» commencement de la nuit.

» ... Cet ordre-là estant donné, l'armée s'achemina en
» son logis à Cumont, Saint-Urbain et autres lieux ès envi-
» rons, deci et delà la rivière de Marne, pour y séjourner
» pendant ceste cavalcade.

» Le sieur de Guitry estant fort marry de la résolution
» qui avoit été prise pour aller au-devant dudit sieur de
» Chastillon, m'en discourut longtemps, taschant à me
» persuader de la faire changer et contremander nos reis-
» tres, comme il feroit, de son costé, aisément contre-
» mander ledit sieur comte de Lamark, disant tousjours
» que c'estoit faict ou failly dudit sieur de Chastillon, et
» qu'il eust été expédient d'y adviser plus meurement, en
» ce séjour, ou bien d'y aller avec toute l'armée. Je luy
» respondy que ce n'eust pas esté mal faict d'y aller avec
» toute l'armée, si elle eust peu faire la diligence requise, au
» desir dudit sieur de Chastillon ; et, puisque le conseil avoit
» jugé cela suffire pour le présent qu'il estoit trop tard d'y
» penser et que le retardement, auquel je senty bien que
» tendoit ledit sieur de Guitry pour incommoder l'arrivée
» dudit sieur de Chastillon qu'il craignoit, seroit de plus
» dangereuse conséquence audit sieur de Chastillon, lequel
» nous attendrions en ce séjour ; et, s'il luy survenoit
» quelque plus grande nécessité, on y pourvoiroit. »

Le comte de Lamark ayant atteint Grizelles, Chastillon
en partit aussitôt en même temps que lui, et opéra enfin
sa jonction avec l'armée, qu'il rencontra à Prez-sous-la-
Fauche [1].

---

1. Dans la Haute-Marne, arrondissement de Chaumont.

Quelle ne fut pas la déception de Chastillon, dès qu'il put personnellement se rendre compte de la nature du milieu dans lequel il se trouvait désormais placé !

Il s'était attendu à rencontrer des chefs de corps capables, unis les uns aux autres, dévoués à la cause commune : et il ne constata qu'incapacité chez la plupart de ces chefs, que divergence de vues et que désunion entre tous, que froideur et qu'irrégularité dans le service.

Quant aux troupes, il en trouva l'effectif originaire singulièrement amoindri. A la suite de grossiers excès, non moins que sous l'influence des privations et de la fatigue, elles étaient décimées par la maladie et par la mort, qui sévissaient au milieu d'elles, dans d'effroyables proportions. La discipline était plus que relâchée ; la confiance, l'entrain, le vrai courage, manquaient à une agglomération de mercenaires, presque tous indignes, aux yeux de Chastillon, du nom de soldats.

Tel était le lamentable tableau qui se présentait à lui.

En homme de guerre consommé, qui, ne désespérant jamais de rien, savait se tenir constamment à la hauteur des tâches les plus ardues, il eût seul pu, par sa prodigieuse énergie, s'il eût eu la direction supérieure de l'armée, réduite, en ce moment, à l'état de masse inerte, l'arracher à sa torpeur et à ses misères, la raviver, la remettre sur pied, coordonner ses éléments épars, la former à l'obéissance, à l'abnégation, lui donner vigueur et courage, et la faire marcher, d'un pas ferme, dans la droite voie. Mais, trop loyal pour tenter, même indirectement, de s'arroger la suprématie de commandement confiée à d'autres mains que les siennes, Chastillon se résigna à n'agir que dans la sphère restreinte qui lui était assignée. Quelque regrettable que fût, pour l'armée comme pour lui-même, une telle situation, il l'accepta, avec l'inébranlable résolution de s'élever, par la fermeté de son langage et par la rectitude de ses actions, au-dessus de toutes les mesquines jalousies, de toutes les compétitions, de toutes les luttes qui se produiraient autour de lui, soit au sein du conseil, soit en dehors de ses délibérations parfois orageuses.

Voyons maintenant avec quelle sincérité et dans quelles circonstances il se montra fidèle à sa résolution.

CHAPITRE IX

Déclaration de Chastillon. — Il vient en aide à l'armée en diverses circonstances. — Il échappe à un guet-apens organisé par le duc de Guise. — Combats de Vimory et d'Aunau. — Énergie de Chastillon. — Il tient tête à l'ennemi en plusieurs rencontres. — Les Suisses capitulent et se retirent. — Effroi, impéritie et démoralisation des chefs de l'armée. — Chastillon les rappelle à leur devoir. — En dépit de ses efforts et de ses conseils, ils se soumettent à une honteuse capitulation qu'il refuse de signer. — Il déclare que, les armes à la main, il saura bien se frayer un passage à travers les lignes ennemies pour rejoindre le roi de Navarre. — Les reîtres cherchent en vain à mettre obstacle à son départ et à se saisir de sa personne. — Il part avec un petit nombre d'hommes courageux. — Récit de son héroïque retraite. — Il arrive à Montpellier.

Force fut aux chefs avec lesquels Chastillon se trouvait en contact de s'incliner devant une déclaration que, dès les premiers jours de son arrivée, il fit entendre en plein conseil. Comme on y parlait des ravages récemment exercés, en Lorraine, par l'armée, qui semblait avoir été conduite plutôt aux déprédations et à l'incendie qu'au combat : « Je » m'estonne bien fort, dit-il[1], d'une si cruelle et barbare » guerre. Bien que j'aye de grands sujets d'animosité parti-» culière contre toute la maison de Lorraine, et que frais-» chement ilz m'ayent donné grande occasion de me res-» sentir de la peine qu'ilz ont prise pour m'avoir et faire de » ma personne à leur plaisir, si ne m'en voudrois-je jamais » prendre au bois et à la pierre; mais si je me fusse trouvé » au Pont-Saint-Vincent, j'eusse exposé ma vie, pour ne » perdre une si belle occasion, et j'eusse bien fait danser » tous ceux qui avoient lors mal au cœur. »

[1]. La Huguerye, *Mémoires*, t. III, p. 186.

La leçon était sévère, mais méritée; nul n'osa y contredire.

Alors que, depuis son départ de Prez-sous-la-Fauche, l'armée, fréquemment harcelée par l'ennemi, se traînait péniblement de localité en localité, Chastillon s'efforça de lui venir en aide, tant par ses conseils, en dépit des contradictions que soulevait Guitry [1], que par sa valeur dans divers combats qu'il soutint ou livra.

Lorsque l'armée, quittant les régions voisines de Chaumont et de Bar-sur-Aube, arriva en vue de Châtillon-sur-Seine, Lachâtre tenta de s'opposer à son passage. Il fut repoussé par Chastillon qui, à la tête de ses arquebusiers [2], exécuta contre lui une charge vigoureuse.

L'armée ayant ensuite traversé successivement la Seine et l'Yonne, s'avança vers Auxerre et Cravant, puis vers La Charité, pour tenter de franchir la Loire. Mais il fallut bientôt renoncer à la tentative projetée, en présence des troupes royales, que leur nombre mettait en position de défier toute attaque et se replier sur Neuwy, pour s'y concentrer.

Ce fut non loin de là que Chastillon, à la vigilance de qui rien n'échappait, faillit surprendre le duc d'Épernon. Ce dernier, n'osant pas attaquer directement un chef aussi redoutable que l'était le fils de Coligny, profita du moment où il se trouvait avec cinq cents arquebusiers et quinze cents reîtres au quartier de Bony, pour chercher à s'emparer des drapeaux qu'il avait laissés derrière lui à la garde de quelques soldats d'élite. Mais ces soldats, dont

---

[1]. « Guitry étouffoit de vanité les bonnes parties qu'il avoit. Il estourdit le « conseil de ceste armée. Il avoit plaisir de contredire Chastillon. » (D'Aubigné, *Hist. univ.*, t. III, liv. I, chap. XIX.) — Voir, sur les contradictions soulevées par Guitry contre Chastillon, 1° les *Mémoires* de La Huguerye, et 2° un autre écrit dont La Huguerye est également l'auteur, intitulé : *Prothocolle Journal de toutes les actions, délibérations et conseils du dernier voyage de guerre faict en France pour le secours des églises réformées dudict royaulme.* (Bibl. nat., mss. f. fr., vol. 4,142.)

[2]. *Mém. de P. de Saint-Auban*, ap. du Bouchet, *loc. cit.*, p. 651.

le duc s'imaginait avoir facilement raison, se défendirent avec une telle vigueur qu'il échoua dans sa tentative [1].

Chastillon se rendit alors à Châtillon-sur-Loing, où il laissa généreusement vivre sur ses terres, à ses propres dépens, les troupes qui le suivaient. « Toute l'armée, a-t-il » écrit lui-même [2], fut logée sur mes terres ; ce que j'offris » librement, pour monstrer l'exemple aux autres de préfé- » rer la commodité de l'armée à celle des particuliers. »

Du château paternel où, pendant trois jours, il s'était tenu en observation, à proximité de l'ennemi, il se porta du côté de Château-Renard, à la rencontre du duc de Guise qui, disait-on, y campait ; mais, en atteignant ce point, il apprit par quelques prisonniers tombés entre ses mains que Guise était parti dès le point du jour [3].

Pourquoi ce départ? Il se liait probablement à un épisode qui entache, à un haut degré, la mémoire du coryphée de la Ligue.

Pour un tel homme, trop souvent dépourvu de loyauté dans la lutte, tout, à la guerre, était de mise contre l'ennemi, même le guet-apens, le mensonge et la trahison. Redoutant Chastillon autant qu'il le haïssait, ce qui n'est pas peu dire, et voulant, à quelque prix que ce fût, se défaire de lui, Guise avait soudoyé un traître, nommé Despaux, pour donner moyen à des affidés de s'emparer de sa personne. A ce effet, Despaux devait proposer à Chastillon de lui livrer le château de Montargis, mettre tout en œuvre pour le décider à y entrer, sans défiance, et quand il y serait entré, pour le livrer, ainsi que son escorte, à la merci de six à sept cents arquebusiers que le chevalier d'Aumale y tenait enfermés.

---

1. *Mém. de Saint-Auban, loc. cit.*, p. 653.
2. Voir à l'*Appendice*, n° 34, le discours de Chastillon.
3. *Mém. de Saint-Auban, loc. cit.*, p. 653.

P. de Saint-Auban nous apprend comment Chastillon échappa au guet-apens[1] :

« Un appellé le sieur de Po (Despaux), rapporte-t-il, fei-
» gnoit nous vouloir rendre le chasteau de Montargis, et,
» de fait, pour en monstrer les moyens, demanda un homme
» à M. de Chastillon, qui luy bailla un sergent nommé La-
» garrigue qui demeura cinq jours dedans ledit chasteau
» après lesquels vint trouver M. de Chastillon pour prendre
» jour pour l'exécution.

» Or, afin que ne doutissions que l'entreprise fust double
» comme elle estoit, M. de Guise s'esloigna avec ses trou-
» pes, à dix lieues de là, du costé de Courtenay.

» Néantmoins M. de Chastillon dit audit sieur de Po
» qu'il n'yroit faire cette exécution, mal informé, et qu'il
» vouloit que toute l'armée s'y trouvast ; qui fust cause
» que, le soir de cette exécution, je fus commandé d'aller
» près de Montargis, premier, avec douze chevaux mener
» ledit sergent Laguarrigue, qui feroit venir entre mes mains
» ledit sieur de Po, avec quelqu'un des siens qui conduiroit
» le sieur de Saint-Laurens avec cinquante harquebusiers
» dans le chasteau, demeurant tousjours ledit de Po entre
» mes mains, ce qui fust.

» Et arriva M. de Chastillon avec ses troupes seulement
» et trois compagnies de reistres, environ une heure après.

» Comme se vint à donner, j'insistay, ayant mis pied à
» terre, que ledit de Po ne vint avec nous ; ains qu'il fust
» gardé dans les troupes jusqu'à ce que fussions maistres
» dudit chasteau ; ce qu'il ne voulut faire, ains s'opiniastra
» à venir avec nous ; à quoy M. de Chastillon se laissa em-
» porter, qui fust cause que je me remis à cheval, et dis
» franchement que je verrois faire le jeu.

1. Memoires, loc. cit., p. 653, 654.

» Durant ces disputes, nous eusmes moyen de parler
» audit sieur de Saint-Laurens, qui nous dit qu'il n'estoit
» saisi de chose aucune dudit chasteau, et qu'il ne voyoit
» aucune bonne mine aux soldats dudit chasteau; qui
» nous confirma encore en nostre opinion qu'il y avoit
» double trahison; et, sur ce double, voulant prendre garde
» audit Po, vismes qu'il se voulut sauver, comme il eust
» faict, sans que le sieur d'Orville, gentilhomme françois,
» qui commandoit quatre compagnies sous mondit sieur de
» Chastillon, le print au collet et le terrassa.

» Sur quoy, ceux de dedans le chasteau demandoient
» parler à M. de Chastillon, et qu'il vînt sur le pont; ce
» qu'il vouloit faire, sans nostre résistance et le rapport que
» luy fit le sieur de Reboul, qui, en sortant, dit qu'il y
» avoit de la meschanceté, qui fut cause que j'allay, à
» la porte, à cheval, faire retirer nos gens.

» Et, comme ils sortoient à la file, ceux dudit chasteau
» mirent le feu à une mine qui estoit au-dessous du pont-
» levis, et aux pièces qu'ils avoient braquées contre la porte;
» de sorte qu'une vingtaine de soldats y furent tuez, excepté
» un que le sieur de Vins garda près de luy pour luy dire
» quand je serois entré.

» M. le chevalier d'Aumalle estoit dans ledit chasteau
» avec cent hommes armez, dans une des salles d'iceluy,
» tenant le pistolet d'une main, et l'espée de l'autre, entre
» lesquels estoit le sieur de Vins. Il y avoit aussy cinq ou
» six cents harquebusiers qui firent leur salve, mais sans
» faire aucun effet, Dieu mercy; et bien que je fusse à che-
» val, à vingt pas de la porte, je n'ouys pas seulement sif-
» fler une balle.

» Cela fait, nous nous retirasmes tout doucement, menant
» ledit traistre, qui se sauva depuis d'entre les mains des
» reistres qui le voulurent avoir, au partir de là. »

De Neufwy, l'armée prit le chemin de la Beauce, où la plupart de ses chefs, sans se douter de la faute capitale qu'ils commettaient en s'enfermant ainsi entre les troupes de Henri III et celles du duc de Guise, espéraient, dans leur aveuglement, lui assurer un séjour matériellement favorable, jusqu'au moment où elle pourrait effectuer sa jonction avec le roi de Navarre ; mais, dit avec justesse l'un des lieutenants de Chastillon[1], « nous entrasmes dans la » Beauce, sans y faire nul effect, si ce n'est d'attendre la » dissipation de nostre armée, qui ne dura guères. »

A ce moment, le roi de Navarre, vainqueur à Coutras, eût dû et pu tenter au moins de se frayer un passage vers la Loire, pour y rallier l'armée qui attendait sa venue : il n'y songea même pas. On ne sait que trop, en effet, avec quelle légèreté répréhensible, de l'aveu des hommes qui lui étaient le plus attachés, il sacrifia à la satisfaction d'un vaniteux caprice les avantages et les devoirs résultant pour lui d'une victoire éclatante : le monarque s'effaçait ainsi devant l'homme qu'égarait une passion insensée. « Ce fut, dé-
» clare d'Aubigné[2], un grand mescontentement à tous les
» capitaines réformés, quand le roy de Navarre, n'ayant
» donné que le lendemain (de la bataille de Coutras) à voir
» son gain, mesprisant les villes de Xainctonge et de Poic-
» tou qui ne lui pouvoient manquer, ou, selon le désir de
» plusieurs, d'aller tendre la main à son armée estrangère,
» qui dès lors approchoit la rivière de Loire, il donna toutes
» ces paroles au vent, et sa victoire à l'amour ; car, avec
» une troupe de cavalerie, il perça toute la Gascogne pour
» aller porter vingt-deux drapeaux d'ordonnance et quel-
» ques autres à la comtesse de Grandemont, lors en Béarn. Il
» avoit bien pour couverture quelques affaires du païs ; mais

---

1. P. de Saint-Auban, *Mémoires*, loc. cit., p. 654.
2. *Hist. univ.*, t. III, liv. I, chap. XVIII.

» indignes d'être considérées, et trop foibles pour l'excuse. »

Gravement compromise par la majorité de ses chefs, abandonnée à elle-même, cernée de toutes parts et de plus en plus affaiblie, l'armée, dans les derniers jours d'octobre 1587, se trouvait exposée aux plus rudes échecs.

Le premier qu'elle se vit infliger, en la personne de l'un de ses principaux chefs de corps, fut celui que le baron de Dohna subit, le 26 octobre, au combat de Vimory, à l'issue duquel Chastillon, qui n'y avait pas pris part, apprenant que les reîtres s'enfuyaient en désordre loin de leur campement, en jetant leurs armes, et qu'ils compromettaient par leur lâcheté le sort de l'artillerie, fit les plus grands efforts pour sauver du moins celle-ci, et y parvint.

Le 13 novembre, toujours prêt à affronter un danger, quel qu'il fût, il n'hésita pas sur le parti à prendre, en présence d'un grave incident qui, ce jour-là, menaçait à la fois et lui et le duc de Bouillon. Ayant eu avis d'un complot ourdi par les reistres et par les Suisses pour se saisir de sa personne et de celle du duc, il se rendit avec celui-ci, le baron de Dohna et quelques colonels, au quartier des Suisses. Là, d'accord avec ces divers chefs, il réussit, par une rare fermeté de langage et d'attitude, à étouffer dans son germe une sédition redoutable.

Le 20 novembre, conformément à la volonté du roi de Navarre, le commandement en chef de l'armée passa des mains du duc de Bouillon en celles d'un autre prince, également jeune et sans expérience, qui, quelque incapable qu'il fût de remplir dignement la haute et difficile mission dont il était investi, n'en rencontra pas moins, dès le premier moment, chez Chastillon, les plus grands égards, car on rapporte [1] que ce fut « M. de Chastillon qui partit de

---

1. P. de Saint-Auban, *Mémoires, loc. cit.*, p. 658.

» Primay-le-Giron pour aller quérir M. le prince de Conty,
» auquel la cornette blanche et le commandement général
» de l'armée furent, dès son arrivée, remis. » Mais, ajoute-
t-on, « le pauvre prince n'en jouit guère, car, dès son arri-
» vée, ces canailles de Suisses se desbandèrent ; joinct
» qu'aussitost après arriva la défaite du baron d'Othna (de
» Dohna), qui fut cause que ceste armée reprint quasi le
» chemin d'où elle estoit venue. »

En effet, d'une part, les Suisses qui, travaillés de longue main par les intrigues du duc de Guise et des agents de la cour, avaient, le 13 novembre, donné plein pouvoir à leurs principaux officiers d'arrêter les bases d'une capitulation. capitulèrent, en réalité, peu de jours après ; et, d'une autre part, le 24 du même mois, au combat d'Auneau, le baron de Dohna subit une grave défaite, qui devait entraîner la ruine de l'armée. Ce fut alors qu'au milieu de l'effroi général causé par cette défaite, dont les conséquences immédiates furent désastreuses, on vit Chastillon lutter avec une inébranlable fermeté contre le désordre de la déroute, et, faisant face à une masse confuse de fuyards éperdus, l'arrêter, non loin de Gien, à La Bussière, dans sa course précipitée, la préserver d'une dissémination funeste, la rassurer, et, quand à la terreur eut succédé une sorte d'apaisement, la diriger vers Bony, assigné comme point d'arrêt momentané à l'armée, dont il recueillait et protégeait les débris.

Un nouveau danger le menaçait à La Bussière : un guet-apens était organisé, dans le château de ce nom, pour s'emparer de sa personne et l'offrir au roi de France, à titre de trophée ; mais il déjoua par sa perspicacité et son sang-froid les indignes manœuvres à l'aide desquelles on espérait l'attirer dans l'enceinte du château et l'y saisir [1].

---

1. P. de Saint-Auban, *Mémoires, loc. cit.*, p. 660.

Quelque déplorable que fût l'état du lambeau d'armée qui avait échappé à la sanglante défaite d'Auncau, et quel que fût l'abandon dans lequel le laissait la défaillance générale, Chastillon, durant le trajet de La Bussière à Bony, n'en était pas moins décidé à tenir tête à l'ennemi. Il le prouva en commandant, dans un engagement qu'il eut avec lui, une charge dont l'issue, grâce à ses ordres, fut heureuse, mais qu'il ne put pas exécuter lui-même à la tête de ses troupes, parce qu'il plut au duc de Bouillon, en un moment d'aberration et de pusillanimité, « de le lui envoyer » défendre expressément, avec des aigres protestations » contre luy, s'il en arrivoit mal à l'armée. » Le fait de cette absurde prohibition, attesté par P. de Saint-Auban [1], est positivement confirmé par d'Aubigné, en ces termes [2] : « L'armée qui se retiroit marcha tousjours, à vue de la » poursuivante, de laquelle les plus assurés vindrent aux » discours avec ceux de la retraite. Chastillon, pour rompre » ces honnestetez, fit faire une charge par Montlouet, après » le passage d'un ruisseau. Il en demeura quinze ou seize » sur la place : c'étoient les coureurs des ducs de Nemours » et de Mercœur, dans le gros desquels Chastillon alloit » mesler, sans un mauvais avis que le duc de Bouillon luy » envoya. »

Dans ces jours de troubles et d'égarement, il se rencontra quelqu'un qui fit plus encore que le duc de Bouillon dans la voie d'une aveugle résistance aux résolutions généreuses de Chastillon. Voyant, à une heure décisive, ce vaillant homme de guerre insister, avec un redoublement d'énergie, sur l'absolue nécessité non seulement de ne pas plier devant l'ennemi, mais en outre de soutenir contre lui la lutte jusqu'à la dernière extrémité, Beauvoir-Lanocle,

---

[1]. *Mémoires*, loc. cit., p. 661.
[2]. *Hist. univ.*, t. III, liv. 1, chap. XX.

l'épée à la main, osa chercher à retenir ceux qui voulaient suivre le glorieux fils de Coligny.

Ce n'est pas tout. Tandis que quelques hommes de cœur demeuraient fidèles au jeune héros, qu'ils avaient adopté pour modèle et pour guide, d'autres, en grand nombre, affolés par la passion, déversaient sur lui d'odieuses calomnies, lui imputant, entre autres choses, de vouloir perdre la noblesse française. Il était, au contraire, si loin de le vouloir, si loin de prétendre porter la moindre atteinte à un ordre auquel le liait une étroite solidarité d'origine et de position, que, dominant, des hauteurs de sa conscience et de sa foi, les perturbations et les désastres enfantés par une crise formidable, il rappelait, pour les sauver, les nobles et les militaires de tout rang qui l'entouraient au respect d'eux-mêmes et à celui de leurs devoirs envers Dieu et envers les hommes; belle et sainte tâche, méconnue hélas! par la plupart de ceux en faveur de qui elle fut accomplie!

A les voir déprimés par la terreur, le découragement et les obsessions de l'égoïsme, c'en était fait, pour eux, de l'empire du devoir et des inspirations de l'honneur militaire; il ne leur restait plus qu'à se courber sous le joug d'une capitulation imposée par l'ennemi.

Ce fut ce qui eut lieu.

Au début du mois de décembre 1587, les débris de l'armée étaient acculés dans le Mâconnais. Réunis en conseil, les chefs qui traînaient derrière eux ces débris eurent à se prononcer sur l'acceptation ou le rejet des articles d'un projet de capitulation qui leur fut communiqué par l'intermédiaire de Claude de l'Isle, seigneur de Marivaux, qu'employait le duc d'Épernon, agissant au nom du roi de France.

Ces articles étaient ainsi conçus [1] :

---

1. *Mémoires de la Ligue*, in-4°, t. II, p. 237, 238.

« Les François qui sont en l'armée rendront leur cor-
» nettes ès mains du sieur d'Épernon, pour être par luy
» envoiées à Sa Majesté.

» Auxdits François qui sont en ladite armée Sa Majesté
» leur donne main-levée de leurs biens et sûreté en leurs
» maisons, pourvus qu'ils obéissent à l'édit de Sa Majesté,
» lesquels aussi feront promesse à Sadite Majesté, signée de
» de leur main, de ne prendre ni porter jamais les armes
» que pour son service, et par son exprès commandement,
» si ce n'est hors de son royaume.

» Ceux de cesdits sujets qui se voudront retirer hors du
» royaume, sans vouloir obéir à son édit, et néanmoins faire
» la promesse que dessus, Sa Majesté leur accorde main-
» levée de leurs biens et sûreté pour s'en retourner avec les
» étrangers hors du royaume. Mais quant à ceux qui ne
» voudront rien du tout promettre, auront seulement sûreté
» de s'en retourner avec lesdits étrangers, sans toutefois
» avoir main-levée de leurs biens.

» Et d'autant que lesdits capitaines pourroient faire
» quelque difficulté à la reddition desdits drapeaux et cor-
» nettes, Sa Majesté veut et entend que ceux desdits capi-
» taines qui ne bailleront leurs cornettes et drapeaux, ne
» jouiront aucunement du bénéfice contenu ès dits articles.

» Quant aux étrangers Sadite Majesté leur accorde passe-
» port jusques sur la frontière de son État, du côté où ils
» sont maintenant le plus près, à la charge que les colonels,
» capitaines et reitmestres feront promesse à Sadite Ma-
» jesté, signée de leurs mains, de ne porter jamais les
» armes, en France, contre le roy, y étant appelés par ses
» sujets, sans le commandement exprès de Sadite Majesté.
» Et seront tenus de plier leurs cornettes et s'en retourner
» en leur païs.

» Ne pourront prendre ni emmener aucuns prisonniers

» des sujets de Sadite Majesté et ne feront aucun acte d'hos-
» tilité en son royaume : en quoy faisant, le roi envoiera ce
» qui leur est nécessaire pour l'entretenement de ce que
» dessus. »

Un seul homme, au sein du conseil, eut le courage de repousser, dans leur ensemble, les articles de la capitulation dont il s'agit, et d'affirmer qu'on devait, qu'on pouvait même, se frayer, par les armes, un passage à travers les lignes ennemies, jusqu'au Vivarais, et du Vivarais s'avancer, plus loin encore, avec une confiance qu'accroîtrait la disparition graduelle des difficultés. Cet homme fut Chastillon.

Sa protestation et son affirmation demeurèrent sans effet, car, le 8 décembre, les articles de la capitulation, tels qu'ils avaient été présentés, furent acceptés et signés, à Marcigny-les-Nonnains[1], par les divers chefs, même par le baron de Dohna qui, dans ses rapports particuliers avec Chastillon, avait cependant annoncé qu'il se rallierait à l'idée de tenter un suprême effort pour gagner le Vivarais.

Seul debout en présence de l'affaissement de tous, seul fidèle au devoir quand la défection était générale, Chastillon, après avoir formellement refusé de signer la capitulation, n'avait plus qu'à donner aux hommes qui venaient de repousser ses virils conseils une preuve irrésistible de leur efficacité, en s'élançant avec une poignée de braves à travers les rangs des ennemis prêts à l'enserrer, en se déga-

1. Marcigny (Saône-et-Loire), arrondissement de Charolles. — On peut considérer, comme se rattachant à la capitulation du 8 décembre, la lettre suivante du 11 décembre écrite par Henri III à l'un de ses courtisans : « Dieu nous a tant favo-
» risé que duoi dire a faict miracle assé pour sans arjant avoir mis en poudre seste
» si puissante armée. Nous lui en devons de belles chandelles, car, come l'on dit,
» nul n'y hut creu qu'il ne lust veu. Il faut faire de larjant, car sans arjant il ne
» se peult ryen plus faire. Tenés y donques la mayn tous et faictes estat de vostre
» bon maistre. Adyeu. — Le onzième jour de décembre. HENRY. » (Bibl. nat., mss., copies des documents mss. de la bibliothèque de Saint-Pétersbourg, vol. 34.)

geant de leur étreinte, en luttant, de lieu en lieu, contre des corps de troupes attachés à sa poursuite, et en continuant, en dépit d'obstacles sans cesse renaissants, sa marche hardie jusqu'au terme qu'il se proposait d'atteindre.

Ici, il devient du plus haut intérêt d'entendre Chastillon lui-même retracer quelques-unes des scènes qui précédèrent de peu d'heures l'exécution de son héroïque dessein.

« M. le baron de Dohna et tous ses colonels, dit-il[1], trou-
» vèrent cela fort bon, et, de faict, me vinrent toucher en
» la main, me promettre de venir; et me prièrent de l'aller
» proposer à leurs reistres. Mais, comme je bastissois d'un
» costé, il venoit des François qui défaisoient de l'autre,
» disant que l'envie que j'avois de retourner en Languedoc,
» veoir ma femme, me faisoit trouver toutes choses aisées,
» et que pour assurer mon chemin j'estois bien aise d'une
» compaignie; que cela seroit bien bon qui se pourroit
» faire; mais qu'il estoit impossible, tant pour la neige que
» pour la stérilité du pays où on ne trouveroit rien à man-
» ger, ny pour hommes, ny pour chevaux; que les reistres
» perdroient leurs chevaux par les marais où il falloit pas-
» ser à la file, par des précipices où les païsans seuls du
» pays estoient suffisants pour nous assommer.

» Comme je parlois au commung des reistres, on me vint
» advertir que ces propos se tenoient à des colonels. Je y
» allay aussitôt et fus contraint de me fascher contre ceulx
» qui parloient ainsy, leur remonstrant qu'ils debvoient
» avoir honte, et qu'il sembloit qu'ils eussent peur, ou qu'ils
» eussent perdu toute l'affection qu'ils debvoient porter au
» service du roy de Navarre. Quelqu'un me respondit tout
» hault que personne ne luy en pouvoit rien apprendre et
» qu'il monstreroit, au hasard de sa vie et à la pointe de son

---

1. Discours reproduit à l'*Appendice*, n° 34.

» espée, qu'il n'y avoit pas un plus fidèle serviteur de Sa
» Majesté que luy. Je luy respondis par deux fois qu'il le
» monstrast, et qu'il ne pouvoit luy en rendre plus de tes-
» moignage que à ceste heure, en persuadant aux reistres
» de venir; que les autres en croiroient ce qu'ils voudroient,
» mais, quant à moy, je ne croirois jamais qu'il fust son
» serviteur, s'il ne le monstroit aultrement. Il me dist,
» encore un coup, que personne ne luy en pouvoit rien
» apprendre. Alors je luy dis que sy ferois-je bien, moy,
» et que, s'il me vouloit suivre, je luy monstrerois le che-
» min que son honneur l'obligeoit de tenir, qui estoit d'aller
» trouver le roy de Navarre, et que je irois avec mes amis,
» et que je m'assurois que Dieu me feroit la grâce de
» passer.

» Et pour que je ne gagnasse les reistres, ils allèrent
» dire, je pense, à l'Isle-Marivault qu'il rabatist quelque
» chose de ce qu'il leur avoit exposé, et ils allèrent solli-
» citer les reistres de l'oyr parler; ce qu'ils demandèrent et
» firent sans leurs colonels. Il leur proposa, ou d'emporter
» les cornettes et jurer de ne retourner jamais en France
» que pour le service du roy ou de l'empereur, ou de ren-
» dre leurs cornettes et s'en aller en liberté.

» Je m'en allay au travers de la presse pour ouïr ce qu'il
» diroit et, sur la proposition, je remonstray qu'il n'avoit
» point de pouvoir de traiter, ny par charge qui peust obli-
» ger le roy; et de ce qu'il disoit lors, qu'il n'y avoit aucune
» seureté en cela, quoyque ce fust pour le croire des Fran-
» çois que maintenoient les reistres. Il y avoit là beaucoup
» de désordre; et, comme je lui représentois que le roy
» debvoit nous offrir les conditions telles que gens de guerre
» pourroient recevoir, et non pas de si honteuses, qu'il
» sembloit forcer nostre religion et nostre honneur, il me
» respondit que nous avions encore obligation à nostre

» prince qu'il nous faisoit grâce et miséricorde. Je ne me
» pus garder de reprendre ce mot de miséricorde; mais la
» fraïeur avoit tellement saisi le cœur de tous ceulx qui
» estoient là, que laschement et honteusement ils disoient :
» Nous sommes perduz : il est impossible que nous puis-
» sions passer; et, quand nous le pourrions faire, nous
» mourrions de faim, nous et nos chevaux. Sur ces propos,
» les Allemands disoient : Nous recepvrons l'une de ces
» deux conditions, et dirons laquelle, dans ce soir...........

» On ne se contentoit point d'avoir prins une si lasche
» résolution, mais aussy on venoit pour détourner ceulx qui
» vouloient venir avec moy, et mesme par offres et en me
» représentant le danger, de quatre costez. »

Chastillon repoussa avec indignation les offres et les représentations qu'on osait lui adresser.

Pour un homme tel que lui, dont la noblesse de cœur égalait la vaillance, restait un dernier devoir à remplir. Il voulut, tant fut grande, jusqu'au dernier moment, sa sollicitude pour le prince de Conti et le duc de Bouillon, ne pas les quitter sans avoir fait auprès d'eux tout ce dont il était capable pour sauvegarder à la fois leur honneur et leur vie.

S'abstenant volontiers de parler des services qu'il avait rendus, Chastillon, en ce qui concerne le premier de ces princes, se borne à dire dans le cours de son récit : « M. le
» prince de Conty avec sa cornette blanche se prépare et
» s'en va retirer dans un chasteau qu'il y avoit là auprès; »
mais d'Aubigné, plus explicite [1], signale l'intervention protectrice de Chastillon en cette circonstance : « La
» consternation, dit-il, fut telle (parmi les reistres et les
» Français) que Chastillon, ne pouvant plus leur faire part
» de conseil ni de retraicte, fit sauver le prince de Conty

---

[1]. *Hist. univ.*, t. III, liv. I, chap. XX.

» avec vingt gentilshommes dans des maisons nobles qui
» furent bien aises de le retirer. »

Quant au duc de Bouillon, Chastillon insère dans son récit ces simples lignes, d'une brièveté significative : « Je
» fis ce que je pus pour représenter à M. de Bouillon le dan-
» ger auquel il mettoit sa vie, son estat et son honneur. »

Ce grand devoir rempli, Chastillon se sentait consciencieusement libre d'exécuter son hardi dessein. Le temps pressait; le moindre retard pouvait tout compromettre; aussi ajoute-t-il :

« Voyant M. de Bouillon long à se résoudre, et recon-
» gnoissant que la longueur de mon partement donneroit
» loisir aux ennemis d'empescher mon passaige, après avoir
» prins congé de luy, je me séparay pour aller à la teste de
» ma troupe qui m'attendoit. »

Un incident grave faillit empêcher Chastillon de rejoindre sa troupe. D'autres soldats que ceux de l'armée ennemie, mais passant de la subordination à l'hostilité, voulaient, dans des vues mercenaires, s'emparer violemment de sa personne, et y auraient probablement réussi s'il n'avait, par sa présence d'esprit, déjoué leur coupable projet.

« En allant (vers ma troupe), rapporte-t-il, vingt-cinq ou
» trente reistres me vinrent quérir, disant qu'ils vouloient
» parler à moy. J'ay opinion qu'à la résolution de quel-
» qu'un ils me vouloient retenir[1]; et, de fait, estant au
» milieu d'eux, ils en parlèrent, et entendis bien qu'ils di-
» soient n'avoir point asseurance de leur paiement et que les
» François leur en debvoient donner seureté. M. le baron

___

1. « Chastillon déclara aux reistres qu'avec cent vingt chevaux et cent cinquante
» harquebusiers à cheval, il estoit résolu de percer les dangers dont on leur avoit
» fait si grand'peur. Cela leur donna un honneste à Dieu, mais non courage de le
» suivre; au contraire ilz prindrent conseil de l'arrester prisonnier, pour leur
» paiement, ne considérant point sa pauvreté, et qu'ils n'eussent rien pu tirer de
» luy qu'en vendant sa teste aux ennemis. » (D'Aubigné, *Hist. univ.*, t. III, liv. I, chap. XX.)

» Dohna me dit par deux fois, tout bas : Allez-vous-en ;
» M. de Courcelles aussy. Je commençay à dire : Il est rai-
» sonnable que on vous donne asseurance de vos paiements.
» Quant à moy, je m'obligeroy et feroy tout ce que on voul-
» dra. Mais il faut avoir M. de Bouillon ; je m'en vais le
» quérir ; et, en disant cela, ils me font jour, et je prins le
» galop, faisant semblant de m'en aller vers luy.

» Je gaigne la teste de ma troupe, fais mettre les armes
» à la main à tout le monde, et fais quelques deux mille pas
» au trot. Je pensois que M. de Clervant et Montlouet deus-
» sent venir, mais ne sais ce qui les empescha de se rendre
» à Saint-Laurens où estoit mon quartier pour ce soir, et les
» attendis jusqu'à minuit. »

Immédiatement après ces derniers mots viennent quelques lignes par lesquelles se termine le récit ; les voici :
« A minuit je partis, et *en cinq* jours je me rendis en un
» chasteau, en Vivarets, appelé *Retorcou*[1], où il y a garni-
» son pour nous, ayant rencontré de très-grands dangers
» sur mon chemin, desquels Dieu, par sa grâce, m'a
» retiré. »

Quel extrême laconisme, inspiré, sans doute, par un excès de modestie !

Ce laconisme nous laisserait dans l'ignorance des prodiges d'énergie et d'habileté accomplis par Chastillon, dans sa retraite, si l'un de ses meilleurs lieutenants n'avait pris soin de nous en donner une idée, par l'exposé de divers détails qu'il importe de recueillir ici, car ils sont pleinement

---

1. « Chastillon ayant appelé qui le vouloit suivre, il se sépara quelques-uns des
» siens qui, pour faire leur paix, en portèrent l'avis au camp du roy. De là Man-
» delot et le comte de Tournon, commandez de le suivre, l'abbayèrent *cinq jours*
» environ sans le mordre, et ne meslèrent dans la retraite des siens qu'une fois ;
» mais leur ayant tourné teste, les remena battant et mit en telle peine le gros,
» qu'avec plus de patience, demi-mort de lassitude et de toutes sortes de misères,
» il se traîna jusqu'à un château du Vivarais nommé *Retorcou*, tenu par ses par-
» tisans. » (D'Aubigné, *Hist. univ.*, t. III, liv. I, chap. XX.)

à l'honneur de Chastillon, avant tout, puis aussi à l'honneur des officiers et des soldats qui le suivirent.

Toutefois, avant de laisser parler le courageux et véridique P. de Saint-Auban [1], disons un mot de ces officiers et de ces soldats.

Les seuls officiers dont il soit fait mention comme ayant pris part à la retraite dont il s'agit furent P. de Saint-Auban, de Mouy, de Besignan, de Reboul, de Lyramont, de La Legade, d'Oyville et Chamerolles.

Quand aux soldats, quelle qu'ait été leur bravoure, il n'en est pas un seul dont on connaisse le nom.

Quel fut exactement le nombre des hommes de guerre, tant officiers que soldats qui accompagnèrent alors Chastillon?

Pour tenter de résoudre cette intéressante question, nous devons d'abord nous appuyer sur une déclaration émanée de Chastillon lui-même, qui, sans y répondre directement, il est vrai, nous met du moins sur la voie de la solution. N'oublions pas, en effet, qu'en parlant aux reîtres du baron de Dohna, il leur avait assuré qu'avec cent vingt cavaliers et cent cinquante arquebusiers à cheval, il percerait les lignes ennemies. Si ces deux cent soixante-dix combattants lui suffisaient, croyait-il, pour exécuter son entreprise, les eut-il, du moins, à son départ? Et s'il ne les eut pas, s'abstint-il d'agir? Non, car il est certain qu'il partit, en n'étant suivi, ou que par cent cavaliers et quelques arquebusiers

---

[1]. On a dit, avec une parfaite justesse d'appréciation, au sujet de ce recommandable écrivain militaire : « La belle retraite que fit Chastillon, depuis la Bourgogne jusqu'au milieu du Vivarais, donnant un combat presque chaque jour, est très bien décrite dans les *Mémoires de J. Pape*, seigneur de Saint-Auban, que du Bouchet a fait imprimer dans les preuves de l'*Histoire de la maison de Coligny*. La négligence des historiens ne leur a pas permis de faire usage de ces mémoires, qui ne sont guère plus connus que s'ils n'avaient jamais été imprimés, non plus que *la retraite de Chastillon, l'une des plus belles qu'on lise dans l'histoire*. » (Aubaïs, *Pièces fugitives*, etc., t. II, p. 47, note 8.)

seulement, ou que par cent cavaliers et cent arquebusiers au plus. Ce fut avec cette simple poignée d'hommes, électrisés par son exemple, que, sans hésitation, il affronta les périls du passage, et que, de fait, il passa.

Le double témoignage de Matthieu et de Brantôme, sur ce point, est précis.

« Chastillon, écrit Matthieu [1], empoignant l'occasion d'une salutaire retraite bien à propos, proteste de ne rendre ses drapeaux qu'au roi de Navarre, prend la brisée de Roanne, pour se retirer *avec cent bons chevaux et quelques arquebusiers*... Les vieilles gens doivent demeurer au conseil ; il faut que les jeunes marchent... Je fait plus d'estat d'un jeune capitaine duquel la vertu et la vaillance est crû avec l'âge et tel que, sans mentir, notre France a reconnu en Chastillon, qui, en moins de quatre mois, environna une grande partie de la France, à travers mille dangers, engagé en des lieux où il ne trouvoit rien en teste, ny à dos, ny à costé, qui ne s'opposât à son dessein, et s'estant bravement développé de la mutinerie des reistres et de la meslée de la Ligue, quoique le comte de Tournon et Mandelot luy ostassent tout autre moyen de passer que par les armes, si les traversa-il comme un foudre qui esclate et renverse tout ce qu'il rencontre, et fit connoistre que la vaillance d'un cœur généreux n'est sujète aux longues résolutions qui ne s'exécutent qu'en paroles. »

« M. de Chastillon, dit Brantôme [2], fils de ce grand admiral, et qui commençoit déjà à le suivre de près, en ses valeurs et vertus, ne voulut jamais signer ceste composition (du 8 décembre 1587) ; tant s'en faut, qu'il répugna

---

[1]. *Histoire de France*, 1631, in-f°, t. 1, liv. VIII, p. 537. — Jean de Scöffier, auteur d'un écrit inséré dans les *Mémoires de la Ligue*, dit (t. III, p. 595) : « Ainsi passa le sieur de Chastillon avec environ *cent bons chevaux et quelques arquebusiers à cheval*. »

[2]. Édition L. Lal., t. VII, p. 294.

» et contredit tout ce qu'il put, jusques à leur faire de
» grands affronts et reproches d'honneur, à ce que j'ay ouy
» dire à ceux de leur party. Il se résolut de les laisser jouir
» à pleine joye de leur composition et la solenniser par
» beaux festins et carroux dans le camp du roy, et luy prend
» quelques *cent chevaux* des siens, qu'il avoit menez du
» Languedoc, et *autant d'harquebusiers*, et se met sur sa
» retraite, et tire chemin sur le passage de Loyre, et advise
» gaigner d'où il estoit party, nonobstant qu'il fust pour-
» suivi et couru à force, car on luy en vouloit à cause du
» père. M. de Mandelot, gouverneur de Lyon, se trouve à
» l'au-devant et l'assaut. M. de Chastillon le soutient et com-
» bat si vaillamment, que la perte va plus grande du costé
» de Mandelot que du sien, passe la rivière et se conduit là
» où il vouloit, après avoir battu les fanges et combattu le
» mauvais temps, l'espace de dix ou quinze jours. — Certes
» j'ay ouy parler à de grandz capitaines que ceste retirade
» est des plus signalées, et qu'il paroissoit bien qu'il avoit
» étudié la vie de monsieur l'admiral, son père, lequel, en
» tant de batailles qu'il a données, en nos guerres civiles,
» et perdues quant à quant, en a fait ses retraites si belles
» et si signalées. »

Ainsi est rapidement esquissé par Matthieu et Brantôme[1] le caractère général de la retraite opérée par Chastillon ;

---

1. On lit dans les *Mémoires de P. de l'Estoile* (édition de 1875, t. III, p. 82) : « Un seul, Chastillon, monstrant en cela une rare générosité et grandeur de cou-
» rage, et laquelle le roy mesme admira et aima, passa, en despit de tout ce qui
» estoit bandé contre lui et toutes les forces de Mandelot et autres qui le guettoient
» au passage, et parvinst sain et sauf en lieu de seureté, contre toute l'opinion de
» ses amis qui ne luy représentoient autre chose que la mort, s'il hazardoit le
» passage, n'aiant jamais voulu entrer en aucune capitulation d'accord ; non qu'il
» ne se fiast, disoit-il, au roy qui lui faisoit de très belles offres pour l'arrester, et
» au duc d'Epernon, son cousin, mais qu'il craignoit qu'ils ne fussent assez forts
» enfin pour le garantir des mains de ses ennemis, ausquelles plustost que de
» tomber, il aimoit mieux mourir, avec son espée au poing, laquelle il ne leur
» rendroit jamais que quand il ne la pourroit plus tenir. »

suivons maintenant les principaux détails de ce mémorable fait de guerre, en écoutant P. de Saint-Auban [1] :

« M. de Chastillon print congé de M. de Bouillon et de
» nostre armée, voyant les chefs résolus de rendre leurs
» drapeaux au roy, et d'accepter ces honteuses capitulations
» qui furent acceptées.

» Ayans séparé nos troupes, nous prismes encore le quar-
» tier du mareschal de camp, qui nous fut donné à un vil-
» lage nommé Saint-Laurens, ou nous arrivasmes et logeas-
» mes bien tard, et en partismes bien matin, afin de faire
» bonne journée et laisser nostre armée derrière, de laquelle
» estans séparez, et de ce mesme jour le tocsain fut sonné
» sur nous avec des cloches par les villages, et des cornets
» sur les costaux, trouvant tout le pays en alarme, et tous-
» jours suivis de costau en costau par les paysans du pays,
» conduits par quelques gendarmes et gentilshommes à
» cheval, qui nous abayoient de loin.

» Nous passasmes cette journée comme cela, sans autre
» empeschement, et vinsmes coucher à un village en forests
» nommé Furmigières, duquel estans partis le lendemain,
» nous nous trouvasmes, le matin, près de Feurs, audit
» pays, à nostre gauche six vingts chevaux en bataille, à
» une harquebusade de nous, qui fut cause, qu'ayant prié
» Dieu, nous mismes en ordre de combat, et voyant qu'ils
» ne bransloient nullement, prinsmes nostre chemin (non
» suivant nostre premier dessein, lequel M. de Chastillon
» changea, sur la place, très à propos, avec un beau juge-
» ment), mais à main gauche, pour nous retirer du costé
» du Rhosne, par le droit chemin de Lyon en Vivarais; et
» cette troupe se contenta de nous voir prendre nostre che-
» min, et s'en allèrent repaistre, nous laissant à dos quel-

1. *Mémoires*, loc. cit., p. 661 et suiv.

» ques deux ou trois nobles de ce pays-là, à cheval, avec
» cinquante ou soixante maraux de paysans après eux, ar-
» mez d'arquebuses et armes d'aste, qui nous suivoient de
» de loin, tousjours en queue, y estans affriandez parceque,
» par manière de dire, presque de cent en cent pas, nous
» leur laissions ou chevaux, ou mulets, ausquels nous don-
» nions des coups d'espée aux jarrets ou dans les flancs,
» afin qu'ils ne s'en prévalussent ; tant y a qu'il y en avoit
» assez pour les eschauffer à la curée. M. de Mouy et moy,
» qui estions commandez derrière, nous desrobasmes, une
» fois, avec cinq chevaux derrière une métairie pour leur
» faire une charge, où l'un de ces nobles fut tué par M. de
» Bésignan, et un cheval noir pris, et cinq ou six pendars
» tuez, et après cela nous reprismes la queue de nos trou-
» pes qui faisoient tousjours chemin.

» Mais nous n'y fusmes longtemps sans revoir la cavalerie
» du matin, non toute, selon nostre jugement, mais il y en
» avoit quelques soixante armez, et des harquebusiers à
» cheval environ vingt-cinq ou trente de quoy nous adver-
» tismes soudain M. de Chastillon, le suppliant de nous en-
» voyer dix ou douze armez, pour leur faire une charge, et
» de vouloir faire un peu halte, à quoy il ne vouloit enten-
» dre, ains mandoit de marcher tousjours et gagner che-
» min ; de sorte que tous nos messagers s'en revindrent sans
» pouvoir gagner autre chose ; qui fust cause que M. de
» Mouy s'en alla le trouver luy-mesme, et luy remonstra que
» le vray moyen de gagner temps estoit de faire cette charge,
» ce qui fut cause que M. de Chastillon vint à la queue, et
» le voyant venir je commençay la charge, à cause d'un que
» j'avois commandé derrière, lequel je voyois dévoré d'har-
» quebusades. Elle nous fut si heureuse, que ne perdismes
» qu'un harquebusier à cheval, et l'ennemy y perdit vingt
» ou vingt-cinq armez ou harquebusiers à cheval, et con-

» traignismes M. de Mandelot, qui y estoit, de se retirer luy
» quatriesme. On dit que son prévost de Lyon fut autheur
» de nous chatouiller de si près, à quoy il ne gagna guières,
» car il y fut tué.

» Et de là nous allasmes coucher à un village appelé
» Buerne, sur ledit grand chemin de Lyon en Auvergne,
» duquel nous partismes suivant nostre coustume, dès la
» pointe du jour, et prismes nostre chemin au-dessous de
» Revirieu et au pont de Parsigny.

» Cette journée-là, M. de Reboul suplia M. de Chastillon
» de retirer M. de Mouy à la teste avec luy, et qu'il vint à
» la queue, pour l'envie, disoit-il, qu'il avoit que, cette
» journée, nous fussions ensemble, et à la vérité il y servit
» infiniment à faire diligente la queue à marcher, car j'estois
» déjà fort las de la fatigue qu'il y faloit supporter. De sorte
» que Dieu nous favorisa de tant, qu'eusmes gagné ledit
» pont de Parsigny peut-être deux heures avant que l'ennemy
» y fust, dont bien nous en print, et de faire une petite
» charge à cent harquebusiers qui s'advançoient, lesquels
» sans doute eussent embarrassé partie de nostre bagage
» qui n'avoit encore passé ledit pont. Je fis cette charge
» avec M. de Reboul, contre son opinion, parce qu'il jugea
» très bien que ces cent harquebusiers se sauveroient, sans
» qu'eussions moyen de leur meffaire, mais d'autre costé, luy
» accordant son dire, mon opinion estoit aussi que les
» devions charger, afin qu'ils ne gagnassent le pont, et qu'ils
» ne vissent aucune froideur en nos affaires, et qu'il valoit
» mieux les tenir reculez sans les endommager que de leur
» laisser prendre pied à se jeter en lieu où ils nous peussent
» fascher, à nostre passage. De sorte que par le moyen de
» cette charge, tout nostre embarras passa fort paisiblement
» sans confusion, et par conséquent eusmes moyen de gagner
» chemin et sortir d'une grande fondrière que faisoit cette

» rivière, de laquelle estans sortis et gagné le haut du costé
» de deçà ladite rivière, tout à un coup, vismes en une
» plaine, au delà de la rivière, au-dessous de Revirieu, les
» troupes de M. de Mandelot qui venoient après nous, faisans
» à la vérité un beau front de cavalerie et d'infanterie.

» Nous ne prismes autre appréhension de ces troupes, que
» de doubler le pas, parce que, selon nostre jugement, nous
» estimions avoir assez gagné d'avantage pour empescher
» qu'elles ne nous attrapassent jusqu'à la nuit, et qu'eussions
» ou pris logis ou marché, s'il eust esté nécessaire, à la
» faveur de la nuit, de laquelle nous nous sentions assez
» prochains, et leurs troupes, selon l'advis de M. de Chas-
» tillon, qui vint derrière pour les voir et les mettre assez
» esloignez de nous : de sorte que nous ne fismes autre
» cérémonie que faire doubler le pas à nos troupes, et nous
» en aller nostre chemin, à la même ordonnance qu'avions
» accoustumé, fors que M. de Chastillon, qui voulut demeurer
» tout le dernier, désarmé sur son barbe avec demi-dou-
» zaine de chevaux, me laissant tousjours à la queue des
» troupes, et luy voulant voir la façon de l'ennemy, se tint
» tousjours de costeau en costeau, à leur vue et à la nostre,
» d'où il ne revint que lorsqu'il jugea l'ennemi estre si près
» de nous qu'il falloit, de nécessité, prendre un parti ou
» autre ; ce qu'il me vint dès aussitôt dire, et là-dessus
» assembla MM. de Mouy, de Lyramont, de Reboul et
» quelques autres gentilshommes que nous estions, nous
» proposant que l'ennemy estoit sur nos bras, et qu'il se
» falloit promptement résoudre à ce qu'avions à faire ; qu'ils
» n'estoient pas à mille pas de nous, cavalerie et infanterie,
» chose qui estoit comme incroyable qu'ils eussent tant dili-
» genté. M. de Chastillon nous dit, en outre, qu'ils estoient
» extrêmement forts, et qu'ils avoient *plus de cent chevaux*
» *coureurs,* et leur troupe paroissoit de *trois cents chevaux,*

» et *cinq ou six cents harquebusiers* à pied autant advancez
» que leur cavalerie; si bien qu'il fut question de prendre
» une prompte résolution sans long propos, n'ayant que
» deux moyens proposez à tenir, ou de choisir les bons
» chevaux et nous en aller, ou de combattre ; sur lesquels
» fallut que, par un commandement, je disse mon opinion
» le premier, quoy que nonobstant la nécessité présente, je
» voulusse defférer aux autres. Tant y a que, sans y insister
» avec longueur, tous me pressèrent de dire mon advis, qui
» fut, que de choisir les bons chevaux et nous en aller, c'es-
» toit autant que de nous perdre tous avec honte ; que nul
» de nous ne se pouvoit vanter d'avoir un bon cheval, parce
» qu'ils estoient tous sur les dents; au pis aller, que faisans
» de cette façon, nous n'estions pas une douzaine qui nous
» pourrions sauver, prenant un tel party; partant, qu'il
» valoit mieux mourir tous ensemble avec honneur, que de
» vivre avec reproche ; que, souventes fois, aux combats, la
» victoire n'avoit point esté donnée au grand nombre; que
» Dieu la donnoit à qui bon luy sembloit; que nous avions
» eu infinis témoignages de son assistance ; qu'il falloit
» espérer en luy et combattre sous sa conduite.

» Tous unanimement répondirent qu'il falloit suivre mon
» advis ; et, au mesme instant, nos troupes se trouvèrent
» au-devant de nous, sur un pendant de colline, lieu qui
» sembloit nous favoriser infiniment pour surprendre nos
» ennemis, qui nous avoient suivis de vue, deux grandes
» lieues, eschauffez à la curée de nos meschans bagages,
» desquels, comme a jà esté dit, de cent en cent pas, nous
» leur laissions des pièces; de sorte que, sur nostre réso-
» lution, Dieu nous envoya ce lieu du tout propre à faire
» tourner nos gens à couvert, tous, l'espée à la main, à la
» teste desquels se mit M. de Chastillon, qui me commanda
» avec *tous les armez, qui estoient au plus trente-cinq,* de

» donner, ce que nous fismes avec si grande et merveilleuse
» assistance de Dieu, qu'il ne nous cousta chose quelconque
» de mettre en pièces et pleine vauderoute les cent premiers
» coureurs ; après cela nous estans ralliez, et nous trouvans
» portez à propos, donnasmes sur trente lances ralliées,
» desquels eusmes aussy bon marché que des premiers ;
» après lesquelles deffaites, nous eusmes encore affaire à
» autres trente lances, ne nous en pouvant desdire, et les
» traitasmes comme leurs compagnons ; et nous mena cette
» troisième charge au bord d'un bois où leur infanterie estoit
» en bataille, laquelle aussi nous chargeasmes, parce
» qu'aussy bien pour aller à eux ou pour nous retirer, il
» nous falloit boire leurs harquebusades, et passasmes tout
» à travers, sans, ou que de surprise ou d'effroy, ils nous
» tirassent que trois harquebuzades.

» Par cette quatriesme charge avec les précédentes, ayant
» eu affaire avec tant de gens, nous nous trouvasmes fort
» escartez ; de sorte que partie de ces escartez, avec l'inso-
» lence qu'amène avec soy une victoire tant inespérée, fit
» qu'aucuns des nostres allèrent chatouiller M. de Mandelot,
» qui estoit avec son gros sur un petit costeau à nostre main
» gauche, sur lesquels il envoya un drapeau accompagné de
» quatre-vingts chevaux, qui firent une petite charge et se
» contentèrent de ramener à nostre gros ces escartez. Mais
» Dieu voulut qu'ils ne recognurent pas l'advantage qu'ils
» avoient acquis par cette charge, ayant coupé, entre nostre
» gros et eux, *M. de Chastillon et une vingtaine des meilleurs*
» *hommes* qu'il eust ; mais cette charge fust faite comme sur
» l'heure d'entre chien et loup, laquelle heure nous servit
» de couverture pour prendre nostre party, qui fust bien
» scabreux, comme il sera dit cy-après.

» Mais, avant que d'y venir, je diray que M. de Chastillon
» se trouva fort empesché pour nous rejoindre, car nous ne

» croyons pas qu'il fust derrière, tant y a, qu'avec l'assis-
» tance du Tout-Puissant, qui bénit nostre résolution, il
» demeura des ennemis bien six vingts sur la place, et
» des nostres trois ou quatre ; mais MM. de Lyramond, de
» Reboul et le jeune Chamerolles furent prisonniers.

 » M. de Chastillon se trouvant entre deux, se retira, *luy*
» *cinquiesme,* du costé du Rhône, et moy me retiray *avec sept*
» *de nos gens,* sans sçavoir rien les uns les autres ; et Dieu
» voulut que je recouvray un guide, et prins mon chemin
» vers Saint-Agrève, que je luy demandois, et, en iceluy
» chemin, rencontray *quelques gens de cheval* qui, par bon
» et heureux rencontre, se trouva la troupe de M. de Chas-
» tillon, lequel avoit son cheval fort boiteux, accident qui
» nous mettoit en grand accessoire.

 » Nous arrivasmes à Saint-Pierre-de-Bœuf, où l'hoste du
» lieu nous fit repaistre et ferrer nos chevaux ; et prismes
» pour guide, le lendemain, un maistre d'escolle qui sçavoit
» bien le pays, qui nous conduisit par chemins escartez.
» Toutefois il fallut passer par deux villages où y avoit des
» troupes des ennemis, et, au dernier auquel nous passasmes,
» nous trouvasmes des corps-de-garde avec des feux au
» milieu des rues, où n'y avoit que des valets ; les maistres,
» parce que c'estoit cavalerie, estoient dans les logis, qui
» nous arraisonnèrent ; et leur demandasmes de quelles
» troupes ils estoient, lesquels nous dirent qu'ils estoient à
» M. de Tournon ; et, sans autre cérémonie tirasmes vers
» Quintenas, et, après avoir gayé une rivière, trouvasmes
» le chasteau de M. de Jarnieu, duquel sortirent, à un
» meschant passage, une vingtaine d'harquebusiers com-
» mandez par un hallebardier, qui vindrent avec grande
» rumeur de : Qui va là ? Arrestez-vous là. Lors, par le
» commandement de M. de Chastillon je m'advançay, et
» cependant que je parlois à eux, nos gens passoient et

» filoient; et, comme nos gens eurent passé, ils me deman-
» dèrent qui nous estions. Je leur dis que nous estions au
» roy; de quoy ils se contentèrent; et allasmes à Quintenas,
» où me fut commandé par M. de Chastillon de parler
» tousjours comme maistre; que tous diroient qu'ils estoient
» à moy, et, à cet effet, m'imposèrent le nom de M. de
» Montréal, cousin de M. de Lenuyères, et que nous deman-
» derions un guide pour aller à Aubenas.

» Estant ainsi résolu que tous parlassent comme cela et
» que chacun tînt sa langue, nous vismes au-dessous dudit
» Quintenas des gens de guerre qui avoient l'espée à la
» main, et en alarme, et qui gagnoient un temple au-devant
» de nous, pour nous venir recognoistre. Là-dessus je m'ad-
» vançay tout seul, droit à ceux qui crioient : Qui va là?
» qui vive? Je leur dis qu'un d'eux s'advançast seul, que je
» le lui dirois; et un d'entr'eux se print à dire tout haut :
» Celuy-là semble M. de Saint-Auban; sur quoy je deman-
» day : Qui est celuy-là qui parle de Saint-Auban? Il me
» respondit : C'est le capitaine Sparse, un capitaine de nos
» troupes. Je luy demanday : Où sont les troupes? Tout est
» icy, fors monsieur et vous; me demandant si je sçavois
» nouvelles de monsieur? Je dis qu'ouy; qu'il estoit icy, en
» bonne santé, Dieu mercy.

» Là-dessus nous vinsmes à nous joindre à nos troupes,
» et n'y eut pas un de nous qui n'eust la larme à l'œil. Nous
» recognusmes alors ceux qui nous défailloient, au moins
» des principaux, et trouvasmes à dire MM. de Liramond,
» de Reboul et le jeune Chamerolles, et des soldats qui
» ne s'estoient perdus au combat, ains par maladie avoient
» demeuré derrière et avoient esté amenez à Annonay, vers
» M. de Pelloux, qui leur usa de toute charité, les ayant
» fait rafraischir, mesme par Billette, et renvoyez à nos
» troupes, lesquels, sans nostre arrivée, quoyque M. de

» Mouy les encourageast tant qu'il pouvoit, avoient fait
» dessein, au moins la pluspart, d'attendre la nuit pour se
» mettre entièrement à vauderoute.

» Chascun d'eux nous confessa avoir fait ce dessein; et
» Dieu sçait comme il leur en eust prins; car nous fusmes
» encore quatre jours sans entrer en terre d'amis; toutefoys
» en pays montueux et advantageux pour nous.

» Et, de fait, une heure après nostre jonction à nos
» troupes, sur le passage d'une meschante rivière, six che-
» vaux des ennemis, suivis de quelques harquebusiers, don-
» nèrent sur nostre queue, où estoit M. de Mouy, et luy
» tuèrent un capitaine, d'un coup de pistolet. Je tournay
» sur eux et repassay la rivière, et en tuasmes cinq ou six;
» et prismes un logis où nous séjournasmes un jour et
» demy; et marchasmes, sans nulle rencontre, jusqu'à un
» château nommé Rouziers, duquel, quoiqu'occupé par les
» ennemis, nous ne reçusmes aucun empeschement.

» Mais, de l'autre costé du château se trouvèrent, sur
» un petit costeau, quelques vingt-cinq gentilshommes à
» cheval, accompagnez de cent ou six vingts harquebu-
» siers, qui nous suivirent jusques à un bois assez fascheux.
» Comme j'estois à la queue de nostre troupe, tout-à-coup
» ils voulurent donner, et ne sceus si bien sortir d'un valon
» où j'estois, que je n'eusse deux ou trois malostrus har-
» quebusiers à cheval blessez par leur paresse; mais, tour-
» nant sur eux, ils furent soudain arrestez sur le cul, et ne
» nous suivirent ces gentilshommes, que le long d'un cos-
» teau pelé qui estoit à nostre main droite, y ayant un
» grand valon entre deux; et nous laissèrent leurs harque-
» busiers en queue dans le bois, qui nous venoient tousjours
» importuner d'harquebusades, jusqu'à ce que M. de Chas-
» tillon, venant derrière, se résolut de faire mettre pied à
» terre à MM. d'Oyville et de La Legade, deux de ses mais-

» tres de camp, lesquels retindrent avec eux tout autant
» d'harquebusiers qu'avions pour rendre combat, *qui n'es-*
» *toient en nombre plus haut de cinquante à soixante* à tout
» rompre; et retint aussi M. de Chastillon avec soy tout
» autant qu'estions d'armez, *qui estions environ vingt-cinq*,
» et avec cela mondit sieur de Chastillon commanda à
» MM. d'Oyville et de La Legade de charger ces cent har-
» quebusiers, et de les laisser venir si près, que nous eus-
» sions moyen de nous mesler dedans eux; mais ces mes-
» sieurs commencèrent la charge de trop loin, qui fust
» cause que n'en peusmes attraper un seul : tant y a que
» nous les poussasmes sur les bras de ces gentilshommes;
» et nous laissèrent le reste de la journée en repos.

» Et fust nostre retraite achevée, par la grâce de Dieu,
» qui nous fist, ce soir-là, arriver à un fort que tenoit M. de
» Chambaud; de sorte que, delà en hors, nous ne vismes
» aucuns ennemis.

» M. de Chastillon coucha dans le fort, et je couchay à
» la mastre, avec les troupes.

» M. de Chambaud nous y vint trouver, le lendemain
» matin, et nous receut en son gouvernement[1] avec tant
» de faveurs, de courtoisies et de charité, qu'il est impos-
» sible d'en ouïr parler de plus grandes.

» Ce matin-là, M. Bernardin, nostre ministre, à la mé-
» moire duquel M. de Chastillon et tous ceux de ses troupes
» doivent defférer beaucoup[2], comme ayant servy infiniment

---

1. Chambaud commandait alors dans le Vivarais. — Voir, sur sa belle carrière militaire, *La France protestante*, 2ᵉ édit., t III. 2ᵉ partie, col. 1,017 et suiv.

2. L'unique mention qui soit faite, dans *La France protestante* (2ᵉ édit., t. II, 1ʳᵉ partie, col. 383), d'un ministre Bernardin, ayant vécu au XVIᵉ siècle, et qui paraisse s'appliquer au chrétien dévoué dont parle P. de Saint-Auban, est celle-ci : « Bernardin, ministre de Saint-André, de Lodève (1590); à Montpellier (1595); à » Vals (1598). » On ne peut attribuer qu'à une inadvertance, sans doute fort invo-lontaire, ce laconisme qui, dans un recueil aussi grave et aussi soigneusement investigateur que l'est *La France protestante*, surprend, de prime-abord, quiconque se place en présence du juste et chaleureux hommage rendu par P. de Saint-Auban

» à nostre retraite, par ses véhémentes et saintes prières,
» dit un presche en ce fort; et rendismes grâces à Dieu
» de nostre retraite; et fust chanté, en ce presche, le
» psaume CXXIV[1].

» Ce voyage, soit pour l'aller ou le retour, fust honorable
» à M. de Chastillon et à sa postérité; et m'asseure que les
» historiens n'oublieront d'en faire un honorable récit[2].

» M. de Chambaud nous mena, au partir de ce meschant
» lieu, à un lieu appelé Chasteau-Neuf, où nous fusmes bien
» logez; de ce chasteau à Privas, où nostre séjour et rafrai-
» chissement, je dis d'un chacun, fut si grand qu'il voulust.

» De Privas en hors, M. de Chastillon print son chemin
» vers Montpellier; et je prins le chemin de chez moy,
» comme firent la plupart de nos troupes qui estoient de
» ces quartiers. »

à la mémoire du pieux et fidèle Bernardin. Pour notre part, d'accord avec « M. de
» Chastillon et tous ceux de ses troupes, » nous entourons de notre vénération le
nom de cet homme de foi, en qui nous sommes heureux de rencontrer, à trois
siècles de distance, l'un des plus beaux types du véritable *aumônier militaire*.

1. Rappelons ici les émouvantes paroles de ce psaume qui s'appliquaient si directement aux dangereuses péripéties de la retraite de Chastillon et à la merveilleuse
délivrance que Dieu venait d'accorder à ce valeureux chef et à sa courageuse petite
troupe : « 1° N'eût été l'Éternel qui a été pour nous, dise maintenant Israël; —
» 2° N'eût été l'Éternel qui a été pour nous, quand les hommes se sont élevés contre
» nous; — 3° Ils nous eussent dès lors engloutis tout vifs, pendant que leur colère
» était enflammée contre nous; — 4° Dès lors les eaux se fussent débordées sur
» nous, un torrent eût passé sur notre âme; — 5° Dès lors les eaux enflées fussent
» passées sur notre âme; — 6° Béni soit l'Éternel qui ne nous a point livrés en
» proie à leurs dents; — 7° Notre âme est échappée, comme l'oiseau, du lacs des
» oiseleurs; le lacs a été rompu, et nous sommes échappés. — 8° Notre aide soit
» au nom de l'Éternel qui a fait les cieux et la terre. »

2. Ce fut une trop confiante assurance que celle du loyal lieutenant de Chastillon; car, du XVIe siècle jusqu'à nos jours, les historiens se sont bornés à men-
tionner la mémorable retraite dont il s'agit, et à lui accorder transitoirement certains éloges, mais nul d'entre eux, que nous sachions, n'est allé jusqu'à en faire un
ample et honorable récit. Seul P. de Saint-Auban, dégagé d'ailleurs de toute pré-
tention historique s'est acquitté, à sa manière, de cette tâche en homme qui avait
qualité pour l'entreprendre. Nous ne connaissons que par lui une série de faits
empreints d'un irrécusable cachet d'authenticité; et certes, en parlant de ces faits,
il eût pu dire d'eux, sans rien enlever à la gloire de son chef : *Quorum pars
magna fui.*

CHAPITRE X

Rapport adressé par Chastillon au roi de Navarre sur les opérations de l'armée étrangère. — Chastillon s'empare de Bellegarde. — Lettres de Chastillon aux Bernois et au duc J.-Casimir. — Le roi de Navarre et son conseil adoptent les appréciations de Chastillon sur la campagne de 1587. — Lettre du roi de Navarre aux Bâlois. — Mort du prince de Condé. — Brillants faits d'armes de Chastillon en avril et en mai 1588. — Assemblée de La Rochelle. — Assassinat du duc de Guise à Blois. — Chastillon quitte Montpellier pour rejoindre le roi de Navarre dans l'ouest de la France. — Il marche avec lui au secours de La Garnache. — Le roi de Navarre, gravement malade, charge Chastillon de le remplacer dans le commandement de l'expédition. — Il le nomme colonel général de son infanterie. — Le roi de France et le roi de Navarre se réconcilient. — Loyale et généreuse attitude de Chastillon vis-à-vis de Henri III. — A Tours, Chastillon concourt puissamment à repousser l'attaque de Mayenne et à délivrer le roi de France du danger qu'il courait. — Reconnaissance de celui-ci envers Chastillon. — Défaite de Saveuse par Chastillon. — Henri III accorde à Chastillon une compagnie d'hommes d'armes de ses ordonnances. — Lettre de Chastillon à sa femme. — Lettre de Henri III à Chastillon.

Il est, pour le cœur humain, des émotions sacrées qui ne se peuvent décrire, mais que, du moins, un cœur appuyé sur sa propre expérience peut toujours pressentir chez un autre, par les seules intuitions de la sympathie. Aussi, quiconque s'inspire réellement des vivifiantes affections de famille, comprendra aisément quelles furent, pour Chastillon, les joies du revoir, lorsqu'arrivé à Montpellier, vers la fin de décembre 1587, il put serrer dans ses bras sa femme, ses enfants, et s'agenouiller avec elle et eux, pour rendre grâces à Dieu de la miséricordieuse protection et de la délivrance signalée dont il avait été l'objet.

Dès les premiers moments de son retour, il s'acquitta d'un grave devoir, en rédigeant sur les opérations de l'armée à la dissolution de laquelle il venait d'assister un long et consciencieux rapport, qu'il signa le 31 décembre [1], et qu'il envoya aussitôt au roi de Navarre.

Peu de jours après, il quitta Montpellier, pour entamer une opération militaire, promptement couronnée de succès ; car ce fut dans le cours même du mois de janvier 1588, qu'il se rendit maître de Bellegarde par composition.

A cette époque, de La Roche-Chandieu « l'un des minis- » tres de la parole de Dieu en la maison du roy de Na- » varre », fut envoyé en Suisse pour y affermir les relations de ce prince avec les cantons de Berne et de Bâle. Les lettres qu'il était chargé de remettre se résumaient en ces lignes, que chacune d'elles [2] contenait : « Il est néces- » saire que nous soyons unis mieulx que jamais pour résis- » ter aux pernicieux desseins des ennemis de nostre religion » et de la couronne de France. »

Chastillon, qui savait de quelle mission de La Roche-Chandieu était chargé, ne se contenta pas d'inviter le digne ministre, avec lequel, pour sa propre part, il soutenait les meilleures relations, à remercier les Bernois de l'assistance qu'ils avaient naguère accordée à ses troupes et à lui ; il fit plus en adressant, par son intermédiaire, le 17 février 1588, à l'avoyer et au conseil de Berne la lettre suivante [3], contenant,

---

1. Voir à l'*Appendice*, n° 34, le texte de ce rapport. — M. le baron de Ruble, dans son Introduction du troisième volume des *Mémoires de La Huguerye* (p. XIII, note 4), dit, au sujet de ce document dont il apprécie la haute importance : « Aucun » bibliographe n'a remarqué que la pièce contenue dans les *Mémoires de la Ligue* » (t. II, p. 212 et suiv.) est la reproduction à peu près textuelle d'un mémoire de » Chastillon. » M. de Ruble qualifie, à juste titre, cette pièce de plagiat. Nous croyons devoir ajouter que ce plagiat ne constitue, intrinsèquement, qu'une reproduction fréquemment tronquée et, en maints passages, intentionnellement altérée, du rapport rédigé par Chastillon, qui seul est digne de toute confiance, et que dès lors nous tenons d'autant plus à faire connaître en en reproduisant fidèlement le texte complet tel qu'il existe à l'état de manuscrit.

2. Lettre du 29 janvier 1588 à l'avoyer et au conseil de Berne datée de Montauban. (Archives de Berne, *Frankreich*, vol. 3.) — Lettre du même jour au bourgmestre et au conseil de Bâle. (Archives de Bâle, L. 117, n° 87.)

3. Archives de Berne, *Frankreich*, vol. 3.

sur les dispositions favorables du roi de Navarre et sur celles des églises réformées de France, des affirmations que le signataire était, par ses rapports personnels avec l'un et avec les autres autorisé à formuler : « Messieurs, j'ay fait » entendre au roy de Navarre et aux églises l'hospitalité, » les moyens, faveurs et assistance que vous m'aviez des- » partis et à mes troupes, en passant par vos terres, dont » M. de La Roche-Chandieu a charge et commandement » très-exprès de vous remercier. Je n'ay aussi rien obmis de » la diligence dont je pouvois user pour vous faire payer et » rembourser de l'argent que vous m'avez presté pardelà » pour desfrayer lesdites troupes ; mais la dissipation de l'ar- » mée a apporté un tel changement et altération en l'estat » de nos affaires, qu'il a esté impossible de recouvrer des » deniers sitost que j'eusse désiré, pour vostre contente- » ment. Toutefoys ledit seigneur roy et les églises sont en » si bonne volonté, et je me rendray si soigneux et diligent » solliciteur de ce faict, que j'espère vous faire payer et » retirer mes promesses et obligations dans peu de temps ; » vous priant cependant m'honorer tousjours de vostre » amitié, et faire estat de mon service et de tout ce qui » dépend de moy, de mes moyens et de mes amis, ce » que j'employeray pour vous, dans tous les endroits où » il vous plaira me commander, d'aussi bon cœur que, » m'estant bien humblement recommandé à vos bonnes » grâces, je prieray Dieu, messieurs, qu'il vous ayt en sa » saincte garde. — Vostre plus affectionné et plus obéissant » amy à vous faire service, CHASTILLON. »

Dans une lettre que, le même jour, 17 février, il adressa au duc J.-Casimir[1] et qui lui fut remise par de La Roche-Chandieu, dont la mission s'étendait au Palatinat, Chastil-

---

1. Bibl. nat., mss. f. fr., vol. 4,442, f° 483 ; et vol. 3,045, f° 133.

lon disait : « Monseigneur, je suis très marry du mauvais
» succès de l'armée, laquelle nous avons eue en France,
» ces mois passez. Je vous puis bien tesmoigner du bon
» debvoir que M. le baron Dohna particulièrement y a fait,
» et messieurs les colonels. Et quoy qu'on dise, M. de la Hu-
» guerye s'y est comporté en homme de bien et en bonne
» conscience, pour le moins en tout ce que j'ay vu et aperçu
» de luy. Pour moy, je suis bien fasché que je n'ay pu estre
» tousjours auprès de M. le baron Dohna et de vos reistres,
» comme ils ont tousjours demandé et je l'ay tousjours
» desiré, pour ce que je voyois qu'il estoit raisonnable. J'ay
» témoigné de la vérité partout, et en ay fait un discours,
» lequel j'ay envoyé au roy de Navarre, par lequel on
» remarque que les François seuls sont cause, pour leur
» avarice, ambition et mauvaise volonté, de tout le défaut
» de cette armée ; et devant Dieu, j'en rendrai tousjours
» témoignage. Ce mauvais succès ne doit point refroidir
» nos amis de nous ayder, mais seulement pourvoir, sur
» cette expérience, à ce qu'un semblable mal ne puisse
» arriver ; et Dieu bénira leur intention et fera que tous les
» gens de bien employeront leurs vies pour leur faire ser-
» vice, comme pour certain je vois un chacun, depuis le
» plus grand jusqu'au plus petit, fort bien disposé à faire
» tout ce qu'on sauroit désirer pour le bien public. »

Chastillon était-il fondé à disculper certains personnages des imputations dirigées contre eux, et à faire peser sur certains autres la responsabilité des désastres subis par l'armée dont il s'agit ? Oui ; et ce qui le prouve, c'est un important passage des *Mémoires de La Huguerye*[1]. Cet

---

[1]. T. III, p. 229. — Voir sur les plaintes, accusations, défenses et récriminations qui se produisirent de part et d'autre après la dissolution de l'armée dite *de secours*, les documents intéressants qu'a recueillis et condensés avec le plus grand soin M. le baron de Ruble, dans son Introduction (p. xii à xxi) au tome III des *Mémoires de La Huguerye*.

ancien membre du *conseil militaire* de l'armée s'exprime ainsi : « M. de Villeroy avoit dict avoir tous mes mémoyres
» et ceux de Guitry, de Clermont et de Malroy, et que, les
» ayant confrontez devant le roy, Sa Majesté et tous ceux
» de son conseil qui y assistoient avoient jugé évidemment
» que tout le mauvais mesnage de ladite armée est venu
» dudit Guytry et de Beauvoir, son beau-frère, ausquelz le
» roy en veult grant mal et nous en descharge, conformé-
» ment aux lectres escriptes par M. de Chastillon au sieur
» duc Casimir, apportées par le sieur de La Roche-Chan-
» dieu, en date du dix-septième jour de febvrier, audit an
» (1588), par lesquelles il asseurait le semblable, et en
» avoit envoyé ung discours, à ceste fin, au roy de Na-
» varre. »

On voit suffisamment par là de quel poids pesait la parole de Chastillon dans les appréciations auxquelles se livraient les hommes d'État et les plus grands chefs militaires de son époque, et quelle valeur prépondérante les uns et les autres attachaient à un témoignage émané de lui. Aussi, fut-ce sous l'influence de ce témoignage que le roi de Navarre se trouva amené à dire[1] : « Si, en nostre armée estrangère qui
» a esté dissipée, il y eust eu tant soit peu de conduite,
» d'union et de magnanimité, les affaires des ennemis de
» Dieu et nostres eussent esté en très-mauvais estat. »

La belle conduite du fils de Coligny dans la désastreuse campagne de 1587, et son héroïque retraite à l'issue de cette campagne, accrurent sensiblement l'estime qu'inspiraient, depuis plusieurs années, au roi de Navarre sa vaillance et la générosité de son caractère.

Ce roi se distinguait aussi par une générosité de même nature ; et il est fort probable qu'une preuve qu'il en donna,

1. Lettre du roi de Navarre à Ségur du 4 avril 1588. (Bibl. de l'Institut de France, fonds Godefroy, vol. 261.)

à l'égard des troupes suisses rentrées dans leurs foyers, après la campagne de 1587, fut le résultat des communications qu'il avait, à leur sujet, échangées avec Chastillon et des conseils de clémence que celui-ci lui avait fait agréer. A ce point de vue, les lignes suivantes, tirées d'une lettre que le roi de Navarre adressa, le 24 mai 1588, au bourgmestre et au conseil de Bâle méritent d'être reproduites comme faisant honneur à ce monarque et à son lieutenant [1] :

« Magnifiques seigneurs..., je ne puis assez louer vostre
» vertu et magnanimité, en ce qu'après un si grand acci-
» dent comme est celuy qui est arrivé en l'armée de nostre
» secours, et en particulier à vos régimens, non-seulement
» vous n'avez perdu courage, mais aussy vous avez sup-
» porté vostre perte avec une résolution et constance très-
» louable et remarquable recognoissance, que Dieu vous a
» permis les propositions et délibérations, et s'est réservé
» la disposition des événemens, pour en ordonner ainsy
» qu'il luy plaist. Je vous diray, au reste, magnifiques sei-
» gneurs, que ce me sera un grand contentement d'enten-
» dre que vous ayez procédé, à l'encontre des chefs et capi-
» taines de vosdits régimens plustost par la voye de la
» douceur que vous avez accoustumée à l'endroict de vos
» subjects, que par la rigueur de vos ordonnances et règle-
» mens militaires, quelque faulte qu'on leur puisse imputer,
» vous contentant des chastimens qu'ilz ont reçus de la
» main de Dieu, laquelle, à mon grand regret, ilz ont
» trouvée fort apezantye sur eux. De quoy je vous prie
» derechef fort affectueusement. Et pour ce que le sieur de
» Réau ne m'a rapporté de vostre part quelle estoit vostre
» intention sur le faict de leurs paiemens, avec ce que j'ay

---

1. Archives de Bâle, L. 117, n° 89.

» ignoré jusques icy quelle composition les colonnels et ca-
» pitaines avoient faicte, j'ay différé de luy bailler pouvoir
» pour en adviser avec eulx, jusqu'à ce que vous m'ayez
» faict ce bien de m'informer et esclaircir plus amplement
» de l'un et de l'autre ; le vous renvoyant cependant
» exprès, etc. »

Chastillon, au milieu des préoccupations qui l'assiégeaient en Languedoc, reçut la nouvelle d'un événement que rien n'avait pu lui faire pressentir et dont la douloureuse gravité le frappa au cœur. Condé, qu'il espérait revoir bientôt, venait de mourir subitement, le 5 mars, à Saint-Jean-d'Angely. La mort de ce prince était attribuée à un empoisonnement, auquel, disait-on, des personnes de son entourage immédiat n'étaient point étrangères ; tragique dénouement d'une noble existence, maintes fois traversée, dans la brièveté de son cours, par d'amères épreuves !

A tant d'autres crimes, ayant, en peu d'années, ravi à Chastillon les principaux membres de sa famille s'ajoutait ainsi un crime qui creusait, à ses côtés, un nouveau vide. L'amiral, son père, Louis de Bourbon, son cousin, Téligny et Guillaume de Nassau, ses beaux-frères, avaient succombé sous les coups des assassins ; d'Andelot et Odet, ses oncles, avaient péri de la main des empoisonneurs ; et maintenant périssait, victime de ces derniers, Henri de Bourbon. Quel surcroît de deuil imposé à Chastillon, si profondément atteint déjà dans ses affections de famille !

Perdre Condé, c'était pour lui perdre l'ami de son enfance et de sa jeunesse, celui qu'il considérait et chérissait comme un frère aîné, et qui, à bien dire, l'était, car l'amiral avait fait du fils de Louis de Bourbon et d'Éléonore de Roye son enfant d'adoption. Et non seulement cela : mais en pleurant la mort de Condé comme celle d'un membre de sa famille auquel il était étroitement attaché, Chastillon pleurait aussi la perte de l'un des plus fermes soutiens de la cause des réformés français, d'un prince chrétien qui, jusqu'à son dernier soupir, était demeuré fidèle aux pieux enseignements de son admirable mère et à l'exemple d'un dévouement dont, après elle, Louis de Bourbon avait donné des preuves éclatantes.

Le roi de Navarre, lui aussi, pleura la mort de Condé[1]; mais que ne l'imita-t-il, comme fils! Or, on ne le sait que trop : un jour vint où, avec une légèreté de cœur et une facilité de concessions que rendaient inexcusables les solennels avertissements et les judicieux conseils d'amis dévoués, il sacrifia à de faux calculs politiques les suprêmes recommandations d'une mère telle que Jeanne d'Albret et déserta sa foi.

Dans les rangs des réformés, les regrets causés par la mort de Henri de Bourbon furent unanimes et durables.

« Longtemps, dit sur ce point d'Aubigné[2], le parti des
» réformés sentit cette perte, comme d'un prince pieux, de
» bon naturel, libéral, d'un courage élevé, imployable par-
» tisan, et qui eust esté excellent capitaine pour les armées
» reiglées et florissantes ; car ce qui lui manquoit, aux
» guerres civiles, estoit, qu'estimant la probité de ses gens
» à la sienne, il pensoit les choses faites quand elles étoient
» commandées. »

De Thou est plus explicite : « Henri de Bourbon, dit-il[3],
» né d'un père renommé pour son courage, ne dégénéra

---

1. Si l'on regarde de près aux larmes du roi de Navarre on les voit, il est vrai, couler en public, mais aussi s'arrêter complétement dans l'intimité de certaines confidences, où la sécheresse des yeux correspond à celle du cœur. Est-ce donc une intense douleur que celle de ce roi écrivant à Corisande en lui parlant du cousin qu'il a perdu : « Je le plains comme ce qu'il me devoit estre, non comme ce qu'il » m'estoit. » (Lettre à Corisande du 10 mars 1588. — *Rec. des lettres missives de Henri IV*, t. II, p. 343.)

2. *Hist. univ.*, t. III, liv. I, ch. XXII.
3. *Hist. univ.*, t. VII, p. 180.

» point des grands exemples qu'il lui avait donnés ; également
» brave et plein d'humanité, ferme et d'une affabilité admi-
» rable, prudent et libéral, grave et éloquent, il avoit tout
» le mérite qu'on peut souhaiter dans un prince : il ne lui
» manquoit qu'un peu de bonheur ; mais la fortune lui fut
» toujours contraire, et depuis le premier instant de sa
» naissance jusqu'à celui qui termina ses jours, à l'âge de
» trente-cinq ans, il se vit sans cesse en butte à des revers. »

Sujet de deuil pour les réformés et leur chef, la mort de Condé fut un sujet de joie sauvage pour les ligueurs. Ici encore, écoutons de Thou[1] :

« Le roi de Navarre, cousin du prince et qui l'aimoit
» comme son propre frère, fut très-sensible à sa perte et ne
» put même retenir ses larmes lorsqu'il apprit la nouvelle
» de sa mort, répétant souvent qu'il avoit perdu son bras
» droit. Il se transporta sur-le-champ à Saint-Jean-d'Angely
» et prit aussitôt toutes les mesures nécessaires pour faire
» punir les auteurs d'un tel attentat[2]..... Au contraire, le

---

1. *Hist. univ.*, t. VII, p. 181. — « Le prince (Condé), dit P. de l'Estoile (*Mémoires*,
» édit. de 1875, t. III, p. 130), fut regretté de tous les bons François, mais princi-
» palement de ceux de la religion, qui perdirent en lui un grand appui et le
» meilleur chef qu'ils eussent ; comme au contraire les ligueurs et les Lorrains
» en firent feux de joie pour avoir perdu le plus grand ennemi et le plus mauvais
» qu'ils eussent jamais sceu avoir ; car il estoit toujours le premier aux coups et
» le dernier à la retraite, et qui ne disoit jamais : va là, mais qui y alloit lui-
» mesme, comme Cæsar ; au reste, prince entier en sa religion, homme de bien
» en icelle, selon le tesmoignage mesme de ses plus grands ennemis, qui craignoit
» Dieu et haïssoit le vice, chose rare en un prince ; aïant un cœur vraiment roïal et
» héroïque, jaloux extrêmement de la gloire et de l'honneur. »

2. « Monsieur de Ségur, je ne vous sçaurois dire l'extrême regret et desplaisir
» que j'ay receu de la perte si notable et importante que nous avons faite de feu
» mon cousin, monsieur le prince, et combien la façon de sa mort si exécrable a
» contristé et affligé mon âme. Je suis après pour avérer ce crime d'autant plus
» abominable qu'il est domestique. J'ay écrit au roy afin de faire rechercher et
» amener seurement en ceste ville le page nommé Belcastel, qui en est le principal
» instrument, pour le confronter aux autres prisonniers accusez de ce crime, et
» pour mieux instruire le procès. Nous sommes en un misérable temps, puisque les
» plus grands et ceux qui font profession d'honneur et de vertu suivent des voies
» si exécrables. » Lettre du roi de Navarre à Ségur du 4 avril 1588. (Bibl. de l'Institut de France, fonds Godefroy, vol. 261.)

» peuple de Paris, qui étoit alors occupé à gagner le jubilé
» que le pape venoit d'accorder, fit des réjouissances, à la
» nouvelle de cet accident, persuadé que cette mort étoit un
» coup du ciel, et que c'étoit à ses prières que Dieu avoit
» accordé la fin imprévue de cet ennemi de la religion, car
» les prédicateurs de la Ligue ne donnoient pas d'autre nom
» au prince [1]. Les gens sages, de leur côté, convaincus que,
» dans cette guerre, il s'agissoit moins des intérêts de la
» religion que de ceux de l'État, ne pouvoient s'empêcher
» de regretter un si grand homme qui, dans les circonstances
» où le royaume se trouva, par la suite, aurait pu devenir
» défenseur de la nation. »

Défenseur de la nation ! tel était le titre que pouvait, pour sa part, revendiquer et que justifia par ses actes le roi de Navarre, dans la lutte engagée contre lui et ses partisans par des ennemis acharnés.

Loin de se laisser abattre, il se montrait plus ferme que jamais, en adressant à des hommes investis de sa confiance ces paroles : « Les accidens et inconvéniens passés ont
» redoublé en moy le courage, le zèle et la diligence. Chacun
» est bien résolu [2]. »

Nul, assurément, ne l'était plus que Chastillon, parmi les membres du conseil privé du roi de Navarre, et parmi ses lieutenants. Il le prouva, en accomplissant, dans le courant des mois d'avril et de mai 1588, de brillants faits d'armes, auxquels prirent part, à ses côtés, Turenne et Lecques. Il

---

1. La Ligue tentait alors de faire assassiner le roi de Navarre. « Il se trouva, » écrivit ce prince, dernièrement que j'estois à Nérac, un soldat lorrain qui se » disoit gentilhomme frison, qui me vint présenter requeste, retournant du jardin, » en délibération de me tuer. Le cœur lui faillit lors, et le jour mesme il fut » soubçonné ; ayant esté pris par mon prévost, il ne tira rien de lui. Depuis, mes » officiers de Nérac l'ont mis à la gehenne, et a confessé qu'il estoit venu pour me » tuer d'un poignard, etc. » Lettre à Ségur, du 4 avril 1588. (Bibl. de l'Institut, loc. cit.)

2. Lettre du roi de Navarre à Ségur, du 4 avril 1588, loc. cit.

emporta d'assaut le fort de Sainte-Anastasie, et se rendit maître de Remoulins ainsi que de plusieurs autres places voisines de Nîmes.

Cependant, des événements d'une gravité exceptionnelle s'accomplissaient au loin et menaçaient de plus en plus les réformés. Paris avait en mai sa journée des barricades ; la Ligue imposait, en juillet, à une royauté avilie l'édit d'Union ; et, en octobre, s'ouvraient à Blois, les séances d'une assemblée, affublée du nom d'états généraux.

Ce fut alors que s'éleva avec force contre les votes émis et à émettre par ces étranges états une assemblée générale des réformés qui, du milieu de novembre à celui de décembre, siégea à La Rochelle.

Le roi de Navarre, qui l'avait convoquée et qui la présidait, adressa au roi de France une requête dans laquelle, à titre de représentant et de protecteur de ses coreligionnaires, dont la Ligue avait juré l'extermination, il réclamait la liberté religieuse, la restitution des biens confisqués et, en tant que de besoin, la convocation d'un concile national. A ces chefs de réclamation s'ajoutait une protestation formelle contre tout vote qui aurait été ou serait émis en sens contraire par les états tenus à Blois.

L'assemblée de La Rochelle, sans se faire illusion sur le sort réservé à une requête qui, en tous cas du moins, témoignerait de son énergie à soutenir des droits imprescriptibles, s'apprêtait à faire face aux dangers de la situation. Elle prit toutes les mesures défensives que commandaient les circonstances, et en assura l'exécution avec un tel soin, qu'aucune de ces mesures ne demeura sans effet.

Dans les derniers jours de décembre, Blois devint le théâtre d'un crime accompli par les ordres et sous les yeux de Henri III : le duc de Guise fut assassiné.

Ce crime, dans lequel Henri avait espéré trouver un

moyen de délivrance personnelle, eut au contraire pour effet d'aggraver sa situation, en excitant chez les ligueurs, dans les provinces comme à Paris, un redoublement de fureur qui se traduisit par des imprécations, des complots, des insurrections et des prises d'armes, bientôt suivies d'hostilités menaçantes.

Quelle était, en regard de la situation si fortement compromise du roi de France, celle du roi de Navarre ? Loin de subir un amoindrissement quelconque, elle tendait à se dégager peu à peu des dangers et des énormes difficultés qui l'enserraient.

En même temps que, dans le conflit des passions déchaînées, devait, à dater de janvier 1589, grandir le rôle de Henri de Navarre, celui de Chastillon, à ses côtés, devait aussi se développer dans de plus larges proportions que par le passé, et, cette fois, principalement au centre de la France.

Les exigences du service avaient appelé Chastillon, dès la fin de l'année 1588, à s'imposer de nouveau un sacrifice, dont souffrait toujours son cœur, dans sa vie d'abnégation, celui de se séparer de sa femme et de ses enfants. Ce sacrifice avait été d'autant plus grand, que la santé, alors chancelante, de Marguerite d'Ailly réclamait des ménagements et des soins dont il eût voulu l'entourer. Il avait laissé la jeune mère et ses fils à Montpellier, dans la pensée que le séjour de cette ville serait moins dangereux que celui de toute autre, pour elle et eux, en ces temps troublés, et il était venu rejoindre le roi de Navarre au sein de l'une des provinces de l'Ouest.

Ce prince marchait, en janvier 1589, au secours de La Garnache [1], lorsqu'il fut atteint d'une forte pleurésie qui

---

1. « La Garnache est composée de ville et chasteau, assise ès marches de Poitou » et Bretagne, tenant toutefois plus de Poitou. Elle est distante de la mer environ » trois lieues. » (*Mém. de la Ligue*, t. II, p. 530.) — Il est parlé du siège de La Garnache, *ibid.*, p. 538 à 554.

causa, autour de lui, les plus vives inquiétudes [1]. Réduit à l'inaction, il choisit Chastillon pour le remplacer dans le commandement de l'expédition, que La Trémouille s'était vainement flatté d'obtenir. Au mécontentement de ce dernier, Chastillon ne répondit que par un procédé délicat : « Il vint tenir son conseil au logis de La Trémouille, comme » pour l'apaiser par cette déférence [2]. » L'apaisa-t-il, en effet? On ne sait ; toujours est-il que, mal secondé dans les efforts qu'il fit pour sauver la place, il eut le regret de la voir capituler.

Le roi de Navarre, dès qu'il fut rétabli, reprit le commandement de ses troupes.

Jugeant opportun de concentrer désormais entre les mains d'un colonel général la direction de son infanterie, il confia cette direction importante à Chastillon. On lit dans les provisions de la charge qu'il créa ainsi en sa faveur [3] :

« Dès le commencement des présens troubles, ayant re-
» couru aux armes pour nous opposer à la violence de ceux
» qui, sous le nom et prétexte de la Ligue, tâchent de s'agran-
» dir par la ruine et la dissipation de cette couronne, nous
» aurions donné les estats et charges de colonnels de nostre
» infanterie à nos très-chers et bien-amez cousins les sieurs
» de Chastillon et comte de La Rochefoucaut ; et depuis,
» ayant nostredit cousin de La Roche quitté et remis en nos
» mains sondit estat et charge, nous en aurions pourveu
» nostre très-cher et bien-amé cousin le vicomte de Turaine,
» lequel pareillement et depuis peu de jours se seroit volon-
» tairement démis dudit estat et charge de colonnel de

1. « Le roy de Navarre, prenant le droit chemin de La Garnache, tomba malade » d'une grande pleurésie au Champ-Saint-Pierre, qui donna grande alarme à tout » son parti, notamment aux Rochellois, qui passoient les nuits dans les temples » en prières pour sa santé. » (D'Aubigné, *Hist. univ.*, t. III, liv. II, ch. XVI.) — Voir aussi *Mém. de la Ligue*, t. II, p. 552, 553.
2. D'Aubigné, *Hist. univ.*, t. III, liv. II, ch. XVI.
3. Du Bouchet, *Preuves de l'hist. de la maison de Coligny*, p. 667, 668.

» nostre infanterie, *parmy laquelle desirans remettre et re-*
» *dresser les anciens ordres et la discipline militaire* [1]; sçavoir
» faisons que, considérans les bons, signalez et fidèles ser-
» vices que nostredit cousin de Chastillon nous a faits et
» rendus, à la conduite de ladite infanterie, le soin, le tra-
» vail et la diligence qu'il a employés à l'entretenement et
» adresse d'icelle, la preuve qu'il a donnée, en plusieurs
» dignes, périlleuses et importantes occasions, de sa valeur,
» capacité, expérience, intégrité, et de l'affection *hérédi-*
» *ditaire* [2] qu'il porte à la conservation de cet Estat et à
» nostre particulier service, s'estant rendu digne et capable
» d'estre recognu et gratifié par nous; icelluy nostredit
» cousin de Chastillon, comte de Colligny, pour ces causes,
» et autres considérations à ce nous mouvans, avons fait,
» créé, commis et estably, et, par ces présentes signées de
» nostre propre main, faisons, créons, ordonnons et esta-
» blissons *seul colonnel et capitaine général* de nostredite
» infanterie, pour sur icelle commander, soit dans la cam-
» pagne, ou dans les garnisons, les mener, employer et
» conduire selon et ainsi qu'il lui sera par nous ordonné,
» avec mesmes honneurs, autoritez, prérogatives, préémi-
» nences, pouvoirs, puissances, facultez, droits, privilèges,

1. *Ces anciens ordres*, en matière de discipline militaire, étaient l'œuvre de Gaspard de Coligny, généralement connus, dans leur ensemble, sous le nom *d'ordonnances de M. de Chastillon*. Ces ordonnances, sanctionnées par deux décisions royales des 20 mars 1551 et 23 décembre 1553 (V. Fontanon, *Recueil d'édits et ordonnances*, t. III, p. 150 à 157), avaient eu pour but et pour effet, du vivant de Coligny, de remédier aux désordres commis, de longue date, par les gens de guerre. On peut se faire une idée de la nature et de l'étendue de ces désordres en consultant les diverses ordonnances que Fontanon (*ibid.*, t. III, p. 162 à 172) range sous cette rubrique significative : *Des aventuriers pillards et mangeurs du peuple*, et qui furent rendues les 2 novembre 1439, 25 septembre 1523, 26 mai 1537, 18 juin 1543, 20 janvier 1545 et 30 juin 1546.

2. Il y a dans ce seul mot, de la part du roi de Navarre, un juste hommage rendu tout à la fois à la mémoire de l'amiral de France, qui avait entouré d'une affection paternelle la jeunesse de Henri, et à l'inaltérable dévouement du digne fils de ce grand homme à la personne et à la cause de Henri devenu roi.

» estatz et appointemens attribuez et affectez à la dignité de
» ladite charge, et tout ainsi et en la mesme forme et ma-
» nière qu'il est accoustumé et observé dans les armées
» royales, tant pour la nomination des offices et estats par-
» ticuliers de ladite infanterie, que punition des crimes et
» délits, etc., etc. »

Maître de Maillezais, de Saint-Maixent, de Niort, de Loudun, de Thouars et de Châtellerault, le roi de Navarre s'avança jusqu'à proximité de Blois, où Henri III s'était retiré après la dissolution des états généraux. Il espérait attirer à lui ce dernier, une fois qu'il se serait convaincu de l'impossibilité de traiter avec Mayenne, insolemment proclamé par la Ligue *lieutenant général de l'Estat royal et royaume de France.*

Henri de Bourbon, afin de frayer la voie à un rapprochement entre lui et Henri III, publia un manifeste dans lequel il protestait de son dévouement aux intérêts supérieurs de la France, de ses sentiments bienveillants pour le monarque à la souveraineté duquel attentaient des sujets factieux, et de son désir de voir prédominer, dans les esprits, des idées de pacification et de support mutuel.

Contraint de quitter Blois, où il ne se sentait plus en sûreté, Henri III se réfugia à Tours; mais il ne tarda pas à s'y voir pressé, d'un côté, par l'armée de Mayenne, prête à envahir ce nouveau lieu de refuge, et, de l'autre, par l'armée du roi de Navarre, menaçant Saumur.

Son anxiété était grande. Ce fut alors que, pour l'en délivrer, Henri de Bourbon lui tendit une main qui eût dû être immédiatement saisie avec gratitude, et qui pourtant ne fut, après des tergiversations, acceptée qu'avec froideur. En effet, là où un traité de paix et d'alliance eût seul dû sceller, dès le premier moment, la réconciliation des deux beaux-frères, Henri III ne voulut admettre qu'une trêve d'un an, dont, le 3 avril, il signa les articles avec Duplessis-Mornay, envoyé de Henri de Bourbon [1].

Aux termes de ces articles, le roi de Navarre s'engageait à n'employer ses armes qu'au service du roi de France, à lui remettre les villes, places et châteaux dont il s'emparerait pendant la guerre, et à ne pas entraver l'exercice de la religion catholique. En échange de ces engagements, il n'obtenait qu'une ville et un pont sur la Loire, Saumur. Quant à Henri III, il déclarait criminelles les entreprises des catholiques insurgés contre lui, et disait n'accepter la trêve que pour le soulagement de ses bons et fidèles sujets, auxquels seuls elle était applicable.

Depuis la signature de la trêve, Henri III, mal conseillé par ses courtisans, observait vis-à-vis de Henri de Bourbon une étrange réserve, qui était loin de faire présager une réconciliation, cependant très désirable, entre les deux beaux-frères.

Confidents des intentions conciliantes de leur chef, et cherchant à les seconder, quelques-uns des principaux officiers de l'armée du roi de Navarre se rendirent, à diverses reprises, auprès du roi de France, qui fut touché de leur attitude empreinte de déférence et attacha un intérêt réel à ses entretiens avec eux. Parmi ces officiers s'en trouvait un auquel il accordait une visible préférence et « dont il ne se las- » sait point d'admirer les belles qualités [2] : » c'était Chastillon.

Seules, l'abnégation et la grandeur d'âme du fils de Coligny motivaient sa présence à la cour de Henri.

1. Henri III écrivit de Tours, au duc de Nevers, le 1er mai 1589 (Bibl. nat., mss. f. fr., vol. 3,363, fo 219) : « Mon cousin, la nécessité à laquelle la rage de mes » ennemis rebelles a réduict mes affaires, et le peu d'assistance que jusques icy » j'ay eu de plusieurs de mes serviteurs de qui justement je devois l'espérer, m'ont » contrainct, pour assurer ma vie et ma couronne, et exempter mes bons subjects » du progrès des forces de mon beau-frère le roy de Navarre, de luy accorder une » trefve générale et à tous ceux de son party, etc. »
2. De Thou, *Hist. univ.*, t. VII, p. 450.

Que s'était-il donc passé?

Au moment où le roi de Navarre avait manifesté à ses confidents, parmi lesquels figurait Chastillon, l'intention de se rapprocher de son beau-frère et de le secourir, s'était posée devant le fils de l'amiral une question redoutable : devait-il, pouvait-il, en conscience, et, sans arrière-pensée, se rallier à cette intention, dont la réalisation l'entraînerait inévitablement, à la suite de Henri de Bourbon, au service et à la défense de Henri de Valois, pour qui il n'éprouvait que de la répulsion?

Il se sonda, sous le regard de Dieu, il pria, et du fond de son recueillement vint à jaillir pour lui la lumière.

En effet, alors que, comme fils, il n'envisageait dans l'ancien duc d'Anjou que l'instigateur et le complice des meurtriers de la grande victime de 1572, il lui avait semblé voir se dresser devant lui la noble image de son père, et entendre sortir de la bouche de ce père vénéré ces solennelles paroles : Que ta piété filiale, en présence de ma mort, ne s'égare point à la recherche d'une vengeance dont l'exercice n'appartient qu'à Dieu! Dans cet homme qui, à titre de coupable, relève directement d'une justice suprême sur les droits de laquelle il ne t'est pas permis d'empiéter, sache, alors surtout, qu'en chrétien, je le couvre de mon pardon, ne voir qu'un roi, aux destinées duquel, en ces jours de crise, se lient celles de la France, et demeure convaincu qu'en aidant au maintien de sa couronne, tu serviras, avant tout, les véritables intérêts d'une patrie qui t'est chère, comme elle me l'a toujours été!

Obéir aux directions paternelles, telles que les lui représentaient les nobles intuitions de son cœur, était pour Chastillon un devoir sacré : et ce devoir, il vint le remplir, à Tours, avec une loyauté, à laquelle celui qui, à ses yeux, n'était plus désormais qu'un roi, se sentit pressé de rendre hommage.

Quant aux hommes qui cherchaient à détourner Chastillon de l'accomplissement de son nouveau devoir, ils recevaient de lui cette réponse : « Henri III est notre roi, comme le » vôtre ; vous ne parlez pas en soldats, nous verrons, le » jour venu, si vous avez autant de vaillance que de mau- » vaises paroles. »

Peu à peu Henri III en vint à sentir la nécessité de se réconcilier franchement avec Henry de Bourbon. En conséquence, il le convia à une entrevue, fixée au château de Plessis-lez-Tours.

Alors que, dans la matinée du 30 avril, le roi de Navarre s'y rendait, les murmures de quelques-uns des officiers de sa suite le forcèrent de s'arrêter et de tenir conseil pour rétablir l'accord entre ces dissidents et les autres officiers. Les uns l'invitaient à ne pas reculer, les autres l'en dissuadaient en lui représentant qu'il devait se souvenir de la Saint-Barthélemy ; ils ajoutaient même entre eux, à voix basse, que les temps n'étaient pas changés, car, si l'on n'avait plus, il est vrai, devant soi, comme naguère, l'amiral de France et son gendre Téligny, on n'en avait pas moins, à l'heure présente, son fils et Duplessis-Mornay, qui, tous deux, après s'être laissé leurrer par les caresses de la cour, étaient les premiers à mener leurs coreligionnaires à la boucherie. Chastillon, au contraire, secondé par Mornay, soutenait, qu'au point où étaient arrivées les choses, il n'était pas permis de soupçonner Henri III d'une duplicité qui dissimulât des desseins sanguinaires[1]. Telle étant aussi la conviction du roi de Navarre, il coupa court aux contestations, continua sa marche et arriva au château de Plessis-lez-Tours, où se trouvait déjà son beau-frère. Là, après un échange de courtoisies et de démonstrations affectueuses, eut lieu, entre

---

1. De Thou, *Hist. univ.*, t. VII. p. 450.

les deux rois, un entretien dans lequel la loyauté et la fermeté de décisions de l'un gagnèrent la confiance de l'autre. A dater de cet entretien, Henri de Valois ne songea plus qu'à s'appuyer sur Henri de Bourbon, avec qui il venait de conclure une sérieuse alliance, que dictait l'évidence d'une entière communauté d'intérêts.

En cet état de choses s'imposait aux deux beaux-frères l'urgente nécessité d'agir. Concentrer promptement les troupes dont ils pouvaient disposer, marcher, à leur tête, sur Paris, y écraser la Ligue et y rétablir l'autorité royale : tel fut le plan qu'ils arrêtèrent entre eux et dont ils s'occupèrent de préparer l'exécution.

Toujours diligent, le roi de Navarre, laissant Henri III à Tours, se porta aussitôt au-devant de son infanterie qu'il avait rappelée du Poitou, et ne tarda pas à détacher de sa suite le fidèle Chastillon, en le chargeant de remplir auprès du roi de France, dans son isolement momentané, une mission de vigilance, qui allait, sous la pression des événements, se transformer instantanément en une mission de salut.

Ici, les faits parlent d'eux-mêmes : laissons un contemporain bien informé nous les retracer dans un récit d'une animation saisissante.

« Le duc de Mayenne, dit-il[1], estoit fort sollicité par les
» principaux de son armée d'attaquer Boisgenci, où Antra-
» gues, chassé d'Orléans et réconcilié au roi, commandoit ;
» mais il aima mieux tenter le fruit de diverses intelligences
» qu'il avoit dans Tours, tant avec les habitans qu'avec les
» courtisans ; par ces derniers adverti d'un grand estonnement où estoient le roi et presque tous ceux qui l'accompagnoient ; sçachant aussi, par mesme moyen, que le roi

---

1. D'Aubigné, *Hist. univ.*, t. III, liv. II, ch. XVIII.

» de Navarre n'avoit pu passer à Maillé le gros de ses
» troupes; de plus, que les capitaines réformés, faisant de
» grandes difficultez de se mesler parmi ceux qui avoient
» leurs épées rouillées de leur sang, qu'aux dangers, ils
» auroient à l'eschine, et au visage celles des ennemis, il
» avoit fallu que le chef lui-même allast s'exposer pour
» détruire ces langages.

» De cela bien advertis, les liguez (Mayenne à leur tête)
» firent une traite d'onze lieues, si bien que les coureurs de
» l'armée furent, une heure après soleil levé, le 8 de mai
» sur la queille du faubourg Saint-Symphorien où le roi se
» promenoit, fort peu accompagné, et peut-être fort mal;
» car on l'avoit mené là si à point, que, sans un meusnier
» qui lui monstra le loup, son retour lui alloit estre coupé.

» Luy donc ayant regagné la ville et disposé ses Suisses
» et autres forces, pour rassurer les habitans amis et
» s'assurer des autres, Grillon (Crillon), maistre de camp
» des gardes, suivi de Gersoi, alla recevoir les enfans
» perdus, au bout du chemin creux qui descend au faubourg;
» mais trouvant, à cette teste, de mauvais garçons soustenus
» du régiment de Chastaignerois, qui ne marchanda point,
» il fallut revenir à la barrière, qui ne fut guères gardée,
» pour ce que les terriers des deux côtés furent aussitôt
» saisis par l'harquebuserie des ennemis, qui leur eust
» donné à l'eschine. Il fallut donc se contenter de défendre
» la porte du faubourg, en laquelle fermant, Grillon (Crillon)
» se trouva tellement engagé, que, n'ayant encore que le
» costé droit au dedans, il fut blessé au gauche, à coups
» d'espée; et si, tout blessé, il n'eust poussé la porte d'au-
» tant de force que de courage, elle estoit prise, parce qu'il
» y demeura seul.

» Heureusement et bien à propos y arrivèrent La Tré-
» mouille, Chastillon, La Rochefoucaut et quelques domes-

» tiques du roi de Navarre, peu en nombre ; mais ils appor-
» tèrent *une gayeté de cœur qui ne se trouvoit point aux
» autres bandes*[1].

» *Ceux-là* donc, le costeau estant déjà tout saisi de l'avant-
» garde, mille mousquets et six mille harquebusiers logez
» sur le bord du rocher, la pluspart couverts de petites
» murailles des jardins, faisoient un salve perpétuel et ren-
» doient le faubourg périlleux ; mais, plus que le faubourg,
» le pont, où il falloit faire près de trois cents pas, à juste
» portée et à découvert ; si bien, que plusieurs ont avoué
» qu'ils eussent quitté le faubourg, sans le péril de ce
» passage. *Ceux-là* donc mesurèrent le pont, *au petit pas*,
» et vindrent prendre la place de Grillon (Crillon), qui s'est
» tousjours depuis passionné pour les réformés.

» Bientost après, les régiments de Charbonnières, La
» Grand-Ville, Saint-Jean-de-Ligourre et de Lacroix arri-
» vèrent, qui se trouvoient beaux hommes, au jugement du
» peuple effrayé. Ceux-là *passèrent le pont froidement*, au
» péril duquel s'estoient adjoustez sept canons qui balayent
» les jambes du portail. Ces bandes arrivèrent sur ce point,
» que toute l'armée jointe, les liguez se laissoyent couler des
» rochers sur les maisons, et ainsi contraignirent les royaux
» à quitter et à se loger dans l'isle la plus proche des
» ennemis.

« Là, les escharpes blanches désespérèrent, par leur veue
» seulement, l'entreprise des liguez qui leur crioient, ceux
» de la ville le pouvant ouïr : *Braves huguenots, gens d'hon-
» neur, ce n'est pas à vous à qui nous en voulons ; c'est à ce
» perfide, à ce c..., qui vous a tant de fois trahis et qui vous*

---

1. « Il y eut long et aspre conflit... Le roi ayant vu bien faire à beaucoup de
» ses serviteurs et entr'autres à M. de Chastillon, qu'il vit vaillamment combattre
» en pourpoint, la pique à la main, si qu'il en admira et loua la générosité. »
(P. de l'Estoile, *Memoires*, édit. de 1875, t. III, p. 286.)

» *trahira encores;* parmi cela d'autres voix confuses d'op-
» probres et d'infamie, outre le commun, nommant des
» noms ausquels les courtisans sourioient. Tout cela n'eut
» response qu'harquebusades [1].

» Le duc (Mayenne) tint conseil et résolut sa retraite,
» pour laquelle il fit les mesmes onze lieues qu'il avoit fait
» en s'avançant [2]. »

Telle fut l'issue de l'entreprise de Mayenne.

Le lendemain du combat auquel Crillon, Chastillon et quelques autres chefs avaient pris une part si honorable, le roi de France, qui, dès le début de l'action s'était montré courageux et en avait suivi de près toutes les péripéties, dit, de manière à être parfaitement entendu des nombreux personnages qui l'entouraient, et particulierement de Chastillon, sur qui ses regards s'arrêtèrent avec une bienveillance manifeste : « Si tout le monde eût fait comme M. de
» Chastillon, le faubourg ne se fût pas perdu [3]. »

A cette déclaration s'ajouta un fait éminemment significatif : « Henri, spectateur de ses nouveaux soldats, pour
» honorer leur valeur, prit l'écharpe blanche, ce qui fascha
» plusieurs des siens, ne pouvant de bon cœur voir honorer
» la marque contre laquelle ils avoient eu et avoient encores

---

1. P. de l'Estoile (*Mémoires*, édit. de 1875, t. III, p. 289) dit, sur ce point : « Il
» est à noter que, lorsque les escharpes blanches parurent en l'isle pour le secours
» du roy, le duc de Maienne et ses troupes leur commencèrent à crier : « Retirez-
» vous, escharpes blanches, retirez-vous, Chastillon ! Ce n'est pas à vous que nous
» en voulons, c'est au meurtrier de vostre père, » voulant par là donner à
» entendre qu'ils ne visoient qu'au roy et non pas aux huguenots, et que la ven-
» geance et l'attentat à la couronne estoient le vrai et seul subject de leurs armes.
» Mais Chastillon, entre les autres, leur respondit qu'ils estoient tous des prodileurs
» et traîtres à leur patrie, et qu'où il y alloit du service de son prince et de l'Estat,
» qu'il mettoit sous les pieds toute vengeance et intérêt particulier; ce qu'il pro-
» nonça si haut que Sa Majesté mesme l'entendit, qui l'en loua et l'en aima. »

2. Il n'est pas sans intérêt de rapprocher de ce récit celui de Pierre Matthieu (*Hist. de France*, 1631, in-f°, t. I, liv. VIII, p. 761, 762, 763), à raison des détails qu'il fournit sur quelques points particuliers. Voir à l'*Appendice* le n° 35.

3. Lettre de Chastillon à Marguerite d'Ailly, du 25 mai 1589, qui sera reproduite ci-après. (Du Bouchet, *loc. cit.*, p. 688, 689.)

» tant de passion. De ce rang furent d'O, Clermont d'En-
» tragues, Chasteauvieux et autres : mais le mareschal
» d'Aumont, Montigni et Grillon (Crillon), et gens de cette
» sorte, tenoient bien autres propos, et le mareschal ajou-
» toit qu'il n'y avoit que les b... qui ne vouloient pas souf-
» frir les huguenots[1]. »

Peu de jours après la retraite de Mayenne, les deux rois quittèrent Tours. Ils se portèrent, Henri de Valois, dans la direction de Poitiers, menacé par les ligueurs, et Henri de Bourbon dans celle de Boisgency, où le duc d'Aumale se trouvait avec la majeure partie de ses troupes.

Chastillon, qui cherchait quelque nouvelle occasion de se signaler, obtint du roi de Navarre l'autorisation de saisir celle qui s'offrirait à lui. Le roi le laissait, à cet égard, libre d'agir ainsi qu'il le jugerait à propos. Or, Chastillon apprit que Sourdis avait perdu Chartres; et ç'en fut assez pour que « ce cœur bouillant, qui trouvoit tout facile[2], » résolut aussitôt de reprendre cette ville.

En marchant vers Chartres, Chastillon eut à soutenir contre l'intrépide ligueur Saveuse, un combat des plus vifs[3]. Atteint d'un coup de lance au visage, renversé de son cheval, tué sous lui, foulé aux pieds dans le tumulte de la mêlée, dégagé enfin, et se relevant pour faire face à l'ennemi, l'indomptable défenseur du roi à Tours, quoique blessé, ne cessa de déployer une énergie et une habileté qui lui assurèrent la victoire[4]. Saveuse, qu'il avait fait prison-

---

1. D'Aubigné, *Hist. univ.*, t. III, liv. II, ch. XVIII.
2. D'Aubigné, *Hist. univ.*, t. III, liv. II, ch. XIX.
3. Voir les détails de ce combat dans les *Mémoires de la Ligue*, t. III, p. 547 à 550.
4. « Labrosse, qui avoit une partie de la troupe de Saveuse, donne vivement
» sur les premiers rangs de Chastillon, le renverse avec cinq ou six gentilshommes
» qui le secondoient, et ébranle tout le reste, si bien que la victoire trébuchoit du
» côté de la Ligue. Chastillon, dont le courage n'estoit mort en son ventre comme
» son cheval entre ses jambes, combat à pied et se jette si furieusement en la
» meslée, qu'il reçut *au visage un tronçon de lance duquel il fut blessé*; et, se
» faisant jour avec son épée, soutint seul l'effort du combat jusqu'à ce que Haram-

nier, ne voulut ni être rendu à la liberté, ni survivre à sa défaite : grièvement blessé, et trompant la surveillance de ses gardiens, il déchira les bandages qui recouvraient ses plaies, et se laissa mourir.

Les ligueurs, s'étant emparés de Poitiers, avaient reçu à coups de canon Henri III qui, dépourvu de forces suffisantes pour assiéger cette ville, s'était replié sur Châtelleraut. Ce fut là que Chastillon vint le trouver et faire diversion à l'amer regret que lui causait l'échec subi sous les murs de Poitiers, en l'informant de la défaite de Saveuse.

L'accueil fait au vainqueur fut des plus chaleureux [1] : le souverain le serra dans ses bras, lui exprima sa gratitude, son estime, son admiration même, et le combla de promesses, qu'aucune sollicitation, assurément, n'avait provoquées.

Henri qui, dans l'élan de la spontanéité, venait ainsi d'engager sa parole, la tint avec une remarquable promptitude ; car, dès le 23 mai, il signa, à Châtelleraut même, où il n'était qu'en passage, une commission dont voici la teneur [2] :

» bure, qui menoit la compagnie des chevau-légers du roy de Navarre, le dégagea,
» chargeant Saveuse et les siens d'une telle rondeur, qu'il les rompit. » (P. Matthieu,
Hist. de France, t. I, liv. VIII, p. 964.) — « Arambure et Charbonnière, appellant
» à soi cellui-ci et cellui-là, se rallient avec tant de fermeté, qu'ils donnent moyen
» aux gens de Chastillon *de le relever;* et lors, *tous ensemble*, donnent aux
» Picards; ils les percent et rompent. » (D'Aubigné, *Hist. univ.*, t. III, liv. II,
ch. XIX.)

1. « Ce furent les premiers lauriers de victoire contre la Ligue, sous l'aveu du
» roy, qu'apporta M. de Chastillon à Sa Majesté comme prémisses de plus grandes
» conquêtes, laquelle s'en monstra tant satisfaite et contente, qu'aïant embrassé
» M. de Chastillon par deux fois, le mena peu après en son cabinet. où le roy le
» tinst seul enfermé avec lui deux heures, d'où il sortit merveilleusement content,
» car le roy l'estimoit, honoroit et aimoit autant que seigneur et capitaine de sa
» qualité qui fust en son roïaume ; et si la religion de laquelle il faisoit profession
» ne l'en eust empesché, il l'eust fait grand et, encores tout tel qu'il estoit, n'en fust
» demeuré là, si Sa Majesté eust pu sortir d'affaires. » (P. de l'Estoile. *Mémoires*,
édit. de 1875, t. III, p. 294, 295.)

2. Du Bouchet, *loc. cit.*, p. 668.

« ..... sçavoir faisons que nous, à plein confiant des sens,
» suffisance, vaillance, expérience au fait des armes, bonne
» conduite et diligence de nostre très-cher et aimé cousin
» François, comte de Coligny, sieur de Chastillon, et dési-
» rant l'honorer de charges, administrations et estats, dont
» il s'est rendu digne par sa vertu et l'affection qu'il porte
» à nostre service, à iceluy, pour ces causes et autres bonnes
» considérations à ce nous mouvant, avons donné et oc-
» troyé, donnons et octroyons par ces présentes la charge
» et conduite d'une compagnie nouvelle de trente lances
» fournies de nos ordonnances, au titre de cinquante, la-
» quelle il remplira des meilleurs et plus aguerris soldats
» qu'il luy sera possible ; pour icelle charge estre tenue et
» doresnavant exercée par nostredit cousin de Chastil-
» lon, etc. »

Pendant son court séjour à Châtelleraut, Chastillon, qui depuis assez longtemps était sans nouvelles de sa femme et ne pouvait attribuer qu'à l'extrême difficulté des communications épistolaires, en un temps d'incessantes hostilités et de troubles, la non-réception de lettres que, sans doute elle lui avait adressées, se disposait à lui écrire, lorsqu'il reçut inopinément l'annonce d'un événement de famille qui l'émut à un haut degré : un simple messager d'une ville du Midi lui dit que, quinze jours avant celui auquel il lui parlait, il avait vu, à Montpellier, Mme de Chastillon, récemment accouchée d'une fille.

A l'ouïe de cette nouvelle, Chastillon adressa à sa femme une lettre dans laquelle il passait de l'expression de sa tendre sollicitude pour elle, à un récit fort succint des combats soutenus contre Mayenne et contre Saveuse. Dans ce récit, loin de tirer la moindre vanité de son double exploit, il gardait au contraire le silence sur quelques-uns des principaux traits de courage par lesquels il s'était signalé. Sa grande et très légitime préoccupation était de faire partager à Marguerite d'Ailly sa profonde reconnaissance envers Dieu; puis, afin de lui épargner toute inquiétude au sujet de la blessure qu'il avait reçue, et dont au surplus il commençait à se remettre, il ne lui en parlait même pas.

Sa lettre, datée du 25 mai 1589, portait[1] :

« Mon cœur, je trouvai hier un messager de Beauquaire,
» qui m'a dit vous avoir veue, depuis quinze jours, dans
» vostre lict, accouchée d'une fille, et qu'il parla à vous ;
» mais, pour ne m'avoir apporté un seul mot de lettre, ny
» de vous, ny de personne qui soit auprès de vous, je ne
» sçay que penser de ce qu'il m'a dict. Je vous prie, soyez
» soigneuse de me mander de vos nouvelles, car il ne me
» reste que cela, puisque je ne vous puis voir, pour me
» rendre content.

» Il y a quelque temps que je ne vous ay rien mandé :
» c'estoit attendant quelque sujet qui méritast que je vous
» envoyasse.

» Il y a quelques jours que je me trouvay à Tours, y
» estant envoyé par le roy de Navarre vers Sa Majesté. J'y
» arrivai, que M. du Meine estoit au-dessus du fauxbourg,
» delà l'eau, ayant attaqué une grosse escarmouche.

» Le roy me commanda de mander l'infanterie du roy de
» Navarre, ce que je fis ; et cependant que j'allasse reconnoistre le lieu où on me mettoit ; ce que je fis. Et peu
» après, le roy vint dans le fauxbourg, où estant arrivé je
» parlois à luy, luy disant quelque avantage que j'avois reconnu pour entreprendre sur l'ennemi qui estoit près de
» nos barricades : on lui vint dire qu'il les avoit forcées et
» qu'il estoit bien avant dans le fauxbourg.

» J'y courus et rencontrai M. de La Trémouille et M. de

[1]. Du Bouchet, *loc. cit.*, p. 688, 689.

» La Curée, qui estoient tous deux en pourpoint comme
» moy. J'allay droit à la barricade où j'avois laissé mes ar-
» mes, lesquelles je trouvay prinses, et l'ennemi bien avant
» andeçà. Nous les chargeasmes et repoussasmes si bien,
» que nous regagnasmes une barricade, laquelle nous défen-
» dismes quelque temps, cependant qu'on en faisoit d'au-
» tres derrière nous. Je portois une plume blanche à mon
» chapeau, qui me faisoit reconnoistre de tous les soldats,
» lesquels m'obéissoient comme les nostres, et les maistres
» de camp mesmes me prioient de leur dire ce qu'il me sem-
» bloit qu'ils devoient faire.

» Enfin toutesfois tout le fauxbourg fut pris, et, à la der-
» nière barrière, je montay sur un coffre qui y estoit, où je
» donnay un coup de pique, à mon plaisir, que je portay
» par terre, ce me semble, un grand homme : puis, estant
» descendu, je me trouvay tout seul avec le capitaine Offenty
» à garder le passage, et soudain que je m'en fus osté, le
» piqueur qui se mit en ma place fut tué.

» Le lendemain, le roy dit tout haut que si tout le monde
» eust faict comme moy, le fauxbourg ne se fust pas perdu ;
» et me fit le meilleur visage du monde. Je vous mande cela,
» non pour vanterie, car vous sçavez que je n'ay point de
» vanité, mais pour vous contenter particulièrement, parce-
» que vous dites que je ne vous dis jamais rien.

» Depuis, le roy de Navarre m'a baillé deux cents che-
» vaux et cinq ou six cents arquebusiers à cheval, pour aller
» à la guerre.

» Je rencontray M. de Saveuze, de Picardie, et M. de
» de Forceville avec deux cent cinquante lances, à trois
» lieues de Chartres ; nous nous battismes fort, mais Dieu
» m'a réellement bény, qu'ils ont esté entièrement deffaits,
» les deux chefs pris, la cornette prise, six vingts morts sur
» le champ du combat, et force prisonniers, le reste fort

» escarté, et la pluspart blessez ; et n'y ay perdu que deux
» gentilshommmes de la troupe de M. de Bromin qui estoit
» avec moy, et non de celle du roy de Navarre, et deux ou
» trois soldats morts. Du choc, je fus porté par terre, et les
» deux premiers rangs de ma troupe auprès de moy, une
» quinzaine des ennemis sur moy, force chevaux m'ont
» passé sur le ventre ; mais je me relevay, et suis aussi sain
» et dispos, Dieu mercy, que vous me vistes jamais.

» J'ay porté au roy les deux cornettes ; il m'a fort em-
» brassé et entretenu longtemps, m'a demandé force par-
» ticularitez de vous, de mes enfans, du Languedoc, de
» M. de Montmorency.

» Il m'a donné une compagnie d'hommes d'armes de ses
» ordonnances, en attendant, à ce qu'il m'a dit, qu'il fasse
» pour moy davantage.

» Il m'a baillé cent arquebusiers entretenus à Chastillon,
» et le mandement pour six mois sur l'élection de Montar-
» gis et de Gien.

» Voilà comme Dieu aide aux siens. Il me bénit en mes
» actions, et je recognois cela venir de sa main, et honore
» son nom, et recognois ses grâces avec plus d'humilité que
» je ne fis jamais ; car j'estime que le seul moyen de ma
» grandeur c'est sa crainte, et de me prosterner devant lui.

» Je suis si estonné de me voir icy aimé, caressé et ho-
» noré de tout le monde, que je prens cela pour un miracle ;
» mais, pour le comble de mon bien, je voudrois qu'il me
» fust permis de vous voir là où vous estes, car j'aime le
» Languedoc et ne le puis oster de ma teste.

» M. du For arriva avant-hier, mais je ne l'ay point vu.
» Escrivez à M. d'Eurre de me venir trouver avec ses amis,
» car, pour l'amour de luy, je diffère à disposer des mem-
» bres de ma compagnie : je l'aime et m'attens en luy.

» Mandez-moi en quel estat est le Languedoc, sur quoy

» je pourrois avoir une assignation de vingt mil escus, et
» peut-estre vous iray-je voir; mais il nous faut donner la
» bataille devant, laquelle je croy que nous gagnerons, et
» vous verray plein d'honneur et de gloire, s'il plaist à
» Dieu. C'est

» Vostre très-fidèle mary,

» CHASTILLON.

» A Chastelleraud, ce 25 de may 1589. »

La défaite de Saveuse par Chastillon était le pendant de celle du duc d'Aumale, à Senlis, par le valeureux de Lanoue. Ces brillants succès, remportés à peu de jours d'intervalle l'un de l'autre, ouvraient aux deux rois le chemin de Paris. Nul n'appréciait mieux que le roi de Navarre leur haute importance; aussi, pressa-t-il son beau-frère, revenu de Châtellerault à Tours, de se mettre en marche avec lui, afin d'arriver, aussi promptement que possible, sous les murs de la capitale.

Absent de Tours, alors que Henri III y résidait encore, Chastillon reçut de ce monarque, quand il se fut décidé à quitter cette ville, la lettre suivante dont la suscription portait : « A monsieur de Chastillon, cappitaine de cinquante » hommes d'armes de mes ordonnances [1] :

» Monsieur de Chastillon, le temps est si proche d'arri-
» ver, si Dieu plaist, en mon armée, et, avec l'assistance de
» mes bons et loyaux subjectz, faire sentir à mes ennemis
» la témérité de leur rébellion, que j'espère me rendre à
» Beaugency, dans le X° de ce mois au plus tard. C'est
» pourquoy je vous prie et vous ordonne, sur toute l'affec-
» tion que vous avez, je m'asseure, à mon service, que vous
» vous rendiez incontinent, avec tout ce que vous avez et

1. Bibl. nat., mss. f. fr., vol. 3,349, f° 15.

» pourrez mettre de gens ensemble, auprès de mon frère le
» roy de Navarre, pour vous joindre à moy, et tous ensem-
» ble avoir part en l'honneur et au bonheur de la victoire
» que j'attends de la bonté de Dieu et de la justice de ma
» cause; priant sur ce Nostre-Seigneur vous avoir en sa
» saincte garde. Escript à Tours, le 2ᵉ jour de juin 1589.

» Henry. »

Au moment de partir pour rejoindre le roi de Navarre, Chastillon compléta par quelques lignes adressées à sa femme les renseignements qu'il lui avait donnés dans sa lettre du 25 mai, en lui disant [1] :

« M. d'Aumale a esté deffait par M. de Longueville, au-
» près de Senlis. M. de Lanoue y estoit, auquel, après
» Dieu, on donne tout l'honneur de la conduite. Il y eut trois
» cents chevaux, c'est-à-dire les maistres, tuez, neuf pièces
» d'artillerie prinses. C'est un beau commencement, avec
» la défaite que j'ay faite, pour ruiner la Ligue. Tout se
» doit assembler bientost pour essayer d'achever le reste.

» Entretenez-moy aux bonnes grâces de tous mes amis,
» et me mandez au plus tost de vos nouvelles et des leurs.
» Je n'oublie rien de ce que je cognois à Montpellier, Nis-
» mes, Usez et les environs.

» Adieu; je pars pour aller retrouver le roy de Navarre.
» Je travaille pour servir à Dieu, et trouver moyen de re-
» mettre un peu les ruines qu'on nous a faites. C'est

» Vostre bon mary et très-fidèle amy,

» Chastillon. »

1. Du Bouchet, *loc. cit.*, p. 690.

CHAPITRE XI

Mouvement de l'armée royale. — Chastillon concourt puissamment à la prise d'Étampes. — Les deux rois prennent position sur les rives de la Seine, à proximité de Paris. — Mort de Henri III. Henri de Bourbon lui succède. — Bataille d'Arques ; Chastillon en assure le succès par un acte de vigueur. — Le roi le nomme amiral de Guyenne. — En janvier 1590, Chastillon est chargé par le roi de lever des troupes en Languedoc. — Entraves apportées à l'exécution de sa mission par Damville. — Lettre de Chastillon au roi sur ce point. — Bataille d'Ivry. — Renforts amenés au roi par Chastillon. — Arrivée de Marguerite d'Ailly et de ses enfants au château de Châtillon-sur-Loing. — Défection de Charles de Coligny. — Lettre du roi à Damville au sujet de la présence de Chastillon sous les murs de Paris. — Marguerite d'Ailly est attaquée dans le château de Châtillon-sur-Loing. L'agression est repoussée. — Le roi nomme Chastillon membre de *ses conseils d'État et privé.* — Il l'appelle à un commandement dans le Berri. — Succès obtenus par Chastillon. — Il prend part au siège de Chartres et contraint la place à capituler. — Après un court séjour en Languedoc, Chastillon dirige, au centre de la France, d'importantes opérations. — Il écrit au roi le 17 juillet 1591. — De retour à son château, il y tombe malade. — Il y meurt en octobre 1591. — Regrets que cause sa mort. — Lettre de Duplessis-Mornay.

Depuis le combat de Tours, l'armée royale s'était notablement accrue. Vers le milieu de juin, elle se mit en mouvement sous la conduite des deux rois, et occupa Gergeau, dont la reddition entraîna celle de Gien et de La Charité. Elle s'avança ensuite vers Pluviers, « où Chastillon se jeta » devant, et gagna le pont du chasteau, sur l'estonnement » et incertitude de se défendre ou non [1]. »

De là, l'armée alla investir Étampes. « Le duc de Mayenne » y avoit envoyé deux régimens et la moitié d'un. Cette » foule d'infanterie vouloit disputer toute l'infanterie du » faubourg ; mais ce qui estoit entre l'eau et l'armée leur fut » osté d'emblée par la compagnie de gendarmes de Chastil-

---

1. D'Aubigné. *Hist. univ.*, t. III, liv. II, ch. XXI.

» lon et Saint-Gelais..... La nuit d'après, Chastillon, ennuyé
» de se voir arresté à quelque chose qui eust nom faubourg,
» fit donner La Limaille avec huit soldats dans le bras de
» la rivière qui sert de fossé, et ayant posé deux échelles
» sur le front du corps-de-garde qui est entre deux tours,
» donna lui-mesme si opiniastrement, qu'il emporta tout
» jusqu'à la ville. L'artillerie estant arrivée le jour d'après,
» l'effroi se mit en la multitude des soldats; une voix qui
» crioit pour gagner le chasteau leur fit quitter les murailles,
» aussitost eschelées par tous les quartiers, hormis par le lieu
» où on capituloit. La ville fut saccagée, le chasteau rendu
» à discrétion [1]. »

La prise d'Etampes à laquelle Chastillon avait si puissamment concouru, fut suivie de celle de Poissy et du siège de Pontoise, qui bientôt se rendit.

Maîtres du cours de l'Oise, les deux rois prirent position sur les rives de la Seine, depuis Argenteuil jusqu'à Vaugirard. Chacun d'eux établit son quartier général sur un point intermédiaire, savoir : Henri III à Saint-Cloud, et Henri de Bourbon à Meudon.

Chastillon, qui était à Vaugirard, en tête du corps d'armée du roi de Navarre, entama, avec son ardeur habituelle, une escarmouche contre la cavalerie légère des ligueurs, « qui l'eussent bien renvoyé, s'ils l'eussent recognu
» accompagné de quarante salades seulement et de fort peu
» d'harquebusiers [2]. » Le lendemain matin, Chastillon vit venir à lui, dans Vaugirard même, le roi de Navarre qui,
« pour taster le pouls de l'armée assiégée, et n'ayant que
» huit cents chevaux, se vint mettre en bataille, à la vue de
» la ville [3]. »

1. D'Aubigné, *Hist. univ.*, t. III, liv. II, ch. XXI.
2. D'Aubigné, *Hist. univ.*, t. III, liv. II, ch. XXII.
3. D'Aubigné, *Hist. univ.*, t. III, liv. II, ch. XXII.

Toutes les mesures étaient prises pour livrer assaut à Paris, le 2 août. Le 1ᵉʳ du même mois, Henri III fut frappé par le couteau d'un assassin, et expira le lendemain entre deux et trois heures du matin.

Les lois fondamentales du royaume appelaient Henri de Bourbon, en sa qualité de premier prince du sang, au trône de France, que la mort du dernier des Valois laissait vacant; mais avant de pouvoir occuper ce trône, que d'obstacles n'avait-il pas à surmonter! Les uns provenant des ligueurs, les autres suscités par plusieurs des hommes qui alors l'entouraient!

Sans nous arrêter à l'exposé de ces obstacles, non plus qu'à celui des moyens à l'aide desquels, concurremment avec les faits de guerre, il finit par en triompher, attachons-nous uniquement à suivre Chastillon, dans le cours des événements auxquels il se trouva mêlé depuis la mort de Henri III.

A dater du 2 août, de nombreuses défections, que Henri de Bourbon ne pouvait empêcher, éclaircirent, de jour en jour, les rangs de son armée et lui enlevèrent la possibilité de prolonger utilement son séjour devant Paris. Ne prenant conseil que de lui-même, mais guidé par une sagacité militaire et politique dont les faits démontrèrent bientôt la justesse, il scinda hardiment son armée en trois corps distincts, envoya l'un en Champagne sous les ordres du maréchal d'Aumont, l'autre en Picardie, sous ceux du duc de Longueville, et à la tête du troisième, il se mit en marche, le 16 août, pour la Normandie, où il comptait, en s'appuyant à la mer, être rejoint par les troupes que la reine d'Angleterre lui avait promises.

D'Aumont et Longueville devaient provoquer, à l'appui de leurs efforts, le concours de la noblesse appartenant à chacune des provinces dans lesquels ils se rendaient, et se tenir prêts, avec leurs troupes, à rallier au besoin, celles que le roi commandait en Normandie. Henri ne disséminait donc, en apparence, ses forces, que pour les concentrer ensuite d'autant plus efficacement qu'elles se seraient rapidement accrues de divers contingents dans les provinces occupées par elles. Son plan était ainsi très judicieusement conçu, puisque la disjonction momentanée des éléments de son armée ne tendait, en réalité, qu'à leur accroissement, en vue d'une cohésion ultérieure dont il se prévaudrait en temps opportun.

En arrivant à Dieppe, il y fut chaleureusement accueilli ; s'assura des localités voisines, et se prépara à soutenir la lutte contre Mayenne qui s'avançait avec une armée trois fois plus forte, numériquement, que l'armée royale.

Le 21 septembre se livra la bataille d'Arques. Le succès était vivement disputé de part et d'autre; Chastillon le fixa à un moment décisif en faveur de l'armée royale, par le renfort qu'il lui apporta, en accourant de Dieppe avec cinq cents hommes tirés de la garnison du Pollet, et en écrasant, sous son attaque impétueuse, une partie des forces ennemies dans le retranchement qu'elle occupait [1].

Il ne s'en tint pas là; car, lorsque Mayenne, battu à Arques, tenta, trois jours après, un dernier effort contre Le Pollet, il échoua devant la résistance opiniâtre que lui opposa Chastillon [2].

Quand, à quelque temps de là, le roi, arrivé sous les murs de Paris, voulut s'emparer des faubourgs de la rive gauche de la Seine, Chastillon enleva, de vive force, le faubourg Saint-Germain.

1. « M. de Chastillon, l'un des plus généreux capitaines de son temps, arriva, » et ne voulant pas laisser passer cette journée sans y faire paroistre le soleil de » son cœur, accompagné de 500 arquebusiers, fut droit à la maladrerie que les » ennemis avoient gagnée, l'attaque, la force et tue ou prend tout ce qui est » dedans..., de sorte que le champ de bataille nous demeure. » (*Mém.*, ap. Aubais, *Pièces fugitives*, t. II, p. 32.)
2. D'Aubigné, *Hist. univ.*, t. III, liv. III, ch. III.

Ces faubourgs, qui tous furent pris, ne devaient pas, d'ailleurs, rester longtemps en la possession du roi. Leur occupation n'était que le résultat d'un simple coup de main par lequel Henri se contentait de préluder au siège qu'il se proposait d'entreprendre, alors seulement qu'il aurait à sa disposition un ensemble imposant de forces dont il était encore dépourvu. Toutefois il ne voulut pas quitter sa position devant Paris sans y offrir le combat à Mayenne, qui le refusa.

Henri se replia sur Tours, où avait été transféré le siège du Parlement, et ne quitta cette ville que pour entamer et diriger, dans l'hiver de 1589 à 1590, une campagne qui devait lui servir à étendre ses conquêtes en Normandie.

A une date voisine de celle du début de cette campagne, le roi accorda à Chastillon une marque de sa haute faveur, en l'appelant à lui succéder « dans l'estat et office d'admiral » des mers de Guienne. »

Les lettres de provision octroyées, le 17 décembre 1589, au nouveau titulaire étaient conçues dans des termes si honorables pour lui, qu'ils méritent d'être rappelés; les voici[1] :

« Henry, etc... comme, au moyen de nostre advènement
» à ceste couronne, l'estat d'admiral de Guyenne, duquel
» nous estions pourveu, soit demeuré vaquant, et soit besoin,
» pour le bien de nostre service, establir en iceluy quelque
» digne personnage qui soit accompagné de vertu et qua-
» litez requises pour bien s'en acquitter, scavoir faisons :
» que nous, considérans celles qui reluisent en la personne
» de nostre cher et bien aimé cousin le sieur de Chastillon,

---

[1]. Ap. du Bouchet, loc. cit., p. 669, 670. — Voir à l'Appendice, n° 36, le texte d'une dispense de prestation de serment, pour la charge d'amiral de Guyenne, accordée à Chastillon le 31 juillet 1590.

» comte de Colligny, par les grandes preuves qu'il en a
» rendues dès ses jeunes ans et depuis continuées en plu-
» sieurs charges et occasions d'importance, où il auroit esté
» employé pour nostredit service, ès quelles il auroit fait
» paroistre la vaillance et générosité qui est en lui, accom-
» pagnée d'une singulière prudence, pour bien et dignement
» se conduire en l'administration d'une bonne et grande
» charge, imitant vertueusement les vestiges de ses ances-
» tres qui, par leurs mérites, se seroient acquis envers les
» rois nos prédécesseurs des premiers estats et dignitez de
» ce royaume ; ayans aussy esgard aux bons et très-recom-
» mandables services que nous avons receus et recevons,
» chascun jour, de nostredit cousin, au fait de nos guerres,
» et voulans iceux aucunement recognoistre, pour luy don-
» ner d'autant plus d'occasions et moyens de les continuer,
» comme nous estimons qu'il fera de bien en mieux ; pour
» ces causes, et autres, et bonnes et grandes considérations
» à ce nous mouvans, à iceluy nostre cousin avons donné et
» octroyé, donnons et octroyons, par ces présentes, le susdit
» estat et office d'admiral de nos mers de Guyenne, que
» nous soulions cy-devant tenir, et à présent vaquant, ainsy
» que dit est, pour l'avoir, tenir et doresnavant exercer, etc.
» Donné au camp, à Laval, le 17° jour de décembre 1589.

» Henry. »

A la faveur ainsi accordée s'ajouta immédiatement une autre faveur : le roi concéda à Chastillon, par décision du 18 décembre 1589, une somme de quatorze mille écus et la jouissance de certains immeubles, « pour aucunement le » soulager des pertes par lui souffertes en ses biens et terres » sis au pays et duché de Bretagne[1]. » Cette décision royale

---

1. Voir à l'*Appendice*, n° 37.

était, comme celle de la veille, datée *du camp, à Laval*, au moment où le prince de Dombes, fils du duc de Montpensier, venait dans cette ville, à titre de gouverneur de la Bretagne, saluer le souverain, en compagnie d'une foule de gentilshommes bretons, désavouant par leurs hommages l'opposition que faisait au nouveau roi la majorité des villes et campagnes de leur province, et suivant, de la sorte, l'exemple du parlement de Rennes, qui avait reconnu Henri IV.

Dès les premiers jours de janvier 1590, Chastillon, par ordre du roi, était en route pour le Languedoc, où il devait s'occuper de lever des troupes destinées à renforcer l'armée royale.

La mission qu'il avait à remplir ne fut pas d'une exécution facile, car Damville, loin de la favoriser, l'entrava par son mauvais vouloir. Quel était, pour cet étrange personnage, dans la haute position qu'il occupait alors, le premier des devoirs envers le roi, si ce n'était de se rendre auprès de lui quand il l'appelait, puis de laisser, conformément à ses ordres, un libre cours aux efforts que ferait Chastillon pour lever et organiser un nouveau corps de troupes? Or, ce devoir, Damville ne sut pas le remplir.

Arrivé en Languedoc vers le milieu de janvier, Chastillon, un mois plus tard, n'avait encore obtenu de Damville ni l'assurance d'une franche résolution d'aller trouver le roi, ni la liberté d'action nécessaire pour opérer la levée dont il s'agissait.

Voici en quels termes, dans une lettre d'une importance réellement historique, Chastillon faisait connaître à son souverain, le 18 février 1590, ce qui, jusqu'alors, s'était passé entre Damville et lui[1] :

1. Bibl. nat., mss. f. fr., vol. 3,564, f° 49.

« Sire,

« Pour ce qu'il y a desjà ung mois que je suis arrivé en
» ce pays, sans avoir encores receu aucunes dépesches de
» Vostre Majesté, j'ay estimé estre de vostre service l'en
» advertir, afin de commander, sy d'adventure mon homme
» qui les porte s'estoit perdu, comme je l'estime, qu'elles
» soyent refaites et que promptement on me les renvoye;
» car il est impossible, en ce pays, sans donner une bataille,
» de lever des trouppes, sans des commissions bien expresses,
» M. de Montmorency n'y prenant nul plaisir.

» A mon arrivée, je le suis allé trouver; je luy ai fait
» entendre l'exprès commandement que Vostre Majesté
» m'avoit donné de l'honneur qu'elle luy fait, pourvu qu'il
» vous aille trouver, les belles et honorables occazions quy
» se présentent auprès de vous pour luy, en servant à Vostre
» Majesté et à l'Estat, duquel il est le premier officier; comme
» vos affaires succèdent à veue d'œil, quy est un tesmoignage
» de la bénédiction de Dieu sur vous et ceux quy sont auprès
» de Vostre Majesté; qu'estant assisté, il y a apparence,
» qu'à ce printemps, vous donnerés un grand coup, luy
» particularizant vos dessains et la facillité de les exécuter;
» que vostre intention est qu'il donne un bon ordre en Lan-
» guedoc avant en partir, et qu'il vienne vers vous avec les
» meilleures forces qu'il pourra.

» Sur cela il me fist un long discours de l'affection extrême
» qu'il a à vostre service, qu'il ne désire rien plus que de
» vous obéir, mais qu'il prévoyoit de grandes difficultés sur
» l'ordre qu'il laisseroit en ceste province pour vostre ser-
» vice, et me demanda sy je ne luy avois pas apporté son
» pouvoir. Je luy respondis que Vostre Majesté ne vouloit

» pas qu'il en sceust gré à personne qu'à vous-mesme, et
» que de vostre main, en l'embrassant, vous luy vouliés
» bailler. Je reconnu qu'il eust quelque déplaisir de cella,
» car il me dit que tout le monde fesoit courre le bruit que
» je le devois apporter; que cela n'estant point, chacun en
» demeureroit estonné et devizeroit là-dessus.

» Parce que Mme de Montmorency ne l'avoit point veu
» encores et que je n'avois rien par escript pour luy montrer,
» je prins jour de le retourner trouver après qu'il auroit un
» peu devizé avec elle.

» Sur cela je n'oublieray pas de dire que M. de Rieux,
» que j'ay trouvé près de M. de Montmorency, a très digne-
» ment et fidellement servy Vostre Majesté, tant en venant,
» qu'icy, et croy qu'il n'a point servy de peu.

» Mme de Montmorency a fait rage par les chemains et
» icy de parler pour Vostre Majesté, de façon qu'elle a
» estonné plusieurs gens de la Ligue de toutes calités, et
» cachés et découverts. Mlle de Rive n'en dit pas moins ; et
» sollicitent à corps et à cry M. de Montmorency de vous
» aller trouver, se prenant à belles injures contre ceus qui
» lui dissuadent le voyage.

» Estant adverty de tout cecy par lettre d'elles, je vay à
» Pézenas retrouver M. de Montmorency. Je commence à le
» presser de m'asseurer de son voyage ou me permettre de
» faire une levée de gens de guerre, que je trouve de la meil-
» leure volonté que je les ay jamais veus, car'tout le monde
» vous veut aller trouver. Ceux que j'avois avec moy de ce
» pays ont rapporté de grandes plumes; les petits enfans
» courent après eux; tout le monde croit qu'ils sont tous
» riches; et puis il nous est permis de leur en conter, pour
» ce que nous venons de loing; de façon que ils me pressent
» de marcher et ont peur que Paris ne se prenne sans eus.

» Sy j'avois, à ceste heure, mes commissions, j'aurois

» plus de gens que je ne voudrois, et me cousteroyent moings
» qu'ils ne feront quand ils seront refroidis.

» Pour M. de Montmorency, il a à faire sa trêve ; il est
» menassé des Espaignols. Il ne sçait qui laisser à son fils,
» pour la jalouzie de M. de Mirepois, du comte d'Ambijou,
» de M. de Vantadour, de M. de Tournon. Il est vieus, il
» desire le repos ; il sçait que vous n'aimés que la peine. Il
» trouve toutes choses faciles en ce pays, pour ce qu'il fait
» ce qu'il veut, et qu'il y est accoustumé ; ce qu'il n'a point
» essayé, il l'apréhende ; le serain lui fait mal. Il a plusieurs
» empeschemens, mais une volonté rézolue de vous faire
» service et une affection extresme, à ce qu'il m'a dit, de
» vous aller trouver, tost ou tard. Je pense que de Carcas-
» sonne où il est, il vous dépeschera M. de Coulonbières,
» afin que par un gentilhomme de qualité il vous face enten-
» dre sa bonne volonté à vostre service et l'estat du pays ;
» et croy qu'il voudra essayer par luy d'avoir son pouvoir,
» lequel, s'il pouvoit l'obtenir, le contenteroit infiniment.

» Je sçay que Vostre Majesté aime les lettres courtes ; je
» sçay aussi qu'elle prend plaisir à ouïr les particularitez
» des affaires. Si je suis trop long, c'est pour vous plaire en
» cela, attendant vos volontez.

» J'achèteray des armes ; je parleray aux capitaines ; tout
» sera prest ; et sy je puis persuader M. de Montmorency,
» je me mettray aux champs, bien que je trouve cela diffi-
» cile sans le 'fascher, car il veut un mal de mort à M. de
» Chambaud, pour s'estre opiniastré de faire sa levée, et a
» voulu marcher ; mais on l'a tant traversé qu'il a esté
» contraint de s'arrêter en Provence, où il est avec mille
» arquebusiers, auprès de M. de La Valette, et cinquante
» ou soixante bons chevaux. Je fais estat de le mener avec
» moy ; c'est un brave gentilhomme et qui vous contentera
» fort, à mon opinion. M. de Saint-Auban m'est venu trou-

» ver, qui a la volonté et le moyen de vous mener une belle
» troupe de gens de cheval. Je vous supplie très-humble-
» ment avoir agréable que je le meine avec moy, car je me
» fay fort que Vostre Majesté en sera très-bien servye.

» Sire, j'avois oublyé de faire entendre à Vostre Majesté
» que en passant à Limoges, j'ay trouvé ce peuple fort
» devotieus à vostre service, M. de Ventadour fort desireux
» de se rendre au service de Vostre Majesté. En passant à
» Orillac, j'y vis M. de Moreze, lieutenant de M. de Rastignac,
» qui est fort vostre serviteur; il me dit que M. du Meine
» mandait toute la noblesse de son costé et que, sy Vostre
» Majesté advertissoit de bonne heure vos serviteurs, vous
» en auriés un fort bon nombre tant à pied qu'à cheval.
» En faizant mon chemin, j'ay trouvé le scindic de Rodès
» qui portoit force dépesches de M. du Meine en ce pays-là.
» Je les ay envoyé à M. de Bournezel, qui commande pour
» vostre service en Rouergue ; j'en ay retenu, que j'envoye
» à Vostre Majesté. J'ay eu trois autres prisonniers, desquels
» j'aurai deux ou trois mille escuz dont j'achetteray de
» belle armes, afin que Vostre Majesté prenne plaisir aux
» troupes que je vous mèneray.

» Je ne trouve point de contentement, hors de vostre pré-
» sence.

» Vostre très-humble, très-obéissant et très-fidèle sub-
» ject et serviteur,

         » CHASTILLON.

» A Montpellier, ce 18ᵉ de février 1590. »

Tandis que Chastillon était aux prises, en Languedoc, avec des difficultés dont il finit par triompher, en dépit de Damville, le roi continuait sa campagne d'hiver.

Il s'avança dans la Normandie centrale, dont il se rendit maître, détruisit, en mars 1590, à Ivry, l'armée des ligueurs ;

et, s'emparant de Mantes, de Melun, de Montereau et de Provins, il se dirigea sur Paris.

Le 12 mai, il fit attaquer les faubourgs Saint-Denis et Saint-Martin par de Lanoue. Ce valeureux chef fut, au cours de l'action, grièvement blessé, et dut céder à la vigoureuse résistance qui lui était opposée.

Avant de renouveler une attaque à force ouverte, le roi s'attacha, en attendant des renforts, à resserer de plus en plus le cercle d'investissement de Paris.

La Trémouille et Turenne amenèrent sous les murs de la capitale quelques troupes tirées du Poitou et de la Guyenne ; et Chastillon arriva, en même temps, du Languedoc, à la tête de quinze cents fantassins et de quatre cents cavaliers.

Ce fut probablement à une époque voisine de celle à laquelle il rejoignit l'armée royale, que sa femme et ses enfants purent, par ses soins, quitter Montpellier et aller se fixer au château de Châtillon-sur-Loing.

Charles de Coligny (d'Andelot) était arrivé à l'armée avec son frère, auquel il avait déjà, comme on l'a vu, causé plus d'une fois de vifs soucis, par l'inconstance de son caractère et par son obstination : mais il y avait loin de là à un méfait tel que celui qui vint inopinément briser le loyal cœur de Chastillon.

Pris par les ligueurs parisiens dans une sortie que, le 1ᵉʳ juillet, ils poussèrent jusqu'à proximité de Montfaucon [1], et amené par eux dans la ville assiégée, d'Andelot succomba lâchement aux obsessions par lesquelles ils s'efforcèrent de l'attirer à leur parti, en l'adulant et en le comblant de promesses. « On ne peut, dit de Thou [2], exprimer avec quelle » joie d'Andelot fut reçu des Parisiens, qui mirent tout en » œuvre pour le gagner par leurs caresses. Chastillon fit

1. Matthieu, *Hist.*, t. II, p. 45.
2. *Hist. univ.*, t. VII, p. 647.

» à son frère les reproches les plus amers de ce qu'il aban-
» donnoit la défense de son prince pour embrasser le parti
» des ennemis mortels de leur maison et celui de ces Pari-
» siens qu'on avait vus traîner ignominieusement par les
» rues le corps de leur père, après avoir souffert qu'on l'as-
» sassinât par la plus insigne de toutes les trahisons. Les
» reproches furent inutiles : d'Andelot se laissa aveugler
» par l'espérance des honneurs qu'il crut trouver parmi les
» factieux. Il signa l'*Union* et se mit au service du duc de
» Nemours [1]. » Il s'y maintint si bien qu'à un an de là il
alla, au nom de ce duc, entamer une négociation avec les
ministres du roi d'Espagne [2].

Descendre ainsi du haut rang de fils de Coligny au rôle
abject de suppôt des ligueurs et de l'Espagne, quelle
effroyable dégradation ! quel crime !

Hélas ! que ne souffrirent pas alors Chastillon et sa digne
sœur, ces deux fidèles soutiens de l'honneur du nom
paternel !

Si l'expression de la douleur poignante qui, dans cette
lamentable circonstance, étreignit le grand cœur de François n'est pas parvenue jusqu'à nous, du moins sommes-
nous certains d'en retrouver l'écho dans quelques paroles
de Louise, navrée comme lui de la coupable et honteuse
défection de Charles. De Middelbourg, où elle vivait alors
dans un pénible isolement, la noble fille de l'amiral écrivit
à un ami [3] : « J'ai receu lettres de M. de Lanoue qui me
» mandoit la faute trop signalée qu'a faite un de mes proches,
» que vous sçaviés bien et me dites quelque mot qui me

---

[1]. Plus explicite, en un point, que ne l'est de Thou, d'Aubigné (*Hist. univ.*, t. III, liv. IV, ch. II) dit : « D'Andelot se fit de la Ligue au siège de Paris, ayant été pris, comme on disoit, *par son consentement*, pour se donner particulièrement au duc de Nemours. »

[2]. De Thou, *Hist. univ.*, t. VIII, p. 32.

[3]. Archives nationales de France.

» la faisoit craindre; mais je ne pouvois croyre qu'il se pût
» tant oublyer. Je vous promets que cela touche tellement
» le plus vif de mon âme, que je ne m'y puis résouldre. En
» toutes mes autres afflictions je trouve de la rayson pour
» me consoler; mais, en ceste-cy, je n'en trouve point; car,
» m'estant si proche, il me semble que c'est une partie de
» moy qui a failly en son honneur et en chose qui m'est si
» sensible qu'il n'est pas possible de plus. »

Quelle que fût la douleur qu'il ressentit, Chastillon, tant était grande en lui la force de caractère, et tant il était pénétré du sentiment de ses devoirs, n'en consacra pas moins aux exigences du service, dans les rangs de l'armée assiégeante, une activité à laquelle le roi rendit pleinement hommage, alors qu'après avoir vu son valeureux lieutenant prendre une part brillante à une attaque générale dirigée contre les faubourgs de Paris et à leur prise de possession, il s'agissait d'imposer silence à de mesquines et absurdes doléances que faisait entendre Damville à l'occasion de la présence de Chastillon sous les murs de la capitale. Damville se plaignait que celui-ci eût quitté la province, quoiqu'il eût promis d'y rester; comme si Chastillon ne relevait pas, avant tout, ainsi que le plaignant lui-même, de l'autorité du souverain! Henri IV rappela aux règles de la subordination et des convenances l'inintelligent et altier *roi du Languedoc* en lui écrivant, le 25 août 1590 [1] :

« Mon cousin, Chastillon me prend à garant de la jus-
» tification dont il me demande pour juge et pour tesmoing,
» parce qu'il me représente qu'il vous avoit véritablement
» promis de demourer, mais que, ayant en mesme temps

---

[1]. *Recueil des lettres missives de Henri IV*, t. III, p. 240. — Voir aussi *ibid*, t. III, p. 258, une lettre adressée, dans le même sens, par le roi à Damville le 30 septembre 1590.

» des commandemens si exprès de moy de s'acheminer de
» delà, et se trouvant pressé de sa promesse et du respect
» qu'il doit à mesdits commandemens, il se résolut au
» dernier, estimant que cestuy-là le pouvoit excuser de
» l'autre. Je considère bien que son séjour pardelà y pourroit
» estre grandement utile ; mais son retardement d'arriver
» ici m'apporteroit un préjudice irréparable ; de sorte que,
» compensation faite de l'un à l'autre, il a encore esté
» meilleur pour mon service qu'il en ayt usé ainsy que
» autrement. Si cela s'estoit fait pour quelque aultre occa-
» sion, je ne l'en excuserois pas ; mais estant advenu ainsy
» par mes exprés commandemens, qui ont esté suivis d'une
» vingtaine d'autres qu'il a trouvez par les chemins, je vous
» prie l'en excuser, et que cela ne soit pas cause de le
» séparer de vostre amitié, car je m'en sentirois, pour ce
» particulier accident, plus coulpable que luy-mesme, que
» je veoy en ferme résolution de vous rechercher et mériter
» aultant qu'il pourra vostre bonne grâce, à quoy je vous
» prie le recevoir. Il est desjà vostre parent, et au reste
» personnage de mérite et digne d'estre tenu en bonne
» considération. Je m'en aperçoy icy, où il travaille extrê-
» mement et m'y est grandement utile. Je vous prie, pour
» ceste occasion, de l'avoir pour recommandé pour le
» paiement de sa pension qu'il a accoustumé d'avoir par-
» delà, et qui luy tient lieu de récompense du service et
» de la despense grande et extraordinaire qu'il fait icy près
» de moy ; et faictes, s'il est possible, que cela ne luy
» défaille point, car vous sçavés que c'est le principal de
» son revenu, sur lequel est appointé l'entretennement de
» sa famille et de ses enfans. »

Henri IV, contraint, par l'arrivée du duc de Parme en France, de lever le siège de Paris le 30 août, poursuivit du moins son plan d'entretenir la lutte autour de cette ville, et d'attirer à lui assez de forces pour réussir un jour à s'en emparer.

Tandis que Chastillon était retenu sur le théâtre des hostilités sans pouvoir encore rejoindre, ne fût-ce que momentanément, Marguerite d'Ailly, celle-ci, confinée dans le château de son mari, y était, en octobre 1590, assaillie par une troupe d'ennemis qui la croyaient dépourvue de tous moyens de défense. A la brutale attaque, dont elle fut personnellement victime, succéda une défaite qui tourna à son avantage.

Un contemporain de l'événement, que nous avons tout lieu de croire très-exactement informé, en rend compte en ces termes [1] : « Bourron, gouverneur de Montargis, se
» résolut de surprendre la maison de M. de Chastillon avec
» cinq ou six cents hommes, ce qu'il feit, print Mme de
» Chastillon prisonnière; et, pendant qu'ils fourrageoient
» la maison, quelques-uns du lieu, en bien petit nombre,
» se résolurent de secourir le chasteau de leur seigneur.
» Ils donnent dedans avec l'aide de quinze soldats qui
» estoient retirez en une tour, en chassent les ennemis,
» recouvrent ladite dame et tout ce qui avoit été prins, et
» y demeura ledit Bourron prisonnier. »

Ce récit nous paraît beaucoup plus conforme à la réalité des faits, que les récits de P. de l'Estoile [2] et de de Thou [3],

[1]. Mémoire de ce qui est advenu en l'armée du roi depuis le 15 septembre jusqu'au 4 novembre 1590. (Bibl. nat., mss. f. fr., vol. 5,045, f° 246.)

[2]. « En ce mois (d'octobre 1590) les royalistes ont, pendant quelque temps,
» révélé le courage d'une nouvelle amazone : c'est Marguerite d'Ailly, femme de
» François de Coligny qui, ayant entendu que le capitaine Sallard, gouverneur de
» Montargis pour la Ligue, avoit surpris Chastillon et étoit entré dans la basse-cour
» de son chasteau, avoit, avec quelques soldats et ses domestiques, fait une sortie
» sur lui, avoit repoussé ses gens avec avantage, voire avoit fait ledit Sallard pri-
» sonnier. » (*Journal de P. de l'Estoile*, édit. de 1875, t. V, Supplément, p. 290.)

[3]. « Marguerite d'Ailly, alors que François de Coligny étoit à la suite du roi,
» avoit été assiégée dans Châtillon-sur-Loing par Sallart de Bourron, gouverneur

qui, loin d'énoncer que Marguerite d'Ailly ait été prisonnière de l'ennemi, la représentent comme organisant, en toute liberté, la résistance à une vive agression, mettant les assaillants en fuite, et faisant, elle-même, prisonnier leur chef.

Nous admettons volontiers que Marguerite d'Ailly ait été capable d'accomplir des actes de vaillance tels que ceux dont il s'agit ici; car nous croyons pleinement au courage dont elle était animée; mais nous devons reconnaître qu'elle ne put pas le déployer, sur le théâtre même de l'action, dans le cours d'une lutte à laquelle sa position de prisonnière ne lui permit pas de prendre part, et dont l'issue seule lui rendit la liberté.

Depuis lors Chastillon prit soin de mettre son château en complet état de défense. On en trouve la preuve dans ce passage d'une lettre de sa sœur, la princesse d'Orange, en date, à Middelbourg, du 29 mars 1591[1] : « Je reçois lettres » de mon frère, du 4 de ce mois, du camp devant Char- » tres. Il y dit qu'il fait fortifier sa maison de Chastillon et » qu'il la rendra si forte, que cette seule place, dans ce » pays-là, seroit suffisante à le tenir en l'obéissance du roy. » Sa femme, son fils et sa belle-sœur y sont. »

Chastillon, dans le cours de ce même mois d'octobre, où sa digne compagne avait couru de si grands dangers, fut nommé par le roi *membre de ses conseils d'Estat et privé*[2].

» de Montargis. Déjà l'ennemi, maître de la ville et de la basse-cour du château, » commençoit à ne plus penser qu'au pillage, lorsque cette femme forte, animée de » ces grands sentimens dont son mari étoit rempli, ayant rassemblé autour d'elle, » dans le château même, le peu de serviteurs qui lui restoient, fit sur les assié- » geans une sortie si vigoureuse qu'elle les mit en fuite, fit Bourron lui-même » prisonnier et reprit tout le butin que les ennemis avoient déjà chargé sur des » chariots prêts à l'enlever. » (De Thou, *Hist. univ.*, t. VII, p. 670.)

1. Archives nationales de France.
2. Un brevet daté du 25 octobre 1590 porte : « Aujourd'huy le roy estant en » son camp et armée, à Gisors, en considération des longs, signalez, agréables et » recommandables services faits à Sa Majesté par le sieur de Chastillon, et le

Il ne suffisait pas à Henri IV, après avoir, dès le début de l'année 1591, donné rendez-vous, entre Senlis et Saint-Denis, à tous ses capitaines de Picardie, de Champagne, de Brie et de l'Ile-de-France, de guerroyer, aux environs de la capitale, dans laquelle il avait en vain tenté, le 19 janvier 1591, de pénétrer par surprise ; il avait, en outre, à s'opposer aux progrès que l'ennemi pouvait faire dans le Berri, l'Orléanais et les contrées voisines. De là, une mission spéciale qu'il confia à Chastillon, pour la défense de cette notable partie du territoire de la France, en la précisant dans une *commission* du 28 janvier, qui en fait ressortir toute l'importance. Voici la teneur de cette commission [1] :

« Henry, par la grâce de Dieu, roy de France et de Na-
» varre, à nostre cher et amé conseiller en notre conseil
» d'Estat, admiral de Guyenne, et capitaine de cinquante
» hommes d'armes de nos ordonnances, François de Chas-
» tillon, salut !
» Comme nous soyons advertis que La Chastre, voyant
» nostre très-cher et très-amé cousin le prince de Conty
» advancé en nostre pays de Poitou, avec l'armée de laquelle
» nous luy avons donné la charge et conduite, et nos pro-
» vinces de Berry, Orléans, Vendosmois, Hurepoix et Auxer-
» rois dénuées d'autres gens de guerre que des garnisons
» ordinaires, iceluy La Chastre ait fait assemblée de troupes
» à pied et à cheval, pour faire entreprise, comme il a desjà
» commencé, sur aucunes places des susdites provinces ; et

» voulant honorer des qualitez condignes à ses vertus et mérites, Sadite Majesté
» luy accorde l'estat et charge de conseiller en ses conseils d'Estat et privé, pour
» en jouir et user en la mesme façon, forme et manière que font les autres pourveus
» de ladite charge et qualité ; et de ce m'a commandé expédier toutes lettres néces-
» saires, et cependant le présent brevet qu'il a, pour ce, signé de sa main et voulu
» estre contre-signé par moy, son conseiller et secrétaire d'Estat. (Signé) HENRY. —
» RUZÉ. » (Du Bouchet, *Hist. de la maison de Coligny*, p. 673.)

1. Du Bouchet, *loc. cit.*, p. 673, 674.

» il seroit besoing s'opposer à ses mauvais desseins, et, pour
» ce faire, tirer desdites garnisons et mettre ensemble à la
» compagnie partie des gens de guerre qui y sont pour
» nostre service, ensemble faire lever d'autre plus grand
» nombre, si besoin est, mener nostre artillerie, et faire
» corps d'armée, selon les occasions qui s'en offriront; et
» que, pour commander et exploiter lesdites troupes et
» armée, dans les provinces cy-dessus, en l'absence de
» nostredit très-cher et très-amé cousin, il soit besoin de
» faire élection de quelque bon, vaillant, expérimenté et
» notable capitaine, à nous bien fidèle et affectionné au
» bien de nostre service, et que nous ne puissions faire
» meilleure élection que de vostre personne, pour les preuves
» que vous avez cy-devant rendues de vostre vaillance et
» mérite ;

» Nous, à ces causes, et autres bonnes et grandes con-
» sidérations à ce nous mouvant, vous avons donné et
» donnons plein pouvoir et autorité, en l'absence de nostre-
» dit cousin le prince de Conty, de commander aux gens de
» guerre que nous ferons assembler ès dites provinces de
» Berry, Orléans, Vendosmois, Hurepoix et l'Auxerrois, soit
» de cheval ou de pied, assembler, pour cet effet, les com-
» pagnies de nos ordonnances, noblesse desdites provinces,
» tirer ce que jugerez estre à propos de gens de guerre des
» garnisons, faire corps d'armée, les employer et exploiter
» ensemblement ou séparément, tant pour la conservation
» des places desdites provinces qu'autrement, pour en-
» dommager nos sujets rebelles, selon que les occasions
» s'en offriront et sera à faire pour nostre service; faire
» vivre en bon ordre, police et justice nosdits gens de guerre,
» tant de cheval que de pied, sans souffrir qu'ils fassent
» aucune extorsion, outrages, pilleries ny molestes sur
» nostre pauvre peuple, leur faisant bailler et administrer

» vivres, en payant le prix ou taxe qu'aurez mises ou fait
» mettre par ceux qui à ce seront commis et députez, ou
» bien les faire distribuer aux soldats sur et tant moins de
» leurs soldes, estats et appointements, en la manière accous-
» tumée, ou en don, selon que la nécessité le requerra ; faire
» entretenir nos ordonnances de la gendarmerie et autres
» gens de guerre, en faire faire les monstres, revues et
» payemens, et des chevaux de l'artillerie et mulets des
» vivres, quand mestier sera, leur commander ce qu'ils
» auront à faire pour nostre service et bien de nos affaires ;
» faire sommer, de par nous, tout ce qu'il appartiendra, de
» nous rendre les service et obéissance qu'ils nous doivent
» naturellement, traiter avec les gouverneurs, capitaines et
» autres des villes rebelles, et, à faute de ce faire, les
» investir, assiéger et battre à toute outrance, ensemble tous
» chasteaux, maisons et forteresses et autres places distraites
» de nostre obéissance, y donner assauts, et prendre par
» force, composition ou autrement, ainsi que verrez estre
» pour le mieux pour nostre service ; et, à cest effet, vous
» aider de l'artillerie et munitions qui seront nécessaires, et
» les prendre en quelques lieux desdites provinces qu'elles
» se trouveront, etc.

» Donné, au camp de Senlis, le 28° jour de janvier, l'an
» de grâce 1591, et de nostre règne le deuxiesme.

» (Signé) : HENRY. »

Chastillon se mit promptement à l'œuvre, et répondit aux
vues de son souverain par des succès obtenus[1] notamment

---

1. A une date qui coïncide à peu près avec celle de ces succès le roi énonçait, dans un acte de donation du 18 mars 1591, qu'il « désiroit gratifier son très-cher
» cousin, le sieur de Chastillon, en considération des bons et agréables services
» qu'il recevoit journellement de luy. » (Du Bouchet, *Hist. de la maison de Coligny*,
p. 675, 676.)

dans le Berry. Il y contraignit Lachastre à lever le siège d'Aubigny, le poursuivit avec vigueur et lui infligea une défaite complète.

Dans le combat qui précéda cette défaite, Chastillon fut blessé.

Une lettre écrite de Sedan, le 25 février 1591, par le duc de Luxembourg à son fils, contient, sur ces divers points, les détails suivants [1] : « Il a esté donné advys au roy par un
» gentilhomme qui arriva mardi au soir près Sa Majesté,
» que M. de Lachastre avait assiégé Aubigny avec deux ré-
» gimens de lansquenetz et quelques compagnies françoi-
» ses, faisant le nombre de cinq ou six mil hommes, et huit
» ou neuf cents chevaulx. Il a esté contraint par M. de
» Chastillon de lever le siège dudit Aubigny, après avoir
» esté repoussé en deux assaultz qu'il y avoit faict donner;
» et, comme il se retiroit du siège, ledit sieur de Chas-
» tillon, avec quelques troupes que Mme de Nevers lui avoit
» envoyées des siennes, estant accompagné des sieurs de
» Chazeron, du Fort, Montigny le jeune, et aultres sieurs,
» l'avoit suivi de si près, qu'il avoit esté contraint de tour-
» ner teste et venir aux mains, de sorte que l'armée dudit
» sieur de Lachastre a esté deffaicte et taillée en pièces, luy
» mort ou fort blessé, et son artillerie, qui estoit de quatre
» canons et deux coulevrines, prinse. Mais en ce conflict,
» ledit sieur de Chastillon y a esté blessé, ainsi que ce gen-
» tilhomme, qui estoit au combat, a rapporté au roy et en
» a asseuré Sa Majesté. »

Chastillon, tout blessé qu'il était, n'en continuait pas moins le cours de ses succès, dans l'exercice du grand commandement dont l'avait investi la confiance royale, quand il reçut tout à coup de Henri IV l'ordre de quitter le Berry

[1]. Bibl. nat., mss. f. fr., vol. 5,045, f° 267.

et de s'acheminer rapidement vers Chartres, où sa présence sous les murs de cette ville était nécessaire. En effet, Henri IV avait absolument besoin de recourir alors à la justesse de coup d'œil, à l'esprit fécond en ressources, et à la vigueur d'action d'un homme tel que Chastillon, pour mener à bonnes fins les opérations d'un siège aussi ardu que l'était celui de Chartres; car la place était forte, et les assiégés opposaient une habile et énergique résistance qu'on désespérait presque de surmonter,

« Le siège, dit d'Aubigné [1], ayant duré neuf semaines, on
» se repentit de l'avoir commencé... Tant y a que, sur les
» repentailles, bien à propos vint Chastillon au conseil, sur
» le point, qu'à la sollicitation de d'O et autres gagnez par
» lui, la résolution de lever le siège étoit prise. Ce capitaine
» (Chastillon), qui ne trouvoit jamais rien difficile, s'obligea
» de l'emporter, en six jours. Sur cette promesse, quoique
» le roy la tînt douteuse, il se raffermit. Chastillon donc
» ayant vu la fabrique des galeries, en prépara une pour la
» nuit, etc., etc. »

Matthieu [2] spécifie clairement ce dont il s'agissait, à cet égard, et ce qui advint : « Le roy, dit-il, eût eu ce déplai-
» sir de lever le siège, si Chastillon n'eust inventé un pont
» couvert [3] qui se jettoit à travers la rivière et conduisoit

---

1. *Hist. univ.*, t. III, liv. III, ch. X.
2. *Hist. de France*, t. II, p. 64. — Le sieur de Chastillon se rendit au siège de » Chartres, où par sa valeur et ses inventions, notamment d'un pont pour aller » droit à la bresche, il fut la principale cause, au regard des hommes, que la place » fut gaignée pour le roy. » (*Hist. de cinq rois*, édit. de 1599. p. 736. »
3. « M. de Chastillon estoit un seigneur brave et vaillant, et surtout bien entendu » aux mathématiques, science que les nobles qui veulent parvenir aux plus grandes » charges militaires doivent curieusement savoir. Il en monstra aussi des effets » au siège de Chartres, en l'invention du pont qu'il fit faire pour aller à l'assaut. » (P. V. Cayet, *Chron. nov.*, collect. Petitot, 1re série, t. XL, p. 191.) — On lit dans l'*Hist. univ.* de de Thou (t. VIII, p. 46) : « François de Chastillon s'étoit acquis une » si grande réputation, qu'on n'avoit pas de peine à croire qu'il auroit, un jour, » surpassé la réputation de son père et de son aïeul dans le métier des armes, si la » mort ne l'en eût empesché. Il joignoit à beaucoup de politesse une connoissance

» les gens de guerre droit à la bresche; machine qui
» effraya les assiégés, consomma leur patience et les con-
» traignit de capituler... Le roy entra dans la ville, le
» 19 avril 1591. Il en rendit le gouvernement à Sourdy [1].
» Chastillon, qui avoit mérité le premier honneur de cet
» exploit, fut blessé à la tête. »

« Au siège de Chartres, rapporte, de son côté, Brantôme [2],
» M. de Chastillon alla à l'assaut et eut un grand coup de
» cartier [3] sur la teste, et, sans le casque, il estoit mort tout
» roide. » Il se préoccupa d'ailleurs si peu des funestes
conséquences que pouvait entraîner sa blessure « qu'il ne
» garda ny lict, ny chambre, car il n'estoit autrement van-
» teur de court. » (*Ibid.*)

Après la reddition de Chartres, Chastillon se rendit en
Languedoc [4], d'où il revint bientôt diriger, au centre de la
France, une suite d'opérations, sur la portée desquelles
nous fixe la lettre suivante [5], qu'il adressa au roi, le 17 juillet 1591 :

« Sire, il y a quelque temps que Vostre Majesté m'escri-
» vit par M. de Montigny d'assiéger Mun, de façon qu'en
» cette intention, après avoir rendu les canons à M. de
» Nevers, sur l'advis qu'il me donna qu'il seroit bientost
» prest, je fis avancer le régiment du sieur de Lacroix et la

» parfaite de l'art militaire et des mathématiques; il étoit même très-habile machi-
» niste. C'étoit lui qui avoit facilité la prise de Chartres par son industrie. »

1. « Quelques-uns ont voulu qu'il y ait eu une condition secrète par laquelle le
» roi fut obligé d'y (à Chartres) remettre *Sourdis, qui avoit perdu la même ville;*
» et de cela fut encore accusé Chiverni et l'amour de la gouvernante. » (D'Aubigné,
Hist. univ., t. III, liv. III, ch. x.)

2. Édit. L. Lal., t. VI, p. 204.

3. Quartier de pierre.

4. La preuve de sa présence en Languedoc à cette époque ressort d'une pièce
de comptabilité militaire qu'il signa à Montpellier le 31 mai 1591. (Bibl. nat., mss.,
collection intitulée *Pièces originales*, vol. 814, dossier 18,338, pièce n° 80.)

5. Du Bouchet, *loc. cit.*, p. 691, 692,

» compagnie du sieur de Lumeau vers Blois. Estant sur le
» point de monter à cheval pour les suivre, M. de Montigny
» m'escrivit qu'il s'estoit deffait de ses troupes et les avoit
» envoyées à M. le prince de Conty. Voyant ce changement
» si soudain, et recevant à mesme temps des nouvelles,
» comme M. d'O n'avoit point voulu donner d'assignation
» pour le payement de ma compagnie, ne sçachant de quel
» costé me tourner, pour ne voir nul moyen de l'entretenir,
» je fus contraint de la congédier, n'en retenant qu'une
» douzaine avec lesquels je faisois dessein d'aller faire un
» tour jusques à La Rochelle, donner ordre à la charge
» qu'il vous a pleu m'y donner.

» Sur cette résolution, M. de Montigny me pria d'aller
» jusques à Chastillon-sur-Loire où il se trouveroit, et y
» estant arrivé avec M. du Faur, il m'envoya un des siens
» me prier d'aller jusques à Aubigny pour donner ordre à
» quelque différend d'entre les capitaines et le gouverneur,
» ce que je fis; et après y avoir pourvu et entendu l'estat de
» vos affaires en Berry, le peu de moyens d'y redresser vos-
» tre armée et mettre vostre artillerie aux champs, point
» d'espérance d'en retirer chose quelconque pour subvenir
» aux frais qu'il y faut faire, il fut résolu que je vous irois
» trouver pour vous en faire entendre les particularités.

» Estant prest à monter à cheval, sur ce sujet, j'ay receu
» des lettres de Vostre Majesté du 27 juin, par lesquelles
» elle me commande d'assembler le plus de forces que je
» pourrai pour me rendre à Moulins et remettre en son
» obéissance la ville de Varenne et le chasteau de Laferté,
» commandant pour cet effet que je prenne les pièces que
» Mme de Nevers me baillera et les canons de Blois, m'or-
» donnant douze cent escus pour les frais qu'il faudra faire.
» Et pour ce, sire, que toutes les troupes sont escartées,
» qu'il faut du temps pour les mettre ensemble, que Mme de

» Nevers n'a qu'un canon qui n'est pas suffisant pour pren-
» dre ces places, qu'il y a de la longueur à faire venir ceux
» de Blois que M. de Montigny a laissés à Chartres, que je
» sçay certainement que M. de Chazeron n'a point de pou-
» dres ; et d'autre part, j'ay advis que cinq mille Suisses ont
» passé par le Piedmont, les cantons vos alliés ne leur ayant
» voulu donner passage pour se venir joindre à M. de Ne-
» mours, j'ay dépesché cependant ce gentilhomme exprès
» pour luy en donner advis.

» Il y a en ce pays le chasteau de La Bussière, que j'ay
» remis sous l'obéissance de Vostre Majesté, lorsque j'avois
» les canons de M. de Nevers, qui est très-fort et utile pour
» le service de Vostre Majesté, tant pour la levée des tailles,
» qu'aussi pour serrer et incommoder les ennemis et aussi
» pour la conservation de ses bons sujets et serviteurs des
» environs. Partant, est très-nécessaire, pour les raisons
» susdites, d'y entretenir une garnison de vingt soldats que
» j'y ay desjà ordonnez et establis, sous le bon plaisir de
» Vostre Majesté, et fait payer des deniers des tailles deues
» par les paroisses de Chancevraye et La Bussière ; comme
» aussy une autre garnison de quinze soldats dans le chas-
» teau de Pifons, d'autant qu'estant fort logeable, je sçay
» asseurément qu'il est du tout envié par ceux de Sens,
» Villeneufve-le-Roy et Joigny, près desquels il est, et que,
» s'il estoit pris, comme tous les jours ils y font des entre-
» prises, il importeroit grandement au service de Vostre
» Majesté. Le maistre de la maison est frère de M. de
» Chappes, très-humble et affectionné serviteur de Vostre
» Majesté, laquelle il sert près de moy, et ne peut la garder,
» s'il ne plaist à Vostre Majesté luy aider de cette garnison,
» comme je la supplie très-humblement, pour les raisons
» encores plus particulières que luy fera entendre ce gentil-
» homme, présent porteur.

» Le sieur baron de Prie a esté céans aujourd'huy, qui
» m'a dit qu'il espère se saisir de Toussi qui est à luy, dans
» peu de jours, et m'a prié escrire à Vostre Majesté que,
» s'il luy plaist establir un bureau pour la recepte des de-
» niers des tailles, et luy ordonner cinquante arquebusiers
» à pied, et cinquante à cheval, il s'asseure qu'il fera lever
» lesdites tailles jusques aux portes, et, possible, de la ville
» mesme d'Auxerre et d'une infinité d'autres lieux fermez qui
» sont aux environs, comme Crevan, Coulanges, Oveine,
» Joigny, et bien environ dix-sept ou vingt autres petites
» villes proches de Toussi, tenans pour la Ligue, desquelles
» Vostredite Majesté n'en reçoit aucune chose. Et outre la
» commodité que cela apportera à vos affaires, il incommo-
» dera bien autant lesdits ennemis.

» Il me semble, sire, que c'est chose qui ne luy doit estre
» refusée : Vostre Majesté y advisera, et, si elle le trouve
» bon, commandera, s'il luy plaist, que toutes dépesches et
» sa commission luy soyent envoyées ; la suppliant très-
» humblement me faire cet honneur me tenir pour,

» Sire,

» Vostre très-humble et très-obéissant sujet et serviteur,

» Chastillon.

» A Chastillon, le 17 juillet 1591. »

Le lieu duquel est datée cette lettre doit être ici particulièrement remarqué. En effet, du château de Châtillon-sur-
Loing, pendant les mois d'août et de septembre 1591, paraît
avoir rayonné, comme d'un centre déterminé par les circonstances du temps, l'activité que le fils de Coligny ne
cessa de déployer au service de la patrie et du roi. C'est là
ce qu'en l'absence de documents précis il est permis, du

moins, d'inférer de diverses lettres écrites, à cette époque, par deux hommes de guerre, Chazeron et Montigny[1], qui toutes témoignent de la haute importance qu'on attachait, quant aux opérations militaires, à une direction supérieure émanant de Chastillon, dans l'exercice du commandement dont il était investi.

Une seule citation sur ce point suffira. Le 21 septembre 1591, Montigny écrivait de Blois à Chastillon[2] : « Vous me mandez que vous ne délibérez pas de venir que
» M. de Guise ne soit party. Si vous estes en quelque doute
» de vostre maison, ce ne peut estre que de la surprise, car,
» de la force, vous serez tousjours si prest, qu'en vingt-
» quatre heures vous y pourrez estre; et quand vous y lairrez
» une partie de vostre troupe, la garnison de Gien vous
» conduira bien jusques à Gergeau, et celle de Gergeau
» jusques à Boisgency; et si vous trouvez bon que M. de
» Tonnerre demeure à Gien jusques au partement de mondit
» sieur de Guise, pourvu qu'il se tienne prest, il sera en
» deux jours là où nous serons. C'est bien chose certaine
» que M. de Guise s'en va; mais quand? Cela ne se sçait
» point. Il ne peut rien mettre ensemble qui vous puisse
» divertir de ce que monseigneur le prince (de Conty) entre-
» prendra. L'espérance que vous avez donnée de vostre ve-
» nue a tellement tout accroché que l'on ne veut rien atta-
» quer que vous ne soyez arrivé, encores que les canons et
» munitions de Mirebeau arrivent, sans faillir, mardy. Jugez,
» monsieur, combien le retardement est préjudiciable ; car,
» outre que la saison y est très-propre et qu'elle se passe,
» les ennemis se fortifieront d'hommes, ce qu'ils n'ont
» encores fait. Pour Dieu, monsieur, venez-vous-en. Quand

---

1. Du Bouchet, *loc. cit.*, p. 692 à 695, a reproduit ces lettres.
2. Du Bouchet, *loc. cit.*, p. 695.

» vous n'amènerez point vos troupes et que vous les lairrez
» pour la seureté de vostre maison, elles seront tousjours
» à vous quand bon vous semblera; *nous avons plus besoin*
» *de vostre présence que de tout le reste...* Je tiens qu'en
» deux mois vous pouvez nettoyer tout le pays. »

Ce qu'on attendait de Chastillon ne put se réaliser, car lorsque lui parvint cette lettre, il touchait au terme de sa glorieuse existence.

« Le coup qu'il avait reçu au siège de Chartres lui
» estoit demeuré si sourd et si dangereux, qu'au bout de
» quelques jours le mal longtemps couvé vint à jouer
» son jeu [1]. »

Ce fut vers le 8 octobre 1591 [2], qu'après une courte maladie Chastillon succomba, dans son château, à l'âge de trente-quatre ans, cinq mois et quelques jours.

A sa mort coulèrent bien des larmes. Le roi lui-même pleura, car il sentit toute l'étendue de la perte qu'il faisait en la personne de l'un de ses plus fidèles serviteurs [3].

1. Brantôme, édit. L. Lal., t. VI, p. 205.
2. Aubaïs, *Pièces fugitives*, t. II, p. 47, note 8.
3. Nous laissons à P. de l'Estoile la responsabilité du récit suivant qu'il a consigné dans son journal (édit. de 1875, t. V, p. 148) : « En cest an 1591, peu après
» la réduction de Chartres, M. de Chastillon, colonel-général de l'infanterie fran-
» çoise, fils aisné du seigneur de Chastillon, amiral de France, qui fut tué à Paris
» le jour de Saint-Barthélemy 1572, mourut en sa maison de Chastillon d'une fiebvre
» procédante, à ce qu'on disoit, d'ennui et de mélancolie. Quand le roy reçut les
» nouvelles de la mort de ce jeune seigneur, qui égaloit en conseil et valeur les
» plus grands capitaines de l'Europe, et qui lui avoit fait de très-grands services,
» mesmes en la prise de Chartres, l'affection et le desplaisir qu'il en eust tirèrent
» les larmes des yeux de Sa Majesté (chose qu'on a veu advenir au roi rarement),
» demandant à un gentilhomme que c'est qu'il avoit eu à mourir; auquel il res-
» pondit qu'il estoit mort d'une fiebvre. « Voire mais, dit le roy, quelle estoit l'oc-
» casion de cette fiebvre ? » Et comme l'autre ne luy respondait rien, le roy commença
» à le presser et à lui dire qu'il parlast hardiment, et qu'il désiroit en sçavoir la
» vérité, car le commun bruit de sa cour estoit qu'il estoit mort de fascherie. Alors
» le gentilhomme dit au roy : « Sire, puisqu'il vous plaist m'en faire le comman-
» dement, la vérité est que sa maladie ne luy est provenue que de fascherie et de
» mélancolie. — Et quel subject en avoit-il ? dit le roy; dites-le moi librement.
» Il lui sembloit, Sire, que depuis quelque temps son service ne vous estoit point
» bien agréable, et qu'il n'estoit pas employé selon le desir qu'il avoit tousjours

Partageant, en véritable ami, le deuil de la famille désormais privée de son chef, Ph. de Mornay écrivit à Mme de Laval, le 8 novembre 1591 [1] :

« Madame, l'affliction qui vous est particulière pour la
» proximité est commune à tous les gens de bien pour la
» vertu de feu M. de Chastillon, vostre cousin, mais plus
» sensible à ceux qui sçavent considérer que la retraite
» de telles personnes au ciel est une marque évidente de
» l'ire de Dieu sur la terre, à moi autant qu'à aucun autre
» de ceux-là, qui connoissois de plus près ce que Dieu
» avoit mis en lui, et estois asseuré de l'honneur de son
» amitié. Les consolations contre telles pertes ne se trouvent
» point ès raisons humaines, pour vostre regard; car nature
» est plus forte à les sentir que la raison à les amortir; et
» aussi peu pour le nostre, en la fragilité des choses de ce
» monde, puisque nous y voyons de l'extraordinaire mesme
» en ce que les coups nous redoublent si près à près. Il les
» faut chercher en Dieu, qui régit tout justement et ne fait
» rien à l'adventure; qui fait le bien de ceux qu'il aime en
» les retirant, et de ceux qui les aiment, tout ensemble, en
» les advertissant par là de s'amender et convertir à lui.
» Vous verrés, au reste, madame, s'il y a moïen de faire
» chose qui apporte quelque soulagement à ce qu'il a laissé,
» et si mon peu de pouvoir y peut faire chose qui revienne
» au bien de la maison pour laquelle je ne serai jamais las
» d'emploier mon service en toute affection. »

» monstré de vous bien servir; et mesme, la dernière fois qu'il eust cest heur de
» baiser les mains de Vostre Majesté, vous ne lui voulustes jamais rien commander,
» combien que par deux fois il se feust présenté devant vous pour cest effect; ains
» s'en retourna comme il estoit venu. — Si est-ce que je l'aimois tant, va dire le
» roi, il me le devoit dire ou faire dire : j'y eusse donné ordre et l'eusse contenté. »
» C'est ainsi, ajoute P. de l'Estoile, que les rois en font : ils regrettent ordinai-
» rement la mort de leurs serviteurs desquels ils n'ont pu souffrir la vie. »
1. *Mém. de D.-Mornay*, édit. in-4°, t. II, p. 129.

Quel chrétien, quel Français pouvait, mieux que Ph. de Mornay, rendre hommage à la mémoire de ce pieux et héroïque François de Chastillon qui, jusqu'à son dernier soupir, était demeuré fidèle à sa noble devise : *Dieu et patrie!*

APPENDICE

I

Lettre de Philippe II à Catherine de Médicis. 17 septembre 1572.

« *A la Reina Chr^{ma} mi madre y Senora.*

« M. de San Goard me dio la carta de V. M^d y me refirio particularmente
» lo que avia passado en el justo castigo que por orden del Chr^{mo} rey my
» herm^{no} y de V. M^d se dio al Almirante y a los de su secta y parcialidad,
» que por aver sido un hecho de tanto valor y prudencia y de tanto servicio,
» gloria y honnra de Dios, y universal beneficio de la christiandad y parti-
» cular del rey my herm^{no} y de sus cosas, fue para mi la major y mas ale-
» gra nueva que al presente me pudiera venir, y por me la aver scripto
» V. M^d le beso muchas vezes las manos, que aviendo estimado lo uno y lo
» otro en lo que es razon, quedo despachando el marques de Ayamonte para
» que lo vaya a representar à V. M^d y a visitar la y alegrarse de mi parte con
» V. M^d y con el rey mi herm^{no} deste tan glorioso successo, como lo hara
» entretanto don Diego de Zuniga mi embass^{er}. Y remitiendome a el, dire
» solamente que en fin h. bien mostrado al mundo V. M^{des} lo que tenian en
» su christiano pecho, y que beso à V. M^d las manos, cuya chr^{ma} persona
» N. S^r guarde como yo desseo.
» De Madrid, a 17 de Set^{bre} 1572.

» Buen hijo y Herm^{no} de V. M^d. »

II

§ 1.

Lettre de Grantrye à Catherine de Médicis. 12 septembre 1572.
(Bibl. nat., mss. V^c Colbert, vol. 427, f° 150.)

« Madame, ceulx de Zurich ont reçu lettres de Genefve, de Berne, de Basle
» et Schaffouze, toutes presque d'une mesme substance et accordance, rem-
» plies de beaucoup d'impostures, de quoy je ne feray redicte en mes lettres,

» en ayant adverty les Grisons, de façon qu'ils ont osé me venir combattre
» de cesdites nouvelles-là, avec tout le scandale du monde. Ils ont eu aussi,
» ceux de Zurich, un de leurs bourgeois, qui fait grand traficq, qui leur a
» escrit l'emprisonnement fait par le gouverneur de Lyon des marchands
» grisons, de Saint-Gall, de Basle ; et encore en sont venus advis aux Grisons
» qui y envoyent avec toutes les furies du monde, et ont commandé à leur-
» dit ambassadeur d'aller jusques à Voz Majestez où ils recherchoient d'aydes,
» d'importunitez et niaiseries ; mais je l'ay empesché, et asseure qu'il n'y
» aura occasion de passer Lyon, en ayant escript bien amplement au sieur
» de Passy Mandelot..... J'en escripts à Voz Majestez, comme est le debvoir
» d'un très-fidèle et très-obéissant serviteur et subject, laissant la moitié de
» l'aigreur qu'on en dit. Ils en sont logez si avant, madame, que tous les
» cantons protestans, et alliances, ilz font une diète à Arau, etc.

§ 2.

Lettre de Delafontaine-Gaudard et de Grangier au roi. 17 septembre 1572.
(Bibl. nat., mss. Ve Colbert, vol. 427, f° 152.)

« Il viendrait bien mal à propos que Vostre Majesté demandast main-
» tenant aucune levée, veu le désespoir auquel sont entrés les cantons pro-
» testans, ayant entendu ce qui s'est passé en France, et il est à craindre
» que faisant quelque alliance avec les princes protestans d'Allemagne, ils
» se ruent sur le païs des cantons catholiques qui leur sont inférieurs en
» nombre d'hommes, ou pour empescher les levées de Vostre Majesté et
» révoquer celles qui leur auroient été accordées, ou bien pour essayer de
» les ruiner du tout, estant chose toute commune et certaine, que lesdits
» cantons protestans sont plus abattus et estonnés qu'ils se soient point
» veuz, au dire de chacun, depuis leur changement de religion, ne prenans
» que ce qui sert à nourrir leur passion de tout ce que nous leur avons sceu
» dire, escrire et remonstrer sur les causes de ce qui est nouvellement
» advenu en vostre roïaume, et la bonne volonté que Vostre Majesté a de
» conserver tous ses sujets en paix et repos, etc.

§ 3.

Lettre de Grantrye à Catherine de Médicis. 19 septembre 1572.
(Bibl. nat., mss. Ve Colbert, vol. 427, f° 154.)

« Madame, j'ai receu, le 18 de ce mois, la depesche de Voz Majestez avec
» l'extrait qu'il leur a pleu m'envoyer, où est de plus déclaré et mieux narré
» l'accident et descouverte de la malheureuse, et faut dire, exécrable entre-
» prise des méchans qui avoient conspiré contre le roy, vous, madame,

» messeigneurs vos enfans, et le roy de Navarre, auxquels, s'il eust été
» possible leur donner mille fois la mort, l'on ne les eust suffisamment sceu
» pugnir. En quoy, comme est le debvoir d'un fidèle serviteur, je n'oublierai
» rien à en faire remonstrance, pour le besoin que je sçay qu'il en est, et le
» diray de telle façon que, au lieu où il a pleu à Voz Majestez me constituer,
» un autre ne fera mieux.

» Mais, madame, j'ai bien voulu faire ceste dépesche de ma propre main
» seulement à Vostre Majesté, pour vous remonstrer, en toute humilité, les
» deux contrariétez où Voz Majestez nous ont pu mettre par leur dépesche
» du 24 du passé et celle de maintenant. Alors sçaiche Vostre Majesté qu'il
» vint nouvelles, de toutes parts, à tous les cantons protestans d'une vesper-
» tine donnée à tous les huguenots par tout le roïaume, et que mesme l'on
» n'avoit pas pardonné aux femmes et enfans, criant si haut et avec tant
» d'exécrations, que je ne l'oseray jamais escrire. Brief, madame, s'il faut,
» comme très-humble, à la vie et à la mort, vostre subject et serviteur, ilz
» disoient : Que c'estoit une délibération et résolution que Vostre Majesté,
» monseigneur, avec messire de Guise, avoient machinée, il y a longtemps,
» exceptant le roi de cela ; et que Vostre Majesté avoit establi les noces du
» roy de Navarre avec Madame, pour mieux attrapper ceux-là ; que l'on voit
» bien, en un mesme temps, ce que le sieur Strosse a faict à La Rochelle,
» feignant aller aux Indes ; ce qui s'est exécuté à Orléans, à Metz, à Lyon et
» autres lieux que, pour éviter prolixité, je tairai. Ceci, madame, arriva encore
» plus tost que la dépesche du roy du 24. Je cognus bien soudain qu'il n'estoit
» pas le service de Voz Majestez de le publier ainsy, car encore aux Grisons
» qui sont delà les monts, Engadine, Valteline, val de Berguille, ils avoient
» nouvelles par lettres escrites du conte Jehan Danguerolles, et de Milau
» autrement.

» Voilà en quoy, madame, je me trouve doubter. Je rendray bon compte,
» et en brief, comme je y auray procédé, car j'envoie le truchement de Voz
» Majestez, et autres fidèles serviteurs, par les communes, faire bien entendre
» cecy, avec l'honneur et réputation de Voz Majestez, que meschans et poul-
» trons prédicans blasment, appelant tout haut Vosdites Majestez manqueurs
» et infracteurs de vostre édict et foy promise, et pis ; qui me donneroit
» cent morts, madame, ne me feroit plus de mal, oyant cela.

» Au reste, je supplie très humblement Voz Majestez, encore que je soye
» des moindres et plus incapables de vos serviteurs, subjects et ministres,
» croire qu'il ne seroit hors de propos faire imprimer une apologie où tout
» le succès de tout cecy fût bien discouru ; faire mention de quelques-uns de la
» religion qui auroient ouy ces malheureux conseils, avec aussi les confes-
» sions de ces secrétaires du feu admiral et autres prisonniers que Voz
» Majestez tiennent, pour cela estre publié par toute l'Allemagne, icy et
» aultre part, où vos prudens ministres ne doivent rien oublier.

» Ce malheureux admiral et sa suite (je supplie Vostre Majesté me par-
» donner si ainsi je parle) avoit tant de moyens et pratiques par toute l'Alle-
» magne, les Suisses et protestans, que rien plus. Dieu, par sa sainte grâce,
» a délivré Vosdites Majestez, messeigneurs vos enfans, et le royaume, d'une

» grande ordure et peste, dont tout bon chrestien doit faire prières et rendre
» grâces à Dieu. Cependant aussy, comme j'ay escript à Vosdictes Majestez
» par ma dépesche du 12 de ce mois, ne seroit mauvais escrire à ceux-cy,
» oultre ce que je leur feray bien entendre, comme Voz Majestez n'ont jamais
» entendu ny voulu rompre leur édict de pacification, ny aussy faire entre-
» tenir leurs marchands à Lyon, comme vostre gouverneur de Lyon a fait ;
» que cela a esté sans vos intentions et volontez ; ledict gouverneur, estant
» galant homme, s'en saura bien purger, sur quelque autre raison qui l'aura
» meu de ce faire, pour éviter qu'il en vînt sédition.

» Je ne veulx oublier advertir Vostre Majesté comme il est arrivé une
» infinité de Françoys à Basle et Strasbourg, qui ont publié une grande
» partie de ces impostures. Pareillement j'ay advertissement comme le can-
» ton de Berne est entré en grande picque avec le canton de Lucerne ; aussi
» les cinq cantons s'en empliront. Je l'ay descouvert par les lettres que
» ceux de Zurich en ont escript icy. Brief, sçaiche Vostre Majesté qu'il ne
» se remue icy rien que je ne descouvre, et ès environs, car je n'y espargne
» ny ma peine, ny ma bourse. »

III

La levée de six mille Suisses fut « accordée au roi de France par mes-
» sieurs des cantons de son alliance. » Ces six mille hommes devant, pour
se rendre à leur destination, traverser le territoire bernois, l'avoyer et le
conseil de Berne écrivirent au syndic et au conseil de Genève, le 8 jan-
» vier 1573[1] : Tant à cause de la paix perpétuelle que des traités d'alliance
» d'entre noz alliez et confédérez et nous, sommes contraints, ores que voul-
» drions bien que ce fust à autre fin, de permuter et accorder le passage
» des 6,000 hommes levés, à la condition toutefoys de leur honneste com-
» portement avec et envers les nostres, comme avons peu adviser estre pour
» le mieulx à faire ; de quoy avons bien voulu, de bonne part, vous advertir,
» afin de tant mieux pouvoir adviser à vostre seureté, en cas que, de la part
» de Sa Majesté, ce que toutefoys ne pouvons croire, il y eust quelque intel-
» ligence ou entreprinse contre vous et vostre Estat, lequel nostre bon Dieu,
» par sa grâce, veuille conserver. »

Le lendemain, 9 janvier, l'avoyer et le conseil de Berne écrivirent à
l'ambassadeur de France[2] : « Nous vous prions d'adviser derechef et admo-
» nester bien les sieurs capitaines (des troupes levées) de leur charge,
» qu'en suyvant nos amiables remonstrances par nous cy-devant sur plu-
» sieurs journées et autres pour mesme regard faites, ils ayent à se

1. Archives de Berne, *Weltsche Missiven Buch*, vol. E, f° 351.
2. Archives de Berne, *Weltsche Missiven Buch*, vol. E, f° 35. — Voir aussi une lettre de l'ambassadeur de France aux autorités bernoises, du 20 mars 1573. (Archives de Berne, *Frankreich*, vol. 3.)

» contenir et abstenir de lever ni emmener aulcuns de nos gens, ains les
» laisser à leurs maisons, pour attendre sur nous et la patrie, en suivant nos
» ordonnances et inhibitions sur ce faictes. »

IV

Lettre de Legresle aux autorités bernoises. 31 octobre 1572.
(Archives de Berne, *Frankreich*, vol. 3.)

*A nobles, magnifiques et puissans seigneurs, messeigneurs les advoyers
et conseil de la ville et canton de Berne, à Berne.*

Messeigneurs,

« Ce n'est chose nouvelle de trouver, en la prospérité, faveur et cour-
» toisie des hommes : mais c'est une fort rare et singulière vertu, quand
» ceulx qui ne sont en rien tenus ny obligés aux autres, les recueillent,
» consolent, favorisent et soulagent, de faict et de parolles, au temps de leur
» plus grande affliction et désolation : et me semble qu'entre toutes les
» actions humaines il ne s'en peut imaginer aucune qui rende les hommes
» plus approchans de la nature de Dieu, lequel incessamment desploye ses
» dons et grâces sur les hommes, quelque indignes qu'ils soient. Ceste consi-
» dération, messeigneurs, me commande vous recognoistre pour des plus
» vertueux et honorables seigneurs du monde, ayant si humainement et
» volontairement reçu, traité et favorisé, en vostre ville, MM. de Chas-
» tillon et de Laval, parmy leurs calamités et afflictions extrêmes ; ce que
» je porte tellement enraciné en ma mémoire et en mon cœur, qu'en
» tous endroits et devant tous hommes j'en rendray, toute ma vie, bien
» ample et certain tesmoignage. De ma part, messeigneurs, n'ayant, pour
» le présent, austre moyen pour m'acquitter de mon devoir envers Vos
» Excellences, je vous remercie très-humblement et très-affectionnément de
» tous vos bienfaits, vous suppliant croire qu'à jamais me trouverez prest
» à vous rendre tout le service et obéissance qu'il vous plaira requérir
» de moy et me commander, autant que ma petitesse le pourra porter.
» Au surplus, il me semble, messeigneurs, que je ne dois aucunement
» taire l'honeste et sage conduite de MM. de Bonseleten et d'Erlac, lesquels,
» avec l'aide de Dieu et moyennant leur grand soin et diligence, selon
» vostre intention et commandement, nous ont rendus, messieurs mes mais-
» tres et leur compaignie, sains et saufs en ce lieu, auquel ils sont délibérez
» ne faire plus long séjour que la nécessité des affaires qu'ils ont à négocier
» avec Mme d'Andelot le requerra, estant bien résolus en tout et partout se
» conformer à vos très-bons avis et très-sages conseils, en la protection
» et sauvegarde desquels ayant par vous une fois esté reçus, ils désirent

» et vous supplient très-humblement qu'il vous plaise les continuer et
» maintenir, ne faisant difficulté quelconque de leur servir de caution
» envers Vos Excellences, pour les asseurer que jamais ne vous repentirez,
» messeigneurs, d'avoir fait plaisir à tels jeunes seigneurs, issus de si
» généreux et nobles parens, et affligez pour telle occasion : lesquels se
» mettront en tout devoir pour, à l'avenir, en faire autant de recognoissance
» qu'ils en auront de moyen, par la grâce de Dieu, lequel je supplie con-
» server et accroistre de plus en plus Vos Excellences et Seigneuries,
» messeigneurs, en toute grandeur, pour l'avancement du règne de son
» fils et la défense de ses églises. De Basle, ce dernier jour d'octobre 1572.

» Votre très-humble et très-obéissant serviteur à jamais,

LEGRESLE.

V

§ 1.

Arrêt rendu contre l'amiral de Coligny. 27 octobre 1572.
(*Mém. de l'estat de France soubs Charles IX*, t. I, p. 748 et suiv.)

« Veu par la chambre ordonnée par le roy, en temps de vacations, les infor-
» mations faites à la requeste du procureur général du roy, suyvant l'arrest
» donné par ledit seigneur roy, séant en son parlement, le 29ᵉ jour d'aoust
» dernier, à l'encontre de feu Gaspard de Coligny, en son vivant amiral de
» France, pour raison de la conspiration naguères par luy faite contre le roy
» et son Estat, tranquillité et repos de ses sujets; interrogations, confes-
» sions et dénégations d'aucuns prisonniers, ès prisons de la conciergerie
» du palais, pour raison de ladite conspiration apportées au greffe de ladite
» cour; rescriptions, lettres, missives, mandemens, ordonnances, mémoires,
» quittances et receptes dudit feu de Coligny, datées du 28ᵉ jour d'aoust 1571
» et autres jours et moys en suyvant jusqu'au 28 d'août 1572, dernier passé
» enquête faite d'office sur la vérification des écritures et seings dudit feu
» de Coligny apposés ès dites missives, rescriptions, mandemens, mémoires,
» quittances et récépissez, et autres pièces mises par ledit procureur géné-
» ral du roy pardevers deux conseillers de ladite cour commis par ladit
» chambre pour l'instruction du procès criminel dudit Coligny, ses adhé-
» rens et complices; conclusions dudit procureur général; et tout veu e
» considéré;

» Dit a esté que ladite chambre a déclaré et déclare ledit feu de Coligny
» avoir esté criminoux de lèze-majesté, perturbateur et violateur de paix
» ennemy du repos, tranquillité et seureté publique, chef principal, auteu
» et conducteur de ladite conspiration faite contre le roy et son Estat;
» damné et damne sa mémoire, supprimé et supprime son nom à perp
» tuité : et pour réparation desdits crimes, a ordonné et ordonne que

» corps dudit Coligny, si trouver se peut, sinon en figure, sera pris par
» l'exécuteur de la haute justice, mené, conduit et traîné sur une claye,
» depuis les prisons de la conciergerie du palais jusques en la place de
» Grève, et illec pendu à une potence qui, pour ce faire, sera dressée et éri-
» gée devant l'hostel de ville, et y demeurera pendu l'espace de vingt-
» quatre heures ; ce fait, porté au gibet de Montfaucon et pendu en iceluy
» au plus haut et éminent lieu ; seront les enseignes, armes et armoiries
» dudit feu de Coligny traînées à queues de chevaux, par les rues de ceste
» ville et autres villes, bourgs et bourgades où elles seront trouvées avoir
» esté mises, à son honneur, et après rompues et brisées par l'exécuteur de
» haute justice, en signe d'ignominie perpétuelle, en chacun lieu et carre-
» four où l'on a accoustumé de faire proclamations publiques. Toutes les
» armoiries et pourtraitures dudit de Coligny, soit en bosse, ou peinture et
» tableaux, ou autres pourtraits, en quelque lieu que soyent, seront cassez,
» razés, rompus et lacérez : et est enjoint à tous juges royaux faire exécuter
» le présent arrest, en ce regard, et chacun en son endroit, et à tous les
» sergents de ce ressort deffenses d'en garder ou retenir aucun. A déclaré
» et déclare tous les biens féodaux qui furent audit feu de Coligny, tenus et
» mouvans immédiatement de la couronne, remis, retournez et incorporez
» au domaine d'icelle : et les autres fiefs et biens, tant meubles qu'im-
» meubles acquis et confisquez au roy ;

» A déclaré et déclare les enfans dudit feu de Coligny ignobles, vilains,
» roturiers, intestables, indignes et incapables de tenir estaz, offices, digni-
» tez et biens en ce royaume ; lesquels biens, si aucuns en ont, ladite cham-
» bre a déclaré et déclare acquis au roy ;

» Et, en outre, a ordonné et ordonne que la maison, seigneurie et chas-
» tel de Chastillon-sur-Loing, qui estoit habitation et principal domicile du-
» dit de Coligny, ensemble la basse-cour et tout ce qui dépend du principal
» manoir, seront démolis, rasez et abattus, et défenses de jamais y bastir
» ny édifier, et que les arbres plantés ès entours de ladite maison et chastel,
» pour l'embellissement et décoration d'icelle, seront coupez par le milieu.

» Aussi a ordonné et ordonne qu'en l'aire dudit chastel sera dressé et
» érigé un pilier de pierre de taille auquel sera mise et apposée une lame
» de cuivre, en laquelle sera gravé et escrit le présent arrest ; et que dores-
» navant, par chacun an, le 24e d'aoust, jour et fête de Saint-Barthélemy,
» seront faites prières publiques et processions générales en ceste ville de
» Paris, pour rendre grâces à Dieu de la punition de ladite conspiration
» faite contre le roy et son Estat.

» Prononcé et exécuté, lesdites armoiries traînées à queues de chevaux
» par les carrefours de cette ville et faubourgs de Paris, les 27e et 29e jours
» d'octobre, l'an 1572. — Collation faite.

» (Signé) : MALON. »

§ 2.

Arrêt rendu contre Briquemaut et Cavagnes le 27 octobre 1572. (*Mém. de l'estat de France soubs Charles IX*, t. I, p. 752, 753.)

« Veu par la chambre ordonnée par le roy, au temps des vacations, le
» procès criminel fait à la requeste du procureur général du roy, suyvant
» l'arrest donné par le roy, séant en son parlement, le 26 d'aoust dernier,
» à l'encontre de François Briquemaut et Armand de Cavagnes, prisonniers
» ès prisons de la conciergerie du palais, à Paris, pour raison de la conspi-
» ration faite par feu Gaspard de Coligny, lesdits Briquemaut et Cavagnes
» et complices contre le roy et son Estat ; les procès criminels faits à autres
» prisonniers, à Lyon, pour raison de ladite conspiration, apportez au greffe
» de la cour, et tout ce qui a esté mis et produit pardevers ladite chambre
» par le procureur général du roy, avec ses conclusions : et ouys et inter-
» rogez par ladite chambre iceux Briquemaut et Cavagnes, et les délits à eux
» imposez ; et tout considéré ;
» Dit a esté que ladite chambre a déclaré et déclare lesdits Briquemaut
» et Cavagnes criminoux de lèze-majesté : pour réparation dudit crime, a
» condamné et condamne ledit Briquemaut à estre exécuté, privé et dégradé
» de tout honneur ; ce faict, lesdicts Briquemaut et Cavagnes estre menez et
» traînez, chacun sur une claye, par l'exécuteur de la haute justice, depuis
» les prisons de la conciergerie du palais jusques à la place de Grève, et
» illec pendus et estranglez en une potence croisée qui y sera dressée et érigée,
» pour y demeurer l'espace de vingt-quatre heures, et après portez et pendus
» au gibet de Montfaucon ;
» A déclaré et déclare tous les biens féodaux desdits Briquemaut et Cava-
» gnes, tenus et mouvans immédiatement de la couronne, réunis, retournez
» et incorporez à icelle, et tous leurs autres biens, tant meubles qu'immeubles,
» féodaux que roturiers, acquis et confisquez au roy : et les enfans d'iceux
» Briquemaut et Cavagnes ignobles, vilains, roturiers, infâmes, intestables,
» indignes et incapables de tenir auscuns estats, offices et dignitez en ce
» royaume, et tous et chacuns leurs biens meubles et immeubles, si aucuns
» en ont, acquis au roy.
» Prononcé auxdits Briquemaut et Cavagnes et exécuté, le 27ᵉ jour d'oc-
» tobre 1572.

» Collation faite, ainsi signé : Malon. »

VI

Exécution des arrêts rendus contre Coligny, Briquemaut et Cavagnes,
le 27 octobre 1572. (*Mém. de l'estat de France soubs Charles IX*, t. I, p. 748 et suiv.)

« En moins de rien Briquemaut et Cavagnes, condamnés par jugement
» couvert du sacré nom de justice à estre pendus, furent menez en l'une des
» plus grandes et notables places de la ville, suyvis de plusieurs milliers
» d'hommes. La royne mère amena à ce spectacle le roy et ses autres fils,
» ensemble le roy de Navarre, son gendre : les courtisans estimans qu'à ce
» dernier exploit, cela viendrait fort à propos si Briquemaut, en la présence
» de tout le peuple, demandoit pardon au roy, luy envoyent gens pour l'ad-
» vertir qu'il pourroit aisément sauver sa vie ; que le roy estoit benin et
» miséricordieux, de sa nature, qu'il auroit sa grâce facilement, s'il la deman-
» dait, en confessant le crime dont il estoit chargé. Briquemaut respond
» franchement et d'un grand courage, que ce n'estoit pas à luy à faire, mais
» au roy de demander pardon à Dieu d'un tel forfait ; qu'il ne prieroit jamais
» qu'on luy pardonnast un crime dont il n'estoit aucunement coupable, mais
» du tout innocent, dont il appeloit Dieu à tesmoin, le suppliant cependant
» de pardonner au roy une telle desloyauté. Cela dit ces deux excellens per-
» sonnages furent attachés par le bourreau, puis pendus et estranglez.

» On pendit avec eux un homme de foin, ayant la figure de l'amiral, en
» renversant par telle exécution toute forme de jugement, veu que l'amiral
» avoit esté tué auparavant, et après sa mort, on lui faisoit son procès. »

VII

Lettre de Jacqueline d'Entremonts au duc de Savoie. 15 septembre 1572.
(Archivio generale del regno. Torino.)

« Monseigneur, Vostre Altèze aura esté avertie de la mort de feu monsieur
» l'amiral, qui me gardera de vous en faire le discours, lequel aussi m'est
» d'autant plus ennuieux que selon l'aparanssse des hommes, il commansoit
» à avoir les moiens pour faire preuve à Votre Altèze de sa volonté, qui
» estoit telle que j'avois asseuré à Vostre Altèze, comme l'un des plus affec-
» tionnés très-humbles et obéissans sujets et serviteurs que Vostre Altèze
» aura jamais ; mais, puisqu'il n'a pleu à Nostre-Seigneur qu'il ait fait preuve
» de la servitude qu'il avoit voué à Vostre Altèze, de quatre enfans,
» comptant celui que je porte, lesquels luy sont restés, les deux avoient esté
» dédiés au service de Vostre Grandheur, lesquels je m'asseure, monseigneur,

» vous aurés avec la mère tousjours sous vostre protection, et tretous pric-
» rons Nostre-Seigneur donner à Vostre Altèze, monseigneur, en toute per-
» fection de grandheur et contantement, très heureuse, très-longue et très-
» contante vie. De Châtillon, ce 15 de septembre 1572.

» Vostre à jamais très-humble et très-hobéissante sujette et servante,

» Jaqueline Dantremonz. »

VIII

§ 1.

Lettre de Charles IX à Damville. 11 décembre 1572.
(Bibl. nat., mss. f. fr., vol. 3,245, f° 11.)

« ..... J'avois délibéré d'employer le président Bellièvre à la légation de
» Suisse, estimant qu'il n'estoit pas, pour le présent, beaucoup nécessaire en
» vostre gouvernement [1] ; mais aïant entendu de vous le contraire, je trouve
» bon et luy escripts qu'il n'ait à se bouger, ains continue auprès de vous le
» bon debvoir qu'il a jusques icy rendu au bien de mon service. »

§ 2.

Lettre de Charles IX à Damville. 2 janvier 1573.
(Bibl. nat., mss. f. fr., vol. 3,245, f° 23.)

« J'escripts présentement au président de Bellièvre de donner tel ordre à
» ses affaires, que dans dix ou douze jours après la réception de la lettre que
» je luy escripts, il puisse partir pour s'acheminer en Suisse, où il m'est
» très-nécessaire, pour les occasions qui s'y présentent pour mon service,
» encore que je sçache bien qu'il me fût beaucoup utile auprès de vous, dont
» je vous ai bien voulu advertir. »

§ 3.

Charles IX à Damville. 12 janvier 1573. (Bibl. nat., mss. f. fr., vol. 3,245, f° 27.)

« ..... Je vous prie aussi permettre que le sieur de Bellièvre, suyvant ce
» que je vous en ay escript par ma dernière, parte pour aller en Suisse où
» il est fort nécessaire et attendu en grande dévotion pour mon service. »

---

[1]. D'une lettre de Charles IX à Damville, du 6 octobre 1572 (bibl. nat., mss. f. fr., vol. 3,183, f° 49), ressort la preuve que, dès cette époque, le président de Bellièvre était employé, en Languedoc, auprès de Damville.

APPENDICE.

IX

§ 1.

Extraits d'une harangue de Pomponne de Bellièvre. 7 (8) décembre 1572.
(Bibl. nat., mss. collect. Dupuy, vol. 569, p. 79 et suiv.)

Remonstrances faites par le sieur de Bellièvre, conseiller au conseil d'Estat et privé du roy aux ambassadeurs de messieurs les treize cantons des anciennes Ligues des haultes Allemagnes, en la journée assignée à Baden en Argonne, le 8e jour de décembre 1572, où il est traité des causes qui ont meu le roy de faire procéder à la punition de l'admiral de Chastillon et de ses complices.

« Magnifiques et puissans seigneurs,

» ..... Le seigneur roy, mon maître, qui trop volontiers vous feroit par-
» ticipant des félicités qu'il plaira à Dieu de lui envoier, vous a souvent
» avertis de ses affaires, et comme rejeté en vostre sein partie de ses dou-
» leurs, estant très asseuré que vous l'aimez de cœur, que, sans aucune
» simulation vous contristez de son mal, et que vous lui assisteriez, ainsi
» que vous avez tousjours fait, de vos moiens, forces et bonnes volontez.
» ..... Sa Majesté estoit résolue de racheter la paix et le repos de son
» roïaume, encore que ce fust avec beaucoup d'incommoditez qui sont bien
» difficiles à supporter à un prince de la grandeur et générosité que Dieu
» luy a donnée ; et vous puis dire que, si le feu admiral de Chastillon, par
» une trop grande présomption de ses forces et asseurance d'impunité qu'il
» avoit prise, n'eust hasté la punition que Dieu luy a envoiée, il est à pré-
» sumer qu'il eust longuement retenu l'autorité qu'il avoit usurpée dedans
» le roïaume de France, auquel y ayant esté establi par l'ordonnance de
» Dieu et selon la succession naturelle un très-bon roy, prince très-vertueux
» et très-digne de ce grand commandement, il y avoit néantmoins introduit
» une dangereuse tyrannie, mêlée de quelque forme de république et disso-
» lution populaire ; et comme ainsi soit que la punition d'un si dangereux
» subject, qui se présumoit compagnon de son maistre, fust tellement
» nécessaire que, qui eust différé à l'exécuter, la ruine et totale éversion de
» ce beau roïaume de France n'eust tardé à s'en ensuyvre, le malheur a esté
» tel, que le peuple, que l'on a esté contraint de faire armer, en un si grand
» et éminent péril qui lors se présentoit, a usé insolemment des armes qu'on
» lui avoit mises en mains, à l'endroit de plusieurs pauvres subjectz de
» Sa Majesté qui faisoient profession de la religion nouvelle, dont avec la
» nouvelle de l'exécution faite dudit amiral et de quelque nombre de gen-
» tilshommes, ses complices, seroit advenu, ainsy que Sa Majesté a esté

» advertie qu'aucuns potentaz, ses voisins, sont entrés en opinion que ladite
» exécution faicte en France s'étendoit à tous ceux qui sont de la mesme
» religion, ce que ledit seigneur roy prie ung chacun, tant d'une religion que
» d'autre, de ne vouloir croire et de n'adjouster si souvent foy aux parolles
» de certains rebelles, soutenus de la plus malheureuse et détestable conspi-
» ration qui, de nostre temps, ait esté faite.

» ..... Aucun des voisins de Sa Majesté ne se pouvoit esmouvoir de ce
» qui est advenu à l'admiral et à ses complices, ni pareillement de ce que
» les articles de la paix dernière ne soient à présent observés en France. Ce
» n'est pas le roy qui en est la cause; c'est l'inquiétude, l'audace et le
» malheur qui ont toujours accompagné ledit admiral jusques à une fin si
» honteuse, que son péché lui avoit de longtemps préparée.

» Si quelques-uns me demandent pourquoy est-ce que le roy lui faisoit
» tant de faveurs, puisque de longtemps il l'avoit cogneu et le cognoissoit
» pour meschant et desloyal subject, je serai contraint de confesser que c'est
» la plainte commune des bons subjectz de Sa Majesté, et vous dirai que les
» plus favoris dudit admiral s'esbahissoient comme il estoit possible qu'on
» supportast tant de lui comme on faisoit. Aussi le roi, qui est doué d'un
» très-benin et très-excellent naturel, disoit, pour toute réponse, qu'il estoit
» meilleur d'octroyer audit admiral tant de choses que par importunité il
» lui accordoit, que de revoir, dans son roïaume, une guerre civile dont ledit
» admiral le menaçoit en plein conseil, pour peu que Sa Majesté se rendist
» difficile à lui accorder ses demandes, tout injustes et déraisonnables
» qu'elles fussent; et que le roy ne voulut, à son appétit, rompre la paix au
» roi d'Espagne, pour lui faire la guerre en Flandre, il n'eut point honte de
» lui dire, en plein conseil et avec une incroyable arrogance, que, si Sa
» Majesté ne consentoit de faire la guerre en Flandre, elle se pouvoit assurer
» de l'avoir bientost, en France, entre ses subjectz.

» Il n'y a pas deux mois que, se ressouvenant Sa Majesté d'une telle
» arrogance, disoit à aucuns siens serviteurs, entre lesquels j'estois, que,
» quand il s'ouït ainsy menacer, les cheveux lui dressoient à la teste. Je ne
» parle point par rapport d'autruy seulement; je l'ay veu, je l'ay sceu, je l'ay
» ouï, j'ay esté présent; j'en ay eu plusieurs fois horreur.

» On raconteroit infinies réponses dudit admiral pleines d'audace, de témé-
» rité et de rébellion. Il seroit infini et trop long à raconter combien de
» choses il a entreprises contre le roy et son autorité, pendant les deux
» années que la paix dernière a duré; en quoy, pour éviter à plus grands
» maux, il a esté supporté avec une incroyable patience.

» Enfin, estant venue son heure digne de lui et très-malheureuse à tous
» ceux qui le suivoient, comme il est nécessaire que celuy qui met beaucoup
» de gens en crainte et en danger soit pareillement mis en crainte et en
» danger, retournant du chasteau du Louvre pour aller en son logis, le 22 du
» mois d'aoust dernier, environ les onze heures du matin, il fut tiré, par une
» fenestre, d'un coup d'arquebuse et atteint au bras droit, tellement que,
» pour ce jour-là, il fut tenu en quelque danger de mort.

» ..... Le roy, la royne sa mère, nos seigneurs les ducs d'Anjou et

» d'Alençon, frères de Sa Majesté, furent visiter ledit admiral, le jour même
» de sa blessure, pour le consoler et lui offrir tout plaisir et faveur. Sadite
» Majesté, sachant la malveillance que le peuple lui portoit, lui fit offrir,
» pour sa seureté, un bon logis dans le chasteau du Louvre, ce qu'il refusa,
» estimant qu'il estoit assez asseuré des forces d'un si grand nombre de ses
» adhérens qui se trouvoient lors dans Paris. Sadite Majesté, non contente
» de l'honnesteté dont elle avoit desjà usé à l'endroit dudit admiral, craignant
» toujours que mal ne luy en advint, lui fit de rechef offrir et conseiller qu'il
» eust à se retirer dans son château du bois de Vincennes.....

» Ledit admiral, se confiant ès grandes forces qu'il avoit lors dans Paris,
» plein de dépit et de vengeance, ne voulant perdre l'occasion qui lui sem-
» bloit se présenter de se faire maistre des affaires dans le roïaume de
» France, reçut cet office, non ainsi qu'il devoit, et comme venant de son
» roy, son bon et gracieux seigneur, mais en desdain ; et luy et Téligny, son
» gendre, et autres ses adhérens, firent réponse que tout ce qu'on luy présen-
» toit estoit contre toute apparence de raison ; que ce seroit faire payer
» l'amende au battu, si tant estoit qu'il sortist de la ville de Paris ; qu'il
» falloit requérir le roy de faire sortir M. le duc de Guise, qu'ils soupçon-
» noient estre cause et autheur dudit excès.

» Or, n'y avoit-il charge contre ledit seigneur duc. Tout le plus fort
» qu'on alléguoit contre lui estoit que le coup avoit esté tiré de la maison
» où habitoit un gentilhomme, personnage ecclésiastique, qui autrefois avoit
» esté à son service, et lequel maintenant ne se trouvoit pour lors dedans
» Paris.

» Par l'opinion de plusieurs et de tous ceux mesmement de ladite religion,
» ce coup fut imputé avoir esté fait par le sieur de Morevel, dont toutefois,
» de ma part, je ne le veulx charger ni descharger. C'est un gentilhomme
» qui a bien de quoy ; et n'est à croire que, pour espérance de profit, il se
» mist à faire de telles entreprises. Il est cogneu pour personnage horri-
» blement résolu, hault et hardi à la main. C'est celuy qui tua le sieur de
» Mouy, parmi toutes ses troupes. Ce gentilhomme, depuis la paix dernière,
» a esté tousjours estrangement poursuivi et en sa vie et en son honneur
» par ledit feu admiral, lequel, comme chacun sçait, avoit tousjours plus
» de meurtriers entretenus à sa suite et à son commandement, qu'il n'en
» demeuroit en tout le reste du roïaume. Or, estant ledit Morevel ainsi per-
» sécuté et recherché par ledit admiral, et en son honneur et en sa vie, et
» par procez qu'il lui avoit suscitez, on l'a par plusieurs foys ouy dire qu'il
» cognoissoit bien de n'avoir les épaules assez fortes pour soustenir lon-
» guement la dépense qu'il lui falloit faire pour se sauver des entreprises de
» l'admiral, mais qu'il estoit gentilhomme, homme de cœur, et se résolvoit
» de luy vendre bien cher sa vie. A un personnage de cette résolution et
» réduit à un si grand désespoir il n'estoit besoin ni des conseils de M. de
» Guise, ni d'autres pour le persuader d'entreprendre ceste vengeance, aïant
» baillé suffisante preuve de ce qu'il portoit en l'estomac, en un si audacieux
» acte qu'il fit contre ledit feu sieur de Mouy.

» ..... L'admiral n'estima pas avoir besoin d'attendre la justice que le roi

» estoit bien délibéré de faire faire; mais, le samedi, jour suivant de sa
» blessure, aïant esté jugé par tous les chirurgiens que le coup n'estoit
» point mortel, il se fit lever du lit pour s'essayer s'il avoit assez de forces
» où il adviendroit qu'il print résolution de faire faire quelque exécution.

» Le jour mesme, fut tenu conseil en son logis et résolu qu'il falloit, pour
» avoir leur vengeance, aller dans le chasteau du Louvre tuer mondit sieur
» de Guise, fût-il aux pieds du roy. Ils tindrent plusieurs mauvais propos de
» la roine, mère de Sa Majesté, et de Mgr le duc d'Anjou.

» La roine, comme elle vouloit aller, à son esbat accoustumé, aux Tui-
» leries, fut advertie par de très notables personnages, de la sincérité des-
» quels elle ne pouvoit douter, ni de l'affection et bonne volonté qu'ils
» portoient à ceux de ladite religion, que si Sa Majesté et pareillement
» Mgr le duc d'Anjou sortoient hors les portes de la ville, de ce jour-là,
» ils se mettroient en bien grand danger de leurs vies. Les advis d'une si
» dangereuse conspiration venoient au roy, d'heure à autre.

» Enfin, comme on hastoit la certitude de l'entreprise qu'ils avoient faite
» d'entrer en armes dans le Louvre et y tuer M. de Guise, et des menaces
» que l'on faisoit contre la royne, mère du roy, et audit seigneur le duc
» d'Anjou, Sa Majesté, se voyant pressée d'un si grand et évident péril de
» perdre sa couronne, sa vie et celles des personnes qu'elle avoit et devoit
» avoir les plus chères en ce monde, ne put avoir lors autre recours, après
» Dieu, qu'un bon et sage conseil et assistance de plusieurs grands princes
» et principaux officiers de sa couronne et seigneurs de son roïaume, qui se
» trouvoient lors en sa cour ; lesquels tous, d'un commun accord et comme
» d'une voix, après avoir considéré le danger où le roy et son roïaume se
» trouvoient, remonstrèrent très-humblement à Sa Majesté que, pour son
» service et pour le bien de la paix, ils auroient supporté de l'admiral tout
» ce que gens de bien peuvent endurer; qu'ils n'avoient pas moins d'affec-
» tion d'obéir, en toutes choses, aux bons vouloirs et commandemens de
» Sa Majesté qu'oncques ils aient eu, soit qu'il faille supporter en patience
» l'insolence dudit admiral, ou qu'il faille reprendre les armes pour le com-
» battre en la campaigne; mais qu'il pleust à Sa Majesté de considérer la
» grande perte de sa noblesse, de ses villes et de son peuple qu'il a déjà
» faite, à l'occasion d'un si malheureux homme, non homme, mais beste
» furieuse et irréconciliable, qui avoit perdu toute crainte de Dieu et des
» hommes, mis sous les pieds toute la révérence que le sujet doibt à son
» prince, la félonie duquel n'avoit pas esté domptée par la perte de quatre
» grandes batailles qu'il avoit données à son maistre, avec une si grande
» effusion de sang de ceux de son parti, que la mémoire seule en estoit hor-
» rible et espouvantable à tous vrais et naturels François ; que lui néantmoins,
» qui n'avoit jamais eu que très-mauvaise réputation, et qui, du temps du
» roy Henry, n'avoit oncques receu que honte, en charge qui luy eust esté
» commise, s'estoit tellement accoustumé au sang des subjectz de Sa Majesté,
» à la ruine de son pays et éversion de la plus grande part de ses bonnes
» villes, qu'autre chose que la mort ne l'en pouvoit plus divertir; suppliant
» très-humblement Sa Majesté, pour mettre fin à tant de malheurs dont le

» roïaume estoit menacé et que l'on commençoit à toucher du doigt, qu'il
» lui pleust user de son authorité et du glaive que Dieu lui avoit mis en
» main, à la punition d'un si pernicieux subject.

» Il fut advisé que ce seroit chose fort exemplaire et qui serviroit gran-
» dement à l'advenir, qui le pourroit appréhender et en faire faire la justice.

» Mais considérez, magnifiques seigneurs, en quel malheur se trouvèrent
» lors réduites les affaires de Sa Majesté! Il n'y eut celuy qui ne trouvast le
» conseil de le faire appréhender et punir par la voie ordinaire de la justice
» plus dangereux pour le roy qu'il n'eust esté pour ledit admiral.

» On considéra qu'il avoit dans Paris plus de huit cents gentilshommes,
» gens accoustumés et nourris parmy les guerres civiles, et qui estoient
» venus en bon équipage, tous à son commandement; que pour le moins y
» avoit dans ladite ville huit mille hommes qui estoient de sa religion et
» prests à faire tout ce qu'il ordonneroit; qu'il avoit en la campagne trois
» mille hommes, sous la charge de Villers Lesparre, que l'on disoit vouloir
» aller trouver le prince d'Orange. Outre ce, de tous costez de la France on
» entendoit qu'il faisoit levées de gens de guerre et estoit trop plus prest à
» à donner une bataille que ne pouvoit estre le roy, qui jusques alors n'avoit
» pensé à rien moins qu'à faire la guerre, et qui n'avoit plus qu'un désir en
» ce monde, que de jouir du bien de la paix. On voioit que sitost que l'admiral
» entreprendroit de mettre en avant son entreprise, qu'il ne seroit plus
» possible à Sa Majesté d'empescher l'exécution de sa mauvaise volonté,
» de laquelle ne pouvant plus douter, le conseil fut pris d'armer le peuple
» et faire souffrir audit admiral et à ses complices ce qu'ils préparoient aux
» autres.

» J'ay veu Sa Majesté souffrir, à cette occasion, une merveilleuse peine;
» mais quoi! un public animé, ulcéré d'injures si fréquentes et si griefves
» qu'il avoit souffertes, poussé d'un esprit de vengeance, acharné de la
» cupidité et grandeur du pillage qu'il se voioit entre les mains, ne sceu se
» modérer.

» Nous fusmes contraints d'endurer, à nostre grand regret, beaucoup de
» choses indignes de la clémence et débonnaireté du roy; le cheval avoit
» pris le mords entre les dents et ne faisoit plus de compte de chose que
» sçust dire ou faire son maistre.

» Si a-t-on appaisé ceste fureur. Le roy, Mgr le duc d'Anjou, son lieute-
» nant général, M^{er} le duc d'Alençon, frères de Sa Majesté, et semblable-
» ment tous les princes de son sang et grands seigneurs du royaume s'y
» sont vivement et vertueusement emploiez; la roine, mère de Sadite Ma-
» jesté, y a pris une peine indicible et qui surmonte toutes celles qu'on lui
» a veu si souvent et si courageusement supporter, pour le soustenement,
» seureté, repos et tranquillité de la couronne de France.

» Si l'on me demande où sont les preuves des charges que j'ay cy-devant
» récitées contre ledit admiral, je répondrai que sa vie et ses actes précé-
» dens pourront assez servir pour toutes preuves à ceux qui l'ont intérieu-
» rement congneu.

» Je n'ignore point qu'il n'attirast à soy les estrangers par une simula-

» tion de probité, de prud'hommie et de justice, n'estant toutefois en soy
» que malice, rapine, cruauté, avarice et injustice. Mesme il les gaignoit
» pour leur faire journellement entendre que c'estoyt luy seul qui rompoit les
» entreprises qui se faisoient contre eux, les remplissant, à toutes heures
» de vaines peurs et terreurs qu'il avoit inventées luy-mesme ; en quoy il
» s'est montré l'un des plus ingénieux et artificieux menteurs que l'on ait
» veus, de nostre mémoire. Il retenoit à sa dévotion et subjection les Fran-
» çois, ou par société de meschanceté, de rébellion et félonie contre leur
» prince ; ou si, parmi sa troupe se trouvoit quelqu'un qui eust la conscience
» plus craintive et moins corrompue, par ses ruses, malices et subtilitez ; il
» le contraignoit néantmoins de persévérer en sa cordelle par une crainte
» qu'il lui mettoit devant les yeux du grand nombre de meurtriers qu'il
» avoit à son commandement, dont il se savoit servir si à propos, qu'il
» tenoit les pauvres gens qu'il avoit une fois mis en ses filets, comme enfer-
» més dans un chasteau enchanté.

» ... Je ne me puis assez esmerveiller, je ne sçay si je diray de la malice,
» témérité, présomption ou ignorance d'un tas d'infidèles et malheureux
» subjectz du roy qui vont partout semant la peste et le venin de leurs ca-
» lomnies où l'on leur veut prester l'oreille, et preschent l'admiral comme
» innocent de leurdite conspiration, homme vaillant et utile en ce roïaume
» de France, comme si on ne l'avoit jamais veu depuis treize ans en çà ne
» s'occuper que de menées et conspirations, si on ne l'avoit toujours cogneu
» un fuyard à la guerre, et, en temps de paix, guerrier très-cruel et très-
» sanguinolent, qui a tousjours esté en toutes choses si malheureux, que
» qui eust voulu perdre un sien ennemi, il ne falloit sinon trouver le moyen
» de le faire entrer en société et intelligence avec luy.

» Je demanderai volontiers à ces semeurs de faussetés et de calomnies
» s'ils nous estiment si hébétez, s'ils présument tant de leur beau parler,
» que d'estimer de pouvoir faire croire au monde que, si l'admiral et ses
» adhérens eussent entrepris de faire tuer M. de Guise, grand maistre de la
» maison du roy, ès pieds de Sa Majesté, qu'ils n'eussent par mesme moïen
» pris résolution, ou de tuer ledit seigneur roy, ou détenir prisonnier et en
» faire à leur volonté. Faut-il douter qu'ils n'eussent pris la mesme résolu-
» tion contre la roine, mère de Sa Majesté, Mgr le duc d'Anjou, Mgr le duc
» d'Alençon, princes si vertueux et de si grande espérance, et contre tout
» le noble sang roïal ?

» Est-ce chose que le roy, pour débonnaire et patient qu'il soit, ait pu ou
» dû souffrir, attendre et se remettre à leur sage discrétion ?

» Certainement, magnifiques seigneurs, je suis contraint de dire derechef
» que je m'étonne de l'impudence de ces gens. Il est force que je die que
» Dieu les a aveuglez, que leur conscience les a mis en sens réprouvé. Il me
» déplaist entrer en ces aigreurs de paroles ; mais, magnifiques seigneurs,
» puisque ces malheureux ont pu trouver assez de personnes qui aient pa-
» tiemment ouy leurs impostures mentionnées et calomnies qu'ils ont pu-
» bliées contre leur patrie, contre leur roy et leurs ministres, j'estime et me
» tiens pour tout assuré que vous, qui estes les bons et principaux amis de

» Sa Majesté, m'écoutez très-volontiers répondant aux calomnies desdits
» imposteurs, et disant la vérité de la vie et déportemens dudit admiral, du-
» quel on ne sçauroit dire s'il a esté et doit estre tenu plus infâme, ou pour
» les honteuses fuites et ordinaires qu'on lui a veu faire en la guerre, ou
» pour tant d'opprobres et ignominieuses condamnations qu'il a souffertes,
» en justice.
» . . . Le temps me deffaudroit si je voulois m'arrester à raconter les
» crimes, les meschancetez et infidélitez commises par ledit admiral et ceux
» qui participaient à sa faction. Il me suffit d'en avoir déjà tant dit, qu'au-
» cun qui n'ait le jugement corrompu de passion ne pourra plus douter que
» Sa Majesté n'ait fait procéder à ladite punition, contraint et forcé par la
» violence et trop grand pouvoir dudit admiral, etc., etc. »

§ 2.

Réfutation de la harangue de Bellièvre.
(*Mém. de l'estat de France soubs Charles IX*, t. II, p. 129 et suiv.)

Le recueil de pièces intitulé *Mémoires de l'estat de France soubs Charles IX* contient, au tome II, pages 129 et suivantes, un écrit d'une verve incisive et remarquable par la solidité de l'argumentation, dont nous ne saurions assez recommander la lecture. On y trouvera la réfutation péremptoire de la harangue de Bellièvre.

Cet écrit a pour titre : *Réponse de Wolfgang Prisbachius, Polonois, à une harangue soustenant les massacres et brigandages commis en France, prononcée en l'Assemblée des Ligues, imprimée et publiée en langue allemande.* En voici le début :

« Au mois d'aoust dernier, en peu de jours, on a massacré, en France,
» trente mille personnes. Ce n'a point esté en bataille rangée, ains en pleine
» paix. Ilz n'estoient armez ni prests à combattre, mais nuds et endormis,
» ou à genoux et demandant pardon à ceux qui les massacroyent. Ilz n'es-
» toient point amassez ensemble, ains retirez chascun en sa ville et en sa
» maison. Cela n'a point esté par ordre de justice ni par connoissance de
» cause, mais par la rage et impétuosité d'un peuple furieux et outrageuse-
» ment desbordé. En ces meurtres ont esté enveloppez plusieurs pauvres
» malades, impotens de vieillesse, beaucoup d'honorables dames et filles
» honnestes et de bonne maison, des femmes enceintes, des jeunes hommes
» et petits enfans, bon nombre de gens doctes et lesquels n'estoient aucune-
» ment propres à porter les armes; plusieurs milliers d'hommes effrayez de
» ces meurtres comme d'une tempeste et foudre estrange, ayant quitté de
» peur femmes et enfans, se sont sauvés de vitesse en Angleterre, en Alle-
» magne et en Suisse.
» Les magnifiques et puissans seigneurs des Ligues, et leurs sujets, sa-
» vent ces choses estre vrayes.

» Si les loix divines et humaines ont condamné, de tout temps, celuy qui
» espandoit le sang innocent, il faut dire que l'occasion de tant de massa-
» cres est merveilleusement atroce, ou que les auteurs d'iceux soyent esti-
» mez meschans et malheureux jusques au bout.....

» Ce nonobstant, depuis quelques jours en çà, un certain mesdisant, qui
» se dit orateur et ambassadeur du roy de France, a bien osé dire, en pleine
» assemblée des Ligues, que cest horrible massacre a esté fait par le com-
» mandement du roy, et que la cause d'un tel courroux est procédée de ce
» que l'amiral (qui a esté le premier tué, comme celuy à qui on en vouloit
» plus qu'à nul autre), avec quelques gentilshommes, avoit conspiré de tuer
» le duc de Guise; adjoustant à cela quelques mots de la royne mère, et du
» duc d'Anjou, frère du roy, comme si ceste conspiration eust esté aussi
» aucunement dressée à l'encontre d'eux.

» Voilà presque le sommaire de ceste outrageuse harangue, à laquelle
» nous respondrons premièrement en peu de mots; puis nous viendrons à
» examiner chaque point de l'accusation ou plustost libelle fameux, farcy
» d'injures, de mesdisances et calomnies. En quoy ce mesdisant se monstre
» merveilleusement inique, *de maudire impudemment celuy lequel il flattoit,*
» *n'y a pas longtemps, quand il vivoit et estoit en crédit.* »

Ne pouvant reproduire ici les développements dans lesquels entre l'auteur
de la réfutation, nous nous bornerons à une citation qui donnera du moins
une idée de la justesse et de la vigueur de son argumentation.

« Le cinquiesme outrage, dit-il, est que l'amiral estoit souvent accom-
» pagné de brigands et meurtriers à gages.

» Cy-devant nous avons dit qu'il faut juger d'une chose par les effets,
» et non par paroles. L'amiral a porté les armes, en France, l'espace de
» plusieurs années, avec les princes de Condé, père et fils, et finalement
» avec le roy de Navarre, accompagnez de gentilshommes de marque, et,
» pour le dire en un mot, avec la fleur de la noblesse françoise. Il y a eu six
» batailles contre les ennemis, et, comme les événemens de la guerre sont
» douteux, quelquefois il a esté mis en route, parfois il a donné la chasse
» aux ennemis; et, s'ils ont obtenu quelque victoire, ils l'ont toujours achetée
» bien chèrement.

» Si nostre mesdisant appelle brigands ces princes, seigneurs et gentils-
» hommes-là et dit qu'ils sont exercez à massacrer les hommes, premièrement
» il outrage à tort les plus vaillans et nobles du royaume, et se fait grand
» deshonneur de mesdire ainsi des morts *qu'il a flattez en leur vivant.*

» Davantage, il fait grand tort au roy mesme, qui, en tous ses traictés et
» édits de pacification, déclaire que tous ceux qui ont porté les armes avec
» l'amiral les ont prinses pour le bien de son service, qu'il les tient tous
» pour fidéles sujets, et qu'il sait bien que ce qu'ils ont fait a été pour
» maintenir la religion; non point pour faire la guerre au roy.

» Mais que dirons-nous des illustres princes de l'Allemagne? Cinq des
» principaux d'entr'eux, à savoir l'électeur palatin, le landgrave de Hesse,
» le duc de Wurtemberg, le duc des Deux-Ponts et le marquis de Bade
» envoyèrent des reistres à l'amiral, aux premiers troubles. Aux seconds

» vint en personne le très-illustre duc Casimir, et, aux troisièmes, le duc
» des Deux-Ponts, avec bonnes troupes. C'est espion oseroit-il bien appeller
» brigands ces princes d'Allemagne?

» Aux premiers troubles, les magnifiques seigneurs de Berne envoyèrent
» quelques milliers de Suisses au secours du prince de Condé et de l'amiral.
» Étoit-ce pour brigander en France, comme ce mesdisant l'a bien osé dire?
» au contraire, ils sont venus pour maintenir la couronne et la religion,
» que ceux de Guise vouloient renverser.

» Brief, aux premiers troubles, le prince envoya deux ambassadeurs aux
» estats de l'empire, à Francfort, où l'empereur Ferdinand présidoit : et
» l'empereur régnant aujourd'huy, alors esleu roy des Romains, y assis-
» toit. En ceste assemblée furent produites et leues les lettres escrites de
» la propre main de la royne mère au prince de Condé, par lesquelles elle
» le prioit affectueusement de s'opposer à ceux qui troubloient la paix
» publique et le repos du royaume estably par l'édit de janvier; qu'il secourût
» la mère et les enfans, c'est-à-dire elle et le roy : et finalement qu'il eût
» le salut du royaume en recommandation.

» Et ne faut oublier ce que nostre espion a prononcé en un endroit de
» sa harangue : car, en outrageant, à tout rompre, le défunt amiral, il s'est
» demandé à soy-mesme comment cela se pourroit prouver : et tout soudain
» respond, que la vie passée de l'amiral rend suffisant tesmoignage de cela.

» Nous acceptons ceste condition, impudent calomniateur que vous estes,
» et vous prions de nous respondre aussi, qui a esté cause que le pape
» hayssoit si estrangement l'amiral? Étoit-ce pas la religion? Pourquoi
» a-t-il esté tant esloigné de la bonne grâce de la royne mère et des hommes
» de la cour, sinon à cause de la religion? Qui a osé faire requeste pour les
» nostres, lorsque les feux estoient allumez, dans lesquels on les brusloit
» tout vifs, sinon l'amiral? A-ce pas esté lui qui a fait rapport de leurs
» déportemens au privé conseil, et lorsque personne n'osoit ouvrir la bouche
» pour en parler? Qui a esté protecteur des ministres et pasteurs des églises,
» et au conseil et secours de qui se sont-ils retirez, sinon vers l'amiral?
» Est-ce pas lui qui a le premier retiré la noblesse françoise des ordures
» de la cour pour la ramener à la connoissance et crainte de Dieu? De qui
» est-ce que les seigneurs et gentilshommes françois ont apprins à honorer
» Dieu, à réformer leurs familles, à dresser des églises, à faire les prières
» en leurs maisons, à chanter les louanges de Dieu et bannir toutes chan-
» sons lascives? Du seul amiral. Brief, depuis quinze ans en çà, nul n'a
» fait profession de la pure religion en France qui n'eust en admiration la
» sainteté, piété, modestie, intégrité et justice de l'amiral, et qui ne le pri-
» sast et honnorast pour ces vertus-là.

» A qui donc croira-t-on plustost, ou à ce mesdisant effronté, qui, *n'y a
» pas longtemps, flattoit l'amiral qui estoit en crédit*, ou à cent mille hommes,
» gens de bien, qui ont chère et précieuse la mémoire de celuy qu'ils hono-
» roient grandement tandis qu'il a vescu?

» Voilà une suffisante responce à vostre injure atroce des brigandages
» qu'imposez à l'amiral.

» On appelle brigands ceux qui pillent, despouillent et meurtrissent en
» cachette ceux qui n'y pensent point, comme on a fait à Paris, et qui mons-
» trent beau visage à ceux desquels ils machinent la mort en leurs cœurs.
» Le but des brigands est de piller et saccager. Mais tous les efforts, fasche-
» ries, conseils et travaux de l'amiral ont visé à ce seul but, de procurer
» que l'exercice de la religion demeurast en son entier en France.

» Partant, ce ne sera point par vos paroles, ains par les faits de l'ami-
» ral, que nostre siècle et la postérité jugeront de lui. Mais vous, ambas-
» sadeur, quelle opinion pensez-vous laisser de vous? d'un sénateur et con-
» seiller du roy? Un sénateur et un calomniateur sont deux choses
» directement contraires, mais principalement en un point : c'est que, si le
» sénateur voit quelqu'un porter dommage à l'estat public, estre mal affec-
» tionné envers le roy et envers le royaume, il l'accuse hardiment envers
» le roy; et s'il le voit eslevé en honneurs et richesses, tant plus soigneu-
» sement avertit-il le roy de s'en donner garde. Le calomniateur au contraire
» flatte, suit et accompagne celuy qu'il voit estre en la bonne grâce du
» prince, ploye à tous ses désirs; mais, si le vent tourne, lors il l'accuse,
» outrage et maudit, et, après sa mort, diffame sa mémoire par toutes sortes
» d'injures. »

L'écrit, remarquable à plus d'un titre, dont nous nous occupons se termine par ces énergiques paroles :

» Quant à vous, calomniateurs, compagnons de nostre mesdisant, sachez
» que l'ignominie de mort ne consiste pas au genre de mort, ni aux tour-
» mens des bourreaux : l'infamie gist en la cause de la mort, non pas au
» supplice. La mort est un soulagement de misères aux gens de bien; ce
» leur est un commencement de vie bienheureuse et immortelle. Quelquefois
» les gehennes des bourreaux, comme quelqu'un a sagement dit, ne sont
» pas si griefves que les tourmens des maladies. Les prophètes ont souffert
» beaucoup, Christ a esté tourmenté et attaché au gibet, supplice ignominieux
» entre tous autres, si l'ignominie qui est en la cause de mort estoit en la
» mort mesme. Mais l'ancien dicton est vray : qu'une mort honteuse ne peut
» advenir à un homme vertueux; et celuy qui se confie en la miséricorde de
» de Dieu ne meurt jamais misérablement ni mal à point : car, comme l'Écri-
» ture en parle, la mort des justes est précieuse devant les yeux du Seigneur.

X

Danielis Tossani, S. theologiæ in Academiâ Heidebergensi professoris, orationum de variis rebus gravissimis habitarum volumen unum. — Ambergæ, typis Michaëlis Forsteri, anno MDXCV.

ORATIO PRIMA.

Oratio habita Basileæ in aulâ Medicorum, die Dominicâ, quæ erat 7 decemb. anno LXXII, horâ I pomeridianâ, utputà paulò post truculentam illam piorum lanienam per totam Galliam, quæ eodem, ut constat, anno, die Barthol. et sequentibus exarsit, complectens partim deplorationem illius calamitatis, partim gratiarum actionem ad. Remp. et Academiam basiliensem pro ipsarum hospitalitate et humanitate ergà pios exules, tùm alios complures, tùm etiam filios ipsius amiralii Colignii, Gallici atlantis, Lutetiæ trucidati.

Interfuerunt tunc Orationi, præter reverendos dominos pastores et clarissimos professores, ornatissimus vir Reipubl. basiliensis secretarius, et generosus ac illustris comes Philip. ab Hanaw, etc., qui ex illâ lianenâ evaserat[1] : necnon et inclyti barones D. Francisc. et D. Daniel à Stubenberg.

Voici le début de ce discours :

« Quod in aliis doloribus et miseriis fieri solet, magnifice D. Rector,
» incliti et generosi Domini comites et barones, reverendi, clarissimi et
» ornatissimi omnium ordinum viri, ut homines vel conquerantur, vel
» caussam suam agant, vel oratione aut scripto injurias sibi factas exagge-
» rent : id in istâ gallicâ calamitate hoc tempore nondùm fieri et neminem
» inter Gallos existere, qui ad dicendum aut scribendum de tàm insigni
» facinore accingatur, mirum fortassè multis videri potest. Verùm enimverò
» hoc mirari desinet, quisquis secùm reputabit, doloris istius tantam esse
» magnitudinem, ut fortissimorum quorumque animi obstupescant, verba
» autem vel eloquentissimis hominibus excidant. Nàm quod est, quæso,
» ingenium tantum, quæ tanta facultas dicendi et copia, quæ de tàm atroci
» facinore et scelere, præter hoc, inaudito satis commodè dicere, conqueri
» satis graviter, et contrà tales oratores causam perorare queat? Attamen
» cùm pauculas quasdam reliquias ex hostium ferro ereptas Deus Opt. Max.
» in hanc civitatem humanitatis plenam, tanquàm in portum, ex tempestate
» ejecerit : majori curæ nobis est, quemadmodùm Deo Optimo et humanis-
» simæ civitati gratiam habeamus, quàm ut dolori nostro indulgentes in
» perpetuo silentio perseveremus. Et ea certè cura infixa perpetuò nobis
» erit, ut vestro favore et civitate vestrâ non indigni videamur. Ea me cura
» quoque expergefecit et stimulavit, ut seposito pudore, quem mihi partim

---

1. L'imprimeur francfortois Nicolas Bassé, en publiant à Francfort, en 1592, un catalogue en trois parties de tous les ouvrages mentionnés dans les catalogues bisannuels de la foire de cette ville, de 1564 à 1592 (*Collectio in unum corpus omnium librorum qui in nundinis francofurtensibus venales extiterunt; Francofurti, ex officinâ typographicâ Nicolai Bassæi*, 1592, 3 vol. in-4°), dédia le troisième et dernier volume de sa publication, consacré aux livres français, italiens et espagnols, à « Mgr Albert, illustre et généreux comte de Hanau et Rhieneck, seigneur de Mitzen-
» berg. » Dans sa dédicace se trouve le passage suivant : « Il reste, monseigneur,
» de vous exposer les raisons qui m'ont esmeu de dédier à vostre illustre grandeur
» ce présent mien ouvrage. La bénévolence que feu monseigneur vostre père a tous-
» jours portée tant aux hommes doctes comme aux imprimeurs a esté telle, que,
» l'an 1572, le 24 d'aoust, se trouvant enveloppé en la journée sanglante, ou plustost
» boucherie faicte à Paris, il ne s'en voulut retirer qu'au préalable il n'eust travaillé,
» de son pouvoir et autorité, pour mettre feu M. *Hubertus Languetus*, personnage
» d'érudition et expérience singulières, et aussi feu *André Wechel*, imprimeur renommé,
» en lieu de seure retraite. »

» infantia mea, partim gravitas vestra attribuit, ex hoc loco, in hâc claris-
» simâ coronâ aliquid dicerem de funestis nostris calamitatibus, non tàm
» ut dolorem nostrum vobis impartiar, cùm quo pios vestros animos spontè
» satis communicare video, quàm ut tùm cognitis nostris malis, eorumdem
» progressibus atque caussis, vobis ipsis meliùs consulere et præcavere pos-
» sitis : tùm ut ex casûs nostri acerbissimi recensione intelligatis, eam, quâ
» utimini, hospitalitatem, in homines magis afflictos et magis christianæ
» consolationis indigos, conferri non posse. »

L'orateur termine en ces termes :

« Ecclesia universa, si jàm uno ore loqui posset, hujùsmodi procul dubio
» oratione nos omnes, qui Evangelicam veritatem profitemur, compellaret :
» cùm hodiè undique me externi hostes premant atque oppugnent, cùm
» reges terræ in me, conspiratione factâ, tela sua convertant, et Satanus
» cognoscens tempus suum esse breve, magnâ cùm irâ descendat et fremat :
» nolite, vos filii mei, in mea viscera sævire ; nolite vos ipsos mutuis discor-
» diis consumere, optatosque triumphos vestris præbere hostibus. Si con-
» certare vobis certum est, mutuis certate officiis piâque æmulatione in
» curriculo pietatis; si pugnare libet, agite contrà superbiam, contrà ava-
» ritiam et ambitionem, contrà pravos et distortos affectus certamen susci-
» pite : an miramini in pœnas generis humani iram Dei crescere, cùm cres-
» cat quotidiè quod puniatur ? Ignem hunc iræ divinæ qui exarsit, lacrymis
» sanctisque precibus restinguite ; in patientiâ, silentio et spe animas
» vestras possidete; nolite super malignis, aut super eorum prosperitate
» æmulari. Recordamini homicidarum et tyrannorum miserrimum semper
» fuisse exitum : ut quos jàm assiduæ domesticæque furiæ vexant, jàm mala
» conscientia terret, et subitus sequitur interitus. Hujusmodi certè Eccle-
» siæ vox bonos omnes maximè commovere merito debet.

» Nos porrò Gallicis illis erepti flammis, quibus Deus Opt. Max. hospi-
» tium in inclytâ hac urbe concessit, plurimùm recreat splendidissimæ Reip.
» singularis hospitalitas, immò sic pios exules afficit, ut non tàm exulare
» sibi videantur, quàm, relicto infelici regno, ad verè regiam Basileian ;
» relictis feris et rapacibus lupis, ad beatas quasdam insulas appulisse,
» solantur et erudiunt nos sanctissimæ et doctissimæ theologorum con-
» ciones et lectiones, quæ et pietatis plenæ et ad hæc tempora maximè acco-
» modatæ sunt. Exhilarat nos denique clarissimæ istius Academiæ lumen,
» et doctissimorum professorum conspectus atque consuetudo.

» Ut autem orationi modum et finem imponam, Deum omnipotentem,
» Deum illum exercituum et ultionum, per filium ejus unigenitum, serva-
» torem ac liberatorem nostrum, ardentibus votis comprecor, ut cognitor
» juris nostri, ultor injuriarum, suoque tempore Ecclesiæ vindex è cœlis
» appareat ; atque interim omnibus afflictis hunc animum indet, ut cùm
» prophetâ Michæâ, capite VII, sic dicant et secùm cogitent : *Ne lætaris, ini-*
» *mica mea, super me, quia cecidi ; rursùs enim surgam ; dùm sedeo in tenebris,*
» *Dominus lux mea est; indignationem portabo quoniàm ei peccavi, donec cau-*

» *sam meam judicet et faciat judicium meum. Educet ille me in lucem, et*
» *videbo justitiam ejus; et aspiciet inimica mea, et operietur confusione quæ dicit*
» *ad me: Ubi est Dominus Deus tuus? Oculi mei videbunt eam, et erit in concul-*
» *cationem sicut lutum platearum.*

» *Postremò eumdem Dominum et patrem nostrum cœlestem, unà cùm*
» *omnibus aliis piis quos Galliæ tempestas in hunc portum ejecit, obnixè*
» *oro, ut inclytam hanc Rempub. atque Ecclesiam, necnon et celeberrimam*
» *Academiam basiliensem diutissimè florentem conservet, et non secùs ac*
» *oculi pupillam ab omni malo custodiat! Amen.* »

XI

Requête adressée par les réfugiés français au bourgmestre et au conseil de Bâle.
(Archives de Bâle. — *Acta uber die Glaubens verfolgungen in Frankreich*, f° 156.)

« Magnifiques et très-honorés seigneurs,

» Les François de tous estatz et qualitez qui se sont absentés du royaume
» de France, à cause des massacres y advenuz depuis le vingt-quatrième jour
» d'aoust, dernier passé, et sont à présent retirez et, de vos bénignes grâces,
» résidans en vos pays, terres et seigneuries et de vos alliez et confédérez,
» vous remonstrent en toute humilité, qu'ils sont sortis de France, tant pour
» conserver leurs vies et échapper desdits massacres qui y ont esté commis,
» ainsi que Vos Excellences en ont peu estre amplement et au vray infor-
» mées, qu'aussi pour jouir de l'exercice de la religion évangélique et vray-
» ment chrestienne, lequel exercice est à présent interdit en France par
» lettres du roy du 28 d'août dernier, jusqu'à ce qu'aultrement en soit ordonné
» par Sa Majesté; dont seroit advenu, qu'en haine de leur absence, lesdits
» supplians auroient esté adjournez, et leurs biens saizis par authorité de
» justice, et depuis, Sadite Majesté, par ses lettres patentes du 28 octobre
» dernier, auroit commandé à tous ses gouverneurs, lieutenans et officiers
» de relascher ceulx de la religion réformée qui se trouveroient encores ès
» prisons, et donner généralement à ceulx de ladite religion main-levée de
» leursdits biens; auquel bénéfice, combien que lesdits supplians soyent
» compris, toutesfois jusques à présent ilz n'ont pu obtenir libre jouissance
» de leurs biens, laquelle les officiers de Sadite Majesté ne veulent accorder
» à autres qu'à ceulx qui retourneront en France, y résideront et abjureront
» ladite religion évangélique, allant à la messe et s'assubjectissant à toutes
» les cérémonies et superstitions papales, combien que cela ne soit contenu
» ès dictes lettres, ains soit directement contrevenant tant à l'édict de paci-
» fication, non révocqué, que mesmes aux susdites lettres du 28 d'aoust par
» lesquelles Sa Majesté déclaire ne vouloir estre contrevenu à sondit édict
» et n'entendre que lesdits de la religion soient aucunement forcés en leurs

» consciences, et par ce moïen lesdits supplians sont privez de tous leurs
» biens, sans avoir mesfaict, et non pour autre cause que pour vouloir
» suyvre ladite religion réformée, sans l'exercice de laquelle ils ne peuvent
» vivre.

» Ce considéré, magnifiques et très-honorés seigneurs, il vous plaise,
» selon le zèle qu'avez au règne de Nostre-Seigneur Jésus-Christ, et suyvant
» vostre charité chrestienne envers ses pauvres membres affligés, faire ceste
» grâce et faveur auxdits supplians d'intercedder pour eux envers Sadite
» Majesté, et la prier attendu que, pour certaines considérations, elle a fait
» surseoir tout exercice de ladite religion pour quelque temps, que cepen-
» dant il luy plaise, à vostre requeste et faveur, déclarer par lettres patentes,
» estre libre à tous ses subjects de ladite religion d'aller, venir et séjourner
» en vosdits païs, terres et seigneuries, et de vos alliez et confédérez, pour
» y jouir de l'exercice de leur religion, et ce, en toute seureté de leurs per-
» sonnes, et sans ce que, pour ce regard, la jouissance de leurs biens leur
» soit empeschée par ses officiers en façon ou manière que ce soit, ains
» qu'ils en puissent jouir par eulx, leurs commis négociateurs et administra-
» teurs, tout ainsy qu'ils pouvoient faire avant ces derniers troubles, donnant
» aussi par sesdites lettres auxdits de la religion, tant absens que présens,
» main-levée de leurs biens, sans qu'aucun empeschement y soit mis par
» sesdits officiers; commandant pareillement que tous prisonniers de ladite
» religion soient promptement élargis, suyvant sesdites lettres, avec inhi-
» bitions et deffenses expresses de contraindre lesdits de la religion en leurs
» consciences; et afin que les indignes ne jouissent de ce bénéfice, il vous
» plaise, magnifiques et très-honorés seigneurs, requérir Sa Majesté, que
» si, en vosdits païs, terres et seigneuries, aucuns se retiroient qui eussent
» méfait encontre icelle, il luy plaise vous envoyer les procès, charges et
» informations contre ces délinquans, pour en faire telle justice que Sadite
» Majesté ait occasion d'en estre satisfaicte et contente; et lesdits supplians
» continueront à prier Dieu pour l'heureuse conservation de vostre Estat et
» repos. »

XII

Extrait d'une histoire de l'origine et des progrès de l'église française de Bâle,
composée, en 1720, par Pierre Roques, pasteur de ladite église.
(*Bulletin de la Soc. d'hist. du prot. fr.*, t. XII, p. 263.)

« L'origine de l'église françoise de Basle est assez ancienne.
» En 1569, un certain Marc Pérès, d'Anvers, s'étoit réfugié à Basle, à
» cause de la persécution suscitée, dans les Pays-Bas, aux protestans et à
» tous ceux qui ne vouloient pas recevoir le tribunal de l'Inquisition. Pérès
» avoit dessein de se fixer à Basle et d'y établir une manufacture de soye.
» Comme il avoit avec luy plusieurs ouvriers françois, italiens et espagnols

» qui n'entendoient pas l'allemand, il demanda au magistrat un lieu pour
» s'assembler, et un pasteur pour prêcher en françois.

» Un ministre de Saint-Léonard, nommé Jean Fuegleis, traversa vigou-
» reusement ce projet, et par ses sermons et par ses mémoires. Le 6 juil-
» let 1569, il en présenta un au conseil, par où il avançoit : que les Fla-
» mands sont, pour la plupart, des fanatiques ; qu'ils ne reçoivent pas la
» confession des églises de Suisse ; et que, quoyqu'ils fassent les hypocrites
» pendant quelque temps, tôt ou tard ils se dévoilent ; que les livres qui
» viendront de la part de ces gens-là seront remplis d'un poison secret qui
» se communiquera à tous les bourgeois, d'où naîtront des disputes perpé-
» tuelles, comme cela est arrivé, dit-il, à Francfort, à Bremen, à Stras-
» bourg, etc.

» C'est par ces raisons que les prédicateurs prétendoient prouver que la
» demande de Pérès ne devoit pas être écoutée, et il paroît, qu'en effet, il
» n'obtint pas ce qu'il souhaitoit.

» Mais il arriva un événement tragique, en France, qui grossit tout à coup
» le nombre des réfugiés à Basle et qui occasionna les premiers commen-
» cemens d'une église françoise. Le massacre de la Saint-Barthélemy, de
» l'an 1572, dispersa un bon nombre de François dont plusieurs, et même
» d'un rang distingué, vinrent chercher à Basle un asyle assuré contre la
» persécution. Entre ces fugitifs on compte François et Odet, fils de l'ami-
» ral, le comte Guido, Paul de Laval, fils d'Andelot, frère de l'amiral, la
» veuve de Téligny, gendre de l'amiral, etc.

» Dès que ces exilés se virent en sûreté, ils cherchèrent à professer publi-
» quement une religion qu'ils préféroyent à tout. Leurs assemblées se firent
» sans beaucoup de bruit dans la maison de Mme Faulny. Il ne paraît pas
» qu'on ayt fait làdessus aucune demande aux magistrats. »

XIII

Lettre de l'avoyer et du conseil de Berne à Chastillon et à d'Andelot. 1er juin 1573.
(*Weltsches missiven Buch der Statt Bern*, vol. E, p. 383.)

« Nobles, etc., estant de retour et revenu vers nous le gentilhomme qu'a-
» vons envoyé pardevers l'Altesse de M. le duc et Mme la duchesse de Savoye,
» pour intercéder envers Leurs Excellences en faveur de Mme d'Entremont,
» vostre mère, et de vous, suyvant les charges et instructions que, sur ce,
» luy avons données, il nous a cejourd'huy rapporté et déclairé l'exécution
» et succès de sa charge et négociation faicte par commun advys avec le
» délégué de illustre, hault et puissant seigneur, monsieur le comte palatin,
» prince et électeur du Saint-Empire, envers Leursdictes Excellences, et par
» mesme moyen exhibé, tant leurs propositions faictes par escript, que la pre-
» mière et seconde responce sur icelles de Son Altesse, avec leurs répliques,

» aussy les lettres de ladicte dame d'Entremont, marquées lesdites pièces par
» A, B, C, D, E, ensemble les lettres que nous ont escriptes Son Altesse
» madame la duchesse, Mmes d'Entremont et de Colligny ; parquoy n'avons
» voulu faillir le tout vous envoyer par copies icy encloses, vous priant qu'il
» vous plaise icelles communiquer à noz très-chiers et bien-aymez alliez et
» confédérez les seigneurs de Basle, et estre par vous veues, adviser s'il y a
» moyen en quoy nous puissions faire quelque chose davantage pour vous
» et ladite dame d'Entremont; si, nous trouverez très-affectionnez à le faire
» d'aussy bon cœur que prions nostre bon Dieu vous tenir, nobles, etc.,
» en sa saincte protection, et doingt heureuse prospérité, et, en santé,
» longue vie.

» De Berne, ce 1er juing 1573.

» L'Advoyer et Conseil de la ville de Berne. »

XIV

§ 1.

Lettre de Th. de Bèze au comte Ludovic de Nassau. 25 mai 1573.
(Groen van Prinsterer, *Correspondance de la maison d'Orange-Nassau*, 1re série,
t. IV, p. 125, 126.)

« Monseigneur, je m'asseure que vous aurés cy-devant entendu comme
» madame l'admirale, s'estant retirée chez madame sa mère pour y faire ses
» couches, avec espérance d'y pouvoir vivre en quelque repos, ou pour le
» moins avoir quelque relasche et soulagement, après tant de misères et cala-
» mités, désirant aussi d'avoir moyen de subvenir aux orphelins de feu mon-
» seigneur son mari, non-seulement n'a obtenu ce qu'elle espéroit, mais qui
» pis est, a été réduite en misérable captivité, au chasteau de Nice, là où
» elle est traictée des inquisiteurs à la façon de ceux qu'ils appellent héré-
» tiques, et d'aultre costé, non aultrement mal voulue du prince, que si elle
» avoit commis quelque grande et énorme faulte; de sorte que son innocence
» a grand besoin d'ayde et prompt secours. Sur cela, il a pleu à monseigneur
» l'électeur palatin et pareillement à messieurs de Berne d'en écrire très-
» affectueusement et par ambassadeurs exprès, lesquels toutefois, pour ce
» coup, n'y ont grandement profité, ayant ceux qui la tourmentent conceu
» quelque espoir, comme il est à présumer, de la faire fleschir avec la lon-
» gueur du temps et du maulvais traictement, tant pour consentir à leur
» religion, que pour s'accorder au mariage qu'ils lui présenteront; en quoy
» j'espère qu'ils se trouveront trompés. Cependant la povre dame, contre
» Dieu et raison, est réduite en une extrémité telle que pouvez penser, et
» pour ce que nous savons pour certain que, s'il y a prince, en Allemagne,
» à qui son Altesse desire gratifier, c'est monseigneur l'électeur de Saxe,

» voilà pourquoy nous tous qui sommes restés des serviteurs de toute ceste
» tant désolée maison, nous adressons à Vostre Excellence pour la suplier,
» suyvant le zèle que vous portez à la gloire du Seigneur et l'affection
» qu'avez tousjours montrée aux affligez, qu'il vous plaise, s'il est possible,
» obtenir lettres de faveur de mondit seigneur à Son Altesse, par le meilleur
» moyen que sçaurez bien choisir, desquelles lettres nous vous envoyons
» une minute, non pour rien prescrire à mondit seigneur, mais seulement
» afin que l'équité de la demande et nostre intention soient tant mieux
» entendues. En quoi faisant, outre ce qu'aurez fait chose digne de vous et
» agréable à Dieu, vous aurez obligé de plus en plus une dame telle que la
» cognoissez, l'ayant retirée comme de la mort, ensemble toute cette maison
» tant indignement traitée, voire toute l'Église de Dieu, qui, à bon droit,
» s'estimera soulagée en icelle, comme maintenant elle participe à ses
» afflictions. Sur quoy, monseigneur, je prie nostre bon Dieu et Père vou-
» loir maintenir Vostre Excellence en sa saincte protection et vous ottroyer
» le plein accomplissement de vos bons et saincts desirs.

» De Genève, ce 25 de may 1573. »

§ 2.

Lettre de Th. de Bèze à la duchesse de Savoie. 1573.
(Bibl. de Genève, mss., vol. 117.)

« ... Pour la fin, madame, je vous supplieraitrès-humblement d'avoir
» pour recommandée l'innocence des pauvres prisonniers pour la religion,
» entre lesquels est madame l'amiralle, dame douée de tant de vertus et dons
» de Dieu très-rares, que, s'il plaisoit à Dieu de faire ceste grâce à Son
» Altesse de la bien cognoistre, tant s'en faudroit qu'il pût estre persuadé
» par aulcun de luy faire souffrir de telles rigueurs, qu'au contraire il l'es-
» timeroit comme un des plus riches joyaux de ses pays. Je sçay qu'on luy
» a faict entendre qu'elle prétendoit à quelque mariage avec un seigneur
» estranger, et mesme que j'en estois l'entremetteur, ce qui a pu enaigrir
» Son Altesse envers elle; mais je vous puis attester, devant Dieu, comme
» la vérité est, qu'oncques je n'y pensai, et n'estime pas que la pauvre
» dame, au milieu de telles afflictions, y eust pensé; et pour le moins puis-je
» dire, témoin nostre Dieu, que je ne sçay ce que c'est, et que quiconque a
» faict ce rapport luy a faict grand tort. Et quant au précédent mariage, je
» ne nie pas que je n'y aye aydé, comme il a pleu à Dieu, en quoy tant s'en
» fault que je pense avoir conseillé chose à ladicte dame qui fust pour préju-
» dicier à Son Altesse, ni qui luy deust apporter mescontentement; qu'au
» contraire je m'asseure que, s'il eût pleu à Dieu conserver monsieur l'ami-
» ral au rang qu'il méritoit, Son Altesse ne se fust jamais repentie de ceste
» alliance faicte entre ses subjets originaires. Voilà pourquoy, madame,
» sçachant son innocence, quant à sa personne, et, mieulx encore, quant à

» la cause de religion pour laquelle elle souffre, je vous supplie très-hum-
» blement de l'avoir pour recommandée. Et, sur cela, vostre bonté me donne
» hardiesse de passer encores plus oultre et vous advertir, pour l'honneur
» de Dieu et de vostre grandeur, que vous ne soyez cause, sans y penser, et
» mesme luy pensant ayder, du plus grand mal qui luy sçauroit jamais
» advenir, à sçavoir qu'elle face ne die chose qui soit contre la conscience,
» ce qui vous seroit, pour certain, imputé de Dieu, et mettroit la pauvre
» dame en un estat beaucoup pire qu'elle n'est et qu'elle ne sçauroit jamais
» estre réduite par les hommes. »

XV

§ 1.

L'avoyer et le conseil de Berne au duc de Savoie. 5 juin 1573.
(*Weltsches Missiven Buch der Statt Bern*, vol. E, p. 383, 384.)

« Très-illustre, etc., etc., nous avons receu voz lettres responsives à celles
» par nous escriptes à Vostre Altesse, en faveur de Mme d'Entremont, sei-
» gneurs d'Andelot, Chastillon, et de Cornaton, de mesme aussy entendu
» la relation que nous a faicte le seigneur de Bonstetten, gentilhomme à ces
» fins délégué devers Vostre Altesse, de sa négociation, et en oultre veu les
» bénignes responces à luy faites sur ce qu'il vous ha proposé de nostre
» part, desquelles bien humblement vous remercions, ne doubtant point que
» tout ce que Vostre Altesse ha faict jusques à cette heure, tant à l'endroit
» de Mme d'Entremont que des seigneurs de Chastillon et Andelot, pour le
» regard de leurs biens saisis, ce ne soit pour certaines considérations en la
» cognoissance desquelles ne voulons aulcunement entrer. Si avons néant-
» moings, par grande commisération qu'avons desdits dame et seigneurs, à
» ceste seule cause derechef pris occasion de prier, en premier lieu, Vostre
» Altesse ne prendre à desplaisir nostre importune témérité, ains que luy
» plaise, pour l'amour de nous, remettre en liberté ladite dame d'Entremont,
» sans aulcunement permettre qu'elle soit forcée en sa conscience, obliant
» toutes les choses desquelles Vostredite Altesse se pourroit cy-devant estre
» offensée d'elle, luy permettant libre habitation et jouissance de ses terres
» et seigneuries. En semblable, prions aussy Vostre Altesse de vouloir faire
» lever les saisies qui ont esté mises sur les biens de feu monsieur l'Admiral,
» et en laisser la jouissance d'iceulx à MM. de Chastillon et Andelot; ou
» en cas que Vostre Altesse ne trouvast bon de ce faire, prévoyant ou crai-
» gnant qu'ils n'en usent contre vostre volonté ou intention, pour le moins
» remettre et donner le revenu d'iceulx à Mme de Telligny, fille dudit seigneur
» admiral, laquelle on ne peut soupçonner qu'elle en peut mésuser, et que
» c'est si peu, que les ungs ny les aultres n'en peuvent de beaucoup préva-

» loir; nous confiant du tout que Vostre Altesse nous accordera, pour ce
» coup, ceste nostre requeste et gratifiera tant lesdicts dame et seigneurs,
» que aultres personnaiges pour lesquelz précédemment avons intercédé en-
» vers Vostre Altesse, au nombre desquelz est aussy le seigneur de Cornaton,
» suyvant ce que plus à plein vous dira le seigneur Wurstenberger, nostre
» conseiller privé, présent porteur, auquel en avons donné charge plus
» ample; sur quoy nous reposantz, en attendant de Vostre Altesse bénigne
» gratiffication, prierons cependant nostre bon Dieu, très-illustre, etc., etc.,
» qu'il vous doingt accomplissement de vos haults et vertueux désirs.
 » De Berne, ce 5 de juin 1573.

» L'Advoyer et Conseil de la ville de Berne. »

§ 2.

L'avoyer et le conseil de Berne à la duchesse de Savoie. 5 juin 1573.
(*Weltsches Missiven Buch der Statt Bern*, vol. E, p. 384, 385.)

« Très-illustre, etc., etc., nous avons receu voz lettres responsives à
» celles qu'avons escriptes à Vostre Excellence, en faveur de Mme d'Entre-
» mont, MM. d'Andelot, Chastillon, et du seigneur de Cornaton, et tant du
» contenu d'icelles, que par le rapport que nous a faict le seigneur de Bon-
» stetten, nostre délégué vers vous, entendu la bonne affection et volonté de
» laquelle vous estes démonstrée, ensemble les ofres que nous avez faictz, à
» l'endroict dudit personnaige, de quoy bien humblement remercions Vostre
» Excellence, ayant par ce prins occasion (sur plus forte instance à nous
» faicte auxdits noms), nous adresser derechef à l'Excellence de Mgr le duc
» de Savoye, nostre très-honoré seigneur, allié et confédéré, avec humble
» requeste de vouloir pardonner nostre téméraire importunité, et, pour
» l'amour de nous, remettre ladite dame d'Entremont en liberté, luy per-
» mettant libre jouissance et habitation dans ses terres; de mesme aussy
» hoster la saisie des biens desdits seigneurs d'Andelot, Chastillon et de
» Cornaton, suyvant ce qui plus à plein sera remonstré par le seigneur
» Wurstenberger, nostre conseiller, auquel, pour ce faict avons donné charge
» et instruction; priant de mesme aussy Vostre Excellence qu'elle veuille
» avoir commisération et pitié desdits dame et seigneurs, et pour respect de
» nous, intercéder à ce que tant eulx que nous, puissions obtenir les fins
» requises, en quoy Vostre Excellence nous obligera de tant plus de hum-
» blement le recognoistre, et de servir d'aussy bon cœur, que présentons à
» Vostre Excellence noz humbles recommandations; priant nostre bon Dieu,
» très-illustre, etc., etc., qu'il vous doingt l'accomplissement de vos heu-
» reux désirs.
 » De Berne, ce 5e de juin 1573.

» L'Advoyer et Conseil de la ville de Berne. »

Il fut encore écrit, dans le même sens, à la duchesse de Savoie par les autorités bernoises, le 22 septembre 1573. (Archives de Berne, *Weltsches Missiven Buch.*, vol. F., f°s 27, 28.)

XVI

§ 1.

Lettre de Chastillon et d'Andelot à l'avoyer et au conseil de Berne. 1ᵉʳ août 1573.
(Archives de Berne, *Frankreich*, vol. 3.)

« Nobles, puissans et magnifiques seigneurs, par la lecture des lettres
» qu'il a plû à Vos Excellences nous envoyer, avec les copies, tant de la
» requeste présentée à Son Altesse, de la part des gentilshommes prison-
» niers au chasteau de Miolans, comme des lettres à vous escrites par Leurs
» Altesses, nous avons, ainsi que tousjours auparavant, cogneu le très-grand
» soin qu'il vous plaist continuer pour nostre bien et advancement de nos
» affaires, de quoy très-humblement mercions Vos Excellences, auxquelles
» demeurerons perpétuellement obligés, selon que le méritent tant de plai-
» sirs, bienfaits et faveurs qu'en avons receu et recevons continuellement, en
» nostre calamité extrême, pour leur en rendre humble obéissance et service.
» Que si Dieu, par vos moyens, nobles, puissans et magnifiques seigneurs,
» fait ceste grâce à madame l'admiralle d'estre remise en telle liberté, qu'elle
» mesme vous puisse tesmoigner le sentiment qu'elle a de pareille obliga-
» tion, nous supplions aussy Vos Excellences croire que la trouverez dame
» bien digne, pour laquelle ayez travaillé et pris tant de peine. Et, quant à
» nostre particulier, nous espérons, cheminant toujours, à l'exemple de nos
» très-honorés père et oncle, en l'amour et crainte de Dieu, comme il nous
» en donnera la grâce, et en l'estude de la vertu, faire paroistre à Vos Excel-
» lences que nous sommes les vrais enfans d'un père qui a, toute sa vie,
» esté très-affectionné au bien de l'Église et à la grandeur de vostre Estat,
» bien asseurez que persévérerez à nous aimer, maintenir et défendre, selon
» vos bontés accoustumées, et en ceste asseurance, baisons bien humblement
» les mains de Vos Excellences; nobles, puissans et magnifiques seigneurs,
» prions nostre Dieu vouloir de plus en plus accroistre la grandeur de vos-
» tre Estat, pour le soulagement des pauvres afligés et le maintien de ses
» églises.
» A Basle, ce 1ᵉʳ août 1573.
» Les très-humbles et affectionnés serviteurs de Vos Excellences,

» CHASTILLON.   ANDELOT. »

APPENDICE.

§ 2.

Lettre des mêmes aux mêmes. 23 octobre 1573. (Archives de Berne, *Frankreich*, vol. 3.)

« Nobles, puissans et magnifiques seigneurs, la continuation de la misère
» qui, de longtemps, presse madame l'amiralle, nous contraint d'estre im-
» portuns envers Vos Excellences, pour les supplier qu'il leur plaise, encore
» cette fois, employer leur faveur et moyen pour obtenir de Son Altesse une
» pleine délivrance de ceste vertueuse dame, laquelle a, jusques ici, avec la
» grâce de Dieu, si bien combattu, qu'elle ne s'est aucunement souillée. Nous
» ne pouvons user de meilleurs argumens pour vous émouvoir à ce dernier
» office de charité, que en proposant à Vos Excellences la grandeur de
» l'affliction, la longueur du temps, la fragilité de l'homme, les tentations
» continuelles, et l'innocence de la pauvre dame. Ce secours qu'elle recevra
» de Vosdites Excellences sera tellement signalé, que leur réputation,
» laquelle est étendue par toute la chrestienté, en aura un très-grand
» accroissement. Il n'est icy besoin vous rafreschir la mémoire, nobles,
» puissans et magnifiques seigneurs, de l'entière affection de feu monsieur
» l'amiral, nostre père, à l'estat de vostre seigneurie, le devoir des grands au
» soulagement des oppressés, la charité chrestienne qui oblige tant estroi-
» tement les membres de Christ les uns aux autres, et encores vostre tant
» louable et vertueuse constance de subvenir libéralement à tous calami-
» teux, comme jà, souventes fois, l'avons heureusement expérimenté, et de
» quoy nous demeurerons très-redevables et obligés. Car les effets de vostre
» grande bonté et libéralité sont si évidens et continuels, qu'on ne peut
» aucunement douter de vostre affectueuse inclination et prompt secours à
» tous affligés, et mesmement pour une telle cause comme est celle qui se
» présente.
» Que s'il plaist à Vos Excellences faire une nouvelle dépesche à Son
» Altesse, suivant la nécessité présente, nous les supplions croire que ma-
» dame l'amiralle recognoistra tellement le labeur de celui qu'il vous plaira
» députer, qu'il en aura contentement, et, à faute de ce, nous prenons
» sur nous mesmes la recognoissance à laquelle ne manquerons. Il nous
» fasche grandement de vous estre si souvent importuns, et mesmement
» quand nous considérons les frais qu'il a plû à Vos Excellences avancer
» cy-devant, auxquels nous serons tousjours prests de satisfaire; et cepen-
» dant aurons continuellement mémoire de vos bienfaits pour en sentir
» l'obligation envers Vos Excellences, auxquelles rendrons à jamais le bien
» humble et affectionné service que leur devons, comme à présent les sup-
» plions, nobles, puissans et magnifiques seigneurs, recevoir nos très-
» humbles recommandations par lesquelles nous saluons leurs bonnes

» grâces, priant Dieu leur accroistre de plus en plus toute puissance et
» grandeur, pour la gloire de son nom et la conservation des bons.
» De Basle, ce 23 d'octobre 1573.
» Les très-humbles et très-affectionnés serviteurs de Vos Excellences,

» CHASTILLON.   ANDELOT. »

XVII

§ 1.

Jacqueline d'Entremonts à sa mère. 15 mars 1574.
(Archivio generale del regno. Torino.)

« Madame, je vous mercie très-humblement de la femme que m'avez
» envoyée, de laquelle j'ai esté plus aise pour sçavoir de vos nouvelles que
» pour service que j'en eusse ; car ce que je fais ma cuisine, et pour ne pou-
» voir demeurer sans faire quelque chose et ne pouvoir tout le jour coudre
» et demeurer assise, car quand j'eusse eu opinion de poison, j'eusse eu
» autant d'occasion de le craindre du pain, vin, qu'en la cuisine, et toutefois
» en cela n'y avoit-il point de remède ; aussi que j'estime Son Altesse avoir
» assez d'autorité, quand il luy plaira me faire mourir autrement, et M. de
» Rivoire estre si homme de bien, que, pour prières d'autres, il ne le vou-
» droit faire.

» Je ne peux sçavoir quel mécontentement Son Altesse peut avoir contre
» moy, qui aye esté l'occasion de me faire transmarcher à Nice, comme vous,
» madame, m'escrivez. Que si il luy eût pleu me faire cet honneur de m'en
» faire dire la moindre chose du monde, je m'assure que je me fusse justifiée,
» ou eusse fait telle amende et satisfaction, si j'eusse failli, qu'il eût esté
» content de moy. Aussi, madame, pour ce qu'en toutes vos lettres vous
» me commandez l'obéissance de mon prince, vous ne trouverés mauvais si
» je vous souviens du désir que j'en ai eu toute ma vie, et que ceste seule
» intention est cause que je suis en ce lieu, aïant mieux aimé souffrir travail
» pour avoir sa bonne grâce, que de demeurer libre, luy donnant occasion
» de mécontentement. Aussy que je pourrai fort facilement obéir aux com-
» mandemens de Son Altesse, puisque jamais je n'ay peu sçavoir, aïant plus
» d'un an que je suis en prison, ce qui luy plaist que je fasse, ni pourquoi
» je suis détenue, que toutefois j'estime que c'est juste punition et jugement
» de Dieu, lequel m'a voulu châtier de ce que je confesse avoir préféré la
» bonne grâce de Son Altesse à son service et mon salut, ayant, à Nice et à
» Turin, accordé de faire ce que maintenant, pour mourir, je ne consen-
» tirais ; car qui ne m'eût voulu contraindre de marier, j'accordois le reste ;
» mesme que j'avois prié à M. Legni de répondre à Son Altesse pour moi
» que je ne bougerois de la suite de madame Sérénissime et de vostre com-

» pagnie, obligeant audit M. de Legni tous mes biens, mon honneur et ma
» vie; mais Dieu m'a fait la grâce que monseigneur ne l'a voulu prendre
» pour répondant, comme il m'a dit, et que cependant voyant qu'il estime
» du tout impossible d'avoir la bonne grâce de Son Altesse, qui entre tous
» mes tourmens est le plus grand, je me suis résolue, pour le peu que j'ai
» plus à vivre, d'estre plus contente en ma prison, que, libre, faire contre ma
» conscience; aussi que je ne peux estimer liberté là où il y aura tant de
» méfiance de moy, qu'il faille que autre réponde que ma parole, laquelle,
» pour mourir, je ne voudrois fausser.

» Je vous supplie très-humblement, madame, vous resjouir et conserver
» vostre santé, seul contentement qui me reste, en ce monde.

» De mon estat j'ay gardé, six semaines, un apostème à la gorge, que le
» barbier m'a percé. J'ay, avec la toux et courte haleine, jeté du sang qui,
» je pense, vient du poumon. Je me suis fait rompre une dent, car jamais
» l'on ne me l'a pu arracher, si enracinée elle estoit, combien que par quatre
» fois l'on y aye essayé. J'ay encore une extrême douleur à ladite dent,
» oreille et tête avec un bien grand tournoiement et faiblesse. Il me faut,
» tous les jours, plus de parfums et poudre au soir et matin, après le repas.
» Je fais tout ce que l'on veut, non pour crainte de la mort, mais afin que
» l'on ne m'appelle opiniâtre, ou que l'on ne pense que, par désespoir, j'ay
» voulu avancer mes jours ; car jamais je ne me plaindrai de ce que Dieu
» aura ordonné et que mon prince commandera, me contentant du tout,
» pourvu que je sois assurée de vostre santé, que je désire plus que ma vie,
» et laquelle je prie à Nostre-Seigneur vous conserver par longues années,
» et donner, madame, très-heureux et parfait contentement.

» Du chasteau de Nice, ce 15 mars.

» Vostre très-humble et très-hobéissante fille, la prisonnière,

» J. D. »

§ 2.

Jacqueline d'Entremonts à la duchesse de Savoie. 12 avril 1574.
(Archivio generale del regno. Torino.)

« Madame, combien qu'il ne me soit permis d'écrire qu'à monseigneur
» est-ce que j'ay fait requeste à monsieur le gouverneur, que j'envoie cette
» avec celle de Son Altesse, pour supplier très-humblement la Vostre,
» madame, que me fassiés ce bien é œuvre de charité, d'impétrer de mon-
» seigneur, devant que de mourir, que je puisse voir ma mère é ma fille,
» é qu'à l'aller ou bien au retour, me remettant après où il lui plaira, je
» puisse encore une fois beser les mains de Vostre Altesse et de monseigneur
» vostre fils, é après je mourray contente é prieray Dieu, madame, qu'il
» donne à Voz Altesses très-longue et heureuse vie.

» De la prison du chasteau de Nice, ce 12 avril. »

§ 3.

Jacqueline d'Entremonts au duc de Savoie. 12 avril 1574.
(Archivio generale del regno. Torino.)

« Monseigneur, estant continuellement malade, j'ay pris la hardiesse de
» suplier très-humblement Vostre Altesse me faire ceste grâce, avant que
» de mourir, que je puisse voir ma mère et ma fille, avec telles gardes qu'il
» plaira à Vostre Altesse me donner, é les aïant veu et dit adieu, me fera
» ramener là où il vous plaira, pour finir mes jours et prier Dieu pour la
» prospérité et grandeur de Vostre Altesse, et qu'il lui fasse cognoistre la
» trop, s'il se peut dire, extrême affection que j'ai eu au service de Vostre
» Altesse, la bonne grâce duquel j'ay préféré à toutes choses terriennes,
» mesme à ma liberté, ce que je ne voudrois fût à faire, car au moins après
» ma mort, mon hobéissance et fidélité vous estant cogneue, Vostre Altesse
» m'estimera autre que l'on ne vous donne à entendre. Je prierai Dieu, mon-
» seigneur, donner à Vostre Altesse très-parfaite santé, très-longue et heu-
» reuse vie.

» De vostre prison de Nisse, ce 12 avril. »

§ 4.

Jacqueline d'Entremonts à sa mère. 26 juillet 1574.
(Archivio generale del regno. Torino.)

« Madame, je loue Dieu, puisqu'en mon affliction extrême je peus estre
» sertaine de vostre santé, seul contentement qui me reste en ce monde, é
» que je désire plus que de ma fille, laquelle, sans le contentement que me
» mandés qu'elle vous donne, j'estimerois plus heureuse avec Dieu, considé-
» rant les misères et calamités de ceste vie en laquelle, puisqu'il plaît à
» Dieu de me réserver, je luy suplie que ce soit après son servisse, pour
» vous en pouvoir faire é que je puisse vous voir, puis je mourrai contente.
» Je vous envoye de mon filet, ne m'estant resté autre passe-temps que ma
» cologne, é avec la permission et en la présence de monsieur le gouverneur.
» Par ceste je vous dirai comme ma santé est trop bonne, au regard de mes
» travaux auxquels Dieu mettra fin quand il sera temps. Cependant je luy
» suplie, madame, qu'il vous donne très-heureuse, longue et contante vie

» De Nisse, le 26 de juillet.

» Vostre très-humble et très-obéissante fille,

» JACQUELINE DANTREMONS. »

XVIII

Memoria à M. N. G. de Sassonia delle cose della contessa d'Entremontz, ammiraglia. 19 juin 1574. (Archivio generale del regno. Torino.)

« Prima, farete sapere a sua Alt. che desirando noi di provedere a detta
» contessa d'Entremontz delle principali vasalle nostre in Savoia di partito
» convenevole e di persona qualificata, vivendo ancora il padre, facessimo
» dire di dargli per marito M.re di Cavorra, cavagliere di nostro ordine,
» il quale ha quanto honore di appartenere et porta le arme et il nome di
» casa nostra, et doppo havergline fatto parlare assai volte et tenendole la
» cosa in speranza, noi stessi due volte, trovandosi in Savoia, volessimo
» saperne la sua intenzione, la quale se bene in apparenze mostrava di voler
» far quanto la ricercavamo ogni hora che havesse voglia di maritarsi, et
» che non se maritarebbe mai che non fosse con buon voler et consentimento
» nostro. Pure al fin dopo essersi burlata di noi et mancato tante volte alle
» promesse fatte ci, si maritò col fù ammiraglio Chastiglione, senza saputa
» et voler nostro, contro gl'ordini et editti nostri. Di ciò tutto come ben
» istrutto ne farete ben capace l'Altezza sua, a fine che s'accorga con quanta
» buona intenzione noi vi procedevamo per et beneficio et consento di lei,
» et all' incontro essa contessa con ogni malitia et cautelosamente.

» Dappoi morto che fù l'ammiraglio suo marito, la contessa d'Entremontz
» doaeira et madre di lei me supplicò di voglerle permettere et dar licenza
» de poter ritirare quella povera smarrita et persa, usando di simili parole
» parlando della figliuola, il che come buon principe gli concedessimo,
» mandandogli che dovesse rispondere della detta ammiraglia sua figliuola
» che per l'avenir non si maritarebbe senza nostra licenza, ne machinarebbe
» cosa che potesse portar prejudizio nè alla nostra dignità nè alli nostri stati.
» Che volendo la madre caricarsi di detta sua figliuola conoscendo la portata
» di lei et dubitando che sicome gl'haveva fatto un mal tiro la prima volta
» in maritarsi contro sua voglia et saputa, non gli facesse ancora il secondo,
» et fue più solenne di che per qualche pratiche nuove che si facevasse ella
» haveva paura, supplicò il nostro consiglio di stato in Savoia prima, et
» dapoi noi, che la facessimo levar d'appresso di lei e dal carico suo et
» condurre qui in Piemonte. Il che fù fatto con ogni modestia et honestade,
» come sapete.

» Subito che detta ammiraglia fù giunta nel castello di Nizza ne fece
» dire che lei non era stata della religione se non fintamente, et che nell' in-
» trinseco del suo cuore era stata buona catolica. Et per questo ne sup-
» plicava di andare alla messa come gl' altri et far questo che faceva tutti
» gl' atti che s' usano secundo la religione romana. Al che noi rispondes-
» simo che non l' havevamo fatta detenere per conto di religione ma solo

» per conto dì stato, per assicurare il nostro servicio et accioche non potesse
» per l' avvenire farne di quelle burle che già altre volte ne haveva fatte,
» et che quanto alla conscienza, lei la governasse à modo suo.

» Dall' à pochi giorni essendo noi in Torino, ne scrisse che si abgiurarebbe
» nelle mani del Vescovo di Nizza fra tre giorni et cio pensando de farci
» cosa grata. Sopra di che non volessimo però commandarli cosa alcuna,
» lasciandola sempre quant' alla sua conscienza in sua libertade.

» Dopo questo essa ammiraglia alle sue grandissime preghiere et istanza
» fù condotta qui in Torino, et le fù data commodità di vedere madama la
» duchessa mia moglie et noi ancora usandogla ogni humanità et clemenza.
» Et al quel tempo le demandò à grandissime preghiere che gli fosse con-
» cesso di poter trattare con qualche buon teologo. Et con queste finte si
» intese et scoperse che lei trattava di fugirsene dalli stati nostri et mari-
» tarsi di nuovo in gente straniera contro la forma di nostri editti et ordini
» et contre le promesse da lei tante volte fatte et rotte. Per il che siamo
» stati costretti per causa di stato et per conservare la nostra riputazione
» di farla rimanare di nuovo à Nizza accioche non ci possa fare delle sue
» burle solite, come altre volte ha fatte; ricevendo però detta ammiraglia
» nel resto ogni commodità et buon trattamento. »

XIX

Les égards dont l'avoyer de Mulinen entoura, à Berne, la famille de Coligny, et le zèle désintéressé avec lequel il soutint ses droits, vis-à-vis des cours de France et de Savoie, au risque d'indisposer contre lui Charles IX et son ambassadeur, aussi bien que Philibert-Emmanuel, sont une réponse suffisante aux insinuations que se permit, sur l'intégrité de cet homme recommandable, dix-huit jours avant la Saint-Barthélemy, l'agent diplomatique français qui résidait alors en Suisse. Il tenait à son souverain, dans un document du 6 août 1572, intitulé : *Points sur lesquels l'ambassadeur demande les ordres du roy* (Bibl. nat., mss. f. fr., vol. 16,041, f° 15), le langage suivant :

» Sa Majesté n'est pas ignorante de quelle importance est au bien de ses
» affaires d'avoir le canton de Berne favorable, en quoy peut surtout servir
» de tenir les advoiers, ou pour le moing l'un d'eux affectionné et obligé...
» Il y a le sieur de Melunes (de Mulinen) qui est advoier et beau-frère de
» l'autre advoier, et au reste apparenté des meilleures maisons dudit can-
» ton, lequel, en toutes choses, fait grande démonstration de desirer l'avan-
» cement du service de Sa Majesté. Il est vrai qu'il ne demande pas ouver-
» tement, mais il se laisse bien entendre que, si le roy lui faisoit quelque
» présent, pour les derniers secours qu'il luy a faits, tant à faire accorder
» le prest de L... et la prolongation du paiement d'iceluy, que pour avoir

» empesché la levée poursuivie par Mᵍʳ de Savoye, il l'auroit de tant plus
» agréable, que n'est guères riche, et néantmoins chargé de dix ou douze
» enfans, dont y a plusieurs filles à marier; ce qu'il nous a semblé devoir
» faire entendre à Sa Majesté, pour y faire la considération qu'elle verra
» estre pour le bien de ses affaires. »

XX

Articles présentés par les protestants du midi de la France. 24-25 août 1573.
(*Mém. de l'estat de France soubs Charles IX*, t. II, p. 554 à 567. — La Popelinière,
Hist., t. II, liv. XXXVI, fᵒˢ 186 et suiv.)

« Sire, nous, vicomtes, barons, gentilshommes et autres soussignez, fai-
» sant profession de la religion réformée, tant de nostre nom particulière-
» ment et de nos adhérens, que comme députez par les églises réformées
» de Guyenne, Vivarez, Gévaudan, séneschaussée de Thoulouse, Auvergne,
» haute et basse Marche, Quercy, Périgord, Limosin, Agénois, Armignac,
» Cominges, Conserans, Bigorre, Albret, Foix, Laurageois, Albigeois, pays
» de Castres et Ville-Langues, Mirepoix, Carcassonne et autres pays et pro-
» vinces adjaccentes ensemble, par la permission et sous les saufs-conduits
» de Monsieur, roy de Pologne, frère de Vostre Majesté, en la ville de Mon-
» tauban. Après avoir veu plusieurs lettres missives de Vostre Majesté,
» contenant déclaration de sa bonne intention et volonté à restablir et
» maintenir une bonne forme de paix en ce royaume, rendre les devoirs de
» vostre royal office à tous vos sujets : commençant à ceux de la religion,
» lesquels Vostre Majesté veut et entend embrasser et traiter ; desirant en
» toute faveur et protection de liberté et droits de bons et naturels sujets,
» pourvoir par raison et droiture à la requeste qui par eux sera faite
» et présentée très-humblement à Vostre Majesté, sur toutes les particula-
» ritez qui leur sembleront estre nécessaires à l'entretenement d'une vraye et
» entière paix : protestant en cest effet, supplions très-humblement, de tout
» nostre cœur, ce qui s'en suit, sur les instances et réitérées promesses de
» Monsieur, vostre frère, roy de Pologne.

» Premièrement, nous protestons devant Dieu et ses anges, qu'il n'est
» jamais entré en nostre cœur, avant ces derniers troubles ou depuis, d'oster
» ou soustraire à Vostre Majesté nos devoirs de très-humbles, très-obéissans
» et fidèles sujets ; ains, d'une vraye amour et ferme loyauté de sujets, avons
» tousjours reconnu et reconnaissons que telle est nostre vocation et con-
» dition naturelle de par Dieu, de rendre à Vostre Majesté toutes choses
» deues par les fidèles sujets à leur roy et souverain seigneur. Que si Vostre
» Majesté a prins à desplaisir ce que par nous a esté faict, dit, protesté et
» exécuté depuis le mois d'août 1572 jusques à présent, nous la supplions
» très-humblement se souvenir de vos lettres du 24ᵉ dudit mois d'août, et

» mettre en vostre très-sage considération les très-justes occasions qui nous
» ont incité et mis en toute force et contraincts les armes en main, avec
» toutes autres choses requises à une juste et nécessaire défense. Tournez
» vos yeux vers ces pauvres deffunts, massacrés et exécutés cruellement
» à mort, en plusieurs villes de vostre royaume, sous prétexte de con-
» spiration, et toutefois en haine de la religion réformée; et regardez au
» petit résidu eschappé des massacres, avec une vraye componction de père
» de patrie; entrez en vous même, contemplez profondément et entientive-
» ment les bénéfices que Vostre Majesté reçoit de la singulière et admirable
» bonté de Dieu : et là-dessus vous vous esmerveillerez avec nous, tant de
» nostre conservation, que de ceste ouverture de paix en vostre royaume,
» tout ainsi que feroit un bon père de famille en la maison, quand, après
» avoir vu massacrer, en sa face, aucuns de ses enfans naturels, en mani-
» feste dangier d'entière ruine, il voit remettre, par la grâce de Dieu, tout
» le résidu de ses enfans, avec sa maison, en un bon et seur estat. Que si
» l'on trouve mauvais et indigne de vostre royale grandeur, de faire ouverte
» signification et protestation d'un tel regret, ce seroit, sous correction,
» faire encore plus de tort, premièrement à Dieu, puis à vostre conscience,
» à vostre honneur et sincérité, à vostre justice et royal office, et jetter sur
» vos sujets de la religion, tant massacrez que vivans, un perpétuel oppro-
» bre, accompagné de reproche de prétendue réformation, conspiration et
» rebellion ; à quoy nous avons à penser sur toutes choses qui nous sont
» nécessaires, après le service de Dieu. Car aussi, par mesme moyen, l'on
» justifieroit en clairs termes et ouvertement, tant les autheurs que les exé-
» cuteurs des massacres, ce qui nous seroit reprochable et impossible à
» dissimuler.

» Et partant, pour le premier article de nostre requeste nous tenans à
» vostre lettre du 24e aoust, nous supplions très-humblement Vostre Majesté,
» suyvant les traces qui en furent commencées, sur la blessure du feu comte
» de Coligny, amiral de France, selon le narré de vostredite lettre, de faire
» justice exemplaire desdits massacres, par juges spécialement commis,
» non suspects, en égal et pareil nombre des deux religions, à savoir autres
» que des cours de parlement et présidiales, de Paris, Thoulouze, Bour-
» deaux, Rouen, Orléans et Lyon, desquelles les principaux présidens et
» conseillers sont réputés avoir esté les fauteurs et approbateurs et consul-
» teurs desdits massacres de ceux qui ont esté exécutez en leurs villes,
» mesme en vos prisons et couvens. Et le plus tost que faire se pourra,
» députer et ordonner lesdits juges partout où besoin sera : leur enjoignant,
» sur grandes peines, y procéder promptement, diligemment et rondement,
» sans support, connivence ni dissimulation de justice. Or, par là Vostre
» Majesté commencera à arracher des cœurs de vosdits sujets de la reli-
» gion la juste et grande défiance qu'ils ont conçue de se voir livrez et
» abandonnez à la cruauté des massacreurs, et reprendront plus tost en
» seureté l'occasion de se fier en vostre simple parole et promesse.

» Aussy vostre Majesté se souviendra, s'il luy plaist, qu'en certaines
» lettres de mandement et déclaration envoyées aux gouverneurs et vos

» lieutenans par les provinces, ès mois de septembre, octobre et décembre,
» est réservée la punition de ceux qui se trouveront chargez de la conspira-
» tion prétendue contre vostre personne, et des intelligences, menées et
» conduites faites durant la dernière paix : qui pourroit estre cause que, sous
» ce faux prétexte de conspiration, nous ou aucun de nous seroient à l'ave-
» nir recerchez et molestez en ce royaume, soit par voye de justice, ou au-
» trement. Pour obvier à telles calomnies et oppressions, plaira à Vostre
» Majesté révoquer en termes exprès ladite conspiration, et déclarer qu'elle
» nous tient, connaît et répute tousjours pour ses fidèles sujets, innocens
» et incoupables de toute conspiration et rebellion. Que inhibitions seront
» faites à vos advocats et procureurs généraux, leurs substituts et tous
» autres, de faire jamais poursuite ni mention de reproche.

» Que le mesme soit déclaré dudit feu sieur amiral, comte de Laroche-
» foucaut, sieurs de Briquemaut, de Cavagnes, et autres massacrez et exé-
» cutez à mort, pour ladite prétendue conspiration, et tous arretz et juge-
» mens donnez et procédures faites sous ce prétexte contre ceux de ladite
» religion, cassez et déclarez de nul effect et valeur, donnez sous fausse
» calomnie. Déclarant les défunts restituez en leurs bonnes renommées,
» leurs honneurs et leurs biens et droicts et successions, et les enfans, qui
» pour la charge du père défunct se trouveront emprisonnez, soyent prompte-
» ment délivrez et restituez en leurs honneurs et libertez, ès mains de leurs
» plus proches parens. Ordonner que ceux ausquels leurs estats, dignitez
» et offices sujets à finances, qui ont esté donnez, seront tenuz d'en payer
» la finance auxdits, telle qu'elle sera arbitrée par parens et amis communs.

» Et néantmoins que leurs meubles et argent prins leur seront rendus,
» et les détenteurs contraints par toute voye de justice. Que pareillement
» toutes déclarations, ordonnances et réglemens faits contre ceux de la reli-
» gion depuis le 24ᵉ d'aoust seront cassez, révoquez et déclarez de nul effect
» et valeur. Et pour esteindre la mémoire desdits jugemens, arrêts, exécu-
» tion d'iceux, ensemble lesdites déclarations, ordonnances et reiglemens
» soyent rayez et ostez de tous registres des cours, tant souveraines que su-
» balternes, et iceux jugemens, arrêts, exécutions, déclarations, ordonnances
» et reiglemens, estre cassez et effacez. Soyent aussi abattus tous monu-
» mens, marques, vestiges desdites exécutions, avec les livres et actes dif-
» famatoires contre les personnes, mémoire et postérité desdits défunctz
» exécutez. Mesme, en spécial, soyent abolies, supprimées et, tant que be-
» soin est, interdites les processions générales et ordinaires, ordonnées
» tant par arrest du parlement de Thoulouse, en mémoire desdits massacres,
» que par autres arrests de Thoulouse, cassez par arrest de vostre privé
» conseil, touchant la prinse de la maison de ville, aux premiers troubles;
» et le tout fait en la présence de quatre notables personnes, dont deux
» seront de la religion ayant persévéré durant les troubles, les procès-ver-
» baux de la procédure sur ce faits, expédiez, baillez à ceux qui auront
» pour cest effect charge et procuration expresse.

» Qu'il soit déclaré que justement et pour bonne occasion ceux de la re-
» ligion ont prins les armes, résistans et guerroyans en ces derniers trou-

» bles comme contraints pour les violences et forces dont ils ont été atta-
» qués et espouvantez.

» Et d'autant par l'ouye de la parole et discipline ecclésiastique vos su-
» jets sont mieux contenus en office et devoir de toute sujétion, première-
» ment envers Dieu, puis envers Vostre Majesté et tous autres supérieurs
» qu'il vous a pleu leur donner, supplient très-humblement et de toutes
» leurs affections, leur despartir en cest endroict le plus de vostre faveur.
» Et, en ce faisant, ordonner que par concession et perpétuel bénéfice l'exer-
» cice de leur religion et discipline ecclésiastique sera libre à toujours et
» partout en ce royaume, tant public que privé, y comprenant nommément
» la liberté d'honneste sépulture, sans distinction de temps et cimetière
» public, de laquelle plusieurs catholiques ont esmeu souvent des riottes
» grandes et différends, ès villes où n'estoient permis lesdits exercices.
» et toutes exemptions d'exercice de ladite religion ottroyez ès terres et
» villes tant de la royne, vostre très-honorée mère, que de Monsieur, roy
» de Pologne, frère de Vostre Majesté, et autres de vostre souveraineté,
» soyent révoquez et déclarez de nul effect pour l'advenir.

» Et, pour obvier aux soupçons qui, plusieurs fois, ont esté mis au-
» devant, touchant les cueillettes faites et levées entre ceux de la religion,
» du paiement des dismes des lieux où sera fait ledit exercice, mesme
» attendu que les dismes, de leur nature, sont destinez audit ministère,
» que nulz de ceulx de la religion ne seront amenez ni contraintz par vos
» officiers, universitez, collèges et communautés à quelconques cérémonies
« et contributions contraires à leur religion. Et, tant que besoin est, soit
» faite interdiction, mesme à vos cours et universitez, d'exiger en quelque
» endroit de ceux qui sont pourveus en quelque office ou degré les sommes
» accoustumées en l'Église romaine contraire à leurdite religion. Que
» toutes les maisons, rentes et revenus des collèges et escoles destinées à
» l'instruction de la jeunesse, seront censez et tenuz pour affectez à tous-
» jours à vos sujets qui voudront estre receuz sans faire distinction de reli-
» gion, ni pour le receveur et régent, ni pour les disciples et les officiers,
» consuls des villes et lieutenants. Et seront lesdites écoles et collèges tenus
» d'y entretenir recteur et régent des deux religions pour la satisfaction et
» instruction des uns et des autres, sans fraude et partialité.

» Que les mariages des prestres et personnes ecclésiastiques qui sont de
» présent et seront à l'advenir de ladite religion seront déclarez légi-
» times, et de mesme leurs enfans de leurs mariages, tant pour la suc-
» cession que d'autres droits de vraye légitimation. Et tant le père que les
» enfans déclarez capables de leurs offices, estats et administration publique.

» Que la décision des mariages, s'ils sont légitimes ou non, sera faite
» doresnavant par les consistoires et autres assemblées ecclésiastiques de
» ceulx de ladite religion, ou bien par les juges supérieurs de vostre justice
» qui sont ou seront de ladite religion. Que les tuteurs des pupilles, le père
» desquels estoit de la religion, seront tenus les faire instruire et instituer
» en la religion de leur père, au moins jusques en l'âge de puberté, ainsi
» que Vostre Majesté l'a autrefois ordonné.

» Que le mesme bénéfice d'exercice de la religion soit accordé et donné
» aux manans et habitans qui sont de la religion, au comté de Venisse et
» archevêché d'Avignon; et qu'il plaise à Vostre Majesté faire tant envers
» le roy de Navarre, que toutes choses demeurent en Navarre et Béarn au
» mesme estat que la feue royne de Navarre, sa mère, les laissa, au temps
» de son décès; faire aussi envers le pape et archevêque d'Avignon, que
» vostre concession et bon plaisir en cet endroit soit confirmé et approuvé
» en forme deue, spécialement pour la restitution et réintégration de ceux
» dudit comté de Venisse.

» Que les François qui ont porté les armes avec les Béarnois jouyront
» du bien et bénéfice dudit édict.

» Quant à l'administration de la justice, Vostre Majesté, considérant,
» s'il luy plaist, les déportemens de vos cours de parlement contre ceux de
» la religion, spécialement de vostre ville de Thoulouze dont on peut juger
» quelle est et pourra estre à jamais leur intention : à ceste cause, sera
» vostre bon plaisir leur bailler juges non suspects et ordonner, qu'en tous
» les procès d'entre les parties des deux religions, seront jugés, tant en
» civil qu'en criminel, ès instances tant souveraines que subalternes, en
» pareil nombre, dont la moitié soit catholique, et l'autre moitié, de la reli-
» gion. Et où toutes les deux parties seroyent d'une religion, que tous les
» juges pareillement puissent estre prins et mis d'une mesme religion, ostez
» les suspects, et pour cest effect, soit estably une chambre pour le ressort
» de chacun parlement en vos villes paisibles et non suspectes à ceux de la
» religion.

» Que toutes provisions et déclarations obtenues durant ces troubles et
» depuis le 24e d'août dernier par les catholiques, contre les sentences,
» jugemens et arrestz donnez, parties en temps de paix, au profit de ceux
» de la religion, seront révoquez et déclarez de nul effet et valeur comme
» obtenuz par surprise; demeurant lesdits arrestz en leur force et vertu,
» exécutoires suyvant vos ordonnances, encore que ceux qui ont eu lesdits
» arrestz ayent esté ecclésiastiques et de l'Église romaine.

» Que tous les sièges de justice qui ont esté d'ancienneté et paravant ces
» troubles, ès villes présentement tenues par ceux de la religion, et sont
» maintenant, s'ilz ont esté translatez, y soyent restituez et les juges remis
» dès à présent et sans autre formalité en l'exercice de leurs estatz, dignitez
» et offices tant de Vostre Majesté que des sieurs subalternes; et toutes pro-
» visions contraires révoquées, les gaiges et pensions payées, tant du passé
» que pour l'avenir.

. . . .

» Ceulx de la religion seront admis indifféremment aux estats, charges
» et offices, tant de judicature qu'autres, sans restriction de religion.

. . . .

» Quant aux polices, Vostre Majesté peut avoir connu combien, en cet
» endroit, la partialité, différence et distinction des personnes pour la
» religion apporte de désordre et confusion, par toutes les villes et lieux où
» les catholiques surmontent en nombre et authorité ceux de ladite religion,

» les tenant tousjours comme dégradez, indignes et privez des charges et
» administrations politiques. Partant, sera vostre bon plaisir, outre les
» déclarations jà faites par vos édits, quant à la capacité de ceux de ladite
» religion, communication et participation desdites charges, ordonner que
» doresnavant par toutes les villes et lieux de ce royaume, lesdites charges
» seront administrées également entre les catholiques et ceux de ladite
» religion. . . . .

» Que lesdits de la religion demeurent quittes et deschargez de toutes
» assemblées tant générales que particulières, establissement de justice,
» police et règlement entre eux, jugemens et exécution d'iceux, voyages,
» traitez, négociations et contrats faits avec les princes et communautez
» estrangères, et de tous deniers prins de vos finances, recepte, argenterie,
» meubles, dettes, arrérages de rentes et revenus, coupe de bois, vente de
» biens meubles, arrentement des immeubles et droits appartenant aux
» ecclésiastiques et autres catholiques, cotisations et impositions de deniers
» et autres choses susdites, ni pareillement ceux qui les ont baillez et
» fournis ne puissent estre aucunement recerchez pour le présent ni pour
» l'avenir. . . . .

» Demeureront aussi quittes et deschargez lesdits de la religion de tous
» actes d'hostilité, levées et conduites de gens de guerre, fonte et prinse
» d'artillerie et munitions, confection de poudre et salpestre, démantèle-
» ment et démolissement de temples et maisons, fortifications et réparations
» de villes et lieux par eux tenus, et généralement de tout ce qui a esté par
» eux fait et négocié durant lesdits troubles et autres précédens, encore
» qu'il ait peu estre plus particulièrement déclaré, sans que, pour aucune des
» choses susdites et autres advenues ès dits troubles, à eux ni à leur posté-
» rité, en général ou en particulier soit à jamais imputé aucun crime de
» rébellion, de désobéissance et de lèse-majesté, ni leur soit fait aucun
» reproche.
. . . .

» Reste maintenant le point principal, à savoir les moyens d'une vraye
» et juste seureté, pour la tenue, durée et entretien perpétuel et inviolable
» des promesses et ordonnances de Vostre Majesté sur tout ce que dessus,
» par une ferme et perdurable paix. En quoi nous sommes très-marris et
» desplaisans de proposer et demander à Vostre Majesté, par nostre humble
» supplication, les moyens qui nous sont pertinens et raisonnables et à
» vous nécessaires pour establir à jamais une bonne et ferme paix en ce
» royaume. Car nous eussions mieux aymé que tels moyens nous eussent
» esté proposez par vostre bienveillance et faveur paternelle et de vostre
» propre mouvement; mais, puisqu'il plaist à Vostre Majesté nous per-
» mettre et tant honorer de la vous demander, nous supplions très-humble-
» ment vostre bonté, que vostre plaisir soit, pour le bien de vostre estat, le
» repos de vostre esprit, la grandeur et fermeté de cette couronne, bien et
» repos commun de tous vos sujets, contracter union et alliance de nouvelle
» promesse, conjonction et amitié perdurable avec tous les princes, poten-
» tats, républiques d'Allemagne et Suisse, les roines d'Angleterre et d'Ecosse,

» afin de maintenir, d'une commune main, union et consentement, l'union
» tant entre eux et leurs sujets, qu'entre Vostre Majesté et tous vos sujets
» entièrement, tant ceux qui se nomment catholiques, que de la religion
» réformée, et ce, en toutes choses civiles et humaines.

» Que tous lesdits alliez jureront et promettront l'entretenement de ladite
» union, conjonction et amitié, pour la commune conservation de tous en
» l'estat et communion que dessus en toutes choses civiles et humaines, et
» tout ainsi qu'il se feroit si tous estoyent d'une religion, et ce, au destroit
» des pays, terres et seigneuries desdits roys, princes, potentats et répu-
» bliques. Promettront et jureront aussi que, où aucuns desdits seigneurs
» roys, ou leurs successeurs, princes, potentats et républiques entretien-
» dront ladite union, si aucuns violent la foy publique et promesse tant
» desdits alliez que d'entre aucuns de leurs sujets, ceux qui la tiendront
» de leur part pourront contraindre par toutes voyes d'armes les contreve-
» nans. Et mesme seront tenus, à la seule réquisition, à l'intérest des
» observateurs de ceste union, de quelque religion qu'ils soyent. Que Vostre
» Majesté se déportera expressément de toutes ligues et promesses qu'elle
» a faites contre ceux de la religion.

» Que, pour éviter une conspiration de Vespres siciliennes contre ceux
» de la religion en ce royaume, aurons par spécial privilége et permission
» perpétuelle la garde des lieux et villes que nous tenons à présent. Et
» outre, quelques villes de chacune province, telles qu'elles seront avisées
» par huict notables personnages, choisis par deux que Vostre Majesté
» députera et autres que ceux de la religion réformée nommeront.

» Que les garnisons de Votre Majesté soyent logées seulement ès villes
» de frontière et d'ancienne garnison, ou bien au plus loin que faire se
» pourra desdites villes et lieux présentement tenus par ceux de la religion.
» Et que soit en allant ou revenant desdites garnisons, ne pourront loger
» grand nombre de chevaux avec leurs armes, sans le consentement desdits
» de la religion, ains y vivront et se logeront si modestement qu'il n'en
» puisse advenir soupçon ny inconvénient.

» Vostre Majesté prendra en bonne part, s'il vous plaist, d'estre suppliée
» bien humblement que vos gouverneurs et lieutenants généraux qui vien-
» dront passer et visiter lesdites villes que nous tenons présentement pour
» lesdits de la religion, n'y puissent venir forts ny accompagnez que de
» leur train ordinaire et accoustumé en temps de paix; et qu'ils soyent
» admonestez de tellement se comporter ès dites villes et lieux, que ceux de
» la religion n'ayent occasion d'entrer en crainte ny soupçon, et le sem-
» blable soit gardé par ceux de la religion.

» Que rien ne sera desmoli ès dites villes et lieux gardez par ceux de la
» religion de ce qui a esté fait par fortifications, sinon en tant qu'il se trou-
» vera expédient pour leur sûreté, ni leur rien demander ni oster de leurs
» munitions de guerre et armes, soit d'artillerie ou autres.

» Et pour plus grand et meilleur effet de vostre royale authorité et bonne
» volonté à l'endroit de ceux de la religion, et sincère observation des arti-
» cles de ceste paix, nous supplions très-humblement Vostre Majesté, qu'en

» pleine assemblée de vostre conseil privé, premièrement, puis en vostre
» cour de parlement de Paris et pleine audience, par Vostre Majesté, les
» roynes, vos très-honorées mère et épouse, et nos souveraines dames,
» messieurs vos frères, sieurs princes de vostre sang, les sieurs maréchaux
» de France et conseillers de vostre conseil privé, sera confirmé et juré
» l'entretenement d'entière, perpétuelle et fidèle observation des actes de
» cette paix, etc.
» Fait à Montauban, le 24º aoust 1573. »

XXI

Françoise d'Orléans, veuve de Louis de Bourbon, prince de Condé, à de Humières.
28 mai 1575. (Bibl. nat., mss. f. fr., vol. 3,317, f° 16.)

Henri de Bourbon, prince de Condé, vit en Suisse ceux des membres de la famille de Coligny qui y étaient réfugiés. Ce fut probablement, à la suite de renseignements fournis par lui à la veuve de son père sur l'état de gêne des plus jeunes enfants de d'Andelot, que Françoise d'Orléans, dans un louable élan de sympathie pour des orphelins qui tenaient de si près à Louis de Bourbon et à son fils, s'adressa à de Humières, en ces termes :

« J'ay eu si bonne volonté à feu M. d'Andelot, que je ne puis que je ne
» la fasse encore paroistre en l'endroict de ce qui est resté de luy ; qui est
» cause, qu'ayant entendu que vous avez fait faire une saisie sur les terres
» de Picardie qui appartiennent aux enfans qu'il a laissés de sa dernière
» femme, par faulte de devoirs et droicts non faits à vous, duquel elles meu-
» vent en fief, et que depuis icelle saisie vous avez tousjours retenu tous les
» fruicts desdites terres, qui est oster le moyen de pouvoir nourrir lesdits
» enfans, qui en ont bien peu d'autres, j'ay bien voulu vous escrire la pré-
» sente pour vous prier bien fort les vouloir traister, pour l'amour de moi,
» plus doulcement et favorablement, sans continuer d'uzer envers ces petits
» enfans d'aussi extrême droit et rigueur ; considérant que ceste faute a esté
» faicte à cause des fâcheux temps, qui n'ont permis qu'on ait pu créer légi-
» timement des tuteurs à ces mineurs pour vous rendre le debvoir qu'ils
» vous doibvent. Je m'asseure que vous seriez bien marry que par vostre
» moyen ils fussent réduitz à telle extrémité, qu'ils n'eussent de quoy vivre.
» Il faut avoir pitié des orphelins qui n'ont aucune connoissance de l'ordre
» qu'il faut tenir en leurs affaires, pour leur bas âge ; qui fait que je vous
» prie encore de rechef leur vouloir donner main-levée de ces terres, jusques
» à ce qu'ils puissent avoir un tuteur pour vous rendre le debvoir. »

XXII

Assemblée de Milhau. Juillet 1574.
(La Popelinière, *Hist.*, t. II, liv. XXXVIII, fos 231 à 234.)

« Les églises réformées de France, représentées par une assemblée géné-
» rale, tant de ceux de la noblesse, que d'autre estat, tenue en la ville de
» Millaud, au mois de juillet de 1574;
» Après avoir entendu le rapport des députez de la conférence touchant
» la négociation de la paix; autre rapport du sieur de Gasques, leur délégué
» en Allemagne, qui leur apporte lettres de créances de Msr le prince de
» Condé, à Strasbourg, au mois de may dernier passé, contenant déclaration
» de la bonne volonté de mondit sieur le prince à prendre les armes pour
» la défense desdites églises et restauration du bon et paisible estat de ce
» roïaume; ayant veu pareillement une copie d'autre déclaration générale
» depuis faite, tant au nom de mondit seigneur le prince de Condé, que des
» seigneurs, gentilshommes, et autres nommez catholiques, estans chez luy
» en Allemagne, et de leur part envoié par gentilshomme exprès auxdites
» églises, en desir et résolution de servir de leurs personnes, moïens et pou-
» voirs, au restablissement et restauration dudit estat, tant pour le bien, en
» général, de la nation française, que pour garder et maintenir ceste cou-
» ronne en son entier et en tige et ligne royale;
» Ont, d'un commun advis et consentement, tant au nom des églises icy
» convoquées et de tous les absens et regnicoles faisant profession de la
» religion réformée, délibéré, conclu et arresté ce qui s'en suit:
» Premièrement, louant Dieu et luy rendant grâces immortelles de ce
» qu'il a pleu à sa bonté miséricordieuse délivrer ledit seigneur prince des
» mains de ses ennemis, le tirant d'un gouffre de perdition, le nous rendre
» et l'ordonner conducteur et protecteur de son peuple, restaurateur de cet
» Estat contre les perturbateurs, le constituer vray ministre de l'autorité
» publique, tant pour le roy, nostre souverain seigneur, roy de France et de
» Pologne, maintenant absent, que pour le bien et délivrance des oppressez,
» mesme des frère, beau-frère et officiers principaux de Sa Majesté, contre
» ceux qui occupent injustement et exercent par violence le conseil sacré de
» tous les grands officiers de ce royaume, le commandement des armes et
» l'administration tant de la justice que de la police et finances; gens d'es-
» trange nation, ne s'appliquans et ne taschans à rien si soigneusement que
» à la mutation, subversion et ruine totale de cest Estat; hommes sans huma-
» nité, sans loy et sans foy, séducteurs de la facilité et crédulité, tant de la
» royne, mère du roy, que de ses princes et seigneurs, et contre leurs fau-
» teurs et adhérens; déclarans lesdites églises que jamais ne leur est entré
» au cœur de s'aider de l'ambition et mauvaise intention d'aucun prince du

» sang, pour susciter, mettre ou entretenir trouble en ce royaume, ni pour
» s'avantager d'aucune chose pour les honneurs, ni pour les biens, moins
» encore pour se soustraire, licencier ou délivrer indignement de l'obéissance
» et très-humble subjection qu'ils doivent, comme vrais et naturels subjects
» de ceste couronne à leur vray et naturel roy, leur prince et souverain sei-
» gneur; ains au contraire tenans et croians fermement que Leurs Majestez
» ont esté et sont encores très-mal' conseillées et contre vérité persuadées;
  » Délibèrent, puisqu'il a pleu à Dieu leur mettre ès mains les armes par
» juste et légitime vocation, de les employer et faire servir à sa gloire, pro-
» curer et faire rendre audit sieur roy de France et de Pologne le droit de
» son royal office et la vraye dignité de sa couronne, le vray honneur et
» splendeur de sa royauté, la vraye autorité de son glaive et de sa justice,
» l'entier et bon ordre de cest Estat et monarchie, la prérogative, privilége
» et inviolable observation des loix de ce royaume, tant publiques que pri-
» vées, par tous estats, et spécialement la vraye et légitime principauté pour
» la noblesse, bien, tranquillité et seureté de tous les bons et fidèles subjects,
» et, pour cet effect, poursuivre l'expulsion des perturbateurs, auteurs et
» premiers conseillers de ce trouble, ennemis naturels de la maison de
» Valois, expilateurs des devoirs tant du roy que du royaume, et inventeurs
» de tous nouveaux impôts et subsides, à la grande foule et oppression
» insupportable de tout le peuple;
  » Protestans devant Dieu et ses anges, que, après le service de sa gloire,
» effaçans, oublians et ensevelissans entièrement et de bon cœur les inimi-
» tiez, offenses et injures passées d'entre eux et leurs compatriotes régni-
» coles, nommez catholiques, ils prisent, désirent et chérissent d'une singu-
» lière affection la réconciliation, réunion et communion civile avec tous
» lesdits catholiques compatriotes et autres qui, par esprit et sentiment de
» religion, aiment les bonnes loix communes, la droitesse, l'honnesteté, la
» justice et la bonne foy, avec la paix et conservation de la patrie, à l'entre-
» tenement d'une vraie société humaine et civile; aians en horreur l'effusion
» du sang humain, l'injustice, la licence de mal faire et la perfidie; estimant
» beaucoup lesdites églises ce qui a esté jà commencé de ladite réconciliation
» et réunion, tant entre mondit seigneur le prince, que ceux de la religion
» qui l'accompagnent, d'une part, et plusieurs gentilshommes, seigneurs et
» autres catholiques qui, en cet endroict, luy adhèrent, d'autre part, que
» aussi entre les compatriotes des deux religions en plusieurs provinces et
» villes de ce royaume, spécialement en Normandie, Picardie, Poitou,
» Guienne, Languedoc et Provence; et prient tous les autres sujets compa-
» triotes de s'y joindre, tant pour le service de Sa Majesté et la restauration
» d'un bon estat, que pour le soulagement du pauvre peuple jà du tout
» accablé de charges insupportables, et pour restablir en ceste misérable
» France une sainte, ferme et perdurable paix.
  » Sur lesdites déclarations et protestations, ladite assemblée générale
» convoquée des provinces, pays et ressorts de Languedoc, Dauphiné,
» Aquitaine, et faisant tant pour les présentes, que pour les absentes, et
» autres églises de ce royaume, auxquelles promettent le tout faire ratifier,

» nomment, élisent et prennent dès à présent pour leur chef, gouverneur
» général et protecteur mondit seigneur le prince de Condé, au nom, lieu et
» autorité dudit seigneur roy de France et de Pologne, pour, en son absence
» et empeschement, les régir, commander et gouverner par tout ce royaume,
» en leurs personnes, en leurs biens, en ceste cause et poursuite, et durant
» icelle, en la forme, manière et conditions suivantes, avec lesquelles supplient
» très-humblement mondit sieur le prince vouloir accepter ladite charge et
» gouvernement général desdites églises de France, pour le roy nostre sou-
» verain prince et seigneur.

» En premier lieu, sera supplié ledit seigneur prince de Condé de pro-
» mettre et jurer, présens le député ou députez desdites églises, en l'assis-
» tance tant de très-illustre et très-excellent prince le comte palatin, élec-
» teur, et du duc Casimir, son fils, que des seigneurs et des gentilshommes
» que l'accompagnent, après la prédication et la prière faite en pleine église
» et publiquement, de persévérer en l'exercice et profession publique de la
» religion réformée ; procurer jusques à la mort l'avancement du règne de
» Jésus-Christ, le repos, seureté et prospérité de son Église, et emploïer
» tout son pouvoir et moïens à la restauration du bon estat, ordre, justice
» et police en ce roïaume, au bien commun, tant de la noblesse que du com-
» mun public, sans distinction des deux religions; promettra et jurera aussi,
» s'il luy plaist, qu'entre ses premières entreprises, il emploiera pareille-
» ment toutes ses forces et diligences à faire délivrer et mettre en pleine
» liberté messeigneurs le duc d'Alençon et le roy de Navarre, frère et beau-
» frère de Sadite Majesté, le duc de Montmorency, pair et mareschal de
» France, et le sieur de Cossé, aussi mareschal de France, sauf toutesfois
» que, où lesdits seigneurs mareschaux se trouveront accusez et prévenuz
» de conspiration prétendue contre la personne du roy dernier décédé, ledit
» sieur prince de Condé sera tenu, les aïans délivrez des mains de leurs
» partis qui les détiennent, les mettre ès mains de justice compétente, légi-
» time et non suspecte, pour le procès leur estre fait et parfait, selon qu'il
» appartiendra, par les lois civiles du royaume.

» Et pour ce que notoirement l'administration et commandement de tout
» cest Estat se trouve empiété et usurpé ès mains violentes et sanglantes de
» ceux que tout le monde sçait et connoist, autres toutesfoys que la royne
» mère du roy, laquelle on n'entend comprendre en ceste poursuite, ledit
» sieur prince de Condé, après la délivrance et libre conférence desdits sei-
» neurs duc d'Alençon et roy de Navarre, emploïera tout son pouvoir et
» moïens à recouvrer ladite administration et commandement, l'ostant des
» mains de ceux qui l'occupent et en abusent si licentieusement.

» Et si Dieu luy est, et à nous, voire à tout ce roïaume, tant favorable,
» que de nous mettre en ce point, ledit sieur prince, à mesme instant, sera
» tenu de réintégrer du tout ledit sieur roy de France et de Pologne, comme
» héritier naturel et successeur légitime de ceste couronne : ou bien mondit
» sieur le duc d'Alençon auquel la régence de ce royaume appartient de tout
» droit, en cas que ledit sieur roy de France et de Pologne se trouverait
» encores absent dudit royaume; et, faite ladite réintégration, ledit sieur

» prince de Condé suppliera, s'il luy plaist, ledit sieur roy de France et de
» Pologne, ou, en son absence, ledit seigneur duc d'Alençon, tant en son
» nom que de tous ses adhérens, de, au plustot, convoquer les estats géné-
» raux de France, les faire assembler et tenir librement en une ville com-
» mode et communément agréable.

» Et par l'avis desdits estats, fera la raison à tous, tant d'un que d'au-
» tre party, apaisera tous les différends qui ont esté l'occasion des troubles
» en ce roïaume, y restablira partout un bon ordre et une paix ferme et
» asseurée, et, pour cest effect, procurera mondit sieur le prince, s'il luy
» plaist, que tous lesdits adhérens, tant de la religion, que catholiques pai-
» sibles et réconciliez, puissent présenter leurs cahiers à Sa Majesté, en l'as-
» sistance desdits estats, à sçavoir : ceux de la religion, le cahier de leurs
» doléances et très-humble supplication arrestée à Montauban et autrefois
» présentée au roy dernier décédé par leurs députez sur le traité de la paci-
» fication des présens troubles, avec les autres supplications qu'il y pour-
» ront ajouter; et les catholiques adhérens, leur cahier à part, si bon leur
» semble, sur la réformation d'estat ou autrement qu'ils aviseront, à quoy
» pareillement seront receuz pour estre librement ouys et justement satis-
» faits tous les autres nommez catholiques qui ne seront encore réconciliez
» et adhérans à ladite réformation.

» Et afin que mondit sieur le prince de Condé nous puisse mieux et plus
» seurement conduire et faire parvenir à ce but, ladite assemblée le supplie
» très-humblement qu'il luy plaise, pour l'exercice de son gouvernement,
» commandement et conduite, durant ceste poursuite et voie d'armes, pren-
» dre avec luy un conseil, tant militaire que civil, de la police et finances de
» ceste cause, tel et de tels que luy seront nommez et baillez par une assem-
» blée générale des églises de la plupart d'icelles convoquées de son mande-
» ment; à laquelle assemblée sera du tout premièrement donné advis par les
» principaux seigneurs, gentilshommes et autres notables des deux religions
» adhérens qui l'accompagnent, tant de régnicoles que estrangers.

» Sans ce conseil ne se pourra rien faire ny ordonner d'important, en
» général, à ceste cause ou en particulier, à quelque province ou ville dont
» se traitera devant mondit sieur prince, ni mesme à un particulier, si le
» cas mérite conseil.

» En somme, mondit seigneur le prince prendra, s'il luy plaist, en bonne
» part que, aïant esgard aux esclandres énormes et horribles avenues en
» France par l'abus d'une prétendue puissance qu'on appelle très-mal abso-
» lue, usurpée et très-injustement introduite en ce royaume, qu'on supplie
» très-humblement Sa Grandeur de ne prendre le titre de dignité et préro-
» gative de prince pour en abuser à commander en ladite puissance absolue;
» ains se représentera, s'il luy plaist, se monstrera et portera en son gou-
» vernement avec telle et si bien réglée modération, qu'il appartient, non
» pas à un tyran ou à un prince terrible et désordonné, mais à un vrai juge
» d'Israël, esleu de Dieu, chef, gouverneur et conducteur de son peuple,
» aïant continuellement avec soy la foy et ses saintes ordonnances, pour les
» lire et faire garder, tout le temps de sa vie, sans s'en détourner et sans

» eslever son cœur sur ses frères, ses très-humbles et très-affectionnez ser-
» viteurs; se souvenant tousjours de la parole mémorable de cet ancien ser-
» viteur de Dieu, Gédéon, grand capitaine, lequel estant semond par le
» peuple de leur commander en chef et général, gouverneur souverain, et
» disant : Domine sur nous, toi et tes fils après toi, respondit : Je ne domi-
» neray point sur vous, ne mes fils, mais ce sera le Seigneur qui dominera
» sur vous; et, pour mieux signifier le tesmoignage de son intégrité, zèle et
» regard perpétuel à la gloire de Dieu, bien et repos de son Église, et par
» mesme moïen quand Dieu les voudroit appeller, laisser aux successeurs
» du gouvernement général un exemple de sa droiture, prendra, s'il luy
» plaist, en bonne part, qu'on le supplie de soy astreindre et submettre vo-
» lontairement et de bon gré, durant ceste poursuite, aux lois, réglemens et
» ordonnances de l'assemblée générale desdites églises de France qui est
» composée tant de la noblesse, que des magistrats et commun.

» Semblablement ledit seigneur prince ne changera, déposera ou mettra
» gouverneurs provinciaux et des villes, sans l'avis et nomination de la pro-
» vince des villes où ils feront besoin.

» Pour la justice des crimes et maléfices ou autres cas méritant punition
» ou chastiment exemplaire, contre les gens de guerre, establira et ordon-
» nera, s'il luy plaist, à sa suite un prévôt général de camp, homme de bien,
» qualifié et capable, témoigné et approuvé en religion et bonnes mœurs,
» avec bon nombre d'archers stipendiez du public. Ledit seigneur prince
» constituera, s'il luy plaist, lois et ordonnances rigoureuses sur la disci-
» pline militaire, et les fera exécuter et garder, sans acception de personne.

» Fera establir cours de justice ou juges partout où n'y en a point et où
» ils sont nécessaires. Ne pourra évoquer à soy aucunes causes et matières
» pendantes ès cours des juges ordinaires, soient civiles ou criminelles.

» Establira et ordonnera, s'il luy plaist, deux de son conseil qui aient
» l'intendance des finances, et tiendra la recette générale à sa suite avec
» contrôle, par hommes éprouvés, experts et respectables, qui rendront
» compte au conseil, de trois mois en trois mois, ou de quatre en quatre, et
» finalement à l'assemblée générale des églises réformées de France. Et se
» tiendront lesdits intendant et contrôleur des commis approuvez en chaque
» province. En ladite recepte générale tomberont et seront apportez tous
» deniers et revenuz royaux, tant du domaine, que de gabelles foraine et équi-
» valant, que d'autres ordinaires, extraordinaires et casuels, hormis ceux
» des tailles, aides, octrois, creues et taillons, qui ont accoutumé d'estre
» demandez et imposez aux estats principaux ou par les esleuz en temps de
» paix, et qui pourront encore estre imposez par les assemblées provinciales
» avec les autres deniers de leurs frais nécessaires; desquelles tailles, aides,
» octrois, creues et taillons néantmoins le receveur de mondit sieur le prince
» sera tenu, ou ses commis, faire receu et acquit aux receveurs provinciaux,
» à la charge de compter, quand il sera ordonné par ledit sieur prince.

» Quant aux receveurs ecclésiastiques, ils appartiendront aussi à la
» recepte de mondit sieur le prince, à la charge que les gages et salaires
» des ministres de la parole de Dieu, régens des écoles et collèges en seront

» distraits et levez sur le commis et receveur général, auquel en sera baillé
» l'estat par chacune province et gouvernement.

» Et, où le tout des dessusdits deniers ne suffiroit aux frais de la guerre,
» ledit sieur prince pourra demander ce qui luy en fera besoin ; et lesdites
» églises s'efforceront de luy en donner tout contentement et satisfaction
» possible.

» Plaira aussi audit sieur ordonner certain bon règlement sur la prinse
» et réduction des villes ; à ce que par bon traitement et honneste composi-
» tion tous soient invitez à se rendre sans crainte à ce party, et recevoir ses
» commandemens ; non pas s'opiniastrer à tenir pour estre pillez et rançon-
» nez. Mesme ladite assemblée trouverait bon qu'en aucunes villes réduites
» volontairement ou après sommation, ne soit mise aucune garnison contre
» leur gré, pourvu qu'ils baillent ostages des principaux habitans à renou-
» veler de trois en trois mois durant ceste poursuite. Toutefois en ceci et
» autres choses semblables de la guerre, ladite assemblée s'en remet à la
» sage discrétion dudit sieur prince. »

XXIII

De Lanoue au bourgmestre et au conseil de Berne. Décembre 1574.
(Archives de Berne, *Frankreich*, vol. D, f° 479.)

« Prudentissimis et nobiliss. et magnificis Dominis Consuli et senatui
» Burnensi.

» Prudentiss. et nobiliss. magnificis Dominis Consuli ac senatui Ber-
» nensi, nobiles viri qui in provinciâ Pictaviensi, Xantonensi, Lugolismensi
» et Rupellanâ purum Christi Evangelium profitentur.

» Respublicæ ad juris divini præscriptum constitutæ custodes fidissimæ
» utriusque tabulæ Decalogi esse debent, eoque omnes et animi et corporis
» nervos intendere ut purus Dei cultus explosis hominum figmentis conser-
» vatur, et ut eos qui et veræ religionis professionem exterres, peregrini et
» omnibus fortunis exuti vagantur, humaniter et benevolè tueantur. Vos
» verò, magnifici Domini, cœteris Helvetiorum pagis quasi facem præfertis,
» et singulare exemplum præbetis, cui insistere, quodque toto amplexu
» asserere debeant, nam in asperrimis tempestatibus quibuscum Gallia
» miserè conflictata est, vestri semper similes, id est pii et Deum timentes,
» fuistis, nullis fluctibus, instar rupis hinc indè concussæ, cedentes. Et novis-
» simè, in Gallicis furoribus, cùm viri et pietate et meritis insignes præclus-
» tri fœdarum nuptialium splendore mescati et vanâ spe concordiæ pellecti
» fuissent, ad hoc quæsito pretextu innocentium sanguis perfidè effusus
» esset, eoque Cyclopum et Titanum quorumdam vesania et ferocia tenderent
» ut Christus qui delicias et fucos eorum perpeti non potest, et protervis
» corum conatibus non favet, Gallia exularet, tot animæ tristes quæ gladios

» sanguine madentes effugerant, et denuò quasi in hanc vitam ingressæ
» fuerant quo se ab improborum injuriâ tegentes contulissent nisi eos omni
» beneficiorum genere ultrò prosecuti essetis! Id potius studentes, ut Dei
» jussum graviter exequamini quàm ut hominibus varios et qui vel homi-
» nem constantem percellere potuissent rumores spargentibus obsequa-
» mini. In quo animi vestri invictum robur elucet, et Deum misericordem
» agnoscimus, eique summas agimus gratias quòd rebus ita afflictis com-
» pererimus vos et nobis bene velle et benefacere optare, quæ res nos vobis
» in perpetuum addictos reddit. Auget verò magno cùm fœnore magnitudi-
» nem tot beneficiorum quod nuper illustriss. principem Condensem eò
» angustiæ redactum ut illius caput fictis criminibus impeterent qui illum
» tueri et servare debuerant, comiter habueritis, et quod opis esset vestræ
» in eo juvando et conservando vos collaturos verbis conceptis promiseritis.
» Quo nomine nihil nos vobis non debere profitemur, adeòque quòd liberos
» talassiarchi Castilonii cujus, invitâ invidiâ, apud bonos memoria semper
» vigebit, hospitio benignè exceperitis. Cùm verò quosdam ex nostris ad
» principem Condensen mitteremus, ut cùm eo de pacis ineundæ rationibus
» (si quo pacto cùm ecclesiarum Dei incremento et securitate eorum qui
» Christo nomen dederunt iniri possit) verba cedant quo pristinus splendor
» Galliæ bellis intestinis pessundatæ restituatur et animi Gallorum violentâ
» collisione laxati reconcilientur, nostrarum partium esse duximus (nisi
» ingrati animi notam nobis inuri vellemus) hanc ad vos quasi Syngrapham
» mittere quâ bonâ fide declararemus nos ob tot merita vobis mancipatos
» in ære vestro et esse et perpetuò futuros. Vos interim enixè obtestantes
» per vinculum religionis quod nos arctissimè vobiscum devincit, ut nostram
» causam ex animo amplectamini quasi vestram esse ducatis, cùm re verâ
» vestra sit et res eorum omnium agatur qui christianum profitentur Evan-
» gelium. Nos verò et id nobis de vobis seriò promittimus, et palàm prædi-
» camus. Faxit Deus ut magis ac magis vos suis donis locupletet et celsi-
» tudinem vestram nobis diù incolumem servet.
  » Rupellæ, cal. Déc. 1574.
                » Celsitudini vestræ additissimus.
                        » LANOUE.
                » Nomine omnium subscripsi. »

Il existe aux archives de Bâle une autre lettre de de Lanoue, adressée, en décembre 1574, au bourgmestre et au conseil de Bâle, et qui est conçue dans le même sens que la lettre ci-dessus reproduite. (Archives de Bâle, vol. in-f° intitulé *Acta über die Glaubens verfolgungen in Frankreich*, f° 162.)

XXIV

Damville à l'avoyer et au conseil de Berne. 11 février 1575.
(Archives de Berne, *Frankreich*, vol. D, f° 501.)

« Messieurs, ceste assemblée représentant la plus saine partie des pro
» vinces de ce royaume et des fidèles subjectz du roy, nostre souverain sei
» gneur, et moy, envoyons noz déléguez, présens porteurs, suyvant le com
» mandement de Sa Majesté, vers elle, passant là part que sera Mgr l
» prince de Condé, général protecteur de nostre cause, pour supplie
» très-humblement Sadite Majesté de pacifier les troubles de son royaume
» et d'avoir pytié de sesdits subjects, tous ruynez et oppressez par le moye
» des guerres civiles, qu'il est impossible de plus, et sachant la singulière
» affection que vous avez de tout temps eue à son service et à la manuten
» tion de ceste couronne, nous vous supplions nous favoriser de tant, d'in
» tercéder envers elle pour sesdits subjectz, à ce qu'il luy plaise les main
» tenir et embrasser sous une bonne pacification (malgré) les mauvais e
» pernicieux conseils que plusieurs ont coustume luy donner au contraire
» et oultre la générale obligation que vous en aurons particulièrement
» je vous en rendray service, en tous les endroits que Dieu m'en donner
» le moïen et que me vouldrez employer, de la mesme affection qu'il vou
» a pleu monstrer de tout temps à l'endroit de feu monsieur le connestable
» mon père, et de nostre maison, que demeurera en vostre perpétuelle dévo
» tion et autant à vostre commandement, comme de bon cœur, je vous pré
» sente mes très-humbles recommandations et de toute ceste compagnie
» priant le Créateur, messieurs, qu'il vous donne, en bonne santé, longue
» et heureuse vie.
» Escript à Montpellier, le 11 février 1575.
» Vostre bien humble et affectionné à vous faire service.

» De Montmorency. »

XXV

Procuration donnée par le prince de Condé pour des levées de troupes.
14 février 1575. (Bibl. nat., mss. collect. Dupuy, vol. 322, f° 183.)

« Comme il soit notoire et assez cogneu d'un chascun que les estrangers
» desloyaux et pernicieux conseillers de la France, font, aux yeux de toute
» la terre, tous efforts pour, d'une part, estouffer et ensevelir du tout le nom
» et mémoire de l'Évangile, et de l'autre faire de plus en plus nager et trem

» per le plus florissant royaulme de la chrestienté en son propre sang,
» ruyne, et renverser du tout l'Estat et couronne de France, au très-grand
» préjudice, tant de Sa Majesté, de ses sujets, que de tous les princes alliez,
» confédérez et voisins, et que pour empescher le cours de tels et si exé-
» crables desseins, et délivrer tant les églises que tout l'Estat dudit royaulme
» de sa prochaine et apparente ruyne, il n'y ait, selon les hommes, aucun
» autre moyen ou expédient propre que d'avoir recours à une bonne et
» puissante armée, qui se puisse opposer aux forces desdits conspirateurs,
» ennemis de Dieu, de toute religion, du roy et du royaume, pour la conser-
» vation (d'iceluy), service de Sa Majesté, bien et repos de ses subjectz;
» pour ce est-il que, l'an de grâce mil cinq cens soixante-quinze, et le
» 14e jour de février, en la ville et cité de Basle, en présence de moy,
» X....., notaire juré et bourgeois de la ville de Basle, et tesmoings
» bas nommés, estably et constitue en sa personne très-hault et très-
» puissant prince, Henry de Bourbon, prince de Condé, duc d'Enghien,
» comte de Soissons, de Beaufort, d'Anisy et de Valery, pair de France,
» gouverneur et lieutenant général pour Sa Majesté en ses païs de Picardie,
» Boullenois, Artois et païs reconquis, faisant tant pour soy et....., que au
» nom et se faisant fort de toutes les églises réformées de France, des-
» quelles il a esté choisi, élu et nommé protecteur, constitue aussi person-
» nellement hault et puissant seigneur Guillaume de Montmorency, sieur de
» Thoré, chevalier de l'ordre, conseiller en son conseil privé, cappitaine de
» 50 hommes d'armes de ses ordonnances, et colonel de la cavalerie légère
» en Piémont, tant pour soy et en son nom, que pour au nom et se faisant
» fort de haut et puissant seigneur Guillaume de Montmorency, sieur Damp-
» ville, maréchal de France, gouverneur et lieutenant général pour Sa Ma-
» jesté en Languedoc; Charles de Montmorency, sieur de Meru, aussi cheva-
» lier de l'ordre, conseiller au conseil privé du roy, cappitaine de 50 hommes
» d'armes de ses ordonnances, et colonel des Suisses, ses frères; lequel mon-
» dit seigneur le prince et ledit sieur de Thoré, ont fait, constitué et nommé
» pour procureurs spéciaulx et généraux, savoir est : nobles Robert Delsen,
» sieur de Mastroy, sieur de....., et Robert Villiers, sieur de La Graffinières,
» spécialement et par exprès pour et au nom et du mandement de monsei-
» gneur le prince, traiter, convenir, contracter, négocier, résouldre, arrester
» et conclure avec...... toutes ligues, partis, capitulations, confédérations
» nécessaires pour la levée, acheminement, conduite et paiement d'une bonne
» et forte armée, composée de tel nombre de gens de cheval, de pied, de
» pionniers, de telle quantité d'artillerye, attelage, poudres, boulets et
» autres munitions, de tel bagage, de telle solde, prescription de temps,
» convenances, réservations, modifications, déclarations, pactes et condi-
» tions qui par lesdits sieurs procureurs sera par ensemble trouvé bon, etc.
» et aussi l'ont promis et sainctement juré, en présence des nobles, etc.,
» (Signé) Henry de Bourbon, Guillaume de Montmorency,—par monseigneur
» le prince duc et pair, Dufour. — Guardon, Reullers, Tièse, Desmarys,
» Depeyre.

(Original sur vélin, scellé de sceaux armoriés. — Timbre sec.)

XXVI

§ 1.

Condé à l'avoyer et au conseil de Berne. 14 février 1575.
(Archives de Berne, *Frankreich*, vol. D, f° 505.)

« Magnifiques seigneurs, tant plus vous m'escrivés, et plus me donnez
» bien à connoistre ce que j'ai assez d'occasion de me persuader de vostre
» bonne et saincte volonté, laquelle j'aperçois persévérer tous les jours de
» bien en mieux, mesmement en la réponse qu'il vous a pleu me faire par
» voz lettres que ce porteur m'a rendues, desquelles et de tant d'obligations
» èsquelles journellement vous me constituez, je ne veux oublier et de bien
» bon cœur vous remercier, vous priant, suyvant le sage et prudent advis
» que me donnés, sitost que la conclusion sera icy prinse de ce que nous
» aurons à requérir de Sa Majesté le roy mon seigneur, tenir la main que
» l'exécution de vos promesses soit effectuée, remectant à voz sincères juge-
» mens et discrétions les moyens qu'il vous plaira tenir pour effectuer une
» toute chrestienne et fort nécessaire entreprise; et en cecy je ne vous
» recommanderay sinon la diligence et célérité du temps, et moy bien affec-
» tueusement à vos bonnes grâces, priant Dieu, magnifiques seigneurs,
» qu'il luy plaise maintenir et faire longuement prospérer vostre noble
» Estat.
» Escript à Basle, le 14ᵉ jour de février 1575.

» Vostre plus affectionné et meilleur amy à jamais,

» HENRY DE BOURBON. »

§ 2.

Condé à messieurs les advoyers, petit et grand conseil de Berne. 3 mars 1575.
(Archives de Berne, *Frankreich*, vol. D, f° 515.)

« Magnifiques seigneurs, j'ay receu par ce présent porteur les lettres
» que vous m'avez escriptes et par icelles cogneu l'entière affection en
» laquelle il vous plaist continuer tant envers les églises et l'estat de la
» France, en général, qu'en mon endroist particulier, dont je ne veux faillir
» à vous en remercier de bien bon cœur, ensemble du sage conseil et adver-
» tissement que me donnez d'envoïer à la journée qui a esté assignée en la
» ville de Baden, au 7 de ce mois, à quoy je ne fauldray de satisfaire et de
» suivre entièrement la prudente instruction et bon advis mentionnés par

» vosdites lettres, ausquelles et à tout ce qui viendra de vostre part j'auray
» tousjours un singulier respect et y défereray autant que vostre dignité et
» la sainte intention de laquelle je cognois que vous y procédez le requiert
» et mérite. Si ce n'estoit l'opinion que j'ay que M. de Besze vous aura visi-
» tez et saluez de ma part, en s'en retournant, et par mesme moïen récité
» l'estat de nos affaires et la plus grande part de ce qui s'est passé en sa
» présence, je m'efforcerois de vous en discourir plus amplement; mais ne
» voulant faire tort à sa suffisance, et craignant de vous ennuyer par répé-
» tition de ce qu'il vous en pourra avoir rapporté, je me départiray de vous
» en dire davantage, etc.

» Escript à Basle, ce 3ᵉ jour de mars 1575.

» HENRY DE BOURBON. »

§ 3.

Condé aux magnifiques seigneurs, messeigneurs du petit conseil de Berne.
11 mars 1575. (Archives de Berne, *Frankreich*, vol. D, f° 509.)

« Magnifiques seigneurs, l'asseurance que j'ay de ceste mesme bonne
» volonté dont il vous a pleu me faire si ample et ouverte démonstration,
» et, qu'en faveur de la cause générale regardant la gloire de Dieu et la
» deffence de son église pour laquelle je me suis retiré en ces quartiers de
» deçà, aux fins que vous avez desjà assez de fois entendues, je recevray de
» vous, pour mon regard particulier, le secours et la faveur qui se peuvent
» espérer et attendre d'une amitié entière et bien affectionnée, sera occasion
» que je ne feray point de difficulté vous descouvrir privément ce que, sans
» grand besoing je vous eusse toujours très volontiers tenu couvert et caché,
» qui est que, voïant les grands frais et despenses qu'il me convient ordi-
» nairement supporter, encores que ce soyent avec la plus grande espargne
» et meilleur mesnage qui se puisse faire, et le peu de moïen que j'ay de
» pouvoir à présent tirer argent de France, pour y subvenir, estant mes
» biens saisis et mes commodités ostées, je suis contraint de recourir vers
» vous, comme au moyen que j'ay estimé le plus prompt et plus certain
» que je sçaurais rechercher, et, à ceste occasion, vous envoyer ce mien
» maistre d'hostel, avec la présente, par laquelle je vous supplieray bien
» affectueusement, magnifiques seigneurs, vouloir tant faire pour moy que
» de me secourir par prest jusques à la somme de quatre mil escuz d'or, à
» tel et si raisonnable proffit et cense qu'il vous plaira adviser et prendre,
» et dont j'ay baillé procuration à cédit porteur, pour, en mon nom, vous
» en passer et bailler toutes les sûretés que vous cognoistrés estre néces-
» saires pour le paiement de ladite somme. Le plaisir que, ce faisant, je
» recevray de vous sera tellement imprimé en ma mémoire, et m'en sentiray
» si fort vostre attenu et redevable, que pour vous en faire une suffisante et
» condigne recognoissance, il n'y aura jamais chose en ma puissance qui

» ne soit employée, toutes et quantes fois que m'en voudrés requérir pour
» vous en satisfaire et contenter, et aussi pour vous faire cognoistre com-
» bien l'ingratitude et l'oubliance sont eslongnez de mon cœur, etc.
» Escript à Basle, ce 11⁰ jour de mars 1575.

» Vostre plus fidèle et affectionné amy à vous servir,

» HENRY DE BOURBON. »

§ 4.

Condé à l'avoyer et au conseil de Berne. 27 mars 1575.
(Archives de Berne, *Frankreich*, vol. D, f⁰ 517.)

« Magnifiques seigneurs, suyvant ce que je vous feis dernièrement
» entendre, vous estans assemblez à Baden, que j'attendois les députez
» du Languedoc, pour plus amplement vous tenir advertis des délibéra-
» tions et résolutions qui avoient esté prinses en l'assemblée générale
» des églises de France et celle qui se feroit en ceste ville, sur les très-
» humbles requestes et supplications que nous aurions pensé estre bienséant
» et raisonnable à demander au roy très-chrestien, mon seigneur, pour l'in-
» duyre et persuader à la pacification et repos de son Estat, je n'ay voulu
» faillir à vous faire ceste présente, pour le desir que j'ay tousjours eu de
» vous faire veoir à l'œil et toucher du doigt à vos magnificences, que nous
» n'avons jamais eu d'autre volonté que de très-humblement requérir à
» Sadite Majesté toutes choses raisonnables, comme j'espère que vous le
» jugerez par la teneur de nosdites supplications, etc.

» A Basle, ce 27 mars 1575.

» Vostre plus affectionné et meilleur amy à vous obéir,

» HENRY DE BOURBON. »

§ 5.

Condé à l'avoyer et au conseil de Berne. 7 avril 1575.
(Archives de Berne, *Frankreich*, vol. D, f⁰ 519.)

« Magnifiques seigneurs, j'ay esté bien fort ayse d'entendre par vostre
» lettre que vous avez trouvé les advertissemens que je vous ay envoyez de
» ce qui a esté résolu en l'assemblée qui a esté faite en ceste ville, bons et
» raisonnables pour estre demandez au roy, etc.

» A Basle, le 7 avril 1575.

» HENRY DE BOURBON. »

XXVII

Trois publications parlent de la levée dont il s'agit.

1°. — La première est la *Chronique bernoise* de Haller et Musselin, page 141.

Elle se borne à peu près à faire connaître les officiers qui commandèrent les compagnies de volontaires dont se composait la levée.

2°. — Une autre publication intitulée : *Fragmens historiques de la ville et république de Berne* (1 vol. in-12, Neuchâtel, 1737), est plus explicite. On y lit (2° partie, p. 155 et 156) ce qui suit :

« L'année 1575 (et non pas 1576), le comte palatin, Jean-Casimir, envoya
» à Berne le docteur Pierre de Beutrich, sous prétexte de concerter les
» moyens de réunir les églises de Suisse avec celles de la confession d'Augs-
» bourg; mais c'était plutôt pour engager secrètement des officiers de ce
» canton à faire une levée de troupes destinées, avec celles qu'il tirait de
» ses États, à secourir le parti protestant contre les fureurs de la Ligue.
» Ce docteur exécuta adroitement sa commission secrète. Plusieurs officiers
» distingués du canton, animés d'une ardeur martiale et du désir de défendre
» des personnes opprimées pour la religion qu'ils professaient, s'assurèrent
» d'un grand nombre de volontaires, et fournirent, en peu de jours, treize
» drapeaux, tant dans la ville de Berne, que dans celles de Neuchâtel et de
» Bienne. Les principaux officiers étaient *Louis* et *Pierre d'Erlach, Jacques*
» *de Bonstetten, Albert de Mulinen, J. Rudolphe de Graffenried, Bernard Til-*
» *man, Ulrich Kock, Benoist Nœgelin* et *Antoine Mey*, tous officiers distingués
» par leurs services et chéris dans leur patrie.

» Cette équipée fit du bruit. L'ambassadeur de France s'en plaignit.
» Leurs Excellences, par leurs démarches, firent voir qu'elles n'y avaient
» aucune part.

» *Benoist Nœgelin*, l'un des chefs, qui avait été retenu par quelques
» embarras domestiques, fut d'abord arrêté, et l'on envoya après les autres
» une députation du petit et du grand conseil, avec un héraut d'armes, qui
» devait leur ordonner, de la part du souverain, de rentrer dans leur pais.
» La députation atteignit ces troupes dans l'évêché de Bâle; mais la som-
» mation qui leur fut faite devint inutile, par les soins du docteur Beutrich.
» Elles continuèrent leur marche et joignirent le comte Jean-Casimir, avec
» qui elles servirent dans le parti protestant.

» *Louis d'Erlach, Albert de Mulinen, Jacques de Bonstetten* et *Rudolph de*
» *Graffenried* avaient levé leurs compagnies à leurs frais, et servirent pendant
» huit mois, à leurs dépens.

» *Louis d'Erlach* et *Albert de Mulinen* se distinguèrent surtout au siège
» de Saint-Séverin, dans le Nivernais. »

3° Une troisième publication, l'*Histoire universelle de d'Aubigné* (t. II, liv. II, chap. xvii), confirme, sur les principaux points, les deux autres, et les complète, par quelques détails additionnels, dans le passage suivant :

« Le plus remarquable de la levée du prince de Condé fut, qu'estant à
» Strasbourg, pour dépescher Grafinières aux Suisses, il emprunta de ses
» gentilshommes, à grand'peine, quatorze escus. Cestuy-là vint en secret à
» Berne où *Ludovic* et *Gabriel Diespac* luy promirent de lever chacun un
» régiment. Avec eux se joignirent *Albrech de Melum*, nepveu de l'advoyer,
» *Ludovic* et *Petremann d'Erlach, Jacob de Bonstet, Bénédic*, fils de l'advoyer
» *Nogueli, Rudolphe de Grafenried, Bernard Tilemand, Antoni Magi* et *Vlycorch*,
» tous aparentez dans la seigneurie de Berne.

» Il fallut traiter ceste affaire hors de Berne et comploter par les villages,
» en un desquels, nommé Nermond, ils firent leur premier rendez-vous : et
» là, n'y ayant pas d'argent pour tous, *Ludovic d'Erlach, Melum, Graffenried*
» et *Bonstet* n'avancèrent pas seulement l'argent de leurs compagnies, mais,
» l'espace de huit mois que la guerre dura, servirent à leurs despens. Depuis,
» *Walter Diespac* se joignit à eux : tout cela, dix-sept compagnies.

» L'ambassadeur de Suisse, qui estoit Bellièvre, ne fut adverty de la
» menée qu'après le rendez-vous, et encore par quelques gentilshommes
» catholiques près de la personne du prince. Il n'oublia rien pour faire
» guetter les négociateurs, espouvanter d'autres encore, qui promettoient
» faire compagnies à leurs despens. Il marcha à Berne, où il parla si hau-
» tement qu'il y eut de la peur ; déclara que, si la seigneurie ne faisoit
» retourner leurs hommes, qui n'estoient pas à une journée, il rompoit dès
» lors l'alliance de la France, et alloit, de ce pas, faire marcher les cantons
» catholiques à Berne.

» Là-dessus Bellièvre obtint de la seigneurie, qu'à cri public, et par tous
» les pays, villes et lieux de leur obéissance, défenses seroient faites à toutes
» personnes, de quelque qualité qu'elles fussent, de ne sortir de leurs terres,
» à peine de la vie et confiscation de biens. Et de faict, dès lors, messieurs
» de Berne non-seulement firent garder les portes de leurs villes, les ponts
» et passages des rivières et chemins, mais aussi firent emprisonner, quel-
» ques-uns des capitaines et soldats, leurs subjects, qui s'estoient enrollés.

» Autant en firent, à leur exemple, les autres villes où se levoient des
» soldats : mais eux, encouragés par leurs capitaines, se sauvèrent, de nuit ;
» plusieurs passèrent la rivière d'Ar, à la nage, pour se rendre à Bienne.
» Et, pour ce qu'ils n'avoient pu apporter d'armes, il en fallut faire venir de
» Strasbourg, desquelles les marchands suisses répondirent et en furent
» relevez.

» L'ambassadeur retourna à Berne, sachant que les régiments estoient
» à Corno, terre de l'évesque de Basle.

» La seigneurie de Berne, aux secondes menaces de Bellièvre, y envoyèrent
» leurs hérauts et trompettes, pour déclarer biens et vies de ceux qui passe-
» roient outre confisqués, sans rémission, Mais Beutrich, qui se trouva là
» se servit des commissaires de l'évesque de Basle pour empescher les trom-
» pettes de faire le cri, comme estans sur terre d'autrui.

APPENDICE. 439

» Enfin, après estre venuz aux menaces et injures, d'une part et d'autre, les maistres de camp firent monstre, en partant, de sept mille hommes, moins quelques cinquante. »

Condé ne manqua pas d'élever la voix en faveur des officiers et soldats isses qui étaient venus ainsi, avec tant d'empressement et d'abnégation, éter leur appui à la défense de la cause dont il était alors l'un des prinpaux représentants. Le 7 novembre 1575 il écrivit[1], de Strasbourg, à 'voyer et au conseil de Berne :

« Magnifiques seigneurs, ayant entendu que vous avez quelque mescontentement contre aulcungs de vos subjects, lesquels, poulsez du zèle de leur religion, se sont jectés aux champs pour faire service à monseigneur le duc, je n'ay voulu faillir à vous faire ceste présente, et par icelle vous prier très-affectueusement que, mectant en vostre très-saige considération la justice de ceste cause, laquelle vous est de longtemps connue, et le but auquel ceux qui la maintiennent visent, qui est le bien et repos de leur patrie, pour la restauration de laquelle vous vous estes tousjours montrez affectionnez, vous veuillez quitter quelque chose de la rigueur de vos loys et coustumes, si tant est que ceulx de vosdits subjectz qui ont prins les armes pour faire service à mondit seigneur le duc s'en fussent par cela esloignez, ce que je ne veulx croyre, pour aider à la clémence et bonté, laquelle vous est péculière et recommandée sur tous autres seigneurs des pays des Ligues, de façon que leurs familles ne soyent aucunement molestez, en leur absence, ce que j'espère de tant plus de vous, que je sçay la bonne amitié que vous avez tousjours portée à mondit seigneur le duc et à moy, qui vous en demeurerons, et tout ce party, à jamais redevables; vous suppliant, magnifiques seigneurs, m'excuser si, pour le prompt départ que je fais pour m'achèmyner en France, avec l'ayde de Dieu, je n'ay pu avoir la commodité de vous aller visiter, pour vous dire, de bouche, le ressentiment que j'ay de tant de bons offices que j'ay reçus de vous, et vouloir croire M. de Besze de ce qu'il vous fera plus particulièrement entendre de mon affection, laquelle je continuerai aussi longuement que je désire estre maintenu en voz bonnes grâces, ausquelles m'estant de trèsardente affection recommandé, je prieray Dieu, magnifiques seigneurs, qu'il vous maintienne et conserve, en très-parfaite santé, longue et heureuse vie, avec accroissement de vostre noble Estat.

» Escript à Strasbourg, le 7e jour de novembre 1575.

» Vostre plus affectionné et meilleur amy à jamais,

» HENRY DE BOURBON. »

Au moment où se concluait, en France, la paix dite *de Monsieur*, fut adressée à l'avoyer et au conseil de Berne une lettre collective, en date du 3 mai 1576, *Zu Chavannes bij Paris* (Archives de Berne, *Frankreich*, vol. D, fos 673 à 675) revêtue des signatures suivantes : *Ludwig von Diesbach, Hans Albrecht von Mulinen, Ant. Mey, Ludwig von Erlach, Ben. Noegely, V. Koch*,

1. Archives de Berne, *Frankreich*, vol. D, f° 623.

R. J. V. *Bonstetten*, Ph. V. *Graffenried*, *Peterman von Erlach*. Les officiers, signataires de cette lettre, y déclaraient avoir été poussés à prendre les armes et à servir en France, uniquement par leur zèle pour la religion et par leur dévouement à la cause des opprimés.

Condé, de son côté, se fit un devoir, dans diverses lettres qu'il adressa, en 1576, à l'avoyer et au conseil de Berne, de rendre hommage à la belle conduite de ces officiers et de leurs soldats, et d'appeler sur eux toute la bienveillance du gouvernement bernois. (Archives de Berne, *Frankreich*, vol. D, f°s 735, 745, 751. Lettres de Condé des 2, 7 et 8 juillet 1576.)

XXVIII

Lettre de l'électeur palatin Frédéric III au roi de France. 7 avril 1576.
(Groen van Prinsterer, *Corresp. de la maison d'Orange-Nassau*, 1re série, t. V, p. 337.)

« Ayant esté fort resjouy d'avoir entendu que Nostre-Seigneur avoit con-
» verty les cœurs tant de Vostre Majesté, que de M. le duc d'Alençon, vostre
» frère, et de tous autres princes et seigneurs du sang, mesmes de tous
» vos subjectz, à désirer et chercher les moïens pour pouvoir planter une
» bonne et asseurée paix, laquelle je vous souhaite du fond du cœur, et
» supplie le bon Dieu journellement vous la vouloir envoyer ; mais ayant,
» d'autre part, esté adverty que le principal point qui a accroché ladite
» paix estoit l'article de la religion, et que Vostre Majesté estoit après pour
» adviser et mestre en délibération si elle vouldroit admettre l'exercice de
» ladicte religion réformée partout, ou non ; je n'ay aucunement voulu faillir,
» comme vostre fidèle voisin et parent, de vous représenter et mectre devant
» les yeux les honnestes remonstrances et prières que vous ay faictes, avec
» autres princes d'Allemaigne, tant par escrit que de bouche, et vous prier
» de vouloir peser et considérer la charge et gouvernement à quoy Dieu
» vous appelle, comme le chef principal, et, si ainsi fault parler, le père et
» pasteur de ses subjects, le propre et naturel duquel n'est de veoir ny
» permectre que ses membres, fidèles enfans et brebis, se ruinent, et, du
» du tout, périssent, mais au contraire, s'ils sont malades, les faire guérir
» et regarder qu'ils soient maintenus en bon estat et disposition, tousjours
» en melliorant. Vostre Majesté a peu doresnavant apprendre et cognoistre
» à la longue, non sans grandes fascheries, dangers, dommaiges, ruine de
» consciences, païs, subjects et revenus, les profits qu'ont peu apporter les
» guerres intestines et procès entrepris au préjudice de la religion, c'est par
» ainsi contre Dieu mesme, qui n'ont de beaucoup servy, mais, au lieu que
» l'on pensoit estaindre un feu, il s'en allumoit trois autres, qui n'estoit
» faire autre chose que jecter l'huile au feu pour rendre la flamme plus
» grande, ainsy que voyiez évidemment, et que non seulement les subjects
» réformés de Vostre Majesté, mais aussy les aultres faisant profession de

» la romaine, jusques aux plus proches princes de vostre sang, se trouvent
» lassés et faschés de veoir régner telle pauvreté, cognoissans bien que tous
» ceux qui ont par cy-devant aigri les affaires et conseillé d'entrer en ces
» guerres, ont plus tost causé une ruine et désolation totale que la manu-
» tention de l'honneur, païs et subjects de Vostre Majesté..... Dieu veult et
» commande que l'on laisse prescher sa sainte parole à toutes créatures, et
» et avoir l'exercice d'icelle; et c'est la demande que vous font vos subjects,
» comme aussi vos cordiaux amys et voisins vous le conseillent, cognoissant
» bien que vostre royaume de France ne peut estre restably ny remis en son
» pristin repos et estat, que par le moyen d'un aussy libre exercice de la
» religion réformée, comme de la romaine, en observant une égalité entre
» les subjects (qui est la conservation de tous les gouvernemens) dont il est
» nécessaire leur donner bonne asseurance, comme par ceste voye plusieurs
» autres royaumes et pays sont conservés en tout repos et tranquillité. »

XXIX

En février 1576, Mme de Téligny se croyait encore si loin du terme de son séjour en Suisse, qu'elle faisait de vives instances pour conserver auprès d'elle, à Berne, le ministre Merlin, dans des circonstances que nous révèle l'un des registres de la compagnie des pasteurs de Genève.

Ce registre, coté B, contient, à la date du 9 février 1576, la mention suivante :

« 1576. — Le mesme jour, 9 de février, M. Merlin requit que nostre
» compagnie s'assemblast avec les frères, ministres de France, qui sont icy,
» pour luy donner advis sur ce que ceux de La Rochelle le demandent par
» homme et lettre exprès, prétendant droit sur luy, comme d'autre part, les
» dames de Téligny et de Laval, qui sont à Berne, requièrent instamment
» qu'il ne leur soit osté, mesmement durant ce temps de leur affliction,
» veu qu'il avoit jà esté en leur maison, et que, grâces à Dieu, son labeur y
» avoit profité et y profitoit encores. La compagnie n'a point voulu, comme
» elle ne pouvoit, juger ne décider le droict et de l'obligation, ne desdites
» dames, ne de l'église de La Rochelle, ne de M. le Prince, ne de MM. de
» Chastillon et de Laval, qui aussy y prétendent sur M. Merlin ; remettant
» cela au synode, quand Dieu vouldra qu'il s'en puisse convoquer en France ;
» seulement jugé que, par provision, M. Merlin peult beaucoup plus profiter
» en l'église de La Rochelle, veu mesmement qu'au différend qui est là entre
» les frères, duquel les parties s'en rapportent et submectent volontiers à luy,
» qu'en la maison desdites dames ; et pourtant qu'elles doibvent estre priées
» d'approuver qu'il y puisse aller, car ceulx de La Rochelle le demanderoient,
» et qu'il y aura seureté de chemins, ce qu'on ne voit pour le présent ; auquel
» cas, on taschera de pourvoir lesdites dames d'homme propre pour l'instruc-
» tion de leur maison. »

Fidèle à une grande infortune, Merlin prolongea sa résidence à Berne, et ne quitta cette ville que pour accompagner le comte de Laval, lorsqu'il rentra en France, en 1576, et qu'il alla se fixer au centre de ses domaines, en Bretagne, où sa présence, au mois d'août de ladite année, est constatée par Philippe Lenoir, sieur de Crevain, dans son *Histoire ecclésiastique*. (Paris et Nantes, 1851, 1 vol. in-8°, p. 198.)

D'autre part, le *Diaire* de Merlin (p. 15), parle de Mme de Téligny comme étant encore à Berne, en mai 1576.

Il est certain qu'elle ne partit de Berne, pour rentrer en France, que le 14 août 1576. (*Chronique bernoise* de Haller et Musselin.)

XXIX bis

Sommaire des conclusions de l'assemblée tenue à Alès (Alais) au mois de may 1580.
(Bibl. nat., mss. f. fr., vol. 15,563, f° 42.)

« L'assemblée jure l'union, recognoist le roy de Navarre pour chef légi-
» time et protecteur général des églises de ce royaume, et promet luy
» obéir ensemble à M. de Chastillon, comme général des églises de ce
» pays, en son absence.

» Approuve les conclusions prises en l'assemblée tenue à Sommières,
» au mois d'avril dernier.

» Ordonne que les églises de Nismes, Uzès, Marvejols, et autres qui se
» sont départies de cette assemblée seront exhortées en corps de recevoir
» et de se conformer aux conclusions prinses en icelle pour le bien général
» des églises.

» Que M. de Chastillon et le conseil des églises estably près de lui
» passeront et envoyeront à M. de Guitry la procuration qu'il demande
» pour la levée des reystres et pourvoiront à ce que la cottité des deniers
» soit preste au plus tôt.

» Que, à ces fins, et pour subvenir au paiement des pasteurs et autres
» frais de ceste guerre, en s'aydant de toute nature de deniers publics,
» mesme des biens ecclésiastiques, lesquels seront arrentés, sauf ceulx dont
» aulcungs de la religion, avec lettres valables se prévauderont, pour raison
» desquels leur sera faite main-levée, en payant quatre décimes et les pensions
» qu'ils sont accoustumé payer pour l'entretennement des pasteurs qui sont
» sur les lieux, lesquels tiendront lieu sur et tant moings des gages qui leur
» seront ordonnés du publicq au cas que lesdites pensions ne soyent
» souffisantes.

» Mgr de Chastillon se contentera de l'estat des cinq cents escus par
» moys qui luy fut ordonné en l'assemblée de Sommières et aura une
» compagnie de gens d'armes et pareil nombre d'arquebusiers à cheval
» pour la garde qui fut ordonnée à M. de Thoré, aux troubles derniers.

» M⸱ᵍʳ de Chastillon et son conseil establiront ung provost pour la puni-
» tion des malfaiteurs.

» Le roy de Navarre sera supplié establir en ces pays une justice souve-
» raine pendant la guerre.

» Inhibé à tous capitaines et soldats de surprendre les villes et lieux
» de ce party, à peine de la vie, sinon au faict de trahison ou révolte, il en
» soit autrement ordonné par mondit seigneur de Chastillon et le conseil
» des églises, avec connaissance de cause.

» Pour le conseil ont été nommés : M. d'Aubays, M. de Ligones, M. des
» Vignolles, M. Payan, M. Davin; et où ledit sieur des Vignolles ne le voul-
» droit accepter, M. Blanchard, aux gages de trente escuz, ceux qui auront
» deux chevaux et au-dessus, et les autres vingt-deux par moys.

» M⸱ᵍʳ de Chastillon a juré l'observation des règlemens de l'assemblée
» et promis de se conformer aux advis du conseil.

» Et toute l'assemblée a promis et juré de luy obéir. »

XXX

Contrat de mariage de M. de Chastillon avec Marguerite d'Ailly, du 18 mai 1581.
(Du Bouchet, *Hist. de la maison de Coligny*, p. 631 à 635.)

« A tous ceux qui ces présentes lettres verront, François Pullen, licentié
» ès lois, conseiller du roy, nostre sire, garde du seel aux contrats et autres
» sceaux royaux du bailliage, gouvernement et comté de Clermont en Beau-
» voisis, salut.

» Sçavoir faisons que pardevant Philippe Billotet et Louis Wacqueron,
» notaires royaux audit bailliage et comté, comparurent en leurs personnes :

» Haut et puissant seigneur messire François, comte de Coligny, sei-
» gneur de Chastillon, Aillau sur Milleron, Beaupont, Beauvoir, Andelot,
» Damme-Marie en Puisaye, Thou, Monteresson, Soleterre, Le Haut et La
» Mothe de Chasteau-Regnard, Bossac, La Thibaudaye, Tinteniac, La Crotte
» Anneville et Craville, gouverneur pour le roy en la ville de Montpelier,
» fils de deffunt, d'heureuse mémoire, messire Gaspard, luy vivant comte
» dudit Coligny, admiral de France, et de dame Charlotte de Laval, sei-
» gneurs desdites terres, faisant sa résidence audit lieu de La Thibaudaye,
» pays de Bretagne, estant de présent au chasteau de Warty, près Clermont
» en Beauvoisis, d'une part;

» Et damoiselle Marguerite d'Ailly, fille aisnée de deffunt messire Charles
» d'Ailly, luy vivant seigneur de Piquigny, capitaine de cinquante hommes
» d'armes des ordonnances du roy, et de haute et puissante dame Françoise
» de Warty, dame dudit Piquigny, dame d'honneur de la reine de Navarre,
» d'autre part;

» Et reconnurent lesdites parties, ledit sieur comte, assisté de dame

» Louise de Coligny, sa sœur aisnée, veufve de feu messire Charles de Thé-
» ligny, dame de Lierville en Beausse, et ladite damoiselle assistée de ladite
» dame de Piquigny, sa mère, de haut et puissant seigneur Philibert-Emma-
» nuel d'Ailly, vidame d'Amiens, seigneur baron dudit Piquigny, chastelain
» de Vinacourt, frère à ladite damoiselle, haute et puissante dame, dame
» Magdeleine de Suze, dame douairière dudit Warty et Senarpont, et de
» haut et puissant seigneur messire Philippe de Warty, chevalier, seigneur
» dudit lieu, Arion, Fournival, Vavegnies et Castellon, gentilhomme ordi-
» naire de la chambre du roy : pour ce comparans en personne pour parve-
» nir au mariage pourparlé d'entre ledit sieur comte de Coligny et ladite
» damoiselle Marguerite d'Ailly qui, au plaisir de Dieu, prendra perfection
» en face de sainte église, avoir fait et font par ces présentes les promesses
» et convenances qui ensuivent :

» C'est à sçavoir que ledit sieur comte, assisté et de l'advis et consente-
» ment de ladite dame Louise de Coligny, sa sœur, avoir promis et promet
» prendre en loy de mariage icelle damoiselle Marguerite d'Ailly, laquelle
» réciproquement, de l'advis, autorité et consentement de ladite dame de
» Piquigny, sa mère, et sieur vidame, son frère, a aussy promis prendre en
» loy de mariage ledit sieur comte ;

» En faveur et contemplation duquel futur mariage, et pour parvenir à
» iceluy, ladite dame de Piquigny et ledit sieur vidame, son fils, ont donné
» et promettent de bailler, l'un pour l'autre, et un seul pour le tout, sans
» division ne discussion, ausdits futurs la somme de vingt mil escus sol, la
» la moitié au jour de la célébration dudit mariage, et l'autre moitié, de-
» dans un an après, ou plustost, si faire se peut ; et si promet icelle dame
» de Piquigny habiller, estoyer et accommoder de bagues et joyaux honnes-
» tement ladite damoiselle sa fille, et faire le banquet des espousailles, à
» ses despens, le tout à sa discrétion.

» En considération desquels dons et avancemens faits à icelle damoiselle,
» elle, du consentement et autorité dudit sieur comte, son futur époux, a
» renoncé et renonce, au profit dudit vidame d'Amiens, son frère, à tous
» les droits, parts et portions qui luy peuvent estre succédez et escheus,
» tant en ligne directe que collatérale. Et néantmoins sera à l'option de
» ladite future espouse de venir à la succession de ladite dame de Piquigny,
» sa mère, en raportant ou moins prenant la somme de dix mil escus, fai-
» sant moitié d'icelle somme de vingt mil escus, ou se tenir à ladite somme
» et renoncer à icelle succession.

» Pareillement a esté convenu et accordé que de ladite somme de vingt
» mil escus sol, après le payement entier fait d'icelle, iceluy seigneur comte
» sera tenu et a promis en employer dix mil escus en achat de terres et
» héritages, pour estre propres à icelle damoiselle future espouse, et aux
» siens de sa cotte et ligne.

» Et au cas que, durant ledit mariage, aucun employ ne fust fait de
» ladite somme dix mil escus, ou bien qu'ayant esté fait, il ne soit agréa-
» ble à ladite damoiselle ou que ledit employ ne fust plus en nature, ledit
» sieur comte, ès dits cas et en chacun d'iceux, a, dès à présent comme dès

» lors, et dès lors comme dès à présent, constitué et assigné, constitue et
» assigne à ladite damoiselle, sa future espouse, ses hoirs et ayans cause, la
» somme de cinq cens escus d'or sol de rente, sur tous et chacuns ses
» biens, et spécialement sur ladite terre et seigneurie de La Thibaudaye, et
» ses appartenances, fruits, profits, revenus et émolumens d'icelle qu'elle
» fera comme siens, sans estre tenue aucune chose en rendre, diminuer ou
» précompter, jusques à ce que par les héritiers dudit sieur comte ait esté
» ladite assiette de cinq cens escus d'or sol de rente faite, parfaite et déli-
» vrée actuellement et par effet à ladite damoiselle ; du jour de laquelle
» délivrance, ainsi que dit est, faite à ladite damoiselle sur ladite terre de
» La Thibaudaye, si bon luy semble, ou autre qu'elle voudra choisir, sera
» tenu de s'en contenter et rendre outre plus, si mesme y a, ausdits héri-
» tiers, sans plus à l'advenir gagner les fruits de ladite assiette, icelle
» assiette sans aucune diminution de son droit commun, soit aux meubles
» ou acquets ; et laquelle rente et assiette sera rachetable en dedans sept
» ans, du jour de la dissolution dudit mariage, et non après, moyennant
» pareille somme de dix mil escus que ledit sieur de Chastillon ou ses héri-
» tiers seront tenus payer toute à une fois ; et néantmoins prenant par icelle
» damoiselle ou ses héritiers ladite assiette, l'employ qui auroit esté fait de
» ladite somme de dix mil escus appartiendra pour le tout audit sieur comte,
» ou ses héritiers, sans que ladite damoiselle ny ses héritiers y puissent
» prendre part.

» Et a ledit sieur comte, sieur de Chastillon doué et doue ladite damoiselle,
» sa future espouse, de la somme de treize cent trente-trois escus vingt sols
» de douaire préfix et conventionnel, à iceluy prendre et percevoir, par chacun
» an, sur ladite terre et seigneurie de La Thibaudaye et appartenances, et autres
» terres audit sieur appartenans, audit pays de Bretagne, et sur les autres
» terres et héritages dudit sieur comte estans hors ledit pays de Bretagne,
» pour dudit douaire jouir par ladite damoiselle sitost et tant que douaire
» aura lieu : demeurant néantmoins à son choix de prendre et avoir son
» douaire sur toutes les terres, seigneuries et héritages dudit sieur comte,
» suivant les coustumes des lieux, les maisons exceptées, hormis la maison,
» chasteau, pourpris, basse-cour et accint dudit lieu de La Thibaudaye,
» laquelle demeurera entièrement à ladite damoiselle pour son habitation et
» maison de douaire, dont elle sera saisie du jour de la dissolution dudit
» mariage ; et laquelle maison de La Thibaudaye ne sera comprise en l'es-
» timation dudit douaire.

» Et le cas advenant que ledit sieur de Chastillon prédécède icelle da-
» moiselle, elle aura et remportera par préciput, sans charge de dettes
» ne diminution de sa communauté, ses habillemens, bagues, joyaux, cha-
» riots, chevaux, litière, servant à elle et à son train, avec sa chambre
» estoffée selon son estat et grandeur.

» Comme aussy iceluy seigneur de Chastillon, en événement qu'il sur-
» vive ladite damoiselle, il aura et remportera franchement, ainsi que dit
» est, ses habillemens, livres, armes et chevaux pour luy et son train, avec
» sa chambre estoffée, aussi selon sa qualité et grandeur.

» Et néantmoins sera loisible à icelle damoiselle future espouse, et aux
» enfans qui proviendront dudit mariage, de renoncer, si bon leur semble,
» à la communauté dudit sieur futur espoux, et, en ce faisant, remporter
» tant ladite somme de vingt mil escus, et tout ce qui sera escheu à ladite
» damoiselle, à quelque titre que ce soit, par succession, donation, legat, ou
» autrement, avec un douaire tel que dessus, le tout franchement et quitte-
» ment de toutes charges de dettes et hypothèques quelconques, encores
» que ladite damoiselle y eust parlé et y fust obligée, dont iceluy seigneur
» de Chastillon et ses héritiers seront tenus l'acquitter et descharger, et
» sesdits enfans provenus dudit mariage.

» Et en outre, en traitant lequel mariage a esté par exprès dit, convenu
» et accordé entre lesdites parties que, s'il advenoit que ledit seigneur
» vidasme allast de vie à trespas, sans enfans, ou que lesdits enfans
» allassent de vie à trespas sans enfans, et que la succession dudit sieur
» vidame, ou de sesdits enfans, vînt à eschoir à ladite damoiselle future
» espouse, ou ses enfans, en ce cas, ladite future espouse, ses hoirs ou
» ayans cause seront tenus rendre et restituer, bailler et payer de bonne
» foy, sans plaid ni procez à damoiselle Susanne d'Ailly, sœur puisnée
» dudit sieur vidame et de ladite damoiselle future espouse, ladite somme
» de vingt mil escus sol, en cas que ladite damoiselle Susanne d'Ailly n'ayt
» eu et receu desdits dame de Piquigny et sieur vidame, en deniers, rentes
» ou héritages, soit par donation, succession, avantage ou autrement,
» jusques à la concurrence de ladite somme de vingt mil escus sol, parceque
» autrement et sans ladite convention, ladite dame de Piquigny et ledit
» sieur vidame, son fils, n'eussent fait, consenti, ne accordé le présent
» mariage, donné ne promis auxdits futurs espoux ladite somme de vingt
» mil escus, et laquelle ils ont donnée et promise, à ladite charge expresse,
» de rapporter, rendre, bailler et payer de bonne foy à ladite damoiselle
» Suzanne d'Ailly, sa sœur, ce acceptant pour elle par ladite dame de Piqui-
» gny, sa mère, ladite somme de vingt mil escus sol, et ainsi que dit est
» dessus, dont lesdites parties se sont tenues pour bien contentes, si comme
» tout à elles disoient estre vray pardevant lesdits notaires, és mains des-
» quels elles ont promis et juré respectivement, de bonne foy, tenir, entre-
» tenir et avoir agréable à tousjours tout le contenu que dessus, sans y
» contrevenir, sur peine de tous despens, dommages et intérests payer; et
» ce, sous l'obligation et hypothèque de tous et chacuns leurs biens, terres
» et seigneuries qu'elles en ont submis à justicier, chacun en leur regard où
» trouvez seront, lesdits dame de Piquigny et sieur vidame, l'un pour
» l'autre et un seul pour le tout, sans division ne discussion, au payement
» de ladite somme de vingt mil escus, comme devant est dit.

» Renonçant à toutes choses contraires à ces présentes, lesquelles, en
» tesmoin de ce, nous avons scellés dudit seel.

» Ce fut fait et passé audit chasteau de Warty, le jeudi 1ᵉʳ jour de may,
» l'an 1581.

» Et a esté notifié aux parties ces présentes estre sujettes à l'insinuation.

» Et est la minute signée : Françoise de Warty, François de Colligny

» Marguerite d'Ailly, Magdelaine de Suze, Louise de Colligny, V. Warty, et
» pareillement desdits Philippe Billouet et Louis Macqueron, notaires;
» doubles et pareilles cestes servans pour ladite damoiselle Marguerite
» d'Ailly, future espouse.

» Et en fin du contract cy-dessus est la quittance qui ensuit, passée
» pardevant lesdits Billouet et Macqueron, notaires :

» Comparurent en leurs personnes haut et puissant seigneur messire
» François, comte de Colligny, seigneur de Chastillon, Aillant-sur-Mille-
» ron, Beaupont, Beauvoir, Andelot, Damme-Marie en Puisaye, Thou, Mont-
» cresson, Solleterre, Le Haut et La Motte de Chasteau-Regnard, Bossac, La
» Thibaudaye, Tintenac, La Crotte, Anneville et Anville, gouverneur pour le
» roy en la ville de Montpellier, fils de deffuntz, d'heureuse mémoire, mes-
» sire Gaspard, vivant, comte dudit Colligny, admiral de France, et de
» dame Charlotte de Laval, seigneurs desdites terres, et dame Marguerite
» d'Ailly, son espouse, de présent estant au chasteau de Warty lez ledit
» Clermont. Et recognurent ladite dame de Chastillon, autorisée dudit sieur
» son mary, avoir eu et receu, et leur a esté compté, payé, nombré, et déli-
» vré contant, en la présence des notaires royaux soubzsignés, par haute et
» puissante dame, dame Françoise de Warty, vefve de feu haut et puissant
» seigneur messire Charles d'Ailly, vivant, chevalier baron de Piquigny, à
» ce présent et acceptant, la somme de neuf mil escuz d'or sol, en espèces
» d'or sol, escus pistolets, doubles et simples Henris, ducats, millerets, tant
» doubles que simples ducats de Castille, francs et demy-francs, réales,
» testons, quarts d'escus, et autre monnoye, selon le cours et édit du roy,
» et ce, sur et en tant moins des vingt mil escuz promis par ladite dame
» audit sieur comte, et ladite dame, sa femme, par le contract de mariage
» cydessus transcrit, et laquelle somme de neuf mil escus sera déduite sur
» les dix mil escus que ladite dame doit pour le premier payement desdits
» vingt mil escus; dont etc.; quittant etc., promettant etc, obligeant etc.,
» renonçant, etc.

» Fait et passé au chasteau dudit Warty, le XXIe jour de may MDLXXXI,
» après midy. — Signé de Colligny, et Marguerite d'Ailly. »

XXX bis

§ 1.

Dépêche de Revol, résident à Turin, à Mgrs de Mandelot,
de Hautefort et de Fleury, estant pour le service du roy aux Ligues. 14 juillet 1582.
(Bibl. nat., mss. f. fr., vol. 15,566, f° 24.)

« Messeigneurs, je vous ay faict une dépesche du 11 de ce moys par
laquelle vous avez vu l'opinion et confiance en laquelle ce prince est entretenu touchant son entreprise qu'il estime avoir appuyé de si bons fon-

» demens par le regard de ce qui dépend des cantons, que les uns seront
» pour luy, les autres spectateurs du jeu, ne luy restant, ce luy semble, que
» de gaigner poinct à quoy tend le voïage du sieur de Chastillon en France,
» que le roy ne passe point plus avant à la défense de Genève que de contri-
» buer ce qu'il est tenu par le traicté, qu'il mesure à quelque somme d'argent
» seulement, au cas qu'il ne l'en puisse faire entièrement déporter. Le len-
» demain de ma dépesche, je receu celle qu'il vous a pleu me faire, du
» 30 juing, bien contraire à ce que Son Altesse se promet de ce costé-là, et
» néantmoings luy en ayant, hier matin, communiqué et bien au long faict
» entendre le contenu, il s'en passa, ainsi que vous verrez, s'il vous plaist,
» par ce que j'en escry à M. de Villeroy, avec ung discours contenant la
» mesme matière, dont je vous envoie la copie qui servira de response à ce
» qu'il vous a pleu me mander par vostredicte dépesche, etc., etc.
» *P. S.* Quelqu'un m'a dict que le colonel Luser doit encore amener
» quatre mil Suisses à Son Altesse. »

§ 2.

Dépêche de Revol au roi de France, 20 juillet 1582.
(Bibl. nat., mss. f. fr., vol. 15,566, f° 26.)

« Sire, je receuz, le 17 de ce mois, la dépesche qu'il a pleu à Vostre Ma-
» jesté me faire du 10e et entendu la response qu'elle avoit faicte au sieur
» de Chastillon, sur l'occasion de son voyaige devers elle ; et encores que,
» le jour précédent fust arrivé un courrier de sa part en toute diligence pour
» en apporter la substance à ce prince, attendant le compte plus particulier
» que luy mesme luy rendroit venant après ledit courrier, toutesfois estimant
» que ledict seigneur ne prendroit aucune résolution sur ses affaires, que,
» premier, il n'eust ouy ledict sieur de Chastillon, j'avisay d'attendre à fere
» l'office que Vostre Majesté me commandoit jusques après son arrivée, qui
» fut le XVIIIe, à deux heures de nuict, estant au mesme instant allé trou-
» ver ledict seigneur, lequel demeura à l'escouter et délibérer là-dessus jus-
» ques à minuict ; et aussitost furent faictes quelques dépesches, à ce que
» j'ay entendu, mais je n'ay peu apprendre quelles, ny de quel cousté.
» Hier XIX, ayant sceu la venue, j'envoyay l'après-disnée demander audience,
» qui me fut assignée à aujourd'huy XX, encores que ledict seigneur ayt
» mangé retiré en chambre depuis quatre ou cinq jours, sans sortir en
» public ny se laisser veoir que à ceulx de son conseil et peu d'autres per-
» sonnes, à cause d'un peu de desvoyement d'estomac qui ne luy a guères
» continué, et estant sorty, après son disner, en la salle où j'attendois, je
» luy ay faict entendre, suyvant le contenu en vostredicte dépesche que, en-
» cores que Vostre Majesté s'asseurast que ledict sieur de Chastillon n'auroit
» rien oublié de ce qu'elle luy avoit dict pour luy rapporter, tant de vostre
» affection en son endroict, que du dangier de la continuation de son entre-
» prise par la voye des armes, néantmoings affin qu'il y eust plus meure

» considération, comme il importoit au bien de ses affaires et des vostres,
» Vostre Majesté m'avoit commandé le luy répéter de sa part, et pour cest
» effect, j'ay mis peine de luy exposer au plus près que j'ay peu des termes
» de vostredicte dépesche, tout ce que j'ai veu estre l'intention de Vostre
» Majesté qu'il luy fust dict et représenté pour luy confirmer d'une ferme
» asseurance de vostre amytié et bonne volonté envers luy, l'induire à recon-
» noistre et considérer le dangier de ce remuement et le mal qui luy peut
» advenir, s'il continue, luy ayant là-dessus dict les advis que Vostre Ma-
» jesté avoyt des grands préparatifs qui se dressoyent, tant de la part des
» Bernoys que par aultres en leur faveur, encores qu'il n'eust pas faict grand
» compte de ce qui m'en avoyt esté escript par messieurs vos depputez aux
» Ligues, quand je luy communiquay ainsy que j'en ay dernièrement adverty
» Vostre Majesté. Aussy luy ay-je mis en considération l'altération que ce
» faict pourroit amener en l'estat des Ligues et le préjudice que cela feroit
» à vostre alliance, semblablement la perplexité où Vostre Majesté se trou-
» veroit à cause du traité qui l'oblige à la protection de Genève, attendu
» qu'il y va de l'observation de sa foy, à laquelle elle ne pourroit défaillir
» en estant requise, et qu'elle seroit, de l'aultre costé, très-marrie, pour
» l'affection qu'elle luy porte, d'estre contrainte d'en venir à tels termes ;
» que, pour obvier à tous ces accidens et obtenir seurement ses provisions,
» Vostre Majesté le prioit accorder de se deppartir de la voye des armes,
» comme elle avoit donné charge à sesdicts depputez de faire pareille prière
» et office à l'endroict desdicts Bernoys, affin que les armes soient posées
» en mesme temps d'une part et d'autre, à la prière et instance de Vostre
» Majesté, s'asseurant en cela et pour luy faire obtenir après ce qu'il peut
» de droict prétendre sur Genève de tous les bons offices qui pourront dé-
» pendre de Vostre Majesté, et le priant finalement prendre en bonne part
» qu'elle luy en parle ainsy ouvertement, comme estant principalement pour
» le bien de ses affaires. A tout cela il m'a seulement respondu que M. de
» Chastillon luy avoit tenu le mesme langaige, suyvant ce que Vostre Ma-
» jesté luy en avoit dict, et que, pour obvier aux inconvéniens qu'elle craint
» en ce faict principalement pour le respect des affaires d'icelle ausquelz il
» ne vouldroit nuyre, il advisera de composer les siens par la voye de la
» doulceur le moins mal qu'il luy sera possible, sans s'estre eslargy à aultre
» particularité, et n'ay aussy d'ailleurs peu entendre aultre chose de sa ré-
» solution qui ne pourra longuement tarder à se manifester par les effectz,
» lesquels j'observeray par deçà pour tenir Vostre Majesté advertie de ce
» que j'en pourrai descouvrir. La dernière troupe de la cavalerie espagnolle
» acheva de passer près d'icy, lundi dernier, et a esté incontinent suyvie par
» l'infanterie italienne deppartie aussy par troupes qui passent encore, de
» jour à aultre, et, à ce que j'ay entendu par le rapport d'homme qui a veu
» ladite cavalerie, il n'y en a que cinq cens lances et trois cens arquebusiers
» à cheval. »

XXXI

Les désastreuses conséquences de l'application du monstrueux arrêt du 27 octobre 1572, qui, en outrageant la mémoire de l'amiral de Coligny, avait spolié ses enfants, pesaient encore tellement sur ces derniers, en 1586, époque à laquelle Chastillon adressait à sa femme les lettres ici relatées, et les ruines de fortune dont il lui parlait alors étaient encore si loin de la possibilité d'une réparation complète, qu'il n'avait pas même à sa disposition les ressources pécuniaires indispensables pour retirer des mains des prêteurs suisses les bijoux qu'il leur avait, depuis plusieurs années, remis en nantissement. Le désir de s'acquitter vis-à-vis d'eux, et les retards forcément apportés à sa libération, furent pour lui l'objet de constantes et pénibles préoccupations, ainsi que l'attestent les documents suivants, et ces lignes adressées à sa femme, le 14 novembre 1586 (Du Bouchet, *loc. cit.*, p. 685) : « Songeons à nous acquitter, car si la paix peut venir, il faut faire quelque » chose que je pense, il y a longtemps. Prions Dieu, il nous aidera. »

§ 1.

Lettre de Chastillon au conseil de Genève. 18 septembre 1579.
(Archives de Genève, portef. histor., n° 2,004.)

« Messieurs, n'ayant peu, pour toutes les poursuites que j'aye jamais
» fait faire envers M. l'avoyer de Melunen, recouvrer les bagues qu'il a en-
» gagez de nous, j'ay enfin esté contraint de chercher ung autre remède
» et présenter à messieurs de Berne nostre terre et revenuz de Coligny en
» gaige, jusques à ce qu'ils soyent esté remboursez de ce qu'ilz fourniront pour
» nous audit sieur de Melunen ; vous aïant bien voulu supplier, messieurs,
» me faire cette faveur d'intercéder pour moy envers messieurs de Berne,
» à ce qu'ils acceptent l'offre que je leur en fais par ma lettre, m'assurant
» que, pour l'amour de vous, ilz en feront quelque chose davantage et seront
» myeulx disposez à recepvoir les conditions que je leur présente, dont en
» récompense et de plusieurs autres obligations que je vous ay de longtemps,
» je vous rendray bien humble service, en tout ce qu'il vous plaira de me
» commander, de telle affection que je me recommande bien humblement à
» voz bonnes grâces, priant Dieu, messieurs, vous donner, en bonne santé,
» longue et heureuse vie.
» De Millau, le 18 septembre 1579.

» Je vous supplie, messieurs, de faire estat de mon service, toutes

» les fois que vous en aurez besoin; j'emploierai tousjours pour vostre
» service ma vie, de très-bon cœur et fort fidèlement quand vous en aurez
» besoin.

» Vostre bien humble et obéissant amy à vous faire service,

» CHASTILLON. »

§ 2.

Lettre de Chastillon au conseil de Berne. 11 juin 1583.
(Archives de Berne, *Frankreich*, vol. 3.)

« Messeigneurs, j'ay un extrême regret et desplaisir d'avoir laissé si
» longuement les bagues que j'ay entre vos mains et de M. l'advoyer de
» Melunen et Mme La Boursière de Grafenried, sans vous rendre les deniers
» que vous m'avés fournis là-dessus pour les retirer. Mais l'injure du temps,
» m'a apporté tant de traverses, d'incommodités et empeschemens en mes
» affaires, qu'il m'a esté impossible de m'acquitter de ma promesse. Mainte-
» nant que j'ay pensé au moyen, qui est d'engager ma terre de Coligny, que
» j'ay en Bresse, pour en sortir, j'envoye le seigneur Cornelio Pellissari vers
» vous, ledit sieur advoyer, et Mme La Boursière, pour traiter et conclure
» ledit engagement, selon que j'en escry plus particulièrement audit sieur
» advoyer, vous suppliant très-humblement, messieurs, embrasser ceste
» commodité comme la meilleure, plus prompte et plus seure que j'aye sceu
» trouver pour vous donner contentement. Et au demeurant, je vous supplie
» de tout mon cœur croire que, m'aïant fait tant de bien et d'honneur de me
» recevoir, m'assister et aymer comme vostre fils, je me recognoy tant et si
» estroictement obligé à vous, qu'il ne passera jour de ma vie auquel je n'en
» aye souvenance, pour vous faire très-humble service en tous les lieux et
» endroits où il vous plaira me commander et employer d'aussi bonne affec-
» tion que m'estant très-humblement recommandé à voz bonnes grâces, je
» prieray Dieu, messeigneurs, qu'il vous doint, en parfaite santé, très-longue
» et très-heureuse vie.

» De Montpellier, ce XI juin 1583.

» Vostre très-humble et obéissant pour vous faire bien humble service,

» CHASTILLON. »

§ 3.

Lettre de l'avoyer et du conseil de Berne à Chastillon. 24 juin 1583.
(Archives de Berne, *Weltsches Missiven Buch*, vol. G, f° 329.)

« Noble, généreux, magnifique, puissant et honoré seigneur, singulier et
» grand amy, nous avons, tant par voz lettres à nous adressées de l'onziesme
» de ce présent moys, que par la relation verbale de nostre très-cher et féal

» ancien advoyer de Melunen, de ce que particulièrement luy avez escript,
» suffisamment cogneu vostre grande sollicitude et bonne affection pour
» nous restituer les deniers que vous avons fourniz sur quelques vos bagues,
» ce que vous a empesché et empesche encore de le mettre en effect, avec le
» moyen que pensez estre convenable pour y parvenir. Sur quoy, pour
» responce, vous signifions que l'estat du temps présent et de noz affaires,
» principalement avec Son Altesse de Savoye, ne nous permet de nous charger
» davantage de terres ou seigneuries, principalement en tels endroictz qu'est
» vostre seigneurie de Coligny; joinct que nostre somme n'est pas si grosse
» que n'espérions puissiez trouver aultre moyen pour la nous payer que par
» engagement de vostredite seigneurie ; ne demandans autre que le simple
» capital, sans aulcun cens ou interests, vous priant de ne prendre en male
» part ce nostre refus de condescendre audit engagement, et de croire
» qu'aimions mieux encore patienter quelque peu de temps, que de vous y
» réduyre ou l'arrester, comme bien assurés que n'espargnerés les aultres
» moyens que, de vous-mesme ou par voz bons amys, spécialement par le
» seigneur Pelissari, pouvez advoir de nous restituer nostre prest ; et qu'au
» demeurant continuerez la foy, loyauté et sincère affection envers nous
» qu'avez jusques à présent démonstrée, dont vous remercions très-affec-
» tueusement, et recognoissons les biens et honneurs qu'avez reçus de nous
» n'estre méritans si grandes remerciations qu'il vous plaît nous en tousjours
» faire par voz lettres, encores moins aultres et plus particulières obligations
» que la charité chrestienne et le commun debvoir d'amitié porte, et ce qu'en
» faictes davantage provenir de vostre pure bonne affection et singulière
» amytié, de laquelle ne nous montrerons jamais ingrats ès endroictz qui en
» pourront advoir l'occasion et commodité, et ce, d'aussy bon cœur que
» nous estans recommandez bien affectueusement à voz bonnes grâces,
» prierons l'Éternel, noble, généreux, magnifique, puissant et honoré sei-
» gneur, singulier et grand amy, de vous donner, etc.
» *Datum*, 24 *junii* 1583.

» L'Advoyer et Conseil de la ville de Berne. »

§ 4.

Lettre de Chastillon au conseil de Berne. 10 septembre 1583.
(Archives de Berne, *Frankreich*, vol. 3.)

« Messeigneurs, j'estois en Gascogne, près le roy de Navarre, quand le
» sieur Corneille Pellissari feit tenir de ceste ville la response qu'il vous a
» pleu faire aux lettres que je vous ay escrites et envoyées par luy, lesquelles
» ma femme recent et ne me les voulut envoyer, attendant, de jour à autre,
» mon retour vers elle, qui est cause que je n'ay peu vous envoyer plus tost
» celles-cy. Les vostres sont, selon vostre façon accoustumée en mon endroict,
» pleines de toutes courtoisies, lesquelles, quand bien les précédentes obli-

» gations, faveurs et honneurs que j'ay receus de vous ne m'esmouvroient
» à faire mon debvoir envers vous de ce que je vous doibs, elles me feront
» user de la plus grande diligence qu'il me sera possible à cercher les moyens
» pour vous rendre contens et satisfaits, n'aiant rien plus à contre-cœur
» que d'être estimé ingrat des seigneurs qui m'ont accueilli si humainement
» parmy eux, lorsque j'estois abandonné de tout secours et couru à toute
» force par les ennemys de Dieu et de nostre maison. Je sçai bien, messei-
» gneurs, qu'avec juste occasion vous vous pouvez plaindre de ma trop
» grande longueur : aussy, pour y remédier, j'avois donné tout pouvoir au
» sieur Corneille de vous engager ma terre de Coligny; mais, puisque ce
» moyen ne vous contente point, je travaille, nuit et jour, pour y satisfaire
» par d'autres voyes, ayant dépesché plusieurs personnes deçà et delà pour
» vendre et engaiger de mes terres, et ne seray jamais à mon ayse que je
» n'aye amorty vos justes plaintes. J'espère que ce sera bientost, Dieu aydant;
» vous suppliant très-humblement faire tousjours estat de mon service, de
» mes moyens et amys, et vous asseurer que vous ne pouvez avoir sur moi
» plus d'autorité, puissance ny commandement que celuy que vous avez
» desjà acquis. J'en remets l'épreuve à quand il vous plaira m'en honorer.
» Cependant je vous salueray de mes très-humbles recommandations, et
» prieray Dieu, messeigneurs, vous bénir de ses saintes grâces et vous
» donner, en tout heur et repos, accroissement de vostre estat.

» De Montpellier, ce 10 septembre 1583.

» Vostre très-humble et obéissant à vous faire service,

» CHASTILLON. »

§ 5.

Lettre de Chastillon au conseil de Berne. 26 avril 1584.
(Archives de Berne. *Frankreich*, vol. 3.)

« Messeigneurs, encore que j'aye eu tous les desirs et la meilleure volonté
» du monde de vous rendre et restituer les deniers qu'il a pleu à vostre sei-
» gneurie me prester, soubz l'asseurance de mes bagues, je n'y ay encores
» néantmoins, à mon très-grand regret, peu satisfaire, pour en avoir tousjours
» esté empesché par la renouveauté des troubles et garbuges qui renaissent,
» de jour en autre, en ce pays; tellement, qu'à ceste occasion, je ne puis
» faire estat certain de ce qui m'appartient. Ce que je vous supplie, messei-
» gneurs, vouloir considérer, et croire que, si j'estois aussy bien secondé
» des moyens, comme j'ay de bonne volonté, que je n'aurais tant tardé ny
» demeuré, après tant d'obligations que j'ay de vous honorer, aymer et servir,
» à retirer mesdites bagues de vostre seigneurie; de quoy, mesdits seigneurs,
» je vous supplie me vouloir excuser et croire que j'ay expressément dépesché
» ce gentilhomme vers le sieur Corneille Pellissari, bourgeois de Lyon,
» pour adviser de trouver les moyens, comme je luy escris, de vous rendre
» vosdits deniers et interests de ce que je vous en puis debvoir. Mais,

» pour ce que c'est chose qui ne peut estre, messeigneurs, si tost asseurée
» que je le desire pour le bien de vostre service et mon contentement, je
» vous supplie, usant de vostre douceur et bénignité, me vouloir encore
» gratiffier du temps et délai qui conviendra employer par ledit sieur
» Pellissari et ledit gentilhomme pour recouvrer lesdits deniers; et pour
» récompense d'un si signalé plaisir, je m'estimeray tousjours bienheureux
» de me veoir honoré de vos bons plaisirs et commandemens, que j'ensuy-
» vray toute ma vie, au hasard de tout le plus cher que j'aye en ce monde,
» et comme n'y estant mû que pour servir voz magnificences, desquelles
» baisant très-humblement les mains, je prierai Dieu, messeigneurs, en
» toute parfaite santé, vous donner très-heureuse et très-longue vie.

» A Montpellier, ce 26 avril 1584.

» Vostre très-humble et très-obéissant de vous faire très-humble service,

» Chastilon. »

§ 6.

Lettre du conseil de Berne au conseil de Genève. 9 mai 1584.
(Archives de Genève, portef. histor., n° 2,087.)

« Nobles, magnifiques seigneurs, singuliers amys, très-chers et féaulx
» combourgeois, nous avons aujourd'huy receu les lettres que vous et M. de
» Chastillon nous avez escrites, tendantes à la concession d'un plus ample
» délai de la vendition de ses bagues, engagées pour quelque somme de
» deniers à luy prestée par nous et quelques particuliers de nostre ville, et
» pour respondre d'icelles, vous signifions que, consistans lesdites bagues,
» la plus et meilleure part, en pierres exquises et précieuses, et non en or et
» argent, lesdits particuliers, voyant que l'estime qu'on en fait principalement
» devers les grands princes et seigneurs ne trouve tel lieu, en ces quar-
» tiers, qu'ilz puissent être asseurés de personnes qui leur fournissent les
» deniers, capitaux et interests, qui par longue attente, pourront encourir et
» s'amasser, toutteffoys et quantes qu'ils vouldront, et que pourtant le délay
» ne peut estre que dangereux, notamment à la veufve de feu nostre bien-
» aymé conseiller et trésorier Nicolas de Graffenried, pour estre endebtée
» envers nous et autres, qu'elle desyre payer et satisfaire au plus tost; ilz
» ont trouvé bon de soliciter la dégageure, aymant mieux leurs sommes de
» deniers que l'estime de la mieux vaillance desdites bagues, lesquelles ne
» nous sont engagées, sinon que de tant que lesdits particuliers, par ven-
» dition, ne pourront tirer plus grande somme que la leur, et iceux, assavoir
» nostre très-cher advoyer de Mulunen et ladite vefve, nous ayant déclaré
» que, si voulez prendre lesdites bagues qu'ils ont en mains, rière vous et
» en vostre puissance, et leur promettre le paiement du capital et interests
» jà eschuz et à eschoir, jusques à satisfaction du capital, à raison de cinq
» pour cent par an (se montant la somme de nous, ledit advoyer, en capital
» et interests jusques à présent, à mil trois cens et octante escuz sol) ilz

» seroient très disposez de les vous remettre, et leur estant annuellement
» payé l'interest, d'attendre le paiement du capital jusques à vostre commo-
» dité ; à quoy, de nostre costé, pour nostre somme de mil escuz sol de capital
» consentantz bien volontiers, moyennant aussy vostre caution, nous n'avons
» voulu obmettre de ce vous signifier, estimans que, par tel moyen, non-
» seulement pourrez contenter nous et lesdits particuliers créditeurs, ains
» aussy faire un singulier plaisir audit sieur de Chastillon et le mettre hors
» du dangier de perdre lesdites bagues, pour une somme beaucoup moindre
» que l'estime qu'il en fait, n'estant personne par deçà qui en fasse si grand
» estat que des deniers contants, et la façon des pièces d'or surpassant la
» valeur, là où vous, par le moyen de vos marchands ou autres gens entendus
» en ces matières exquises, pourrez en tirer beaucoup plus grande somme
» que ne ferions par deçà; car, advenant que fussiez occasionnez de les
» vendre, et pourrez de mesmes avoir meilleure commodité de recouvrer
» lesdites sommes, ou pour le moins l'interest que nous par ceux qui ordi-
» nairement viennent de France en vostre ville ; ce parquoy vous prions bien
» affectueusement, tant en nostre nom que desdits particuliers, de prendre
» ceste partie en moins, vous constituant au lieu dudit sieur de Chastillon,
» pour débiteurs desdites sommes, capital et interests échuz et à écheoir jusques
» au payement du capital, et par tel moyen retirer à vous lesdites bagues
» et acquérir tel droit sur icelles que nous et lesdits particuliers y peuvent
» avoir, n'estans les sommes telles que l'estime précieux desdites bagues ne
» les surmonte de beaucoup. Et, en attendant sur ce vostre responce, pour,
» selon ycelle, nous sçavoir conduyre, et vous aïant présenté nos amiables
» et affectueuses recommandations, prions le Créateur, etc.
» De Berne, ce 9 de may 1584.

» L'Advoyer et Conseil de la ville de Berne. »

§ 7.

Lettre du conseil de Berne à Chastillon. 31 juillet 1584.
(Archives de Berne, *Weltsches Missiven Buch*, vol. G, f° 403.)

« Noble, généreux et puissant seigneur, ayant dépesché l'un de nos
» hérauts pour affaires particulières de quelqu'un de nos conseillers et
» bourgeois pardevers la majesté du roy de Navarre et M. de Rohan, nous
» n'avons peu obmettre de vous ramentevoir que le seigneur de Melune,
» nostre très-cher advoyer, et la vefve et hoirs du feu thésaurier de Graf-
» fenried sont ennuïés de garder plus longuement rière eus les bagues et
» joyaulx que leur avez baillez pour asseurance de l'emprunt qu'avez faict
» d'eulx, et pour tant vous prier de vouloir mettre toute peine que, d'icy
» au prochain jour de Saint-Martin, en novembre, vosdits gaiges soient
» racheptez, en restituant les deniers deus ausdits nostre advoyer et hoirs
» prédits, en capital avec interests légitimes, et à nous seulement le capital

» de nostre somme, autrement, serons occasionnez de permettre iceux
» soient vendus au mieux que l'occasion et commodité se présentera, et,
» en confiance que n'obmettrez rien de vostre diligence pour faire ladite
» desgageure, nous ne vous en dirons autre que de vous présenter nos
» affectueuses recommandations à vos bonnes grâces, et prions le Créateur,
» noble, de vous conserver en sa sainte et digne garde.
» De Berne, ce dernier jour de juillet 1584.

» L'Advoyer et le Conseil de Berne. »

§ 8.

Lettre de Chastillon au conseil de Berne. 11 octobre 1584.
(Archives de Berne, *Bulletin de la Soc. d'hist. du pr. fr.*, t. VIII, p. 135.)

« Messeigneurs, entre toutes les debtes passives que feu monsieur
» l'amiral, mon père, et moy, depuis son décès, avons créées pour les
» affaires publiques des églises de ce royaume, il n'y en a point que je
» desire tant d'acquitter, que les sommes que je vous doibs, et à M. de
» Melunen et à Mme de Graffenried, non-seulement pour vous rendre
» contens, mais aussy pour recouvrer mes bagues, qui valent beaucoup
» plus, de manière qu'au milieu d'un abisme d'affaires, de charges et de
» debtes, je suis presque accablé. J'ay envoyé exprès à Colligny un mien
» serviteur pour recouvrer tous les deniers qui m'y sont dubs, vendre un
» bois que j'ay là, et rechercher tous les autres meilleurs moyens qu'il pourra
» pour faire des fonds, afin de vous contenter et recouvrer mesdites bagues;
» à cause de quoy, messeigneurs, je vous prieray très-humblement avoir
» encore un peu de patience, et ne permettre point que lesdites bagues
» soient vendues. Que si vous pensez que ce que je vous en escry soient de
» simples paroles, je vous prie envoyer un de vos gens, à mes despens,
» audit Colligny, pour voir la diligence que mondit secrétaire y faict.
» Je suys infiniment marry, messeigneurs, que je n'ay eu moyen d'ac-
» quitter plus tost ces debtes, mais croyez que l'obligation que vous avez
» acquise sur moy sera de tel efficace, qu'en tous les endroits où j'auray
» moyen de vous faire service, je y emploieray fort alaigrement mes
» moyens, mes amis et ma vie, et d'aussi bon cœur que, m'estant humble-
» ment recommandé à vos bonnes grâces, je prieray Dieu, messeigneurs,
» qu'il vous ait en sa sainte garde.
» De Montpellier, ce 11 octobre 1584.

» Votre très-humble et obéissant à vous faire service.

» Chastillon. »

§ 9.

Lettre du conseil de Berne au conseil de Genève. 18 décembre 1586.
(Archives de Berne, *Wellsches Missiven Buch*, vol. H, f° 115.)

« Nobles, vous sçavez que le seigneur de Chastillon a laissé icy entre
» les mains d'aulcuns de nostre république, quelques bagues et joyaulx de
» grand prix, pour gage et asseurance de ce qu'il a emprunté d'eux, et que
» desjà, souventes fois, il a esté, tant par nous que par lesdits créanciers,
» sollicité à les débriguer, et en espérance qu'il le fairoit, avons retardé et
» suspendu l'aliénation et distraction d'iceux, et vous pouvons asseurer
» qu'à ce y emploierions encores bien volontiers nostre crédit, pour la
» bonne affection que portons audit sieur et le debvoir que nous luy avons
» principalement pour le regard du temps présent, si ne nous constoit
» assez de la nécessité en laquelle notamment l'une des parties des créan-
» ciers se trouve d'argent et qu'icelle le contraint de changer la patience à
» la poursuite de leur droit à ferme de l'obligation dudit seigneur debteur,
» dont avez icy adjoint extrait d'une, et de se servir de la vendition desdits
» gages. Toutefois, avant que permettre ladite vente, nous avons ordonné
» que ledit sieur debteur, en seroit, encore une foys pour toutes, adverty et
» sollicité au payement, et ladite vendition surseoyée jusques à la Chan-
» deleur prochaine. Mais d'aultant que vous avez cy-devant intercédé pour
» ledit seigneur de Chastillon, et que depuis avons fait surseoir à ladite
» vendition, et que pouvez mieux que nous sçavoir en quel pays il est
» maintenant et avoir l'adresse pour l'en advertir, nous vous prions
» d'icelle vouloir emploier pour luy signifier au plus tost vous sera possible.
» Et que, si jamais il a eu désir de prévenir la vente et distraction desdits
» gages, que c'est maintenant qu'il le démontre à bon escient, car le pro-
» chain terme expiré, et n'estants lesdits créditeurs cependant satisfaits et
» contens, nous ne pourrons, sans leur faire tort et les frustrer de leur
» droit, plus oultre refuser la permission de ladite vente et des moyens de
» poursuyvre leur paiement; et nous asseurant que, pour l'amour d'iceluy
» seigneur, vous ne fairez difficulté de nous accorder nostre requeste, ne
» vous en faisons les présentes plus longues, vous présentant nos affectueuses
» recommandations à voz bonnes grâces, nous prions le Tout-Puissant,
» nobles, de vous conserver en sa sainte garde.
» De Berne, ce 18 décembre 1586.

Nota. — Il importe de remarquer que, quelques comminatoires que
fussent certains termes de cette lettre, le conseil de Berne s'abstint si
bien de recourir aux voies d'exécution qu'il y spécifiait, qu'en 1587 il fit
à Chastillon le plus cordial accueil et que, tenant pleinement compte des
difficultés de sa situation, il se concerta avec lui sur le mode et l'époque
de sa libération ultérieure.

XXXII

Discours véritable des actions et comportemens de M. de Chastillon pendant le temps qu'il a esté à Millau, en Rouergue, et de la sédition que les consuls et habitans auroient esmeue à l'encontre de lui. (1587.)
(*Mém. et corresp. de Duplessis-Mornay*, édit. de 1824, t. III, p. 434 et suiv.)

« Il pleut au roy de Navarre envoyer commission à M. de Chastillon
» pour aller commander en Rouergue, comme son lieutenant général, avec
» pouvoir d'assembler les conseils, jurats, capitaines et gens de guerre
» quand bon lui sembleroit; leur ordonner ce qu'il verroit estre à faire
» pour le service du parti dudit seigneur roy; faire faire toutes fortifica-
» tions, réparations et démolitions de villes, ainsi qu'il verroit estre de
» besoing; les pourvoir ensemble, les places et chasteaux, de bons gouver-
» neurs et capitaines, les changer, démettre et destituer; lever et assem-
» bler gens de guerre, tant de cheval que de pied, faire fonte d'artillerie,
» confection de pouldres et salpestres; assiéger places, soubstenir siéges;
» faire traictés et compositions, imposer deniers pour le soubstenement de
» la guerre, pourvoir et donner ordre à la police, tenir la main à la justice,
» et généralement faire et ordonner tout ce qu'il cognoistroit et jugeroit
» estre expédient et pressé pour le bien du pays, défense et seureté des
» villes et advancement du parti, tout ainsi qu'eust fait ou peu faire le roy de
» Navarre, s'il y eust esté en personne, comme appert par les lettres de
» commission du vingt-huitième jour d'avril 1586.

» Longtemps auparavant qu'il eust ladite commission, les consuls et
» habitans de Millau, sçachant qu'il avoit près de luy ung Anglais nommé
» Dubois, homme bien expert et entendu en faict de fortifications, lui
» escrivirent qu'il luy pleust le leur envoyer, pour ordonner et conduire les
» fortifications qu'ils vouloient faire en leur ville, pour la crainte qu'ils
» avoient d'ung siége, d'aultant que ceulx de Rhodez estoient tousjours
» après d'y faire venir l'armée de M. de Mayenne, pour laquelle ils avoient
» desjà les munitions et toutes aultres choses prestes, ce que M. de Chas-
» tillon leur accorda.

» Depuis, ils envoyèrent par trois diverses fois, leurs députés vers luy,
» tant auparavant qu'après que ladite commission eust esté envoyée; mesme
» le sieur Demaulx, ministre, accompagné dudit Dubois, et ung nommé
» Valmaguier, pour le supplier d'accepter le gouvernement de Rouergue,
» et lui escrivirent des lettres pleines de toute l'amitié et affection qu'ung
» peuple sçauroit porter à ung chef qu'il aimeroit et honoreroit beaucoup :
» singulièrement au mois d'avril 1586, que le sieur de Cornesson ayant pris
» Padiès, Tatunes, et quelques autres forts, faisoit semblant de prendre le
» chemin du Vabrez, et ceux de contre-party, du pays de Rouergue, com-
» commençoient à se préparer pour bloquer et serrer Millau de toutes

» parts, afin d'empêcher leur récolte. Car, lors ils le supplioient d'y aller
» en toute diligence avec quinze ou dix-huit cents arquebusiers, et le
» sieur Demaulx, qui estoit en ce temps-là dans Millau, escrivoit qu'ils estoient
» en extrême nécessité, usant de cette comparaison, qu'ils avoient besoing
» d'un médecin tel que M. de Chastillon pour remédier au mal qui les
» pressoit, et qu'ils aimoient mieux souffrir ung cautère de lui que les huiles
» lénitives d'ung aultre; le suppliant très-humblement d'exaucer les désirs
» et requestes du pays, lequel s'en alloit perdu s'il ne le secouroit. Et
» parce qu'il falloit du temps pour assembler ces troupes, et que la com-
» mission du roy de Navarre n'estoit encores venue, le sieur Demaulx
» revint vers lui avec des lettres plus pressantes que les premières, luy
» remonstrant qu'ils avoient trois pièces d'artillerie, à savoir, ung canon,
» une coulevrine et une bastarde, et les munitions prestes pour attaquer
» les forts des ennemis, et s'élargir et ne bouger de Montprés jusqu'à ce
» que M. de Chastillon eust dressé et donné le rendez-vous à toutes ses
» troupes, tant il craignoit qu'elles n'y feussent à temps pour favoriser la
» réussite.

» Quand il fust là, au lieu qu'il voulloit commencer d'attaquer les enne-
» mis par les petits forts qu'ils tenoient ès environs de Millau, cognoissant
» bien qu'il n'y avoit des munitions pour s'adresser à une bonne place, il
» fallut que, pour complaire à messieurs de Millau, il allast assiéger Com-
» pierre, là où on lui proposoit les choses si aisées et faciles, qu'en moins de
» cinquante vollées de canon il devoit emporter la place. Cependant, l'ayant
» battue à l'endroict du lieu qu'on lui avoit désigné le plus faible, il trouva
» qu'il avoit esté si bien remparé et fortifié par derrière, environ six mois
» auparavant, sans que messieurs de Millau en eussent rien sceu, qu'il
» estoit impossible d'aller à l'assault pour la prendre par là; et quand il
» eust changé la batterie ailleurs, la poudre et les boulets vinrent à manquer,
» de manière que les ennemis eurent loisir de s'assembler, tant du costé de
» Rouergue et d'Auvergne que du Gévaudan; et vinrent mesme si fort de cava-
» lerie au secours des assiégés, qu'ils estoient six contre ung. Toutes fois
» Dieu fist la grâce à M. de Chastillon de les repousser si bien qu'une bonne
» partie de la noblesse de Rouergue y fust défaicte, et le reste mis en
» fuite.

» Or, comme il campoit encore là, attendant la poudre et les boulets, à
» mesure qu'on les faisoit dans Millau, vinrent nouvelles de la venue de
» l'armée de M. le duc de Joyeuse, qui estoit parti de la court en intention
» d'aller assiéger et prendre Millau, pour la ruiner comme il a fait Mar-
» vejols et Peyre, et néanmoins fust mandé ung advis à M. de Chastillon,
» par le capitaine Laroche, qui estoit lors dans Marvejols, que ledict sieur
» de Joyeuse avoit débandé une partie de son armée pour aller donner sur
» ses troupes, ce qui fut occasion qu'il leva le siége de Compierre et retira
» son artillerie dans Millau; puis, entendant que M. de Joyeuse avoit pris le
» Malzieu et assiégé Marvejols, après avoir pourvu à l'ordre des fortifica-
» tions de Millau, il s'en alla avec ses troupes, parquer à Molines, lieu
» plus proche des ennemis, attendant les forces du Languedoc, et pour

» essayer de secourir la place; mais les assiégées s'estant rendeus par com-
» position, et l'armée tournant sa teste vers le Rouergue, il se renforça de
» quelque nombre de capitaines et gens de guerre de Languedoc, et retourna
» dans Millau, résolu de soutenir le siége pour la défense et conservation de
» la ville.

» Il parloit que l'exemple de Marvejols deust esmouvoir messieurs de
» Millau à ne rien espargner pour leur conservation; car, après la compo-
» sition faicte que les habitans sortiroient avec leurs armes, bagages et
» vies sauves, ils feurent tués, pour la pluspart, et leurs femmes et filles
» violées, et la ville mise au sac, et après rasée et entièrement destruite;
» mais ils portoient si impatiemment la despence des gens de guerre, qu'ils
» en laissoient toujours quelques-uns à la rue, sans leur donner logis; telle-
» ment qu'ils estoient contraincts de se fourrer dans les logis des aultres
» pour vivre, ou de s'en aller, comme il advint au capitaine Baptiste, lieu-
» tenant du capitaine Fabre, lequel ayant esté blessé d'une arquebusade à
» Saint-Georges, et ne pouvant avoir à son retour ung logis, fust contrainct
» de s'en retourner mal content à Uzès, en sa maison; et le pis estoit que
» ceulx qui avoient charge de faire les logis, soulageoient les riches et sur-
» chargeoient les povres; que ce fust cause de plusieurs plaintes et cricries,
» tant du costé des gens de guerre que des habitans, singulièrement des
» povres qui portoient les plus grands frais de la despense; que si M. de
» Chastillon s'en adressoit aulx consuls et aulx riches, leur remonstrant
» qu'il valloit mieux despendre une partie de leur bien, en ceste nécessité
» publique, pour conserver le reste, que mettre le tout en hazard, ils res-
» pondoient qu'ils aimoient mieux mourir tout d'un coup que d'estre déchirés
» par morceaulx; et combien que l'armée des ennemis fust desjà logée ès
» environs de Millau, où les gabions estoient tout prests, l'artillerie s'avan-
» çant toujours, ils ne se pouvoient persuader qu'il y eust du danger pour
» eulx, se vantant qu'ils avoient gardé la ville jusques ici, et qu'ils la
» garderoient bien encores sans les gens de guerre qui y estoient. Ils en vou-
» lurent bien venir là ung jour que M. de Chastillon avoit fait sortir les
» compagnies pour aller à la fascine et au rampart, de leur fermer la porte
» et les laisser dehors à la mercy des ennemis, si, par cas d'adventure, il
» n'y eust eu une compagnie, qui n'estoit encores sortie, laquelle il feit
» demeurer dedans pour garder le logis. Et, autant en voulurent-ils faire
» une aultre fois, à une sortie que le sieur de Sainct-Auban, lieutenant de
» sa compagnie, feit sur la cavalerie des ennemis qui se posta en bataille
» tout auprès de la ville.

» Les plainctes des povres gens continuant à cause des logis, M. de
» Chastillon feit apporter vers luy le livre de la taille, en feit appeler
» quelques-ungs de ceulx qui estoient en réputation d'être les plus gens de
» bien, pour lui donner advis des moyens, facultés et industries d'un
» chacun, afin d'égaliser la despence des gens de guerre suyvant les règle-
» ments du roy de Navarre; mais il descouvrit en cela tant d'animosités et
» de vengeances particulières, qu'il fut contrainct de prendre un aultre
» expédient, qui estoit de faire vivre les soldats de munition; et pour

» empescher qu'il n'y eust aulcung abus, il feit mettre en bataille toutes les
» compagnies à la place, et en bailla les rolles par nom et surnom aux
» consuls; mais l'ordre de la munition ne fut pas plustost commencé, que
» le pain vint à manquer; et lorsqu'en plusieurs maisons de ville, M. de
» Chastillon voulut remontrer aux consuls et leur conseil qu'il falloit
» visiter les grains, les farines, et prendre du blé pour la munition, à la
» charge d'égaliser après le tout sur le pays, et pourvoir au remboursement
» des particuliers, ils se dressèrent tous en pied, et luy dirent avec grosses
» paroles qu'ils n'estoient point pupilles pour se laisser manier de la façon;
» qu'ils estoient assez capables pour mesnager leur bien, et qu'ils ne per-
» mettroient jamais qu'il feust mis en commung, mais que chacung portast
» sa charge comme se pourroit; et au partir de là ils dressèrent ung écrit
» qu'ils portèrent le soir à M. de Chastillon, par lequel ils luy remontroient
» que ce qu'il leur avoit proposé des munitions estoit une ouverture mau-
» dite et tyrannique, laquelle ils pensoient luy avoir esté faicte par aulcung
» de ses capitaines qui vouloient faire ung magasin de bled aulx despens de
» de la ville, pour s'en donner après par les joues, usant là-dedans de plu-
» sieurs autres paroles piquantes et outrageuses, comme s'ils eussent eu
» affaire aulx plus méchans et plus scélérats tyrans du monde. Il ne voulut
» point monstrer cest escrit aulx capitaines, pour ne les irriter, de peur
» qu'ils ne l'abandonnassent tous au besoing, ou ne fissent quelques désordres;
» mais estant desjà nuict, il alla trouver le sieur Delmaux, auquel ayant
» monstré cet escrit, se plaignant de l'indignité de ces gens, il luy dict que
» c'estoit ung peuple rude, qui ne sçavoit comme il se falloit comporter à
» l'endroict de ses supérieurs, et qu'au demeurant, il n'avoit jamais porté
» aulcune foule ni despense extraordinaire, ce qui le rendoit ainsi aspre et
» impatient; le pryant, pour cette raison, de ne s'esmouvoir point de cela,
» ains luy bailler l'escript, pour leur en faire reproche, afin de les rendre
» plus discrets et mieulx advisés; ce que M. de Chastillon feit; toutefois
» faulte de pourvoir à la munition, fust cause que les choses tomboient en
» plus grande confusion que jamais, et qu'il fallut que M. de Chastillon ne
» vaquast à aultre chose qu'à entendre les plaintes des soldats contre leurs
» hostes, et des hostes contre les soldats, se promenant toujours par la ville,
» l'espée au poing, et de battre, frapper, tuer ou mettre en prison ceulx qui
» commettoient les désordres et insolences, selon l'exigence des cas,
» n'ayant jamais peu obtenir de messieurs de Millau qu'ils lui baillassent et
» entretinssent ung prévost pour en faire justice.

» L'armée des ennemis n'osant attaquer Millau, faisoit semblant tantost
» d'aller assiéger Severac, et tantost de passer le Tarn, pour aller au
» Vabrez, parquoy M. de Chastillon, désirant conserver le tout, en soula-
» geant Millau, envoya une partie de ses troupes à Severac, où estoit
» M. d'Andelot, son frère, et voulant envoyer le reste au Vabrez, M. de
» Panat le prya de lui bailler cinq cens arquebusiers, pour mettre dans
» Requista, lui remonstrant que si les troupes passoient le Tarn pour aller
» au Vabrez, il estoit à craindre qu'elles se débandassent pour retourner en
» Languedoc, joinct qu'il craignoit que Requista feust attaqué; ce qui lui

» estant accordé, ledict sieur de Panat gaigna le devant pour aller préparer
» les logis ; et comme le capitaine Carlincas qui conduisoit les cinq cens
» arquebusiers feust bien près de là, ledict sieur de Panat le contremanda,
» disant que sa femme estoit allée à Rhodez pour s'accorder avec M. de
» Joyeuse, et qu'il n'avoit, par ce moyen, besoing de ceste troupe. Cepen-
» dant, l'armée venant à tourner la teste à bon escient, vers le Vabrez,
» M. d'Andelot y alla avec tout ce qu'il avoit, sauf une compagnie de
» cinquante hommes de pied qu'il laissa à Severac, en garnison, de quoi
» Mme d'Arpajon, qui est catholique, prit un tel advantage, qu'ayant intro-
» duict dans le chasteau une bonne partie de ses subjecs (desquels on ne se
» feust jamais doubté qu'ils sont de la religion), elle auroit chassé et mis
» hors ladicte compagnie, monstrant par là à ceulx de Millau, le chemin
» d'en faire autant, comme ils ont faict depuis.

» Or, les ennemis ayant battu et pris un méchant petit lieu appellé
» Rissene, qui est par delà la rivière du Tarn, prirent le chemin de l'Albi-
» geois, sans passer au Vabrez; au moyen de quoy M. de Chastillon feit
» partir le sieur d'Andelot, son frère, avec toutes ses troupes, pour les
» suivre à la queue, sans retenir auprès de lui dans Millau que le sieur de
» Saint-Auban, lieutenant de sa compagnie de gendarmes, avec sept ou huit
» hommes de cheval de la compagnie du capitaine Saurin, qui estoit
» d'environ cinquante hommes de pied ; et parce qu'il y avoit ung chasteau
» qui est au roy, par lequel la ville pouvoit offrir aisément surprise, et qu'il
» n'estoit possible qu'une seule compagnie de cinquante hommes gardast
» toute la ceinture des murailles, il commanda aux consuls de faire conti-
» nuer la garde bourgeoise comme ils avoient accoustumé; et, après avoir
» fait mettre l'artillerie au bas de la tour de la porte de Vayzols, qui est
» auprès du chasteau, et faire murer ladicte porte dedans et dehors, il com-
» manda audict capitaine Saurin de garder ladicte tour et le chasteau, et
» pareillement la porte de la ville de Millau, de jour, pour soulager
» d'autant les habitans, qui n'estoient que par trop empeschés et adonnés
» à leurs affaires particulières.

» Après qu'il eust establi cest ordre, les consuls, qui avoient tousjours
» commandé absolument à la ville, et ne vouloient que M. de Chastillon y
» prist aulcung pied, commencèrent à se plaindre de lui, disant que c'estoit
» contre leur liberté, le priant de ne bailler la garde du chasteau à aultre
» qu'à eux ; ce qui le feit entrer en opinion qu'ils lui en vouloient faire une,
» et luy fermer la porte de la ville, quand il en seroit dehors, comme ils
» avoient faict à tous les aultres gouverneurs qu'ils avoient eus auparavant,
» tellement qu'il n'en voulut faire autre chose ; et là-dessus l'assemblée des
» estats du pays venant à se tenir dans Millau, il y fut encore parlé de ce faict :
» pourquoy ayant M. de Chastillon représenté ce qui estoit de l'autorité que
» le roy de Navarre luy avoit donnée, remonstrant à messieurs de Millau
» que la compagnie du capitaine Saurin ne leur coutoit rien, estant payée et
» entretenue aulx despens du pays, et qu'ils n'avoient occasion de craindre
» qu'il leur voulust oster leur liberté, d'aultant qu'il n'y avoit ni vivres, ni
» lits, ni aultres meubles dans le chasteau pour s'y tenir, tous les capitaines,

» membres et soldats de la compagnie estant entre leurs mains, logés à la
» ville, sans qu'il entrast en garde dans ledict chasteau, sinon une escadre
» après l'aultre par tour de rolle; joinct qu'il permettoit aux consuls et à
» tous les gens de bien et d'honneur de la ville d'y entrer et sortir avec
» armes ou sans armes, de nuit et de jour, à toutes les heures que bon leur
» sembloit, et d'en chasser mesme tous les soldats qu'ils auroient pour
» suspects; offrant en oultre d'oster ladicte garnison et remettre le chasteau
» entre leurs mains, quand le roy de Navarre le commanderoit par une
» simple lettre, quand elle ne seroit que de quatre doigts de papier. Il fut
» enfin convenu et accordé, en pleine assemblée, qu'ils envoyeroient, de part
» et d'aultre, vers le roy de Navarre pour lui faire entendre leurs raisons
» respectivement, et qu'il seroit obéi à ce qu'il lui plairoit en ordonner; et,
» à ces fins, M. de Chastillon écrivit à M. de Joyeuse, pour avoir deux
» passeports, ung pour le député de Millau qui feroit le voyage, et l'aultre
» pour celui que M. de Chastillon envoyeroit.

» Ce faict accordé, M. de Chastillon n'ayant moyen de faire la guerre en
» Rouergue, à cause de la rigueur de l'hyver, s'en alla en Languedoc trouver
» M. de Montmorency, où il ne fut guère de jours que ceulx de Millau escri-
» virent des lettres aux églises de Montpellier et Nismes, pleines de
» calomnies et d'ingratitude, à l'encontre de lui, par lesquelles ils se plai-
» gnoient qu'il leur avoit osté leur liberté, au moyen de la citadelle qu'il
» avoit faicte au chasteau du roy, priant lesdites églises d'en escrire et inter-
» céder pour eulx vers le roy de Navarre, et leur départir leurs bons advis
» et conseils à ce que la ville fust remise en l'estat qu'elle estoit auparavant.
» Ces lettres furent portées au temps qu'on avoit convoqué une assemblée
» des églises du bas Languedoc qui se debvoit tenir bientost après à Nismes,
» qui fut cause qu'on leur fict responce qu'ils y envoyassent leurs députés,
» et qu'ils prieroyent M. de Chastillon de s'y trouver de mesme, pour
» adviser à composer toutes choses au contentement des ungs et des aultres;
» à quoi M. de Chastillon s'accorda fort volontiers de son costé, se
» soubmettant de faire tout ce que les églises lui conseilleroient pour le
» contentement desdicts de Millau, pourveu qu'elles le fissent trouver bon
» au roy de Navarre, si tant estoit qu'ils ne voulussent attendre son com-
» mandement par les députés qu'ils debvoient envoyer vers lui respec-
» tivement.

» Mais ceulx de Millau, qui avoient escript ces lettres pour aller au-
» devant du blasme qu'ils pouvoient en avoir à cause de l'attentat qu'ils
» avoient projeté de commettre, ou pensoient peut-estre qu'on les deust con-
» seiller d'en user ainsi, sans attendre les assemblées des églises, ni le juge-
» ment et commandement du roy de Navarre, auroient conspiré et exécuté
» le plus meschant, plus desloyal et plus malheureux attentat que gens de
» la religion ayant jamais commis contre ceulx de ce parti.

» Car le 28e jour de décembre dernier, 1586, qui estoit un jour de
» dimanche, ils dressèrent trois embusches au sieur de Saint-Auban et au
» capitaine Saurin, en trois maisons particulières, auprès du temple où se
» fait le presche. Il y avoit deux de la conspiration qui se devoient aller

» mettre justement derrière le sieur de Saint-Auban et le capitaine Saurin,
» quand ils seroient assis au temple pour ouïr le presche, portant chacun
» ung pistolet soubs le manteau, lesquels, après avoir receu le signe que l'ung
» debvoit donner à l'aultre, les debvoient tuer, à sçavoir, chacun le sien,
» d'un coup de pistolet dans la teste; et cela faict, ceulx des embusches
» debvoient sortir pour aller saisir le chasteau, et mettre la garnison hors
» la ville. Mais, de bonheur, il y eut, ce jour-là, ung mariage de l'ung des
» plus apparens de la ville; au moyen de quoy, les traistres craignant
» d'exécuter ce desseing, à cause de l'horreur du crime et la circonstance
» du lieu et de l'action, se tinrent cois sans en faire semblant : de quoi
» advertis ceux des embusches, ils prirent soubdain une aultre résolution
» qui estoit de les tuer au sortir du presche; mais voyant venir le sieur de
» Saint-Auban, suivi de quelque nombre de soldats, qui, par cas d'adventure,
» et sans y penser, avoit mis son espée sur le col, il en vint opinion qu'il
» avoit receu quelque vent de ladite entreprise; de sorte qu'ils n'osèrent
» sortir pour l'attaquer.

» Ce desseing n'ayant peu réussir, le sieur Duluc, premier consul, dit au
» capitaine Maliole, qui est de la ville, qu'il regardast de s'accointer du capi-
» taine Fèvre, lieutenant du capitaine Saurin, pour le caresser et entretenir;
» et lorsqu'il seroit de garde au chasteau, l'attirer en quelque maison pour
» jouer toute la nuict, s'il estoit possible, avec lui, afin de donner moyen
» aulx consuls et habitans de surprendre tant plus facilement le chasteau,
» lui promettant de lui fournir argent quand il perdroit bien cent escus.

» Et, comme ce moyen ne peut encores sortir à effet, il advint que, le
» 3e jour de janvier 1587, le sieur de Saint-Auban estant allé, le jour précé-
» dent à S....., tout le peuple de Millau se mit en armes, au son du tocsin,
» jusques aulx femmes et enfans, lesquels portoient des couteaux ou des
» pierres entre leurs mains; et les povres gens qui n'avoient des armes
» portoient des broches ou des leviers, frémissant de courroux, et remplissant
» la ville de cris et menaces espouvantables contre les soldats, disans que
» c'estoit l'heure et le temps qu'il falloit se mettre en liberté. Surtout le
» capitaine Saurin feut estonné que n'estant jamais sortis quatre ou cinq
» hommes de guerre de la ville pour se joindre aulx troupes de M. de Chas-
» tillon, quand il falloit combattre les ennemis, s'excusant qu'ils n'avoient
» des armes, il en vint, ce jour-là, plus de cent ou six vingts armés de
» cuirasses, et une bonne partie qui avoit des pots et des brassarts.

» Au commencement de ce tumulte, les soldats qui estoient par la ville,
» voulant sortir avec leurs armes, pensant que ce feust une alarme que les
» ennemis eussent donnée, feurent incontinent saisis et désarmés; et le
» capitaine Saurin, qui venoit de visiter la garde de la porte de la ville,
» sans se doubter de rien, pris par huit ou dix hommes armés de pots et de
» cuirasses, entre lesquels estoit le sergent Cavalay, le caporal Maliole,
» frère du capitaine Maliole, et ung nommé Courtillac, lesquels, reniant le
» nom de Dieu, et luy portant, les ungs leurs pistolets, le chien abattu,
» tout contre la teste, et les aultres la pointe de leurs hallebardes au corps,
» lui dirent que c'estoit trop commander dans Millau, qu'ils en vouloient

… APPENDICE.

» estre eulx mesmes les maistres et les gouverneurs, et que s'il faisoit sem-
» blant de bouger, il estoit mort. Or, le capitaine Fèvre, son lieutenant,
» estant lors dans le chasteau avec huit ou dix soldats de l'escadre, qui
» estoit entré en garde la nuict précédente (les aultres estant allés desjeuner à
» la ville armés, estant la coustume que pendant que les ungs alloient prendre
» le repas, les aultres gardoient jusques à leur retour), ceulx qui tenoient le
» capitaine Saurin lui attachèrent les bras et les mains par derrière avec
» des cordes, et, le voulant mener devant le chasteau, lui dirent qu'il
» falloit qu'il le feist rendre incontinent, aultrement ils le feroient pendre
» à la veue de son lieutenant; mais, voyant qu'il n'en vouloit rien faire, et
» qu'au contraire il leur disoit que s'ils le menoient là il diroit à son lieu-
» tenant que s'il estoit si lasche de le rendre, et que Dieu lui feist la grâce
» d'eschapper de leurs mains, il le feroit pendre, ils le menèrent à la maison
» du sieur Gally, et le laissèrent là tout attaché, en la garde de sept ou
» huit, après avoir blessé d'hallebarde dans l'espaule un sien caporal,
» nommé Michel, et d'ung coup d'espée à travers le corps ung aultre, appellé
» Mellon, qui estoient avec lui, dont on pense qu'ils sont morts depuis.

» Cependant on se saisit des papiers, armes et munitions, et de plusieurs
» machines et engins de guerre que M. de Chastillon avoit laissés en son
» logis, à lui appartenant, et des coffres, armes et habillemens du sieur
» de Saint-Auban, qu'il avoit aussi en son logis; le tout de grande valeur.
» Après, les capitaines La Rovière, Maliole, Domeyran, et le sergent Gattery,
» suivis d'un grand nombre d'habitans, montant sur la muraille, allèrent
» donner ung grand coup de pétard à la porte de la tour de l'Ayrolle, où ils
» prirent prisonniers trois ou quatre soldats que le capitaine Fèvre y avoit
» envoyés du chasteau, et se saisirent de l'artillerie qui estoit au bas de la
» tour.

» D'autre part, le peuple assiégea le chasteau de tous costés, les ungs
» par le pied, les aultres par le faîte des maisons et par les pigeonniers de
» l'entour qui commandent la courtine, desquels ils blessèrent deux soldats,
» et percèrent à jour les guérites à coups de mousquets, si bien que nul ne
» s'y pouvoit tenir; et quand l'artillerie fut saisie, une grande troupe de ce
» peuple, hommes, femmes et enfans, courant comme ung torrent desbordé,
» l'alla prendre et mener devant le chasteau. Lors, le capitaine Fèvre
» n'ayant que sept ou huit hommes avec lui, sans vivres, sans munitions et
» sans espérance d'aulcung secours, entendant que les consuls le faisoient
» sommer de se rendre sans se faire battre ni massacrer par le peuple,
» leur escrivit les conditions de la composition qu'il vouloit avoir par une
» lettre de laquelle et de la capitulation qui lui feut accordée au pied, la
» teneur s'en suit :

« — Messieurs les consuls, je veulx que mon capitaine, que tenés prisonnier,
» ait la vie saulve, ensemble, moi et tous les soldats, et que nous laisserés
» sortir avec armes et bagages, le tambour battant, la mesche allumée; et
» que de ce me fassiés une promesse, et que me juriés la foi, ensemble tous
» les chefs de cette entreprise, et que vous signiés tous au dessoubs. »

« — Nous, consuls et capitaines de la ville de Millau, prévoyant ung grand

» mal qui pourroit advenir, à cause de la sédition esmeue en la présente
» ville, promettons au capitaine Fèvre, lieutenant du capitaine Saurin, que
» son capitaine, ni luy, ni aulcung de ses soldats, n'auront aulcung mal ; et
» leur promettons qu'ils sortiront, la vie saulve, avec armes et bagages, le
» tambour battant et la mesche allumée ; et que conserverons la ville soubs
» l'autorité du roy de Navarre. En foi de ce, nous sommes signés, ce 3 jan-
» vier 1587, ainsi signé : P. Aldiguier, Davesmes, Bardt, consuls ; La Rovière,
» Maliole, Galtier, Cavalery, Banot, Pégurier. »

» Ceste capitulation fut faicte, le soir, assés tard ; et combien qu'il feist
» fort mauvais temps, et que le capitaine Saurin et ses soldats eussent cinq
» grandes lieues de retraicte, il eut prou à faire à gaigner ce point qu'on les
» laissast pour ceste nuict dans la ville ; encores ne vouloient, les habitans,
» permettre qu'ils s'en allassent par le pont qui est sur la rivière du Tarn
» du costé d'en hault, où ils vouloient passer pour ne tomber aux embusches
» que les ennemis, advertis de ce désordre, leur pouvoient avoir adressées.
» Et le lendemain matin, 4e dudit mois de janvier, tout le peuple estant
» encores en armes, vint au logis du capitaine Saurin le sergent Cavalery
» avec une grande suite de peuple, tout armé, portant un pistolet au poing,
» disant qu'il estoit là de la part des consuls pour luy commander de sortir
» incontinent de la ville avec tous ses soldats, et qu'il se contentast de la
» courtoisie qu'on luy avoit faicte de les laisser cette nuict dedans ; et comme
» cestuy-là parloit encores, vint le capitaine La Rovière, accompagné d'une
» aultre troupe d'environ 60 ou 80 hommes armés, luy dire qu'il rendist ou
» feist rendre incontinent, par le capitaine Fèvre, son lieutenant, la capitu-
» lation que les consuls et capitaines de la ville leur avoient accordée et
» baillée le jour précédent, ou qu'ils se résolussent tous deux de mourir
» sur-le-champ. A cela fut respondu par le capitaine Saurin qu'il estoit
» prest de partir pour s'en aller avec ses soldats, et au demeurant il n'estoit
» raisonnable qu'il rendist la capitulation, d'autant qu'il falloit que cela luy
» servist de justification vers M. de Chastillon, pour luy moustrer qu'il
» n'avoit abandonné la garnison de son gré, mais qu'il en avoit esté tiré par
» force. Lors le capitaine La Rovière prenant le capitaine Fèvre le mist
» entre les mains du peuple, et le capitaine Saurin entre les mains de sept
» ou huict avec de la troupe, leur commandant de les aller depescher. Par quoy
» le capitaine Saurin se voyant en si grand danger et sachant que le capi-
» taine Fèvre, qui portoit sur luy l'original de la capitulation, en avoit retenu
» une copie, se doubtant bien de ce qui leur adviendroit, leur commanda
» de la bailler ; et après que le capitaine La Rovière l'eust entre ses mains,
» le capitaine Saurin se tournant vers le peuple luy dit qu'on luy rendist au
» moins tesmoignage, en temps et lieu, comme on luy avoit osté la capi-
» tulation ; par quoi le capitaine La Rovière respondit que cela estoit faulx :
» et quiconque vouldra dire que ce soit la capitulation, dit-il, en reniant
» le nom de Dieu, je le ferai mourir.

» Le capitaine Saurin, ne pouvant supporter tant d'oultrages et de
» violences sans descharger son cœur, se prit lors à dire tout hault que
» c'estoit très mal recognoistre les bienfaits qu'ils advoient reçus de M. de

» Chastillon, quand, après avoir délivré et garanti leur ville et le pays de
» ruyne toute évidente, on l'en chassoit si indignement. Auxquels propos le
» capitaine La Rovière répliqua que c'estoit trop parlé, et qu'il falloit sortir
» de la ville; et quelques aultres qui estoient là, mesme le capitaine Maliole,
» lui dirent que cela estoit vray, qu'ils avoient reçu beaucoup de bien de
» M. de Chastillon, mais qu'ils n'avoient rien faict que par le commande-
» ment des consuls, et au demeurant que le capitaine Saurin ne s'eston-
» nast pas de cela, parce qu'ils en avoient autant faict à tous les aultres
» gouverneurs qu'ils avoient eus, et les avoient passés compaignons pour
» se maintenir en liberté; adjoustant que si, par cas d'adventure, le sieur
» de Saint-Auban se feust trouvé dans la ville le jour de cette esmotion, le
» peuple estoit résolu de lui couper la teste et la faire rouler par la ville
» comme une boule.

» Enfin le capitaine Saurin et les soldats sortirent de la ville passant au
» milieu du peuple qui bordoit la rue d'un costé et de l'aultre, depuis le
» logis de M. Gally, où il avoit esté amené le jour précédent, jusqu'à la porte.

» Depuis, ceulx de l'assemblée des églises de Languedoc, séant à
» Nismes au mois de janvier, ayant entendu ces désordres, tant par le récit
» que leur feit M. de Chastillon, que par le témoignage du sieur de Saint-
» Auban, lieutenant de sa compagnie, et d'aulcuns gentilshommes, capi-
» taines et aultres personnages dignes de foi qui se trouvoient dans la ville
» de Millau au temps de la sédition, mesme le capitaine Saurin, le capitaine
» Fèvre, son lieutenant et aultres de sa compagnie, ils furent tellement
» offensés et scandalisés, qu'ils députèrent les sieurs de Rudaunalle et Vil-
» lette pour se transporter vers lesdits de Millau pour leur remonstrer
» combien l'assemblée avoit trouvé la faulte qu'ils avoient commise inju-
» rieuse et de mauvaise conséquence; et leur escrivit l'assemblée des lettres,
» par lesquelles les églises leur remonstroient qu'elles ne pouvoient inter-
» préter aultrement la fin des susdicts advertissemens que lesdits de Millau
» avoient envoyés auparavant qu'à ung deseing et propos jà délibéré de venir
» à la voye de faict dont ils avoient usé à l'encontre dudit sieur de Chastil-
» lon, les pryant de lui faire raison de ce qui lui estoit deu, luy rendre tout
» ce qu'ils luy avoient pris et retenu, et, au surplus, se conformer, pour le
» bien, aux sainctes exhortations et bons conseils desdits sieurs Rudaunalle
« et Villette, députés, selon qu'il est plus particulièrement porté sur les
» lettres de l'assemblée du 18 janvier 1587.

XXXIII

L'avoyer et le conseil de Berne à Chastillon. Juillet 1587.
(Archives de Berne, *Weltsche Missiven Buch*, vol. II, f° 132.)

« Noble, généreux et puissant seigneur, après vous avoir salué de nos
» très-affectueuses recommandations à vos bonnes grâces et entendu par

» commung bruict que seriez en chemin et délibération de passer, avec
» quelque nombre de soldats françoys par sus les terres de M. l'évesque
» de Basle, pour aller joindre les Suisses et reistres que M. de Clervant
» a levez et obtenuz pour le service du roy de Navarre et de ceux qui
» sont de son party, nous vous avons bien voulu advertir, qu'entre les sub-
» jectz dudit seigneur évesque, ceulx de la prévosté de Mostier-en-Grand-
» Vaulx estant sur le chemin de vostre passage, nous sont d'ancienneté
» conjoints par une bourgoisie perpétuelle qui nous astreint de les protéger
» et défendre contre toute oppression, moyennant laquelle ils ont longtemps,
» et à nostre exemple, quitté la messe, exerçant la religion protestante
» évangélique, lesquels, sur telle signification de vostre venue, et après que
» ledit seigneur évesque, leur souverain prince, a esté requis de vous accor-
» der passage, sont menacez et certifiez que tout le dommage que recevront
» ses subjectz de la religion catholique de vozdits soldats en passant, sera
» reporté sur eulx, pour vous estre conformes en religion, dont ils ont
» conçu une très-grande crainte de tomber en ces inconvéniens, considé-
» rant l'importance et rigueur de telles menaces, et pour la hayne de leur
» religion, ilz seroient par ce moyen entièrement ruynez. Requérant, en
» vertu de ladite bourgeoisie, nostre faveur protection et sauve-garde, soit
» par faulte de payer les vivres, rapts, insolences et malversations dont
» sommes estez occasionnez d'enjoindre et recommander sérieusement à nos
» bourgeois et capitaines qui ont faict ceste levée et conduisent nos subjectz,
» de passer paisiblement oultre les terres dudit seigneur évesque, en payant
» les vivres, sans fouler ny offenser aulcun de ses subjectz, de quelle religion
» ilz soyent; si vous prions et requérons y pourvoir par mesme moyen, à
» l'endroit de ceulx qui sont soubz vostre charge, à ce qu'ils se comportent
» modestement et payent raisonnablement tout ce qui leur sera fourni et
» départi, sanst fouler lesdits subjectz, ny donner occasion que nos bour-
» geois, les païsans de Mostier-en-grand-Vaulx, soyent, à cause de leur mal-
» versation, recherchés et poursuivis à esmender le dommage que recevront
» les catholiques, car ilz seroyent entièrement incapables, en hayne de leur
» religion, et par ce moyen donner occasion à leur prince, qui n'est adver-
» saire à nostre Estat et permet liberté de passer sur ses terres, de s'en
» plaindre à ses alliez des cantons catholiques, et les provoquer contre nous.
» A quoy vous plaira obvier et faire en ce paroir combien vous desirez la
» conservation de nostre Estat et de ceux qui nous sont alliez et auxquels
» avons obligation ; priant, sur ce, le Créateur, noble et puissant seigneur,
» vous tenir en sa sainte garde. »

XXXIV

Discours de ce qui s'est passé en l'armée estrangère qui venoit d'Allemagne au secours du roy de Navarre contre la Ligue, en l'année 1587, envoyé par M. de Chastillon audit sieur roy de Navarre.
(Bibl. nat., mss. f. fr., vol. 3,975, f⁰ˢ 198 et suiv.)

« Après avoir passé la montaigne de Saverne, l'armée, qui estoit composée de quatre à cinq mil chevaux reistres, quatre mil lansquenetz, quinze mil Suisses, deux cens chevaulx françois, et environ quinze cens harquebusiers, entra dedans la Lorrayne, et y eut entre les François et les Allemans beaucoup de contrarietez, pour ce que les François vouloient qu'on fist la guerre, en bon essient, dedans la Lorrayne, disans que c'estoit la volonté du roy de Navarre, pour faire sentir la poisanteur de la guerre à ce païs duquel le prince estoit l'un des principaulx ennemys de nostre estat. Les Allemans ne vouloient nullement entendre, à cause du voisinage des terres de M. le duc Cazimir, et vouloient passer comme amis et prenant une certaine somme de deniers que M. le duc de Lorrayne leur offroit. Toutefois les François là grognèrent, et se firent plusieurs actes d'ostillité avec bruslement et toutes autres sortes de maulx que la guerre a coustume d'apporter.

» L'armée qui estoit fresche et gaillarde ne demandoit qu'à combattre. Il se présenta une fort belle occasion au pont de Saint-Vincent, laquelle, si elle eust esté prinse au poil, on eust plus tost veu la fin de la guerre que son commencement. On ne peut juger au vray de qui est venue la faulte, parce que chacun accuse son compaignon; mais bien en cela s'accorde-t-on, que le coup de la partie se perdit ce jour-là.

» Quelques petites choses se passèrent en Lorrayne, dont je ne fais mention parceque je n'y estois pas.

» Comme il falloit sortir de la Lorrayne, pour n'y trouver plus de comditez de vivres, on proposa le chemin que l'armée devoit tenir. J'ay ouï dire à plusieurs qu'il y eut là-dessus une grande dispute. Les Allemans vouloient aller passer vers Sedan, puis prendre le long de la rivière de Seyne audelà vers la Picardye. Leurs raisons estoient : premièrement pour changer l'équipaige de l'artillerye, puis pour ne s'esloigner de Sedan, dont l'on pouvoit beaucoup espérer de commoditez et rafraîchissemens, et, en dernier lieu, pour avoir à ung besoing, un nouveau secours d'Allemaigne, ce qui n'adviendroit pas si on se jettoit au milieu de tant de rivières qui se trouvent de l'autre costé. Quelques-uns des François disoient au contraire qu'il falloit droit venir à la rivière de Loire joindre le roy de Navarre; entre autres, MM. de Guitry et de Beauvoyr, insistoient fort là-dessus, remonstrant que les Allemans vouloient prendre ce chemin pour plus facilement retourner en Allemaigne quand ils vouldroient.

» M. de Bouillon penchoit fort à l'opinion des Allemans, pour ce qu'il
» disoit qu'on luy avoit promis, au sortir d'Allemaigne, qu'on iroit
» sortir par là ; que soubz ceste espérance, il avoit fait de grands frais et
» fait aussi de grands préparatifs, tant de poudre que d'artillerie qu'il avoit
» fait fondre exprès ; joint qu'il avoit à pourvoir à la seureté desdites
» places, lesquelles il laissoit en danger pour le service du roy de Navarre.

» Quelques autres François, qui estoient du conseil de l'armée, tenoient
» ceste opinion, laquelle enfin ne se peut plus débattre, pour ce que
» MM. de Guitry et de Beauvoyr disoient tous tout hault qu'ilz soubztien-
» droient, aux dépens de leurs vies, que ceulx des François qui vouldroient
» faire prendre autre chemin que celuy de la rivière de Loire estoient
» traistres au service du roy de Navarre.

» Il fut donc conclud de suivre ceste route.

» Sur ces entrefaites, je vinctz, le mardi 22ᵉ septembre, joindre l'armée
» avec dix enseignes de gens de pied où il y avoit encore de quatorze à
» quinze cens harquebusiers.

» Ceulx des François et des Allemans qui vindrent audevant de moy
» contoient desjà les misères de l'armée, les divisions et débats qui estoient
» desjà entre ceulx du conseil, comme chacun espousoit ses passions, se
» rendoit peu soigneux du bien général de l'armée, comme chacun faisoit
» servir à son particulier, peu ou point au roy de Navarre ; dont il me fut
» bien aisé et fascheux tout ensemble de prévoir le mauvais succès de ceste
» armée.

» Je fus logé plusieurs jours bien près de l'armée, tellement que je ne
» pus veoir M. de Bouillon que une fois, lorsque je luy baisay les mains, et
« trouvay bien estrange que d'abord on me demanda L... pour achepter des
» chevaulx pour l'artillerye qui ne pouvoit marcher.

» Nous approchasmes de Chaulmont en Bassigny, sur lequel j'avois des-
» seing, et en parlay à M. de Bouillon et au conseil, mais je perdy le
» moïen de l'exécuter, pour m'estre tousjours fort esloigné de la cavallerie
» sans laquelle on ne pouvoit aisément s'escarter, à cause des forces de
» M. de Guise.

» Et quand M. le baron d'Aulna, au moïen de tous les Allemans, faisoit
» instance que je fusse auprès d'eux ou avec eux afin que leur logis en feust
» plus asseuré, on n'en voulut jamais tenir compte ; voire quelques Fran-
» çois me disoient ouvertement que je ne le debvois desirer, pour ce que le
» roy de Navarre le trouveroit mauvais, il prendroit oppinion que j'avois
» quelque secrète intelligence avec les Allemans, au préjudice de son ser-
» vice ; encores que je trouvasse ces langaiges fort estranges, pour ne rien
» gaster toutesfois, je n'en voulus faire semblant.

» Estant arrivé près de Langres, je proposois les moïens de la prendre,
» remonstrant le besoing que l'armée avoit d'une place, mais les mesmes
« difficultez me furent données.

» Le premier séjour que fit l'armée despuis que je fus arrivé fut autour
» de Chasteau-Villain, où on traita du faict du sieur de Villiers, qui avoit
» esté pris venant de Rome, de la part de M. de Lorrayne, pour solliciter

» le pape d'aider son maistre de quelques sommes de deniers pour faire la
» guerre à ceulx de la religion et pour prier aussy Sa Saincteté de nommer
» le roy chef de la Ligue, s'asseurant quand cela seroit, que Sa Majesté four-
» niroit argent pour l'extirpation des hérésies. La responce que le pape fai-
» soit par luy estoit qu'il falloit vivre en paix avec ses voisins, et qu'il ne
» pouvoit fournir deniers, ne vouloit estre instrument de faire la guerre à
» personne, puisqu'il desiroit la paix par tout le monde. Mais il portoit une
« lettre fort mal escripte qu'il disoit estre escripte de la propre main de
» l'Altesse de Lorrayne, mère du duc, contenant ces mots, en substance :
» Je suis très-aise d'entendre l'estat de vos affaires. Je suis d'advis que pas-
» siez outre, car jamais ne se présenta une plus belle occasion de vous
» mettre le sceptre en la main et la couronne sur la teste.

» Cette lettre occasionna tous ceulx qui estoient au conseil d'opiner que
» ce gentilhomme devoit estre soigneusement gardé, sans estre mis à ran-
» çon, afin qu'il peust estre représenté au roi de Navarre.

» Le second jour du conseil, les Allemans, par la bouche de La Huguerye,
» se plaignoient qu'on faisoit plusieurs choses contre la capitulation, et pour
» ce qu'ilz demandoient aussy que la charge de l'advant-garde me fust
» donnée, et que les jours d'après les mesmes députez vinrent de la part de
» M. le baron d'Aulna et des Allemans pour en faire encore instance, je
» fus contraint de m'opposer du tout à ceste poursuite, m'excusant particu-
» lièrement sur l'obligation fresche que j'avois faicte à M. le comte de La
» Marck, lequel en avoit desjà esté chargé, qu'on ne la luy pouvoit oster
» sans luy faire tort; il m'estoit venu desgaiger de Grezilles où j'estois
» assiégé des troupes de M. de Guise.

» Pendant ce séjour, M. le baron d'Aulna feict mener l'artillerie à l'ab-
» baïe de Clairvaux, laquelle feit composition avec luy de quelque somme
» de deniers, quelque quantité de vin et quelques farines. Cette capitulation
» ne tint point parce que ledit sieur baron ne print point d'ostaige et se
» contenta de la parole du capitaine qui estoit dedans, et aussy que l'armée
» marcha.

» Et partant delà nous feismes quatre journées jusqu'à la rivière de
» Seyne, et de là passasmes au-dessus de Chastillon-sur-Seine sans l'atta-
» quer, parce que M. de Guise avoit mis M. de La Chastre dedans. Les
» ennemis sortirent avec quelque cavalerie et infanterie. Je fus commandé
» de faire la retraicte avec trois compagnies de chevaulx-légers, sept cor-
» nettes de reistres, quatre cens arquebusiers. Le colonnel Berbistoph estoit
» demeuré ung pas plus avancé, mais vers la rivière pour nous favorizer.
» M. de La Chastre, à la faveur d'un petit vallon où il avoit mis des arque-
» buziers, s'advança avec quelques gens de cheval vers Berbistoph, lequel
» m'envoya prier de couper chemin à ceste cavalerie. Aussitost je partis
» pour le faire. Les sept cornettes qui estoient avec moy me suivirent, mons-
» trans avoir grande volonté de se battre, mais ne pouvans y estre à temps,
» nous donnasmes seulement, et tous les harquebusiers du sieur de La
» Chastre y furent mis en pièces, et la cavallerie chassée jusques dedans les
» portes. Un de nos reistres se débanda et tua un lancier d'un coup de pistolle.

» M. de Bouillon alla loger à Leyne où on demeura deux jours. On tint
» le conseil, auquel les Allemans recommencèrent leurs plaintes sur l'in-
» commodité des logis, s'en prenant à M. de Guitry comme mareschal de
» camp. Il y eut de grands reproches tant d'une part que d'autre.

» M. de Guitry monstra devant tous qu'il donnoit les meilleurs logis
» aux reistres, mais que le malheur estoit d'estre venuz en mauvaise année,
» et que ceulx d'entre tous reistres qui avoient esté aux anciens voyages de
» France pourroient tesmoigner que aux mesmes logis ilz avoient esté fort
» bien traitez.

» M. le comte de Lamarck mourut, en ce lieu, de maladie.

» L'armée estant autour d'Ansy-le-Franc et de Tanlay, on eut nouvelle
» que M. du Mayne estoit en quelque chasteau non loin de là, qui me feit
» mettre en armes de l'aller attaquer, par les raisons dont je me peux advi-
» ser pour me persuader, et afin de monstrer l'envie qu'avoient nos reistres
» de bien faire, je fuz lire une lettre par laquelle M. le baron d'Aulna me
» mandoit qu'il avoit esté adverty que M. du Mayne estoit dedans le chas-
» teau qui n'estoit pas loin de luy, qu'il avoit envoyé en campagne pour en
» savoir la vérité; que si cela estoit, il monteroit à cheval avec tous ses
» reistres pour l'aller investir et m'advertiroit aussitost afin que je y me-
» nasse l'infanterie; que si M. de Guise s'approchoit de la main droite où
« j'estois, qu'il monsteroit à cheval aussitost que je luy manderois. Je
» remonstray qu'en cela nous obligions M. de Guise au combat, qui estoit
» tout ce que nous pouvions desirer. Tous ceux du conseil y firent de
» grandes difficultez. On feit appeler quelques-uns du païs qui disoient que
» le chasteau estoit fort, que c'estoit un pays de bois advantageux pour
» l'harquebuzerie de M. de Guise et pour nostre cavalerie désadvantageux;
» que nous ne trouverions point de vivres pour camper là devant. Je repré-
» sentai que nous ne pouvions faillir de faire quelque chose de bon, car, au
» pis aller, nous mettions hors M. de Guise, du Mayne et tous ses gens de
» pied qui ne pouvoient mettre leurs chevaulx en l'enclos du chasteau, et
» et, qu'en allant au fourraige, nous aurions des vivres là aussi bien qu'ail-
» leurs.

» Pour tout cela, il n'y eut moyen d'eschauffer personne. J'ay depuis ouy
» dire à M. de Milleron, qui est du païs, que nous faillismes là une fort belle
» occasion.

» Le lendemain ils arrestèrent au conseil que je commanderois à l'avant-
» garde, ce que je ne voulus accepter, pour des raisons particulières que
» j'avois.

» Au partir d'Ansy-le-Franc, on demeura deux jours jusques à la rivière
» d'Ionne que nous passasmes à Mailly-la-Ville où le sieur de Mongla arriva
» de la part du roy de Navarre. Les reistres et les Suisses furent faschés de
» n'avoir point de lettres à part de luy. On les contenta d'excuses.

» M. de Bouillon me dit que la charge de M. de Mongla estoit de faire ache-
» miner l'armée droit à la source de la rivière de Loire où le roy de Navarre
» mandoit qu'il se trouveroit, et me fict entendre que messieurs du conseil
» disoient que malaisément les Allemans prendroient-ils ceste route; que

» M. de Clervant aussi se doubtoit que, si on prenoit ce chemin, beaucoup
» de Suisses se débanderoient, approchant si près de leurs maisons, et que
» tous ceulx du pays, comme M. de Beauvoyr, sieur de La Nocle, asseu-
» roient estre impossible que l'artillerie passast par le Nivernois, et aussy
» peu faisable que l'armée peust vivre en ce quartier-là ny dans le Morvan.
» Toutesfois je fis instance envers M. de Bouillon de mettre encore le fait
» en délibération, que si c'estoit la volonté du roy de Navarre, il le falloit
» faire résolument, et quoy qu'on dist, les Allemands feroient ce qui seroit
» raisonnable.

» Je tins ces mesmes discours à Mongla; et à la vérité, si j'eusse bien
» pensé que l'intention du roy de Navarre eust esté telle, j'eusse bien faict
» en sorte que cela eust esté. Car nous obtinsmes bien des Allemans et des
» Suisses des choses aussi difficiles, et plus que cela. Mais on marchoit tous-
» jours sans avoir une résolution certaine de ce qu'on debvoit faire, et l'on
» aima mieux prendre conseil sur les occasions, que de prévoir par le dis-
» cours ce qui estoit le meilleur.

» Les Allemans voiant ces incertitudes blasmoient nos irrésolutions, for-
» moient de nouvelles plaintes sur l'ordre de marche et des logis, sur le
» deffault de nos promesses, protestoient de ne marcher plus avant si on n'y
» remédioit.

» La forme du logement qu'ils désiroient estre gardée tenoit du triangle,
» donnant une des ailes pour les reistres, l'autre, qui seroit du costé de
» l'ennemy, pour les François, le milieu pour le général de l'artillerie et les
» Suisses.

» Cette délibération estant remise de jour à autre, les fascheries et les
» incommoditez de l'armée s'augmentoient à vue d'œil.

» Sur ces entrefaites on bastit l'entreprise de La Charité, conduite par le
» seigneur de Lanocle, et luy bailla-on tant de gens de pied et de cheval
» autant qu'il en demanda. L'entreprise fust différée d'un jour pour quelque
» deffault. Ce délay donna loisir au roy d'y envoyer des gens de guerre,
» lesquels y arrivèrent comme les nostres, et ainsi on fut contraint sans
» rien faire.

» Sur cela je feis desseing avec les Allemans d'aller à la guerre, espérant
» par mesme moyen favorizer le retour de nos gens, si tant estoit qu'il leur
» fallût tourner teste. Je voulois aller voir Cosne, parceque c'estoit l'aproche
» de leur chemin; mais, à cause du logis des reistres, je fus contraint d'aller
» droit à Neufvy. Le mareschal de camp des reistres et le colonel Bourg
» vindrent avec deux mil chevaulx.

» Nous faillismes de rencontrer M. d'Espernon, qui passa la rivière près
» Neufvy pour venir donner sur quelque logis de nostre armée, et sy les reis-
» tres n'eussent voulu espargner leurs chevaux, on eust là fait quelque chose.

» Ceste nuict mesme, M. d'Espernon donna sur nostre camp et se ren-
» contra au quartier de nostre infanterie dont j'avois tiré une partie pour
» l'entreprinse de La Charité. Il y feit fort peu, puis retourna à Cosne et
» ramena le capitaine Renouvrier fort blessé entre les autres. Nous eussions
» attaqué ceste place sy elle n'eust esté si bien pourveue d'hommes.

» Le lendemain, comme il feit jour, nous vismes les troupes du roy
» logées delà l'eau, Sa Majesté à Lezay. Le soir toute nostre armée arriva,
» et la nuict suivante, le roy feit faire de grands retranchemens au gay de
» Neufvy, les garnit de force d'harquebuziers et mosquetaires, et pour les
» favoriser fit conduire trois frégates. La rivière de Loire avoit esté gayable
» partout jusques alors, et à ceste heure-là y avoit encores du gay, mais n'y
» avoit ordre de passer parceque l'armée du roy bordoit la rivière. Ce fut
» bien un malheur pour nostre armée de séjourner si longtemps par les
» chemins à ne rien faire. Il sembloit que par nostre paresse et négligence
» nous cherchions nostre ruine, car nous pouvions estre passez la rivière en
» tel lieu que nous eussions voulu avant que le roy feust party de Paris,
» lequel s'attendoit sur la promesse que M. de Guise luy avoit donnée d'em-
» pescher le passaige de nostre armée.

» M. de Bouillon vint le matin tenir le conseil à Neufvy, où M. le baron
» de Dhona et La Huguerie firent, au nom des Allemans, plusieurs plaintes
» de la quantité des sauvegardes qu'on donnoit tant aux gentilshommes
» catholiques que de la religion, en faveur desquelles ilz tiroient en leurs
» maisons tout le bien du villaige où l'armée estoit logée, si bien qu'on
» ne pouvoit tirer commodité quelconque dans les logis, et l'armée en estoit
» affamée, soubz couleur de faire plaisir à des particuliers; qu'il falloit n'en
» donner point du tout, ou les taxer en argent pour l'armée; qu'on gardast
» l'ordre proposé en Allemagne, et qu'on résolût d'achever aux reistres la
» paie d'un demi-mois qu'on leur avoit promise, sinon qu'ils ne passeroient
» pas outre; que de passer la rivière et d'aller contre-mont, il n'y auroit
» point d'apparence, veu que les François mesmes leur avoient fait entendre
» qu'ils ne pourroient vivre ny dans le Nivernois, ny dans le Morvan, et
» qu'estant arrivez en Forestz ou à la source de Loire, ilz sçavoient bien
» qu'ils n'y trouveroient pas le roy de Navarre comme on leur avoit promis;
» que si on eust creu leur advis d'aller faire la guerre en Champaigne et tout
» le long de la rivière de Seyne et vers la Picardye en faveur de Sedan, on ne
» feust tombé aux extrémitez où on estoit maintenant; que l'hyver s'apro-
» chait et qu'on n'avait plus que deux mois de temps pour tenir la cam-
» pagne; qu'ils vouloient eux mesmes envoyer vers le roy de Navarre, ne
» pouvant croire que on luy dépeschast sy souvent, comme on disoit, et
» qu'on luy feist entendre l'estat de l'armée, et partant, qu'on adviseroit aux
» moïens de le tenir adverty promptement de tout, pour pourvoir à leurs
» nécessitez.

» M. de Bouillon print résolution avec les François de les prier qu'ils
» prinsent un peu de patience, que l'on pourvoiroit à leurs plaintes, qu'on
» dépescheroit vers le roy de Navarre pour le prier de s'acheminer en son
» armée, ou seul, ou accompaigné, au plus tost; en attendant, qu'on iroit
» faire séjour en Beausse, où il y avoit grande quantité de bleds et de four-
» raiges, si bien que l'armée s'y pourroit rafreschir commodément, mais
» qu'il n'estoit possible aux François de fournir présentement aucuns deniers,
» et que s'approchant de Paris, on en tireroit des commoditez, comme aussi
» au Vendosmois où le roy de Navarre avoit plusieurs terres.

APPENDICE.

« Les Allemans se contentèrent de cela, pourveu qu'on dépeschast promp-
» tement au roy de Navarre ; ils promirent de patienter jusqu'à ce qu'on
» eust de ses nouvelles. On fit les quartiers, ce soir-là pour le lendemain,
» *et fut toute l'armée logée sur mes terres ; ce que j'offris librement, pour mons-*
» *trer l'exemple aux autres, de préférer la commodité de l'armée à celle des*
» *particuliers.*

» M. de Bouillon, avec ceux du conseil, vint à Chastillon pour adviser
» aux affaires de l'armée.

» Quelques jours auparavant, Tilman, colonel du régiment de Berne,
» estant décédé, Bonstet, son lieutenant, escrivit une lettre à M. de Clervant,
» au nom de tous les régimens, par laquelle il luy mandoit que les Suisses
» estoient résolus de faire entendre au roy les raisons pour lesquelles ils
» estoient venus en France, et, pour cet effect, envoyer vers Sa Majesté des
» ambassadeurs. Ils le prièrent de le faire trouver bon à M. de Bouillon. Il
» remonstra qu'il ne pouvoit trouver bon ce voïage, à quelque prix que ce
» fust, pour ce qu'il estoit très-dangereux. Toutefois, on ne laissa pas, peu
» de jours après, sans autre délibération du conseil, au moins qui soit venue
» à ma cognoissance, de condescendre à leur volonté, disant que cela ne
» pouvoit apporter aucun préjudice, et mesme on leur dressa leurs mé-
» moires. Et pour ce que Blencau avoit fait quelque résistance au baron de
» Dohna, et qu'il fut contraint de le forcer, cela nous arresta deux jours
» autour de Chastillon.

» Cependant les nouvelles nous vinrent que M. de Guise approchoit avec
» toutes ses forces et se debvoit venir loger à Chasteau-Regnard, qui est à
» moy, distant de Chastillon trois petites lieues. Le soir, cette nouvelle me
» fut confirmée par un gentilhomme qui me vint trouver exprès, et sur les
» onze heures du soir, je fis tout ce qui m'estoit possible pour persuader à
» nos chefs que une plus belle occasion ne se pouvoit présenter pour investir
» M. de Guise. Mais les ungs alléguoient une difficulté, les autres une autre,
» si bien qu'à la fin rien ne se faisoit. Je ne laissai pourtant de monter à
» cheval avec quinze ou vingt chevaulx, et tout despité de ce qu'on estoit si
» froid aux occasions qui se présentoient, m'en allay résolu de donner jus-
» ques aux portes de Chasteau-Regnard. Nous prinsmes quelques-uns du
» lieu qui nous disoient ledit sieur de Guise en estre party, une heure ou
» deux heures devant, qu'il avoit logé dedans la ville avec deux ou trois
» cens chevaulx seulement, et avant qu'en partir, avoit mis garnison au
» chasteau ; qui me feit un extresme desplaisir de veoir une si belle occasion
» perdue, laquelle nous estoit en main et ne se pouvoit faillir, si on eust
» fait diligence. Je prins, à mon retour, vingt-cinq arquebusiers à cheval,
» lesquels je menai à M. de Bouillon. Par eulx nous apprismes que M. de
» Guise estoit party pour aller joindre M. Dumaine, son frère, et que toutes
» les compagnies, tant de pied que de cheval, estoient ès quartiers par les
» villaiges d'autour.

» J'estois d'advis que nous tournissions cest estat de nostre armée droit
» vers ces MM. de Guise, et demandai qu'on nous donnast deux mil reistres
» avec quelques François pour aller relever les logis, les ungs après les

» autres, et obliger ces messieurs au combat avant qu'ils s'approchassent
» dadvantaige de l'armée du roi ou de Montargis, qui les pouvoit favorizer.
» Mais là-dessus on dit qu'on ne se pouvoit approcher d'eux qu'ils n'eus-
» sent le vent de nostre venue, qu'ils se retireroient et gaigneroient les lieux
» qui leur seroient asseurez avant que nous pussions estre à eux; que nous
» apporterions de grandes incommoditez à nostre armée parceque, nous
» mettant entre les rivières de Loing et de Seyne, nous ne pourrions pas
» trouver des passages pour sortir de là quand nous vouldrions; qu'appro-
» chant de Paris, la peur de nostre armée contraindroit peut-estre le peuple
» de recevoir MM. de Guise avec leurs forces dedans; ou bien, si, sans
» avoir rien fait, nous estions contraints de retourner le mesme chemin
» que nous faisions, nous le trouverions tout mangé et ruiné, si bien que
» nostre armée souffriroit beaucoup en ceste façon. Tous estant contraires à
» mon opinion, il me falloit laisser emporter.

» Nous allasmes loger tout autour de Montargis, prenant la main
» gauche de la rivière de Loing pour gaigner le chemin de la Beaulce. On
» logea à Landon, à Vimory et autres lieux des environs. C'estoit un
» chemin de marais fort rompu, tellement que les chariots des reistres et
» les chariots des François s'embarrassoient parmi ces chemins estroits,
» pleins de boues et de fondrières, et furent les reistres contraincts de
» séjourner là.

» MM. de Guise et Dumaine, avec leurs troupes se vindrent loger à
» Montargis et ès environs, au delà de la rivière de Loing, laquelle nous
» empeschoit d'aller à eux et leur donnoit commodité de venir à nous comme
» ils vouloient, pour ce que les passages et guets de la rivière estoient
» à leur dévotion. Ils firent donc dessein de venir donner à Vimory
» où le baron Dohna estoit logé avec sept ou huict cornettes de reistres,
» pour ce que ce lieu estoit distant seulement d'une petite lieue et demie
» de Montargis; les ennemis y arrivèrent sur l'heure du souper, les reistres
» se rallièrent à leurs cornettes, cependant que les gens de M. de Guise
» s'amusoient par les rues au pillage, le baron Dohna feit plusieurs
» charges tout à l'infanterie, et firent si bien que plusieurs gentilshommes
» signalez tant de la suite de M. de Guise que de M. Dumaine y demeurèrent
» morts sur la place, avec beaucoup d'infanterie. La cornette de
» M. Dumaine fut prinse et deux autres. Le logis demeura aux reistres.

» Le jour venu, le baron Dhona, avec ce qui estoit logé à Vimory et le
» régiment des lansquenetz, qu'il envoya quérir toute la nuict, s'alla pré-
» senter devant Montargis, ne voyant paroistre personne, il s'en retourna.

» J'estois monté à cheval pour aller à ceste allarme; il y avoit trois
» lieues de mon logis, j'arrivai comme les reistres deslogeoient. Je donnai
» jusque au village où je trouvai encores quelques-uns des ennemis que nous
» prinsmes. Je veis une grande quantité de morts, plus beaucoup de Fran-
» çois et de reistres. Je m'en retourne, faisant la retraite de ces sept
» cornettes, lesquelles approchant de leur logis je laisse, et prenant le
» chemin du mien, je trouve l'artillerie toute seule, en grand hazard,
» parcequ'elle n'étoit qu'à une petite lieue de Montargis. Je l'accompagne

» jusqu'à ce qu'il fust une heure ou deux heures de nuit et que, ne pouvant
» plus aller, on feust contraint de la dételler au milieu des champs. J'envoye
» les chevaux repaître en quelque villaige là auprès. Je laisse cinquante
» harquebuziers à cheval pour faire garde à l'artillerie toute la nuit, je
» m'en retourne en mon logis où je n'arrive qu'à une heure après minuit.

» Là je trouve, par le retour d'un trompette qui venoit de l'armée du
» roy, les nouvelles de la défaite de M. de Joyeuse, l'heureux succès que le
» roy de Navarre avoit eu contre luy, comme toute la cour en estoit en
» deuil. Nous fusmes bien aises, d'un costé, de cette nouvelle, mais de
» l'autre non; pour ce que nous jugions bien que cette victoire retarderoit
» sa venue.

» Le 30 d'octobre, je m'en allai trouver M. le baron Dohna, à Préfon-
» taine où il estoit bien empesché après ses reistres mutinez, tant pour la
» perte qu'ils avoient faite à Vimory, que pour le refus du logis qui leur
» avoit esté faict à Chasteaulandon. Il faisoit tout ce qu'il pouvoit pour les
» apaiser, et me conseilla de leur offrir d'aller investir, à l'heure mesme,
» Chasteaulandon; et pour cest effect, j'envoyai quérir mon infanterie, et
» cependant, pour donner loisir à M. le baron Dohna de conférer avec les
» reistres, en attendant M. de Bouillon, je m'en alloi recognoistre Chas-
» teaulandon. Aiant donné les quartiers aux capitaines, je m'en retournai à
» Préfontaine où je trouvai M. de Bouillon arrivé et les reistres assemblez,
» qui faisoient entendre ne vouloir passer oultre, parcequ'ils voioient qu'on
» les menoit perdre; qu'on ne se soucioit point d'eux; qu'on les logeoit à la
» teste de l'ennemi, sans avoir les François pour les garder; qu'ils n'avoient
» point de nouvelles du roy de Navarre; qu'ils ne sçavoient s'ils avoient un
» maistre ou non; qu'ils pensoient qu'il fust mort à ceste deffaite de M. de
» Joyeuse, comme ils l'avoient apprins de quelqu'un venant de l'armée du
» roy; qu'ils avoient perdu une partie de leur bagage; que leurs serviteurs
» leur demandoient de l'argent de leurs gages, ou les vouloient quitter;
» somme, qu'ils n'avoient plus moïen de servir, et demandoient leur congé.

» Les Suisses nous aidèrent de beaucoup à appaiser ceste mutinerie,
» leur remonstrant particulièrement qu'ils avoient faict accord ensemble,
» auprès de Chasteauvillain, qu'ils ne pourroient se séparer que à la fin de
» la guerre.

» Cela fut appaisé avec promesse que firent les François de trouver entre
» eux une somme de deniers pour aider à remettre en équipaige ceux qui
» avoient esté démontez à Vimory.

» A la fin du conseil, vint un jeune homme appellé Le Pau, pour parler
» à M. de Clervant. Il avoit quelque temps auparavant envoyé des lettres
» de créance du roy de Navarre audit sieur de Clervant et à M. de Guitry,
» par lesquelles il mandoit s'assurer de son service et qu'on le favorisast
» en quelque dessein qu'il avoit. Il estoit desjà venu quatre ou cinq fois en
» l'armée, avoit fait entendre qu'il nous vouloit amener son régiment, qu'il
» avoit aux troupes de M. de Guise, lequel il n'avoit dressé pour aultre
» intention que pour le service du roy de Navarre, et que, en prenant son
» party, il vouloit encores luy faire plus de service que cela, en se saisissant

» de quelque place ; qu'il en avoit eu le moyen en Bourgogne, mais que le
» passage de l'armée ne l'avoit point favorisé, et que maintenant il pouvoit
» prendre Montargis, ainsi qu'il nous avoit fait entendre, à Chastillon,
» d'un desdits sieurs qu'il nous avoit envoyez ; qu'il avoit sa compaignie dans
» le chasteau, laquelle M. de Guise y avoit mise pour son asseurance,
» lorsqu'il estoit logé en la ville ; que maintenant que nostre armée avoit
» marché, M. de Guise, qui nous costoyoit de delà la rivière de Loing, le
» pressoit de partir de là avec sa compagnie pour le venir trouver ; qu'il ne se
» pouvoit plus excuser d'obéir à son commandant ; par ainsi, qu'on advisast
» si on vouloit prendre ceste occasion.

» Je luy dis que tout ce qui venoit de la part de M. de Guise m'estoit
» fort suspect ; touteffois que, s'il vouloit se gouverner tout ainsi que je luy
» dirois, que on y pourroit envoyer.

» Il respondit n'estre là pour aultre effect que pour faire ce que nous
» vouldrions.

» Il fut résolu qu'on iroit. M. de Clervant fut de la partie : il print deux
» ou trois cents harquebuziers et trois cornettes de reistres pour aller à
» cette exécution.

» Estant sur le lieu, nous fismes venir le sieur de Pau, puis visiter le
» chasteau où logeasmes les harquebusiers sur les portes ; mais, comme nous
» estions sur le point de donner, je me doubtay, sur le rapport de mes
» gens, qu'il y avoit quelque trahison. Je commande à mes soldats de res-
» sortir, tellement que les ennemis se voyant descouverts, ils jouent leur
» jeu et firent sauter en l'air les portes et les ponts par où nous devions
» passer, avec cannonades et harquebuzades sans nombre. Estant de retour
» au logis, nous rendismes grâces à Dieu qu'il nous avoit préservés de ce
» danger.

» M. de Bouillon, avec messieurs du conseil et leurs mareschaux de
» camp, estoient allez devant Chasteaulandon. Ils y avoient fait acheminer
» l'artillerye ; ils avoient advisé du lieu où l'on la debvoit asseoir. Au lieu de
» me reposer de la course, il me fallut travailler autour de ces pièces et
» les garder pour ce qu'il n'y avoit ni Suisses, ni lansquenets. Nous com-
» mençasmes la batterie. Parceque on m'avoit laissé tout seul, j'escrivis à
» M. de Bouillon de faire venir les mareschaulx de camp et les chefs de
» l'armée pour adviser aux choses nécessaires. Sur les deux heures, deux
» de nos pièces s'esventèrent en faisant ceste batterie. Sur le soir, on fit
» semblant de donner un assault ; ils se rendirent à la discrétion, la vie
» sauve. Pour conserver les logis des reistres et éviter la confusion, je ne
» voulus point faire entrer les compaignies dedans et y mis quelques gen-
» tilshommes et capitaines pour garder le désordre et advertir M. le baron
» Dohna de s'y trouver de grand matin, mais il ne vint point, ni M. de
» Bouillon, et ne me trouvant assisté de personne, ayant affaire aux Fran-
» çois, reistres, Suisses, lansquenetz, je ne pus empescher que tout n'allast
» au pillage. Toutesfois je fis tout ce que je pus pour tirer de l'argent des
» prisonniers, et ce qui s'en put avoir, je le bailloy despuis au baron de
» Dohna.

» Le mardi, 3ᵉ de novembre, j'allai trouver M. de Bouillon pour
» lui rapporter les confusions qui avoient esté audict Chasteaulandon; le
» mauvais ordre duquel j'avois veu marcher toute l'armée, ce jour-là; les
» feux qui avoient esté mis quasi par tous les villages où l'armée avoit
» logé; l'artillerie, qui estoit sans garde, demeurant au beau milieu des
» chemins; que si on ne pourvoyoit mieux aux affaires de l'armée, il n'en
» pourroit rien réussir de bien.

» On alla loger le long de la rivière qui passe à Estampes, pour avoir la
» commodité des moulins, tant pour les Suisses que pour les reistres, les-
» quels se trouvoient rompus en ce logis. Montclat et les autres qui avoient
» esté depputez vers le roy de la part des Suisses retournèrent, lesquels
» firent rapport que le roy leur avoit commandé de parler à M. de Nevers,
» qui leur avoit remonstré le tort qu'ils faisoient à l'alliance ancienne qu'ils
» avoient avec le roy, de porter ainsi les armes contre Sa Majesté, le danger
» auquel ils mettoient leur république d'estre troublée pour les occasions
» qu'ils donnoient au roy de se ressentir de leur entreprinse; mais qu'ils
» pouvoient aisément remédier à cela et se retirer de tant d'incommoditez
» et nécessitez auxquelles ils sçavoient bien qu'ils estoient, et que, s'ils
» vouloient prendre résolution de s'en retourner en leur pays, il moyenne-
» roit pour eulx envers le roy qui leur donneroit quelque argent, avec toutes
» les sûretés qu'ils pourroient desirer. Après leur avoir parlé de ceste façon,
» il les présenta au roy qui leur feit mauvais visage, les reprenant fort
» aigrement de l'offense qu'ils luy faisoient contre leur serment, de s'armer
» contre luy qui estoit roy de France; qu'il portoit la couronne sur la teste;
» qu'il n'estoit point fantosme. C'estoit luy mesme qui opposoit sa personne
» et ses moïens contre ceulx qui les avoient employez; qu'il pensoit bien
» qu'ilz avoient esté prévenuz soubz un faux donné à entendre, mais, puis-
» qu'ilz le voyoient, et partant ilz ne pouvoient ignorer ce qui en estoit, et
» devoient s'asseurer que Sa Majesté les feroit poursuivre en justice devant
» leurs seigneurs, desquels il espéroit plustost occasion de contentement
» que de guerre. A quoy les Suisses disent avoir respondu : Que c'estoyt pour
» soutenir la couronne de France qu'ils avoient prins les armes, pour s'op-
» poser aux desseings de ceulx de la Ligue, lesquelz Sa Majesté avoit cy-
» devant déclarez pour ennemys, tant par ses lettres, que de bouche; que,
» suivant cela, ils n'avoient peu moins faire, à la requeste du roy de Na-
» varre, que de l'accompaigner, en une si juste querelle, adoptant sur ce
» subject tout ce qu'ils pensoient y pouvoir servir. Mais, nonobstant cela,
» soit qu'ils fussent estonnez des menaces du roy, ou que aulcungs d'entr'eux
» feussent jà gaignez par argent, on congneut bien, depuis leur arrivée,
» qu'ils changèrent le couraige à leurs compagnons qui commencèrent à se
» mutiner tout ouvertement et à demander deux ou trois mois de paie, ou
» congé.

» M. le baron de Dohna, avec tous les colonels, s'emploièrent fort fidèle-
» ment pour leur remonstrer le tort qu'ils se faisoient et à leur nation, de
» chercher querelles pour se séparer et d'eux et de nous, et qu'ils ne le pou-
» voient faire, en bonne conscience. Puis on arresta que, le lendemain,

» M. de Bouillon et ceux du conseil se trouveroient avec M. le baron de
» Dohna au quartier des Suisses, pour adviser de les remettre; où estant
» arrivez, après plusieurs disputes et altercations, il semble qu'on avoit
» gagné quelque chose sur eux, parceque tous les cappitaines et colon-
» nels dirent qu'ils renvoyeroient leurs ambassadeurs vers le roy, seulement
» pour luy demander des passeports pour aller trouver le roy de Navarre
» et sçavoir de luy s'ils portoient les armes contre la couronne de France.
» S'il disoit que non, ilz luy feroient service, pourveu qu'il les payast.
» S'il disoit aultrement, ils prendroient congé de lui et le supplieroient de
» se contenter du passé. On reçut telles paroles en paiement, n'en pouvant
» avoir aultre chose ; car ilz disoient tousjours estre si nécessiteux et en si
» pauvre equipaige que, si on ne leur donnoit de l'argent, il estoit impos-
» sible qu'ilz peussent marcher dadvantaige.

» Je demeurai pour ce soir au quartier de M. de Clervant, pour ce qu'on
» avoit advertissement que ceulx de la garnison d'Estampes devoient venir
» donner sur quelque quartier de Suisses; aussi qu'ils avoient fait le jeûne
» auparavant, ce qui toutefois ne fut point.

» M'en estant retourné le lendemain en mon quartier, je trouvai un
» advertissement que nos ennemis debvoient venir sur nos gens de pied; ce
» qu'advint, et allay pour les secourir, où Dieu me favorisa de façon qu'ils
» ne firent rien ; seulement prindrent-ils le sieur de Cormont, lequel fut in-
» continent mené à M. d'Espernon qui commandoit la troupe. Ils se servi-
» rent de luy despuis pour négocier avec nous le débandement de nostre
» armée.

» Le quinziesme novembre, on fit un autre logis approchant de Chartres,
» là où on s'assembla pour adviser si l'armée devoit passer plus avant pour
» favoriser la venue de M. le prince de Conty, duquel on avoit des nouvelles
» par le sieur des Essarts qui avoit passé chez luy en venant de la part du
» roy de Navarre, et lequel n'apporta point de lettres aux reistres, ny aux
» Suisses, dont ilz furent merveilleusement offensez. On alla loger à deux
» petites lieues de Chartres. M. d'Espernon, avec l'avant-garde du roy, se
» logea tout audevant de nous, à Bonneval. C'estoit le seul passaige que
» nous avions, si nous eussions voulu descendre plus oultre, le long de la
» rivière de Loire.

» De là je party, estant commandé d'aller audevant de M. le prince de
» Conty, lequel arriva environ le 20ᵉ novembre, à Prunay, où tout le monde
» le vint trouver. On luy fit entendre les grandes contrarietez où nous
» nous trouvions, tant pour estre l'armée du roy devant nous et sur nostre
» passaige, comme aussy pour avoir M. de Guise sur nostre main droite et
» nous estre trouvez enfermez desdites deux armées; que si nous voulions
» tourner teste, il nous falloit rebattre le mesme païs par où nous avions
» passé, combattre avec les forces de M. de Guise et avoir trouvé l'armée
» du roy en queue, ou passer par la forestz d'Orléans; que les Suisses nous
» menaçoient de nous quitter, ce que nous n'avions moïen de faire. Toutes
» choses débattues, l'on se résolut de partir le plus soubdainement qu'on
» pourroit, et gaigner le haut de la Loire, à grandes journées.

» Le lendemain, estant de nouveau assemblez au conseil, M. le baron de
» Dohna envoia faire entendre par La Huguerie que le meilleur et le plus
» expédient estoit de partir sur la nuict ensuivante; mais, pour ce que le
» chemin n'avoit point encore esté résolu, et qu'il n'y avoit assez de temps
» pour advertir tous les quartiers de l'armée, le partement fut différé au
» 24ᵉ de novembre, disant qu'il falloit attendre le jour ; qu'il n'estoit pas
» honorable de partir la nuict, comme gens emportez d'effroi.

» Sur cela, les ambassadeurs que nos Suisses avoient envoyez vers le roy,
» retournez, firent entendre que, à ceste dernière fois, ils avoient trouvé du
» changement aux discours qu'on leur avoit tenuz, parcequ'ilz n'avoient point
» eu affaire avec M. de Nevers, et que le roy leur avoit commandé de s'adresser
» à M. d'Espernon, adjoustant ces propres mots : Nous n'avons point esté
» maniez par ceux de la Ligue, ceste fois-cy ; de façon qu'il sembloit, et à
» leur contenance et à leurs discours, qu'ils avoient quasi honte d'estre
» entrez si avant en négociations avec le roy; et suyvant une lettre que le roy
» avoit escrite, que le sieur de Vallcroy avoit escript du quartier des Suisses
» après leur arrivée, il donnoit quelque espérance de racoustrer toutes cho-
» ses, et que nous le pourrions bien retenir avec nous, si nous voulions. La
» Huguerie proposa, de la part du baron Dohna, qu'il estoit nécessaire pour
» le contentement des Allemans d'asseurer par toutes voies de les arrester
» avec nous, et allégua pour principale raison que ce grand corps s'en
» allant emmèneroit avec luy quelque troupe de reistres, lesquels pouvoient
» esbranler les autres et les rendre plus difficiles à faire ce qu'on voudroit.

» M. de Bouillon demanda les advis à chacun, l'un après l'autre. Tous
» s'accordèrent en cela qu'il estoit meilleur de laisser aller les Suisses que
» de les arrester, parceque c'estoit un corps si poisant et si mal aisé à recou-
» vrer, que l'ennemi nous pourroit obliger à quelque combat désavanta-
» geux, et que, sans eulx, nous yrions beaucoup plus légèrement gaigner le
» hault de la rivière; que c'estoit le seul chemin asseuré que nous eussions.
» Je représentay qu'une séparation telle ne se pourroit faire sans une grande
» altération de tout le reste et qu'on y debvoit penser plus de quatre fois ;
» que ce seroit un changement bien estrange et commencement de dissipa-
» tion qui amèneroit une mauvaise fin; que si on le faisoit, les Allemans le
» feroient de mesme, à la moindre occasion; que les Suisses n'estoient point
» inutiles ; qu'avec eulx on pouvoit faire un grand effort, voire combattre toutes
» les forces des Françcis, ce que nous ne ferions sans leur espaule ; que le
» roy de Navarre nous avoit monstré quel conseil il falloit prendre en telle
» extrémité ; que de mesme nous debvions prendre une belle résolution de
» tourner la teste de nostre armée droict à M. de Guise, le contraindre au
» combat, ou l'investir, en quelque lieu qu'il fust, lequel nous emporterions
» aisément, pour ce qu'il n'avoit de bonnes villes autour de lui; qu'il ne
» falloit point douter que nos Suisses n'allassent fort librement, car, au
» milieu de leur plus grand mescontentement, ils monstreroient desir de
» combattre avec ceux de la Ligue. Si nous prenions ceste résolution, oultre
» ce qu'elle estoit digne de gens de guerre et fort faisable, je m'asseurais
» que Dieu nous assisteroit comme il avoit fait au roy de Navarre.

» La plus grande voix fut de les laisser aller et nous séparer d'eulx au
» plus tost que nous pourrions.

» Il fut arresté que, pour nous retirer, on prendroit le chemin le plus
» court; qu'on partiroit le 24, de bon matin. Les Suisses demandoient
» qu'on leur signast leurs rooles, afin, disoient-ils, que, si les corps se sé-
» paroient, les affections demeurassent et que, en ce cas, ilz jureroient et
» promettroient au roy de Navarre d'amener deux ou trois régimens de
» Suisses, en temps et terme qui leur seroit ordonné. On s'arresta sur une
» lettre que M. le baron de Dohna avoit escripte, par laquelle il mandoit
» que, si on ne donnoit asseurance de la paie aux Suisses, qu'ils quittoient
» chacun leur serment et service à leur maistre. On ne feroit point distinc-
» tion de bons serviteurs d'avec les mauvais. Par ainsy on les remit d'un
» jour à aultre afin qu'on pust couler tout doucement l'occasion de ce qu'ils
» demandoient.

» Le jour du partement estant venu, M. de Guise, soit qu'il eust faict le
» dessein de soy mesme ou par advertissement, marcha toute la nuict; il
» jeta des harquebusiers dans un chasteau qui estoit à Aulneau où les pai-
» sans s'estoient retirez et avoient fait accord avec les reistres de leur don-
» ner ce qu'ils avoient besoin. Les gardes du baron Dohna ne les descouvri-
» rent point. M. de Guise, avec le reste de ses troupes, attendit, sur la
» pointe du jour, que les chariots des reistres commençassent à sortir et que
» les gardes fussent levées, puis parties. Puis il fait donner, en mesme temps,
» du costé du chasteau et fait entrer par la porte du chasteau les harquebu-
» siers qui la trouvèrent toute ouverte et sans aucune résistance, pour ce
» que tout le monde estoit en son logis prest à monter à cheval. Ils donnè-
» rent parmy les rues; dans les premiers logis, les reistres prenant l'alarme,
» montent à cheval, trouvent la porte saisie, les rues empeschées de leurs
» chariots, de sorte que pour estre le village fermé, ils ne purent jamais ny
» se mettre ensemble, ny gagner la campagne.

» Le baron Dohna suivi de quelques sept ou huict et se trouvant des pre-
» miers à la porte, passa au travers de ceux qui entroient. La porte fut
» aussitôt fermée. Ceulx des reistres qui estoient à cheval couroient autour
» des murailles pour chercher quelque passaige, montèrent sur la selle de
» leurs chevaux, de là sur les murailles; ils se jettèrent dedans le fossé; et
» ainsi eschappèrent quelques-uns. La *Rennefanne*, qu'ils appellent la cor-
» nette générale, fut sauvée par ce moyen, et une autre encore. Mais tous
» les gentilshommes de ces deux cornettes et de cinq autres, avec tous leurs
» gens, armes, chevaulx et chariots, furent entièrement prins et tuez.

» Comme je partois de mon quartier, on me vint dire qu'il y avoit quel-
» que chose à Aulneau. Je m'y en allai soudain. Je trouve le baron Dohna
» avec le reste des reistres qui faisoient halte, à demi-lieue dudit Aulneau.
» Les Suisses estoient en bataille auprès de luy. Sa perte estoit plus grande
» qu'il ne le pouvoit dire. Je mis en avant d'aller quérir le reste de l'armée,
» faire venir l'artillerie et aller investir, à l'heure mesme, le village, m'as-
» seurant que fort aisément nous l'emporterions, les soldats estant encore au
» pillage; que nous debvions l'entreprendre d'autant plus résolument et

APPENDICE.   483

» courageusement, que nostre perte estoit grande, fraische et signalée. Mais,
» par je ne sais quel malheur qui accompagnoit ordinairement ceste armée,
» je ne trouvay aucun courage auprès ny des Allemans ny des François,
» assez gaillard pour faire un si bon effort; de façon que, M. de Bouillon
» estant arrivé, on ne prit autre résolution que de faire son chemin.

» Je fus envoié, le soir, avec M. de Clervant, au quartier des reistres,
» pour les consoler de leur perte, et les faire résouldre à continuer le
» le chemin qui avoit esté arresté, leur remoustrant que par une belle réso-
» lution de combattre, si nous estions pressez, et par nostre diligence, nous
» surmonterions bravement toutes les difficultez qui se pourroient présenter
» pour nous garder d'aller joindre le roy de Navarre.

» Nous nous arrestasmes toute la nuit en leur quartier pour, le lende-
» main, parler, en marchant, avec les colonels. Et comme nous parlions au
» colonel Buch et à ses reistres-maîtres, il se fit quelque mutinerie entr'eux,
» ils disoient qu'ils s'en vouloient aller trouver les Suisses, pour avec eux
» s'en retourner en Allemagne : et, de faict, nous les vismes détourner leurs
» chariots et prendre leur chemin.

» Nous retournasmes porter ces nouvelles à M. le prince de Conty et à
» M. de Bouillon ; mais à quelque heure de là, le baron Dhona, manda que
» le sieur de Clervant et moy retournassions vers eux, et qu'il avoit faict
» qu'ils se trouveroient au rendez-vous. Là nous représentasmes qu'il ne
» leur seroit honorable de se retirer ainsi, sur une perte fraische, et qu'il y
» avoit peu de seureté pour eux en ceste résolution; qu'il leur valoit mieux
» venir avec nous qui estions assez en bon nombre pour combattre ceulx
» qui nous vouldroient attaquer; dadvantaige, que le chemin que nous
» prenions estoit le plus droict pour se retirer en Allemaigne.

» Ils résolurent de venir, jusque au rendez-vous le lendemain, où ils de-
» mandèrent tous les François, et là, traitèrent toutes choses.

» Quelqu'un de mes amis m'avoit mandé, de l'armée du roy, quelque
» chose d'important à me dire ; je communiquai sa lettre à M. de Bouillon,
» et à ceulx du conseil, qui furent d'avis que j'y envoyasse quelqu'un qui me
» fust fidèle pour sçavoir ce que c'estoit.

» Je retournai lors avec M. de Clervant, lequel nous apporta des offres
» que le roy nous faisoit de nous donner seureté à nous retirer en Alle-
» maigne ou en noz maisons, avec plusieurs choses que noz amis qui
» estoient en l'armée nous mettoient en avant, tant pour le bien de l'Estat,
» que pour le service du roy de Navarre, mais, pour ce que nous marchions
» on ne pouvoit pas despescher cela si promptement.

» Nous craignions d'estre suiviz des deux armées : voilà pourquoy on
» mit en avant de persuader aux reistres de brusler tous leurs chariots et
» mettre tant d'hommes qu'ils pourroient sur leurs chevaulx, et que les
» François en feroient de mesme. Je proposai, sur ce sujet, qu'on me fist
» bailler des chevaux pour monter mes harquebusiers, qui ne pourroient
» suivre à faire de si grandes courses, ou qu'on permist d'en prendre autant
» qu'il en seroit besoin pour les monter tous. J'avois moïen de mettre encore
» mil bons harquebusiers à cheval, avec lesquels nous ferions nos retraites

» devant tout le monde; mais, ou l'avarice, ou la négligence, ou la mauvaise
» volonté des François empescha l'effet de ma proposition, et quoy que je
» pusse remonstrer, je n'en pus obtenir autre chose.

» Je demandai qu'on me laissast de petites pièces, et les pièces à garder,
» veu que personne n'en vouloit prendre soing; ce que on ne feit, non plus
» que le reste.

» Au lendemain du rendez-vous, on traita avec les reistres que, dans
» vingt jours, on leur feroit voir le roy de Navarre.

» Le jour d'après, nostre rendez-vous fut à Landon, à quatre lieues de
» Montargis, un lieu le plus mal propre qu'il estoit possible, pour ce qu'il
» nous falloit passer un petit pont estroit, dans le village. Les chariots, les
» cornettes, les gens de pied et de cheval estoient tous pesle-mesle dans les
» rues; les uns repoussoient les autres, voulant aller; ils s'entre-poussoient
» les ungs les autres, de manière qu'on ne vit jamais une plus grande con-
» fusion.

» Cependant on faisoit les quartiers de l'armée : je m'y trouvai pour
» dire qu'on donnast ordre à la retraite de ce jour et pour le lendemain, car
» j'estois commandé d'aller essayer de prendre Gien, s'il se pouvoit.

» Les embarras me firent perdre beaucoup de temps, je pense que cela
» mesme feit esgarer quelques gentilshommes qui me debvoient monstrer le
» chemin, lesquels je n'ay peu jamais trouver, et me fallut aller à veue de
» païs, sur la foy de quelques païsans qui me perdit; et je demeuray
» six heures à faire quatre lieues. J'eus encore d'autres empeschemens en
» mon chemin; c'est qu'estant encore à une lieue et demie de Landon, un
» Allemand me vint advertir que les ennemis donnoient sur les lansquenetz
» et que leur colonel l'avoit envoyé pour venir quérir de la cavalerie au plus
» tost.

» Je tournay bride, mais aussitost le sieur de Lanocle et plusieurs
» aultres vinrent après moy, me disant que les reistres, qui entendoient
» mieux l'allemand que moy, disoient que ce n'estoit, et me firent retourner.
» Cependant, si je y fusse allé, ce jour-là, ne se fussent perdus beaucoup
» de lansquenetz qui furent tuez et prins; et le lendemain, le reste des
» lansquenetz, ni l'artillerie ne se fussent perdus, car ne se trouvant à la
» queue personne pour faire la retraite, je me fusse bien gardé d'en partir,
» que je n'eusse le tout conduit en lieu de seureté, ou qu'on n'y eût envoié
» d'autre en ma place.

» Je retournai donc à mon chemin, où je fus si mal mené, que je me
» trouvai sur la nuit, à cinq grandes lieues de Gien. Ledit sieur de Lanocle
» me remonstra qu'il seroit impossible que je y fusse à temps, et à mon
» grand regret, son conseil estant suivy de l'advis des principaux qui
» estoient avec nous, je fus contrainct de remettre nostre desseing au len-
» demain.

» Je logeai au quartier de M. de Guitry, et envoyay nos gens au mien.
» Le jour venu, je luy parlai du danger où estoit l'artillerye, laquelle estoit
» demeurée sans garde dans la forest; je luy remonstray qu'elle estoit si
» importante à l'honneur de l'armée, qu'il nous feroit reproche, toute nostre

» vie, sy nous n'allions y donner ordre et que je l'accompagnerois pour y
» aller donner ordre. Il n'y voulut jamais venir, et s'en vouloit descharger
» sur moy, qui ne luy pus persuader en façon quelconque d'y aller, quoique
» je luy remonstrasse que nous n'avions rien de plus pressé et que M. de
» Corbigny, qui estoit présent, iroit faire les quartiers de l'armée, si bien
» que, à deux ou trois heures de là, toute nostre artillerye et toutes nos mu-
» nitions furent prinses, et plus de mil ou douze cents lansquenetz désarmez,
» et quelques-uns blessez par vingt chevaulx seulement.

» J'avois toujours faict la retraite jusqu'à ce jour et depuis l'ay toujours
» faicte, jusques à ce que l'armée se soit séparée, sans y avoir failli que ceste
» fois, estant commandé ailleurs.

» Je logeai ce jour-là à La Bussière, où tous ces équipages de charre-
» tiers avec les chevaulx qu'ils avoient pu sauver arrivèrent en si grand
» effroy, que j'avois peine d'asseurer noz soldats. Je dépeschay par tous les
» quartiers de la cavalerie pour les advertir qu'ils se trouvassent, du matin,
» en mon logis, pour la retraite du lendemain; car je me doubtois que nous
» aurions le lendemain l'ennemi sur les bras; mais personne ne vint, et fus
» contrainct faire la retraite avec cinquante ou soixante hommes armés et
» pour le plus six ou sept vingt harquebusiers à cheval.

» Je fis halte longtemps devant La Bussière, pour retirer les pauvres
» lansquenetz qui venoient à la foule; ce qui donna loisir à l'ennemi de
» venir jusques à moy. Comme j'entrois sur le grand chemin de Bonni où
» estoit nostre rendez-vous, les voïant venir le long du parc, nous nous
» préparasmes au combat, de quatre en quatre. Ils firent semblant de nous
» charger. M. de Mouvant qui menoit mes coureurs avec M. de Saint-Auban,
» me manda qu'ilz estoient bien deux cents chevaulx. Je renforcay mes
» coureurs de huit ou dix armez qui estoient avec M. de Lyramont, et leur
» mandai qu'ils marchassent tousjours le petit pas, après moy. Les enne-
» mis nous pressant, je fis mettre l'espée à la main de tous, et tournant
» vers eulx, comme ils s'arrestoient, je reprins mon chemin. Ils nous sui-
» virent trois grandes lieues comme cela.

» J'avois envoïé, comme l'ennemi s'estoit présenté, un des miens à M. le
» prince de Conty; et vint M. de Bouillon avec cinquante ou soixante che-
» vaulx, luy aïant dit comme les ennemis nous avoient suivis, et comme
» nous avions fait, je lui feis entendre les beaux moïens qu'il y avoit de
» leur faire une bonne charge, s'ils avoient passé un petit ruisseau que
» nous avions laissé derrière, il le trouva bon et me promit de me suivre. Je
» voulois attendre les ennemis où nous estions, mais M. de Montluet, que
» j'avois toujours laissé derrière, me fit veoir qu'il se doutoit de quelque
» chose. Pour le mieux juger, luy et moy nous passasmes une haye qu'il y
» avoit et commençasmes à parler à eux pour les amuser ou les faire venir
» à nous. Nous vismes qu'ils faisoient mine de se retirer, ce qui nous feit
» résouldre de leur faire charge. M. de Montluet, avec mes coureurs,
» se mesla si bien avec eux, qu'il les mena battant jusques au ruisseau, et
» en demeura de morts sur le champ 17 ou 18. Je les suivis à toute bride.
» M. de Bouillon me manda par un gentilhomme sur ce que je pensois

» faire, que les reistres estoient à plus de quatre lieues de nous, et le reste
» des François; que M. de Nemours et M. de Nevers estoient là, et M. d'Es-
» pernon; que si j'allois plus avant, il me laisseroit là et s'en retourneroit.
» Cela me contraignit de faire trêve; et me rencontray près d'un petit bois
» où 50 ou 60 harquebusiers à cheval des ennemis s'estoient jetés. Je despes-
» chai pour retirer mes coureurs, et afin que ces harquebusiers ne leur
» coupassent chemin, au retour, je voulus donner à eux, mais je fus assez
» mal suivi. M. de Bouillon me renvoya messager sur messager, que je me
» retirasse; que l'ennemi estoit là en gros; que j'estois perdu, et qu'il s'en
» alloit. Cela, qui se disoit tout haut, effrayoit tellement ma troupe, que
» j'avois toute la peine du monde à les ramasser et faire tenir ensemble,
» leur remonstrant qu'il ne pouvoit estre, et quand il seroit que nous serions
» obligés de retirer nos coureurs. Enfin ils arrivèrent à moy, et me retiray
» bien fasché de ce que nous avions fait charge à demy, car j'appris par
» plusieurs personnes qu'il n'y avoit que M. de Nevers et M. de Nemours en
» une troupe que nous avions veue, laquelle bransloit fort, comme leurs
» coureurs estoient revenus sur leurs bras.

» Je fus trouver M. de Bouillon pour luy remonstrer, à bon escient, la
» faulte qu'il avoit faite de ne me suivre, et plus grande encore de me garder
» que je ne laissasse perdre mes coureurs en m'en revenant; que je ne sçavois
» point qui estoient ses conseillers, et que je ne pouvois que penser que la
» peur les feist parler ainsy; qu'en trois lieues de retraite que j'avois faicte,
» je pouvois bien avoir veu que nous venions de perdre l'occasion de recou-
» vrer l'honneur de nos armes et nostre artillerie perdue, le jour de devant,
» occasion qu'on ne retrouveroit jamais; et que, une aultre fois, il ne
» fauldroit plus croyre ceux qui donneroient tels conseils, qui manquoient
» de fidélité au service du roy de Navarre.

» Il se trouva que ce avoit esté de M. de Beauvoir, sieur de Lanocle, qui,
» l'espée en la main, avoit retenu ceux qui me vouloient suivre, et alloit criant
» partout que, ce jour, je voulois perdre la noblesse françoise.

» Voilà comment tous les effectz estoient empeschez par des opinions
» estranges.

» Cependant, ce peu que nous feismes empescha que les ennemis ne vins-
» sent plus donner sur nostre queue.

» Ce soir, l'armée alla loger à Anglures. De là, et le jour d'après, nous
» commençasmes d'entrer dans le Morvan, qui est un païs fort couvert de
» bois épais et si peu fréquenté, que à peine pouvoit-on aller, ung à ung,
» par les chemins.

» On feit un rendez-vous des chefs pour ouïr la créance de M. de Cor-
» mont, qui estoit : que le roy nous donneroit telle seureté que nous desire-
» rions, pour faire retirer les reistres en Allemaigne, et les François catho-
» liques, ou qui voudroient vivre catholiquement, en leurs maisons, avec
» main-levée de leurs biens; les autres, de la religion, qui se voudroient
» retirer hors de France, pourroient jouir de leurs biens, ne portant point
» les armes. Il est vrai que, pour tesmoignage de nostre obéissance et de
» nos intentions, lesquelles nous avions déclaré ne tendre qu'à son service,

» le roy vouloit que les François luy rendissent leurs enseignes et cor-
» nettes.

» Toutes choses débattues d'une part et d'aultre, on se résolut de rece-
» voir les offres, en remonstrant au roy qu'il luy pleust nous laisser nos
» enseignes, comme il fait ordinairement quand il laisse des compaignies
» qu'il ne veut plus entretenir; de façon que, par nostre response, nous
» attachions le roy aux offres qu'il nous faisait; et, sur le faict des enseignes
» et des seuretez, il estoit en nous de les pouvoir rompre toutes les fois que
» nous vouldrions.

» Les raisons qui nous contraignoient à cela estoient que nous veoyions
» un grand effroi en nostre armée, et une telle négligence et lascheté, qu'il
» n'y avoit plus moyen de tenir ordre de gens de guerre, ny parmi les
» François, ny parmi les reistres. Plusieurs gentilshommes françois s'en
» estoient allés et se retiroient, tous les jours, en leurs maisons. On n'estoit
» point asseuré de ceux parmi lesquels on estoit; il n'y avoit résolution
» aucune pour le combat; les chemins estoient pleins de cuirasses tant des
» Allemans que des François; les chevaulx estoient harassés; il nous falloit
» faires de longues traites pour éloigner l'ennemy, et, quand on arrivoit,
» on ne trouvoit aucun guide pour monstrer les villaiges; de sorte qu'on
» demeuroit quelquefois autant à trouver le logis que à faire deux ou trois
» lieues, et la pluspart demeuroient audedans les bois et au bord des pre-
» mières maisons qu'on trouvoit, sans avoir ny pain pour les maistres, ny
» fourraige pour les chevaulx. Plusieurs montures demeuraient ruinées, à
» faulte d'estre ferrées. Il nous falloit passer quatre journées par les bois.
» Nous avions besoin de beaucoup d'harquebusiers pour mectre et à la
» queue et à la teste; nos gens de pied demeuroient derrière, et, oultre,
» tout le régiment de M. de Villeneuve estoit desbandé depuis trois jours,
» pour ce que leur mareschal de camp estoit prisonnier. Il n'y avoit pas
» cent hommes à celuy de M. de Mouy. Ceulx que j'avois amenez de Lan-
» guedoc, pour n'estre montez ainsi que j'avois souvent proposé, ne pou-
» voient suivre, ou, pour faire le chemin que nous faisions, estoient con-
» traints de jeter leurs armes; la pluspart n'avoient point de pouldre; il
» n'y avoit ordre d'en recouvrer, la pluspart des arquebuses de ceulx qui
» en avoient estoient avec la clef ou le serpentin rompu, desquelles on ne
» pouvait se servir; on n'avoit ni le loisir, ni les artisans pour les racous-
» trer; de façon qu'on ne pouvoit faire estat, au plus, de deux cents harque-
» busiers en toute nostre armée. Des lansquenets nous en avions encore
» quinze cents ou deux mille corselets, avec piques et hallebardes, et la
» pluspart sans espées. Il falloit se résoudre que, après avoir combattu une
» heure ou deux seulement, ou pour gaigner un passage, ou pour le défen-
» dre, il n'y avait plus moïen de rien faire, que l'espée en la main.

» On estima estre meilleur de conserver les hommes pour faire service
» au roy de Navarre une autre fois, que de donner ceste gloire aux enne-
» mis d'avoir entièrement deffaict nostre armée, ce qui leur estoit très-aisé.
» On passa jusques là qu'à l'extrémité, il valloit mieux que nostre prince
» eust nos drapeaux que les païsans nous les ostâssent.

» M. de Cormont fut despesché sur cela. Cependant nous advancions
» chemin, tous les jours. M. d'Espernon nous suivoit avec sept ou huit cents
» chevaulx et tout ce qu'il avoit peu mettre d'harquebusiers à cheval. Lors
» nous avions seulement une lieue devant luy; sur la fin, nous en avions
» quatre ou cinq.

» Depuis la résolution de rebrousser chemin, jusques au conseil, il y eut
» huict jours entiers. Depuis ceste résolution jusqu'à Lency, en Mâconnais,
» où l'armée se desbanda, nous marchasmes cinq jours, et l'armée se sépara
» le sixième décembre.

» Le rendez-vous fut donné, où tous les reistres et les François se trou-
» vèrent. Le sieur de Cormont estoit retourné le soir, et, quelque temps
» après luy, arriva le sieur de L'Isle-Marivault, envoyé exprès de M. d'Es-
» pernon. Les chefs s'y trouvèrent, avant les troupes. Ils conférèrent entre
» eux de ce qui se debvoit traiter là, car chascun en estoit adverty.

» On apporta un petit papier où estoit la liste de plusieurs compaignies
» de gens d'armes et de plusieurs régimens de gens de pied qui estoient
» devant nous pour nous empescher de passer en Forestz. On disoit dad-
» vantaige que un homme venant du Vivaretz avoit asseuré que l'armée de
» M. de Mandelot avoit esté contrainte de se retirer, à cause des neiges, de
» façon qu'il n'y avoit moïen de passser. L'un disoit que tout estoit perdu,
» l'autre qu'il ne sçavoit qu'en dire, voïant ce qu'il veoyoit. On s'entre-re-
» gardoit l'un l'autre, sans sçavoir à quoy se résouldre, sinon qu'il en falloit
» passer par où le roy voudroit, puisqu'il n'y avoit aultre moïen.

» Je remonstray que toutes les nécessitez qui nous pressoient, lorsqu'on
» fut d'avis de recepvoir les conditions que le roy nous donnoit, cessoient;
» que nous avions passé le plus malaisé et plus dangereux de nostre chemin,
» étant eschappez les forestz et chemins, que nous serions en quatre jours
» en estat de seureté. Je monstray les montagnes de Vivaretz, que nous
» voyions, où nous aurions, dans vingt-quatre heures, M. de Chebault avec
» quinze cents harquebusiers; que je sçavois les moïens de M. de Mandelot :
» il n'estoit pas en son pouvoir de mettre ensemble les forces qu'on disoit ;
» que cela estoit des menteries et des artifices pour effrayer le monde ; qu'il
» en estoit aussi peu de la neige; que, si on me vouloit croire, j'obligerois
» ma teste de conduire toutes les troupes, sans danger, en Vivaretz ; qu'on
» séparast l'armée en deux ; qu'on meist la moitié des François et des rei-
» tres à la teste, ce qui seroit de bagage et dont on ne se pourroit passer,
» après; qu'on retranchât tout le reste et qu'on coupât les jarrets à une
» infinité d'haridelles qui faisoient un empeschement estrange, que l'autre
» moitié de l'armée marcheroit après; qu'on se résolut de charger tout ce
» qui se présenteroit à la teste ou à la queue; que, faisant ainsi, il ne fal-
» loit doubter, avec l'aide de Dieu, que nous ne battions tout, à cette heure
» que Dieu nous avoit tirez céans, par la main, des grands dangiers; que
» M. d'Espernon estoit derrière nous, à une journée, M. de Guise, à trois,
» le roy delà la rivière; qu'il n'y avoit rien devant nous qui nous pust
» nuire; qu'il n'estoit pas raisonnable que nous prinssions des conditions
» plus desadvantageuses que celles qu'on offroit lorsque nous avions plus

» de choses à craindre; que, tant qu'il y auroit quelque espérance de passer,
» on ne devoit prendre des conditions si honteuses; que des chrestiens de-
» vroient avoir horreur d'en avoir parlé auparavant; que le roy offroit seu-
» reté pour nous retirer où nous vouldrions; la main-levée des biens de
» ceux qui se retireroient en leurs maisons, vivant catholiquement, et ceux
» qui ne porteroient point les armes, vivant en liberté hors de France; seu-
» reté pour les estrangers de se retirer en leur pays avec leurs cornettes et
» enseignes, demandant seulement celles des François; qu'il falloit bien
» qu'il y eust des traistres parmi nous qui nous vendoient; car je sçavois
» bien que M. d'Espernon n'avoit pas cinq cents chevaulx avec luy et cinq
» cents harquebusiers; qu'il en faisoit bien venir à pied après luy, mais,
» s'il les attendoit, il ne nous attrapperoit jamais; s'il venoit sans eux, il
» seroit bien battu; et de fait, nous voyions bien qu'il ne le feroit pas, car
» il n'avoit osé se hazarder lorsqu'il estoit plus près de nous et que le païs
» estoit plus à son advantage; somme, que nous estions hors de péril, si
» nous le sçavions cognoistre; et mesme, il n'y avoit rien d'asseuré pour
» nous, que de passer; car, pour se retirer en Allemaigne, il falloit passer
» la Saône qui ne se gayoit seulement, et ne se passoit que sur des ponts,
» dans les villes occupées par M. du Maine et dedans des bacs, dans son
» gouvernement, et à sa discrétion; qu'il ne seroit en la puissance du roy
» de nous sauver des mains de ceux de la Ligue.

» M. le baron Dhona et tous ses colonels trouvèrent cela fort bon, et de
» faict me vinrent toucher en la main, me promettre de venir, et me prièrent
» de l'aller proposer à leurs reistres. Mais, comme je bastissois, d'un costé,
» il venoit des François qui desfaisoient, de l'autre, disant que l'envie que
» j'avois de retourner en Languedoc, voir ma femme, me faisoit trouver
» toutes choses aisées, et que, pour asseurer mon chemin, j'estois bien aise
» d'une compaignie; que cela seroit bien bon pour qui le pourroit faire;
» mais qu'il estoit impossible, tant pour la neige que pour la stérilité du
» pays, où on ne trouveroit rien à manger ny pour hommes, ny pour che-
» vaulx; que les reistres perdroient leurs chevaulx par les marests où il
» falloit passer à la file, par des précipices où les païsans seuls du païs
» estoient suffisans pour nous assommer.

» Comme je parlois au commung des reistres, on me vint advertir que
» ces propos se tenoient à des colonels. Je y allai aussitost et fus contraint
» de me fascher contre ceulx qui parloient ainsy, leur remonstrant que ilz
» debvoient avoir honte, et qu'il sembloit qu'ilz eussent peur, ou qu'ilz eus-
» sent perdu toute l'affection qu'ils devoient porter au service du roy de
» Navarre.

» Quelqu'un me répondit tout hault que personne ne luy en pouvoit rien
» apprendre et qu'il monstreroit, au hazard de sa vie et à la pointe de son
» espée, qu'il n'y avoit pas un plus fidèle serviteur de Sa Majesté que luy.

» Je luy respondis par deux fois qu'il le monstrast et qu'il ne pourroit
» luy en rendre plus de tesmoignage qu'à cette heure, en persuadant aux
» reistres de venir, que les autres en croiroient ce qu'ils vouldroient; mais,
» quant à moy, je ne croirois jamais qu'il fust son serviteur, s'il ne le

» monstroit autrement. Il me dit, encore un coup, que personne ne luy en
» pouvoit rien apprendre. Alors je luy dis que si ferois-je bien, moy, et que,
» s'il me vouloit suivre, je luy monstrerois le chemin que son honneur
» l'obligeoit de tenir, qui estoit d'aller trouver le roy de Navarre, et que
» j'y irois avec mes amis, et que je m'assurois que Dieu me feroit la grâce
» de passer.

» Et pour que je ne gagnasse les reistres, ils allèrent dire, je pense, à
» L'Isle-Marivault qu'il rabattit quelque chose de ce qu'il leur avoit exposé,
» et ils allèrent solliciter les reistres de l'oyr parler, ce qu'ils demandèrent
» et firent sans leurs colonels.

» Il leur proposa ou d'emporter les cornettes et jurer de ne retourner
» jamais en France que pour le service du roy ou de l'empereur, ou de rendre
» leurs cornettes et s'en aller en liberté.

» Je m'en allay, au travers de la presse, pour oyr ce qu'il disoit, et sur
» la proposition, je remonstray qu'il n'avoit point de pouvoir de traicter,
» ni par charge qui pust obliger le roy; et de ce qu'il disoit lors qu'il n'y
» avoit aucune seureté en cela, quoique ce fust pour le croire des François
» qui maintenoient les reistres, il y avoit là beaucoup de désordre. Et
» comme je luy représentois que le roy nous devoit offrir la condition telle
» que gens de guerre pouvoient recevoir, et non pas de si honteuses qu'il
» sembloit forcer nostre religion et notre honneur, il me respondit que
» nous avions encores obligations à nostre prince qu'il nous faisoit grâce
» et miséricorde. Je ne me pus garder de reprendre ce mot de miséricorde;
» mais la frayeur avoit tellement saisi le cœur de tous ceux qui estoient là,
» que laschement et honteusement ils disoient : Nous sommes perdus, il
» est impossible que nous puissions passer et, quand nous le pourrions faire,
» nous mourrions de faim, nous et nos chevaux.

» Sur ces propos, les Allemans disoient : Nous recevrons l'une de ces
» deux conditions, et dirons laquelle dans ce soir.

» M. le prince de Conty, avec sa cornette blanche, se prépare et s'en va
» retirer dans un chasteau qu'il y avoit là auprès.

» On ne se contentoit point d'avoir prins une si lasche résolution, mais
» aussy on venoit pour destourner ceulx qui vouloient venir avec moy,
» mesmes par offres et en me représentant le danger de quatre costez.

» Mais après avoir faict ce que je pus pour représenter à M. de Bouillon
» le danger auquel il mettoit sa vie, son estat et son honneur, le voyant
» long à se résouldre, et recognoissant que la longueur de mon partement
» donnoit loisir aux ennemis d'empescher mon passage, après avoir prins
» congé de luy, je me séparai pour aller à la teste de ma troupe qui m'at-
» tendait. Et en allant, vingt cinq ou trente reistres me vinrent quérir,
» disant qu'ils vouloient parler à moy. J'ay opinion qu'à la résolution de
» quelqu'un ilz me vouloient retenir, et de faict, estant au milieu d'eux, ils
» en parlèrent et j'entendis bien qu'ilz disoient n'avoir point asseurance
» de leur paiement, et que les François leur en devoient donner seureté.

» M. le baron Dhona me dit par deux fois, tout bas : Allez-vous-en;
» M. de Courcelles aussi.

» Je commençay à dire : Il est raisonnable qu'on vous donne asseurance
» de vos paiements, quant à moy, je m'obligerai et ferai tout ce qu'on
» voudra ; mais il faut avoir M. de Bouillon, je m'en vais le quérir ; et en
» disant cela, ils me font jour, et je prins le galop, faisant semblant de
» m'en aller vers luy. Je gagnai la teste de ma troupe, feis mettre les armes
» à la main à tout le monde, et feis quelque deux mille pas au trot. Je
» pensois que MM. de Clervant et Montluet deussent venir, mais je ne sais
» ce qui les empescha de se rendre à Saint-Laurent où estoit mon quartier
» pour le soir et je les attendis jusque à minuict, d'où je partis, et en cinq
» jours je me rendis en un chasteau en Vivaretz appelé Retorcon, où il y a
» garnison pour nous, ayant rencontré de très-grands dangers sur mon
» chemin, desquels Dieu, par sa grâce, m'a retiré.

» De Montpellier, ce dernier décembre 1587. »

XXXV

Échec de Mayenne dans son entreprise sur Tours.
(P. Matthieu, *Hist. de France*, t. I, liv. VIII, p. 761, 762, 763.)

« Il n'y a autre bruit à Paris, sinon que la Ligue n'avoit pas voulu
» prendre le roi à Blois, pour lui donner le temps d'attirer le roi de
» Navarre à Tours, où ils seroient pris tous deux. On n'entendoit autre
» bruit que du triomphe qui suivroit une si belle prise. En effet, le duc de
» Mayenne, ayant pris et forcé Vandosme avec le grand conseil, et Saint-
» Ouen avec le comte de Breau, faisoit marcher la teste de son armée droit
» contre Tours.

» Il découvrit son dessein par la forme de l'exécution, attaquant la
» ville du côté du pont le plus fort et, au jugement de tous, imprenable,
» car la rivière empêche de venir à la brèche et à l'assaut ; or, il pensoit
» que le roi, sur cette grande et soudaine esmeute, se présenteroit des
» premiers à la porte, pour sortir et encourager les siens, et que la Ligue
» exécuteroit l'intelligence, fermeroit la porte au roy et le laisseroit à la
» merci de l'enclume et du marteau.

» Le roi, mieux advisé, demeura ferme, empêcha par sa présence le
» remuement des habitans, entre lesquels il y en eut qui, désireux de
» changer de maistre, comme ceux de Paris, crièrent sourdement : Vive la
» Ligue et se firent tuer sur place. Il y eut plus de peine à prendre les
» maisons qui estoient autour des faubourgs qu'à gagner les faubourgs
» mesmes. Chaque grange se faisoit battre et ne se rendait qu'à la vue de la
» couleuvrine qu'on rouloit de maison en maison.

» Le roi, adverti de l'acheminement du duc de Mayenne, fit loger les
» régimens de ses gardes dans le faubourg qui est au bout du pont de la
» rivière de Loire et s'étend du côté de la main droite jusques à Mar-

» moutier, et de l'autre, le long du costeau et de la rivière ; il monta à
» cheval pour aller reconnaître les advenans, avec les princes et seigneurs
» qui estoient auprès de luy et quelques-uns des Quarante-cinq et ayant
» ouï la messe à Marmoutier, il reprit le chemin par le haut du costeau,
» pour rentrer dans les faubourgs, du côté où l'on a maintenant bâti les
» capucins, et, estant au même endroit où Musnier fort échauffé lui vint
» dire que l'ennemi était là et qu'il venait droit à lui. Il envoya reconnaître
» que c'estoit, et on lui rapporta que l'on avoit vu, à la tête des gens de
» cheval, Sagoran, maistre de camp de la cavalerie légère du duc de
» Mayenne.

» S'il y eust eu de l'intelligence, il eust esté fort aisé de donner advis de
» la sortie du roi de Tours pour aller à Marmoutier, et cette première
» troupe n'eust pas eu beaucoup de peine à s'avancer pour l'attraper. Le
» roi, qui étoit en pourpoint, se retira et passant dans le faubourg com-
» manda au maistre de camp de se préparer à recevoir l'ennemy.

» Le retour du roi apporta l'allarme en la ville, avec beaucoup d'eston-
» nement ; et tout incontinent le duc de Mayenne fit attaquer les deux
» faubourgs par l'infanterie. Le régiment du marquis de Meignelay donna
» à la main droite et celui de V... à la gauche, bien que le roy, rentrant
» dans la ville, eust laissé deux exempts sur le pont, avec commandement de
» ne laisser passer personne.

» D'Ambleuil, le baron de Neubourg, La Curée et Desplaces allèrent voir
» que c'estoit, et les exempts, les voyant à pied et sans autres armes que
» leurs espées, les laissèrent passer. Ils se trouvèrent en la première
» chaleur de l'escarmouche, et La Curée remarquant que les ennemis
» avoient fait avancer des leurs derrière une maison et que, se couvrant
» d'un gros chesne abattu dans un chemin, ils faisoient beaucoup de mal
» aux..... du roy, dit à un sergent que son advis seroit qu'il prist vingt
» hommes pour les desloger de là. Ceux qui donnent des conseils périlleux
» n'en peuvent mieux persuader l'exécution que quand ils s'offrent d'avoir
» leur part du péril. Ce sergent dit à La Curée : « Si vous y voulez venir avec
» moy, j'y iray.—Allons, dit La Curée. » Il y fut avec les trois autres cavaliers,
» l'espée en main, chassèrent l'ennemi et lui firent quitter le chesne, où ils
» laissèrent sept ou huit hommes....

» Le roy envoya Dampierre et Montigny pour soutenir et modérer l'im-
» pétuosité de cette première escarmouche, et luy mesme vint en une maison
» du faubourg, pour rendre ce combat ou plus heureux ou plus hardi.

» On avoit logé quelques pièces du costé de la rivière et en l'isle qui est
» au milieu, et cela ne faisoit effet qu'à travers de petites ruelles qui
» séparoient les maisons.

» La Trimouille et Chastillon, qui venoient trouver le roy, de la part du
» roy de Navarre, oyant le bruit de ce combat, voulurent avoir leur part et
» et du péril et l'honneur, premier que de parler de leur légation.

» La Curée, qui avoit fait venir deux paires d'armes, les leur présenta,
» mais voyant que luy mesme n'en avoit point, ils ne les voulurent prendre.
» Le Cluseau mena mal tout ce qui s'advança, et fit quitter à Rubeaupré

» une maison au-dessus du faubourg, proche d'un chemin creux, lui fit
» recevoir deux arquebusades, et delà, descendu dans le faubourg, força la
» première barricade, attaqua la seconde, où il trouva une verte et forte
» résistance, par l'arrivée de la Trimouille et de Chastillon; mais, à la fin,
» elle fut forcée, comme la première, et Paul....., Florentin, y fut blessé à
» mort, d'une arquebusade dans la gorge. La Trimouille, Chastillon et
» La Curée le voulurent retirer de là, n'estimant raisonnable de luy laisser
» rendre les derniers soupirs en la puissance des ennemis; mais ils le trou-
» vèrent si pesant, que Crillon qui survint les pria de le laisser là, et que
» ce n'étoit plus qu'un sac de terre.

» Les serviteurs du roy, estants contraints de se retirer aux faubourgs,
» firent monter sur la porte sept ou huit hommes pour la desfendre avec
» ceux qui estoient aux maisons, des deux costés. Le Cluzeau fit passer par
» derrière les maisons quinze ou vingt arquebusiers, qui montèrent sur le
» costeau, plus haut que la maison, et voyant par derrière ceux que Crillon
» avoit mis sur cette porte, en choisirent trois ou quatre, qu'ils tuèrent; les
» les autres effrayés descendirent promptement et n'y voulurent remonter;
» ils furent contraints de se retirer en arrière et de faire une autre barri-
» cade; mais ceux qui estoient sur le costeau ne les traitèrent pas plus dou-
» cement; tellement que le roy fit finir l'escarmouche, commanda à Crillon
» de se retirer, et, passant de barricade en barricade, il y fut blessé d'une
» mousquetade à travers le corps, dont il demeura malade dix-huit mois,
» n'adoucissant le visible péril de la mort que de l'assurance d'une immortelle
» réputation que ce grand service lui acquéroit.

» Après que tout fut retiré, le roy fit rompre le pont, et voyant venir
» Chastillon et la Trimouille, les loua de cette grande preuve de leur cou-
» rage. Ils dirent au roy qu'ils en estoient obligez à La Curée, qui les y
» avoit invités, et que, comme il estoit témoin de leur action, ils l'estoient
» aussi de la sienne, asseurant le roy qu'elle avoit esté très courageuse.

« Chastillon pria La Curée de lui donner les armes qu'il luy avoit offertes
» dans le faubourg, et il les avoit, le jour qu'il fit le combat de Saveuse. Les
» braves courages n'obscurcissent jamais les actions généreuses. Ils le dirent
» le lendemain au roi de Navarre, qui leur répondit que La Curée estoit de
» sa nourriture.

» Le roy se voyant aussi pressé par le duc de Mayenne, manda au roi de
» Navarre de le venir trouver en diligence, et au duc d'Épernon, qui estoit à
» Blois, de faire avancer ses troupes.

» Sitost qu'on fut averty de l'arrivée du duc de Mayenne, tous les serviteurs
» du roi accoururent à Tours, pour lui rendre le service qu'ils lui devoient
» et que cette grande nécessité requéroit.

» Mayenne, trouvant plus de résistance dans les dernières barricades
» qu'aux premières, par les troupes qui étoient arrivées au roi, et craignant
» d'estre assiégé, au lieu qu'il assiégeoit, résolut de se retirer en bon ordre.

XXXVI

Dispense de prestation de serment pour la charge d'amiral de Guyenne,
du 31 juillet 1590.
(Du Bouchet, *Hist. de la maison de Coligny*, p. 672.)

« Henry, par la grâce de Dieu roy de France et de Navarre : à nos amez
» et féaux les gens tenant nostre cour de parlement séant de présent à
» Tours, salut. Par nos lettres pattentes données à Laval, le XVII° jour de
» décembre dernier, nous aurions pourveu nostre très-cher et bien-amé cou-
» sin, le sieur de Chastillon, comte de Coligny, de l'estat d'admiral de
» Guyenne, que nous tenions auparavant nostre advénement à la couronne,
» et par icelles vous est mandé que iceluy nostre cousin, duquel nous aurions
» pris et reçu le serment en tel cas requis et accoustumé, vous ayez à mettre
» et instituer en possession et saisine dudit estat, et l'en faire, souffrir et
» laisser jouir, ainsi qu'il est plus à plein porté par nosdites lettres cy-
» attachées sous le contrescel de nostre chancellerie ; mais d'autant que vous
» en pourriez faire difficulté, à faute de les vous présenter en personne, et
» de prester encore le serment pardevant vous, ce que le service qu'il nous
» fait en ceste nostre armée ne luy pourroit encore permettre, et que ne
» voulons que cet empeschement procédant de cause qui lui doit apporter
» faveur en ses affaires, luy redonde à dommage et détriment : Nous, à ces
» causes, désirans luy subvenir en cet endroit, vous mandons et ordonnons,
» par ces présentes, que vous ayez à recevoir et instituer nostredit cousin
» audit estat, et d'iceluy le faire jouir selon la forme et teneur de nos lettres,
» sans attendre qu'il ait presté ledit serment pardevant vous, dont, attendu
» celuy qu'il a presté en nos mains, et les empeschemens susdits, nous
» l'avons dispensé et dispensons, pour un an, dans lequel temps il sera tenu
» aller faire ledit serment, personnellement, pardevant vous, ainsi qu'il est
» accoustumé ; voulant qu'il soit procédé par vous à l'exécution de nostre
» volonté susdite, en vertu desdites présentes, que vous prendrez pour se-
» conde, tierce et finale jussion, et sans attendre autre plus exprès mande-
» ment de nous pour ce regard. Mandons en outre aux conseillers tenant le
» siège de ladite admirauté à la table de marbre, et à tous autres juges ou
» commissaires establis sur le fait d'icelle, qu'ils aient à faire enregistrer
» nosdites lettres ès greffes de leurs jurisdictions, et à nostredit cousin
» obéir et entendre, ès choses touchans et concernans ledit estat, nonobstant
» comme dessus, et quelconques ordonnances et lettres à ce contraires ; car
» tel est nostre plaisir. Donné au camp, à Saint-Denis, le dernier jour de
» juillet, l'an de grâce MDXC, et de nostre règne le premier. (Signé) Henry,
» et plus bas : Par le roy, Revol. »

XXXVII

Décision royale du 18 décembre 1589.
(Du Bouchet, *Hist. de la maison de Coligny.*)

« Henry, par la grâce de Dieu roy de France et de Navarre : à nos amez
» et féaux les gens de nos comptes establis à Rennes, trésorier de France
» et général de nos finances, ou commis à l'exercice d'icelles, séneschal du-
» dit Rennes ou son lieutenant, ainsi qu'à chacun d'eux appartiendra, salut.
» Comme, entre nos plus spéciaux serviteurs nostre intention soit de reco-
» gnoistre nostre cousin le sieur de Chastillon, et mesmement le soulager
» des pertes qu'il a souffertes en ses biens et terres situés en nostre pays et
» duché de Bretagne; et ayant sceu que Jean de Comdor et damoiselle du
» Quengo, sieur et dame de Boisglé, sa femme, sont du party de ceux les-
» quels se sont eslevez contre nostre service, pour raison de quoy leurs
» biens, meubles et immeubles doivent estre saisis en nostre main, pour
» en jouir à nostre profit, et que lesdits sieur et dame de Boisglé sont det-
» teurs à certains particuliers, habitans de la ville de Paris, de la somme
» de quatorze mil escus, prinse à rente constituée et arrérages en dépen-
» dans, les biens desquels habitans de Paris, pour estre notoirement re-
» belles, suivant les édits et déclarations faites contre iceux, nous sont
» acquis, de la jouissance desquels biens appartenans auxdits sieur et dame
» de Boisglé, et de la somme de quatorze mil escus avec les arrérages res-
» tans, nous avons fait don à nostredit cousin le sieur de Chastillon, par
» ces présentes signées de nostre main, subrogeant en outre ledit sieur de
» Chastillon en tous les droits, noms, raisons et actions, sentences et con-
» damnations que François Cotteblanche, marchand de Paris, a obtenu con-
» tre le sieur et dame de Boisglé et pour lesquels il s'est constitué plege et
» caution vers lesdits particuliers bourgeois de Paris. — A ces causes, nous
» mandons à vous gens de nos comptes et trésorier de France et général de
» nos finances, ou commis à ladite trésorerie de France, que vous ayez à
» faire souffrir et laisser jouir nostredit cousin dudit don de quatorze mil
» escus, des arrérages en restans, et jouissance des biens desdits sieur et
» dame de Boisglé, à quelque somme et valeur qu'ils se puissent monter, et
» les présentes vérifier sans en faire difficulté aucune, nonobstant que tels
» et semblables dons ne doivent monter à si grande somme, par les ordon-
» nances anciennes et modernes, auxquelles et à la dérogatoire des déroga-
» toires, nous avons dérogé et dérogeons par ces présentes, que voulons
» servir de première et dernière jussion, en tant que désirez avancer le bien
» de nostre service; et à vousdit séneschal de Rennes, ordonnons procéder
» à la saisie des biens meubles et immeubles appartenans audit sieur et
» dame de Boisglé, mettre et establir gens solvables au régime et gouver-

» nement desdits biens, et en faire délivrer le revenu en provenant à nostre-
» dit cousin le sieur de Chastillon, et que pour le paiement de la susdite
» somme de quatorze mil escus et arrérages en dépendans, ledit sieur et
» dame de Boisglé soient convenuz et appellez pardevant vous ou vostre
» lieutenant et gens tenans le siège présidial à Rennes, et contraints au
» paiement de ladite somme et ce qui en dépend, par toutes voyes d'exécu-
» tion, vente et inquantement de leurs biens meubles et immeubles, non-
» obstant que les personnes et biens ne soient du destroit, ressort et juris-
» diction de nostre sénéchaussée de Rennes, et siège présidial dudit lieu.
» Voulans en outre que nostredit cousin le sieur de Chastillon, ou gens de
» par luy, soient mis en maisons fortes appartenans ausdits sieur et dame
» de Boisglé, par les gardes, et maintenir à nostre service, et tous autres y
» estans en estre ostez et mis hors. Mandons à nostre cousin le prince de
» Dombes, nostre lieutenant général en nostre armée et pays de Bretagne,
» et tous autres qu'il appartiendra, y tenir la main. De ce faire donnons à
» vousdits gens de nos comptes, trésorier de France, sénéchal de Rennes et
» gens tenans le siège présidial audit lieu, tout pouvoir, autorité et mande-
» ment spécial. Mandons et commandons à tous nos autres officiers et
» sujets qu'à vous, en ce faisant, soit obéy, et au premier nostre huissier
» ou sergent faire tous exploits requis et nécessaires; car tel est nostre plai-
» sir. Donné à Laval le XVIIIe jour de décembre, l'an de grâce MDXXCIX,
» et de nostre règne le premier. Signé HENRY. »

FIN

TABLE DES CHAPITRES

CHAPITRE PREMIER

Coligny et Charlotte de Laval en 1557. — Naissance de leur fils François. — Son éducation. — Mort de Charlotte de Laval en 1568. — Séjour de Coligny et de ses enfants à Châtillon-sur-Loing, à Tanlay et à Noyers. — Il se réfugie avec eux à La Rochelle, que bientôt il quitte, à raison de la reprise des hostilités. — Mort de d'Andelot. — Lettre de Coligny à ses enfants et à ceux de son frère. — Les jeunes princes de Navarre et de Condé font, sous la direction de l'amiral, leurs premières armes. — Dispositions prises par Coligny, à l'égard de ses enfants, dans un testament rédigé en 1569. — Seconde lettre de lui à ses enfants et à ceux de d'Andelot. — Il se retire au milieu d'eux, à La Rochelle, après la paix de 1570. — Intimité des enfants de l'amiral avec leur cousin le prince de Condé, et avec la fille et le fils de Jeanne d'Albret. — L'amiral épouse, en secondes noces, Jacqueline d'Entremonts, à La Rochelle. — Mariage de Louise de Coligny avec Téligny, dans cette même ville. — L'amiral se rend auprès du roi, à Blois, où il est rejoint par madame l'amirale. — Tous deux se retirent de Blois à Châtillon-sur-Loing, où ils restent avec leurs enfants pendant l'hiver et le printemps de 1572. — Jeanne d'Albret, assistée par Coligny à ses derniers moments, meurt à Paris. — Dernier séjour de l'amiral à Châtillon. — Son retour dans la capitale. — Attentat commis sur sa personne par Maurevel. — Meurtre de l'amiral à la Saint-Barthélemy. 1

CHAPITRE II

Meurtre de Téligny. — Dangers que court sa jeune femme et auxquels elle échappe. — Deux des fils de Coligny sont soustraits, par Jacqueline d'Entremonts, aux recherches des archers envoyés à Châtillon pour les arrêter, et prennent le chemin de la Suisse. — Actes et langage de Charles IX et de Catherine de Médicis immédiatement après la Saint-Barthélemy. — Le maréchal de Montmorency assure, dans son château de Chantilly, une sépulture au cadavre mutilé de Coligny. — Procès criminel intenté à Briquemault, à Cavagnes et à Coligny. — Arrivée des fils de Coligny et de leur cousin de Laval à Genève. — Exposé de l'état des esprits, en Suisse, à ce moment. — Attitude des cantons catholiques, des cantons protestants et des agents diplomatiques français. — Court séjour des fils et du neveu de Coligny, à Genève et à Berne. — Ils rejoignent Mme d'Andelot à Bâle, où ils sont chaleureusement accueillis par les autorités de cette ville. — Arrêts rendus contre Briquemault, Cavagnes et Coligny. — Exécution de ces arrêts. — Jacqueline d'Entremonts quitte la France en novembre 1572, et arrive en Savoie avec Mme de Téligny. 36

CHAPITRE III

Pomponne de Bellièvre reprend, en Suisse, ses fonctions d'ambassadeur ordinaire. — Instructions dont il est porteur. — Conférence des délégués des cantons catholiques, du 11 novembre 1572. — Harangue de Bellièvre à l'assemblée générale des cantons, du 7 décembre. — Correspondance entre lui et Catherine de Médicis, au sujet des enfants de Coligny. — Mémoire adressé à Bellièvre par les réfugiés français. — Les cantons protestants résistent aux plaintes de Bellièvre. — Mme d'Andelot, ses enfants et ceux de l'amiral à Bâle. — Origine de l'église réformée française de Bâle. — Lettre de Charlotte de Bourbon à Chastillon et à d'Andelot. — Réponse des deux frères. — Le duc de Savoie fait arbitrairement arrêter et incarcérer madame l'amirale. — Indignation générale que soulève, en Europe, cet attentat. — Réclamations adressées, de diverses parts, à Philibert-Emmanuel. Toutes tendent à la mise en liberté immédiate de madame l'amirale. — Mme de Téligny, violemment séparée de sa belle-mère, et ne pouvant plus rester en Savoie, se rend à Genève, où elle est favorablement accueillie, surtout par Th. de Bèze, avec qui elle se concerte pour arracher Jacqueline d'Entremonts à sa captivité. — Démarches actives de Th. de Bèze. — Résistance du duc de Savoie. — Mme de Téligny se rend de Genève à Berne, où elle est entourée d'égards. — Arrivée à Bâle, elle écrit à l'avoyer et au conseil de Berne. — Intervention des autorités bernoises auprès de la cour de France, dans l'intérêt des enfants de Coligny. — Les ambassadeurs polonais, venus en France à l'occasion de l'élévation du duc d'Anjou au trône dans leur patrie, font entendre à Charles IX d'énergiques paroles en faveur de la généralité des protestants français, et spécialement en faveur de la veuve et des enfants de l'amiral. 71

CHAPITRE IV

Démarches des enfants de Coligny dans l'intérêt de madame l'amirale. — Lettres de celle-ci. — Sa captivité se prolonge. — Les enfants de Coligny cherchent à assurer leur retour à Berne. — Bons offices des autorités bernoises à leur égard. — Ils reviennent à Berne, où ils se fixent définitivement. — Détails à ce sujet. — Arrivée du prince de Condé en Alsace. — Son retour à la religion réformée. — Il publie un manifeste. — L'assemblée de Milhau le nomme protecteur des églises réformées de France. — Vaines tentatives de Hautefort, frère de Bellièvre, pour circonvenir le comte de Laval. — Relations de Condé avec l'électeur palatin et avec les villes de Bâle, de Berne, de Lausanne et de Genève. — Il recherche l'appui de Th. de Bèze. — Conseils donnés par l'électeur palatin à Henri III. — Tournée de Condé en Suisse. — Il revoit à Berne les enfants de Coligny et de d'Andelot. — François de Chastillon aspire à se rendre en France pour y servir la cause de ses coreligionnaires. — Séjour prolongé de Condé à Bâle. — Ses efforts en faveur des églises réformées de France. — Union, en France, des réformés et *des catholiques paisibles* à laquelle Damville, gouverneur du Languedoc, déclare se rattacher. — Lettre qu'il adresse, sur ce point, à Catherine de Médicis. 110

CHAPITRE V

Arrivée de Chastillon en Languedoc. — Décision de l'assemblée générale de Nîmes en sa faveur. — Lettre de Damville au conseil de Genève. — Condé à Bâle. —

Envoi de délégués porteurs d'une requête adressée au roi de France. — Réponse du roi. — Assemblée des confédérés à Montpellier. — Le duc d'Alençon s'unit à eux. — Condé, à la tête de ses troupes, entre en France. — Commandement confié à Chastillon en Lauraguais. — Paix *de Monsieur* en 1576. — Chastillon est rejoint par ses frères en Languedoc. — Violation de la paix par la cour et le parti catholique. — Défection de Damville et du duc d'Alençon. — Le roi de Navarre et Condé, seuls chefs désormais des confédérés. — Nouvelle prise d'armes. — Damville assiège Montpellier. — Chastillon le contraint à lever le siège de cette ville. — Chastillon se rend maître de diverses places. — Il concourt à la défense du château de Beaucaire. — Correspondance du roi et de la reine mère avec Damville à ce sujet. — Capitulation. — Traité de Nérac, du 28 février 1579. — Chastillon s'attache à en assurer l'exécution en Languedoc.   154

CHAPITRE VI

Chastillon, madame l'amirale et le conseil de Berne. — Le roi de Navarre charge Chastillon de mettre le bas Languedoc en état de défense. — Alarmes de Catherine de Médicis, ses lettres à Damville et à Chastillon. — Guerre dite *des amoureux*. — Courte captivité de Chastillon. Lettres du roi de Navarre en sa faveur.— Chastillon va au secours de Nîmes, et réussit. — Il préside une assemblée qui assure la protection due, en temps de guerre, aux laboureurs. — Il reçoit Condé à Nîmes. — Conférences de Fleix. Édit. — Mort de d'Andelot, frère de Chastillon. — Lettre du roi de Navarre à l'occasion de cette mort. — Chastillon songe à se marier. Assistance et conseils de sa sœur. — Il épouse Marguerite d'Ailly. — Il se rend à Genève et à Berne. Accueil favorable qu'il y reçoit. — Son retour en Languedoc. — Son dévouement aux intérêts des Genevois et des Bernois.— Lettres qu'il adresse aux uns et aux autres. — Lettre de Condé. — Mariage de Louise de Coligny avec Guillaume, prince d'Orange. — Naissance du premier enfant de Chastillon. — Naissance du fils de Louise et de Guillaume. — Mort de Mme d'Andelot. — Chastillon se rend en Béarn. — Il écrit à l'électeur de Cologne. — Il assiste à une assemblée des églises réformées qui se tient à Montauban. — Guillaume d'Orange est assassiné. — Lettre de Chastillon au comte Jean de Nassau au sujet du veuvage de Louise de Coligny. — Nouvelles infortunes de madame l'amirale. — Fermeté de Chastillon.   188

CHAPITRE VII

Gravité des événements en 1585. — Damville se rapproche du roi de Navarre et de ses partisans. — Opinion émise à ce sujet par Duplessis Mornay.— Manifestes des Ligueurs et de Henri III. — Réponse du roi de Navarre. — Il cherche à consolider sa position dans le midi de la France. — Il nomme Chastillon gouverneur du Rouergue. — Chastillon assiège Compeyre. — Lettres de lui à sa femme pendant le siège. — Chastillon s'afflige de la conduite répréhensible de son frère Charles. — Retour de Chastillon à Milhau. — Diverses opérations militaires. — Nouvelles lettres de Chastillon à sa femme. — Il revient à Montpellier. — Insurrection des habitants de Milhau. — Répression. — Le roi de Navarre annonce à Chastillon qu'il devra bientôt, à la tête d'un corps expéditionnaire, aller rejoindre au loin une armée de secours prête à pénétrer en France.   227

CHAPITRE VIII

Circonstances ayant motivé la formation de l'armée étrangère, dite *armée de secours*. — Organisation défectueuse de cette armée. — Elle pénètre en Lorraine. — Ravages qu'elle y exerce. — Chastillon quitte le Languedoc, traverse le Dauphiné, la Savoie, et arrive à Genève. — Accueil chaleureux qu'il reçoit dans cette ville et à Berne. — Ses entretiens avec Th. de Bèze et de Lanoue. — Lettre des Bernois. — A Genève, à Berne et ailleurs, on avance à Chastillon, pour la solde et l'entretien de ses troupes, lors de leur passage en Suisse, diverses sommes au remboursement desquelles il affecte toute sa fortune personnelle. — Lettre de Chastillon à sa femme, relative à son court séjour en Suisse. — Arrivé en Lorraine, il occupe le château de Grézilles d'où l'ennemi tente vainement de l'expulser. — Chastillon informe de son arrivée à Grézilles les chefs de l'*armée de secours*. — Délibérations, au sein du conseil de celle-ci, sur la question d'un envoi de troupes à Grézilles, pour assurer la jonction de Chastillon avec l'armée. — Cette jonction s'opère. — Déception de Chastillon à la vue de l'état dans lequel il trouve l'armée. 258

CHAPITRE IX

Déclaration de Chastillon. — Il vient en aide à l'armée en diverses circonstances. — Il échappe à un guet-apens organisé par le duc de Guise. — Combats de Vimory et d'Aunau. — Énergie de Chastillon. — Il tient tête à l'ennemi en plusieurs rencontres. — Les Suisses capitulent et se retirent. — Effroi, impéritie et démoralisation des chefs de l'armée. — Chastillon les rappelle à leur devoir. — En dépit de ses efforts et de ses conseils, ils se soumettent à une honteuse capitulation qu'il refuse de signer. — Il déclare que, les armes à la main, il saura bien se frayer un passage à travers les lignes ennemies pour rejoindre le roi de Navarre. — Les reitres cherchent en vain à mettre obstacle à son départ et à se saisir de sa personne. — Il part avec un petit nombre d'hommes courageux. — Récit de son héroïque retraite. — Il arrive à Montpellier. 290

CHAPITRE X

Rapport adressé par Chastillon au roi de Navarre sur les opérations de l'armée étrangère. — Chastillon s'empare de Bellegarde. — Lettres de Chastillon aux Bernois et au duc J.-Casimir. — Le roi de Navarre et son conseil adoptent les appréciations de Chastillon sur la campagne de 1587. — Lettre du roi de Navarre aux Bâlois. — Mort du prince de Condé. — Brillants faits d'armes de Chastillon en avril et en mai 1588. — Assemblée de La Rochelle. — Assassinat du duc de Guise à Blois. — Chastillon quitte Montpellier pour rejoindre le roi de Navarre dans l'ouest de la France. — Il marche avec lui au secours de La Garnache. — Le roi de Navarre, gravement malade, charge Chastillon de le remplacer dans le commandement de l'expédition. — Il le nomme colonel général de son infanterie. — Le roi de France et le roi de Navarre se réconcilient. — Loyale et généreuse attitude de Chastillon vis-à-vis de Henri III. — A Tours, Chastillon concourt puissamment à repousser l'attaque de Mayenne et à délivrer le roi de France du danger qu'il courait. — Reconnaissance de celui-ci envers Chastillon. — Défaite de Saveuse par Chastillon. — Henri III accorde à Chastillon une compagnie d'hommes d'armes de ses ordonnances. — Lettre de Chastillon à sa femme. — Lettre de Henri III à Chastillon. 321

CHAPITRE XI

Mouvement de l'armée royale. — Chastillon concourt puissamment à la prise d'Étampes. — Les deux rois prennent position sur les rives de la Seine, à proximité de Paris. — Mort de Henri III. Henri de Bourbon lui succède. — Bataille d'Arques; Chastillon en assure le succès par un acte de vigueur. — Le roi le nomme amiral de Guyenne. — En janvier 1590, Chastillon est chargé par le roi de lever des troupes en Languedoc. — Entraves apportées à l'exécution de sa mission par Damville. — Lettre de Chastillon au roi sur ce point. — Bataille d'Ivry. — Renforts amenés au roi par Chastillon. — Arrivée de Marguerite d'Ailly et de ses enfants au château de Châtillon-sur-Loing. — Défection de Charles de Coligny. — Lettre du roi à Damville au sujet de la présence de Chastillon sous les murs de Paris. — Marguerite d'Ailly est attaquée dans le château de Châtillon-sur-Loing. L'agression est repoussée. — Le roi nomme Chastillon membre *de ses conseils d'État et privé*. — Il l'appelle à un commandement dans le Berri. — Succès obtenus par Chastillon. — Il prend part au siège de Chartres et contraint la place à capituler. — Après un court séjour en Languedoc, Chastillon dirige, au centre de la France, d'importantes opérations. — Il écrit au roi le 17 juillet 1591. — De retour à son château, il y tombe malade. — Il y meurt en octobre 1591. — Regrets que cause sa mort. — Lettre de Duplessis-Mornay. 331

APPENDICE Page 381

FIN DE LA TABLE DES CHAPITRES

Paris. — Imprimerie Vve P. LAROUSSE et Cie, rue Montparnasse, 19.

LIBRAIRIE FISCHBACHER, 33, RUE DE SEINE, PARIS

VIENT DE PARAITRE :

Les Grandes Scènes historiques du XVIe siècle. — *Reproduction fac-similé du Recueil de* J. TORTOREL ET J. PERRISSIN, publiée sous la direction de M. ALFRED FRANKLIN, administrateur de la Bibliothèque Mazarine. — 1 volume grand in-f°, contenant 43 tableaux reproduits en fac-similé par la photogravure, accompagnés de notices historiques, littéraires et artistiques, par les auteurs les plus distingués, ornées de fleurons, initiales et culs-de-lampes dessinés spécialement pour chaque notice par FRANÇOIS EHRMANN. Relié en toile . . . . 130 fr.
Demi-reliure d'amateur, dos et coins, tranches dorées en tête . . . . 175 fr.

Histoire ecclésiastique des Églises réformées au Royaume de France, par THÉODORE DE BÈZE. — Édition nouvelle, avec commentaire, notice bibliographique et table des faits et des noms propres, par feu G. BAUM et E. CUNITZ, professeurs à l'Université de Strasbourg. Tomes Ier et IIe. 2 forts volumes in-4° . . . . 40 fr.
Le tome IIIe et dernier est sous presse.

La France protestante, par EUGÈNE et ÉMILE HAAG. — Deuxième édition publiée sous la direction de HENRI BORDIER. Tomes I à IV et tome V. 1re partie : *Abadie à Du Bec-Crespin,* Prix : 55 francs. La 2me partie du 5me volume est sous presse.

Édits, Déclarations et Arrêts concernant la Religion P. réformée, 1662-1751; *précédés de l'Édit de Nantes.* 1 volume in-8°, publié par les soins de M. LÉON PILATTE; papier vergé et teinté . . . . . 10 fr.

Les Plaintes des Protestants cruellement opprimez dans le Royaume de France. — *Édition nouvelle, avec commentaires biographiques et bibliographiques, table des matières et des noms propres,* par FRANK PUAUX. 1 volume in-4° . . . . 7 fr. 50

Les Synodes du Désert. — Actes des Synodes nationaux et provinciaux tenus au Désert de France, depuis la mort de Louis XIV jusqu'à la Révolution, dans le Bas-Languedoc, le Vivarais, le Velay et les Cévennes, le Haut-Languedoc et le Querçy, le Bordelais, la Saintonge et la Guyenne, le Poitou et le Dauphiné ; recueillis pour la première fois et publiés par M. EDMOND HUGUES. (Tirage à 299 exemplaires.) — Tome Ier. 1 volume in-4° de 450 pages, imprimé sur grand papier de Hollande de la maison Van Gelder Zonen, caractères elzéviriens, titres rouges, avec 2 héliogravures représentant les *Synodes avant la Révolution* et les *Assemblées du Désert,* d'après Bellotti, plus 6 planches reproduisant le Synode de 1716 et 1717. Le tome IIe est sous presse pour paraître en janvier 1886. — Prix des 3 volumes . . . . 120 fr.

L'Intendant Foucault et la Révocation en Béarn, par M. L. SOULICE, bibliothécaire de la ville de Pau. 1 volume grand in-8° . . . . 2 fr. 50

Souvenir du deuxième centenaire de la Révocation de l'Édit de Nantes (18 OCTOBRE 1885), *publié par la Société de l'Histoire du Protestantisme français.* 1 volume grand in-8° avec la vue du temple de Charenton, les portraits de Pierre Jurieu et de Claude Brousson et la reproduction fac-similé de l'Édit de Révocation. Prix . . . . 6 fr.

Paris. — Imp. Vve P. LAROUSSE et Cie, rue Montparnasse, 19.

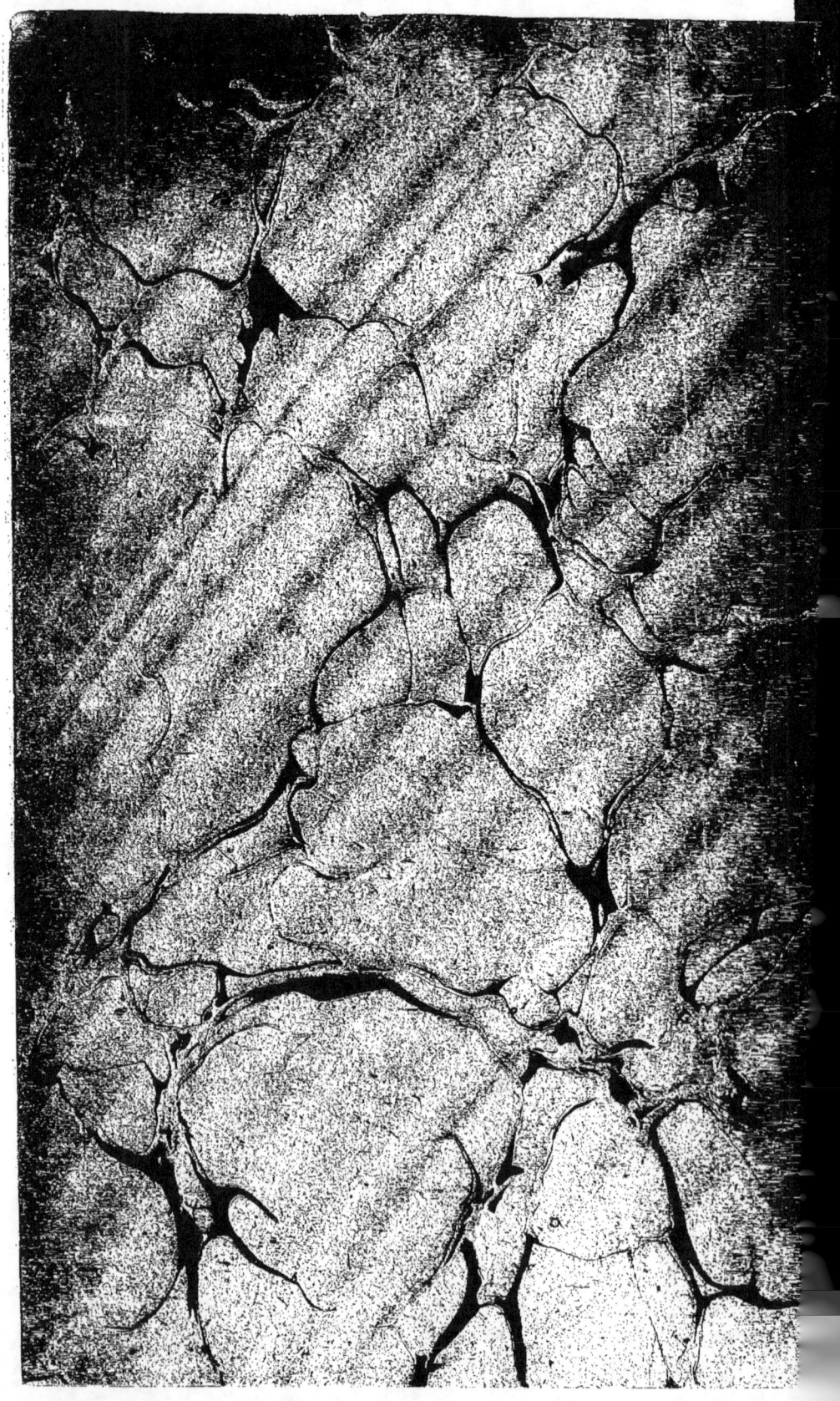

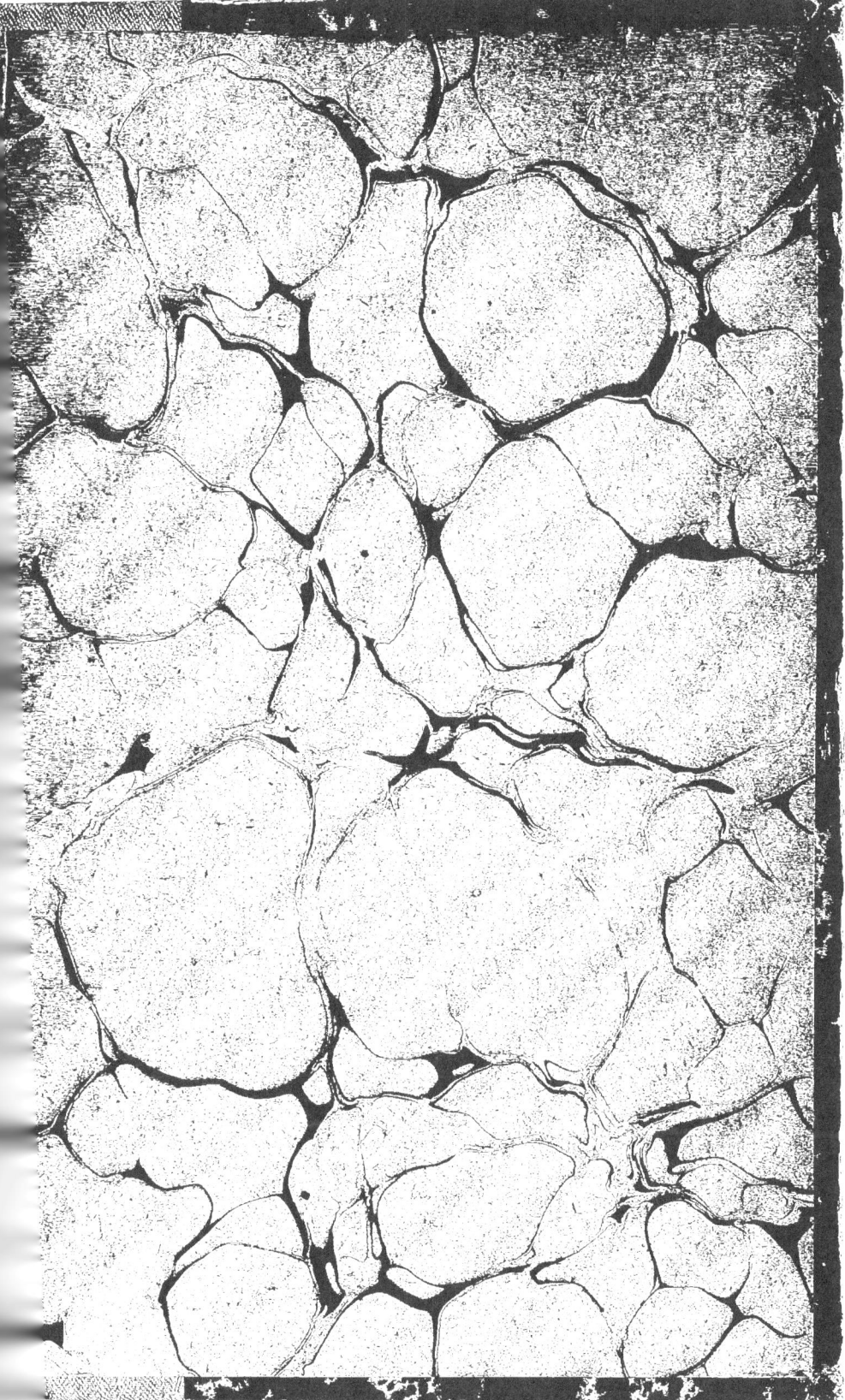

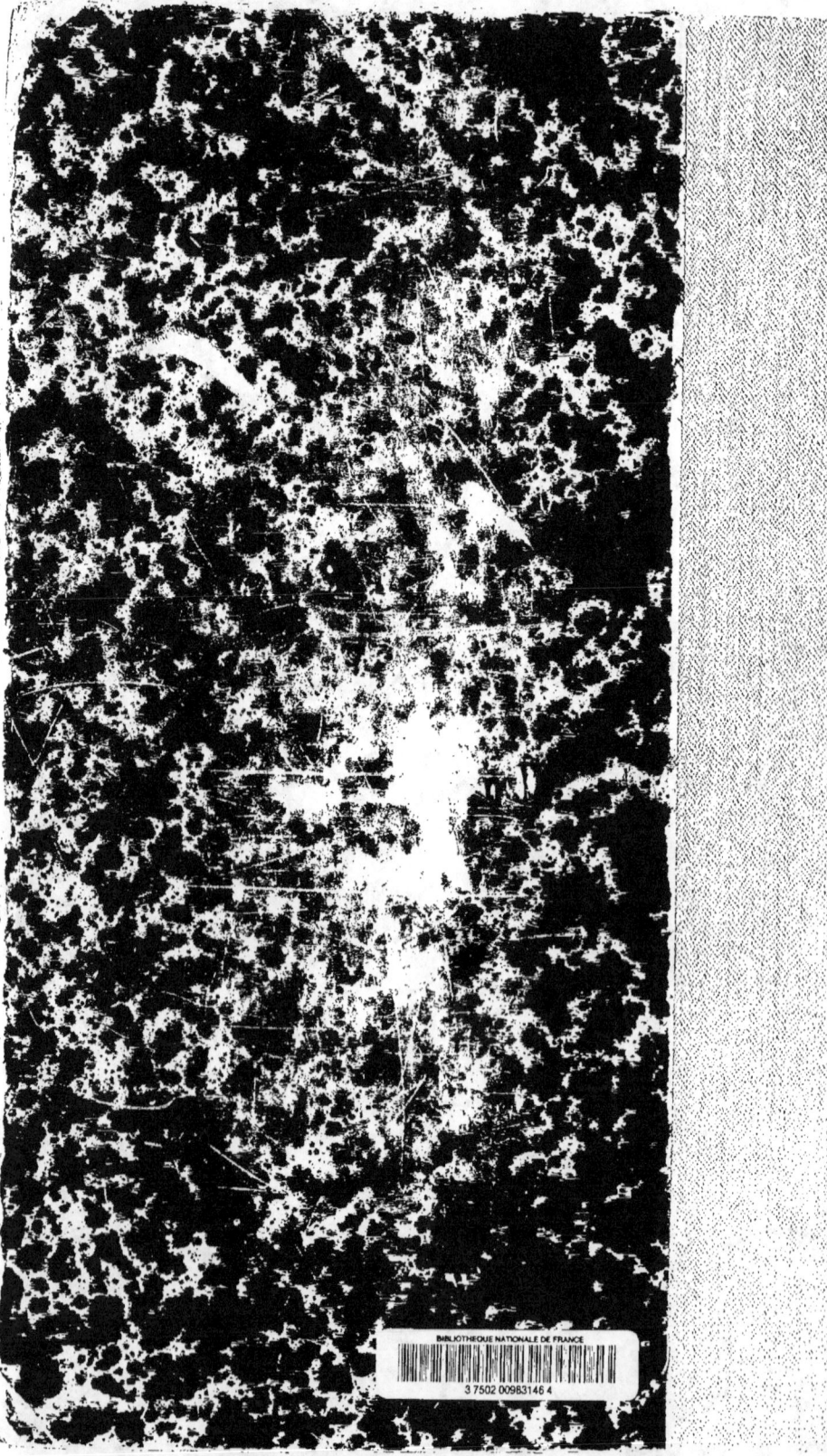

www.ingramcontent.com/pod-product-compliance
Lightning Source LLC
Chambersburg PA
CBHW071608230426
43669CB00012B/1871